医疗纠纷案例分析及常用政策法规

YILIAO JIUFEN ANLI FENXI JI CHANGYONG ZHENGCE FAGUI

编委会

YILIAO JIUFEN ANLI FENXI JI CHANGYONG ZHENGCE FAGUI

医疗纠纷案例分析

及常用政策法规

主编 李徐生

蘭州大學出版社

图书在版编目(CIP)数据

医疗纠纷案例分析及常用政策法规 / 李徐生主编. —兰州:兰州大学出版社,2014.2
ISBN 978-7-311-04416-9

Ⅰ.①医… Ⅱ.①李… Ⅲ.①医疗纠纷—案例—甘肃省 ②医疗事故—处理—法规—汇编—中国 Ⅳ.①D927.420.216.5 ②D922.169

中国版本图书馆CIP数据核字(2014)第029764号

责任编辑　陈红升　张　萍
封面设计　李鹏远

书　　名　医疗纠纷案例分析及常用政策法规
作　　者　李徐生　主编
出版发行　兰州大学出版社　(地址:兰州市天水南路222号　730000)
电　　话　0931-8912613(总编办公室)　0931-8617156(营销中心)
　　　　　0931-8914298(读者服务部)
网　　址　http://www.onbook.com.cn
电子信箱　press@lzu.edu.cn
印　　刷　兰州人民印刷厂
开　　本　710 mm×1020 mm　1/16
印　　张　38.5(插页2)
字　　数　550千
版　　次　2014年4月第1版
印　　次　2014年8月第2次印刷
书　　号　ISBN 978-7-311-04416-9
定　　价　68.00元

序　一

医疗纠纷发生原因是复杂的。《医疗纠纷案例分析及常用政策法规》一书收集的医疗纠纷案例其发生的原因，大概可归纳为：一是由于医院对复杂病例的诊疗，尤其是手术病例没有进行认真的术前讨论，对可能发生的风险估计不足；二是医务人员违反技术规范；三是医务人员责任心不强，疏忽大意；四是由于医患双方信息不对称，沟通不好。前三个是构成医疗纠纷的主要原因，需要我们认真总结分析，吸取教训，避免类似情况再次发生，而后者是可以通过医患双方充分交流与沟通，达成理解和谅解，矛盾是可以化解的。

该书中确定为医疗事故的案例是不幸的，是惨痛的，是血的教训，也为我们卫生管理者和医务人员再次敲响了警钟，要求我们的医务人员对待每一个病人，必须严格执行医疗技术规范，必须认真分析病人的病情，科学施治，把病人当作一个整体去治疗，不得简单地当作机器去修理。

《医疗纠纷案例分析及常用政策法规》一书的出版发行，不仅可作为广大医院管理者和医生的案例教育读本，也可以作为医学生选修的读物。希望此书的出版发行能为改善医疗服务、提高医疗质量与安全、降低医疗风险、减少医疗纠纷、增进医患沟通与交流起到积极作用。

刘维忠

二〇一四年二月

序　二

近年来，随着我国经济的快速发展，人民生活水平的不断提高，人们对健康的需求越来越大，对看病的标准要求越来越高。特别是医学知识、法规常识等信息的快速传播、普及，人们的维权意识在不断增强，维权能力在不断提升。面对全民医保政策的不断深入推进，医院面对数量多、需求高、病情杂的患者，如何确保医疗和服务质量、提升安全度，是当前医疗服务行业面临的越来越严峻的局面。

主持我省医学会医疗鉴定工作十余年，深感近年来医疗纠纷数量大幅增加，处理难度增强，给我们如何公平公正的鉴定每一例案件，提出新的挑战。特别是近年来医患关系越来越紧张，医疗行为不能被患者正确的理解和接收，甚至造成医务人员受伤案件时有发生。作为长期从事卫生行政管理的人员，如何引导患者合理维权，如何让医务工作者回避医疗风险，减少医疗纠纷，用严谨科学的态度规范化地去工作，这是我们组织经典案例进行回顾分析的目的。

本书案例均是在过去发生的经鉴定的经典案例，医疗鉴定虽然是由医学专家组成，但是在鉴定过程中是充分尊重事实和客观依据，排除外界人为因素的干扰，在某些医疗纠纷的案件中，甚至动用了各个学科的专家探讨查找令人信服的证据，还原事件原貌，故鉴定结果对医患双方都是客观公正的，个别案例经中华医学会鉴定，仍维持我省的鉴定结果，说明我们的鉴定工作保证了医患双方在医疗纠纷中应有的正当权益。

本书的出版，一方面是面对法律制度的不断完善和人们理性思维的加强，通过阅读本书让更多的患者依法维权，当出现医疗纠纷时，可通过正当的渠道进行鉴定，相信鉴定的公平与公正；另一方面，通过阅读此书，促使医院及其医务人员能够依法行医，更加认真履职尽责，更加严谨工作，更加强化与患者交流沟通，减少医疗纠纷，共同创建新型的和谐的医患关系。

希望将此书推荐给医院卫生管理人员和广大医务工作者，从中吸取教训和经验，规范行医，加强医患之间的联系与沟通，作为防范、减少医疗纠纷的参考。同时，进一步促进医疗质量持续改进，确保医疗安全，做到服务好、质量好、医德好，群众满意。

梁世章

二〇一四年二月

前　言

在医疗纠纷频发的今天，如何降低医疗风险，减少医疗纠纷，成为很多医院管理者和医务人员的一个课题。我们收集了我省近十年来比较经典的医疗案例和与医疗纠纷相关的法规条令，编辑成书，供同道们学习与借鉴。本书包括普外科60例、骨科56例、胸心外科7例、神经外科5例、麻醉科6例、泌尿外科5例、口腔科1例、眼科8例、整形外科1例、耳鼻喉科4例、妇产科53例、内科43例、儿科12例、病理科3例、介入科3例、精神科3例、其他2例，共272例。从中不难看出，普外科、骨科和妇产科是医疗纠纷的高发领域。

本书编写的初衷就是在当前杀医、伤医，医患矛盾极其尖锐的背景下，怎样能尽量地了解医患矛盾发生的原因、过程、结果，减少今后医疗纠纷的发生，故将过去近十年的病案原汁原味地拿出来，将发生纠纷时医患双方的矛盾的原因、焦点及专家的点评结论体现在每一个病案中，借此警诫广大的医务工作者，在今后的工作中能切切实实地按照法规、规章制度行医，减少患者及自身的痛苦。

在书中，我们还附上了《中华人民共和国执业医师法》《医疗事故处理条例》《医疗事故技术鉴定暂行办法》《医疗事故分级标准》《侵权责任法》等与医疗行为息息相关的法律法规，以方便广大医务人员学习，从而懂法并依法办事，规范行医过程，在法律的框架下为患者更好地服务。

另外，我们根据书中案例进行了统计汇总，具体情况见下图。

本书资料源于原始病案，计量单位以当时病历为准，有些药物名称可能使用的是商品名，计量单位及数值限于病案资料及编者水平，可能存在不妥之处，敬请谅解。

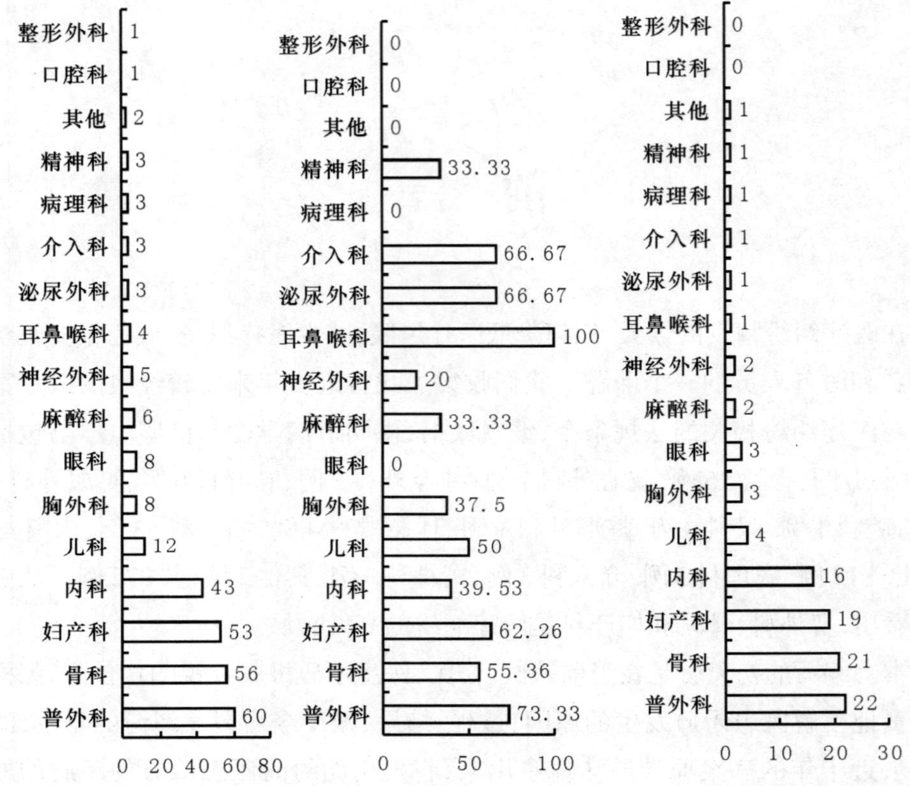

图1　被鉴定案例数　　图2　被鉴定过错案件比例/%　　图3　医疗事故鉴定比例/%

本书限于作者的学识，有些深入的观点不能被整理挖掘，希望今后能够得到专家们的批评指正。

感谢甘肃省医学会医疗事故技术鉴定办公室及有关领导对此书的出版给予的大力支持。

二〇一四年二月

目 录

医疗纠纷案例分析

常用政策法规

医疗纠纷

案例分析

普通外科

案例一

一、病史摘要

患者,女,28岁,××年11月1日入住A医院普外科。

主诉:间歇性右上腹胀痛不适2年余。

查体:T 36.5 ℃, P 72次/分,R 18次/分,BP 100/60 mmHg。全身皮肤黏膜无黄染,腹部平坦,中下腹可见一长约15 cm横行手术切口瘢痕,无压痛、反跳痛及肌紧张,莫菲氏征阳性,肝脾肋下未触及。

B超检查:胆囊结石,胆囊炎。

入院诊断:(1)慢性结石性胆囊炎;(2)剖宫产术后。

同年11月3日在全麻下行腹腔镜胆囊摘除术。麻醉成功后,患者取仰卧位,头高足低15°,向左侧倾斜10°。常规术野消毒(2%碘酒,70%酒精),铺无菌单。气腹:经脐下缘、上缘制造气腹压力12 mmHg;耗气:2.0 L。创口位置:于脐部、剑突下分别穿入10 mm戳卡,于锁骨中线穿入5 mm戳卡。仔细检查腹腔所见:肝脏颜色红润,胃、十二指肠、脾、结肠、小肠未见明显异常。胆囊:壁厚、炎性水肿。张力:大。胆总管:直径约1.5 cm。胆总管壁:厚,僵硬。胆囊管:明显增粗,长0.3 cm。位置:正常。粘连情况:胆囊与网膜、肝脏粘连,胆囊三角粘连。腹腔镜切除胆囊顺利,术中考虑胆总管直径约1.5 cm,管壁厚,僵硬。征得患者家属同意后,决定行胆总管探查术。取右上腹肋缘下切口约10 cm,切开皮肤、皮下组织,仔细止血,逐层入腹。仔细解剖胆总管,胆总管直径约1.0 cm,壁厚约0.3 cm,走行僵硬。胆总管旁有一约1.0 cm×1.0 cm×1.5 cm大小肿大淋巴结,胆总管下方有三枚约0.3 cm×0.3 cm×0.5 cm大小肿大淋巴结。显露胆总管上段,注射器穿刺抽出胆汁确定胆总管,小圆针细丝线牵引两针,切开胆总管,胆总管内压力大,见黄褐色胆汁溢出。左右肝管通畅,胆总管内无结石。胆石钳仔细探查胆总管下段通畅,胆道探子及胆管扩张器、导尿管均顺利通过十二指肠乳头。反复冲洗胆总管下段通畅,未见结石及泥沙。置入胆道镜检查见:胆总管通畅,胆总管无结石;左右肝管通畅,肝内胆管走形僵硬,管腔略变细,未见异常扩张及结石;十二指肠乳头通畅。

术中诊断:(1)硬化性胆管炎;(2)慢性胆石性胆囊炎。

置入16#“T”形管,间断缝合胆总管,加压注水针孔有少许渗漏。胆囊床无活动性出血及胆漏,因炎性水肿未间断缝合。仔细检查术野无活动性出血及胆漏,放置“潘氏”引流管一根于小网膜孔处,腹壁另戳孔引出固定。清点器械、纱布如数,逐层关腹。术后患者安返病房,给予抗感染、止血、保肝、补液等治疗。

同年11月10日,患者在上厕所时突然晕倒,次日行剖腹探查证实为左侧卵巢动脉输卵管支破裂出血,行结扎止血术,手术顺利。11月17日因胃区不适、恶心,于小网膜孔引流管突然引出约1000 mL血性液体,“T”形管引出约200 mL血性液体。于次日行介入治疗,术中证实为肝右动脉起始部假性动脉瘤破裂,栓塞肝固有动脉,术后出血完全停止。“T”形管引出胆汁每日20~30 mL,腹腔引流管每日引出胆汁200~300 mL,考虑是二次手术中探查剥离“T”形管周围窦道后有一定程度胆汁漏。术后患者频繁呕吐,因补液困难行锁骨下静脉穿刺,锁骨下静脉穿刺时合并出现右侧气胸,行胸腔闭式引流,病情好转。后患者反复出现腹胀,肛门停止排气、排便等症状,考虑是炎性肠梗阻。第二年6月11日,行肠梗阻松解术,术后患者恢复满意,于9月7日出院。

出院诊断:(1)慢性结石性胆囊炎胆囊切除术后;(2)剖宫产术后;(3)左侧卵巢动脉输卵管支破裂出血止血术后;(4)肝假性动脉瘤破裂栓塞止血术后;(5)粘连性不全肠梗阻松解术后;(6)右侧气胸胸腔闭式引流术后。

二、矛盾焦点

患方:医方违反手术操作规程,致患者术后相继发生左侧卵巢动脉输卵管支破裂出血、肝右动脉假性动脉瘤破裂、胆漏、气胸、肠梗阻。

医方:诊疗过程中,医方并未违反相关的法律、法规和医学诊疗常规,其医疗行为并无过错或过失,不属医疗事故。

三、案例评析

1.医方对患者诊治不认真,手术不仔细。××年11月3日在全麻下行腹腔镜胆囊切除术,切除胆囊。手术损伤胆道,有胆汁漏,又中转开腹行胆总管探查术。

2.11月10日22:30,患者在厕所晕倒,全身皮肤黏膜苍白,血压为0,为腹腔大出血,失血性休克,经抢救于23:30血压升至90/50 mmHg。11月11日行剖腹探查术,证实为腹腔内出血,系手术损伤所至。

3.11月12日小网膜孔引流管引出胆汁。11月17日小网膜孔引流管突然引出约1000 mL鲜血,“T”形管引出约200 mL鲜血。11月18日行介入治疗,证实肝右动脉起始部假性动脉瘤破裂,用吸收性明胶海绵弹簧圈栓塞肝固有动脉。假性动脉瘤是创伤造成的。

4.为建补液通道,11月27日行锁骨下静脉穿刺,导致患者气胸。

5.医方未将病情向患者及家属全面如实告知。

6.由于医方以上违规行为,手术过失导致胆道、血管、胸膜损伤,出现胆汁漏、腹腔大出血、休克、气胸。多重损伤导致患者脑缺血、缺氧,共济失调,部分生活不能自理。

7.医方的违规行为与患者的人身损害有直接因果关系,医方应负完全责任。

案例二

一、病史摘要

××年7月17日上午，患者家人找县计划生育宣传技术指导站医生W，给患者做腹股沟疝修补手术，要求到在A医院内科诊所门诊做。18日下午W向患者及其家人明确告知手术风险，并让患者在《术前小结及谈话》上签字。

患者，男，38岁，右侧腹股沟斜疝3～4年，包块于阴囊内10～15 cm，可还纳，无特殊病史及药物过敏史，心肺(－)，腹软。现要求手术修补，术中可能出现的情况医生向患者及其家属交代清楚：(1)麻醉意外；(2)阴囊血肿、感染等。患者签字"同意手术"，实施手术。术后医生让患者卧床休息，但患者坚持回家，医生让患者缝个沙袋压在切口稍下方。第二天下午患者家人告知其阴囊肿大，医生嘱冷敷，静滴消炎止血药，建议到医疗机构清除血肿。B医院手术时医生W在场，暴露睾丸的形态、色泽很正常，切除睾丸没有指征(手术记录：睾丸色泽正常，阴囊无积血，精索机化，鞘膜增厚)。

同年7月30日入住B医院外科，主诉"右斜疝术后发现右侧阴囊肿块10天"。

外科情况：右侧腹股沟区可见一约8 cm的切口瘢痕，愈合尚可，右侧阴囊肿大，约7 cm×5 cm×4 cm，质地硬，活动度差，触及有压痛，皮温正常。

诊断：右斜疝术后血肿机化(阴囊)。

7月30日患者家属签字"同意手术"，行阴囊血肿清除术。术中见阴囊内组织机化，连同阴囊内鞘膜及睾丸等粘连。术中麻醉满意，术后安全返回病房。

同年8月6日术前小结：右阴囊血肿清除术后，经保守治疗，机化组织未能完全消失，考虑有睾丸坏死之可能。告知术中、术后可能发生的并发症及预防措施；家属××(患者妻子)签字"同意手术"。

8月9日病程记录：近日一般情况良好，生命体征平稳，患者要求摘除右侧睾丸，向家属及患者交代、建议，因血肿清除术后阴囊较前明显有肿胀减轻，尽量保守治疗，必要时再行睾丸切除术，并再次向家属交代后，家属请Z院长检查后同意行睾丸切除术。

8月10日行“右侧睾丸切除术”，逐层切开皮肤、内膜，洗手探查，见睾丸色泽正常，阴囊无积血，精索机化，鞘膜增厚。麻醉满意，手术顺利。

患者述：患者及家属既没有口头提出摘除睾丸的要求，也没有写过书面的申请，摘除右侧睾丸是B医院的决定。

二、矛盾焦点

患方：医生W给患者行“右侧腹股沟斜疝高位结扎及修补术”，致阴囊血肿，B医院行“阴囊血肿清除术”，医院又确定行“右侧睾丸切除术”，术中医生W在手术室，术后丢失切除的睾丸。手术致患者脏器缺损，身体虚弱。

医方（医生W）：患者选我做手术，术前谈话很清楚，阴囊血肿是斜疝修补术的并发症，术后患者步行回家，未遵医嘱在切口下压沙袋。B医院切除睾丸没有指征。

B医院：患者阴囊血肿，先行血肿清除术，术后疼痛未解除，睾丸切除在此年龄段不失为一种解除疼痛的方法（有适应证：阴囊血肿、质地坚硬、时间久）；术前将睾丸切除之利弊一一告知患者，双方达成共识，在手术志愿书上签名，后果由患者负责。

三、案例评析

（一）A医院内科诊所违法违规

1.××年7月18日，××县计划生育宣传技术指导站医生W，在××内科诊所给患者行右侧腹股沟斜疝修补术，该诊所无外科诊疗的资质，违反《医疗机构管理条例》第二十七条的规定，属超范围执业。

2.根据医生W所提供的证件，其所在单位及执业地点是××县计划生育宣传技术指导站，到A医院内科诊所行外科斜疝修补手术，违反了《中华人民共和国执业医师法》第十四条、第十七条的规定。

3. A医院内科诊所不具备外科手术的条件，为患者行右侧腹股沟斜疝修补术后，出现阴囊血肿机化，诊所没有将患者主动送往有条件的医院进一步诊治。患者到B医院行阴囊血肿清除术，医院考虑右睾丸有坏死的可能，最后行右侧睾丸切除术。

(二)B医院违反诊疗常规的行为

B医院在患者及其家属要求并签字同意的情况下，给患者行右侧睾丸切除术，有相对手术适应证(疼痛难忍、红肿、质地硬)，但掌握不严。其违反诊疗常规的行为有：

1.手术室是医院重地，外单位医生W随便进入手术室观察该患者手术过程，违反手术室管理规定。

2.对住院病历保管不严，使该患者病历原件被人拿走，睾丸切除术原始的术前谈话记录、手术记录单已无，以后补写的与原件明显不同，有伪造、隐匿行为。违反《医疗事故处理条例》第九条的规定。

3.两份睾丸切除手术记录，对要切除睾丸的探查描述有重要不同。原始手术记录："睾丸色泽正常，阴囊无积血，精索机化"，以后的手术记录："见阴囊组织机化，连同阴囊内鞘膜及睾丸等粘连"。

4.管理不严，使该患者被切除的睾丸丢失，未能送病检，无法做出病理确诊。

总结：A医院内科诊所的违法违规行为，是导致患者阴囊血肿、右侧睾丸切除的主要原因，应负主要责任。B医院医疗行为的违规失误，是导致患者右侧睾丸切除的次要原因，应负次要责任。

案例三

一、病史摘要

患者，男，76岁。

主诉：间断性中上腹嘈杂不适2月。

患者2月前无明显诱因出现中上腹嘈杂不适，以进食后为著，为进一步明确诊治于××年9月前往B医院就诊。

查胃镜提示：距门齿25 cm食管中上段狭窄，胃镜不能入胃腔。

内镜诊断：食管中上段癌。

查上消化道钡餐透视示：食管中段狭窄，食管占位病变不排外。

腹部B超示：胆囊声像图改变，经远程会诊后诊断多考虑食管中下段癌、胆囊息肉。

遂建议到A医院进一步明确诊治。在A医院经过各项化验检查，明确诊断为"胃多发黄色素瘤、慢性胃炎、胆囊息肉"。给予抑酸、促进胃动力、对症治疗后，患者不适症状缓解。建议继续住院治疗，患者因生活不便，转当地医院继续治疗。在当地医院接受输液治疗(具体不详)后，再次出现中上腹嘈杂不适，伴食欲缺乏、中上腹胀痛。患者为进一步治疗，再次就诊于我科，门诊以"胃多发黄色素瘤、慢性胃炎、胆囊息肉"于××年10月25日收住A医院。

专科情况：腹平坦，全腹未见胃、肠型及蠕动波，中上腹压痛，无反跳痛及肌紧张，全腹部未扪及包块和肿物，肝、脾下界肋下未触及，墨菲氏征阴性，肝、肾区无叩击痛，腹水征阴性，肠鸣音正常。

胸部CT示：两肺上叶结核，双肺间质纤维化，食道内高密度影考虑为造影剂滞留。

胃镜检查示：萎缩性胃炎，胃窦多发黄色素瘤。

食管钡餐透视：未见明显异常。

初步诊断：(1)慢性胃炎；(2)胃多发黄色素瘤；(3)胆囊息肉。

11月2日行结肠镜检查后患者出现腹胀、阵发性腹痛，请外科会诊后考虑乙状结肠隆起性病变，性质不能确定，肠穿孔不排外，遂转外科在全麻下行"剖腹探查术"。探查见：胆囊可触及2 cm×3 cm大小实质性肿物，腹腔有脓性积液约500 mL，吸尽腹腔内脓性积液，乙状结肠近降结肠交界近系膜缘处有一长约3 cm穿孔，有大量结肠内容物流出，周围组织充血、水肿严重。腹膜、大网膜、肠系膜明显水肿。术中决定行乙状结肠穿孔修补术、腹腔冲洗引流。修剪穿孔周围缺血组织，内翻缝合穿孔处并加强缝合穿孔处。温热盐水3000 mL反复冲洗腹腔,温热盐水纱布反复擦拭腹腔。查无活动性出血,放置粗潘氏引流管一根于盆腔,潘氏引流管一根于左侧结肠旁沟,分别在腹腔戳孔引出,固定引流管。清点器械纱布如数,逐层关腹,术毕。术后入ICU麻醉苏醒,在ICU给予呼吸机辅助呼吸,抗感染、抗休克、补充胶体、抗心律失常、对症处理,患者病情相对平稳后转入外科继续治疗。给予抗感染、抗心律失常、营养支持及切口换药等对症处理,恢复良好。11月27日患者主动要求出院。

出院诊断:(1)感染性休克;(2)乙状结肠穿孔;(3)弥漫性腹膜炎;(4)肠梗阻;(5)乙状结肠隆起性病变;(6)胃多发黄色素瘤;(7)慢性胃炎;(8)胆囊息肉;(9)心律失常、频发房室早搏;(10)乳酸性酸中毒;(11)肺部感染;(12)功能性消化不良。

患者,男,76岁,因"肠穿孔修补术后1个月余,腹胀、腹痛1周"来B医院,12月3日以"肠梗阻"收住外科。

专科情况:腹凹陷,左侧腹正中旁可见一长约15 cm的切口,约8 cm的切口未愈合,可见少量脓性分泌物,边缘发红,腹肌无紧张,肝、脾未触及肿大,未扪及包块,全腹压痛。血常规示:WBC11.6×10^9/L,GR88.4%。

初步诊断:(1)肠穿孔修补术后并切口感染;(2)肠粘连。

入院后给予抗感染对症治疗后,自感腹胀、腹痛症状明显减轻,切口内分泌物明显减少,患者及家属强烈要求出院,医生建议其继续治疗,其仍要求出院,12月8日患者出院。

出院诊断:(1)肠穿孔修补术后并切口感染;(2)肠粘连。

二、矛盾焦点

患方:医方在患者和家属没有签字同意的情况下做结肠镜检查,导致患者结肠穿孔,转外科行乙状结肠修补术。医院不主动承担责任,天天催交医药费,迫使患者因经济负担带病出院,最终不治死亡,构成医疗事故。

医方:在诊疗过程中态度积极,用药及时。发现病情变化及时给予相应治疗及完善相关检查,不存在诊治失误等情况。对结肠镜检查的选择,严格遵循检查适应证及禁忌证。患者结肠镜检查后,怀疑结肠穿孔,急请普外科医师会诊。

三、案例评析

1.患者腹痛、腹胀,腹部透视提示不全性肠梗阻,行结肠镜检查有适应证。医方在检查过程中损伤患者结肠,导致乙状结肠穿孔,在外科行乙状结肠修补术。

2.行有创检查没有患者及家属签字,没有签订结肠镜检查知情同意书。

3.高龄患者术前给予腹泻剂(属于结肠镜检查的禁忌证)。

4.肠穿孔是结肠镜检查常见的并发症,但由于医方的上述过失行为,增加了结肠镜检查的风险,过失行为与患者发生肠穿孔有直接的因果关系,医方应负主要责任。

5.患者年龄偏大,也是结肠镜检查容易发生肠穿孔的原因。

案例四

一、病史摘要

患者,男,33岁,因"持续性下腹胀痛1个月",在新疆当地医院行MRI检查,提示:脾脏明显增大,门静脉增宽,腹水。于××年3月4日以"巨脾、脾功能亢进"收住A医院。

体查:T 36.6 ℃,P 88次/分,BP120/80 mmHg。

专科检查:巩膜略黄染,未见出血点,腹部膨隆,无腹壁静脉曲张,腹软,无左下腹部轻压痛,无反跳痛,脐水平线可触及脾脏下级,肝肋下未触及肿大,墨菲氏征阴性,肾区无压痛及叩击痛,腹水征阴性,肠鸣音3~5次/分。

实验室检查及器械检查:(1)血常规,白细胞6.6×10^9/L,血红蛋白161 g/L,血小板227×10^9/L;(2)超声提示,肝略大,门、脾静脉内径增宽,门静脉血栓形成。

初步诊断:(1)巨脾;(2)门脉高压症;(3)门静脉血栓。

3月10日在全麻下行脾切除术，探查见腹内有腹水500 mL，脾脏巨大，约9 cm×15 cm×24 cm，肝表面光滑，色泽正常，胃周血管轻度曲张，余脏器未见异常。术中诊断为：巨脾、区域性门脉高压症。决定行脾脏切除术，分别钳夹脾胃韧带、脾膈韧带、脾肾韧带、脾结肠韧带并切断，钳夹脾蒂并切断，结扎脾蒂血管，将脾脏切除后，用大量37 ℃生理盐水冲洗腹腔至冲洗液清亮，再用干净纱垫擦拭腹腔、盆腔，查无活动性出血，脾窝放置28#引流管，左腹戳孔引出，再次查创面无活动性出血，清点器械敷料如数，常规关腹。术中出血400 mL，术中输红细胞悬液2 U。

术后诊断：(1)巨脾；(2)区域性门脉高压症。

3月12日晨患者诉腹胀、腹泻，排黄色蛋花样稀便，腹腔引流管引出血性渗液300 mL，胃肠减压引出棕黄色胃内容物，抗感染、对症治疗后无明显缓解。急查血常规：白细胞43.8×10^9 /L，血红蛋白177 g/L，血小板328×10^9 /L。凝血功能：凝血酶原时间19.8 s，部分凝血活酶时间42.6 s，纤维蛋白原3.438 g/L，谷草转氨酶66.0 U/L。肾功：尿素10.8 mmol/L，肌酐99.6 μmol/L，钠146.6 mmol/L。3月12日13：20，患者腹痛、腹泻加重，伴心慌、气短，查T 37.2 ℃，P 170次/分，R17次/分，BP查测不清，积极心电监测、吸氧、扩容、抗休克、补液治疗，考虑：(1)巨脾切除术后；(2)低血容量性休克；(3)肠系膜静脉血栓形成。同时给予低分子肝素钙5000 U、低分子右旋糖酐+丹参冻干粉400 mg治疗后，腹痛、腹胀缓解，P 148次/分，R 17次/分，BP 100/65 mmHg，遂请重症医学科、普外科会诊，后于3月12日19时20分转上级医院继续治疗。

出院诊断：(1)巨脾切除术后；(2)低血容量性休克；(3)肠系膜静脉血栓形成。

患者于3月13日急诊入B医院，入院后急行上腹部B超示：(1)门静脉血栓形成，门静脉增宽；(2)腹水；(3)肝脏弥漫性病变；(4)胆囊壁粗糙。

查血常规示：白细胞51.42×10^9/L，红细胞6.82×10^{12}/L，血红蛋白186 g/L，中性粒细胞百分比88.7%，血小板229×10^9/L。

生化示：AST 755 U/L，ALT746 U/L，总蛋白30.08 g/L，白蛋白12.3 g/L，总胆红素14.28 mmol/L，CO_2 15.7 mmol/L，尿素氮9.88 mmol/L，肌酐208.1 μmol/L，钾

离子5.02 mmol/L。PT 38.7 s，APTT 83.9 s，抗凝血酶原-III 37.97%，D-二聚体1.50 mg/L，INR 3.58 s。

给予胃肠减压，输血，补充血容量，纠正休克状态，抗感染治疗，保护胃黏膜治疗。详细向患者家属交代病情，患者病情危重，下病危通知，手术风险极大，患者及家属放弃治疗要求出院，签字为证，于入院当天患者自动出院。

出院诊断：(1)门静脉血栓形成；(2)消化道出血；(3)感染性休克；(4)低蛋白血症；(5)脾切除术后。出院医嘱：院外进一步治疗。

3月13日18:00患者从B医院转回A医院ICU科抢救治疗，给予抗凝、补液、抗休克、控制感染、清除毒素及炎性介质、维持内环境稳定等对症治疗，15天后患者死亡。

死亡诊断：(1)门静脉血栓形成(肠系膜静脉血栓)；(2)不完全性肠梗阻；(3)肠梗死并出血；(4)脓毒血症；(5)急性肺损伤；(6)急性肾功能衰竭；(7)多器官功能衰竭；(8)感染性休克；(9)巨脾切除术后；(10)脾切除术后骨髓增殖性疾病(MPD)。

二、矛盾焦点

患方：患者术前除了患有脾脏肿大，同时还伴有门静脉血栓，医方只是草率、简单地做了脾脏切除术，并没有在术前进行多器官断流术、分流术等处理，直接导致患者多器官脏器功能衰竭死亡。手术后患者出现病变，未引起医生重视，未在第一时间采取有效措施(包括转院治疗)，延误了救治时间，构成医疗事故。

医方：患者住院期间，医院完全按照临床医疗诊疗常规进行诊治，没有违反诊疗常规及诊疗操作规程，医方没有原则性的诊疗失误及差错。其死亡与巨脾切除术后出现的并发症及家属放弃进一步治疗有关。

三、案例评析

1.根据临床症状、体征及辅助检查，诊断巨脾正确，患者具备手术指征，行脾切除术属于手术适应证，医方手术方式的选择符合诊疗常规。

2.术前漏诊门静脉血栓。××年3月7日CT片提示:(1)肝胆无明显病变;(2)巨脾,并有脾梗塞灶;(3)肠系膜上静脉轻度扩张,门静脉充盈缺损,多考虑门脉血栓。

3.脾切除术术中没有探查门静脉,手术记录中也没有具体描述门静脉的状况。

4.在患者病情演变过程中,医方对病情可能的转归认识不足。

5.医方的上述过失行为和患者最终死亡没有直接因果关系,患者术后病情恶化最终抢救无效死亡是其自身疾病的发展所致,与医方的诊治行为没有直接因果关系。

案例五

一、病史摘要

患者,男,32岁,因"右下腹疼痛一周"于××年11月8日入住外科。患者于入院前一周无诱因出现右下腹疼痛、恶心,无呕吐,在门诊治疗,给予抗感染、对症等治疗,症状无明显好转。前一夜腹痛加剧,自觉腹部有一包块出现,到A医院就诊,门诊查血常规,白细胞$13.7×10^9$/L,中性粒细胞百分比79.5%。B超示:右下腹见一回声不均包块。

入院体查:T 38.0 ℃,P 84次/分,R 21次/分,BP 90/60 mmHg。

外科情况:右下腹可见局限性隆起,腹肌略紧张,右下腹压痛,反跳痛明显,可触及约5 cm×5 cm包块,质硬,压痛明显,闭孔内肌试验阳性,右足第五跖骨头部可见交叉克氏针内固定。

初步诊断:(1)急性阑尾炎;(2)右足第五跖骨骨折内固定术后。

于入院当天在腰麻下行阑尾切除术,取右下腹麦氏切口长约5 cm,切开皮肤、皮下组织,钳夹止血,切开腹外斜肌腱膜,钝性分离肌层,切开腹膜,探查见大网膜下移,于右下腹形成约5 cm×7 cm包块,周围粘连严重,钝性分离粘连带，将包块完整自回盲部分离后切除，见阑尾有少许残留，再次结扎后切除，粘连部水肿、质硬，荷包包埋困难，行“8”字缝合。见包埋创面有少许渗血，予以压迫止血，并放置吸收性明胶海绵压迫。见无活动性出血，清点器械、敷料无误，逐层关腹，手术顺利完成。术后继续给予抗感染、对症等治疗，11月17日患者出院。

出院诊断：(1)急性阑尾炎；(2)右足第五跖骨骨折术后。

患者，男，36岁，主因“持续性右下腹疼痛不适1 h余”于术后××年4月14日入住B医院。

专科情况：腹部平坦，腹壁静脉无显露，全腹部未见肠型及蠕动波，右下腹可见长约4 cm麦氏切口瘢痕，全腹部未扪及包块和肿物，右下腹压痛、反跳痛明显，无肌紧张，墨菲氏征阴性，肝浊音上界右锁骨中线第五肋间，肝肋下未触及，脾浊音上界左腋前线第七肋间，脾肋下未触及，肝肾区无叩击痛，腹水征阴性，肠鸣音活跃，可闻及少量气过水声，腹部无异常的血管杂音。

辅助检查：(1)CT提示，右下腹回盲部少量渗出，考虑炎性改变；(2)心电图示，异常心电图，T波改变；(3)血常规示，白细胞12.4×10^9 /L，中性粒细胞百分比75%，淋巴细胞20%；(4)腹平片示，肠梗阻。

入院诊断：(1)阑尾切除术后；(2)粘连性不全肠梗阻。

入院后完善相关检查，给予保守治疗，患者肠梗阻保守治疗无效，4月20日查体，右下腹可见肠型，手术指征明确，于当日在全麻下行剖腹探查术，探查腹腔内有较多黄色渗液，肝、胆、脾、胃无明显异常，全小肠轻度扩张，见右半结肠及回肠广泛粘连成块，部分肠管成角粘连，质硬，无法分离，回盲部可见一脓腔，脓液色黄黏稠，遂注射器留取细菌培养标本，吸尽脓液量约100 mL，可见阑尾化脓穿孔，有一粪石自穿孔部位穿出。粪石直径约0.5 cm，由于右半结肠及回肠广泛粘连成块且成角粘连，单纯切除阑尾无法解除梗阻，遂决定行右半结肠切除术。结肠系膜根部及主动脉旁、盆腔、腹膜后未触及异常包块及肿大淋巴结，切开侧腹膜，游离升结肠系膜，提起横结肠，游离结肠肝区及横结肠系膜。靠近肠系膜根部结扎，切断结肠右动静脉。游离右侧输尿管，避开右侧输尿管，钳夹、切断结肠系膜。在横结肠近脾区及回肠末端30 cm预定切除线处各夹一把肠钳及血管钳，横断结肠及部分回肠，将阑尾连同升结肠、部分横结肠及部分回肠一并切除，包括系膜及系膜淋巴结。吻合器做回-结肠端侧吻合，闭合器闭合结肠盲端，1号丝线间断缝合，加强浆肌层，吻合口宽约3.5 cm，缝合系膜裂孔。生理盐水冲洗腹腔，检查无活动性出血后，清点纱布、器械如数后逐层关腹。

术后病理诊断：(1)(回肠)回盲部肠管急性化脓性炎，急性化脓性蜂窝组织性阑尾炎，淋巴结反应性增生；(2)(结肠)慢性炎症样改变。

术后给予补液、止血、抗感染治疗，患者恢复良好。5月27日患者出院，查体：腹平坦，腹壁静脉无显露，全腹部未见肠型及蠕动波，全腹无压痛、反跳痛及肌紧张，墨菲氏征阴性，肝、肾区无叩击痛，腹水征阴性，肠鸣音正常。

出院诊断：(1)急性化脓性阑尾炎；(2)腹腔脓肿；(3)粘连性肠梗阻。

患者出院后因"粘连性肠梗阻"于7月、9月两次入住B医院，医方给予一级护理，禁食水、胃肠减压、灌肠、补液、抗感染对症支持治疗。

二、矛盾焦点

患方：A医院第一次手术没有切除阑尾，造成患者长期右下腹疼痛；B医院诊断不正确，手术时机延迟，切除了不该切除的器官。

医方：

A医院：患者在我院治疗期间，诊断明确，治疗措施得当，不存在医疗过错行为。

B医院：我院在整个治疗过程中严格遵守相关法律法规和诊疗规范，诊疗行为并无过失或过错。

三、案例评析

1.A医院对患者诊断正确，手术适应证明确，行阑尾切除术后患者症状缓解，且术后三年多患者再未去医院治疗，说明A医院的诊断、治疗措施无误。

2.患者于术后××年4月14日因"持续性右下腹疼痛不适1 h余"入住B医院，入院时患者腹部平坦，医方根据"右下腹压痛、反跳痛明显，肠鸣音活跃，可闻及少量气过水声"和辅助检查诊断粘连性肠梗阻。剖腹探查术中切除右半结肠没有手术指征，属于过度治疗(右半结肠属于后腹膜器官，和小肠粘连无关系)。鉴定会现场专家对病理切片复查未见阑尾组织，故B医院术后诊断"急性化脓性蜂窝组织性阑尾炎"无依据。

3.B医院的医疗过失行为造成患者右半结肠被切除，给患者造成人身伤害，医方的违规行为与患者的损害有直接因果关系，医方应负主要责任。

案例六

一、病史摘要

患者，男，16岁，××年4月25日11:32入住A医院外一科。

主诉：持续性腹痛发热1周，加重伴腹胀1天。体温39 ℃，在B医院住院未明确诊断，输液抗感染无好转。既往否认肝炎、结核史。

体查：T 39 ℃，P 112次/分，R 25次/分，BP 100/60 mmHg，营养差，体瘦，浅表淋巴结无肿大，头颅、五官、心、肺未见异常，腹部饱满，未见明显胃肠型及蠕动波，右下腹隆起，腹肌紧张，压痛明显并反跳痛，扪及包块，移动性浊音阴性，肠鸣音弱。WBC 13.1×10^9/L，HGB 78 g/L；X线胸片示：左下肺斑片状模糊影。腹部B超示：肝、胆、胰、脾、双肾未见异常。

初步诊断：(1)急性阑尾炎穿孔；(2)弥漫性腹膜炎；(3)肠梗阻；(4)高热；(5)肺部感染。

经术前小结、谈话、家属签字同意，拟行"阑尾切除术"，于4月26日手术。术中见腹膜下粘连有一层炎性组织，粘连致密，切开，钝性剥离，组织厚约0.5 cm，剥除该层组织约两手掌大小，显露肠管，肠管粘连严重，整体呈团块状，表面布满粟粒样斑点，肠管无法提起。进一步探查，见右下腹一团小肠暗红，血运不良，诊断为肠坏死，无法判断肠管与回盲部距离。决定切除肠管。改全麻切除肠管完成后，向坏死肠管两侧游离，分出有血运肠管，切除坏死肠管约50

cm,肠管减压,残端消毒,两侧端端吻合,并将肌层包埋。继续探查见阑尾红肿,急性炎症改变,切除阑尾。切除肠管及炎性组织交家属过目后送病检。

4月27日病理诊断报告:(1)阑尾及肠组织慢性炎症,局部出血;(2)网膜结核病。

术后抗感染止血等治疗,体温仍高,达39 ℃,心率140次/分,给予输血、对症支持治疗后体温、脉搏逐渐恢复,术后1周出现吻合口瘘,同年5月7日,联系转C医院普外二科。

5月7日14:00入住C医院普外二科,主诉:肠切除术后10 d,引流管引流出肠内容物伴发热5 d。

专科情况:营养不良面容,皮肤黏膜、巩膜轻度黄染,舟状腹,未见蠕动波,右下腹可见一长约8 cm纵行手术切口,缝线未拆除,有少量脓性渗液,切口外下方有一腹腔引流管,可见黄色混浊引流液流出,管周亦有黄色混浊引流液漏出;全腹肌轻度硬、压痛,以右下、左下腹为著,有反跳痛,墨菲氏征阴性,移动性浊音阴性,肠鸣音2次/分。右侧髋部有3 cm×4 cm皮肤破溃。

初步诊断:(1)肠瘘;(2)腹腔感染;(3)贫血;(4)低蛋白血症;(5)褥疮;(6)肠切除术后;(7)腹腔结核。

于6月9日行"剖腹探查+网膜坏死组织活检+腹腔引流术"。术中见腹腔广泛粘连,有干酪样坏死,取干酪样坏死组织活检,病检回报:(网膜)考虑干酪型结核继发化脓性感染。术后给予抗感染、抗结核、支持及腹腔冲洗引流治疗。引流通畅,可进流食。于6月18日出院。

6月18日再次入住A医院,主诉:肠切除术后肠瘘53天。给予抗感染、抗结核支持治疗,伤口护理,引流管冲洗。7月5日晨8:35患者突然意识不清、呼吸困难,心率194次/分,体温40 ℃,给予抢救。7月6日晨10:00出现烦躁不安、胸闷气短,心率175次/分,请内科会诊,抢救。7月8日3:10心跳、呼吸骤停,联合抢救35 min无效,于3:45死亡。

二、矛盾焦点

患方:医方诊治失误,在患者存在腹腔炎症、结核的情况下,未经有效消炎、控制结核,且未告知家属同意,就轻率切除肠管,忽视了手术风险,导致肠管无法愈合,并出现多处肠瘘,死亡,构成医疗事故。

医方:在对患者的诊治过程中,严格按照医疗操作规程,不存在医疗过错和过失行为。初诊急性阑尾炎穿孔、弥漫性腹膜炎,病情紧急,及时手术,最大限度地挽救了生命。术中发现结核性腹膜炎、严重肠粘连、局部肠坏死,手术切除,因患者免疫力低下,发生吻合口瘘属并发症。该病例临床十分罕见,术前难以做出结核的诊断。

三、案例评析

1.术前检查不认真,诊断失误。术前诊断急性阑尾炎穿孔、弥漫性腹膜炎、肠梗阻、高热、肺部感染。患者术前即有发烧、消瘦、贫血等慢性消耗性疾病症状及X线胸片示左下肺有斑片状模糊影,未引起足够重视,也未考虑有结核病的可能。术后病检诊断:阑尾及肠组织慢性炎症、局部出血,网膜结核病。肠管未报告坏死。

2.术中诊断肠管坏死无根据,肠管切除无明确指征。医师解剖关系不清楚,盲目切除肠管,且未告知患者家属。

3.医方的以上违规行为促进了患者的死亡,应负主要责任。患者为腹腔结核,疾病严重,治疗困难,预后不良。

案例七

一、病史摘要

患者,女,47岁,××年12月3日入住A医院。

主诉:间歇性上腹胀痛不适十年余。既往有慢性乙肝病史多年。

专科情况:右上腹压痛,墨菲氏征阳性,肝区叩击痛阳性。

腹部B超提示:胆囊壁粗糙,胆囊内见多个大小不规则强回声光团,伴后方声影,肝外胆管不扩张。

初步诊断:(1)慢性胆囊炎;(2)胆囊结石;(3)慢性乙肝。

经术前小结,患者在知情同意书上签字,于12月6日行LC手术。术中见胆囊约8 cm×5 cm大小,囊壁无明显增厚,胆囊位置结构变异与肝圆韧带粘连严重,胆囊内可触及结石。分离粘连,仔细解剖胆囊三角,分清胆囊管和胆囊动脉后,胆囊动脉位于胆管前面,钛夹夹闭胆囊动脉,切断胆囊动脉并电凝止血,在距胆总管约0.5 cm处的胆囊管上上钛夹2枚,而后切断胆囊管,完整切除胆囊。切除胆囊自剑突下戳口取出,胆囊床电凝确切止血。于胆囊窝置腹腔引流管一根,自右侧腹壁戳口固定。术后发生胆瘘,经积极保守治疗不能缓解,于12月18日行腹腔镜下腹腔冲洗引流术,术后生命体征逐渐正常。腹腔引流管先夹管,患者不适则拔管,拔管后患者逐渐出现后背胀痛,黄疸加重。再次置入腹腔引流管,临床症状、体征消失,回家休养。术后第1年的4月16日患者无明确原因突然引流管内无胆汁流出,背部胀痛、胃痛、恶心、头晕,且出现黄疸并加重。4月17日返院,考虑胆总管不全阻塞。于4月27日行胆肠吻合术。术后抗感染、对症、支持治疗,黄疸完全消退,术后10 d拆线,切口Ⅱ/甲愈合。术后3周发生逆行性胆道感染,再次抗感染等治疗,症状完全缓解,于5月29日出院。

出院医嘱:(1)加强胃肠营养,T管定期换药,术后3~6个月行T管造影;(2)继续口服保肝药物;(3)门诊随诊。

术后第3年的6月12日入住医院,主诉:腹腔镜胆囊切除术后反复中上腹疼痛后寒战发热两年多。

专科检查:皮肤黏膜无黄染,腹平坦,可见手术瘢痕,全腹软,无压痛及反跳痛。

磁共振胰胆管造影(MRCP):胆肠吻合术后改变,肝内胆管轻度增宽积气。

初步诊断:(1)复发性胆管炎;(2)胆肠吻合口狭窄;(3)LC术后;(4)胆肠吻合术后;(5)慢性乙肝。

6月18日行"剖腹探查+胆肠吻合口狭窄切除+肝门部胆管成形+胆肠吻合术"。术后抗感染、补液、抑酸、加强营养等治疗,患者无不适主诉,查无阳性体征,切口吻合,化验各项指标均正常。7月16日出院。

二、矛盾焦点

患方:医方行腹腔镜胆囊切除术等三次手术,手术损伤胆管,造成胆瘘、胆汁性腹膜炎、胆总管狭窄、反复逆行感染。医方未充分预见术中可能发生的胆管损伤,未采取有效的预防措施,故意隐瞒手术失误情况。

医方:对患者的胆瘘不存在未及时检查和处理的情况。"胆道逆行性感染"数次均在我科治愈。整个治疗过程医护人员尽职尽责,并非病越治越重。而且,胆肠吻合术后发生胆道逆行感染,是手术本身固有的缺陷,术前已告知患者家属。

三、案例评析

1.××年12月6日,医方为患者行腹腔镜胆囊切除术,术后出现胆瘘。12月18日再次在腹腔镜下行腹腔引流术,术后仍间歇出现胆道感染。4月27日行胆肠吻合术。术后1个月余再次反复胆道感染。此后曾多次在该院进行治疗,术后第3年的6月赴B医院住院,18日行"剖腹探查+胆肠吻合口狭窄切除+肝门部胆管成形+胆肠吻合术"。术后患者一般情况良好,肝功能无明显损坏。

2.医方手术后出现胆瘘(胆瘘是胆囊切除术后常见的并发症),未及时正确处理,造成患者肝门部胆管狭窄,反复逆行性胆道感染。以后2次手术均未取得良好效果。

3.医方的失误,是造成患者损伤的直接原因,应负主要责任。

4.医方术中发现患者胆囊位置结构变异,与肝圆韧带粘连严重。手术有一定难度。

案例八

一、病史摘要

患者,女,43岁,因“出院20 d自认腹痛3 d”于××年8月18日前来就诊,该患者于7月在A医院以腹痛、肛门有下坠感治疗16 d,病情好转后出院,近3 d腹痛加重,以“腹痛待查”收住A医院。

妇科检查:已婚已产型,宫颈肥大,宫体增大如妊娠40 d大小,宫体压痛,双侧附件疼痛不能触及,左侧附件条索状,有明显反跳痛。后穹隆穿刺有液体2 mL,病检结果为炎性液体。

腹部B超示:附件炎。

初步诊断:(1)双侧输卵管炎;(2)双侧输卵管积水;(3)阑尾炎。

经积极术前准备,8月19日在连续硬膜外麻醉下行剖腹探查术。术中切除病变输卵管、阑尾及囊壁样组织。

术后手术标本病理诊断报告:(1)卵巢囊肿;(2)慢性输卵管炎;(3)阑尾炎。

术后按常规给予抗感染治疗,第8天腹部拆线切口一期愈合,但腹部有压痛。拆线后第5天腹部切口有渗液,经换药探查脂肪液化约2 cm深,继续进行伤口抗感染、换药治疗。9月25日患者出院,出院诊断:(1)卵巢囊肿;(2)慢性输卵管炎;(3)阑尾炎。

患者,女,44岁,因“腹部术后切口疼痛半年,加重1 d”于术后1年的2月13日来B医院。

门诊查彩超提示:(1)切口周围感染;(2)炎性包块。

专科检查:腹部切口无红肿,切口左侧触痛,切口两侧有大小不等2个包块,压痛明显。

入院诊断:中医诊断,腹部切口包块、血瘀;西医诊断,腹部切口包块。

入院后完善各项相关检查,于2月19日在硬膜外麻醉下行腹部包块切除术,切除上下侧两个大小不等脓肿包块,同时切除右脚背部一腱鞘囊肿,术程顺利。术后给予抗感染对症处理。3月2日患者出院,出院时情况:腹部切口愈合佳。

出院诊断:(1)腹部切口包块;(2)腱鞘囊肿。

患者,女,44岁,因“下腹部切口肿胀并疼痛1年余”于术后1年的6月16日来C医院。

专科情况:精神尚可,腹平坦,脐下可见一长约10 cm切口瘢痕,微凹,可触及多个结节,大者4 cm左右,触痛明显,活动度小,质中等。

B超提示:腹壁切口下低回声(脓肿)。

初步诊断:腹壁切口肿物。

入院后送检腹壁切口脓液,病理诊断:(腹壁脓肿)涂片中未找到恶性肿瘤细胞。7月6日行腹部瘢痕切除术,探查所见:原切口处无组织结构,全为瘢痕组织,有脓肿结节,结节间有一腔隙,有少许炎性物。术中切除两个瘢痕结节,腔隙敞开,引流腔隙脓液,进行清创,术后给予抗感染等对症治疗。7月7日患者出院,出院诊断:腹壁切口瘢痕并脓肿形成。

患者,女,44岁,因“卵巢囊肿、输卵管、阑尾切除术后切口反复感染1年余”于术后1年的8月7日入住D医院。

专科情况:腹部平坦,腹式呼吸存在,无腹壁静脉曲张,未见肠型及蠕动波,下腹部见一长约10 cm横行手术瘢痕,术后瘢痕左上方压痛明显,无反跳痛,未触及包块。

辅助检查:8月13日E医院B超提示,下腹部腹壁切口深方腹壁层含液性病灶,考虑脓肿。

初步诊断:下腹部脓肿。

入院后超声检查示:(1)宫颈纳氏囊肿;(2)盆腔积液;(3)左侧卵巢囊肿,考虑为炎性包块;(4)右侧卵巢声像图未见明显异常。

浅表彩超示:下腹壁低回声包块,多考虑为炎性包块。

CT检查示:(1)前下腹壁软组织肿块,多考虑炎性包块;(2)两侧附件区条形高密度影,多考虑术后改变。

根据病史及各项检查,入院后诊断:(1)下腹壁脓肿;(2)阑尾切除术后;(3)

输卵管切除术后;(4)宫颈纳氏腺囊肿;(5)卵巢脓肿(左)。患者及家属要求出院回当地医院治疗。

患者,女,44岁,因“卵巢囊肿术后伴阴道排脓及腹壁反复炎性包块1年,加重1月余”于术后1年的9月2日来E医院。

B超提示:于下腹壁切口深方腹壁内探及3.5 cm×3.3 cm×1.3 cm含液性病灶,形态不规则。

超声诊断:(1)下腹部腹壁切口深方腹壁层含液性病灶,考虑脓肿;(2)宫颈多发纳囊,盆腔积液。

为进一步诊治,遂以“下腹部肿块”收住。9月3日在连硬外麻醉下行腹壁炎性肿物切除术+子宫全切除术。

术后病检报告:(1)子宫内膜呈增生期改变;(2)宫颈慢性炎症伴潴留囊肿及腺体鳞化;(3)“腹壁”异物肉芽肿。

9月22日患者出院,切口II/甲愈合,痊愈出院。

出院诊断:(1)卵巢囊肿术后;(2)腹壁切口炎性肉芽肿;(3)宫颈囊肿伴腺体鳞化;(4)宫颈囊肿;(5)盆腔炎;(6)子宫内膜增生。

二、矛盾焦点

患方:医方手术行为不规范,术后切口感染,主治大夫采取反复刮刀口,并采取往感染处直接撒食用白糖的方法促使切口愈合,但手术切口反复化脓感染,经多次治疗仍无法愈合。医方的手术措施与切口处撒白糖不符合医疗规范,构成医疗事故。

医方:患者腹壁切口脂肪液化、感染属于手术常见并发症,与其本身体质有关。切口感染后撒白糖是多年临床经验,可促进肉芽组织生长。肉芽肿异物术后形成有可能是线头造成的,手术中的缝线、滑石粉均可形成异物性肉芽肿。

三、案例评析

1.患者主要疾病为卵巢囊肿、阑尾炎,手术指征存在,手术操作无明显失误。手术切口在愈合过程中发生脂肪液化、感染,是感染性脏器手术后常见的并发症，与手术本身没有因果关系。

2.切口不愈合早期没有扩创到位，只进行了简单的探查。

3.反复刮切口的时机选择不当。

4.伤口处撒白糖促进伤口愈合是民间使用的方法，不符合临床操作规范。

5.患者手术切口脂肪液化、感染、不愈合属于术后常见并发症，与医方的上述过失行为无直接因果关系。

案例九

一、病史摘要

患者，女，48岁，××年3月1日上午9:00入住A医院。

主诉：大便带血伴乏力、便时不适5个月，加重10 d。

入院前1个月在门诊肛肠外科做直肠指检，疑为直肠癌，治疗无效。近10 d发现便前及便时有少量新鲜血，伴不适感，再次来门诊，病检报告为正常肠黏膜，对症治疗无效，收住入院。

体查：浅表淋巴结不大，膝胸卧位10—12点处可触及一3 cm×3 cm大小包块，硬度中等，质地不光滑，界限不清，触时出血，活动度不大；心电图、胸腹透视均正常，盆腔CT检查未见明显异常。

钡剂结肠造影印象：直肠癌。

诊断：直肠癌。

经术前小结，家属签字同意，于3月8日在连硬外麻醉下行直肠癌根治术。术中探查肝脏未见异常，肠系膜淋巴结、腹主动脉旁淋巴结未触及肿大，腹膜反折处触及包块约3 cm×6 cm，直肠活动度可，决定行直肠癌根治术+结肠造瘘术。术后抗感染、支持、对症治疗。

病理检验报告：（直肠）中分化腺癌，癌组织浸润达肠壁肌层，上、下切缘未见癌细胞累及。因术后粘连形成，于3月18日、3月25日行两次粘连带松懈术。3月27日粘连带再次形成，当日患者及家属自动要求出院。

B医院检查：

术后8年的7月12日门诊病历：直肠癌术后8年，大便不能控制。人工肛门口大约5 cm，向外脱出，有轻度疝。

腹部超声报告：肝大小正常，肝囊肿(多发)。胆、胰、脾大小正常，图像未见异常。

C医院术后9年的6月18日彩超报告提示：右肾肾囊肿(?)，肝、胆、脾、胰、左肾未见明显异常。胸部正位X线片未见明显异常。

D医院术后9年的11月24日超声报告：(腹壁、腹腔、腹膜后)造瘘口周围未见明显异常。

E医院检查：

术后10年的1月6日肛肠科门诊记录：腹软，未触及包块，人工肛门内未触及异常；自阴道检查未触及骶前复发迹象。

B超报告：右肾囊肿，绝经后子宫、肝、胆囊及胆道系统、脾、胰、左肾未见明显异常。胸部正前位X线片正常。化验CA19-9结果28.91 U/mL(参考范围0.00～27.00)，癌胚抗原1.68 ng/ mL(参考范围0.00～3.40)。

F医院术后10年的1月7日CT上腹部平扫检查报告：直肠癌术后改变；腹壁切口疝；腹壁静脉曲张。

二、矛盾焦点

患方：医方不负责任，10年前将患者误诊为直肠癌，错误地进行了3次手术，切除通便的肠子，在左下腹行结肠造瘘。医方“手术活检标本”是伪造的。10年痛苦，现证明不是癌症。构成医疗事故。

医方：我院对患者的诊疗过程完全符合程序，诊断明确，手术方式得当，病理回报为中分化腺癌。该病例现在存活，说明治疗正确。

三、案例评析

1.医方根据患者的症状、体征、钡剂结肠造影及术中所见，诊断患者为直肠癌,并行直肠癌根治术加结肠造瘘术。

2.A医院术后病检报告:(直肠)中分化腺癌,癌组织浸润达肠壁肌层。省医学会鉴定组专家会诊医方的以上病理切片,证实为直肠中分化腺癌,癌组织浸入肌层。

3.医方诊断患者为直肠癌正确,手术方式选择得当。患者术后恢复良好,11年未发现癌症复发或转移。不构成医疗事故。

案例十

一、病史摘要

患者,男,47岁,××年4月3日入住A医院外科。

主诉:间歇性右上腹疼痛4年,加重1周。

B超确诊为胆结石。入院前1周进食油腻食物出现右上腹疼痛,持续性胀痛,向腰背部放射,伴恶心。

体查:全身皮肤黏膜及巩膜无黄染,右上腹压痛,墨菲氏征阳性。

诊断:急性胆囊炎,胆囊结石。

于4月4日在全麻下行“腹腔镜胆囊切除术”。术中见肝下局部大网膜粘连,腹腔无渗液。分离粘连,暴露胆囊,见胆囊肿大,张力高,胆囊底局部坏疽发黑,浆膜层增厚,胆囊管约1 cm粗。因术前B超提示胆总管未见异常,故将胆囊壶腹部提起,充分暴露胆囊Calot三角内胆囊管、肝总管、胆总管的解剖关系。用电凝钩将胆囊管后下方浆膜切开,剥离胆囊管,使其完全游离,确认胆总管和胆囊管关系后,术者扶持钛夹在距胆总管0.5 cm处上2枚钛夹钳闭胆囊管,靠胆囊侧上1枚钛夹钳闭,然后剪断胆囊管,分离胆囊动脉,钳闭、离断。提起胆囊,用电凝钩自胆囊床剥离胆囊,胆囊床电凝止血,自剑突下取出胆囊。检查Calot三角、十二指肠、胆囊管和胆囊动脉残端,无异常,于肝下置橡皮引流管一根,结束手术。

术后诊断:急性坏疽性胆囊炎;胆囊结石。

术后给予抗感染、对症处理。因术后腹腔引流均为胆汁样液,引流量为100~220 mL,行经内镜逆行胰胆管造影(ERCP)等检查后,考虑迷走胆管损伤,或胆总管微小损伤,但无二次手术的指征。于4月17日出院休养。

出院医嘱:注意饮食,门诊随诊。

4月28日再次入住医院。

主诉:胆囊切除术后22 d,上腹部不适伴皮肤黄染2 d。

查体:全身皮肤黏膜黄染,巩膜黄染,腹平软,腹壁静脉无曲张,剑突下见一橡皮引流管,引出清亮黄色液体,肝、脾、肋下未触及,上腹部压痛,右侧明显,墨菲氏征阳性,肝区叩击痛阳性。4月13日CT示:胆总管上段梗阻。

初步诊断:腹腔镜胆囊切除术后;梗阻性黄疸。

4月29日在插管全麻下行剖腹探查、Roux-en-Y吻合术。腹腔镜探查,粘连紧密,中转开腹,分离粘连,显露胆囊三角4枚钛夹位置,所夹组织辨认不清,取出钛夹,解剖肝门及肝十二指肠韧带,未见近端所断胆管,远端胆管造影,显示此段胆管及十二指肠,胆管分叉及左右肝管未显影。经会诊,不能排除手术损伤胆总管、右侧肝管。故行肝门胆肠Roux-en-Y吻合术。吻合口置腹腔引流,吻合口内置橡皮引流。术后给予抗感染、补液等治疗措施,黄疸未消退,直接胆红素无明显下降。病人及其家属要求转院,于5月6日出院。

同年5月8日9:20在转往C医院的途中发生大量血便,遂到B医院就诊。查体:BP 107/70 mmHg,面色苍白,巩膜中度黄染。诊断:消化道出血。给予对症、观察处理。

同年5月12日16:14入住C医院,主诉:黄疸半月伴上腹胀闷,便血5 d。5 d前于途中血便约800 mL,于B医院抗休克、止血治疗,又黑便一次约700 mL,输血三次计2000 mL,黑便停止。查体:BP 110/70 mmHg,全身皮肤黏膜黄染,腹平软,右上腹切口敷料覆盖,自带右肝管引流及腹腔引流各一枚接袋,均无液体引出。切口周围轻压痛,墨菲氏征阴性。诊断:胆道的其他疾病(胆结石术后胆道损伤)。同年6月12日行高位胆道成形术。治愈,于7月9日出院。

术后1年的9月26日16:00再次入住C医院,主诉:高位胆管成形术后1年伴肝损。去年6月11日高位胆管成形术后，患者一度黄疸，肝功能呈明显下降趋势。体查：皮肤巩膜无黄染，中上腹见陈旧性手术瘢痕及腹腔引流孔瘢痕，无压痛及反跳痛，肝脾区无叩击痛，肝脾肋下未及。诊断：手术后胆管狭窄。于10月13日在全麻下行复杂肠粘连松解术，胆道镜检查，肝组织活检术。手术顺利。10月16日××医学院病理学系报告：Steato hepatitis and mild fibrosis 。于10月23日出院。出院诊断：肝胆管扩张（高位胆管损伤修复术后）

D医院于术后2年的11月12日门诊诊断：(1)胆管狭窄；(2)胆囊切除术后；(3)胆肠吻合术后。

术后2年的7月9日，司法鉴定所的司法鉴定书鉴定意见：被鉴定人因胆道损伤致肝功能中度损害，被鉴定为四级伤残。

二、矛盾焦点

患方：医方违反诊疗常规，手术操作严重失误，误伤肝管和胆总管，使胆总管远端消失，左、右肝管横断端入肝。术后多家医院检查，患者为胆囊切除后胆管狭窄、胆汁性肝硬化。术前检查、手术探查，患者的肝脏完全正常，不可能存在“长期胆囊炎症，胆囊三角区解剖关系不清，手术难度大”的问题。医方的手术失误，导致患者人身严重损害，构成二级乙等医疗事故，医方应承担完全责任。

医方：对患者的诊断明确，无手术禁忌证，选择麻醉、手术方式恰当。术中意外损伤胆总管属手术并发症。诊疗过程无违反卫生法律法规及诊疗常规，无医疗过失，履行了应尽的救治义务。意外损伤患者的胆总管后，医方积极采取措施，配合治疗，履行了应尽的救治义务。目前恢复良好，无肝功损害。

三、案例评析

1.医方诊断患者为急性坏疽性胆囊炎、胆囊结石，为患者行腹腔镜胆囊切除术，诊断、手术指征明确。

2.医方手术操作失误，术中损伤患者胆道。二次手术胆肠吻合未能达到应有的治疗作用，致使患者以后多次手术，给患者造成人身损害。医方的手术失误与患者的人身损害之间有直接因果关系，医方应负主要责任。

3.第四次手术中探查胆肠吻合口通畅。近日复查肝功能有轻度异常。

4.患者胆囊周围组织粘连严重,高度水肿,解剖困难,手术有一定难度。

案例十一

一、病史摘要

患者,男,3岁,××年3月29日入住A医院小儿科。

主诉:间歇性腹胀4个月余。腹痛,大便次数及量均减少,尿少,迷睡,精神不振,病情加重,食欲不振。

体查:T 36 ℃, P 80次/分,R 28次/分;发育正常,意识清楚,腹部隆起,肝脾不大,全腹压痛,叩呈鼓音,肠鸣音减弱。

诊断:肠梗阻。

诊疗计划:查三大常规,暂禁食,抗感染、补液、对症治疗。请外科会诊,考虑巨结肠症,转外科治疗。

外科初步诊断:肠梗阻,先天性巨结肠(?)。给予抗感染、支持、对症处理,胃肠减压。

钡灌肠点片印象:先天性巨结肠。

经术前总结,家属签字同意,于4月3日在全麻下行“先天性巨结肠切除术”。

术中查:乙状结肠、降结肠明显扩张,肠壁增厚,结肠脾区及横结肠扩张,肠壁轻度增厚。诊断巨结肠无误。决定行巨结肠切除、直肠后结肠拖出术。术中输血200 mL,术后抗感染、止血、支持、对症处理。

术后患儿哭闹,术后第3天开始发烧,38.0 ℃,仍有间歇性腹痛、腹胀,拍片及腹透后示肠梗阻,准备手术探查。向家属交代病情并签字同意手术。于4月14日行剖腹探查、直肠盲端修补、腹腔引流、结肠造瘘术。打开腹腔即有较多脓性分泌物流出,小肠、结肠充气扩张,小肠粘连,肠间有脓性分泌物。分离粘连,吸出脓液约800 mL,直肠盲端完全破裂,黏膜外翻,用4号线全层缝合破裂的盲端,用大量生理盐水冲洗腹腔。由于肠管水肿,决定行结肠造瘘。造瘘管长约5 cm,于左下腹做孔穿出腹壁并固定于腹壁上。

4月28日B超提示:腹腔液性暗区性质待查,腹腔残余脓肿(?)。于4月29日行直肠残端瘘修补、回肠造瘘、腹腔引流术。术中见腹腔脓肿约3 cm×3 cm×5 cm 直肠残端破裂(瘘),有大便从此流出。缝合残端,温盐水冲洗脓腔。为防止直肠残端再破裂,行回肠造瘘。

6月4日病程记录:腹部感染切口已愈合,患儿体质逐渐恢复。可出院休息,加强营养,2～3个月后来院复查。6月4日出院。

术后1年的4月17日再次入院,主诉:巨结肠术后1年,重新改道。于4月25日行"直肠腔内结肠拖出术"。接通肛腔,打开腹腔,见肠管与腹壁粘连严重,剥离粘连,从肛腔内拖出结肠。手术顺利。

5月17日病程记录:今晨换药,伤口干燥,愈合较好,伤口内肉芽组织长满,肛管内无脓液流出,体温近日一直正常,患儿一般情况良好,家属要求出院在家治疗、休养,同意带药出院,在家治疗。5月17日出院。

二、矛盾焦点

患方:医方第一次巨结肠手术切除未成功,连做了4次手术失败。医方说谎,推卸责任,拒绝治疗,导致患者病情严重且复杂,无法再手术。

医方:患者先后3次住院期间,我院对患者采取的治疗措施得当,用药科学合理,术前向家属交代可能出现的并发症,手术严格按操作规程,未违反诊疗常规,出现并发症后积极治疗,不存在过失。

三、案例评析

1.医方根据病史、查体及X线检查,诊断患者为先天性巨结肠,有手术适应证,于××年4月3日在全麻下行"先天性巨结肠切除术"。

2.术前准备不足,未给患者充分灌肠。

3.术前未给患者服用抗生素预防感染。

4.术后未给患者放置引流管。

5.先天性巨结肠根治术不规范。

6.医方的以上医疗过失，给患者造成了损害，是患者术后反复感染、肠梗阻、腹膜炎、直肠残端瘘等一系列并发症又多次进行手术的直接原因，医方应承担一定责任。

7.先天性巨结肠手术治疗难度较大，并发症相对较多。

案例十二

一、病史摘要

患者，女，39岁，××年12月4日入住A医院。

主诉：间歇性右上腹疼痛1年余，加重3 d。

2月13日行B超示：慢性胆囊炎，胆结石。

专科情况：皮肤黏膜及巩膜无黄染，浅表淋巴结无肿大。腹平软，未见肠型及蠕动波，右上腹压痛(+)，墨菲氏征(+)，肝脾未及，未触及包块，无移动性浊音，肠鸣音约4次/分，双肾区无压痛及叩击痛。

初步诊断：慢性胆囊炎急性发作，胆囊结石。

12月5日B超报告：胆囊炎，胆囊壁水肿，胆囊结石。

经术前小结，向患者及其家属交代病情，于12月15日行“腹腔镜胆囊切除术”。术中见胆囊壁充血、水肿，周围轻度粘连，有渗液。分离胆囊动脉和胆囊管，胆囊动脉近端钛夹，远端电凝后切断；胆囊管近端夹2个钛夹，远端夹1个钛夹后从中切断，沿胆囊床切下胆囊，止血，吸净积血，取出胆囊，各脏器表面未见异常及损伤。清点器械、敷料无误，关闭切口。术后给予抗感染、止血、补液等治疗。患者术后情况良好，无腹痛、腹胀，食欲可。于12月21日出院。

术后1年的3月16日再次入住A医院。

主诉：间歇性上腹部胀痛4 d，伴皮肤黄染2 d。

3个月前行腹腔镜胆囊切除术，术后有间歇性恶心，复查B超和胃镜检查提示:胆汁反流性胃炎。体查:皮肤黏膜轻度黄染,巩膜黄染,腹平坦,上腹部压痛(+),肝、脾未及,未触及包块,无移动性浊音,肠鸣音约3次/分。

B超示:肝内胆管轻度扩张,胆囊切除术后,胆总管上段扩张;胰腺回声减低。肝功检查:总胆红素226.5 μmol/L,直接胆红素155.3 μmol/L,谷丙转氨酶282.0 U/L,谷草转氨酶287.0 U/L。

诊断:(1)梗阻性黄疸;(2)急性胆管炎。

给予抗感染、补液、保肝、降酶等治疗,皮肤黏膜及巩膜黄染略减轻。

3月26日超声提示:(1)肝内胆管轻度扩张,左肝内所见强光点(管壁钙化,胆管结石);(2)胆囊切除术后,胆总管起始部扩张,其内所见强光点(胆泥,其他)。

因胆总管扩张,内有异物,有手术胆总管探查的指征,但患者及家属不同意,准予出院,并签字。3月30日出院。

术后1年的4月5日入住B医院。

主诉:进行性皮肤黄染伴右上腹胀痛20余d。

专科情况:全身皮肤黏膜黄染,巩膜中度黄染,右上腹压痛,无反跳痛。

腹部CT示:胆总管扩张并结石,肝、胰、脾及双肾未见异常。

初步诊断:(1)梗阻性黄疸;(2)胆总管结石。

4月9日行“剖腹探查、肝总管探查、T管引流术”。术中见肝脏肿大,呈灰绿色,无光泽,瘀胆样改变,肝门处粘连,分离粘连,见钛夹3枚,反复寻找,无法找到胆总管,近肝门处仅见到肝总管,但肝总管扩张不明显,向家属交代病情,决定行肝总管切开,T管引流术,切开肝门处肝总管,见黑褐色胆汁流出,用胆道探子探查肝管通畅,但肝总管下端闭塞,于肝总管放置T管,间断缝合肝总管,于网膜孔放置引流管,连同T管于切口右侧戳孔引出固定。

术后诊断:梗阻性黄疸。

给予抗感染、支持及对症治疗,病情好转,于4月23日出院。

二、矛盾焦点

患方:医方手术过失,没有夹好钛夹造成胆汁泄漏,救治不及时,医方的许多不确定因素，使患者遭受重大损害，构成医疗事故。

医方：我院未违反诊疗常规，手术本身亦无不当之处。患者出现“梗阻性黄疸及胆管炎”并不是治疗失误造成，我院无责任。

三、案例评析

1.医方对患者的诊断正确，为慢性胆囊炎急性发作、胆结石，手术指征明确。经术前准备，向病人告知，病人及其家属签字同意，行“腹腔镜胆囊切除术”。手术成功，术后情况良好，术后6天出院。医方的诊治、手术无违规行为。

2.患者第一次手术后3个多月，入住B医院，诊断梗阻性黄疸、胆总管结石，行剖腹探查术、肝总管探查、T管引流术。术中见肝大，灰绿色，肝门处粘连，见钛夹3枚，无法找到胆总管。手术记录及病历中未描述腹腔内有胆汁。经治疗未能找到梗阻原因，建议转条件好的医院医治是正确的。

3.患者第一次手术后3个多月出现梗阻性黄疸，属于患者自身原有胆道系统疾病逐渐发展而成，与医方的第一次手术无关。医方第一次手术时放置的钛夹，是手术需要的医用器材，放置正确。第二次手术时取出2枚，是手术操作的需要。

案例十三

一、病史摘要

患者，男，26岁，××年11月9日入住A医院。

主诉：“上腹部持续性疼痛10 h”。

体查：腹平，上腹部有明显压痛，下腹部有轻度压痛和反跳痛，未触及明显包块，移动性浊音阴性，肠鸣音减弱。

彩超提示：(1)肝包虫；(2)腹腔积液(少量)。

诊断：(1)肝包虫自发性破裂；(2)急性腹膜炎。

经术前总结，家属签字同意，于11月9日行剖腹探查、肝包虫破裂内囊切除、外囊引流、腹腔引流术。术中见腹腔内有多个包虫子囊，以左上腹为多，肝左叶脏面有一包虫囊破裂，裂口长约4 cm，用大纱布保护裂口周围，将吸引器头深入包虫腔内，有数百个大小不等的子囊被吸入，并可见少许胶冻样物，用福尔马林液固定10 min后用盐水和碘伏纱布擦洗内囊壁，切除部分囊壁，见囊腔约13 cm×10 cm大小，缝合肝包虫外囊管，并放置一蘑菇头引流管，用大量生理盐水冲洗腹腔，并将小肠拉至切口外冲洗，后用3%高渗盐水冲洗腹腔。分别在小网膜孔和左下腹各放置一硅胶管引流。查无活动性出血，依次缝合各层。手术顺利。家属过目切除标本，取少量送病检。病检所见：少量炎性渗出物及坏死组织。术后给予抗感染、止血、支持、对症治疗。术后第14天，肝包虫残腔引流管24 h引流出淡黄色液体约20 mL，准予出院。待肝包虫残腔引流管引流量少时来院行B超检查后拔管。

患者，男，术后1年的12月1日入住B医院。

主诉：间歇性右腹针刺样疼痛3个月余。去年11月在当地医院行肝包虫手术。

查体：腹平坦，右上腹可见一引流管通畅在位，腹软，右腹压痛(+)，反跳痛(－)，肝脾肋下未触及。

包虫残腔造影(外院)示：考虑引流管与肠道瘘管形成。

初步诊断：肠瘘。

12月8日行胆囊切除、瘘管切除、胃修补术。探查见瘘管被网膜包围，经胃前壁延伸至肝胃韧带。胆囊与大网膜粘连，壁厚，可触及泥沙样结石。

术中诊断：(1)胃瘘；(2)胆结石。

遂决定行胆囊切除、瘘管切除、胃修补术。

术后诊断：(1)肝包虫术后；(2)胃瘘；(3)胆囊结石。

术后给予抗感染、补液、营养、支持及对症治疗，病情恢复良好，伤口愈合好，于12月17日出院。

二、矛盾焦点

患方：医方手术严重违反操作规范，放置的引流管与胃体小弯侧接触，致使引流管上段走行区局部与胃体小弯侧间瘘管形成,发生胃瘘,给患者造成损害。医方的过失与患者的损害之间有直接因果关系,构成医疗事故。

医方:肝包虫术后残腔放置引流管是一重要治疗措施,引流管的拔除要根据术后引流液量。患者来院复查,引流量多在10~15 mL/d,且彩超提示有大小不等的肝包虫残腔,无拔出引流管的指征。引流管与腹腔内脏器和组织粘连是正常并发症。治疗无过错。

三、案例评析

1.医方诊断患者为肝包虫自发性破裂、急性腹膜炎,行肝包虫破裂内囊切除、外囊引流、腹腔引流术。术中放置引流管的指征明确:①肝包虫残腔引流管引流出淡黄色液体;②切除包虫囊壁标本病理检查见有炎性渗出物及坏死组织。

2.根据术后引流管引出物的性状和引流量,决定了该患者不宜短期内拔管。而引流管长时间在腹腔内放置,就可能形成胃瘘。在现有医学科学技术条件下,这是不能防范的不良后果。

案例十四

一、病史摘要

患者,女,60岁,××年2月26日16:00入住A医院。

主诉:右侧腹股沟区无痛性包块病史10年。包块鸡蛋大小,10年无增大或缩小。既往有胃炎及胃溃疡病史10年、高血压8年。

体查:T 36.5 ℃, P 100次/分,R 22次/分,BP 140/78 mmHg,心、肺未发现异常,全腹无明显压痛,无肌紧张,肝、脾、肾未触及,无移动性浊音,肠鸣音如常。

外科情况:右腹股沟区见鸡蛋大小的包块,皮色不红,触及皮温不高,质地中等,表面光滑,边界清楚,活动度较大,压痛轻微,包块大小与病人咳嗽和深呼吸无关。

B超示：右腹股沟区囊实性包块。

初步诊断：(1)右腹股沟区包块性质待查；(2)腰椎骨质增生；(3)颈椎骨质增生；(4)高脂血症；(5)胃炎；(6)胃溃疡；(7)高血压。要求手术治疗右腹股沟区包块。

2月27日下午在局麻下行“包块切除术”。术中见包块成囊性，色灰暗，椭圆形，长轴与腹股沟韧带平行，长轴直径约6 cm，横径约4.5 cm，剥离包块表面皮下脂肪层至包块根部，仔细反复触摸根部，囊肿根部与腹股沟韧带致密连接，为了不伤及股动脉、肠管、股神经等重要器官，故术中断离囊肿根部，钳夹根部后紧贴囊肿壁断离囊肿，囊壁破裂，溢出紫黑色血凝块约80 mL，囊壁明显呈双层，内壁厚0.4 cm，外壁厚0.2 cm，内壁趋于坏死，外壁色淡。缝扎囊肿根部。术程顺利。

术后诊断：右侧腹股沟韧带囊肿。

术后腹痛难忍，查腹平软，全腹压痛，肠鸣音弱。给予抗感染、对症治疗，胃肠减压。考虑不全肠梗阻，腹膜炎。于3月7日行“剖腹探查”术，术中未见到大网膜，小肠粘连成团，肠壁水肿，部分肠壁色泽较红暗，肠管表面多处有脓苔形成，分离脐周围小肠时见小肠两处穿孔，位于空回肠交界处肠系膜对侧缘，两穿孔距离约12 cm，局部水肿较明显。术中诊断：弥漫性腹膜炎、肠穿孔、肠粘连、肠梗阻。家属签字后行肠粘连松解、腹腔冲洗及引流、肠管外置术。术毕发现原腹股沟切口拆线后切口裂开，修剪边缘后重新缝合。术后特护、持续胃肠减压、吸氧、雾化吸入等。

3月17日记录：病人精神差，睡眠差，全身不适，不能饮食，腹平坦，无明显压痛，肠鸣音如常，腹壁切口轻微红肿，深压痛，切口下段有少量稀薄液流出，已间断拆线。腹股沟切口红肿轻微，无压痛，无液体流出，二次缝合后线未拆。造瘘管周围皮肤红肿，外置肠管仍充血水肿，表面脓苔形成，近端造瘘口今日引出黄黑绿色液体1500 mL，远端造瘘口未引出液体。同意家属要求，即刻转院。

3月19日入住B医院，诊断为肠瘘。给予禁食水、全胃肠外营养、胃肠减压、止血、抗感染、补液等处理，用生长抑素等减少消化酶分泌，用胃酸抑制剂减少胃酸分泌，及时换药。入院1周后患者进流食，病情明显改善，于4月8日在连硬外麻醉下行“肠管切除吻合术、清创缝合术”。术后病情好转，于4月20日出院。

二、矛盾焦点

患方：医方存在严重的医疗过失行为：术前准备不充分，对疾病认识太局限，第一次手术前无签字；手术操作不当损伤肠管，导致腹膜炎。医方应负完全责任。

医方：根据病史、包块腹部探查、手术所见、手术程序，可完全排除肠管损伤是由第一次手术所致。肠管损伤的原因考虑为：肠管原发性疾病、原发性腹膜炎、急性盆腔炎、其他原因所致继发性腹膜炎、自发性肠穿孔。

三、案例评析

1.××年2月26日，医方诊断患者为右腹股沟包块，2月27日行包块切除术。术后病人腹痛难忍，全腹压痛，振水音阳性，肠鸣音减弱。3月7日行剖腹探查确诊为弥漫性腹膜炎、肠穿孔、肠粘连、肠梗阻。行肠粘连松解、腹腔冲洗及引流、肠管外置术。3月19日转入B医院，诊断为肠瘘，4月8日行肠管切除吻合术、清创缝合术，术后病情好转出院。本次鉴定会现场专家检查患者后诊断：腹壁切口疝。

2.根据患者术后的临床表现及手术所见，医方手术存在过失，手术损伤小肠系膜（考虑为股疝的外环口嵌顿小肠系膜致粘连而长期无法还纳），致肠穿孔、弥漫性腹膜炎、肠粘连、肠梗阻、肠瘘，以后又进行第二次、第三次手术，现又出现腹壁切口疝，均为医方手术过失给患者造成的损害。手术过失与患者的损伤之间有直接因果关系，医方应负主要责任。

3.根据患者的病史及临床表现，患者为女性股疝。股疝发病率低，病情隐匿，诊断有一定困难，手术亦较复杂。

案例十五

一、病史摘要

患者，女，5岁7个月，××年4月3日19:30因“左侧嵌顿疝”还纳数次未成功，故来A医院急诊手术治疗。患儿烦躁不安，腹平软，左侧腹股沟隆起，质硬，活动度尚可，触痛明显，余未查。患儿入院前4 h嵌顿。在氯胺酮麻醉下行疝囊高位结扎术。手术1 h余，出血不多，麻醉满意。术后诊断：腹股沟斜疝嵌顿。4月6日出院。

术后7年的8月28日患者再次入住A医院，12岁，主诉：左侧下腹部肿块疼痛3 d。

体查：T 37.6 ℃，P 80次/分，R 21次/分，BP 80/50 mmHg，腹平，左下腹腹股沟处可见手术瘢痕，有一3 cm×3 cm包块，质软，轻微压痛，按压后消失，移动度可，全腹无反跳痛，肝脾未触及，移动性浊音阴性。

初步诊断：(1)左侧嵌顿疝；(2)左腹股沟包块待查。

经术前小结，家属签字同意，于8月28日行“左腹股沟嵌顿疝还纳、包块探查术”。术中见左外环口处为囊性肿块，位于左腹股沟管，腹膜外，大小约3.4 cm×10 cm。仔细探查包块见近端呈细条索状，向下方反复折叠粘连。松解粘连带后，在索条带内前方有一约3.0 cm×3.4 cm肿块，约一半呈囊性，另一半为实质性。条索带与左侧子宫角相连。肿块位于左宫角内下方，子宫前壁前方。盆腔内未见左输卵管及卵巢。考虑肿块为卵巢，囊肿为输卵管可能性大，且近端闭塞，远端呈巨大囊性盲端，壁极薄。向家属交代病情，家属签字同意。离左宫角1 cm处切除囊肿，宫角下方肿块切开囊肿放出约2 mL微淡黄液，腔内用碘伏消毒并止血。关腹并将肿块置于腹膜外，依次关闭切口。标本送家属嘱病检。

二、矛盾焦点

患方:术后7年的病变是医方第一次手术不当所致。术后7年的8月28日手术前,医方未做全面检查,诊断错误,主观臆断为“疝气”,未行保守治疗就手术。术中发现问题,在诊断不明的情况下,即决定切除左侧输卵管。医方将切除物扔在垃圾桶内,未做病检。医方违反诊疗常规,应负完全责任。

医方:医务人员在医疗活动中恪尽职守,尽心尽力,无违规行为,无过失。患者无人身损害事实,患方主观臆测医方切除的是左侧输卵管囊肿,缺乏诊断依据。患方拒不将切除物进行病检,应承担责任。

三、案例评析

1.术后7年患者入院,医方初步诊断为:①左侧嵌顿疝;②左腹股沟包块待查。入院当日即行“左腹股沟嵌顿疝还纳、包块探查术”。医方存在以下违反诊疗常规行为:

(1)未诊断清楚,也未进行保守治疗观察,术中未请妇产科医生会诊即将左侧输卵管误认为囊肿切除。手术记录描述:探查“考虑肿块为卵巢,囊肿为输卵管可能性大”,“离左宫角1 cm处切除囊肿,宫角下方肿块切开囊肿放出约2 mL微淡黄液”。

(2)切除标本后未送病理检查。

2.女童的左侧输卵管被切除,与医方的手术失误有直接因果关系,医方应负一定责任。

3.患者为女童,输卵管、卵巢不易辨认,手术有一定难度。

4.××年4月3日入院后的诊断、手术,符合诊疗规范。

案例十六

一、病史摘要

患者,男,56岁,××年10月16日入住A医院外一科。

主诉:间歇性右上腹胀痛不适4年余。

10月14日门诊彩超示:胆囊结石(多发),胆囊炎。3年前的6月曾行小肠部分切除术。

体查:心肺(-),腹平坦,未见蠕动波,右下腹可见原手术瘢痕愈合,长约20 cm,腹软,未扪及包块,右上腹轻压痛,余(-)。

初步诊断:胆囊结石并胆囊炎。

经术前小结,家属签字同意,于10月18日在全麻下行“腹腔镜胆囊切除术”。术中见小肠与网膜及腹壁广泛粘连,于剑突下进镜后于脐上无粘连处小心进戳,胆囊切除后因胆囊体积大,充满结石,于脐下取胆囊时将脐下粘连小肠损伤约1.0 cm×0.8 cm破裂口,胆囊取出后扩大脐下切口,将破裂小肠全层间断缝合,并将肌层包埋,切口皮下放置皮管引流,术毕。10月25日腹部胀痛,呕吐,10月26日X线腹透示:肠梗阻。给予胃肠减压、禁食等保守治疗5 d,胃肠功能未恢复。于11月7日行“粘连松解,小肠部分切除术”。术后第7天发现肠瘘,给予禁食、胃肠减压、支持补液、切口敞开引流等治疗。11月12日转入B医院普外科。诊断:肠瘘。住院35 d,治愈。

11月12日入住B医院普外科。

主诉:肠梗阻术后8 d,切口渗肠液4 d。

体查:腹平坦,未见胃肠型及蠕动波,上腹部可见一长约10 cm切口,裂开约7 cm,渗出黄色混浊液,右下腹轻压痛,下腹部呈板状无压痛,腹水征阴性,肠鸣音未闻及。

初步诊断:(1)肠梗阻术后;(2)肠瘘;(3)肠梗阻。

入院后行抗感染、抑制胃肠液分泌、对症处理，现腹部切口基本愈合，进食尚可，二便正常。于12月17日出院。出院诊断：肠瘘。

二、矛盾焦点

患方：医方手术不认真，违反操作规程，行腹腔镜胆囊切除术，将小肠撕破，进行缝合；1周后诊断粘连性肠梗阻，再次手术切除小肠40～50 cm，后形成肠瘘。属医疗事故。

医方：诊断明确，有手术指征，手术操作符合规范及常规。损伤肠管是胆囊体积大，下腹部粘连较严重，属手术并发症。第二次手术见部分肠管与脐下形成瘢痕粘连，故行小肠部分切除，术后肠瘘是肠切除的并发症。对并发症进行了及时处理，临床治愈。不构成医疗事故。

三、案例评析

1.患者入院前有小肠部分切除史，医方行“腹腔镜胆囊切除术”，适应证、术式选择过宽。

2.医师术中操作不仔细，手术牵拉致小肠破裂，出现肠瘘。第一次手术腹腔内未放引流管，二次手术处理肠破裂技巧欠缺，又出现肠瘘。

3.由于上述两点，给患者造成肠瘘、肠梗阻。违规与肠损伤有直接因果关系，医方应负主要责任。

4.患者既往有小肠切除史，小肠粘连广泛，手术有难度。

案例十七

一、病史摘要

患儿，男，7岁，主因腹痛、腹胀、肛门不排气和排便3 d，于××年7月8日22:40门诊以“肠梗阻”收住A医院。（患方述：9:30入院，9:40到病房）

入院查体:T 36 ℃,P 88次/分,R 23次/分,发育正常,营养中等,神志清楚,全身皮肤黏膜及巩膜未见黄染及出血点,浅表淋巴结无肿大,头颅五官无异常,心肺胸廓未见异常。腹部膨隆,未见肠型及蠕动波,全腹压痛阳性,反跳痛阳性,腹肌紧张,肠鸣音亢进,结肠充气试验及闭孔肌试验阴性。四肢、脊柱、肛门、外阴、生理反射未见异常。

初步诊断:肠梗阻。

治疗:(1)胃肠减压、肥皂水灌肠;(2)抗感染、对症治疗。(患方述:大夫接诊后去做手术,不管病人,拒绝家属手术的要求)

出院医嘱:转院治疗。(患方述:大夫让转院,转院途中无医护人员陪护)于7月8日13:40出院。(患方述:15:30转院,16:40到A院)实际住院3 h。(患方述:住院6 h)

7月8日16:40到B医院门诊就诊,主诉腹痛、腹胀4 d,加重半天。诊断:肠梗阻,感染性休克。病危,特护,吸氧,心电监护,立即建立静脉通道。17:00血压测不到,呼吸急促,心率154次/分。17:45住院。7月8日18:00入住B医院儿内科,入院后患儿处于休克状态,给予改善循环、扩容、升压、抗感染等治疗,于20:30呼吸、心搏骤停,抢救1 h后无效,于21:45临床死亡。7月8日22:00出院。

诊断:肠梗阻、感染性休克、弥散性血管内凝血(DIC)、呼吸衰竭、循环衰竭。

二、矛盾焦点

患方:主治医生没有积极履行救死扶伤的职责,延误了救治患儿的时间,是造成患儿死亡的直接原因。未按医疗操作规程诊治,是造成患儿死亡的又一原因。剥夺了患者及家属的知情权、选择权。构成医疗事故。

医方:患儿病情较重,并向其祖母交代了病情,积极检查治疗,并建议转省级医院治疗。不属于医疗事故。

三、案例评析

1.患者以急诊收住外一病室,医师查体腹部膨隆,全腹压痛、反跳痛阳性,腹肌紧张,肠鸣音亢进;腹透见数个大小不等气液平面呈阶梯状排列。医方肠梗阻的诊断,基本正确,但未明确是何种类型的肠梗阻。

2.根据医师所查体征,该患儿应属机械性肠梗阻,可能还有腹膜炎、肠坏死。医方给予肥皂水灌肠治疗不妥,机械性肠梗阻不宜行灌肠治疗。

3.肠梗阻是外科常见的疾病。患儿入院后,医师未尽职尽责,未及时观察病情,未意识到病情的严重性,未向家属告知病情,未下病重、病危通知单,未给予有效的处理,未及时进行剖腹探查,处理有困难也未及时转院。

4.病儿病情危重,转院时医方无救护车及医护人员陪送。

5.病历记录很不完整、不真实。无医师观察记录,“一般患者护理记录”极简单,24 h入出院记录无医师签名。违反了卫生部《病历书写基本规范(试行)》第三条的规定。

6.由于医方以上1~4项违规行为,使患儿病情加重,延误了最佳抢救时机,致使患儿死亡。医方的违规与患儿死亡之间有直接因果关系,医方应负主要责任。

案例十八

一、病史摘要

患者,女,43岁,因“右下腹疼痛3 d,加重1 h”于××年8月3日到A卫生院。

体查:T 36.8 ℃, P 85次/分,R 20次/分,BP 120/80 mmHg。板状腹,右下腹麦氏点压痛(+),反跳痛(+)。肝脾肋下未触及。墨菲氏征(-),肠鸣音减轻,双肾区无叩击痛及压痛。

初步诊断:(1)急性腹膜炎;(2)急性化脓性阑尾炎。

8月3日在局麻下行“阑尾切除术”。右下腹麦氏点切口3 cm,依次切开皮肤、皮下组织、浅筋膜、深筋膜,切开腹膜,开腹后见大量脓液从切口中溢出,待吸尽脓液后,行腹腔清洗,清洗后拉出回盲部,显出已破损的阑尾尖端,经清洗消毒后对尖端破损部分切除，因阑尾化脓严重充血水肿，以及回盲部肠管充血水肿，无法进行阑尾切除，清洗引流后依次关腹，术后安返病房。术后给予对症支持治疗，生命体征平稳，大小便无异常。8月11日患者出院。

出院诊断：急性化脓性阑尾炎。

患者，女，43岁，主因"经量增多2年余，加重伴下腹痛6个月"于第2年1月14日来B医院。

妇科检查：外阴已产式，阴道通畅，黏膜无充血，白色分泌物量少，宫颈糜烂轻度，质硬，宫体平位增大如孕70 d大小，质硬，盆腔可触及包块，形状不规则，活动度差，有压痛，双附件无压痛，无增厚。

B超检查提示：子宫肌瘤，子宫及膀胱前上方巨大混合性包块，可能来源于卵巢肿瘤。

初步诊断：（1）子宫肌瘤；（2）卵巢肿瘤；（3）慢性宫颈炎。

1月17日在硬膜外麻醉下行"腹式子宫全切术+右侧卵巢肿瘤切除术+左卵巢囊肿剥除术+阑尾切除术"，手术顺利。

术后病理诊断：（1）子宫底肌、浆膜下多发性平滑肌瘤；（2）子宫内膜增生性息肉；（3）子宫颈慢性炎症；（4）"右"卵巢黏液性乳头状囊腺癌，"左"卵巢浆液性囊肿；（5）阑尾闭锁；（6）另见组织为纤维脂肪血管组织。

1月26日患者出院，出院诊断：右卵巢黏液性乳头状囊腺癌，左卵巢浆液性囊肿。

二、矛盾焦点

患方：未确诊病情，没有履行告知义务，在患者及家属没有签字的情况下实施了假手术，实际并没有摘除阑尾。医方的过失和误诊使患者的子宫肌瘤、卵巢癌延误了最佳治疗时机，给患者及家人带来了灾难性的后果。

医方：A卫生院认为在为患者诊治过程中，根据具体病情需要采取了恰当的措施，处理得当，疗效显著，未给患者造成任何精神和身体上的损伤。

三、案例评析

1.医方诊断正确，为急性化脓性阑尾炎，手术适应证明确。术中证实阑尾穿孔，形成局部腹膜炎。因阑尾化脓严重充血水肿，以及回盲部肠管充血水肿，无法进行阑尾切除，只做了阑尾尖端破损部分切除、清理脓腔。

2.该患者的阑尾切除术和子宫肌瘤、卵巢肿瘤等妇科疾病的发生无因果关系，患者目前的损伤是其自身妇科疾病所致。

3.医方对患者的诊疗存在以下过失，但与患者目前的病况无关系：术中没有患者及其家属的签字，术中、术后未将手术情况告知患者及其家属；术后未放置引流管；病历书写不真实、不完整。

案例十九

一、病史摘要

患者，女，60岁，主因“间歇性右上腹疼痛不适1个月余”，门诊以“结石性胆囊炎急性发作”于××年12月5日收住A医院。

体查：T 36.0 ℃，P 76次/分，R 20次/分，BP 140/90 mmHg。神志清醒，精神差，巩膜轻度黄染，右上腹压痛、反跳痛，墨菲氏征阳性。

B超示：(1)结石性胆囊炎；(2)脂肪肝。

心电图大致正常。

初步诊断：脂肪肝。

12月6日在静脉复合麻醉下行“胆囊切除术”，取右上腹腹直肌切口长约8 cm，仰卧位。常规切开皮肤及皮下组织，分别结扎出血点，剪开前鞘，钝性分开腹直肌，打开后鞘及腹膜，探查腹腔，肝脏肿大，边缘变钝，呈脂肪肝。胰、胃、胆总管、结肠、脾均正常。胆囊壁增厚，内有小石数百枚，抬起胆囊，钝锐结合，分离出胆囊管及胆囊动脉，分别钳夹并切断，7号、4号线双重结扎。沿胆囊床逆行剖离胆囊，移出体外，查无活动性出血及胆漏，清点器械及敷料无误后，关腹，逐层缝合组织，伤口覆盖无菌敷料，术后安返病房。术后给予抗感染、止血、止痛、祛痰、补液对症支持治疗。术后8 d发现患者伤口脂肪液化，给予加强换药处理。

12月17日患者出现心悸，嘴唇发绀现象，心电图检查提示心功能不良，于当日转入内科，经检查后初步考虑冠心病、左心功能不全，给予抗感染、活血化瘀、强心利尿、吸氧、心电监护等治疗。

12月20日换药时发现伤口已裂开，可见大网膜外露，向患者及其家属交代病情，同意转入外科治疗。

12月20日16:00在复合麻醉下行“减张缝合”，拆除伤口缝合线，见大网膜填充皮下，皮下、前鞘、肌层、腹膜裂开，有少量渗出液。10号线圆针连续缝合腹膜，间断加强，10号线肌层、皮下、皮肤全层减张缝合，术中发生室性心动过速，即给予利多卡因治疗后缓解。伤口缝合后，患者呼吸恢复差，血氧饱和度在80%左右，意识不恢复，出现心肌梗死，血压测不到，立即给予抢救治疗，但患者病情危重，效果不佳，反复向家属交代病情，家属于20:00左右要求放弃抢救。后经讨论，该患者死亡原因为“心肌梗死，呼吸循环衰竭”。

二、矛盾焦点

患方：术前各项检查都正常，在术后住院期间出现了心肌梗死，呼吸循环衰竭。院方手术失败，治疗方案错误，最终导致患者死亡，构成医疗事故。

医方：患者就诊过程中，医务人员尽到了应尽的义务，术前均向家属履行了告知义务及术后可能发生的危险，家属当时表示认可，并签字同意手术。医方手术完全符合规范，治疗过程不存在任何过失。患者术后出现急性心肌梗死，属现代医学仍无法解决的难题。

三、案例评析

1.患者60岁，医方术前诊断正确，为结石性胆囊炎急性发作，心电图正常。手术适应证明确，医方手术符合规范。术后发生脂肪液化，行二次手术前已发生心肌梗死，二次手术中患者的大面积心肌梗死的典型征象才表现出来。急性大面积心肌梗死难以预料，抢救非常困难，死亡率很高。患者死亡与医方的诊疗行为无因果关系。

2.术后出现手术切口脂肪液化，与患者体胖、咳嗽等因素有关，属于术后常见的并发症，医方行二次减张缝合手术符合规范。

3.医方对患者的诊治存在以下过失行为，但与患者死亡无关：第一次手术后对患者心脏问题的认识不够。

案例二十

一、病史摘要

患者，女，48岁，××年1月1日入住A医院。

主诉：发现颈部肿物1年。自诉1年前颈部不适、压迫感，自摸到颈部有一核桃大小肿物，无压痛及红肿，无心慌、气短、多汗、吞咽困难、声音嘶哑、情绪改变、消瘦。

前一年12月14日行颈部B超检查提示：甲状腺腺瘤。

体查：T 36.6 ℃，P 76次/分，R 19次/分，BP 120/90 mmHg。颈部甲状软骨左右两侧各有一约5 cm×3 cm的肿物，质韧，表面光滑，边界清，能随吞咽上下移动，颈部未触及肿大淋巴结，颈部血管及甲状腺未闻及杂音。胸部正位片未见异常，心电图大致正常。

初步诊断：甲状腺腺瘤。

经术前小结、家属签字同意，于同年1月2日行颈部弧形切口甲状腺次全切除术。术中见甲状腺质硬，右侧约5 cm×3.5 cm大小，左侧约4.0 cm×3.0 cm大小，表面不光滑，呈结节状，包膜完整，与周围组织粘连。分离腺体周围粘连组织，显露甲状腺组织，游离出右侧甲状腺上动脉，钳夹、切断，4号丝线双重结扎。游离出右侧甲状腺中静脉及下静脉，分别钳夹、切断，4号丝线结扎，在预定切断线的四周，用蚊式血管钳钳夹甲状腺被膜及血管，边钳夹边楔形切除腺体，留甲状腺组织约4 g(拇指头大小)移去甲状腺组织，遂用一小圆针4号丝线缝扎各钳夹的甲状腺组织。用同样的手术方法切除左侧甲状腺组织。温生理盐水冲洗创面，严密止血，检查无活动性出血，清点纱布、器械，切口内置引流管一根，另戳孔引出固定，逐层缝合切口。手术顺利。切除标本让患者家属过目，送病检。

病理诊断：经科室集体阅片认为，(甲状腺)乔本氏甲状腺炎伴甲状旁腺组织。

术后第一天自诉头晕、头痛、恶心、呕吐，面部及手脚麻木，双手有抽搐。可能是术后甲状旁腺血供较差所致。给予静推葡萄糖酸钙10 mL。查血钾(3.36 mmol/L)、钙(1.99 mmol/L)较低，给予补充钾、钙，症状有所减轻。患者及其家属要求出院，于1月7日出院。

出院诊断：乔本氏甲状腺炎(左右侧)。

医嘱：继续口服抗生素1周，门诊随诊。

8月5日至8月8日入住B医院内分泌科，查血PHT甲状旁腺素44 pg/ mL，TT_3(三点甲状原氨)0.69 mmol/L，TT_4(甲状腺素)< 12.87 nmol/L，TSH(促甲状腺素)> 75 μIU/ mL，FT_3(游离)3.1，FT_4(游离)T_4 < 3.861 pmol/L，血钾2.87 mmol/L，钙1.85 mmol/L，磷1.49 mmol/L。

诊断：(1)原发性甲状腺功能减退症；(2)继发性甲状旁腺功能减退症；(3)甲状腺次全切除术后；(4)泌尿系感染。

出院医嘱：(1)高钙低磷饮食；(2)对症支持治疗，坚持按时用药，定期复查电解质、甲功；(3)门诊随诊。

二、矛盾焦点

患方：医方术前未详细检查，将乔本氏甲状腺炎误诊为甲状腺腺瘤。行双侧甲状腺次全切除术，超范围切除甲状腺，严重损伤甲状腺功能，切除甲状旁腺组织，造成继发性甲状旁腺功能低下，内分泌紊乱，终身损害。

医方：入院诊断甲状腺腺瘤，手术治疗并无不妥。术前明确告知患者及其家属，术中可能损伤甲状旁腺。病检组织中有一块甲状旁腺组织，术后并发症经会诊、治疗，患者症状有明显缓解。B医院检查甲状旁腺素在正常范围内。患者出现的抽搐、手脚麻木为术后甲状旁腺供血不足引起的，经治疗和术后代偿，目前已基本恢复正常。不能构成医疗事故。

三、案例评析

1.患者颈部肿物，有压迫感，医方临床初步诊断为甲状腺腺瘤，术后病理诊断为乔本氏甲状腺炎，有明确的手术适应证。

2.医方术中经验不足，又未做冰冻切片以进一步确诊，未能做出乔本氏甲状腺炎的诊断，导致手术切除范围不当，误伤甲状旁腺。对切除的组织行显微镜病理检查，证实其中有甲状旁腺组织。手术损伤甲状旁腺，造成甲状旁腺功能减退。医方的失误与患者的损伤有直接因果关系，应负一定责任。

3.乔本氏甲状腺炎也可致甲状腺、甲状旁腺功能减低。患者经治疗，甲状旁腺功能逐渐恢复。

案例二十一

一、病史摘要

患者，男，53岁，因“间歇性右上腹胀痛10余年”到A医院，门诊于××年3月10日以“慢性结石性胆囊炎”收住。

入院查体：T 36.8 ℃，P 78次/分，R 19次/分，BP 105/70 mmHg。

专科情况：腹平坦，未见肠型及蠕动波，腹壁静脉无曲张，中上腹一长约10 cm手术瘢痕。腹软，肝脾肋下未触及。右上腹压痛（+），反跳痛（－），墨菲氏征（－），移动性浊音（－），肾区叩击痛（－），肠鸣音正常，3～5次/分。

B超检查提示：胆结石，胆囊炎，胆汁回声不清。

初步诊断：慢性结石性胆囊炎。

入院后完善各相关检查，3月13日在全麻下行“腹腔镜胆囊切除术”。病人取卧位，头高足低15°~20°，并向左倾斜10°~15°，输液，注入麻药，气管插管，人工辅助呼吸。术野碘伏消毒，铺无菌巾，经脐下开放施CO_2气腹到腹压12~14 mmHg，经脐下缘和剑突右下各切口1 cm，经腋前线和锁骨中线肋缘下2 cm各切口0.5 cm，插入相应套管针，分别置入腹腔镜、冲洗器、胆囊牵拉器、电凝钩等器械。

探查腹腔所见：肝脏质软，无结节，肝左叶较大。胆囊5.0 cm×2.5 cm，有张力，颈部有结石嵌顿，与大网膜有较致密粘连。经仔细分离，Calot三角区解剖清楚。胆总管直径0.8 cm，壁不厚，位置正常。胆囊萎缩，其内结石多而大，嵌入胆床，内有少量白色胆汁。

牵引胆囊，显露胆囊三角区，初步判断胆囊管、肝总管、胆总管的位置，自胆囊颈部开始分离，解剖出胆囊管，在辨认清三管之间的关系后，靠近胆囊颈上钛夹3枚，近端保留2枚，中间剪断胆囊管。牵引胆囊颈，进一步解剖出胆囊动脉1支，近端1枚钛夹夹毕，远端电凝切割。然后自上而下从胆囊床分离胆囊，电凝烧灼胆囊床彻底止血，取出胆囊，排出腹腔气体，伤口拉合。术中胆床有渗血，为防止腹腔感染和胆漏，置腹腔引流管一根于胆囊窝。术后患者安返病房，给予抗感染、止血等对症治疗。

3月16日患者出现尿少，24 h排尿约200 mL，腹部胀痛，请肾病科会诊，经体查、实验室检查及B超检查确定为：(1)LC术后；(2)胆汁漏；(3)急性胆汁性腹膜炎；(4)急性肾衰。纠正部分肾功能后急诊行“剖腹探查术”，开腹探查见腹腔内较多量胆汁性渗液，量约800 mL，黑褐色，大网膜被胆汁浸染而呈黄色，肝脏色、质正常。腹腔引流管侧孔端置于肝膈面，且于其第二侧孔处打弯，致使引流不畅。肝床上有毛细胆管不停溢出胆汁，探查胃、十二指肠、结肠、胆总管、胆囊管及胆囊动脉钳夹钛夹处均无异常。探查期间造成各钛夹松动，遂分别予以取除并重新结扎胆囊动脉及胆囊管，胆总管宽约0.9 cm，其余胆总管，左、右肝管处均未见渗胆汁，以吸收性明胶海绵及纱布压迫肝床溢胆汁处，见渗出之胆汁明显减少近于无渗出，遂决定行胆总管探查术以减轻胆总管内压力。沿胆总管长轴纵形缝合2针牵引线，线间纵向切开约1 cm，吸净其中胆汁，向上、下分别探查无异常发现，5#胆道探子及一次性导尿管均顺利通过oddis括约肌进入十二指肠，放置20号“T”形管，沿管周缝合胆总管切口，渗漏及通畅实验均无异常。大量温盐水反复清洗腹腔各处至清洗液清亮，放置膀胱、直肠窝引流管，自右下腹戳口穿出体外，缝扎，固定于皮肤。于右肋缘下腹腔镜穿孔处置入血管钳，于腹膜处另戳口穿入腹腔，以利于引流管处于水平位。于该戳口处引出“T”形管及小网膜孔引流管，分别缝扎，固定于皮肤。查术野无明显渗血、渗胆汁，清点手术器物无缺失，分层关闭切口，并予以减张缝合4针，术毕。术后给予抗感染、止血等对症治疗。

3月19日14:00出现呼吸衰竭，急请院内外专家会诊后诊断：(1)急性肾功能衰竭；(2)LC术后并发胆汁漏、胆汁性腹膜炎；(3)全身炎症反应综合征；(4)多器官功能衰竭；(5)急性胰腺炎(?)。

给予加压吸氧，抗感染，抗胰酶，纠正水电解质及酸碱平衡等治疗。3月21日15:00因无尿去B院行血液透析，过程顺利，并输入A型红细胞悬液4 U，病情有所缓解。3月21日9:00停气管插管后呼吸困难，在局麻下行“气管切开”，呼吸机辅助呼吸维持血氧饱和度90%以上，于10:00病情突然恶化，心脏骤停，经抢救无效于3月22日5:00死亡。

二、矛盾焦点

患方：腹腔镜胆囊切除术后，发生胆汁漏，未及时采取有效措施，使大量胆汁长时间滞留于腹腔，导致患者主要脏器受到严重损害，引发多脏器功能衰竭而死亡，院方对此负有不可推卸的责任，构成医疗事故。

医方：胆汁漏为“腹腔镜胆囊切除术”后较为常见的并发症，而急性肾功能衰竭亦为手术并发症，该患者短期内发病且较为严重，与机体脏器功能代偿能力差及手术、麻醉打击等因素有关。我院救治期间设立特护病室，调动全院力量，四天四夜全院上下团结努力力求挽救，积极寻求上级医院的协助仍救治无效，所以我院认为该患者的治疗过程及时、合理。患者术后并发以急性肾功能衰竭为主的多器官功能不全与患者自身因素有关，这也是医学的局限性。

三、案例评析

1.诊断正确,手术指征明确,因患者有上腹部手术史(10年前曾行胃大部切除术),术中探查胆囊与大网膜有较致密粘连,故腹腔镜胆囊切除术不是最佳选择。术后发生胆汁漏,在开腹或腔镜手术都有可能发生,但发生后医方诊断、处理不够及时,导致患者继发胆汁性腹膜炎、急性肾功能衰竭、全身多器官功能衰竭,最后经抢救无效死亡。

2.医方在患者发生胆汁漏后未引起足够重视、处理不够及时得当等医疗过失行为与患者最终死亡存在直接因果关系,医方应负相应责任。

3.患者发生胆汁漏后,病情发展迅猛,短时间内全身多器官功能衰竭,给抢救工作带来一定困难。

案例二十二

一、病史摘要

患者,男,72岁,××年4月22日11:40急诊入住A医院消化呼吸内科。

主诉:上腹痛2周,复发呕血、黑便10 d。腹痛间断性,无放射,伴腹胀、食欲不振,入院10 d前突然呕血、黑便各一次,入院10 h前再次突然呕血、黑便2次,伴头晕、乏力、心慌。

体查:T 37.4 ℃,P 80次/分,R 21次/分,BP 90/60 mmHg,神志清醒,精神差,抬入病房,全身皮肤黏膜、口唇、指甲重度苍白,两肺未闻及干湿啰音,腹平软,无压痛及反跳痛,肠鸣音正常。WBC 12.0×10^9/L,N 86.9%,Hb 42 g/L,PLT 162×10^9/L。

初步诊断:上消化道出血,胃溃疡。给予补液、抑酸、止血治疗。

4月26日胃镜检查示:贲门部溃疡,性质待病检,Dieulafoy病(?),贫血胃。

病检回报未见肿瘤细胞。4月30日10:30突然心慌、气短、出汗,呕吐咖啡色液体，量约1000 mL，伴头晕、头痛，血压60/30 mmHg，Hb 52 g/L，即给予输血、补充血容量、止血、对症处理，血压升至80/50 mmHg，呕血停止，神志清楚。请外科会诊转外科治疗。

外科诊断：(1)贲门溃疡；(2)贲门癌；(3)重度低蛋白血症；(4)双侧支气管感染。

经术前准备、家属签字同意，于5月1日行“胃底贲门部切除，食管胃吻合术”，先取上腹剑脐间正中切口，依次切开进腹探查，见贲门管壁增厚，小弯侧有2 cm×2 cm×1 cm肿物(术后剖开胃腔见贲门下小弯侧有直径1.5 cm肿物隆起，高约1 cm，基底部黏膜尚完整，顶部溃烂有血凝块，外围黏膜下略增厚)。术中讨论贲门部恶性肿瘤不能排外，决定行“胃底贲门部切除，食管胃吻合术”。术中出血不多，生命体征平稳。

术后病理诊断：(胃贲门下部)胃小弯部胃黏膜下血管畸形破裂。

5月27日记录：病人精神差，未进食水，大便未解，腹饱满，见明显肠型及蠕动波，中上腹压痛，肠鸣音亢进，5～7次/分，腹部透视：肠梗阻。

经保守治疗效果不佳，于5月31日行“粘连性肠梗阻松解术”。术中生命体征平稳，安返病房。术后出现肺部感染、重度营养不良等并发症，积极抢救治疗。因患者年龄大、体质差，向家属交代病情后自动出院。

出院诊断：(1)胃小弯部胃黏膜下血管畸形破裂；(2)粘连性肠梗阻；(3)右侧肺炎；(4)重度营养不良；(5)口腔疱疹。

出院医嘱：(1)继续抗感染、补液、对症治疗；(2)随诊。

6月26日患者由于粘连性肠梗阻及肺部感染，消耗严重，全身衰竭，病逝于家中。

二、矛盾焦点

患方：医院有以下过错：第一次手术选择“L”形切口，主治医生私带医疗器械，术后患者发生出血、肺水肿、胸腹腔积液、肠梗阻、肺部感染等，导致病逝。医方没有采取积极有效的治疗措施，应负全责。

医方：诊断正确，两次手术指征明确，治疗合理及时，符合诊疗规程。

三、案例评析

1.患者主诉上腹痛2周，复发呕血、黑便10 d，急诊入住消化内科，诊断上消化道出血、贲门部溃疡，内科保守治疗无效，转外科行“胃底贲门部切除，食管胃吻合术”。医方诊断、治疗正确，是手术适应证，手术方式、操作符合规范，无违法违规行为。

2.手术切口位置、大小、形状由医师根据病情及手术需要而定，该病例有贲门病变，适合选择“L”形切口；医方所用“吻合器”来路正规，质量合格；手术后出现胸腹腔积液、肺水肿、肠梗阻、肺部感染等并发症，是患者年老体弱、免疫力低下所致，难以避免，与医方的诊疗行为无因果关系。

案例二十三

一、病史摘要

患者，女，54岁，因“间歇性上腹部疼痛20 d”就诊，门诊以“腹痛待查”于××年8月15日收住A医院内一科。

查体：T 36.4 ℃，P 76次/分，R 19次/分，BP 120/75 mmHg。

专科情况：腹平坦，未见胃肠型及蠕动波，未见腹壁静脉曲张，全腹未触及明显包块，腹软，上腹剑突下轻压痛，无反跳痛，肝、脾肋下未触及，墨菲氏征(－)，双肾区无叩痛，移动性浊音(－)，肠鸣音3～4次/分。

实验室及仪器检查，胃镜(B医院 同年8月4日)：慢性浅表性胃炎；B超：脂肪肝，胆囊张力大，胰未见明显异常；尿淀粉酶(B医院 同年8月4日)：300 U。

初步诊断：(1)慢性浅表性胃炎；(2)脂肪肝。

入院后给予消炎、抑酸、解痉等治疗，患者疼痛减弱。同年8月28日查B超示：胆囊肿大并囊内小结晶，胆道蛔虫可能。

彩超提示：胆总管不完全梗阻，考虑结石或蛔虫，慢性胆囊炎，胆囊结石。

经C医院复查B超示：胆总管不完全梗阻并结石。

请外科医师会诊后诊断为“急性胆囊炎、胆总管结石”并转入外科治疗。同年9月6日在气管插管，静吸复合麻醉下行“开腹探查，胆囊切除，备胆总管探查、T管引流术”。术中见腹腔内无渗液，肝脏不肿大，质软，未触及结节。胆囊肿大，张力高，胆囊壁厚，胆囊与大网膜等粘连，胆囊三角粘连紧密，解剖关系不清。脾、胰、胃、十二指肠未见异常，胆总管不粗，直径约8 mm，其内未触及结石。提起胆管底部，因胆囊张力高，行胆囊减压。胆囊底部7号线荷包缝合，从荷包线中央戳一小孔，吸净胆汁，打紧荷包线。分离胆囊粘连，胆囊与大网膜等组织粘连较紧密，分离困难，钝锐性分离粘连，近端均结扎止血，分离至胆囊三角时，粘连紧密，解剖关系不清，分离很困难，且胆囊颈部结石骑跨在胆总管上，与胆总管前壁紧密粘连，无间隙。遂术中决定进行胆囊切除，提起胆囊底部，打开胆囊底部浆膜层，沿浆膜下间隙钝锐性分离胆囊，胆囊壁厚，约8 mm，分离至胆囊三角时，仔细分离粘连，在分离胆囊颈时，因胆囊骑跨在胆总管上，两者之间无间隙，粘连紧密，在分离过程中，造成胆总管前壁损伤，流出黏稠胆汁。然后在胆囊颈后上方解剖分离结扎胆囊动脉，切除胆囊，胆囊床缝合止血。以胆总管破口处剪开胆总管前壁1 cm，胆总管内径约6 mm，胆总管下段1、3、5号胆道探子顺利通过，左右肝管内无结石。胆道探子探查过程中有少量胆泥，8号导尿管能通过胆总管下段，用生理盐水冲洗胆道后，放置18号“T”形管，冲水后无阻力，无明显漏水，冲洗胆囊窝后，胆囊窝处放置腹腔引流管一根，清点器械、敷料无误后，依次关腹，术毕。术后给予消炎、利胆、止血、补液等治疗，术后第5天出现胆瘘，经通畅引流，抑酸等治疗后，同年10月6号胆瘘愈合，拔除腹腔引流管。后持续给予对症支持治疗。第二年3月14日行“T”管造影示：肝外胆管未见明显扩张，造影剂通过顺畅，未见结石影。第二年3月29日患者出院时已拔除“T”管，无明显异常。

患者，女，55岁，因“胆囊切除术后1年，反复肝区疼痛半年”就诊，门诊以“肝外胆管损伤”于第二年10月20日收住B医院。患者于第二年4月出现肝区疼痛、厌油，伴有皮肤黄染，经抗感染等治疗后缓解，后病情间断反复4次，近2个月肝区疼痛未发作，但厌油症状一直未缓解。

查体：T 36.5 ℃，P 72次/分，R 17次/分，BP 120/70 mmHg，专科情况未见阳性体征。

MRCP示：上段胆管狭窄。

初步诊断：（1）胆总管上段狭窄；（2）胆囊切除、“T”管引流术后；（3）复发性化脓性胆管炎；（4）胆汁性肝硬化。

第二年11月8日在全麻下行“胆道探查、肝门部狭窄胆管扩大、成型、胃瓣修补术”，麻醉成功后，取右上腹肋缘下切口，部分经过原切口，切开皮肤及皮下各层，于右下方切口处提起并打开腹膜，未见腹水及气体，腹壁、肝脏、胃肠、大网膜粘连紧密。钝锐结合向上打开腹膜，游离腹膜与肝、肠管的粘连，游离肝脏膈面，将肝脏与腹壁完全游离，安装腹腔拉钩，将切口上方腹壁及肋弓牵向上方。见肝脏为褐色，肝门部粘连较紧，钝锐结合法由肝脏右下缘起，将肠管、大网膜、胃自肝脏上游离，小的出血点电凝止血，无大出血及空腔脏器破裂。找到肝门部胆管见右后与左肝管汇合部重度狭窄，管壁增厚，送快速病理：未见恶性变。右前肝管完全闭死，扩大上述三个胆管并成型，与下段胆管后壁间断缝合，游离胃小弯处带血管蒂胃瓣一块，大小约3 cm×2 cm，修补前壁，右前肝管内放置管外引流管一根，自胆总管下端戳洞引出。大量生理盐水冲洗腹腔，检查无活动性出血后，在胆道吻合口纤维蛋白封闭剂。于胆道重建吻合口下置腹腔引流管一根，自腹壁穿孔引出。清点敷料、器械无误后，逐层关闭腹腔。术后给予抗感染、补液等对症治疗。第二年12月3日出院。

出院诊断：（1）胆总管上段狭窄；（2）胆囊切除、“T”管引流术后；（3）复发性化脓性胆管炎；（4）胆汁性肝硬化。

二、矛盾焦点

患方：胆结石手术主刀大夫疏忽大意，造成患者医源性右前肝管和肝总管横断损伤。手术失败后，院方没有采取积极的医疗救治措施，而是隐瞒病情，掩盖当时手术的真实情况长达14个月，耽误了患者二次手术的最佳治疗期，最终由于右前肝管完全闭死，造成局限性肝萎缩和胆汁性肝硬化。

医方：诊疗过程遵循医学科学原则，手术指征明确，由于长期炎症患者胆囊周围粘连严重,另外合并Mirizzi综合征,术中造成胆总管前壁损伤。术中、术后给患者及其家属进行了详细说明,经过本院和外院治疗后痊愈。患者目前各项肝功能化验指标基本正常,早期肝硬化的诊断不成立。

三、案例评析

1.医方对患者的诊断正确,为“急性胆囊炎、胆总管结石”,是手术适应证,行“开腹探查,胆囊切除,备胆总管探查,T管引流术”,术式选择正确。

2.医方手术操作中存在失误,在分离胆囊颈时,损伤了胆总管及肝管,修复时也不够妥善,以致发生了不可自愈的胆汁瘘,后又形成了胆管狭窄,化脓性胆管炎,肝功异常。最终行第二次手术。医方的手术操作失误,与患者的损害有直接因果关系,医方应负主要责任。

3.根据目前的病历资料,肝硬化的诊断不成立,无诊断依据;目前肝功生化指标已基本恢复正常。

4.术中探查发现,患者胆囊与大网膜等粘连,胆囊三角粘连紧密,解剖关系不清,给手术带来一定困难。

案例二十四

一、病史摘要

患者,女,36岁,主因“转移性右下腹痛2 d,加重1 h”,门诊以“腹痛待查”于××年2月24日收住A卫生院。

查体:T 36.5 ℃,P 60次/分,R 17次/分,BP 100/60 mmHg。

专科情况:右下腹压痛,反跳痛阳性,无腹肌紧张,肠鸣音活跃,4~5次/分。

辅助检查:血球分析,WBC 10.6×10^9/L,血糖4.3 mmol/L,心电图T波轻度改变。

入院诊断:(1)腹痛待查;(2)急性阑尾炎。

入院后积极完善各项相关检查，依据病史及临床表现，可明确诊断为急性阑尾炎，经抗感染保守治疗无效后，于同年2月28日在连硬外麻醉下行“阑尾切除术”。取下腹部右侧脐旁探查切口约6 cm，依次切开皮肤、皮下脂肪、腹外斜肌腱膜，钝性分离肌肉，打开腹膜，洗手探查：阑尾约1 cm×5 cm，轻度充血，与周围组织无粘连。遂分离切断阑尾系膜，4号线双重结扎，用血管钳压榨阑尾根部，用4号丝线在压榨处单纯结扎2道，在结扎线远端约0.5 cm处夹一止血钳，切下阑尾，碘伏消毒阑尾残端，4号丝线荷包包埋缝合阑尾残端。查无活动性出血，清点纱布、器械无误，常规关腹。术后给予抗感染、止血等对症支持治疗，患者病情平稳，伤口愈合良好，于同年3月7日出院。

出院诊断：急性单纯性阑尾炎。

患者，女，36岁，同年3月16日因“腹痛加重，肛门停止排气、排便1 d”来B医院就诊。

体查：T 37 ℃，P 118次/分，R 24次/分，BP 107/77 mmHg。

专科情况：腹肌轻度紧张，中腹部压痛明显，无明显反跳痛，肝脾未触及。肝、脾、肾区叩击痛阴性，移动性浊音（－），肠鸣音消失。

辅助检查：腹部透视示气液平影，考虑肠梗阻。B超提示肠管增宽，考虑肠梗阻。

入院诊断：肠梗阻，中毒性休克。

同年3月17日，在全麻下行“肠梗阻松解术”。取中腹部右侧腹直肌切口入腹，探查见小肠全程扩张、充血、轻度水肿，小肠距屈氏韧带50 cm处与后腹膜粘连，但此处无梗阻。距回盲部约100 cm处小肠与阑尾残端处粘连紧密，余小肠自粘连小肠下方穿过，形成腹内疝。肠管内大量积气液。钝性分离粘连，解除梗阻，行肠道减压，由肛门排出肠内容物约2000 mL，术毕用706代血浆留置腹腔润滑肠道，防止再次粘连。盆腔置橡胶引流管一根，自右下腹另戳孔引出。清点器械无误，依次关腹。

术后诊断：肠梗阻（粘连性、绞窄性）。

同年3月26日患者出院，出院诊断：绞窄性肠梗阻、感染、中毒性休克。

二、矛盾焦点

患方：医方误诊误治，错误地将没有发炎的阑尾切除，并造成术后肠梗阻、肠套叠等损伤，构成医疗事故。

医方：诊断明确，治疗措施得当，诊治过程中医方无任何过错。不构成医疗事故。

三、案例评析

1.患者入院时表现为转移性右下腹痛，腹部查体右下腹有局限性腹膜体征，符合阑尾炎的临床表现。术中见阑尾充血水肿。故阑尾炎的诊断正确，是手术适应证。医方无过失。

2.术后患者肛门排气并进食，住院12 d，出院时腹部检查正常，未见肠梗阻症状。出院后9 d由A医院诊断肠梗阻并手术治疗，术后恢复顺利，无并发症。肠梗阻是在现有医学科学技术条件下，腹部手术很难防范的不良后果。

案例二十五

一、病史摘要

患者，女，50岁，主因“间歇性右上腹胀痛并放射至肩部痛1年，加重4 d，伴恶心、呕吐”于××年12月11日以“胆结石、胆囊炎”收住A医院微创外科。

入院当日B超结果提示：(1)胆囊炎；(2)门静脉囊性扩张(多考虑先天性)；(3)肝脏、胰腺未见明显占位性病变。

同年12月13日在全麻下行腹腔镜胆囊切除术，术中见胆囊约12 cm×5 cm×5 cm大小，胆囊与周围组织致密粘连，胆囊壁厚。顺利切下胆囊，剖开后胆囊呈黄绿色，无结石，胆囊壁薄厚不均匀，黏膜局部坏死出血，并见一约0.6 cm×0.5 cm灰白色生鱼肉样改变组织，连同胆囊送检。15日病理诊断报告提示:胆囊乳头状腺癌。术后第6日给予常规化2次。

术后患者自述右肋下及肩部疼痛,同年12月20日超声检查提示:(1)肝右叶囊肿;(2)左侧盆腔囊性包块;(3)胆囊窝部位囊肿,囊腔内结石。

为进一步明确诊断,同年12月21日又到B医院行MRI检查。

诊断提示:(1)胆囊切除术后改变;(2)肝内胆管及胆总管改变,考虑胆管囊肿(IV型)并胆总管囊肿内结石。

为求进一步诊治,患者于同年12月23日出院。

出院诊断:(1)慢性胆囊炎;(2)胆囊乳头状腺癌;(3)胆管囊肿(IV型)并胆总管囊肿内结石。

第二年元月5日因“间歇性右上腹胀痛1年”,门诊以“胆管囊肿并结石形成”收住C医院。

查体:T 36.0 ℃,P 78次/分,R 21次/分,BP 115/80 mmHg。右下腹压痛,皮肤黏膜无黄染。

入院后B超提示:(1)胆总管囊肿并结石形成;(2)肝囊肿;(3)胆囊切除术后,肝内胆管未见异常。

第二年1月8日,会诊A医院病理切片提示:(1)胆囊管状腺瘤,幽门腺型,部分腺体伴异型增生I级;(2)胆囊慢性炎。患者入院后给予能量、氨基酸等支持治疗。1月9日在腰麻下行剖腹探查术,取右下腹探查切口,依次切开皮肤,打开腹膜,见腹腔内大量胆汁并化脓,量约1000 mL,吸净胆汁后发现胆囊管开放,涌出胆汁,再扩大胆囊管,用卵石钳取出多个胆结石,冲洗后放置“T”形管并缝合固定,腹腔擦拭干净后,放置腹腔引流管2根,查无活动性出血后逐层关腹。

术后诊断:(1)胆汁性腹膜炎;(2)胆总管囊肿并结石。

患者于第二年1月19日出院,1月28日在家中死亡。2月6日D医院会诊A医院病理切片报告:胆囊管状腺瘤伴部分腺上皮轻-中度不典型增生。

二、矛盾焦点

患方:医方将慢性胆囊炎、胆道结石误诊为胆囊结石,微创手术中错误地将胆囊切除，且胆管夹子放置不当，形成胆漏，长达28 d之久。术后进行切片检查，又错误地诊断为胆囊乳头状腺癌，并进行化疗，使患者体内大量正常细胞受到严重损伤，最终导致患者死亡。

医方：对患者手术操作符合规范要求，术后治疗无过失，患者死亡与医院的医疗行为无因果关系，不属于医疗事故。

三、案例评析

1.诊治错误。医方以“胆囊炎、胆结石”为患者行腹腔镜胆囊切除术，术后病理诊断为“胆囊乳头状腺癌”，并给予常规化疗2次。

患者的病理切片分别经C医院、D医院会诊，均诊断为胆囊管状腺瘤。病理专家复查病理切片，为慢性胆囊炎伴腺瘤样息肉形成；腺管小灶性密集伴不典型增生。均未见乳头状腺癌。医方将患者良性瘤误诊为“胆囊乳头状腺癌”。

2.手术经验不足，术后观察不仔细，形成胆汁漏未能及时察觉。C医院剖腹探查证明患者腹腔内有大量胆汁并化脓，胆汁达1000 mL，诊断胆汁性腹膜炎，胆总管囊肿并结石。

3.医方的以上违规行为与患者死亡有直接因果关系，医方应负主要责任。

4.患者出院后未及时去医院复诊，也是造成患者病情加重、死亡的原因之一。

案例二十六

一、病史摘要

患者，男，20岁，因车祸A医院“120”前去急救，在运送途中腹痛遍及全腹，气短，送至A医院后急诊科以“腹部闭合性损伤”于××年5月1日16:50收住入院。

入院查体：T 37.2 ℃，P 120次/分，R 20次/分，BP 120/80 mmHg，神志清楚，

精神差，呈急性痛苦病容，主动体位，查体欠合作。左侧胸背部广泛触痛，双肺呼吸音稍弱，腹隆，肌紧张(+)，全腹压痛、反跳痛，以左上腹为著，叩诊呈鼓音，移动性浊音(±)。左肩部分轻微肿胀、触痛，双下肢软组织有散在触痛。

入院急查B超提示：脾挫伤、脾破裂不排(?)、腹腔积血。

化验检查血：HGB 139 g/L，WBC 18.8×10^9/L。

初步诊断：(1)脾破裂；(2)失血性贫血；(3)多处软组织损伤；(4)左锁骨骨折待排。

入院后给予补液、扩容等对症治疗，并完善相关检查，积极准备急诊手术治疗。入院当日21:00在全麻下行脾切除术、腹腔引流术。取左上腹腹直肌切口，长约12 cm。见腹腔积血，由于肥胖、胃肠高度胀气，无法回收血液。探查见脾脏中极呈粉碎性不规则形断裂伤，周围大量凝血块，脾脏体积缩小，即托出脾脏，控制脾蒂，切断脾肾、结肠韧带过程中见大量新鲜血液溢出，即快速切断脾蒂，3重缝扎后仍见腹腔有新鲜出血，量多，即横行延长切口，探查见胃脾韧带撕裂，胃短动脉呈喷射出血，即缝合结扎胃短动脉等。进一步探查肝、胰、胃肠无明显异常，然后冲洗术野，彻底止血。见胰尾、胃大弯、脾床无出血，在左上腹脾窝置一橡胶管，戳口引出体外予以固定。仔细检查，无活动性出血，清点纱布、器械无误后缝合切口，术毕。手术过程顺利，出血较多，总量约2800 mL，血凝块约200 mL，麻醉恢复慢，血压偏低，由麻醉师指导治疗后安返病区。由于失血较多，术中、术后多次与本院检验科协调联系血源，但××市血液中心称无O型血。5月2日中午12:30分，患者突然大汗淋漓，烦躁不安，面色灰暗，呼吸浅速不规则，四肢冰冷，心率快，血压下降。即刻静推付肾素1 mg，呋塞米40 mg，加大吸氧、扩容、升压等综合治疗，12:35患者心律变慢，呼吸表浅，口腔见大量咖啡色液体涌出，颜面及口唇青紫，神志不清，即刻清理呼吸道，静推呼吸兴奋剂、吸氧、扩容等，于12:40心跳、呼吸均停止，继续静推呼吸兴奋剂、心脏三联针、扩容、胸外心脏按压等综合抢救至13:00，心跳、自主呼吸未能恢复，瞳孔散大固定，患者临床死亡。

出院诊断：(1)脾破裂；(2)失血性贫血(重度)；(3)失血性休克；(4)多处软组织损伤；(5)挤压综合征；(6)多脏器功能衰竭。

二、矛盾焦点

患方:医方术前没有丝毫应急用血准备,在术中急需输血时又拒绝现场采血,且不要求献血者到有条件采血的医院采血,在长达17 h之中始终未能输血,最终导致患者因失血性休克而死亡。

医方:我院在整个抢救过程中遵循医疗护理常规,积极抢救治疗,患者是因车祸引起脾破裂、多处软组织损伤等复合伤并发挤压综合征,导致急性肾功能衰竭,随后引起循环、呼吸等多脏器功能衰竭而死亡,未输血不是该患者死亡的主要原因。

三、案例评析

1.患者因车祸外伤于××年5月1日16:50急诊入院,诊断:脾破裂,失血性贫血、多处软组织损伤。有明确的手术指证,于当日21:00行脾切除术、腹腔引流术。手术证实为脾破裂、腹腔大量出血。患者死因为失血性休克。

2.医方没认识到患者的休克代偿期,未按失血性休克治疗原则抢救。补充血容量、胶体溶液、白蛋白不足。

3.医院对急救用血无准备,没有备用血浆或全血,术前、术中、术后未给患者输全血或血浆。根据××市中心血站的资料,同年5月1—2日血站库存有O型血(患者血型O),××医院自4月25日至5月2日并无预约要血。

4.术中探查胃肠无明显异常,吸引出血约2800 mL,但未给患者回输自体血。

5.患者死亡与医方的医疗过失行为有因果关系,医方应负一定责任。

6.患者入院时已处于失血性休克代偿期,病情很危重,进展迅速,抢救难度大,是患者死亡的主要原因。

案例二十七

一、病史摘要

患者，男，24岁，于××年8月9日因“间歇性右下腹痛3年，加重1周”入住A医院外一科。

查体：T 37.5 ℃，R 20次/分，P 80次/分，BP 120/80 mmHg。腹平坦，未见肠型及蠕动波，肝、脾未触及，右下腹直肌略紧张，麦氏点压痛，无反跳痛，无移动性浊音，肠鸣音如常。WBC 13.3×10^9/L，L 8%，N 81%。

初步诊断：慢性阑尾炎急性发作。

入院当日急诊手术，术中见阑尾不粗，回盲部有一肿块，表面光滑，活动，质硬，延长切口，横形剪开回肠，探查回盲部有一3 cm×4 cm溃疡，表面不规整，术中向家属交代病情，患者家属要求切除肿块。分离肠系膜，分离出回肠长约10 cm，盲肠长约10 cm，距回盲部8 cm处横断升结肠，断端全层间断缝合，浆肌层加强，2个半荷包包埋，距回盲部8 cm回肠斜形断开，与升结肠行端侧吻合，在升结肠结肠带做一纵形切口，长约4 cm，上肠钳，全层间断缝合吻合口后壁，内翻间断缝合吻合口前壁，浆肌层加强，缝合肠系膜及侧腹膜，冲洗结肠旁沟，留置2根腹腔引流管，保留甲硝唑液100 mL，切口用甲硝唑液冲洗，依次缝合。术后给予抗感染、对症、支持治疗。患者出现发热、腹胀，并于同年8月26日出现术后肠瘘，当晚急行“回肠远端、右半结肠切除，回肠横结肠吻合术”，术后给予抗感染、对症支持治疗，术后5 d再次发生肠瘘，后请上级医院专家会诊，并在B医院做病理切片，考虑“克隆氏病（Crohn’s）”。抗感染、对症支持治疗，每日补充热量，脂溶性、水溶性维生素，微量元素，矿物质，给予静滴生长抑素，每日引流肠内容物300～500 mL，于同年9月23日行“肠瘘口、切口吻合术”，术后第2日再次发生肠瘘，建议转院治疗，但因经济条件限制，继续在本院治疗。

二、矛盾焦点

患方:在不经家属同意下,非法切除没有发炎的阑尾;对回肠肿物,不会诊,没确诊,也不告诉家属情况下,擅自横行剪断,并在术后发生肠瘘,造成患者人身损害。

医方:本病例诊疗过程符合普外科相关常规、诊疗规范,患者发生2次肠瘘是其自身过敏反应和排异反应所致,是在现有医学科学技术条件下发生的无法预料或者不能防范的不良后果,故不属医疗事故。

三、案例评析

1.医方临床诊断患者为慢性阑尾炎,属手术适应证,术后病理学检查证实了临床诊断。

2.××年8月9日,术中发现回盲部有一肿物,该肿物未引起肠梗阻、穿孔及出血,与术前临床诊断不符,在诊断未明确的情况下,即行回盲部肿块切除术。术后病理诊断为“克隆氏(Crohn's)病”。

3.8月26日发现回结肠吻合口瘘,行回肠远端、右半结肠切除,回肠、横结肠吻合术。手术时机、手术范围不当。

4.由于医方以上的违规行为,过失导致患者肠瘘,给患者造成损害。过失与损害之间有因果关系,医方应负一定责任。

5.克隆氏(Crohn's)病在我国为少见病,迄今病因未肯定,诊断困难。

案例二十八

一、病史摘要

患者,女,44天,××年7月18日入住A医院儿科。

主诉:外阴红肿十余天。

体查：T 37.6 ℃，P 130次/分，R 30次/分，一般检查未见异常，外阴部、肛门左前方及左侧大阴唇红肿、发硬、无波动感。

初步诊断：外阴部蜂窝组织炎。

给予抗感染、综合治疗。外科会诊尚无脓肿形成，不需外科治疗。7月19日 WBC 31.3×10^9/L，提示感染严重，向家属交代病情，继续抗感染、对症治疗，外阴红肿无明显扩大，亦无明显好转。家属要求出院，于同年7月23日出院。

出院后在家局部艾灸处理，红肿继续增大，患儿哭闹不安，同年7月29日再次住院，入住妇产科。

诊断：(1)肛周脓肿；(2)左侧外阴脓肿。

当日16:00于红肿顶部切开，溢出黄色大便约40 g，未见脓液，挤出粪便后，一小指进肛门探试直肠与切开腔通畅，请外科会诊，切开腔挂线法治疗。术后抗感染，会阴每日擦洗，注意清洁。

8月2日记录：T 37 ℃，外阴红肿大有减轻，观挂线已出，1/1000新洁尔灭清洁擦洗。

8月5日记录：请外科会诊，局部炎症已基本控制，瘘管已经挂线法切开。该病直肠畸形不排外，可暂行出院，以后看恢复情况做治疗方案。8月5日带药出院。

二、矛盾焦点

患方：两次住院儿科，诊断"肛周、外阴脓肿"，为何不让外科会诊治疗，却转到妇科做手术(?)。医方误诊，手术不负责任，没做任何脓肿检查，在没确诊、没局麻的情况下，马马虎虎随便一刀，损伤1/3括约肌，直至损伤肛肠，给患儿造成严重损害，医方隐瞒4年，未如实告知家属，未采取补救措施，失去了治疗时机，导致大便始终从割伤的刀口排泄。

医方：肛周红肿、肛瘘诊断成立。因局部脓肿蔓延，腐蚀直肠，形成肠瘘。治疗合理。术后出现大便失禁是手术并发症。不构成医疗事故。

三、案例评析

1.医方将患者收住儿科，诊断外阴蜂窝组织炎，给予抗感染、对症支持治疗，好转出院。6天后(××年7月29日11:00)又收住妇产科，诊断：(1)肛周脓肿；(2)左侧外阴脓肿(?)。当日下午行脓肿切开术，见溢出黄色大便约40 g，未见脓液。挤出粪便后，一小指进肛门探试直肠切开腔通畅，请外科会诊指导，切开脓腔挂线治疗。

2.患者为肛肠疾病，应收住外科诊治，不应由妇产科手术。

3.术前未做肛门等相关检查，未请有关科室会诊，对患儿疾病诊断不清。

4.脓肿切开术损伤了患儿肛门括约肌，使其大便失禁。

5.手术记录不规范，仅在病程记录中有简单记载。

6.由于医方的以上违规行为，造成患儿损伤，违规与损伤有因果关系，医方应负主要责任。

7.患者系出生仅44天的婴儿，诊治有一定困难。

案例二十九

一、病史摘要

患者，女，49岁，××年3月17日入住A医院外科。

主诉：颈部渐增性肿块6年。有时夜间休息时感呼吸不畅，无其他不适。

体查：T 36.8 ℃，P 90次/分，R 21次/分，BP 160/90 mmHg。

专科情况：颈部外观喉结下锁骨上部饱满。甲状腺可触及双叶包块，质韧，表面光滑，边界清楚，活动度小。包块可随吞咽上下移动。压痛征(－)。

B超提示：甲状腺双侧腺体内可探及0.6 cm×1.1 cm及3.0 cm×3.7 cm的实质包块，边界清，内部回声不均。

初步诊断：甲状腺腺瘤(双侧)。

3月18日经术前小结,家属签字同意,行“甲状腺次全切除术”。

同日16:00—18:30行“甲状腺大部切除(右侧全切)”。在颈静脉切迹胸骨上方约2 cm处顺皮肤纹的方向自一侧胸锁乳突肌开始,做一领口状弧横形切口直至对侧,长约11 cm,切开皮肤、颈浅筋膜和颈阔肌,向上游离至甲状软骨上方,向下游离至胸骨颈静脉切迹,缝扎颈前静脉,沿颈白线切开上下分离,伸入食指至甲状腺被膜,横断肌肉缝扎(7号),显露甲状腺,切断肌肉,露出甲状腺上动静脉以直角钳横向切断,小针细线缝扎,又一次结扎,游离至上极,甲状腺变青紫,牵引过程中,发现肿物囊腔溢出鱼肉样内容物,疑有恶变可能,结扎切断中静脉,结扎切断甲状腺下极动静脉缝扎,切除右侧腺体,约有90%。术中麻醉尚好,出血不多,热盐水冲洗,查无出血,分层关闭伤口,术闭安返病房。

3月26日病理诊断:(右)乳头状甲状腺腺癌,Ⅰ级。患者术后病情平稳,给予常规抗菌、止血、支持、对症治疗,3月23日痊愈出院。

同年5月19日入住B医院。

主诉:甲状腺包块切除术,伴声音嘶哑2个月。

3月18日在当地A医院行甲状腺包块切除术,术后第2天出现声音嘶哑,病理诊断甲状腺乳头状腺癌。术后化疗一次。现患者仍声音嘶哑,并出现吞咽哽噎感。

专科情况:锁骨上窝两横指处有一约5 cm切口瘢痕,甲状腺未触及明显异常,无压痛,未闻及血管杂音。颈部淋巴结未触及。

诊断:(1)甲状腺腺癌(右);(2)甲状腺部分切除术后。

5月26日行“甲状腺右叶、峡部全切除术;左甲状腺部分切除术”。显露右侧及左侧甲状腺,探查无颈部淋巴结肿大,向内切除剩余的甲状腺组织及周围正常组织、肌肉,同时保持喉返神经的完整性。继续向内小心切除甲状腺峡部,同时切除部分与峡部相连的左侧甲状腺组织。手术顺利。术后恢复良好,声音嘶哑较术前好转,无呛咳及四肢抽搐。切口愈合良好。术后病检:切除甲状腺组织未见癌细胞,未见淋巴结转移。于同年6月2日出院。

出院诊断:(1)甲状腺乳头状癌(右);(2)甲状腺部分切除术后。

二、矛盾焦点

患方:医方行甲状腺次全切除术,术前准备不充分,常规检查不全,未做喉镜检查,对解剖结构认识不清,手术盲目自信、粗暴,未履行报批程序,损伤喉上和喉返神经。术后未对患者的发音情况检查,处治草率。医方违反手术规范、常规,属医疗事故。

医方:手术治疗合理,手术方式选择正确,手术成功,诊疗过程中无医疗过错,不属医疗事故。

三、案例评析

1.医方的诊断、手术,原则上基本正确。对患者的诊断明确,入院初步诊断为甲状腺腺瘤(双侧),手术适应证明确,行甲状腺大部切除术。术中发现肿物囊腔溢出鱼肉样内容物,疑有恶变可能。术后病理诊断证实为:(右)乳头状甲状腺腺癌。

2个多月后又在B医院行"甲状腺右叶、峡部全切除术;左甲状腺部分切除术"。术后病理诊断:(双侧甲状腺)慢性淋巴细胞性甲状腺炎。此次切除标本中,未见到肿瘤组织。复查A医院切片4张,仍诊断为甲状腺乳头状癌。

2.患者在术后发音不正常,损伤喉返神经。甲状腺腺癌手术切除,很难避免不伤及喉返神经,属正常并发症。

3.医方与患者及其家属沟通不够。手术不仔细,围术期对病人病情的观察、处理不认真。住院期间未记录病人的发音情况。病程记录有误,××年3月23日出院小结记录:病检结果示"甲状腺腺癌",而病理报告日期是:××年3月26日,病理结果出来后未及时建议患者手术治疗。

案例三十

一、病史摘要

患者,男,66岁,××年5月30日入住A医院普胸外科。

主诉:上腹部胀闷隐痛不适一年余。

体查:体温37 ℃,脉搏88次/分,呼吸22次/分,血压16.0/10.0 kPa,肺、心未见异常,腹平软,剑下有轻压痛,无反跳痛,墨菲氏征(-)。

辅助检查(外院):胃镜胃角可见一0.5 cm溃疡病灶,基底深,覆污点,周围黏膜充血。

病理检查示:胃癌。

初步诊断:胃癌(腺癌)。

经术前小结,家属签字同意,于同年6月7日行"胃癌根治术"。探查腹部如病理所见。在胃大弯大网膜无血管处穿一小孔,游离胃小弯,在幽门处用直线缝合器封闭远端,浆基层用2个半荷包包埋,在胃垂直部预定切断处胃小弯侧用缝合器缝合,大弯侧预留约4 cm做吻合口,移去标本,提起空肠,距韧带约40 cm以远切断,在横结肠系膜无血管处穿一小孔,远端与胃预定吻合口结肠后全层缝合,浆基层加固。距吻合口远端约20 cm行空肠端侧全层吻合及浆膜层加固,空肠结肠系膜分别固定数针,查无活动性出血后,冲洗腹腔,清点纱布、器械够数,逐层关腹。术中麻醉满意,手术顺利,出血约300 mL。术后安返病房。

术后21 d,患者肠道功能恢复一直不理想,考虑:(1)术后胃瘫;(2)吻合口狭窄;(3)肠粘连。经家属签字同意,于同年6月30日在气管插管静脉复合麻醉下行"肠粘连松解术,吻合口切除重新吻合术"。术中探查发现大网膜与肝及胃肠吻合口粘连在一起,吻合口轻度狭窄,空肠与空肠吻合口轻度粘连。钝锐结合松解粘连,首先松解原空肠与空肠吻合口的粘连,并用网膜覆盖,后松解显露胃空肠吻合口,距胃空肠吻合口约3 cm切断,近端与胃在结肠前重新机械吻合,浆肌层加固。无活动出血,冲洗腹腔,清点纱布及器械够数,逐层关腹。麻醉满意,手术顺利。术后第3天肠未排气,胃肠减压通畅,转出监护室。术后第6天排便一次,量不多,停止胃肠减压。术后第11天精神萎靡,第14天突然出现谵妄、嗜睡,神内科会诊诊断器质性精神障碍,原因待查;普内科会诊除外糖尿病酮症所致精神障碍。转入监护室,对症治疗。术后第15天血压突然下降至80/50 mmHg,心率98次/分,静滴多巴胺等,2周后生命体征平稳,开始进半流食。要求出院,于同年9月3日出院。出院前精神、食欲明显好转,但记忆力减退。嘱继续锻炼,定期复查化疗,不适随诊。

二、矛盾焦点

患方:医方第一次手术失败,将吻合口缝死;二次手术后24 d未进饮食,拖垮身体,形成"胃瘫",出现神经精神症状。医方应负全部责任。

医方:手术指征明确,手术方案选择正确,操作无误。术后患者胃肠功能恢复不良,为组织缝线反应较重,属正常;二次手术患者恢复基本顺利,出现嗜睡、谵妄为器质性精神障碍,原因待查。不构成医疗事故。

三、案例评析

1.医方对患者术前、术后的诊断正确,临床、病理诊断均为"胃癌"。

2.手术适应证明确,手术方式得当。第一次术后合并吻合口处水肿及局部粘连,导致梗阻,是手术常见的并发症。经观察、对症治疗无效,第二次行"肠粘连松解术,吻合口切除、重新吻合术",措施得当,解除了梗阻,病人恢复较好。

3.麻醉方式得当,用药合理,操作规范,麻醉成功。

4.第二次术后14 d,出现精神障碍,与手术无因果关系。

5.伪造诊断,越科收住病人:患者为胃癌,属普外科病人,却写成"贲门癌"的诊断,收住普胸外科。

6.医方对第二次术后出现的精神障碍,观察、诊断不仔细,未做脑电图、CT检查,精神障碍的性质诊断不清。

7.病历整理、书写不认真:病历中夹杂有其他病人的会诊记录单;手术、记录日期有误;血压单位打印有误等。

案例三十一

一、病史摘要

患者,男,43岁,××年12月24日20:00急诊入住A医院外科。

主诉:间歇性右上腹疼痛10 d余,皮肤黏膜黄染6 d。

入院当日下午右上腹绞痛,伴发冷发热。

门诊彩超提示:胆囊积液,胆囊管扩张,胆囊结石。

体查:体温37.4 ℃,脉搏105次/分,呼吸24次/分,血压160/112 mmHg。

外科检查:腹平坦,无舟状腹及蛙状腹,无腹壁静脉曲张,右上腹压痛明显,反跳痛(+),局部肌紧张,墨菲氏征(+),肝区叩击痛(+),肠鸣音弱,3次/分。

初步诊断:(1)急性胆囊炎并结石;(2)胆石症;(3)硬化性胆囊炎;(4)胆石性胰腺炎。

经术前讨论、患方签字同意,于12月25日3:00在全麻下行"胆囊切除、腹腔引流"术,术中见大网膜紧密包裹胆囊,分离大网膜包裹,见胆囊体部色泽发紫、水肿,于胆囊底部分离胆囊,逆行切除,分离至胆囊颈部至胆囊管部,距胆囊管0.5 cm处行结扎。探查胆总管可见肝十二指肠韧带部水肿、粘连,无法探查,未行胆总管探查。术中因胆囊壁水肿、脆弱、坏疽,分离时壁破裂,食指引导下完成胆囊切除。仔细检查胆囊床、术区无明显活动性出血及异常,即缝合胆囊床,于温氏孔位置皮管多孔引流管一根,依次关腹,清点纱布、器械无误。术后腹痛、腹胀,黄疸未退。

第二年1月6日彩超提示有腹腔积液,腹穿抽出胆汁,诊断胆囊术后胆瘘,并发弥漫性腹膜炎。经与家属谈话,签字同意,该日在全麻下行"剖腹探查,冲洗引流"。术中见约2500 mL胆汁液,弥漫全腹腔。行吸引,大量生理盐水反复冲洗。探查术区,找到漏口,未发现明显之胆漏部位,胆总管位充血、水肿甚,未行探查，决定置管引流。共置6根（右侧4根，左侧2根）多孔橡皮管。术后患者腹痛腹胀加重，彩超检查右下腹部有4 cm×5 cm液性暗区，导出胆汁液约200 mL。请外院专家会诊，考虑引流不畅所致。转上级医院治疗。

患者，男，第二年1月14日入住B医院肝胆外科。

主诉：胆囊切除术、腹腔引流术后伴黄疸20 d，腹痛腹胀10余d。

体查：T 36.1 ℃，P 120次/分，R 20次/分，BP 16.6/10.5 kPa；腹膨隆，手术切口未拆线，切口无明显红肿及渗出，切口右侧及右下腹有3根乳胶引流管，切口左侧及左下腹有2根乳胶引流管。腹肌紧张，全腹有轻压痛，以右侧为著，无反跳痛，移动性浊音阴性，肠鸣音弱。

腹部CT：（1）胆囊切除术后改变；（2）腹腔积液并局部形成包裹；（3）小肠梗阻；（4）两侧少量胸腔积液。

诊断：（1）胆汁性腹膜炎；（2）腹腔积液，腹腔感染；（3）肠梗阻；（4）胆总管结石；（5）胆漏；（6）胆囊切除术、腹腔引流术后。

给予积极抗感染、抗霉菌、营养支持治疗，准备行ERCP。1月16日晚家属强烈要求转院，拒绝进一步治疗。交代病情后，家属签字自动出院。

第二年1月16日入住C医院急外病室。

主诉：结石性胆囊炎切除术后20 d，伴皮肤黄染。

诊断：（1）胆囊切除术后胆漏；（2）弥漫性腹膜炎；（3）梗阻性黄疸；（4）多脏器功能不全。

1月19日在全麻下行剖腹探查、腹腔多发脓肿引流术。2月7日全身状况改善后行ERCP检查。印象：胆囊切除术后，胆总管下端损伤，瘘道形成，胆总管下端狭窄，胆道内结石形成。行Oddi括约肌切开及鼻胆管引流处理。3月20日患者生活自理，行鼻胆管造影，未见胆道渗漏胆汁入腹腔，胆总管下段结石存在。3月30日行ERCP取出结石，造影示胆总管通畅无异物，亦无渗漏。患者无腹痛、腹胀及黄疸，大小便正常，引流管全部拔除，伤口愈合良好，无感染，腹部无明显阳性体征，可以出院，同年4月6日出院。

出院诊断：（1）胆囊切除术后胆瘘；（2）胆总管下段损伤；（3）胆总管结石；（4）弥漫性腹膜炎并多发胆汁性腹腔脓肿；（5）梗阻性黄疸；（6）肠粘连；（7）多器

官功能不全(肺损伤,肝功能障碍,心肌损伤);(8)梅毒Ⅱ期。

二、矛盾焦点

患方:医方违反手术操作规程,手术不认真,致患者胆总管破裂,多次手术未治愈。

医方:胆瘘为胆囊摘除手术的并发症,不属医疗事故。

三、案例评析

1.手术仓促,未将病情、进展、采取的相应医疗措施、预后等情况明确告知患者及其家属,使其知情权、选择权未得到应有的保障。

2.术中探查不仔细,由于局部粘连严重,解剖不清,未行胆总管探查,未取出结石,致使病情继续发展,出现胆囊术后胆瘘、弥漫性腹膜炎,造成二次、三次手术,给患者造成了一定的身体、精神损害。

3.未对手术摘取的胆囊送病理检验,胆囊壁的确切病理诊断不清。

4.手术过失与患者的损害有因果关系,医方应负一定责任。

5.患者病情较重,肝脏功能损害,局部粘连严重,手术难度较大。所出现的并发症已治愈。

案例三十二

一、病史摘要

患者,男,33岁,××年9月27日23:40急诊入住A医院外科。

入院前1 h酒后被他人用刀刺伤左胸部,即觉左胸痛,且流血不止,无昏迷、恶心、呕吐、呼吸困难等,未做任何治疗,前来医院,以"左胸部刀伤,左侧血气胸(?),酒精中毒"收住。

体查:T 36.4 ℃, P 80次/分,R 20次/分,BP 120/70 mmHg,精神恍惚,烦躁

不安,查体不合作,头颅五官端正,双侧瞳孔等大等圆,直径约3 mm,光反射灵敏,耳鼻无异常,颈软无抵抗,胸廓对称,双肺呼吸音粗,心率80次/分,律齐,腹平软,无压痛及反跳痛,肝脾未触及,移动性浊音(±),肠鸣音如常,脊柱四肢无畸形,生理反射存在,病理反射未引出。

外科情况:左胸肋缘上可见一长2~3 cm的皮肤裂伤,深及皮下组织,边缘整齐,污染,有少许出血。

诊断:(1)左胸部刀伤;(2)酒精中毒;(3)左侧血气胸;(4)胸腹脏器损伤。

处理:行清创缝合,给予抗感染、对症输液治疗,腹穿未见穿刺液。

向家属说明病情,现酒后病人不配合,根据病情行必要的检查,特记Q2h,必要时请上级大夫协助治疗,观察。

患者于9月28日2:00出现恶心、抽搐,随后呼吸困难,血压下降,立即用开口器,高流量吸氧,给予呼吸兴奋剂,2:20呼吸、心跳停止,行人工呼吸,给予呼吸兴奋剂及付肾素等抢救,同时请主治医生协助抢救。抢救90 min无效,死亡。死亡原因:呼吸循环衰竭。住院期间输液卡上的液体为1250 mL。

公安局刑事科学技术鉴定书:腹腔内瘀血块500 g、积血3500 mL。左上腹部(左侧胸部下缘处)受锐器刺伤,与腹腔贯通,致脾脏破裂,引起大量出血,致失血性休克死亡。

二、矛盾焦点

患方:患者左腹部被刀刺伤,医方诊断胸腹内有“脏器损伤”,并疑有“血气胸”,只做了简单穿刺、缝合表皮伤口、到病房输液,家属要求进一步检查、手术抢救,医方严重不负责任,到医院计3 h 50 min,未做手术,致伤者死亡。刑事科技鉴定书报告为受锐器刺伤,致脾破裂,引起大量出血,致失血性休克死亡。

医方:患者死亡原因是患方因素直接导致:(1)锐器刺伤脾脏,脾破裂大出血;(2)饮酒过量,酒精中毒;(3)就诊前延误时间长,达90 min。住院90 min发现休克,想到内出血,立即手术不可能。不属医疗事故或差错。

三、案例评析

1.医师对外伤性内出血认识不足，重视不够，警惕性不高，检查、处理不当。患者被人用刀刺伤左胸腹部急诊入院，医师诊断“左侧血气胸(?)”、“胸腹脏器损伤”，腹穿未见穿刺液，行清创缝合，输液观察。既然诊断脏器损伤，但未对患者进行必要的胸腹部X线透视、B超检查、血常规化验、观察患者血色素变化，以致漏诊脾破裂，未采取有效抢救措施。尸检发现病人腹腔内瘀血块500 g，积血3500 mL，腹腔内出血共4000 mL，而病人住院后输液卡上的糖盐水为1250 mL，更未输全血、血浆，病人严重血容量不足。

2.医方以上诊治违规行为，与患者死亡有一定的因果关系，应负一定责任。

3.患者死亡的根本原因是刀刺伤脾破裂，出血性休克。

4.病人酒后烦躁，加重了出血；受伤90 min后才送医院，时间也有延误。

案例三十三

一、病史摘要

患者，女，26岁，已婚，××年8月2日9:00，急诊入住A医院。

主诉：右下腹部疼痛1周余。

入院当日2:00腹痛持续性加剧，阵发性绞痛，伴阴道流血。门诊以“急性阑尾炎”、“宫外孕”收住。

月经史：14岁初潮，3～5/28～30。

体查：T 36.8 ℃，P 68次/分，R 18次/分，BP 13.3/9.3 kPa；腹部平坦，右下腹部疼痛，为阵发性，持续加剧，腹壁紧张，有压痛；阴道出血。WBC 7.2×10^9/L，Hb 125 g/L。

诊断：(1)急性阑尾炎；(2)宫外孕(?)；(3)黄体破裂(?)。

术前总结诊断“急性阑尾炎”，手术方式“阑尾切除术”。家属签字同意。

8月2日10:00在硬外麻醉下行急性阑尾炎阑尾切除术。术中用吸引器吸出腹腔内鲜血约1000 mL,血块100 g,左侧输卵管狭部破裂,行左侧输卵管切除,保留大部分卵巢;右侧卵巢囊肿,拳头大,扭转90°,做囊肿切除,卵巢修补术,做分离切除,内有血性分泌物150 mL;阑尾充血水肿,做阑尾切除术。术后一般情况尚可,给予止血、抗生素、对症治疗。同年8月13日痊愈出院。

第三年8月16日入住B医院妇科。

主诉:宫外孕术后3年未孕。

入院诊断:(1)子宫内膜息肉;(2)盆腔包块性质待查;(3)继发性贫血。

第三年8月18日行"腹腔镜盆腔粘连分解术+左侧卵巢内膜囊肿剥离术",腹腔镜探查子宫后壁与盆腹膜、肠管粘连,左卵巢囊肿直径约5 cm,与左侧部分输卵管、盆腔腹膜、子宫后侧壁、乙状结肠粘连。右附件缺如,左输卵管壶腹部及伞部缺如。腹腔镜下钝锐性分离粘连带;剥除左侧卵巢囊肿。

第三年8月24日出院。出院诊断:左侧卵巢内膜样囊肿,继发性不孕。

二、矛盾焦点

患方:医方违反诊疗常规,误诊误治,术前诊断急性阑尾炎,剖腹探查"阑尾红肿",就不应手术,未征得患者及其家属同意,错误地行宫外孕(左)、卵巢囊肿(右)、阑尾三项手术,术后又把患者右附件、左输卵管壶腹部及伞端缺如隐瞒至今,造成患者生育功能严重障碍,身体残疾。

医方:对患者行急性阑尾炎手术,向家属做了告知。术中发现左侧宫外孕输卵管壶腹部破裂,切除输卵管;探查发现右侧拳头大卵巢囊肿扭转,向病人家属做了口头谈话后,行右侧卵巢囊肿切除术。医院无医疗过错,不属医疗事故。

三、案例评析

1.医方诊断思路单纯,对患者末次月经时间未问,术前未考虑宫外孕,未请妇科会诊,未做后穹隆穿刺。术前单一诊断患者为"急性阑尾炎",行"阑尾切除"术,以致术前造成宫外孕漏诊。

2.术中发现左侧输卵管妊娠破裂,行左侧输卵管切除止血,抢救患者生命,措施正确。术中又发现患者右侧卵巢有拳头大囊肿，扭转90°，即行囊肿分离切除。两侧手术医方均未认真履行告知义务，未经患者或家属签字同意，剥夺了患者的知情权、选择权。患者术后3年不育，第三年8月18日，经B医院妇科腹腔镜手术证实，“右附件缺如，左输卵管壶腹部及伞部缺如”。造成继发不孕，与医方切除右附件有一定因果关系。

3.术后出现粘连是常见并发症。腹腔镜手术中记录患者盆腔有粘连，这会直接影响其以后的妊娠概率。

案例三十四

一、病史摘要

患者，男，38岁，主因“上腹痛3个月余”，××年9月15日A医院门诊以肝包虫收住入院。上腹持续胀痛，无恶心、发热、寒战，无皮肤黏膜黄染，无食欲缺乏、乏力、体重减轻。曾在外院行B超、CT检查提示：肝包虫、胆结石胆囊炎。卡松氏试验阳性。

入院检查：发育良好，营养中等，皮肤无黄染，巩膜轻度黄染，未见腹壁静脉曲张，未见肠型及蠕动波。腹软，无压痛及反跳痛，未触及包块及波动感，墨菲氏征（－），肝、脾区无叩击痛，肝浊音界于右锁骨中线第5肋间，腹部移动性浊音（－）。

9月16日腹部B超示：左肝前后径5.3 cm，右肝上下斜径12.3 cm，被膜光滑，肝内管状结构分布自然，肝实质回声不均匀，肝内见大小为7.4 cm×4.9 cm无回声区，壁厚，形似车轮状。肝血管走向正常，彩色血流未见异常。胆囊区显示不清。印象：多考虑肝包虫。

9月16日生化报告：AST 51.0 U/L，ALT 90.0 U/L，TBIL 17.5 μmol/L，DBIL 2.6 μmol/L。

CT提示：肝包虫、胆结石胆囊炎。

依据病史、体征、检查，诊断为：(1)肝包虫病；(2)胆结石胆囊炎；(3)肺结核球。

经术前准备，家属签字同意，于同年9月22日行“肝包虫囊肿摘除术、胆囊切除术”。术中探查见肝脏面近第一肝门部有一10 cm×8 cm囊性包块，囊壁厚、灰白色、质韧，同胆囊粘连紧密。胆囊12 cm×6 cm×7 cm，壁厚，张力大，胆总管无扩张。以纱布垫填塞保护周围组织，防囊液流入腹腔。用空针穿刺囊壁，吸引器抽出白色、清亮囊液约20 mL，抽取20 mL福尔马林，于原穿刺处注入，以杀灭头节。15 min后切开囊壁约4 cm，放入吸引器吸尽囊液后，扩大切口约7 cm，见内有大小不等内囊数十个，最大约3 cm，最小米粒大。用环钳夹除内囊，同时意外探及囊腔同胆囊相通。(根据患方提供的病历复印件：于胆囊内取出形状不规则、色黑、质硬、坏死子囊，直径为3～0.3 cm)切除胆囊，彻底止血，查无出血及胆漏后，用福尔马林纱布仔细擦拭囊壁，未见纱布黄染。于囊腔中置入中号引流管，间断内翻缝合囊壁缩小囊腔，由右腹壁引出，7＃线固定。术中出血约500 mL，手术顺利。术后给予抗感染、止血、对症处理。术后第3天出现巩膜黄染，且呈进行性加重，9月22日急查肝功：AST 115 U/L，ALT 232 U/L，TBIL 173.3 μmol/L，DBIL150.8 μmol/L，多考虑胆总管远端水肿引起梗阻，但不排除子囊掉入胆总管的可能。间断给地塞米松5 mg静推，同时保肝。皮肤黏膜黄染有所减退。10月9日复查肝功：AST 202 U/L，ALT 397 U/L，TBIL 50.0 μmol/L，DBIL/17.1 μmol/L。但患者术后出现持续高热、寒战，血培养无细菌生长，故持续给地塞米松降温，间断给予抗感染及改善肝功，但无明显疗效。复查B超：肝包虫术后，肝被膜光滑，肝内胆管结构分布自然，无扩张。磁共振胆道成像：肝内胆管较清楚，无明显扩张，肝内胆管境界模糊，管周异常信号。复查血白细胞13.62×10^9/L，中性粒细胞81.4%。多次复查肝功，总胆红素、直接间接胆红素高于正常且缓慢升高。经治疗，患者仍高热、黄染。拟于11月4日行胆道探查。

11月3日B超示：肝包虫术后，残腔未闭，残腔积液少量。总肝管阻塞，胆汁淤积并感染，脓肿形成不排外。胆囊切除术后，肝外胆管未见异常。

目前诊断：胆管梗阻(不完全性)、胆道感染、肝脓肿。

于同年11月4日转B医院。

同年11月18日，主因肝包虫术后，全身皮肤巩膜黄染1个月余，入住B医院消化科。

体查：T 37 ℃，P 92次/分，R 19次/分，BP 120/90 mmHg，全身皮肤黏膜及巩膜重度黄染，无瘀斑及出血点，未见蜘蛛痣及肝掌，心肺未见异常，腹平软，右肋缘下见一长约10 cm手术瘢痕，无腹壁静脉曲张，右上腹压痛，未触及包块，肝脾肋下未触及，肝区叩痛。WBC 12.0×10^9/L，RBC 2.84×10^{12}/L，HB 91 g/L，肝功：ALT 212 U/L，AST 288 U/L，ALB 30.1 g/L，总胆红素547.1 mmol/L，DBIL 174.0 mmol/L，IBIL 373.1 mmol/L，GGT 388 U/L，ALP 927 U/L，TBA 151.9 μmol/L。

ERCP诊断：（1）化脓性胆管炎合并胆源性肝脓肿；（2）十二指肠乳头切开术；（3）鼻胆管引流术。

入院诊断：（1）胆源性肝脓肿；（2）梗阻性黄疸；（3）化脓性胆管炎；（4）肝包虫囊肿摘除术后；（5）胆囊切除术后。

入院后给予鼻胆管冲洗、抗感染、保肝支持等治疗，疗效不满意，家属要求出院，于11月27日从消化科出院，入住肝胆外科病区。同年12月4日行原位肝移植术（背驮式）。

术后诊断：（1）肝包虫术后；（2）硬化性胆管炎。

病理诊断：（肝包虫术后）肝小叶中央肝细胞瘀胆伴坏死，汇管区小胆管增生伴胆管上皮细胞肿胀，少量急性炎细胞浸润，部分肝组织内小灶性微脓肿伴点灶状坏死，部分肝组织成片状坏死。

术后7 d出现发热、黄疸等症状，行PTCD引流，发热明显好转。后出现眼内炎、玻璃体混浊等，3月4日在局麻下行右玻璃体切除，眼内电凝，硅油注入，复杂RD激光修复等眼科手术，仍有发热。家属要求暂时出院，于第二年3月11日出院。

第二年9月6日法医教研室病理学诊断报告（完整肝脏）检验意见：

（1）肝脏广泛性以小胆管为中心性外源性金黄色物质沉积。

（2）肝脏广泛性非生物源性肝细胞变性、坏死，伴出血、炎性细胞浸润、肉芽组织形成及胶原纤维增生。

（3）病变累及90%以上肝组织。（参照上述肉眼及镜下描述）

(4)“管道及囊壁”组织属于部分肝外胆道组织。

(5)肝实质内未发现其他病理性异常组织。

二、矛盾焦点

患方:医方行肝包虫摘除术,将福尔马林打入胆管,术后不积极采取有效方案治疗,延误病情,将胆总管腐蚀,造成肝左右胆管及胆道坏死,肝脏胆汁淤积并感染,形成脓肿,损害肝脏,危及生命,最后行肝移植。

医方:对患者诊断明确;手术指征明确;手术操作规范;引流管拔除时间合理;患者病情特殊,包虫囊腔在肝实质内同胆囊床相连,并从胆囊内取出大量子囊。不构成医疗事故。

三、案例评析

1.医方术前未认真阅读CT片,未发现包虫囊腔与胆道相通。未做好包虫囊腔内有胆漏的准备。影像学诊断专家阅读患者术前CT片显示,胆囊与包虫囊腔紧密相连,胆囊被包在肿块内,胆囊壁为腐蚀性改变。医方医师手术记录也证实:术中“意外探及囊腔与胆囊相通,于胆囊内取出形状不规则、色黑、质硬、坏死子囊”。

2.医方术者“抽出白色、清亮囊液约20 mL。抽取20 mL福尔马林,于原穿刺处注入以杀灭头节”。

1994年兰州军区总医院顾树南所著《肝胆外科学》及黎介寿、吴孟超主编的《普通外科学》,均提到有胆漏时不宜用2%~4%的福尔马林,取子囊后在囊腔内放入双套管引流,引流管接吸引器持续吸引。

3.术中应预见福尔马林进入胆道,但未冲洗做补救治疗。患者术后3 d出现巩膜黄染、持续高热、寒战等胆管炎症状,未进行院内外会诊,未采取积极有效治疗措施,使胆管及肝细胞损害持续加重,病情进一步恶化。××年12月4日在A医院行“原位肝移植”术。

4.病理专家阅片后认为,肝脏广泛坏死,肝脏结构破坏,残留肝细胞大量瘀胆,有胆色素沉着。病理片上未看到明显的生物源性损害。

案例三十五

一、病史摘要

患儿，男，1岁，患者家属代诉：因右侧腹股沟区可复位包块8个月，嵌顿1 d，于××年4月27日10:00病危入住A医院普外科。患儿出生3个月余哭闹时右腹股沟区出现一包块，质软，手能还纳，平卧时消失。入院前一天哭闹时包块复现，不能还纳，数小时后肿块变硬，伴恶心、呕吐。

体查：T 36.5 ℃，P 120次/分，R 20次/分，W 10 kg；神志清醒，发育正常，营养一般，轻度脱水貌，查体不合作，胸廓对称无畸形，肺部未见异常；心尖冲动不弥散，心界不大，心音有力，心率120/分，律齐，各瓣膜区听诊未闻及病理性杂音；生理反射存在，病理反射未引出；腹部略胀，移动性浊音(-)，肠鸣音亢进；右侧腹股沟区局部隆起，右侧阴囊重度水肿，皱纹消失，触痛明显，肿块约7 cm×4 cm，根部未扪及，双侧睾丸可扪及，等大、质软。阴茎如常。X线片示：上腹可见一液平面；WBC 18.1×10^9/L。

初步诊断：(1)右侧嵌顿疝；(2)肠梗阻。

向患者家属交代病情，术前谈话，家属签字同意，于4月27日15:00在氯胺酮全麻下行“右嵌顿疝松解复位、疝囊高位结扎+修补术”。术中麻醉尚可，出血十数毫升，手术顺利，16:30结束。

麻醉药物使用情况：术前0.5 h肌注阿托品0.1 mg、苯巴比妥20 mg；氯胺酮第一次15 mg加入小壶静滴，第二次间隔20 min肌注氯胺酮50 mg，第三次加安定2 mg入小壶静滴，第四次肌注氯胺酮50 mg，第五次仍用氯胺酮50 mg肌注；输液180 mL糖盐加入安捷利20 mL至手术结束。

术后体温高达40.3 ℃，未苏醒，瞳孔明显缩小，生命体征平稳，给予吸氧、静滴纳洛酮、脱水剂、营养脑细胞药物、持续补液等。瞳孔扩至正常，对光反应灵敏，呼吸由12次/分升至26次/分，仍处于昏迷状态。CT、MRI检查基本确诊为：

双侧小脑、左枕叶脑梗死。4月29日10:00转儿科治疗。

5月3日病程记录：患儿抽搐频繁，双眼上翻，口角四肢抽动，双拳紧握，唇青紫，即刻给苯巴比妥50 mg、东莨菪碱0.1 mg静滴，抽搐止。

5月3日22:15记录：患儿呼吸心跳停止，即刻心肺复苏，抢救约30 min自主呼吸、心跳恢复。

5月5日9:40记录：患儿抽风后突然呼吸、心跳停止，抢救约10 min后呼吸、心跳恢复。

5月9日会诊：胸骨左缘3、4肋间闻及Ⅲ级收缩期吹风样杂音，即刻查超声心动图：先天性心脏病，室间隔缺损(膜部)。

5月12日、6月12日先后两次请B医院、C医院专家会诊。

6月25日复查磁共振：(1)双侧大脑及小脑半球多发大面积脑软化灶并亚急性出血(右枕叶亚急性血肿)；(2)脑萎缩；(3)双侧上颌窦及筛窦炎症。

现患儿神志清醒，能从声音分辨亲属，双眼不能视物，不能爬、坐，抱立时双足下垂，无发热，无抽风，无咳嗽、呕吐。家属要求转上级医院诊治，6月29日出院。

出院诊断：(1)左侧腹股沟嵌顿疝术后；(2)脑梗死，右枕叶血肿；(3)先天性心脏病，室间隔缺损；(4)左肺肺炎；(5)电解质紊乱；(6)代谢性酸中毒；(7)皮质盲。

第二年6月28日至7月8日住D医院。入院后进一步行头颅MRI检查，提示全脑萎缩，脑内多发脑梗死，两侧大脑前、中、后动脉远端分支略稀少。心脏彩超未见明显异常。神内及儿科会诊均考虑缺血缺氧性脑病。给予神经营养治疗。因病程时间长，康复可能性小。家属要求出院。

出院诊断：(1)脑梗死并梗塞后出血(多发)；(2)缺血缺氧性脑病；(3)脑萎缩；(4)皮质盲；(5)视神经萎缩；(6)腹股沟斜疝术后。

第二年8月2日E医院门诊的诊断同D医院。

二、矛盾焦点

患方：医方术前没有全面、系统地进行常规检查，没有术前讨论，没有严格掌握手术指征，未请有关专科会诊，未履行告知义务，侵犯了患者家属的知情权、选择权;术中超剂量使用麻醉药物,未测量患儿血压,未予以吸氧;术后观察病情不仔细,护理、抢救不当。导致患儿脑梗死并梗塞后出血、缺血缺氧性脑病、脑萎缩、皮质盲、视神经萎缩。

医方:患儿为右侧腹股沟嵌顿疝,符合急诊手术指征,术前准备、手术、麻醉操作符合规范。患儿术后未醒,是发生脑梗死所致。脑梗死栓子由多种因素引起,无法预料和防范。"麻醉药品过量中毒"说不成立。术后患儿两次呼吸、心跳停止,导致了缺氧缺血性脑病的发生。不属于医疗事故。

三、案例评析

1.医方对患者诊断"右侧嵌顿疝,肠梗阻"正确,行"嵌顿疝松解复位、疝囊高位结扎+修补术",符合治疗原则。

2.术前准备不够,未测体重,仅凭估算体重给麻醉药,剂量不准。首次使用氯胺酮麻醉后,再次用量未减半,用药量较大。

3.术中、术后对病情观察、监测、处理均不力,术中未测血压,未监测血氧。术后处于昏迷状态,有高热,未给予吸氧和特殊处理。

4.手术当天(4月27日)晚上,主管医师发现患儿头部有皮下血肿,4月28日医方的MRI片明显显示左枕部及右额部各有一很大的头皮血肿,这是由撞击引起,医方未做处理,这是导致患儿脑病的重要原因之一。

5.脑病的原因很多。以上综合因素是导致该患儿脑病的主要原因,两者间有因果关系,医方应负主要责任。该患儿病情复杂,还有其他未知的致病因素。

案例三十六

一、病史摘要

患者,女,55岁,××年10月20日19:00急诊入住A医院。

主诉:持续性右上腹疼痛1周,伴恶心、呕吐。

体查:T 38 ℃,P 100次/分,R 24次/分,BP 132/82 mmHg,急性病容,神志清楚,精神差,步入病房,全身皮肤黏膜未见黄染,巩膜无黄染,角膜清亮,双瞳孔等大等圆,对光反射灵敏,扁桃体不大,听力差,双肺呼吸音清,未闻及干湿啰音,心率100次/分,律齐,全腹未见肠型及蠕动波,腹肌柔软,右上腹压痛明显,拒按,无反跳痛,肝脾肋下未触及,肝浊音界不大,肝区叩击痛(–),移动性浊音(–),墨菲氏征(++),肠鸣音弱。

初步诊断:急性结石性胆囊炎。

诊疗计划:完善相关检查,急诊手术治疗。

经术前小结,家属签字同意,于同年10月23日8:30在连硬外麻醉下行"胆囊切除术"。

术后首次病程记录:手术中肝、胃、肠未见异常,胆囊明显充血水肿,7 cm×5 cm×5 cm大小,壁厚4～6 mm,充满混合性结石,增大,胆总管不增宽,遂行胆囊切除术,分离胆囊过程中胆囊破裂,手术顺利。给予抗感染、止血、止痛、补液等治疗。

第二年3月2日记录的该日手术记录:洗手探查见肝色泽如常、质软,大小无明显改变。大网膜与其肝脏面、胆囊、肝门广泛粘连,仔细分离。探查胆囊约6 cm×4 cm×3 cm大小,胆囊壁增厚,呈慢性炎症样,内有多枚较大结石。胆囊三角水肿增厚,解剖层次不清,确定逆切胆囊。于胆囊顶部切开增厚的浆膜,钝锐性交替剥离、分离、钳夹、结扎胆囊动脉。继续解剖胆囊体及Harlmann囊、胆囊管时突然出血,但非喷射状。即刻钳夹,出血停止。依据解剖部位分析可能为门静脉右支出血。请主任医师上台指导,暂钳夹控制出血,延长切口继续解离胆囊。距胆总管0.5 cm处钳夹,切断并结扎胆囊管。用无损伤滑线贯穿连续缝合出血部位后,出血停止。拭净术野,见有少量胆汁外漏,仔细辨认为左肝管近二管汇合处有0.3 cm横行裂口,用1号丝线间断缝合两针予以缝补。为防止其狭窄行胆总管探查,"T"形管引流。胆总管无明显扩张,未见结石及胆泥。将16号"T"形管长臂放入左肝管,短臂放入胆总管。缝合胆总管切口。于小网膜孔放置潘式引流管与"T"形管一并戳孔引出。依次缝合切口,固定引流管,辅料包扎。

术后诊断:急性结石性胆囊炎。

术后恢复满意，术后12 d拆线，切口甲级愈合。

出院时情况：无腹痛、腹胀、恶心、发热、黄疸。肛门排气及排便，一般情况好。生命体征平稳，腹平软，全腹无压痛及反跳痛，移动性浊音阴性，肠鸣音正常。同年11月12日出院。

第二年2月2日再次入院。

主诉：胆囊切除、胆总管探查术后3个月，间断性发热1个月。

体查：T 36.4 ℃，R 18次/分，P 74次/分，BP 126/70 mmHg，右上腹部见“T”形管，腹肌柔软，全腹无压痛、无反跳痛及肌紧张，肠鸣音减弱，1～2次/分。

超声诊断意见：(1)肝回声细密不均；(2)胆管炎；(3)胆囊术后左右肝管轻度扩张。

谷草转氨酶89.00，谷丙转氨酶128.00，谷氨酰转肽酶188.00，白蛋白35.00，白蛋白/球蛋白1.19。

初步诊断：胆囊切除、胆总管探查术后。

完善相关检查后行抗感染、保肝对症治疗，病情逐渐好转，第二年2月12日拔“T”形管，患者无特殊不适，发热逐渐消失，复查肝功明显好转，谷草转氨酶46.00，谷丙转氨酶40.00，谷氨酰转肽酶143.00，白蛋白38.20，白蛋白/球蛋白1.14。于第二年3月5日出院。

出院诊断：(1)胆囊切除、胆总管探查术后；(2)特发性震颤。

出院遗嘱：(1)继续保肝治疗；(2)定期门诊复查。

患方述：第二年3月6日病情复发，高烧、寒战，体温39 ℃，3月7日第三次入住该医院。

第二年4月6日在A院行ERCP，印象：(1)胆囊术后右肝管局部狭窄；(2)胆总管结石，遂行取石成功；(3)胆总管上端外侧小切迹。

时隔9个月后又发热，第三年2月15日第四次入住该医院，再次行ERCP取出结石一枚。第三年8月14日又复发，8月21日入住B医院。

二、矛盾焦点

患方：医方胆囊摘除术中损伤肝外胆管和门静脉血管，造成大出血和术后胆瘘,迫使切开胆总管,留置"T"形引流管和腹腔引流管,导致胆管反复感染、狭窄、梗阻、结石形成、肝功严重损害。医方隐瞒真相,伪造手术记录。

医方:手术过程中损伤门静脉及左肝管为手术意外,医方尽到了注意义务。术后出现胆管瘘及左肝管狭窄,为手术并发症。术后胆总管出现两次结石与医方当初的诊治无关。医疗行为无过错或过失。

三、案例评析

1.医方诊断患者为"急性结石性胆囊炎",行"胆囊切除术"。术者局部解剖关系不清楚,手术失误,剥离肝门处时损伤了血管及胆管,引起出血。胆道损伤导致胆道感染、狭窄、结石,现患者肝功有一定程度的损害。

2.医方手术失误,是造成患者损害的直接原因,应负主要责任。

3.病历书写不规范,不真实,修改、签字不及时。10月23日的手术记录与次年3月2日补写的手术记录有重要不同。前者手术顺利,未记录血管、胆道损伤;后者记录有血管、胆道损伤。前者不真实,隐瞒了手术失误。

4.患者病情较重,如多处结石存在,局部水肿粘连,给手术带来一定难度。

案例三十七

一、病史摘要

患者,男,60岁,××年12月21日入住A医院普外科。

主诉:右下肢浅静脉扩张、迂曲20余年。

体查:右下肢小腿中下段内侧表面静脉曲张、迂回,右踝部、足背、足底皮肤色素沉着、青紫,无皮肤萎缩、湿疹及溃疡,无皮肤及皮下组织结节,皮肤无红肿,足背动脉可触及波动,浅静脉瓣膜功能试验阳性,Perthes、Pratt试验阳性。WBC 7.7×10^9/L,HB 143 g/L, PLT 111×10^9/L。

初步诊断:右侧大隐静脉曲张。

经术前准备，家属签字同意，于22日上午在椎管内联合阻滞麻醉下行右大隐静脉高位结扎剥脱术。取右腹股沟韧带下2 cm一斜形切口，长约5 cm，切开皮肤、皮下组织，充分显露大隐静脉，见有三条分支，并分离其所属分支，分别钳夹、切断并结扎。在距股静脉1.5 cm处钳夹、切断并结扎大隐静脉主干远端后，突然出现术野出血，呈暗红色，量较多，患者出现血压波动，采取压迫止血、结扎、缝扎等止血措施，出血停止。术中向家属交代病情及处理后，家属要求做完手术，遂进一步行剥离术，在处理小隐静脉时见其交通支丰富，为防意外，行分段钳夹、切断并结扎。术后第一天切口肿胀，皮下瘀血，大腿及腘窝处可触及片状硬结。彩色多普勒检查诊断“右下肢股深静脉远端及腘静脉血栓”。给川芎嗪、复方丹参注射液、七叶皂甙钠、低分子右旋糖酐、低分子肝素等治疗，建议使用尿激酶“溶栓”，家属拒绝。建议转院，家属自行联系到B医院。12月30日晚主管医师护送到该院。

同年12月30日22:00入住B医院外科。

主诉：右下肢大隐静脉剥脱术后8 d，小腿疼痛7 d。

体查：右膝关节主动屈曲位，约40°，被动伸直时右小腿后侧明显压痛，右踝关节及右足趾活动不能，右小腿及右足皮肤呈大面积烫伤样改变，表皮剥脱，融合成片，皮肤呈紫红色，右股动脉、右腘动脉、右足背动脉均不能扪及搏动，对侧正常，右足趾末端毛细血管充盈时间明显延长，其腹股沟下内侧、股内侧、小腿内侧，多个已缝合皮肤切口，周围无红肿及异常渗出，Buerger’s征阳性。

初步诊断：(1)右股动脉栓塞；(2)右下肢深静脉血栓形成。

12月31日行DSA右下股动脉造影，见右股浅动脉近端截然中断，断面较锐利，右大腿有丰富侧支循环。

确诊：右股浅动脉损伤，属医源性误扎。

第二年1月6日在硬膜外麻醉下行髂外动脉股浅动脉人造血管旁路吻合术(右)，手术顺利，术后抗感染支持治疗，溶栓治疗。第二年1月26日出院，出院时无特殊不适，一般情况可，缝线已拆除，切口愈合良好。

出院诊断：(1)右股动脉损伤(医源性)，右股动脉误扎；(2)右下肢深静脉血栓形成。

出院遗嘱:(1)口服脉络疏通胶囊一疗程;(2)穿弹力袜半年;(3)定期门诊复查。

第二年3月24日C医院血管造影诊断:右下肢深静脉血栓形成后遗症。

二、矛盾焦点

患方:医方为患者行"右下肢大隐静脉高位结扎剥脱术",术中医生操作失误,割断动脉血管,血液外喷,患者血压猛降,医生既不求助解决,也不请示汇报。术后未实施任何补救措施,隐瞒失误达9 d之久,错失了挽救良机。该取的足静脉至今仍残留在患者脚腕,致足腕僵硬,血栓形成,血循环障碍,血栓已抵达脐下,生活不能自理。经两次大手术,神经损伤严重,影响运动功能,精神崩溃。

医方:手术严格按操作规程进行,术中出现的情况属意外,B医院右股动脉误扎(医源性)的诊断不成立,术后静脉血栓为术后并发症。不构成医疗事故。

三、案例评析

1.医方对患者的诊断正确,为"右侧大隐静脉曲张"。手术指征明确,经术前准备、谈话、家属签字同意,行"右大隐静脉高位结扎剥脱术"。

2.手术医师血管外科的基本理论、基础知识、基本技能欠缺,术中解剖关系辨认不清,操作不规范,误伤血管,术中压迫止血及出血时间长,出血较多。术后右下肢血栓形成,给患者造成损害。手术失误与患者损害有直接因果关系,医方应负主要责任。

案例三十八

一、病史摘要

患儿,女,3岁,于××年8月4日入住A医院。

主诉:右腹股沟部肿块半年。

专科检查:腹软,膨隆,右腹股沟中点上方有一约乒乓球大小包块,压痛,听诊有肠鸣音,哭闹时肿块变大,移动性浊音阴性。

西医诊断:右腹股沟直疝嵌顿。经术前准备,家长签字同意,于同年8月4日20:00在全麻下行右腹股沟直疝修补术,术中未找到疝囊,在腹股沟内侧有一囊状物,穿刺抽出淡绿色混浊液体,化验室口头报告非尿液,即切除部分囊袋,见残留囊袋内有液体涌流,为双侧性,考虑为输尿管膀胱入口处喷尿,立即将囊袋(约占囊袋1/4)用1号丝线全层缝合至原处,外膜加强缝合,经膀胱尖部(切下囊袋顶部)造瘘引流。

术后诊断:右腹股沟直疝嵌顿,膀胱损伤,膀胱修补造瘘术。

术后抗感染、止血,请B医院××主任会诊。患儿痊愈,于同年8月28日出院。

同年9月4日因下腹部切口红肿、渗液1 d,以术后腹壁感染再次收入A医院。给予抗感染、中药治疗。

9月26日病程记录:今日查房,患儿神志清醒,精神好,腹部无异常,大小便正常,经王主任查房后嘱:静滴头孢曲松1.0 g,遵嘱执行。(何时出院无记录)第二年6月29日,主诉"右下腹起水疱伴流出液体3 d"再次入住A医院,诊断:腹壁瘘。抗感染治疗。考虑膀胱瘘口为唇状瘘未愈合,医院条件有限,7月26日转上级医院治疗。

第二年8月18日入住C医院,诊断:(1)右疝术后膀胱瘘;(2)双肾、双输尿管积水;(3)左膀胱输尿管反流;(4)膀胱挛缩。

9月13日行"左输尿管再植、乙状结肠扩大膀胱、右疝囊高位结扎术",8月29日出院。

出院遗嘱:每日清洁导尿,门诊随诊。

二、矛盾焦点

患方:医方为腹股沟直疝嵌顿患儿做手术,误切部分膀胱,未告知家属,治疗不当,造成慢性膀胱炎、膀胱周围组织广泛粘连、膀胱瘘、双肾输尿管积水、膀胱萎缩,造瘘使孩子终生导尿,医方应负完全责任。

医方:医院在患儿的治疗过程中诊断正确,处理得当,无过失。

三、案例评析

1.医师缺乏对小儿疝气诊治的基本知识和基本技能,未认真检查,在腹股沟摸到包块就草率地诊断为"右腹股沟直疝嵌顿",诊断错误。直疝嵌顿很少,手术中并未找到疝囊。

2.手术错误。入院当天即行"腹股沟直疝修补术"。术者解剖知识不足,没掌握辨认疝囊的方法,对膀胱、疝囊分辨不清,误将膀胱当疝囊,错误地切除膀胱约1/4,又"原位缝合",行"膀胱修补造瘘术"。

3.术中出现意外时,未能及时请有关专家会诊处理,导致损伤的膀胱发生尿瘘,遗留膀胱大部分缺失,排、储尿功能障碍,经久不愈,给患儿造成人身损害。

4.医方在诊治中的违规行为,与患儿人身损害有直接因果关系,医方应负完全责任。

案例三十九

一、病史摘要

患者,男,63岁,××年3月5日入住A医院传染一科。

主诉:乏力、食欲缺乏、尿黄1周,否认传染病史。

体查:巩膜及全身皮肤中度黄染,心肺未见异常,肝脾肋下未触及,肝区、脾肾区有叩击痛。

诊断:病毒性肝炎,未分型,急性,黄疸型。

入院后查肝功:ALT 353 U/L, AST 137 U/L, TBiL 50.5 μmol/L, DBiL 7.1 μmol/L, IBil 43.4 μmol/L, r-GT 637 U/L, AKP349 U/L, CHOL 4.65 mmol/L, HBV-M阴性,抗HCV阴性。

腹部彩超及CT均示:胆囊结石、肝内外胆管扩张。

排除传染性黄疸,3月12日转肝胆科。

诊断:(1)梗阻性黄疸;(2)壶腹部癌(?);(3)胆总管下端结石或炎性狭窄(?);(4)左前支传导阻滞。

经术前准备、谈话,家属在手术同意书上签字同意,于同年3月21日行“剖腹探查、胆囊切除、胆总管切开取石、T管引流、术中胆道镜检查”手术。术中见肝脏呈重度肝硬化表现,胆囊慢性炎症表现,胆总管上中段明显扩张,下端堵塞,有结石嵌顿,取出结石。肝内胆管轻度扩张。摘除胆囊,剖开胆囊取出一枚黄豆大小胆固醇结石。胆囊送病检。麻醉满意。

术后诊断:(1)梗阻性黄疸;(2)胆总管结石;(3)胆囊结石伴慢性胆囊炎;(4)胆汁性肝硬化。

术后给予抗感染、止血、保肝治疗。

3月24日病程记录:精神尚可,切口轻度疼痛,今日下午肛门通气,今日T管引流量明显增多,约1850 mL,淡黄褐色。复查肝功、电解质,嘱多饮水。

4月13日病程记录:精神、食欲及睡眠尚可,T管引流胆汁量约1850 mL,嘱患者间断夹闭T管,继续观察病情变化。4月13日10:06长期医嘱停止输液。

4月14日病程记录:今查房,患者不在病房,据同病室病人讲,患者自行回家。

4月17日15:20临时医嘱给复方甘草合剂200 mL口服(同时在病房换药一次)。

4月19日2:00被家人抬入病房,当时查体:血压9/5 kPa,P 116次/分,神志尚清,精神差,呼吸浅、快,心音弱,律齐。给予吸氧、补液,血压渐至12.6/7.3 kPa,患者一直未解小便,5:00给呋塞米20 mg,仍未解小便。急查电解质,K 6.2 mmol/L,BUN 19.0 μmol/L,考虑低血容量性休克。请心肾、呼吸内科急会诊,继续输液,给25%葡萄糖溶液及葡萄糖酸钙,以对抗高血钾。

19日23:00记录:患者入住病房至今,已输液4100 mL,经导尿导出100 mL尿液,用升压药后血压仍不能维持正常。

4月20日0:28医嘱:病危。

经抢救无效,患者于同年4月20日3:40死亡。

死亡原因:肾功能衰竭。

二、矛盾焦点

患方:医方胆总管结石手术疏忽,出现纰漏;术后3 d,突然出现晨吐、引流出的液体量非常大,导致患者电解质紊乱,医方处理严重失误;在病情不稳定的情况下批准病人回家休息;未给家属下病危通知,对病情判断错误,抢救措施不当、不积极,延误了治疗时机,导致患者突然死亡,医方负有不可推卸的责任。

医方:诊断治疗严谨、及时,手术方法得当,术程顺利,效果明显;在病情尚未完全稳定、仍需进一步观察的情况下,患者私自离院回家长达6 d,自行采取中药、输液治疗,是导致休克、肾衰竭的直接原因;医方尽职尽责,无过错。

三、案例评析

1.医方诊断患者为:(1)梗阻性黄疸;(2)壶腹部癌(?);(3)胆总管下端结石或炎性狭窄(?);(4)左前支传导阻滞。

经术前准备、家属签字同意,于××年3月21日行“剖腹探查、胆囊切除、胆总管切开取石、T管引流、术中胆道镜检查”术。

术后诊断:(1)梗阻性黄疸;(2)胆总管结石;(3)胆囊结石伴慢性胆囊炎;(4)胆汁性肝硬化。

术后给予止血、抗感染、保肝治疗。手术及手术后恢复满意。

2.4月13日10:06,长期医嘱记录停止给患者的所有输液;4月14日病程记录:“今查房,患者不在病房,据同病室病人讲,患者自行回家”。患者回家,未办理任何正式请假手续及出院手续。根据体温表记录,自4月14日至4月18日5 d“外出”。4月19日2:00,患者被家人抬入病房,血压9/5 kPa,P 116次/分,呼吸浅快,心音弱,一直未解小便。经抢救无效,于4月20日3:40死亡。死亡原因:低血容量性休克致肾功能衰竭。

患者离院外出,无证据证明患者办理了请假或出院手续。未能及时回院,没有得到及时治疗,使病情恶化,导致死亡。患方应负责任。

3.医方在对患者的诊治过程中,存在以下失误:

(1)术后一般情况尚可,但胆汁引流量多,至4月12日体温表记录仍有2270 mL,4月13日病程记录T管引出胆汁量约1850 mL;4月7日T管胆道造影示:胆总管及左侧肝内胆管扩张;大便为白色。这些情况未引起医方的重视,对病情估计不足。

(2)患者及其家属4月17日15:00左右,曾到病房由医生给患者换过一次药,开复方甘草合剂200 mL口服(临时医嘱15:20执行)。此时医方未能将患者留在病房,亦未让其办理正式请假或出院手续。若患者执意离院,应让其签字。

(3)病人4月19日到医院后,医方的诊治失误:①休克的原因有血容量不足、感染、心源性等,医方只考虑血容量不足;②肾功能衰竭,没有血透;③液体量多,特别是医方在已诊断为"肾功能衰竭"的情况下,排出少,血钾、尿素氮高:根据医嘱记录,从4月19日2:30至4月20日3:25,不到25 h,静滴液体共9940 mL;4月19日体温表记录排出液量仅200 mL、胆汁70 mL;该日两次化验记录血钾分别为6.6、5.8 mmol/L,尿素氮分别为23.3、19.8 mmol/L。

案例四十

一、病史摘要

患者,男,67岁,××年2月10日主诉"右下腹痛3年"入住A医院外一科。腹痛为持续性刺痛,活动后明显,无放散。近日消瘦,乏力,食欲差,体重下降约15千克,大便5~6 d一次,量少稀软,无便血、黑便等异常。B超提示腹部包块。

体查:营养差,贫血貌,结膜苍白,浅表淋巴结未触及肿大,右下腹近髂嵴处触及4 cm×2 cm条索状肿物,质韧有触痛,表面尚光滑,活动可,移动性浊音(-),肠鸣音3~4次/分,双侧腹股沟区未见异常。肛门指诊进指顺利,直肠壁光滑无肿物,前列腺轻度肿大,表面光滑,退指后无血迹、黏液沾染。

初步诊断:(1)右下腹包块待查;(2)贫血;(3)前列腺增生。

经钡灌肠疑有回盲部结肠癌，CEA、AFP均(－)。

腹部CT：右肾囊肿，回盲部肠壁增厚僵硬，多考虑结肠癌。

结肠癌诊断初步成立。对症、支持治疗。

经术前讨论，向家属交代病情，家属同意行剖腹探查术，并在手术、麻醉同意书上签字，于同年2月26日10:00行“剖腹探查术、右半结肠切除术、横结肠回肠吻合术”。术中右下腹部可触及5 cm×6 cm包块，网膜部分肠管粘连，近端肠管扩张，系膜根部淋巴结肿大，结肠肿块质硬，活动度差，基底部与侧后腹壁广泛性浸润，无间隙，远端结肠扩张，考虑回盲部结肠肿瘤，首先游离分解粘连部分，距回盲部游离回肠约20 cm，回肠系膜及血管均结扎，然后从升结肠中段侧壁分离，分别结扎升结肠系膜及升结肠动静脉，分离结肠肝区至横结肠右侧1/3处，距回盲肠约40 cm。分离肿瘤部分，创面易出血，结肠肿瘤基底部较大，与侧后腹壁广泛浸润，切除较困难，容易损伤右侧输尿管及血管，用电刀切除部分侧腹壁及肿瘤浸润的结肠。距回盲部20 cm切断小肠，距回盲部升结肠约40 cm切断横结肠，关闭横结肠残端，加固缝合，然后行横结肠与回肠端侧吻合术，加固缝合系膜层，吻合口无狭窄，清理腹腔，在右下腹部放置橡胶引流管，逐层关闭腹腔。

术后病检结果：(1)结肠腺癌，中分化型；(2)淋巴结转移癌。

术后给予输液、支持、预防感染、胃肠减压等综合治疗。3月1日肛门少量排气，小便正常，咳嗽、咳痰、气喘，左下肺可闻及少量湿啰音，腹肌紧张明显，全腹无明显压痛、反跳痛，肠鸣音3～4次/分。考虑肺部、腹腔感染，调整用药。3月1日下午解黑色稀糊样大便一次，量较多。3月4日开始进无渣流食。3月6日伤口换药见敷料渗液呈脓性，量减少，脓腔与腹腔不相通。3月5日家属签字：“结肠癌病情已知，患者家属(儿子)不同意化疗，后果自负”。9月19日、10月15日B、C医院的专家分别会诊。同年10月21日5:20呼吸、心跳停止，抢救30 min无效死亡。

死亡原因：(1)结肠癌晚期；(2)多器官功能衰竭。

最后诊断：(1)结肠癌晚期；(2)结肠癌腹壁、腹腔转移；(3)多器官功能衰竭；(4)贫血；(5)肺气肿；(6)陈旧性肺结核；(7)右肾囊肿；(8)前列腺增生。

二、矛盾焦点

患方：医方手术错误，术后几天出现感染，流出赃物和水果籽等，术后未做检查，致使病人长期痛苦，最后死亡。

医方：对患者的诊治无违规行为，术前、术中、术后诊断明确，手术方式确切，符合基本治疗原则。

三、案例评析

1.诊断正确。入院诊断为右下腹部包块待查[结肠癌(?)]。手术指征明确，行剖腹探查术。术前各项准备到位，向家属交代病情，家属签字同意。

2.手术探查证实为右侧结肠癌晚期，术中见回盲部巨大肿瘤，浸润粘连，与侧腹壁粘连紧密，盲肠部及回盲部肠管管壁增厚，形成梗阻，无法进行根治切除。为解除梗阻，因而做了姑息性右半结肠切除、回横结肠端侧吻合术。手术方式符合原则。

3.肠道手术不是无菌手术，术后出现感染、肠瘘、伤口不愈等，是手术常见的并发症。伤口流出的物质为分泌物及坏死组织。

4.患者手术后近8个月死亡，死亡原因为结肠癌晚期，多器官功能衰竭，与手术无因果关系。

案例四十一

一、病史摘要

患者，女，66岁，××年11月3日11:30 A医院门诊以“上感”收住内四科，入院时情况：危。

主诉：畏寒、发热、恶心、呕吐1 d。否认皮肤黄染、腹痛、腹胀、腹泻。2年前行胆结石手术，同年9月行ERCP术。

体查：T 42 ℃，P 126次/分，R 24次/分，BP 130/80 mmHg，神志清，精神极差，急性病容，自动体位，平车推入，全身皮肤黏膜未见黄染及出血点，无肝掌及蜘蛛痣，双眼对称，眼睑无浮肿，睑结膜无充血及苍白，巩膜无黄染，角膜清亮，双瞳孔等大等圆，对光反射好，口唇略发干，舌质红，苔薄白，咽部充血，扁桃体无肿大，双肺呼吸音粗，未闻及干湿啰音，心率126次/分，律齐，腹平坦，未见肠型及蠕动波，腹肌不紧张，无压痛及反跳痛，肝脾未触及，移动性浊音（－），肠鸣音存在，4～5次/分，神经系统检查未见异常；门诊辅助检查未做。

入院诊断：(1)急性上呼吸道感染；(2)胆囊炎并胆囊结石术后。

一级护理，病重，测血压、脉搏、呼吸q6h，给予抗感染、补液、对症治疗，静滴先锋铋3 g，2次/日，静滴清开灵40 mL，1次/日。

11月3日拍胸片示：双肺纹理增重增粗，普大型心脏，左侧胸膜炎。

该日15时病程记录：病情好转，T 36.8 ℃，皮肤巩膜无黄染，腹软，无压痛。

11月4日6:00记录：上腹部疼痛，持续性，伴恶心、呕吐，查体腹软，剑下偏左压痛。9:30 B超报告：(1)肝内胆管扩张伴胆总管中上段扩张；(2)脾大(轻度)；(3)腹腔积气。

该日请外科会诊，10:00转科记录：皮肤巩膜轻度黄染；10:20转入记录：黄疸明显，腹饱满，中上腹压痛(+)，反跳痛(+)，肠鸣音较弱；转入诊断：急性化脓性胆管炎，胆总管下段结石(?)。抗感染、补液、对症治疗，CT检查，明确诊断后手术治疗。经全院会诊，临床诊断：胆总管结石，胆道感染。于11月4日17:00行“胆总管探查术”，术中见胆总管明显增粗，直径约2 cm，纵向切开见脓性胆汁，并有蚕豆大结石一枚，取出结石，吸出脓性胆汁，探查左右肝胆管扩张，无结石，下段通过十二指肠畅通。反复冲洗左右肝管、胆总管，置T形管缝合固定，逐层缝合切口。手术难度大，尚顺利，呼吸机使用时间长，自主呼吸还未恢复。

术后诊断：(1)胆道结石，胆道感染；(2)化脓性胆管炎；(3)感染中毒性休克；(4)急性肾功能衰竭。

术后出现多脏器功能衰竭，经积极抢救，抗感染、止血、补液及血液透析等，病情无好转，家属要求放弃治疗并签字，于同年11月8日11:55死亡。

二、矛盾焦点

患方:医方延误诊治,严重损害肝、肾,致患者死亡。患者腹胀、高烧、寒战,家属向接诊医生介绍了2个月前做过胆管手术,问题可能在胆管上,建议送外科,但医生送入内科,内科仅做一次胸透,按上呼吸道疾病治疗,24 h后才行B超检查,确诊急性胆管炎,转外科,手术剖腹后脓汁外射。术后抢救无效死亡。

医方:我们尽到了充分注意的义务,严格按照诊疗常规进行,24 h之内搞清诊断,及时处理。可能存在经验不足,但依然发生了预料之外的损害,我们不应该承担责任。

三、案例评析

1.于××年11月3日11:30 A医院门诊以上呼吸道感染收住内科,入院时病情危重。

入院检查:T 42 ℃,皮肤黏膜未见黄染,腹平软,无压痛及反跳痛。

入院诊断:(1)急性上呼吸道感染;(2)胆囊炎并胆道结石术后。11月4日6:00记录上腹部疼痛,9:30 B超报告肝内胆管扩张伴胆总管中上段扩张,10:20转入外科,诊断:急性化脓性胆管炎。17:00时急行手术治疗。

术后诊断:(1)胆道结石,胆道感染;(2)急性化脓性胆管炎;(3)感染中毒性休克;(4)急性肾功能衰竭。

2.医方诊治基本正确、及时。入院时临床表现不典型,无腹痛,无黄染,腹部无压痛及反跳痛,入院18 h后才出现腹痛,24 h内确诊急性化脓性胆管炎,行手术治疗。但内科接诊医师缺乏对急腹症的认识,未及早进行血常规、腹部B超检查。当患者出现中毒性休克后,缺少对出入量和补液量平衡的准确监测。

3.患者病情危重,进展迅速,术后出现感染中毒性休克、急性肾衰竭,经抢救无效死亡。死亡原因是患者病情危重、疾病本身发展的结果,与医方的诊治行为无因果关系。

案例四十二

一、病史摘要

患者,男,49岁。

主诉:间歇性上腹部疼痛不适3个月余,加重1 d,于××年4月12日3:00入住A医院外科。

曾在A医院门诊B超检查为胆囊炎、胆结石。

体查:T 36 ℃,P 72次/分,R 18次/分,BP 130/80 mmHg,面色略苍白,全身皮肤黏膜、巩膜无黄染,心、肺、腹、神经系统未见异常。

ECG提示:不完全性右束支传导阻滞。

初步诊断:(1)慢性胆囊炎;(2)胆结石症;(3)慢性胆囊炎急性发作;(4)心律异常,不完全性右束支传导阻滞。

4月12日3:50术前谈话,家属签字同意,于该日5:00行"胆囊摘除术"。(麻醉记录)患者入手术室常规输液、吸氧,监测HR、R、BP、SPO_2,左侧位下顺利硬膜外腔穿刺置管,注入1.6%利多卡因+0.2%丁卡因混合局麻药液5 mL,观察5 min无脊麻征象出现,追加混合液10 mL,效果完全后,5:23手术开始,辅用哌替啶50 mg,氟哌利多2.5 mg,效果好,术中生命体征基本稳定,麻醉效果确切,手术基本顺利,8:15术毕,患者鼻腔有少量分泌物,行吸引后放口咽通气管送返病房。

术后诊断:(1)胆结石,慢性胆囊炎急性发作;(2)化脓性胆囊炎,胆囊摘除术后。

(病程记录)术中麻醉基本平稳,呼吸20次/分,血压115/55 mmHg,心律105次/分,血氧饱和度100%。手术结束,患者咽部有痰鸣音,麻醉师行吸痰处理,置口咽通气管于口内,由手术室麻醉师和巡回护士将患者推出手术室送入病房,(患方述:7:50左右护士一人,一手拿输液瓶,一手推车走出手术室大门,无麻醉师陪同）外科给鼻部面罩吸氧、心电监护，此时血氧饱和度为84%，心律121次/分，呼吸18次/分，血压130/80 mmHg，体温36 ℃。回病房后患者烦躁不安，四肢躁动，口唇发绀，左肺下野可闻及湿性啰音，故给哌替啶50 mg、异丙嗪25 mg，入小壶静点，血氧饱和度为64%，8:45呼吸、心搏骤停，立即给胸外心脏按压、气管插管、皮球辅助呼吸，付肾素1 mg，加苏伦100 mg入壶，血氧饱和度升至93%，心跳仍未恢复，8:50给付肾素2 mg入壶，心跳恢复达170次/分，停止心脏按压，9:00自主呼吸恢复，但双侧瞳孔散大，约5 mm，对光反射消失，给地塞米松20 mg、呋塞米40 mg，头部冷敷，枕冰袋，9:27因呼吸恢复不规则，给GS 500 mL+尼可刹米3支+洛贝林3支，20%甘露醇250 mL，静点，9:29瞳孔直径3 mm，对光反射仍差，给辅助机呼吸，血氧饱和度升至98%，T 35.6 ℃，P 112次/分，R 19次/分，BP 136/94 mmHg。4月12日、13日请B医院及C医院的专家会诊，并按专家制定的方案治疗。生命体征正常，但意识仍未能恢复。4月16日14:40在局麻下行气管切开术。4月22日17:30拆除缝线，切口I期愈合，18:10由于翻身和一过性剧烈咳嗽，切口裂开，有小肠外露，立即处理，19:00在“静脉复合麻醉”下行“切口清创缝合术”。同年5月11日转院治疗。

转院诊断：(1)慢性胆囊炎、胆结石；(2)慢性胆囊炎急性发作；(3)胆囊切除术后；(4)胆囊切除术后切口感染；(5)急性肺栓塞；(6)缺血缺氧性脑病；(7)气管切开术后。

二、矛盾焦点

患方：术后没有医生管，只有一名护士，给氧不足。对术后可能出现的复杂情况缺乏准备，延误了抢救时间。在病人术后没有清醒、呼吸不畅的情况下，盲目错误注射“杜非”，致病人当场呼吸、心跳停止。未及时进入高压氧舱治疗。人为地造成刀口全部破裂，行二次手术时又全麻。

医方：术前诊断明确，手术适应证明确，手术顺利，术后处理无误。造成患者目前的损害后果实属难以避免的心肺潜在疾病与不可预知的并发症。

三、案例评析

1.医方对患者的入院诊断正确,为"胆结石、慢性胆囊炎急性发作",手术指征明确,术前检查、准备到位,患者家属在麻醉、手术同意书上签字同意,急诊行"胆囊摘除术",手术顺利,麻醉满意。手术证实为化脓性胆囊炎。

2.麻醉方式选择正确,用药合理,操作规范,麻醉顺利。

3.术毕将病人送往监护室后,发生心跳、呼吸骤停,及时抢救,所用杜非合剂符合药典规定,救治原则正确,院领导及各科医师参与,并及时请院外专家会诊,积极治疗。

4.患者心跳、呼吸骤停,导致缺氧缺血性脑病,与患者病情异常或体质特殊有关,无法预料。

5.医方存在以下医疗缺陷:病人从手术室到监护室的过程中,只有一名护士护送,没有医生。

案例四十三

一、病史摘要

患者,男,7岁。

主诉:转移性右下腹疼痛3 d,于××年6月11日12:20入住A医院。

患儿于入院前3 d出现脐周痛,次日加重,呈阵发性,以脐周为主,无腹胀、恶心、呕吐,门诊以"阑尾炎"收住。

查体:T 37 ℃,P 88次/分,R 20次/分,BP 100/60 mmHg,全身皮肤黏膜未见黄染及出血点,(患方述:患儿的小腿两侧均有红色斑点)咽部充血,双侧扁桃体Ⅱ度肿大,腹平软,未见肠型及蠕动波,右下腹固定压痛,无明显反跳痛及腹肌紧张,肠鸣音1~2次/分。

胸腹透视示:(1)心、肺、膈未见异常;(2)肠胀气;(3)肠梗阻(不全)(?)。

入院初步诊断：(1)急性阑尾炎；(2)不全性肠梗阻；(3)包茎；(4)上呼吸道感染。

6月11日患者父亲签字“自愿接受手术治疗”。6月12日9:00行“阑尾切除术”。术中见阑尾长约6 cm，粗0.6 cm，尖端增粗约0.8 cm，表面充血，可触及粪石于尖端阑尾腔，局部略发黑。行阑尾切除术。

术后诊断：急性化脓性阑尾炎。(患方述：医生将切除的阑尾给我们看，为白色，带点血。化验说是好的)

6月16日病理报告：(阑尾)浅表性阑尾炎。术后第一天查房记录：患者不全梗阻，多考虑阑尾炎所致的肠麻痹。

6月14日记录：昨日下午患儿肠管通气后出现腹泻，量少，稀水样黄褐色，未见脓血，OB(++)，初步考虑肠炎，给庆大霉素及十六角蒙脱石口服。

术后第8天，腹痛、腹泻好转，切口Ⅱ/甲愈合，转儿科治疗。

儿科考虑：(1)小儿肠炎；(2)急性出血性坏死性肠炎；(3)肠型紫癜。

6月22日14:00转上级医院。

6月22日18:00入住B医院普外科，主诉“阑尾切除术后腹痛伴便血12 d”。

体查：双足散在皮下暗红色瘀血点，以足背及踝关节处较多，指压无明显褪色，剑突下及下腹部压痛、反跳痛，腹肌略紧张，麦氏点压痛、反跳痛明显，腹水征阳性。WBC 17.3×10^{9}/L，N 80%，L 20%。腹透：不全肠梗阻；腹腔抽出清凉黄色液。

入院诊断：(1)肠坏死；(2)中毒性休克；(3)弥漫性血管内凝血(?)；(4)肠套叠肠坏死(?)；(5)过敏性紫癜(?)；(6)败血症(?)。

入院后急诊行剖腹探查术，见有较多淡红色血性腹水，部分肠管呈暗红色，肠管及其肠系膜明显充血水肿，肠系膜缘小动脉搏动消失，肠管弹性差，无蠕动波，切除该段坏死肠管约50 cm。术后患者仍解黑便，且双足散在出血点无减少。请××教授及儿科、内一科会诊，多考虑腹型紫癜，给予激素及止血治疗后一般状况明显好转，切口愈合好，无腹痛、腹胀、恶心、呕吐、黑便，腹平软，无压痛及反跳痛，肠鸣音正常。于同年7月7日出院。

出院诊断：(1)肠坏死；(2)过敏性紫癜(腹型、皮肤型)；(3)阑尾切除术后。

二、矛盾焦点

患方:医方误诊误治,将患者误诊为“急性阑尾炎”,并行阑尾切除术,使病情加重。转入市医院专家诊断为:(1)肠坏死;(2)过敏性紫癜(腹型、皮肤型);(3)过敏性紫癜肾炎。切除小肠50 cm。

医方:对患者诊断正确,手术指征明确,手术顺利,术后病检结果与术前一致。术后病情发生变化,医院处理及时得当,不存在违法违规及过错、过失。转院后在其他医疗机构发生病情变化致使小肠段切除,属自身因素及上级医院所致。××市医学会鉴定结论与事实不符。

三、案例评析

1.对患者及其家属未详细询问病史,未做全面检查,草率诊断“急性阑尾炎”,行“阑尾切除术”。

2.术中见阑尾与体征不符时,未能进一步探查。

3.术后患儿腹痛、腹胀、腹泻,棕褐色黏糊状大便,潜血(++),医方考虑肠炎,仍未做出明确诊断。

4.患儿不是“急性阑尾炎”。A医院最后确诊为“过敏性紫癜(腹型、皮肤型)”,经对症治疗痊愈,该病不是手术适应证。

5.由于医方以上违规行为,过失导致误诊、误治,延误治疗,出现后续并发症,造成肠坏死,切除回肠约50 cm。

6.医方的过失行为与患儿人身损害之间有直接因果关系,医方应负主要责任。

7.患儿过敏性紫癜表现不典型,早期诊断较为困难,也是误诊的原因之一。

案例四十四

一、病史摘要

患者,男,6个月,××年1月9日11:50入住A医院儿科。

主诉:腹泻、恶心、呕吐2 d伴发烧,呈黑红色稀水便,有黏液,无脓血。

体查:T 37.0°C,P 107次/分,R 21次/分,W 6 kg,神萎,精神差,反应欠佳,轻度脱水,口唇、口腔黏膜略干燥,腹平软,肝脾不大,肠鸣音正常。

大便化验:红色黏液便,WBC(15~20)×10^9/L,RBC偶见/高倍;血常规:WBC10.6×10^9/L,HGB 111 g/L。

诊断:肠炎。

处理:(1)对症、支持治疗;(2)完善检查。

1月12日临床诊断:细菌性痢疾。

转传染科治疗。1月12日腹部透视:肠梗阻(?),建议观察后复查。

13日11:15病程记录:患儿昨天体检有腹胀、腹膨隆,脐眼外凸,肠鸣音消失,今晨做X线腹片示:不完全性肠梗阻,转外科治疗。

初步诊断:(1)肠套叠;(2)肠扭转。

有手术指征。1月13日16:00,在气管插管加静脉复合麻醉下,行剖腹探查、肠切除、肠吻合术。术中见腹腔内有较多灰白色混浊液,肠管扩张明显,横结肠前壁结肠中动脉左侧1.0 cm及2.0 cm处各有一约0.5 cm×0.5 cm肠管破裂,有肠液流出。回肠套叠入升结肠内,套叠处外约3 cm回肠扩张明显,浆膜层破裂,中间有约0.5 cm×0.5 cm肠管全层破裂口,有肠液流出。小心推挤出套叠之回肠及回盲部,见套入之回肠长约35 cm,全部发黑坏死,阑尾坏疽。决定行右半结肠及坏死回肠切除,总共切除肠管长约50 cm。术中出血约80 mL,输血100 mL,麻醉未醒,安返病房。患儿术后发生切口全层感染、肠瘘,结肠-回肠端端吻合口瘘,病情危重。加强引流、抗感染、支持治疗。

3月19日记录：患儿父母述，自昨晚23:30至今日20:00，患儿无诱因突发唇干，颜面青灰，四肢软弱无力，持续1～2 min。3月21日、27日，4月4日、11日、17日、23日、28日，均记录有以上症状发作。经半年治疗，窦道愈合良好，体温、血象正常。于6月30日出院。

出院医嘱：(1)定期复查，随诊；(2)注意饮食。

二、矛盾焦点

患方：医方检查不全面，仅化验大便，未及早诊断出肠梗阻，病情加重，延误治疗；手术感染，出现肠瘘、大脑受损、癫痫、发育障碍。

医方：诊疗规范，操作正确，及时会诊转科，对肠套叠及时诊断、手术；在关键时刻，患者家属拒绝手术，使手术延误了3 h；术后伤口感染、吻合口瘘属并发症；营养不良、癫痫与医院××年1月至6月的医疗行为无关。

三、案例评析

1.医方将患儿以“肠炎”收住儿科，后出现血便转传染科，病情逐渐加重，肠梗阻症状渐趋明显，但未及时做空气灌肠等相关检查，导致误诊，致结肠坏死穿孔、弥漫性腹膜炎，方转外科行手术治疗，延误诊疗时机，以致出现术后肠瘘、切口感染等并发症。

2.小儿惊厥可由多种因素所致，如先天性、原发性、继发性(手术、感染等)。加之患儿出院后频繁抽搐，均可造成惊厥后脑损伤，引发智力低下。医方的手术、术后感染，可能是其中诸多因素之一。

3.医方的诊治失误是造成患儿损伤的直接原因，应负一定责任。

案例四十五

一、病史摘要

患者,女,39岁,××年10月14日入住A医院外一科。

主诉:右上腹胀痛、不适2年余。

外科检查:腹平软,全腹未触及包块,无压痛及反跳痛,肝脾触诊不大,无移动浊音,肠鸣音,5~6次/分。

B超检查:胆囊息肉。

初步诊断:胆囊息肉。

择期手术。经患者签字同意,于10月16日9:00行“电视腹腔镜胆囊切除,腹腔引流术”。手术探查,胆囊约2.5 cm×2.5 cm×10 cm,(术后剖开胆囊,内壁有5个直径0.2~0.5 cm的胆固醇样息肉)胆囊管直径0.3 cm,长0.5 cm,胆总管直径约0.6 cm。解剖分离胆囊三角,在胆囊管施钛夹3枚,在2个钛夹的远端切断胆囊管。分离出胆囊动脉,施钛夹1枚。逐渐由下至上将胆囊从肝脏胆囊床面剥离,约至胆囊体部时,可见胆囊壁有少许褐色胆汁流出,相对应的胆囊床面亦有少量淡黄色的胆汁渗出,考虑有胆囊副肝管的可能。查胆囊三角区无胆漏、无出血、结构完整无误。胆囊床下置腹腔引流管一根,另戳孔引出。剑突下戳孔取出胆囊。

术后诊断:胆囊息肉,胆囊床副肝管。

因术后有胆瘘,于12月7日行胆床空肠吻合术。术中确定诊断为:胆床胆管瘘。将胆床与空肠吻合。术后恢复顺利,伤口甲级愈合,于12月27日出院。

第二年3月14日入住B医院肝胆外科,主诉“胆肠吻合术后3个月余”。患者述1月17日无明显诱因,右上腹胀痛,发烧,体温39.8 ℃,皮肤黏膜黄染,输液治疗症状可缓解。在C医院行MRI及MRCP示:肝内胆管扩张,吻合口显示不清。

初步诊断:(1)胆肠吻合口狭窄;(2)手术后胆管狭窄(Ⅲ-Ⅳ);(3)胆肠吻

合术后;(4)腹腔镜胆囊切除术后。

限期手术治疗。3月27日8:30—12:30,在全麻加硬膜外麻醉下行"剖腹探查、腹腔粘连松解、胆肠吻合口探查、左肝管切开、整形、胆肠吻合术"。胆管内探查,见左右肝管开口仅能容纳直角钳尖,撑开胆管开口,有少量白色脓液流出。该区域有大量硬瘢痕组织。胆管狭窄部位于左右肝管汇合部,左右肝管尚相连。间断缝合完成肝门胆管-空肠端侧吻合。术中麻醉满意,术程顺利。

术后诊断:(1)胆肠吻合口狭窄;(2)肝门胆管狭窄(BismuthⅢ型);(3)急性化脓性胆管炎;(4)胆囊切除、胆囊吻合术后。

术后患者恢复顺利,切口呈Ⅱ/甲愈合,4月17日造影未见异常,Y管引流通畅。患者强烈要求出院,于4月24日出院。

二、矛盾焦点

患方:医方行胆囊息肉切除手术(腹腔镜),切断患者胆总管,致医源性胆道损伤,隐瞒、欺骗家属;又行第二次、第三次手术。

医方:诊疗过程完全遵循卫生管理法律、行政法规、部门规章和诊疗护理规范、常规;该病例的诊治过程比较复杂,有许多经验需认真总结吸取;患者对发生的二次急诊手术负有责任。

三、案例评析

1.医方对患者检查后诊断胆囊息肉,行腹腔镜胆囊切除术,手术适应证明确。

2.医方术前准备不足,检查不仔细,术中对脏器探查不够,解剖关系不清。腹腔镜胆囊切除术中,未见胆囊、胆囊管及胆总管畸形、异常;切除的胆囊完整,未见迷走肝管或副肝管入口;第二次、第三次手术中未见到胆道畸形及异常胆管,根据术中描述对局部解剖关系不明。

3.术后出现胆汁漏,经B医院手术证实为:①左右肝管汇合部横断;②胆肠内引流术后肝管狭窄,致胆道感染及黄疸发生。

根据以上事实确定:由于医方手术失误,造成患者高位肝外胆道损伤,与医方的诊疗行为有直接因果关系，医方应负完全责任。

案例四十六

一、病史摘要

患者，男，46岁，××年7月1日12:40入住A医院外三科。

主诉：右臀部外伤后肿块形成两年余，加重半月。两年前骑自行车摔倒，右臀部受伤，痛、肿，未行任何治疗，肿痛逐渐减轻，并遗留一肿块，后肿块渐大，伴压痛，近半个月来右髋部又出现一包块，无压痛。20年前曾诊断为“风湿性关节炎”，平素体健。

体查：全身皮肤黏膜无出血点，眼结膜无充血、苍白，头颅、五官、心、肺、腹、四肢、神经系统均未见异常。

CT示：(1)右臀部外伤性血肿、部分机化合并感染；(2)骨盆陈旧性骨折；(3)左股骨颈陈旧性骨折并髋关节强直。

诊断：(1)右臀部外伤后血肿并感染；(2)右髂骨陈旧性骨折；(3)左股骨颈陈旧性骨折；(4)双侧髋关节强直畸形。

7月2日查PT 16.9 s，APTT 38.4 s，TT 20.5 s，纤维蛋白原8 g/L；7月4日查血小板计数$253×10^9/L$，血红蛋白95 g/L，红细胞计数$3.10×10^{12}/L$，白细胞计数$12.9×10^9/L$。根据检查结果，患者凝血机制障碍，考虑为长期服用抗风湿药所致。患者无明显出血史，可行血肿清除术。

7月3日在腰麻下行“右臀部血肿清除术”，术中顺利，出血少，给予抗感染、止血、补血、补液等处理。术后原伤口渗血较多，原血肿又出现肿胀。

7月6日检查：血浆凝血酶时间为13.0 s，血浆凝血酶原时间(FVⅡ、XV、II、I)10.8 s，部分凝血酶时间(FXII、XI、IX、SXIII)34.6 s，均属正常范围。现不考虑血友病，治疗同前，继续输血。伤口仍出血，7月16日行“右臀部血肿清创缝合术”，术中见伤口有多量凝血块。7月30日行“右臀部血肿清创缝合术”，术中见原伤口裂开,并有轻度感染。8月20日再行清创缝合术清除血肿约1500 mL。患者要求出院,9月17日出院,进一步治疗。

9月14日,以"右臀部血肿术后两个月余"入住B医院普外科。9月15日止血与血栓报告:血浆凝血酶原时间16.20 s,部分凝血酶时间59.3 s,凝血酶时间23.1 s,国际标准化比率1.40 R,活动度60.00%,第Ⅷ因子15.00%。确诊为血友病(Ⅷ因子缺乏),经输全血、血浆、红细胞、Ⅷ因子以及压迫止血、清洁换药、抗感染、对症、支持治疗,病情有所好转。因Ⅷ因子不能及时补给,建议转C医院治疗。10月15日出院。

10月16日至11月15日C医院,最后诊断:血友病甲,右臀部伤口感染。经治疗,血友病甲稳定,伤口感染治愈。

11月19日,主诉"右臀部肿块清除术后创口不愈合2个月余",再次入住A医院。

诊断:(1)右臀部外伤后血肿并感染;(2)右髂骨陈旧性骨折;(3)右股骨颈陈旧性骨折;(4)双侧髋关节强直畸形;(5)血友病A型。

给予抗感染、止血、静滴冷沉淀(第Ⅷ因子)及手术、换药等治疗50 d余,伤口清洁无感染,无渗血,伤口明显缩小。患者因经济困难,要求出院,于第二年1月16日出院。

出院医嘱:(1)隔日换药一次;(2)注意无菌;(3)继续静滴或口服消炎药;(4)继续静滴冷沉淀;(5)如有异常及时随诊。

二、矛盾焦点

患方:医方手术前检查有凝血障碍,漏诊血友病;草率手术,术后出血不止,耽误治疗,形成臀部畸形;术后会诊考虑是血友病,未及时转有条件的医院诊治;转院时未派医护人员护送,导致失血性休克。

医方:通过各项检查,诊断明确,治疗得当、及时,医疗活动无违法违规,无过失,未造成患者人身损害,不构成医疗事故。

三、案例评析

1.医方思路狭窄，术前对患者未进行有效、全面的检查，诊断“右臀部外伤后血肿并感染”，仓促行“右臀部血肿清除术”。以后又进行三次手术，仍出血不止。怀疑血友病，虽采取了一定诊治措施，但未请外院有关专家会诊，导致漏诊血友病，未进行有效的治疗。

2.由于医方漏诊血友病，多次手术，导致患者大量出血、贫血、感染、反复输血，仅在医方输血量就达6800 mL。

3.医方对患者诊治两个多月无效，未主动转送有条件的医院。转院时，未派有资质的医护人员护送，以致出现大出血、休克。

4.由于医方的以上违规、失误，致使患者病情延误，原有的肢体畸形加重，造成损害，与医方的诊疗行为有直接因果关系，医方应负主要责任。

案例四十七

一、病史摘要

患者，女，24岁，于××年12月10日0:20入住A医院。

主诉：腹痛、腹胀、恶心、呕吐5 h。

体查：腹部微隆，脐周可见肠型及蠕动波，全腹肌紧张、压痛，以麦氏点为著，移动性浊音可疑，肠鸣音较弱。WBC 8.1×10^9/L，N 0.74。腹部平片：肠梗阻X线征象。

初步诊断：(1)腹膜炎；(2)肠梗阻；(3)急性阑尾炎。

于12月10日2:00行肠梗阻松解术，广泛肠粘连松解术，阑尾切除术，腹腔引流术。

术后诊断：(1)肠梗阻；(2)广泛肠粘连；(3)肠结核；(4)肠系膜结核；(5)腹膜炎；(6)阑尾炎。

给予抗感染、支持、止血、对症治疗。12月12日,肛门排气,下床活动。16日排便一次。17日精神欠佳,腹胀痛,拆线后伤口甲级愈合。18日恶心、呕吐,黑便一次;腹部叩诊鼓音,初步考虑腹腔结核术后再次发生粘连肠梗阻,暂保守治疗。19日腹胀痛、呕吐加重,不能进食,行消化道钡透回报:肠梗阻X线征象。给胃肠减压、补充水电解质、酸碱平衡等治疗,必要时二次手术。21日10:00行第二次肠粘连松解术,因整个肠管粘连甚密,错综复杂,分离出部分肠管后再无法继续进行,向家属谈明病情,征得同意后,止血关腹,12:00急送上级医院。13:00送至B医院,立即抢救,14:30患者死亡,初步分析死因:(1)休克(多考虑中毒性);(2)多脏器功能衰竭。

二、矛盾焦点

患方:诊断不明确,手术盲目;诊断"肠梗阻"做钡透加重了病情;休克病人未就地抢救而转院;转至医院抢救不及时死亡。

医方:对患者的诊断明确,治疗无误;死因为"广泛性肠粘连,肠梗阻"致"中毒性休克",是病情发展的自然转归,不属医疗事故。

三、案例评析

1.A医院第一次手术后第8天(××年12月18日),初步考虑"术后再次发生粘连梗阻",19日"行消化道钡餐透视",有违检查常规。肠梗阻原则上不能行钡餐透视。

2.A医院第二次手术中发现病情复杂,难以手术,在患者病情危重的情况下转院治疗,违反了转院制度。

3.A医院的以上违规行为,加重了病情,延误了抢救时机,导致患者死亡,有直接因果关系。

4.患者死亡的主要因素是其疾病本身严重所致。

5.B医院的抢救及时,无违法违规行为。

案例四十八

一、病史摘要

患者,女性,××年4月22日因患急性胆囊炎、胆囊结石入住A医院外科,病人呈急性病容,体温37.8 ℃,白细胞19.2×10^9/L,血压16/12 kPa,B超提示胆囊炎、胆囊结石、胆总管扩张。

体查:右上腹肌紧张,有压痛及反跳痛。

当日住院经家属签字行急诊手术。术中见胆囊壁增厚,充血色暗,表面有脓苔,胆总管壁厚扩张(1.4 cm)。行胆囊切除术,胆总管切开探查,未发现结石狭窄。置"T"管引流。5月14日拔出胆总管内"T"管出院。(拔管前夹闭72 h,患者无自觉症状)

病理诊断:急性坏死性胆囊炎、胆结石。

术后第一年2月4日上腹部不适行B超检查,提示肝脏弥漫性回声增强,胰腺、胆总管上端未见异常,建议内科治疗。同年12月28日患者因"右上腹隐痛、不适、皮肤巩膜黄染"再次就诊,B超检查结果:胆囊切除术后,肝、胰、胆总管无异常。肝功能化验结果:HbsAg(+)、GPT 137 U,GOT 124 U,血清总胆红素154 mmol/L。经中西医结合治疗,黄疸明显减退。

术后第三年6月15日,再因皮肤巩膜黄染,B超检查诊断"胆总管结石"住院,拟定6月21日手术治疗。病人送入手术室后因费用问题医患双方发生争执,手术未能实施。患者转入B医院,6月23日行胆肠吻合术,出院诊断"胆总管狭窄、胆总管结石(线头形成)",有缝合结节,6个形成结石。

目前病人情况良好,仅做家务时感到发抖,据患者家属说是因惊吓所引起。

二、矛盾焦点

患方:患者××年4月22日医方诊断患急性胆囊炎、胆囊结石,行胆囊切除术，拔出引流管后第三天巩膜发黄，第五天全身皮肤发黄，治疗无效。术后第三年6月15日在B医院再次手术证实为“胆总管狭窄、胆总管结石（线头形成）、梗阻性黄疸”。结石是第一次缝合胆总管时脱落线头所致，是明显的医疗差错事故。

医方：对患者诊断明确，手术符合规程，术后恢复顺利。术后三年出现胆总管结石并非医疗过失造成。不属于医疗事故。

三、案例评析

1.A医院为患者行急诊胆囊切除、胆总管切开探查置“T”形管引流手术，指征明确，手术方式、操作无违法违规事实。术后拔除“T”形引流管，根据医学经验判断也不存在违规问题，至于术后发生胆总管狭窄、结石，并有胆总管结石及缝合结节，属手术后并发症。

2.胆总管切开探查置“T”形管引流术后发生胆总管狭窄及胆总管内缝合线结节形成结石，与手术有因果关系或存在助成因果关系。临床外科是一门应用科学，手术技巧存在个体差异，手术后形成炎症瘢痕性狭窄、结石，在现有的医学科学技术条件下，是不可能完全防范的。

3.医方不承担责任。

案例四十九

一、病史摘要

患者，女性，61岁，因颈部无痛性肿物10年，增大伴疼痛半月于××年10月24日入住A医院。

经体查、实验室、X线、彩超、心电图检查，初步诊断为“甲状腺腺瘤、胆结石”。经家属谈话、签字同意后于同年10月27日在颈丛麻醉下行甲状腺次全切除术。术中见右叶肿物可疑，快速印片病理检查，查见癌细胞，遂改行气管插管麻醉,甲状腺癌根治手术。术后第2日患者出现胸闷、气短、声嘶哑,急查ECG提示:室性频发性早搏。经对症治疗缓解,于11月6日出院。

病理诊断:甲状腺髓样癌(左侧)。

出院医嘱:加强营养,1个月后放疗。

同年11月27日,因胸闷、气短10余天再次住院,经拍X线胸片诊断为:"甲状腺癌术后肺转移,右侧胸腔大量积液",行胸穿抽出血性胸水600 mL。

11月30日出院,12月10日住他院治疗,12月11日在家中死亡。

二、矛盾焦点

患方:医院术前未做活检,将甲状腺恶性瘤误诊为良性瘤;术中发现恶性瘤行根治术未征得家属同意;术后病人出现心慌、气喘、不能平卧等症状,医院不拍胸片及做其他检查,让回家休息;手术是否损伤了血管神经等组织,医院严重不负责任,涂改病历。

医方:对病人的诊断正确,诊疗过程规范,不存在误诊、误治行为,不属于医疗事故。

三、案例评析

1.术前诊断甲状腺瘤是手术的适应证。术前经常规检查无明显手术禁忌证,行甲状腺次全切除术。术中病理诊断为癌,改行甲状腺癌根治术,符合本病的治疗原则,无违法违规事实。

2.甲状腺肿物的性质(良性或恶性),术前确诊手段有限,即使术中冰冻切片病理,往往难以确诊。

3.术中未损伤血管、神经等组织,术后未出现诸如出血、甲状旁腺功能低下、气管塌陷、气胸、感染等手术相关并发症的表现。

4.再次入院后右侧胸腔血性胸水,根据症状、胸片及病检,诊断为甲状腺髓样癌血行转移致肺部所致。

5.医方诊治与患者死亡无因果关系。

6.医方不承担责任。

案例五十

一、病史摘要

患者,女性,54岁,××年5月4日以"胆结石胆囊炎"收住A医院。5月10日在连硬麻醉下行胆囊切除术,胆囊3 cm×6 cm大小,手术过程顺利 。术后第一日出现发热并引出血性液,术后第二日仍发热,并有200 mL胆汁样液体流出,后每日发热、引出胆汁,出现胆瘘和高烧。5月19日二次剖腹,见腹腔内有胆汁性渗液100 mL,膈下约100 mL脓液,未发现胆瘘口。放置腹腔引流管17 d后(同年6月6日)又漏胆汁,反复间断发烧。8月17日经引流管注入造影剂照片,9月28日在B医院MRCP检查示:胆囊切除术后肝右叶异常信号灶,多考虑肝脓肿形成;胆总管多发结石,肝门部胆管狭窄。同年12月30日在B医院行肝门胆管空肠Roux-en-Y吻合术,术中探查胆总管下端通过0.3 cm探子,胆总管上端三管汇合部0.2 cm。患者目前仍有胆瘘和间断发烧。

二、矛盾焦点

患方:患者因××年5月10日在××医院行胆囊切除术。由于手术失误,损伤胆总管,造成肝管、胆总管上部三管狭窄、胆瘘、间断发烧、长期不愈。医方该对此负责。

医方:患者胆囊按正规胆囊切除程序进行;经数次手术均未发现胆总管及左右肝管损伤;经多家医院会诊,第一次术后胆瘘为胆囊切除术后并发症;在兰州B综合医院行胆瘘吻合术,术后出现胆瘘原因不详。

三、案例评析

1.术中操作不当,造成胆道系统损伤,形成胆瘘。

2.术前只做了B超检查,在胆汁漏不减少时,未做ERCP或MRCP检查,对胆总管结石和胆道狭窄漏诊。

3.从8月17日经引流管注入造影剂照片，及B医院MRCP检查，胆总管内多发结石，肝门部胆管狭窄；肝右叶1.3 cm×1.3 cm脓肿。

4.胆总管结石和胆道狭窄漏诊，因胆总管内胆汁引流不畅，造成胆囊切除术后胆瘘长时间不愈、胆瘘腹腔感染，常有发烧。

5.医方负主要责任。

案例五十一

一、病史摘要

患者，男，58岁，××年4月17日17:30从自行车上摔下，18:00以“腹腔内脏损伤”、“失血性休克”，抬入A医院手术室急诊手术，后补办手续。全麻开腹后清除腹腔积血3500 mL，脾脏为破碎型4级损伤。在止血、切脾时血压下降，心搏骤停。经胸外按压，静脉推注三联针等抢救后约5 min心跳恢复。术中输血1700 mL。术后第5天下床上厕所后，出现呼吸困难，急行床头X线拍片，发现左第7肋骨骨折，左胸腔少量积液，肺部感染。经治疗病情缓解。术后第8天出现血便约300 mL，输血400 mL，并用洛赛克40 mg静注，术后第12天，请专家会诊(会诊病情案例评析：手术及各项治疗措施正确及时，从病人情况看，脾破裂、失血性休克、胸腔积液均存在。术后合并成人呼吸窘迫综合征，胃黏膜应激性溃疡出血，急性肾功能障碍、心功能障碍、外伤性胰腺炎、腹腔内感染，根据病情不能排除肝功能障碍)。入院17 d后死亡。

二、矛盾焦点

患方：患者受伤后急诊入A医院，初诊为脏器破裂、肝硬化收住入院并进行手术。术后患者一直疼痛难忍、便血、高烧、呼吸困难，家属向主治大夫质疑、咨询，大夫推诿、躲避，未采取任何措施。家属要求院方会诊或转院，遭拒绝。4

月30日自请专家会诊，终因前期延误救治时机，于5月5日凌晨去世。

医方：在对患者的整个治疗过程中，诊断正确，方法得当，措施及时，不存在延误治疗的问题。

三、案例评析

1.患者严重创伤及失血性休克，急诊手术中心跳骤停5 min，引起心、肺、肝、肾、消化道功能障碍及病理损害，出现了多脏器功能障碍。医院抢救措施合理、及时、正确，无违法违规事实。

2.患者死亡系严重创伤、失血性休克、多脏器功能衰竭。与医方救治无因果关系。

3.医方无责任。

案例五十二

一、病史摘要

患者，男性，62岁，入院前3 h出现剧烈的腹痛伴腹胀、恶心、呕吐。××年12月22日23:00入住A医院。透视见肠管胀气，有数个气液平面，提示“不完全性肠梗阻”。入院后体查，病人呈痛苦面容，右中腹部压痛明显，可闻及气过水声。

入院诊断：腹痛待查(?)；机械性肠梗阻(?)。

准备下胃管胃肠减压，患者家属拒绝。给予654-2肌注，症状不缓解，且呕吐，呕吐物为胃内容物。

床旁B超显示：(1)胆囊炎并胆结石；(2)腹腔内部分肠管胀气——多考虑肠梗阻。12月23日4:00小腹痛加剧，血压有下降趋势，呼吸急促，心率132次/分，腹肌紧张，全腹膨隆，压痛、反跳痛明显，全身皮肤花纹样改变。在5:30行剖腹探查，发现小肠系膜根部扭转360°，肠管变黑，经热敷后肠管颜色转红。

并同时切除胆囊。患者自主呼吸未恢复，血压80/60 mmHg。术后病情逐渐加重，经抢救无效，于同年12月27日9:30死亡。诊断为肠扭转术、胆囊切除术，中毒性休克，多脏器功能衰竭。患者在17年前有食道癌手术史、胸腔感染、空肠造瘘术手术史，近期有多次上消化道出血史。

二、矛盾焦点

患方：××年12月22日21:00许，患者因突发腹痛，急送A医院急诊科，透视检查诊断为肠梗阻，要求住院，约23:00许送外四科。23日5:30才行剖腹探查，因中毒严重12月27日死亡。

(1)值班大夫实际没做任何观察，没做一点手术准备，延误手术时间；

(2)值班大夫拒绝家属要求手术；

(3)患者病情越来越重，不请会诊，不向院领导汇报。

院方：术前观察理由充分，治疗措施积极、稳妥，手术指征把握准确，手术及时，整个诊疗过程无差错事故发生。

三、案例评析

1.入院后××年12月22日24:00，病历有多次涂改(病历中可见明显改动痕迹)。

2.入院前腹痛3 h，服用654-2无缓解，入院后肌注654-2绞痛缓解不明显，且出现呕吐。腹部听诊有气过水声，透视有多个液平面，肠梗阻诊断成立。

3.从××年12月22日23:00到12月23日5:30，病程记录中对病情变化无详细记载及处理措施，观察病情不仔细。

4.从肠梗阻发生到手术有8.5 h，观察时间太长，延误了手术时机。

5.患者死亡与医方观察不仔细、处理不及时、延误手术时机有因果关系。

6.患者死亡，医方负主要责任。患者体弱多病，家属拒绝下胃管也有一定责任。

案例五十三

一、病史摘要

患者,男,44岁。因"上腹痛1 d,恶心呕吐一次",外院B超提示"胆囊炎、胆囊结石",于××年8月20日就诊A医院门诊,以"胆囊炎"收住。

查体:右上腹未扪及肿大的胆囊,右上腹轻压痛,余(-),WBC:12.0×10^9/L, N 0.85,L 0.15。

初步诊断:急性胆囊炎、胆囊结石。

入院后予以静滴0.9% NS 250 mL+先锋V 2.0 g、0.2%甲硝唑250 mL,2次/日;5% GS 500 mL+10% KCl 15 mL+维生素C 2.0 g,1次/日。

择期于同年8月29日在"连续硬膜外麻醉下"行"胆囊切除、胆总管成形、T形管引流、腹腔引流术"。术中见"胆囊浆膜充血水肿,胆囊壁增厚,胆囊腔内充满多角形结石,肝外胆管畸形:胆总管通向胆囊体部,内径3 mm,迷走胆总管由胆囊壶腹发出后通向十二指肠,内径4 mm,胆囊颈管由壶腹部通向迷走总胆管,内径1 mm","于胆总管和迷走胆总管内置入小儿T形管后两者间行端端吻合,并以周围组织予以加强"。术程顺利,术后安返病房。

术后诊断:胆囊炎、胆囊结石、肝外胆管畸形。

术后予以抗感染、对症治疗,于同年9月21日"带管"出院。

术后一年,患者入院拔管,B超示:"肝内胆管扩张",查肝功能ALT 114 U/L。于第二年4月14日拔管,4月18日出院。拔管后,患者时常出现"腹胀、腹泻、严重时巩膜皮肤黄染"。曾在其他医院予以抗感染、退黄、补液治疗后好转,并于术后第四年4月7日至4月24日,术后第六年8月14日至8月26日先后入住A医院,诊断为"梗阻性黄疸"。ERCP示:"胆总管,肝内胆管无明显增宽,未见结石,近乳头开口处胆总管下段迂曲,略窄(可能为走向改变),胆汁排泄好"。B医院MRCP示:"胆管狭窄,内径约3 mm"。在此期间,两次ERCP检查均未成功。

二、矛盾焦点

患方：胆囊切除术长达12 h，手术有问题；术后数次出现黄疸、腹胀、腹泻等；胆管畸形是手术造成的。

医方：患者是一罕见胆道变异畸形病例，实施切除胆囊后吻合胆管重建胆道的方式，并不违反诊疗技术操作规范的基本要求；放置小儿“T”形管与胆管内径相适应；术后胆总管狭窄的依据不足；黄疸源于其“罕见胆道变异畸形”的术后并发症。

三、案例评析

1.医方对患者术前临床诊断正确，是手术适应证。术中发现胆道畸形，除切除胆囊外，切断胆总管，置“T”形管，胆总管端端吻合。因胆总管较细，选择与其匹配的小号“T”形管。手术方式符合医疗原则。

2.术后“T”形管放置时间因人而异。因该患者胆管过细，为防术后狭窄，术后7个月拔管是适当的。

3.术后6年，再发生因手术创伤而引起胆管狭窄的可能性很小，根据多次影像检查，可能存在胆总管下端或壶腹部病变，导致胆道反复感染，出现黄疸等症状。

4.患者术后多次出现黄疸、腹胀、腹泻等与手术无明确因果关系。

5.医方无责任。

案例五十四

一、病史摘要

患者，女，20岁。因发现颈部肿块3个月余，于××年5月14日18:30收住A卫生院。入院前，于4月3日在外院做B超报告：右侧甲状腺实质性占位性病变，性质待查。5月9日在兰州军区总医院做核医学诊断报告：甲状腺右叶中上方包块为冷结节伴双叶轻度弥漫性病变。5月12日在中心卫生院X线透视：颈部甲状腺气管轻度受压，心电图正常。

入院查体：右侧甲状腺有一大小约4 cm×6 cm椭圆形肿块，质地较周围甲状腺组织稍软，表面光滑，分界明显，无压痛，可随吞咽上下移动，活动度可。

初步诊断：甲状腺腺瘤。

同年5月15日10:00在颈丛神经阻滞麻醉下行甲状腺腺瘤摘除术，术中探查甲状腺腺体，可触及一约3 cm×4 cm大小的肿瘤，表面光滑，界清，质中等，活动度可。完整剥离瘤体，置橡皮引流条，术后安返病房。

术后医嘱：颈丛麻醉护理常规，外科护理常规，特护，测P、BP每2 h一次，暂禁食水，局部冰袋压迫止血。术后11:50至次日0:40，P 100~92次/分，BP（130~110）/（100~75）mmHg，神志清。0:40至4:50无记录，4:50患者突然烦躁不安、抽搐，家属急呼，医护人员赶到后测血压为零，桡、颈动脉搏动消失，心跳、呼吸停止，经抢救无效死亡。

二、矛盾焦点

患方：患者行“右侧甲状腺腺瘤”摘除术后实行特护，院方观察不认真、不仔细，未能及时发现病情变化而进行及时抢救，导致患者死亡。

医方：术前诊断明确，为“右侧甲状腺腺瘤”；无绝对手术禁忌证；行“右侧甲状腺肿瘤摘除术”，过程顺利；术后9.5 h输液2250 mL，属正常滴速；菌必治常规不要求皮试。患者死因为隐匿性冠心病突发急性左心衰竭致肺水肿而引起的心源性猝死。

三、案例评析

1.术后医嘱为“特护，测P、BP每2 h一次”。但特护记录单从5月16日0:40以后至4:50患者死亡，无任何观察记录，违反了卫生部《护士管理办法》第二十一条及特殊护理规范，未能及时发现病情变化，失去了抢救时机。

2.患者死亡是综合因素的结果，主要有：①病理解剖证实患者原有心脏病，心脏体积增大，心肌间质水肿，部分心肌细胞变性，心肌脂肪浸润；②麻醉、手术打击；③药物、输液的作用。违反特护规范是患者死亡的次要因素。

3.根据卫生部《医疗事故技术鉴定暂行办法》第三十六条的规定，医方负次要责任。

案例五十五

一、病史摘要

患儿，男，12岁，经临床体检、CT（CT报告：多考虑右中下腹肠系膜平滑肌瘤，不排除纤维瘤）及有关辅助检查，无生化检验和尿常规，于××年7月31日以“右下腹腔内包块”收住A医院普外科，8月2日上午在连硬外麻醉下行“剖腹探查术”。术中摸及肿瘤位于右下腹盆腔，前面有肠管和肠系膜覆盖，并固定于肠系膜下，向左推开肠管，钝性分离瘤体表面与肠系膜粘连，见肿瘤表面欠光滑，形状不规则，约10 cm×8 cm，用手指难以分离其周围组织，用血管钳细心分离，发现瘤体下方有一条管状组织，约0.3 cm，认为可能是导尿管经过瘤体，加以保护。继续分离上方粘连带时，断离其内一细小血管，此时瘤体略松动，考虑为畸胎瘤、平滑肌瘤、异位肾，难以判断。准备切除时，让患者父亲观看，说明并发症，家属同意，继续探查，发现肿瘤后方又有一条管，且两管状组织与膀胱相连，双肾区肾缺如，考虑可能为孤立异位畸形肾。此时肾表面血运良好。为保证足够的肾血运和明确诊断，请Z主任上台并吻合上方细小血管（管径约0.2 cm），吻合后血运通畅。查无活动性出血，畸形肾复位，依次缝合关腹。术后诊断右髂窝部孤立异位肾。向家属交代病情，有发生肾功能衰竭的可能，严密观察治疗。术后（12:00回病房）至15:00共引出尿液约400 mL，15:00—18:00引出尿液约20 mL，出现急性肾衰竭前兆，在尚未进一步治疗之际，家属将患者转送B医院。

同年8月3日，患者入住B医院。诊断：(1)孤立肾（盆腔、融合）；(2)孤立肾

(盆腔、融合)术后:(3)急性肾功能衰竭;(4)盆腔融合孤立肾无功能。治疗:血液透析。CT示:异位畸形融合肾合并肾功能衰竭,腹盆腔少量积液。

同年9月6日,患者入住上海C医院。诊断:(1)急性肾功能衰竭、急性缺血性肾小管坏死;(2)孤立融合肾术后。同年9月22日行肾移植术。术后患者状态可,肾功能正常,于11月14日出院。至今在家服药治疗,定期复查,病情稳定。

二、矛盾焦点

患方:医方草率从事,误诊误治,将“异位融合肾”误当肿块,断离血管,粗略吻合,导致肾衰竭,最后换肾。

医方:患儿诊断应为“异位重肾输尿管畸形”,属罕见病例,诊治困难,手术出现难以避免的严重并发症,不构成医疗事故。

三、案例评析

1.医方术前准备不充分,未进行腹部重要脏器B超、血生化、尿常规等必要的检查,择期对患者以“右下腹肿块、畸胎瘤”施行了“剖腹探查术”,违反了择期剖腹探查术的诊疗常规。

2.剖腹探查术中,未对腹内重要脏器进行探查,即先行解剖分离右下腹“肿块”,违反了剖腹探查术的操作规范。

3.术中怀疑右下腹肿块为“异位肾”,且发现手术已损伤其血管的情况下,未请泌尿外科或血管外科医师会诊,在不具备血管吻合的条件下,施行了肾血管吻合。违反了国务院《医疗机构管理条例》第四章第三十一条和《中华人民共和国执业医师法》第三章第二十一条(一)。

4.由于医方违反了择期剖腹探查术的诊疗常规,将患儿“盆腔异位融合肾”误诊为“右下腹肿块、畸胎瘤”,错误地进行了剖腹探查手术,术中误伤肾脏血管,直接导致患儿肾功能衰竭,不得不接受肾移植,造成患儿人身损害。医方的诊疗过失行为与患儿的损害后果有直接因果关系。

5.由于医方违反诊疗规范和操作常规,导致患儿肾功能衰竭、肾移植,医方负主要责任。但患儿“盆腔异位融合肾”系先天性畸形,存在解剖异常,也给诊治造成一定困难。

案例五十六

一、病史摘要

患者，女，37岁，主诉颈前肿物6年，口眼歪斜3个月余，于××年8月27日收住A医院。

患者有心慌、多汗、发热、手抖等症状，手足麻木两年。体检左眼及口歪斜，颈前区左右可触及5 cm×4 cm×4 cm大小的肿块，呈椭圆形，边界清楚，质中，有压痛及血管杂音，随吞咽上下移动。

7月17日及8月24日分别在B医院及本医院查T_3、T_4、TSH均在正常范围。

入院诊断：(1)双侧结节性甲状腺肿（患方述：入院诊断为单纯性弥漫性甲状腺肿）；(2)右侧面神经麻痹；(3)手足麻木原因待查。

经术前准备，于同年9月1日在颈丛麻醉下行甲状腺次全切除术。术中探见甲状腺两叶均呈弥漫性肿大，质中，结节状，7 cm×5 cm×5 cm大小，与周围无粘连。术中常规行双叶甲状腺次全切除术，小心保留甲状腺体背面部分的完整，保留左右叶健康甲状腺各约一拇指末节大小。仔细检查切除的甲状腺，未发现甲状旁腺。

术后病理诊断：双侧结节性甲状腺肿。

9月14日出院。出院后患者有心慌、手足麻木、心律失常、自主神经功能紊乱等，考虑可能与甲状旁腺功能低有关，经患者及其家属同意，于术后第一年8月30日行胎儿甲状腺及甲状旁腺移植术，术后症状无缓解。

术后第一年9月4日在本院核医学科扫描报告提示：左叶甲状腺显影面积增大，摄碘功能增强；右叶甲状腺缺如，有少量甲状腺组织显影。

术后第二年3月21日在A三甲医院颈部CT报告：双侧甲状腺切除，部分残留，右少左多，均有钙化，边界清，双侧甲状旁腺部分显示良好，部分未见。

3月27日在C医院查甲状旁腺全套PTH 4.23 ng/dL。

术后第二年3月28日在D医院B超提示：(1)甲状腺双侧部分切除术后；(2)甲状旁腺未显影。

术后第二年10月15日在D医院报告：颈部未见甲状旁腺显影。

二、矛盾焦点

患方：单纯性弥漫性甲状腺肿不该手术，手术误切了甲状旁腺。

医方：诊断正确，手术适应证明确，手术操作符合规程，双叶甲状腺次全切除，均有残留甲状腺、甲状旁腺组织，残留甲状腺、甲状旁腺功能正常。

三、案例评析

1.医方手术选择错误：术前诊断“单纯性弥漫性甲状腺肿”，不是手术适应证。

2.医方行甲状腺次全切除术，手术不认真、不仔细，误切甲状旁腺。

3.由于医方诊疗过失，给患者造成终身损害。

4.术后病理诊断为“双侧结节性甲状腺肿”，该病是手术适应证。

5.医疗过失行为在患者损害后果中负主要责任。

案例五十七

一、病史摘要

患者，女，46岁，因颈部发现肿物并疼痛4个月，于××年6月1日收住A医院。

入院前在该院门诊测甲状腺功能五项，TAM(4.37)和TGA(4.56)高于正常；颈部肿物针吸涂片病理诊断：涂片中查见多量淋巴细胞，未找到恶性细胞；核素扫描提示：结节性甲状腺肿大。

甲状腺有增大迹象且手感不好，疑为癌症，征得病人家属同意后，决定住院手术治疗。

入院后查颈部有5 cm×5 cm×7 cm的圆形肿块，边界清，质硬，有压痛，随吞咽上下移动。

入院诊断：(1)结节性甲状腺肿；(2)淋巴细胞性甲状腺炎；(3)甲状腺癌(?)。

经术前准备、家属签字同意，于××年6月3日上午手术，预定手术为右侧甲状腺次全切除术。术中病理快速印片查见恶性细胞。遂行右侧甲状腺全切、左侧甲状腺次全切除术，并清除了气管旁淋巴结，安返病房。6月5日病理诊断为淋巴性甲状腺炎。术后第3天患者出现抽搐，并逐渐加重，补钙有效。请外院专家会诊一致认为手术误伤了甲状旁腺，建议补钙和维生素D，可试行甲状旁腺移植术。××年7月1日，在局麻下将胎儿甲状旁腺移植于患者腹股沟皮下，但未成功。现患者在家一直服用钙剂及罗钙全治疗。

二、矛盾焦点

患方：医方误诊误治，切除全部甲状腺及甲状旁腺，是严重的医疗事故。

医方：医疗行为符合诊疗规范，手术方案合理，甲状腺肿物性质术前难以确诊，术后出现手足抽搐属相关并发症。

三、案例评析

1.诊断错误：患者入院前颈部肿物针吸涂片病理诊断为“涂片中查见多量淋巴细胞，未找见恶性细胞”。经治医师仅凭“手感不好”怀疑甲状腺癌，尽早手术。术中病理快速印片报告“查见恶性细胞”。

快速印片不能确诊，术后病理诊断证实为“淋巴性甲状腺肿”。

2.治疗错误：淋巴性甲状腺肿(乔本氏病)原则上不能手术治疗，若有压迫症状也不能全切。医方行“右叶甲状腺全切、左叶近全切除术”是错误的。

3.手术误切甲状旁腺：手术不认真，未仔细检查，导致误切甲状旁腺。

4.由于医方误诊误治，导致患者绝大部分甲状腺被切除，误切甲状旁腺，使其功能丧失，给患者造成终身损害。医方负主要责任。

5.医方根据术中病理快速印片报告进行手术，也有一定合理性。

案例五十八

一、病史摘要

患者，男，50岁，主诉上腹部胀痛不适30年，伴恶心、呕吐、食欲缺乏，加重半年，于××年8月29日以胃溃疡收住A医院。

胃镜提示：慢性食管炎、胃多发性溃疡、幽门不全梗阻。

8月30日8:30至12:00行胃大部切除术、胃空肠吻合术。术后第2天腹胀痛，腹肌紧张，压痛、反跳痛明显，腹穿抽出淡黄色液体。于9月1日10:00至14:00行剖腹探查术、胆总管空肠端侧吻合术，见腹腔内充满胆汁，十二指肠残端闭合处张力高，因闭合十二指肠残端时缝线穿过胆总管壁，胆总管壁上有一针孔处渗漏胆汁，探查中发现胆总管内压力高，下端十二指肠乳头不能通过，常规切除胆囊，胆总管空肠端侧吻合，腹腔置引流管引流。术后第5天又发现右胸腔积液、上腹包裹性积液，曾出现休克，经治疗后病情平稳，但整个病程中多次出现腹痛、腹胀，腹腔穿刺出淡红色液体，考虑胰腺炎。

9月13日转B医院。B医院于9月24日行剖腹探查、血肿清除引流术，诊断：胃大部切除术后出血，坏死性胰腺炎，中毒性休克，腹腔内出血，胰瘘。经两个月治疗病情稳定，再转C医院，行剖腹探查、瘘管空肠吻合术。术中见十二指肠残端处有一直径3 cm囊腔，囊腔后壁与胰头关系密切，术后诊断胰外瘘 。住院62 d，瘘愈合带管回A医院恢复性治疗。

二、矛盾焦点

患方：医方手术过错，缝针挂破胆总管，胰液、胆汁流进腹腔，引起严重并发症，转院3次，手术4次，胰腺修补、胆总管摘除、大面积肠粘连，三个脏器严重功能障碍，应当定为二级医疗事故。

医方：胃大部切除术后，第二次剖腹探查发现胆总管有损伤，遂切开胆囊，行胆肠吻合术。B医院行第三次手术，诊断“胃大部切除术后出血、坏死性胰腺炎”。C医院第四次手术诊断“十二指肠残端瘘（胰瘘）”。医院尽了最大责任。

三、案例评析

1.术前准备不充分，如补充营养、纠正电解质紊乱、抗生素治疗等。

2.第一次行胃大部切除术、胃空肠吻合术，术中操作失误，误伤了胆管；未放置预防性引流管以防残端漏。

3.由于医方的医疗过失行为，导致以后又三次剖腹探查，给患者造成人身损害，医方负主要责任。

案例五十九

一、病史摘要

患者，男，46岁，××年12月29日10:00以“上腹痛5 d余持续加重2 d”入住A医院。患者有胆囊炎病史多年，入院前5 d饱食后腹痛，伴恶心、呕吐，发热畏寒。曾在私人诊所诊治，在B医院二门诊查WBC $14.0×10^9$/L，N 80%，尿蛋白（+）入院。

入院查体：T 37.0 ℃，P 70次/分，R 23次/分，BP 110/90 mmHg，精神差，无黄染，全腹压痛，肝脾未触及，腹肌较紧张，墨菲氏征（+）。

初诊：急性胆囊炎。

给予抗感染、对症治疗，症状无明显缓解，病程中29日下午致30日晨三次病程记录腹痛难忍，腹肌紧张，墨菲氏征（+），至30日7:30，血压90/60 mmHg，心率68～80次/分。30日7:20患者突然头晕，四肢麻木，面色发灰，口唇发绀，BP 80/40 mmHg，P 54次/分，心音低钝，右上腹压痛明显，立即抢救，8:40心跳、呼吸停止，死亡。

12月29日上消化道钡透报告：慢性胃炎、十二指肠球溃疡。

二、矛盾焦点

患方：患者以急性胆囊炎收住入院，未做B超，错误地进行钡餐透视；未请上级医师会诊；休克血压无特护；未及时诊治，导致患者死亡。医方伪造病历。

医方：对患者进行了积极合理的治疗，无违法违规行为。患者系心脏猝死（胆心综合征），无法预料。

三、案例评析

1.医方病历书写违规：据医院住院病历、体温表、医嘱及首次病程记录，患者入院时间为××年12月29日10:00，住院病历记录日期为××年12月29日。但该份住院病历第2页，记载的实验室检查血18项，事实上是××年12月30日8:17时所查，不该出现在29日记录的住院病历中。该住院病历显然系12月30日患者死亡后补写。血18项报告单是电脑打印的，但用圆珠笔涂改。医方认为电脑打印的结果“不准确”，违规将报告数据乘以4涂改。治疗中曾给患者静脉滴注甲硝唑，但医嘱中并无记载。

2.医疗行为违规、失误：患者以急性胆囊炎入住内科，病历中多次记录患者“腹肌较紧张”、“墨菲征(+)”。按常规应该做腹部、胆囊的超声检查，但未做，却申请做了上消化道钡餐透视。

患者入院时即下了病重医嘱，但未按病重医护。入院后病情始终没有好转，腹痛持续加重，并有外科急腹症的体征，未请外科会诊处理，且多次使用强镇痛剂。医方违反了诊疗常规，延误了病情，失去了救治时机。

3.因果关系：由于医方违规失误，导致患者感染加重，血压下降，死于感染所致的循环衰竭。无心脏猝死的证据。患者死亡与医方的医疗过失行为有直接因果关系。

4.患者死亡主要由医疗过失行为造成，患者体质及病情起次要作用。

案例六十

一、病史摘要

患者，女，16岁，主诉转移性右下腹疼痛，伴恶心、呕吐1 d，于××年××月××日8:30收住A医院。

体检：T 36.5 ℃，P 98次/分，R 20次/分，BP 98/70 mmHg，腹软，右下腹有压痛及反跳痛，其余检查未见异常；WBC 14.5×10^9/L。

初步诊断：急性阑尾炎。

9:15急行阑尾切除术。术中见腹腔内有清亮渗液约100 mL，寻找阑尾困难，故扩大切口，见阑尾位于回盲部后，长约14 cm，粗0.3 cm，肿胀，充血，无坏疽、穿孔及脓苔，常规切除阑尾。标本送病检为急性单纯性阑尾炎。术后因腹胀痛，腹透肠腔内弥漫积气、扩张，有大小不等液平面，诊断：阑尾术后，肠梗阻。于第一次术后5 d的9:20再次行剖腹探查术，术中见腹腔内有约500 mL淡血性渗液，原浆膜缝合处肠管缩窄，近端肠管扩张，广泛性出血点，色暗紫，浆膜易破裂，切除缩窄处肠管约10 cm，断端肠吻合。二次术后，病情加重，2 d后转B医院。

B医院入院诊断：阑尾切除术后，肠梗阻术后，麻痹性肠梗阻，急性出血坏死性肠炎。入院后5 d行剖腹探查，进腹见：肠管与腹壁广泛粘连，多处肠管变黑，小肠浆膜严重撕脱，距回盲部约130 cm处可见一吻合口，系膜闭合处裂开，可见11处穿孔，大量肠内容物外溢。分离小肠时发现多处脓肿。在距回盲部160、200和320 cm处分别切除小肠15、80和90 cm，距Treitz韧带35 cm远端切除30 cm小肠，行脓肿引流及肠管排引术。术后病理诊断：急性出血坏死性肠炎，部分区域肠壁全层坏死并腹膜炎形成。术后患者一般情况好，于2个月后出院。现营养差，大便不正常，曾两次住院治疗肠切除术后并发症。

二、矛盾焦点

患方:医方对患者行阑尾切除术,术后又诊断“肠梗阻”、“肠坏死”,切除未坏死的肠管10 cm,导致病情加重,转上级医院,又切除小肠2 m。医方诊治错误,造成患者身体损害,应负完全责任。

医方:治疗无违法违规行为。急性出血性坏死肠炎属罕见、疑难病,难以及时确诊。患者虽有切除部分小肠,但生活能自理。

三、案例评析

1.诊断有误,手术盲目:患者入院后未进行鉴别诊断,单一诊断“急性阑尾炎”。患者主要诊断应是肠型过敏性紫癜。术后发烧,腹胀痛加重,考虑肠梗阻、急性弥漫性腹膜炎,病重。第一次术中,阑尾呈单纯性炎症改变以及病理的单纯性阑尾炎的报告与术中100 mL的渗液和小肠壁多处出血点特征不符,未引起重视。未组织会诊、讨论,即行“二次剖腹探察术”,切除小肠约10 cm,无病理检查报告。第二次手术前诊断应是麻痹性肠梗阻,不是机械性梗阻。

2.由于第一次诊断有误,造成三次开腹手术,切除小肠共计约225 cm,与医方的诊疗过失有直接因果关系。

3.医疗过失行为在医疗损害后果中负主要责任。患者疾病表现特殊也是难以诊治的因素之一。

骨 科

案例一

一、病史摘要

患者，女，44岁，××年2月10日主诉“腰骶部酸困伴左腿麻木数月”入住A医院骨科。

专科检查：直腿抬高左60°、右70°，闭气挺腹试验(+)，足拇趾背伸、跖屈均减弱，跟腱反射减弱，L4、L5椎旁有明显压痛，左“4”字试验(+)，皮肤感觉减弱。

CT片示：L4、L5椎间盘突出，黄韧带肥厚，且压迫神经根。

初步诊断：腰椎间盘突出症。

经术前准备，家属签字同意，于同年2月13日8:30在连硬外麻醉下行“椎板降压、髓核摘除术”。正中偏左纵形切口，由L3至L5棘突长约5 cm，依次切开皮肤、皮下组织；沿正中线左侧纵向切开韧带及肌腱，用宽骨凿将患侧肌肉从棘突和椎板做骨膜下剥离，至椎板外侧，干纱布填充，放椎板拉钩，显露L4、L5间隙，切除黄韧带(术中见黄韧带肥厚)，然后用椎板咬骨钳咬除L5椎板上缘及L4部分椎板；用神经剥离器小心剥开硬脊膜外脂肪，见黄韧带肥厚，依次切除黄韧带，显露硬脊膜及神经根，术中见静脉丛曲张，粘连严重，椎间盘突出，神经根压卡，切开纤维环，用髓核钳摘除椎间盘，导尿管畅通上下椎管；冲洗切口，逐层缝合，13:45手术结束，麻醉满意，安返ICU病房。给予抗感染、止血治疗。

3月7日病程记录：自诉腰部症状减轻，下肢症状已无，行走跛行步态已消失。

患者要求出院，准予出院。(患方述医生让出院)同年3月8日出院，嘱下地时需系腰围，避免劳累及长时间行走，避风寒，调饮食，畅情志，定期门诊复查。

患者自述：3月6日10:00许，主治大夫说“你蹲一下我看”，患者应医嘱下蹲时，腰感无力，身体速坠下去，双腿如入冰水中。医生让星期一出院。下午感腰酸困，膝下发凉，尾骶部分偶尔出现轻微针刺感，双脚心有鸡蛋大小微弱的电麻感，行走不如原先。下蹲是造成患者二次住院的必然性。5月中旬，大夫说行走不便是神经粘连所致，让我趴在床上，用手先在腰部及臀部按了按，确定了小针刀的位置，助手将一种乳白色药液及几种维生素注射液混合吸入一10 mL注射器内，由大夫先在手术刀口偏左面中间，用酒精擦了一下，用长约10 cm的长针刺入，注入约10 mL的白色药液；在手术刀口右侧椎体上下间隙位置记号上分别各注射了约2.5 mL药液；在右臀部记号点上，将剩余的药液全部注射完。医生又在注射药的位置分别做了小针刀治疗。过了2 d，局部烫得厉害，大夫说这是“高压注射冲开粘连术”，要的就是热。

同年3月20日至5月31日第二次入住A医院骨科，主诉“腰部酸困伴双下肢无力1周”。专科检查：直腿抬高试验左右均为75°，双膝腱反射略减弱，跟腱反射减弱，双下肢肌力3级，皮肤感觉减弱，末梢血运可。诊断：腰椎间盘术后。给予抗感染、营养神经，辅以中药热敷、针刺、中频治疗，走路趋于正常，间歇性跛行消失，准予出院。

同年6月30日至12月2日第三次入住A医院骨科，主诉“行腰椎间盘摘除术后双下肢沉重、酸困、麻木、腰部疼痛3个月余”。专科检查：脊柱无侧弯畸形，L4-L5椎体旁有一长约8 cm纵形愈合手术瘢痕，腰4-5椎旁压痛明显，叩击痛(++)，直腿抬高试验左60°、右70°，加强试验(-)，双膝腱反射正常，左足拇趾背伸、跖屈力减弱，双下肢肌肉略有痉挛，踝阵挛(-)，腹壁反射存在。第二年4月14日B医院磁共振报告示：(1)腰4-5椎间盘突出；(2)腰椎骨质增生；(3)腰椎间盘术后改变。

诊断：(1)腰4-5椎间盘突出术后[①腰4-5椎间隙感染(?)，②腰4-5椎间盘突出术后硬脊膜粘连(?)];(2)腰椎骨质增生。

抗感染治疗,避风寒,调饮食,畅情志。后经多次会诊确定治疗方案,患者拒绝,提出医疗事故鉴定。

二、矛盾焦点

患方:医方在医疗护理中有违反医疗法律、法规的行为:手术时间长;术后让患者下蹲造成损害,未及时救护;术后磁共振检查显示,右侧新的椎间盘突出压迫神经,手术窗口有异物压迫脊髓;手术恢复期采用"高压注射冲开粘连术"致蛛网膜发炎。医方违规造成患者痉挛性瘫痪。

医方:诊断明确,手术操作无失误,术后近期效果良好。后期症状考虑为术后并发症,与手术无直接因果关系,不属于医疗事故。

三、案例评析

1.医方根据CT片诊断腰椎间盘突出症,病人症状较重,手术适应证比较明确,"椎板降压、髓核摘除术"成功,术后近期效果较好。

2.医生让病人下蹲致症状加重,无证据。蛛网膜炎、神经粘连的诊断缺乏根据。穴位注射、小针刀治疗不会伤及脊髓、神经。

3.医疗过程未违反诊疗规范、常规。

4.目前患者所存在的症状多为功能性改变,与医方诊疗行为无因果关系。

5.医方病历书写不规范,有些诊疗操作无记录;告知义务做得不够。

案例二

一、病史摘要

患者,男,46岁,××年12月8日入住A医院外科,主诉"左肩、胸、髋、双大腿压伤疼痛9 h",因伐树时不慎所致,昏迷约60 min,头痛、头昏,无恶心、呕吐。

查体：神志清醒，头颅无畸形，双瞳孔等大等圆，对光反射灵敏，口唇苍白，左胸塌陷，压痛，可触及骨擦感，呼吸音低，腹软，无压痛及反跳痛，脊柱无畸形，左肩肿胀、疼痛、活动受限，左锁骨中段、左肩峰可触及骨擦感，左上肢活动受限，血运正常，毛细血管充盈时间正常，左上肢皮肤感觉减退，双大腿肿胀，活动受限，疼痛剧烈，可触及反常活动及骨擦感，上下肢感觉正常，足背动脉搏动正常，左髂部疼痛，可触及反常活动。

X线片示：左锁骨中段、左肩峰骨折，断端移位；左侧1-10肋骨骨折、移位；左髂骨有一斜形骨折线；双股骨粉碎性骨折，断端错位。

初步诊断：颅脑损伤，左眼软组织损伤，左锁骨、肩峰骨折（臂丛损伤），左1-10肋骨折，双股骨干骨折。

经术前小结，家属签字同意，于12月22日行“左股骨下段粉碎骨折、右股骨粗隆下粉碎骨折切开复位内固定术”。术中见左股骨中下段粉碎骨折，骨折复位用9孔加压钢板固定，右大腿上段粉碎骨折用8孔长钢板及鹅头钉固定。手术历时80 min，术中出血约300 mL，术后给予抗感染、对症、输血治疗。12月28日X线检查示：右、左股骨骨折复位良好。第二年1月7日出院。

术后第一年5月17日再次入住A医院。入院前10 d，患者发现右下肢较左下肢短，右髋呈扇形畸形，疼痛，右下肢不能负重。拍片示内固定器脱出。

体查：右股骨上段向外侧成角，外侧可触及2.5 cm×2.5 cm突起，可触及异常活动及突起的鹅头钉头部，右下肢较左侧短1.5 cm，纵向叩击痛（+），足背动脉搏动良好，足趾运动、感觉存在。

诊断：（1）右股骨转子下粉碎骨折（陈旧性），内固定器脱落；（2）左股骨干骨折术后。

5月20日行右股骨陈旧骨折切开复位内固定术，术中见原固定之鹅头钉螺丝钉断裂，钉—板脱落，转子下骨折向外成角，骨折处假关节形成。取出原固定之鹅头钉，清除骨折处软组织，骨折复位，用新鹅头钉固定骨折。于5月27日出院。

术后第四年12月29日入住B医院外科，主诉“左右股骨干骨折术后5年”，要求取出钢板。

诊断：左右股骨干及右股骨颈钢板及鹅头钉寄留。

经术前小结、家属签字同意，于12月31日行“切开钢板取出术”。术中见鹅头钉螺帽脱落，包裹在软组织中。取出螺帽，逐一拧出螺钉，取出钢板，见尚有一根螺钉留在股骨干中，找准位置，用钻钻开螺钉周围骨质，显露螺钉，拧出。同法取出左侧股骨干钢板。取出后，螺钉、钢板在X线片上查对无误后，缝合切口，留置引流皮片，加压包扎，手术结束。术后伤口愈合良好，X线复查骨质正常，鹅头钉的一块垫片脱落在软组织中，未取出。患者1月4日出院。

术后第五年2月又因右股骨再次骨折入住C医院，治疗过程中发现原手术区有一金属垫片和一断裂钻头遗留在体内，经该院手术取出异物，重新固定。

二、矛盾焦点

患方：A医院未能尽职尽责，手术时将三件铁质医疗器具残留在患者身体内，致使多次手术治疗，B医院取残留断螺钉时，洞打得较大造成骨折，钉仍未取出。两家医院均未告知患者。

医方：

A医院：患者伤势严重，经积极救治，手术成功，保住了生命，获得四肢功能恢复。不存在治疗失误行为。

B医院：患者来我院要求取出双侧股骨干内固定钢板，手术操作规范，取出钢板，并取出右侧脱落在软组织中的鹅头钉螺帽，拔出钉入股骨颈中的鹅头钉及骨质中的断螺钉。术前X线片显示，右股骨干髓腔内有约0.3 cm的密度增高影，不能确定其为何物，为保证手术安全，未做探查。患者再次骨折后，C医院术中发现是遗留钻头，与我院手术无关。

三、案例评析

1.患者于××年12月8日入住A医院，该院对患者的诊断正确，待病情稳定后，于12月22日行手术治疗，左右股骨干骨折复位良好，于术后第一年1月7日出院。因右股骨内固定器脱位，于术后第一年5月17日再次入住该院手术固定。

2.术后第四年12月29日入住B医院，12月31日手术取出内固定钢板。

3.术后第五年2月又因右股骨再次骨折入住C医院，治疗过程中发现原手术区有一金属垫片和一断裂钻头遗留在体内，经该院手术取出异物，重新固定。

4.A医院手术中钻头断裂，未告知患者及其家属，病历中亦未记载。B医院术前未很好阅片，未制定详细的手术方案，手术取出异物和内固定，又将内固定垫片遗留在体内，并未发现断裂钻头。取出断裂螺钉是造成患者二次骨折的主要原因。

5.钻头断裂，异物残留，与手术操作、器械质量均有一定关系。

6.经鉴定会现场专家体查及阅读X线片，患者骨折已愈合，除有轻度跛行外，双下肢等长，屈髋、屈膝功能大于90°，右侧股部直径较左侧少3 cm，左侧髋部“4”字试验阳性。下肢功能基本正常。

案例三

一、病史摘要

患者，男，14岁，××年1月2日17:00入住A医院骨科。

主诉：外伤后左腕、左下肢部畸形疼痛3 d。3 d前骑自行车坠入深沟中受伤。当地医院透视检查示左桡骨远端骨折、左股骨骨折，后住入A医院，X线检查示双尺、桡骨骨折，左股骨颈骨折。

骨科情况：左腕部畸形、肿胀明显，压痛（+），呈“枪刺畸形”、“银叉畸形”，骨擦感（+）；左腕关节活动受限，左桡动脉搏动弱，右前压痛（+），纵向叩击痛（+）；左下肢外旋短缩畸形，左下肢较健侧短约2 cm；左髋部压痛（+），骨擦感（+），纵向叩击痛（+）；左髋关节主、被活动受限；左足背动脉搏动可触及；双下肢皮肤感觉对称，余肢体无畸形，肌力5级。

初步诊断：(1)左尺、桡骨远端骨折；(2)右尺、桡骨骨折；(3)左股骨颈骨折；(4)多处软组织损伤；(5)多处表皮擦伤。

经术前谈话，家属签字同意，于1月7日在腰麻下行左股骨颈骨折“切开复位加压空心钉内固定术”。取外侧切口,以大粗隆为起点,切口长约7 cm,逐层切开皮肤、皮下组织、深筋膜,钝性分离阔筋膜张肌,用骨膜撬子剥离外侧骨膜,分别于大粗隆下1、3及4 cm处打入导针各一枚,拍X线片选取位置最佳之两枚,分别拧入加压空心钉,活动后左髋关节无异常,活动未受限,用生理盐水冲洗伤口,清理术野,检查无活动出血并彻底止血,放置皮片引流,缝合皮肤各层,伤口用无菌敷料保护,术毕,安返病房。穿“钉字鞋”处理。术后病情平稳,11 d拆线,伤口无开裂。家属要求出院,于1月19日出院。

第二年2月20日B医院X光机检查报告单意见:左侧股骨头坏死。

第二年3月7日C医院诊断:左股骨头坏死。D医院诊断:左股骨头缺血性无菌性坏死。

二、矛盾焦点

患方:医方没有提出可行和更好的治疗方案,没有告知患方手术的潜在风险,供患方选择;主治医生没有亲自实施手术。医方存在多项过错,过错与患者身体损害之间有因果关系,属于医疗事故。

医方:我院在诊疗过程中一切均按医疗原则进行,无失误,无任何差错。出现股骨头坏死属股骨颈骨折的并发症,不属事故。

三、案例评析

1.医方对患者诊断明确:左尺、桡骨远端骨折;右尺桡骨骨折;左股骨颈骨折;多处软组织损伤;多处表皮擦伤。

2.手术适应证掌握正确:行术前牵引。向患方交代病情,履行告知义务,家属签字同意,行手术治疗。术后拍片对位良好,伤口一期愈合。

3.患者发生左股骨头缺血性无菌性坏死,系入院前外伤骨折所致,属常见的股骨颈骨折的并发症,是由疾病本身所决定,与医方的诊治、手术无关。

案例四

一、病史摘要

患者，女，56岁，主诉“左侧胫前包块伴脚麻2个月余入住A卫生院”。曾在外院拍片示“左侧胫前神经纤维瘤”。[××年11月13日B医院X线检查报告意见：(1)左膝关节骨质增生；(2)左腓骨小头外生骨软骨瘤可能]家属要求在卫生院门诊手术。

专科情况：左侧膝关节下胫前外侧有约2 cm×2 cm×3 cm包块，质硬，动度差，触痛，触及包块足部有麻木感。足部皮温正常，小趾、无名趾痛觉减退。

诊断：(1)左侧胫前腱鞘囊肿；(2)腓总神经纤维瘤(?)。

术前小结，手术时间12月4日10:00，拟定手术方式：肿块摘除术，局麻；术前诊断：腓骨小头骨软骨瘤；麻醉术中术后可能出现的并发症：(1)术后复发；(2)神经损伤；(3)术中出血(患方述：手术前在协议书上签字时，只在空白纸上签了“同意手术××××”几个字。3个月后术前总结空白纸上写了神经损伤、术后复发、术中出血)。家属签字同意手术。手术分离过程中未见条索样组织，无下肢放电样感觉。显露包块，2 cm×2 cm×3 cm，质硬，动度尚可，表面光滑，囊实性包块，触诊无肢体麻木及放电感，肌腱穿过包块中间。遂行包块切除。术后诊断：(1)左侧胫前腱鞘囊肿；(2)腓神经纤维瘤(?)。

术后50 d患者感左腿麻木，脚尖抬不起，A卫生院又治了40 d后病情更加严重了。

第二年3月15日B医院诊断：左腓总神经损伤。3月21日、4月8日C、D医院门诊均分别诊断：左腓总神经损伤。

第二年4月11日入住D医院显微关节科，专科检查：左足下垂并内翻，左腓骨小头旁有一斜形长约6 cm瘢痕，无压痛，左足背伸无力，跖屈功能减弱，伸足拇、伸趾无力，踝关节内外翻活动受限，小腿外侧、足背、足外侧缘触、痛觉较对侧明显减弱，末梢血运可。诊断：左腓总神经损伤(完全)。4月14日在连硬外麻醉下行左腓总神经探查吻合术，左胫距关节融合术。术程顺利，术后抗感染、支持、对症治疗，于4月27日痊愈出院。

二、矛盾焦点

患方：术前诊断腓骨小头骨软骨瘤，医方未告知患者及其家属治疗措施及手术方案，只说手术保证能做好，没有后遗症。剥夺了患方的知情权。手术不负责任，致使左腓总神经损伤(完全)，造成患者人身损害。

医方：患者为左侧腓总神经纤维瘤，手术不存在过失。术后50 d出现足下垂与手术无关。神经纤维瘤手术切除本身就存在损伤神经的可能。

三、案例评析

医方将神经纤维瘤误诊为腱鞘囊肿或骨软骨瘤，并行手术切除。医师解剖知识欠缺，术中把神经误认为肌腱，手术致使左腓总神经完全损伤，属误诊误治，应负主要责任。

案例五

一、病史摘要

患者，男，42岁，××年11月16日9:30急诊入住A医院外科。

主诉：外伤致左前臂疼痛、活动受限6 h。被他人用钝器击伤颜面部、颈部及左前臂。

体查：左手背肿胀，手指可活动，无麻木及特殊不适，左前臂中上端肿胀明显，有触痛，有骨擦感。余未见异常。

X线片示：左尺骨中上端骨质连续性中断，并有碎骨块。

初步诊断：(1)左尺骨粉碎性骨折(闭合性)；(2)左颜面软组织损伤。

处理:患肢制动,必要时手术治疗。

经术前总结,家属签字同意,于11月20日9:10至10:35,在臂丛阻滞麻醉下行“左尺骨切开复位骨圆针内固定术”。术中见尺骨呈粉碎性骨折,碎骨不规则,手法复位,逆行从鹰嘴打骨圆针,复位后再将针击入远端,超过骨折线10 cm,石膏固定于外旋位。术后X线片示对位对线良好。术后第12天,伤口无疼痛,手指活动自如,无麻木感,末梢血供良好,拆线,伤口愈合良好。12月5日出院。

第二年10月13日再次入住A院,主诉“左前臂肿胀畸形疼痛2个月余”。一年前因骨折行切开复位内固定术后伤口愈合良好,但骨质不愈合,经多方治疗效果不明显,拔出骨内针行夹板外固定1周后左前臂畸形疼痛,活动受限,拍片示“左前臂孟氏骨折”。

专科情况:左前臂明显畸形,肌肉萎缩,左手指活动轻度受限,肘关节活动、旋转功能受限,左无名指与小指麻木、感觉差,可活动。

X线片示:左尺骨连续性中断,左桡骨头脱位,骨质密度降低。

初步诊断:左前臂孟氏骨折(陈旧性)。

经术前准备,患者签字同意,于10月23日行“左尺骨切开复位内固定术,髂骨取骨植骨术”。术中见骨折端已纤维愈合,向桡侧成角,分离纤维层,离断骨折端,见骨折端无死亡,彻底清除软组织,贯通骨髓腔,修理骨折端边缘,钢板(4孔)固定骨折端,取髂骨约2 cm×1 cm,植骨,冲洗伤口,缝合骨膜、肌膜、皮肤,石膏固定于功能位。术后第15天,自述左手无名指及小指麻木,余无特殊,伤口已完全愈合。于11月7日出院。

第三年6月22日入住B医院脊柱外科,主诉“左尺骨骨折内固定术后骨不连18个月余”。

专科情况:左尺骨近端呈外翻畸形,局部见一约14 cm的手术疤痕,左肘关节屈曲受限(屈曲约75°),左前臂旋转障碍,左手呈爪形手畸形,左小指、环指感觉减退,Tinel征阳性,夹纸试验阳性。

诊断:(1)陈旧性孟氏骨折骨不连;(2)左侧创伤性尺神经炎。

6月29日行“左尺骨骨折切开复位原内固定取出,加压钢板螺钉内固定,左桡骨小头切除、尺骨植骨,石膏托外固定术"。手术顺利,术后复查X线片提示骨折复位、固定良好,骨折端可见植骨影。给予抗感染、支持、对症治疗,恢复良好,伤口Ⅰ/甲愈合,如期拆线。

7月13日出院。出院诊断同入院。

出院医嘱:(1)加强前臂石膏内旋功能锻炼以防止骨折交叉愈合;(2)出院后继续石膏外固定1个月并拍片复查;(3)定期复查,必要时行左侧尺神经探查、松解、前移手术;(4)不适随诊。

二、矛盾焦点

患方:医方第一次诊疗未发现上桡骨关节脱位,一年时间骨折未愈合,再次住院第二次手术时发现上桡骨关节脱位,仍未进行治疗,导致左桡骨小头切除,陈旧性孟氏骨折术后骨不连,左尺神经炎,终身残疾。医方过失与终身残疾有直接因果关系。

医方:对患者的诊断明确,遵守诊疗规程和常规,无不当之处。第一次出院后患者在骨折未完全愈合的情况下,二次左前臂扭转受伤,是造成其不良后果的因素。

三、案例评析

1.患者被人打伤致左尺骨粉碎性骨折并桡骨小头脱位。桡骨小头脱位是外伤所致,并不是医疗行为所致。

2.医方在整个诊疗过程中无重大过失,但有漏诊左桡骨小头脱位的过错,延误一年多的治疗。

3.出现问题后医方态度积极,最后到B医院再次手术,手术成功。目前左前臂及手部功能基本正常,只有轻度影响。

案例六

一、病史摘要

患者,女,28岁,××年1月8日19:40入住A医院。

主诉:全身多处伤后疼痛2 h。2 h前骑摩托车撞伤。

体查:T 36.4 ℃, P 82次/分,R 20次/分,BP 82/59 mmHg ,神志淡漠,面色苍白,四肢湿冷,脉搏细弱,额部皮肤挫裂伤口约6 cm,胸部压痛,骨盆分离挤压试验(+),耻骨联合分离约3 cm,双侧髂部压痛,左大腿外侧约10 cm长伤口流血,骨外露。左膝关节肿胀畸形,活动受限。左小腿挫裂伤,多处骨外露。趾无血运,未触及足背及胫前动脉,无感觉,发凉,踝不活动。

初步诊断:(1)全身多发伤;(2)失血性休克;(3)脑震荡;(4)双肺挫伤;(5)骨盆多发骨折;(6)左股骨开放性骨折;(7)左胫腓骨开放性粉碎性骨折;(8)左腓总神经损伤;(9)胫前动脉断裂(左);(10)左胫骨平台粉碎骨折并交叉韧带损伤。

补充诊断:左胫腓骨前软组织缺损骨外露。

经术前总结,家属签字同意,于1月8日21:00开始行清创、切开复位内固定手术。术后安返病房。下病危、特护。

1月10日CT报告:(1)两下肺挫伤、双侧胸膜腔少量积血;(2)骨盆多发骨折,盆腔积血,软组织肿胀;(3)左胫骨平台粉碎骨折,关节囊积血;(4)颅脑平扫未见异常改变;(5)腹部平扫脾大。

1月10日放射科报告:左股骨、胫腓骨、骨盆骨折术后对位对线良好。

术后发热达40 ℃,左胫前皮肤坏死、肿胀,切开引流,放置引流条6处,同时给予支持治疗,预防重要器官损害。术后胫部肌肉大量坏死流出,骨外露,但足趾供血较好。多次换药处理伤口,坏死组织减少。由于骨外露、创面软组织缺损较大,需二次游离皮瓣治疗,转外院,1月28日出院。

主因车祸伤致盆部及左下肢多处骨折术后20 d，于1月28日入住B医院整形外科病区。

专科检查：左下肢肿胀明显，左大腿中下段前外侧可见一不规则纵行裂口痕迹，长约20 cm，缝线已拆除，无红肿或分泌物，有压痛。左小腿自膝部至踝部均为创面，为30 cm×15 cm，胫骨全长外露，外露部分27 cm。其中下部前方发黑，前群肌肉、骨膜及骨间膜已无存，其上端及中下段钢板螺钉外露；腓骨中下部有约10 cm长外露，踝关节呈跖屈位，有轻微跖屈动作，不能背屈，左足略显苍白，第1、2、3趾末端可见黑斑，各足趾不能主动背屈，除足背外侧缘皮肤有轻微感觉外，自踝部以远皮肤均无感觉，足背动脉搏动消失。骨盆无明显畸形，骨盆挤压试验阳性。双侧臀部可见Ⅱ~Ⅲ度褥疮，直径为左侧5 cm，右侧3 cm。

X线片（A医院检查）示：(1)左胫骨平台粉碎性骨折有钢板螺钉阴影，可见有部分骨质缺损；(2)左胫骨中下段骨折已行钢板螺钉固定，对位对线尚可；(3)左腓骨近端骨折有纵贯腓骨全长的克氏针固定，骨折有分离移位；(4)左股骨中下段骨折已行钢板螺钉固定，骨折对位对线尚可；(5)骨盆多处骨折，形态尚可。

诊断：(1)左胫腓骨开放骨折术后大面积皮肤软组织缺损合并钢板螺钉及骨外露；(2)左小腿前群肌肉及胫前血管缺损；(3)左腓总神经损伤；(4)双侧臀部褥疮；(5)骨盆骨折；(6)左股骨中下段骨折术后。

于2月3日行“左大腿截肢术”。术后常规抗感染、支持治疗，左下肢创面愈合，拆线，骶尾部褥疮愈合。因患者有骨盆及股骨骨折，3月17日转骨科进一步治疗。确定安装假肢，但病人暂不安装，于3月18日出院。

二、矛盾焦点

患方：医方诊断患者全身多发伤，左胫前动脉断裂，手术未吻合断裂的左胫前动脉，造成胫前肌肉坏死，截除左下肢，属医疗事故。

医方：治疗措施正确，没有违法违规。胫前血管伤势严重，是暴力挤压一段血管的损伤，不能简单吻合，血管移植无法成功。胫前血管损伤不影响远端血供，术后足趾血供是好的。治疗与患者伤残无关。

三、案例评析

1.患者伤势严重，为复合性损伤，多发性骨折、失血性休克、脑震荡、双肺挫伤、骨盆多发骨折、左股骨开放性骨折、左胫腓骨开放性粉碎性骨折、左腓总神经损伤、胫前动脉断裂(左)、左胫骨平台粉碎骨折并交叉韧带损伤、左胫腓骨前软组织缺损骨外露等。

2.左小腿开放性、多段性骨折合并左股骨下段骨折形成的浮膝症是小腿的严重创伤。

3.胫前动脉的供血不足或不通，可通过胫后动脉的交通或侧支循环来补偿。请外院专家会诊的小腿彩色照片显示：小腿远端、踝关节及足背皮肤和小腿近端的皮肤色泽基本一致，说明小腿胫后血管功能正常，也说明患肢远端侧支循环正常。患者出现胫前皮肤、肌肉的坏死、感染，是损伤严重所造成。

4.医方诊断明确，处理原则基本正确，无违规行为，不构成医疗事故。

案例七

一、病史摘要

患者，男，46岁，××年9月29日13:30入住A医院外科。

主诉：外伤后，左侧臀部肿胀疼痛1 d。

X线片示：左侧髋臼骨折，左侧股骨颈骨折。

一般体查：心、肺、腹未见异常，脊柱及上肢和右下肢无畸形，无功能障碍，左下肢功能障碍，臀部压痛，生理反射存在，病理反射未引出。

初步诊断：(1)左侧髋臼骨折；(2)左侧股骨颈骨折(?)；(3)左侧臀部软组织挫伤。

抗感染、对症、支持治疗，牵引复位。

9月30日骨盆正位X线片报告：左髋臼骨折(撕脱性)，碎裂骨片约4 cm×2 cm。

10月2日骨盆正位X线片报告:左髋臼骨折复位好。

10月9日骨盆正位X线片报告:片子断端对位对线良好,坐骨上支部位有骨片移位于髋臼内下缘。

10月11日出院,出院医嘱:卧床休息3个月,继续牵引。

第二年6月21日至7月14日入住B医院骨科。

诊断:(1)左髋臼后缘陈旧性骨折并股骨头后脱位;(2)左髋关节创伤性关节炎。经切开复位、髋臼后缘重建术、预防感染、支持对症等措施,切口为Ⅰ/甲愈合。

左髋关节X线片复查提示:手术后左髋关节后脱位纠正,重建的髋臼后缘植骨块及髋臼钢板位置正常。

出院医嘱:继续卧床休息,制动左髋关节呈外展中立位4周,同时积极锻炼左膝、踝关节功能。2个月后拍左髋X片复查。

二、矛盾焦点

患方:主治医师没有骨科资格证书,出现漏诊、误诊,延误了最佳治疗时机。一块骨头掉在髋臼内,左髋臼骨折,医师没做任何处理。治疗期间没用预防股骨头坏死的药物,医方未履行告知义务,导致左股骨头坏死。

医方:严重创伤导致的脱位和髋臼骨折,是股骨头坏死的主要原因;手术加重了关节囊血运的破坏;治疗期间牵引不配合;过早的负重(住院13 d);出院后可能二次脱位;患者是复合伤,住普外科没有错误。

三、案例评析

1.根据9月30日X线片,左髋正位片显示髋臼后缘骨折,轻度移位,沈通氏线不连;斜位片股骨头脱位。10 d后拍片示髋臼中心性骨折,无移位。此种骨折可行牵引治疗。医方牵引治疗合理,实践证明,牵引治疗使患者骨折脱位得到了复位。

2.股骨头无菌性坏死是髋臼骨折常见的并发症。病人住院时间短,行走过早,是造成股骨头无菌性坏死的直接原因,与医方的手术无关。

3.医方存在以下不足,但不是造成患者股骨头坏死的原因:接诊、主管医生为外科医师,收住外科,未及时转骨科诊治;未见骨科医师会诊记录;病历记录不详细。

案例八

一、病史摘要

患者,51岁,××年9月26日11:30入住A医院外科。

主诉:腰背部疼痛1年。

体查:T 36.7 ℃, P 68次/分, R 19次/分,BP 140/90 mmHg,扶入病房,心、肺、腹未见异常。

专科情况:脊柱外观胸腰段稍后凸,无瘢痕、窦道形成,胸腰段椎体棘突间及棘突旁有压痛,叩击痛(-),腰椎活动轻度受限,双上肢无畸形,感觉正常,肌力Ⅳ级,Hoffman征(-);双下肢无畸形,右大腿内侧皮肤感觉略有减退,左下肢感觉较右侧迟钝,双下肢肌力Ⅲ-Ⅳ级,戈登征、克氏征、巴宾斯基征均(-)。

辅助检查:胸腰段X线片示胸12、腰1椎体边缘不整。

初步诊断:胸12、腰1椎体结核。9月28日CT报告:T12-L1椎体结核并椎旁脓肿形成多考虑。

抗结核、抗感染治疗,行必要的检查。经术前小结,家属签字同意,于10月12日行"胸12、腰1结核病灶清除术"。取胸12、腰1棘突左侧约5 cm做一长约12 cm直切口,暴露12肋后,切除12肋约10 cm,含肋骨小头,未见脓液流出,小心暴露胸12椎体侧壁,刮匙搔刮椎体侧壁,即有脓液流出,用刮匙逐渐扩大瘘孔,刮除少量干酪样组织及坏死椎间盘组织,并取出一约1.0 cm×0.7 cm死骨。彻底刮除椎体内干酪样组织后,暴露腰1椎体侧方,刮匙刮拭侧壁,即有脓液流出,刮匙扩大瘘孔,见椎体内是一空腔,内有干酪样组织,刮除后用一导尿管伸向对侧,即有较多脓液流出。反复用盐水冲洗至冲洗液清亮后,创面内放置链霉素,置引流管。术后患者安返病房。

送检组织病检报告:结核。

次日检查患者皮肤感觉减退,运动功能障碍加重。经脱水、止血、抗感染、抗结核治疗后,触觉、温度觉逐渐恢复。抗结核过程中患者仍有剧烈呕吐,不能坚持连续足量服药。10月20日晨查房时患者双下肢麻木感消失,左大腿疼痛消失,双下肢温度觉、触觉均较前减弱,运动功能未恢复。征求家属意见,10月20日请B医院骨科专家行"椎管减压术"。在原切口进入术区,充分暴露胸12、腰1椎体侧方,咬去腰1横突及椎弓根,逐渐扩大暴露区,逐步将脊髓前后及左侧减压,彻底暴露脊髓,见腰1椎体处硬脊膜左侧表面有约0.5 cm厚组织紧密粘连,硬脊膜完整、颜色正常,脊髓波动可。分离粘连时硬脊膜撕裂约4 cm,硬膜下未见异常,裂口予以缝合,查无活动性出血,放置明胶海绵,创面置链霉素后,放引流管引流。清点器械及敷料数目无异常,关闭切口。术后安返病房。

二次术后第5天双股内侧局部痛觉恢复,股外侧有触觉但无痛觉,双小腿触觉及深感觉存在,温度觉较迟钝。双侧跖反射存在,病理反射未引出。

10月30日双下肢膝关节以上有针刺样疼痛,肌张力增高,巴宾斯基征、戈登氏征阳性。

到B医院行磁共振检查报告:(1)胸12、腰1椎体结核术后改变,椎间隙内及椎旁仍有脓肿存在;(2)胸11节段髓内小软化灶多考虑;(3)胸11水平、椎管右后骨性积压征象。

11月10日再次请B医院骨科专家会诊,胸12、腰1原手术区脊髓无损伤及明显受压,而胸11–12椎间隙水平脊髓受压变细并且髓内有小软化灶,考虑为结核炎性脓肿及骨性环压,髓内结核病变可能。考虑手术解除压迫。但患者拒绝手术。

第二年1月23日查房,发现患者胸腰段左侧腰大肌部位有隆起,原切口部位最明显。考虑寒性脓肿,患者拒绝彻底清除病灶及椎体周围脓肿手术,2月13日行脓肿切开局部引流。

2月28日第四次复查CT示椎管及椎旁有大量脓液形成。患者及家属多次拒绝手术。只好继续住院抗结核、定期换药及对症治疗,截至3月28日窦道及切口愈合。

目前患者大小便能自理,双下肢肌力2级,深浅感觉缺失,精神状况良好。

二、矛盾焦点

患方:医方诊断患者为腰椎结核,严重医疗过失,导致一次、二次手术失败,造成患者瘫痪,医方应负全部责任。

医方:术前诊断正确,手术指征明确,手术操作规范,符合医疗原则,不存在医疗过失。患者为结核恶液性体质,对抗结核药物耐受性差,不能按时足量服药,抗药性明显,使术后椎旁椎管内脓液继续生成,压迫症状加重,并拒绝再次手术。

三、案例评析

1.患者于××年9月26日以"胸12、腰1椎体结核"收住入院,经2周保守治疗后,于9月26日行CT检查示胸12、腰1椎体结核,并椎旁脓肿及死骨形成,于10月12日在硬膜外麻醉下行病灶清除术,术后第1天出现双下肢感觉及运动功能丧失,呈不全瘫情况。于10月20日行"椎管减压探查术"。术后患者功能无明显改善。第二年1月10日B医院磁共振检查显示:①胸12、腰1椎体及附件区骨质破坏,椎间隙及椎旁左侧竖脊肌脓肿形成,并部分进入椎管;②胸12椎体上缘平脊髓内小软化灶。并建议做第三次手术。目前病人双下肢不全瘫,截瘫指数4,不能平卧。侧位检查:胸腰段棘旁左侧可见纵形切口瘢痕,未见流脓窦道,腰骶、双下肢未见褥疮,下肢肌肉无明显萎缩,感觉平面平乳头下,背部右侧T10平面以下,左侧胸4、5平面以下消失,双膝、跟腱反射亢进,双侧踝阵挛阳性,病理反射左侧阳性,右侧阴性。未见插导尿管。肛门周围未见粪便。第二年1月9日磁共振平扫,胸12及腰1椎体及附件区骨质破坏,椎旁脓肿形成并部分进入椎旁。胸12椎体上缘脊髓内小软化灶,胸11下缘平面右侧黄韧带增厚,致该处脊髓囊受压。

2.医方入院诊断正确,为胸12、腰1椎体结核。手术较仓促,没有系统抗结核治疗;术前谈话向病人及其家属告之不详尽;检查不全面,磁共振平扫胸12

椎体上缘脊髓内小软化灶,胸11下缘平面右侧黄韧带增厚,致该处脊髓囊受压。手术诱发、加速了疾病的进展,致目前不全瘫的症状加重,与手术有因果关系,医方应负一定责任。

3.脊柱结核即使不行手术治疗也可形成不全瘫或截瘫,这是疾病本身发展的病理过程和结局,并不是手术后的直接结果。

4.现场检查截瘫平面左侧在胸4、5平面,右侧在胸10平面以下,此结果不能解释胸12、腰1的手术,此平面以下瘫痪与胸12、腰1平面不相符。因此临床上多考虑患者存在脊髓本身病变,影像学已证实椎管有退行性变。

案例九

一、病史摘要

患者,男,40岁,××年6月5日14:00入住A卫生院。

主诉:跌伤致右髋部疼痛伴活动受限5 h。

外科情况:右下肢呈短缩、屈曲、外旋畸形;右腹股沟韧带中点稍上方压痛明显,大转子叩痛(+),掌心试验(+);右下肢做任何方向运动时髋关节疼痛加重;右下肢较左下肢缩短约3.5 cm,Bryant三角较右侧短2.0 cm。HB 161 g/L,WBC 18.3×10^9/L,BT 2′,CT 3′30″;右髋关节正位片示:右股骨颈横断骨折。

诊断:股骨颈横断骨折(右)。

经术前小结并会诊,家属签字同意,于6月8日行“闭合复位加压螺钉内固定术”。术程顺利,术后拍片复查骨折断端对位对线良好,两枚加压螺钉固定位置妥当。术后卧床、抗感染、对症治疗。住院期间患者恢复良好,伤口愈合好。6月15日患者及其家属强烈要求出院回家治疗,并签字承担一切后果。

第二年9月13日B医院门诊X片示:右侧股骨颈骨折术后。

诊断:右侧股骨颈坏死。

口服药物,随诊。

第三年3月24日该门诊X线片示:右股骨颈仍可见骨折线。建议手术治疗。

二、矛盾焦点

患方:医方未履行告知义务,不具备手术能力,内固定术时螺钉没有打到位,骨折处未对应衔接,手术失败。术后延误治疗时机,致使股骨头坏死、更换。患者伤残是医方过错所致。

医方:本例手术非常成功,医方无过错,不承担任何责任。患者出现的情况,原始创伤是直接原因,药物治疗不能杜绝股骨头无菌性坏死,与其自动出院后护理不当、过早活动和负重等有密切关系。

三、案例评析

1.患者系股骨颈经颈型骨折(右侧),医方诊断明确,手术适应证存在,经术前准备,家属签字同意,行“闭合复位加压螺钉内固定术”,治疗方法合理。

2.该部位骨折,有30%以上的病例发生骨不连及股骨头坏死。该病人骨折有愈合,但欠佳,有股骨头硬化性坏死,属该部位骨折的并发症,与医方的手术无因果关系。

3.医方螺钉内固定手术不够规范,两根钢针中有一根未打到股骨颈里,增加了不愈合的机会,但不是导致目前骨连接不理想及股骨头坏死的原因。

案例十

一、病史摘要

患者,女,41岁,××年7月25日13:00入住A医院骨科。

主诉:右髋外伤伴肿痛、活动受限5 h。入院前5 h不慎从行驶的拖拉机上摔下。右髋着地。急去市医院,诊断“右股骨上段粉碎骨折”,又来A医院,以“右股骨上段粉碎骨折”收住。

体查：体温37 ℃，脉搏80次/分，呼吸18次/分，血压120/75 mmHg，表情痛苦，被动体位，头颅、五官、胸廓、心、肺、腹、神经系统均未见异常。

专科情况：脊柱、双上肢、左下肢无畸形及反常活动，生理反射存在，病理反射未引出，右下肢外翻，缩短3 cm，屈曲畸形，右大腿中上段肿胀，局部压痛（+），且扪及骨擦感，右髋主动活动受限，右膝、踝、足趾屈伸可，末梢血运、感觉可。

X线片示：右股骨上段粉碎骨折并错位。

入院诊断：右股骨上段骨折（粉碎、闭合）。

给予右股骨踝上骨牵引，牵引重量6 kg，嘱行患肢功能锻炼。7月27日术前谈话，交代手术可能发生的意外和风险（其中未交代可能发生股骨头坏死），患者签字同意手术。7月28日在连续硬膜外麻醉下行“切开复位、伽马钉内固定”术。术中见右股骨上段粉碎骨折，小转子亦骨折。清理断端，将较大三碎块以3道双股钢丝捆绑固定于骨折远端后，将近远端分别扩髓，将主钉顺导针自臀部顺行插入股骨髓腔，见骨折对位可，再以1道双股钢丝捆绑加固，再于小转子骨折处及大转子前端各打入一枚螺钉，以单股钢丝捆于螺钉尾“8”字捆绑，见骨折对位好，分别将主钉之近远端锁钉锁入（近端1枚，远端2枚），冲洗伤口，置引流管一根，逐一关闭伤口。拔除踝上牵引之骨圆针，包扎。手术顺利，术毕被动活动右髋、膝均达正常范围，无阻挡感。患者病情平稳，无特殊不适，伤口Ⅰ/甲愈合，要求出院，于8月11日出院。

出院医嘱：继续卧床休息1个月，行患肢功能锻炼，1个月后拄双拐下地活动，门诊定期复查，一年后取内固定。

第二年6月22日至7月7日第二次住院，入院体查：扶双拐行走，右髋关节屈70°，伸10°，外展、内收均可，右大腿肌肉轻度萎缩，右下肢比左下肢短缩2 cm，膝关节伸屈尚可。

6月27日行“内固定取出+髂骨取骨植骨术”。病情好转后出院。

第三年5月21日B医院CT报告：右股骨颈骨不连，伴死骨形成；（2）右股骨头缺血性坏死（?）；（3）右侧髋部肌肉萎缩。

6月20日C医院出院诊断：右股骨头坏死。

8月3日D医院放射科报告：右股骨头缺血性坏死。

二、矛盾焦点

患方:医方违反诊疗原则,导致患者右股骨头坏死,断端相互嵌插移位6.0 cm,造成终生残疾,医方应负完全责任。固定材料两颗螺钉松动外露没有锁定骨髓内钉(V形),置入后固定失败,近端空心钉没有打入股骨颈,而从股骨颈上端穿出,使粗隆间骨折没有得到固定,造成颈干角过长,是骨折不愈合的主要原因。由于内固定失败,骨折无菌断端和活动断端不连接,最终导致股骨头无菌性坏死。

医方:诊疗过程中无医疗过失行为。患者出现目前状况的原因是由于患者自身所患疾病及其发展、出院后负重过早、个体差异及营养欠佳造成的,与我院医疗行为无关。

三、案例评析

1.医方对患者的诊断明确,手术指征明确。但手术有以下过失:术前未认真履行全面告知义务,术前谈话未提及股骨头坏死的可能;第一次手术内固定有误,手术没用C形臂,钉子未穿过股骨颈,术后未做透视检查,没有发现内固定打不到位的问题并进行补救,术后X线片示有一固定股骨颈主钉不在位,导致内固定未起到相应作用;第二次手术植骨后未行内固定;出院医嘱让患者1个月后过早下地,负重过早。以上过失导致目前患者骨折未愈合,股骨头无菌性坏死,髋内翻畸形。术前X线片见右股骨关节粗隆间粉碎性骨折,最后一张X线片见骨折未愈合,髋内翻,股骨头无菌性坏死。

2.患者股骨粗隆间术后骨不连、股骨头坏死,与医方手术过失有直接因果关系,医方应负主要责任。

案例十一

一、病史摘要

××年7月26日晚，从自行车上摔下路基，左臂先着地。到A医院检查，X光片诊断：左桡骨远端骨折。当时肿痛明显，无法行复位及外固定，建议住院，患者拒绝。

7月30日再次到A医院，仍拒绝住院，遂用手法复位后腕关节固定带外固定，并建议随时来院。

8月1日又到门诊，拒绝住院。

9月14日到门诊检查拍片示：左腕关节诸骨普遍密度减低，左桡骨远端骨折对位欠佳，有骨痂形成。再次建议住院，仍被拒绝。

患者，男，48岁，××年10月18日入住B医院外科。

主诉：外伤致左腕关节疼痛、畸形2个月余，伴活动受限。

专科情况：左前臂轻度肿胀，左腕关节处可见“银叉样”畸形，左桡骨远端压痛，未闻及骨擦音，左前臂内收、外展、屈曲活动均受限，左上肢皮肤浅感觉正常，桡动脉搏动好。

X线片示：左桡骨远端陈旧性骨折，骨质疏松。

诊断：左侧Colles骨折、畸形愈合。

10月21日在臂从麻醉下行“左腕坎伯尔矫形术”。麻醉、驱血带驱血成功后，取尺骨外侧切口长约5 cm，依次切开皮肤、皮下组织，分离牵引开尺侧伸肌腱，切开骨膜后，暴露出尺骨远端，在距尺骨远端1 cm处用线锯切除长约1.5 cm骨块，造成尺骨骨不连，腕关节功能明显改善，查无活动出血，皮下放置引流皮片，逐层缝合。同法取桡骨背侧长约5 cm切口，见桡骨远端畸形愈合，清除桡骨背侧及桡侧血痂，腕关节伸屈功能明显改善，查无活动出血，清点器械、纱布无误，皮下放置引流皮片，逐层缝合，术毕。手术顺利。给予抗感染、止血、对症治疗。

11月1日出院。出院时情况：患肢肿胀、疼痛明显减轻，皮肤感觉无异常，切口间断拆线愈合良好，桡动脉搏动好，患肢皮色、皮温正常。

复查X线片：对位对线尚可，腕关节关系如常。

××年12月9日入住C医院创伤外科。

主诉：摔伤致左腕部畸形、肿痛、功能障碍4个月余。

专科情况：左腕部尺侧、背部分别有一长3～4 cm的手术瘢痕，腕部侧位呈“餐叉样”畸形，正位见腕部增宽，呈轻度“枪刺状”畸形。无名指、小指、掌指关节过伸，指间关节屈曲，呈“爪状手”畸形。腕关节背伸、掌屈、尺偏活动严重受限。左手大小鱼际萎缩，手指屈伸活动受限，左手皮肤感觉减退，夹纸试验阳性。

X线检查：左尺、桡骨远端骨折，骨不连，断端略移位成角。

诊断：(1)左尺、桡骨骨折“餐叉样”畸形；(2)尺神经、正中神经损伤。

12月30日，行“桡骨骨折切开复位内固定术，尺、桡骨骨折畸形矫形术，腕管综合征切开减压术”。术后伤口愈合良好，X线复查见左桡骨远端骨折对位对线良好，内固定在位。患者要求出院，于第二年1月11日出院。

二、矛盾焦点

患方：A医院没有采取有效措施，消极治疗，错过最佳治疗时机，造成骨折部位畸形愈合。B医院术前未告知患方手术目的、方法、疗效及并发症，治疗失误，未矫正畸形的桡骨，反而打断了好的尺骨，导致左桡骨骨折呈“餐叉样”畸形，尺神经、正中神经损伤。

医方：

A医院：对患者治疗积极，患者伤处肿胀明显，且拒绝住院，治疗不配合，无法行骨折内固定。因其个人原因导致桡骨远端骨折畸形愈合，但不影响手指功能。我院未建门急诊病历档案，此证据应由患方提供。

B医院：术者根据病人的具体情况选择保留尺骨头的尺骨远端部分切除手术，以期达到稳定尺腕关节又可改善前臂旋转功能的目的。腕管综合征问题，与本次手术无关。

三、案例评析

1.患者骨折后在A医院门诊诊疗2个月余,无门急诊病历及有关记录,仅有医方简单的门诊日志及摄片登记本。医方未对患者进行及时有效的处理,只给予手法复位后腕关节固定带外固定,致左侧Colles骨折畸形愈合。

2.B医院行"左腕坎伯尔矫形术",手术整复不良,桡骨成角畸形不但没有矫正,反而加重,并造成正中神经及尺神经不完全损伤。后经C医院手术,左腕部畸形基本矫正,关节及神经功能正在恢复中。

3.医方两家医院的以上违规行为,过失造成患者损伤,违规与损伤之间有因果关系,医方应负主要责任,其中B医院所致患者损伤较重。

4.患者拒绝在A医院住院治疗,延误治疗时机,也是造成患者损伤的原因之一。

案例十二

一、病史摘要

患者,男,56岁,××年12月13日入住A医院骨科。

主诉:左膝关节疼痛5年余。入院前2年症状加重,负重和下楼梯时尤为明显。

查体:右下肢正常;左下肢肿胀,膝畸形,呈轻度内翻,左膝内侧压痛;双髋关节(-),前屈130°,后伸10°,内收20°,外展30°,内旋30°,外旋40°,滚动(左、右)试验阴性,"4"字试验(左、右)阴性;左膝关节畸形,有轻内翻,左侧压痛阳性,左膝活动度伸0°,屈90°,左侧抽屉试验、麦氏试验、回旋挤压试验均阳性,浮髌试验(左、右)阴性,踝关节正常,活动范围背伸20°,跖屈40°,肢体正常等长,周径、肌张力正常;神经系统正常。

双膝X线片示:双膝诸骨不同程度骨刺形成,以左膝关节为著,左膝关节髁间隆突变尖,关节间隙变窄,呈外宽内窄。提示左膝关节退行性变。

初步诊断:左膝骨性关节炎,并膝内翻畸形。

经术前总结,患者签字同意,于12月15日行胫骨高位截骨矫形"L"形钢板内固定术。手术显露胫骨上端外侧部分及腓骨小头,剥离腓骨小头下骨膜少许,截除腓骨上端约1 cm,分离腓骨上端周围软组织(骨膜下),用骨刀楔形胫骨上端截骨,保留内侧骨皮质,矫正膝内翻。距胫骨平台下1 cm处平行镶入"L"形钢板,调整矫形膝内翻满意后,用螺钉2枚斜形固定于胫骨干,将楔形截除骨块整形后植入截骨缺损处,以促进骨愈合。生理盐水冲洗创口,检查膝关节活动范围正常,固定器械牢固,生理盐水再次冲洗创口,清点纱布、器械如数,逐层缝合切口,术毕,十二层石膏后托固定膝关节于伸直位。手术顺利。术后第12日,患肢疼痛消失,拆除石膏外固定及切口缝线,切口愈合良好(Ⅰ/甲),膝关节被动屈伸正常,足背动脉搏动良好,建议出院。嘱出院后在1个月内做肢体被动活动,术后8~10周拍片复查,加强营养。12月27日出院。

第三年5月6日再次入住A医院骨科,主诉:左侧膝关节骨性关节炎"L"形钢板内固定术后17个月。第一次住院手术中在胫骨外侧斜形钻孔时,由于角度关系致使钻头意外扭断于髓腔。因断入的钻头对身体不会造成不良影响,为不给病人造成心理负担,考虑待病人截骨端骨性愈合后,与内固定物同时取出。患者术后效果差,肢体疼痛。

专科情况:左胫骨中端前侧皮肤红肿,皮温稍高,并伴有凹陷性水肿,患肢主动、被动活动正常,皮肤浅感觉、肌力、肌张力正常。

X线片示:左胫骨上端有轻度骨膜反应,中上端内侧缘骨皮质毛糙,内固定螺钉松动、断裂,胫骨髓腔内见一金属异物。

初步诊断:(1)左侧膝关节骨性关节炎"L"形钢板内固定术后一年半;(2)左胫骨骨髓腔内金属异物。

经术前总结,患者签字同意,于5月8日在连硬外麻醉下行"切开钢板内固定取出术及左胫骨髓腔冲洗刮除金属异物取出术"。手术顺利。给予抗感染、对症治疗11天,切口愈合良好,于5月21日转家庭病床。病情平稳,于6月1日出院。

出院医嘱:扶拐锻炼,适当时取除双拐;2个月后拍片复查;随诊。

二、矛盾焦点

患方:左膝骨性关节炎并膝内翻畸形,医方行胫骨高位截骨矫形“L”形钢板内固定术。术前未告知术后10年还需做人工关节置换。术中将3.8 cm长、0.3 cm宽的钻头断在胫骨骨腔中,医方未告知患方,隐瞒9个月。术后出现问题,关节内侧间隙变窄,校正间隙没开,疼痛,走路左脚低右脚高。

医方:在治疗上不存在误导患者的问题。手术治疗是成功的,术后恢复比较满意,疗效是相对的,现患者能骑车步行,说明手术没有加重患者病情。钻头断在左胫骨髓腔中的问题,当时没有明确告诉患者,并不是有意隐瞒,考虑会给患者造成不必要的思想负担,不利于病情恢复。

三、案例评析

1.医方对患者的诊治正确,手术适应证准确,手术程序及内固定无误。

2.医方手术不仔细,有违规行为,术中钻头断裂,并遗留于体内,未向患者及其家属履行告知义务,给患者造成一定程度的身体与精神损害。违规与损害有直接因果关系,医方应负完全责任。

3.患者目前左膝部功能基本正常。

案例十三

一、病史摘要

患者,男,30岁,因“车祸致左腿疼痛、畸形、活动受限3 h”,门诊以“左股骨中段粉碎性骨折,胸壁软组织挫伤”于××年11月13日入住A医院外三科。

查体:T 37 ℃, P 86次/分,R 20次/分,BP 140/90 mmHg。左大腿疼痛剧烈、

肿胀、压痛，患肢缩短、畸形，肢体异常扭曲，髋膝不能活动，可扪及摩擦感及假关节活动，纵轴叩击痛(+)，足背动脉及胫后动脉可扪及搏动，左足感觉运动无异常。

门诊拍片示：左股骨干中1/3骨折。病程中患者无昏迷、恶心及呕吐，患者眼睑部擦伤，鼻腔出血，无头晕、头痛等症状。

初步诊断：(1)左股骨中段粉碎性骨折；(2)胸壁软组织挫伤。

11月16日，在腰麻下行左股骨干骨折切开复位内固定术，手术顺利，给予抗感染、止血、对症支持治疗。12月4日患者及其家属要求出院，出院时患者一般情况好，无不适主诉，切口拆线愈合良好。

出院医嘱：(1)加强功能锻炼；(2)我科随诊。

第二年B医院放射科拍X线片复查，报告均为左股骨干中断骨折。

第七年1月2日C医院门诊诊断：左股骨术后，股骨颈骨折内翻。

二、矛盾焦点

患方：医方检查不到位，只对股骨干行X线检查及手术治疗，而没有对股骨颈进行任何检查，造成对左侧股骨颈骨折的漏诊。现股骨颈骨折已经畸形愈合，导致患者左下肢短缩、跛行，丧失基本的劳动能力。

医方：患者住院治疗期间，仅诉股骨干疼痛，术后功能锻炼亦无其他部位不适，出院6年后因左髋不适检查发现左侧股骨颈陈旧性骨折，其具体时间无法确认，我院认为并非和左侧股骨干骨折同期发生，故不存在漏诊。

三、案例评析

1.患者因车祸急诊入住A医院，拍片示：左股骨干中1/3骨折。诊断为：①左股骨中段粉碎性骨折；②胸壁软组织挫伤。××年11月16日，在腰麻下行左股骨干骨折切开复位内固定术。经治疗，一般情况好，切口拆线，愈合良好，左股骨骨折对位对线良好。患者要求出院，住院21 d，于12月4日出院。出院医嘱：①加强功能锻炼；②我科随诊。

2.B医院第二年5月19日所拍左股骨X线正侧位片显示：左股骨颈骨折；第

六年骨盆X线片示：左股骨颈陈旧性骨折。证明A医院漏诊患者的左股骨颈骨折。B医院第二年5月19日所拍X线片有较明显的股骨颈骨折，但未报告。

3.由于两家医院均漏诊了患者的股骨颈骨折，使患者未得到及时治疗，造成患者骨折端畸形愈合、左下肢缩短3 cm、髋功能活动稍受限、跛行，给患者造成人身损害。漏诊与损害有因果关系，医院应负一定责任。

4.股骨干骨折合并同侧股骨颈骨折的发生率很低，易于漏诊，股骨颈囊内骨折治疗方法很多，无论哪一种治疗方法，并发症都多，特别是年轻人，感染、肢体短缩很常见。

5.病人未及时主动去医院复查，也有责任。

案例十四

一、病史摘要

患者，女，60岁，于7月24日早晨无明显诱因出现头痛，前往A门诊就诊，考虑“普通感冒”，给予输注“青霉素、双黄连及能量合剂”，治疗后有所缓解，7月25日早上再次到A门诊就诊，治疗过程中患者自觉寒战明显，并出现恶心、呕吐胃内容物及胆汁，脐周疼痛明显。患者前往卫生间解小便时晕倒，家属发现后急打“120”，送入B医院急救中心，急查血常规正常，血清钾3.11 mmol/L，体温高达39 ℃，舒张压为50 mmHg，急救中心给予“柴胡注射液4 mL及安痛定注射液2 mL，分别肌肉注射及头部冰袋冷敷；0.9%葡萄糖氯化钠+多巴胺静脉输注”，病情平稳后，以“腹痛原因待查，急性胰腺炎可疑”收住B医院消化科。

查体：T 38.0 ℃，P 112次/分，R 22次/分，BP 97/62 mmHg。中上腹及脐周压痛阳性，无反跳痛，腹肌略紧张。脊柱及四肢关节无畸形，腰骶部椎体有轻压痛。

入院诊断：(1)普通感冒；(2)输液反应；(3)腹痛及腰痛原因待查。

入院后给予退热、抑酸、补液、抗骨质疏松、局部理疗等治疗后，腹痛缓解。

复查胸腰段CT提示:胸11椎体下及胸12椎体骨破坏,性质多为转移肿瘤,结核不排外。

10月23日在C形臂引导下取活检术,明确诊断为:胸11、12椎间隙感染。

10月30日,全麻下行"胸11、12椎间隙感染病灶清除植骨内固定术",手术顺利。

术后拍片复查:胸11椎体左下缘模糊不清,胸12上缘部分骨质缺损,内固定器位置适中。

现患者手术切口甲级愈合,已拆线,可拄双拐下地行走20 m。于11月20日出院,出院诊断:胸11、12椎间隙感染。

二、矛盾焦点

患方:医方违反药典及药物说明书规定,将柴胡注射液、复方氨林巴比妥注射液静脉滴注,发生药物不良反应,并且护理不当,使患者摔伤造成胸椎12椎体骨折的严重后果。

医方:未违反药典及药物说明书规定,柴胡注射液、复方氨林巴比妥注射液均为肌肉注射。输液反应缺乏依据,患者摔伤门诊部只应负轻微责任。

三、案例评析

1.根据提供的X线片,患者为胸椎12结核,已累及胸椎11椎体下缘及椎间盘破坏,合并继发性感染;腰椎退行性骨关节病,脊柱骨稀疏(轻度)。患者并无胸椎骨折。患者目前出现的症状是胸椎结核所致。

2.医方的主要过失为:无门诊病历记录,无处方,注射通知单无人签字。用药很不规范,多种药物混合注射,给药方式有问题,柴胡、双黄连、安痛定等可引起药物不良反应。观察病人不认真,病人发生反应去厕所无人护理,摔倒无人知晓。但这些过失与患者目前的病状无因果关系。

案例十五

一、病史摘要

患者,男,41岁,因“左足距骨骨折经手术治疗后2年4个月”就诊,门诊于××年2月12日以“左距骨骨折术后愈合”收住A医院。患者于入院前2年4个月在打工时摔倒致左距骨骨折,在当地医院治疗1个月,其间行手术治疗左侧距骨骨折,使用2枚螺丝钉将骨折固定。现患者来院要求取出内固定。

查体:T 36.8 ℃,P 75次/分,R 20次/分,BP 125/87 mmHg。

X线片示:左足距骨骨折线消失,2枚螺丝钉内固定存在,下方螺丝钉在螺纹的近端有弯曲成角。

2月13日,在单侧腰麻下行“切开内固定取出术”,取左内踝后方纵向切口,长约6 cm,切开皮肤、皮下组织,在保护胫后血管、神经的情况下,暴露左距骨的后内方,看见左距骨的下方螺丝钉的尾部被骨痂包住。使用骨刀、锤,将骨痂清除后,暴露钉尾,使用螺丝刀将螺丝钉旋出,但见该螺丝钉活动旋转,考虑该螺丝钉断裂,使用弯钳夹持后取出。在该螺丝钉内上方寻找另一枚拉力螺钉,暴露针尾,在使用螺丝刀将该螺钉旋出时再次发生断裂。术中与患者本人交谈,告知2枚螺钉均断裂,无法完全取出,如需完全取出,则将以破坏更多的骨质及软组织创伤作为代价。患者表示接受后,冲洗术野,清点敷料、器械无误后缝合。术后将术中情况告知患者及其家属,积极抗感染对症治疗。2月15日患者自动出院。

二、矛盾焦点

患方:骨折术后取钢针,医方手术失误,造成钢针折断,致使部分异物残留体内,无法取出,造成隐患。

医方:内固定在身体内时间较长,术前已告知患者断钉不能完全取出,并取得患者同意,螺丝钉的质量问题亦可引起螺丝钉断裂无法完全取出。手术前后相比较,无任何功能受限,我院的诊治措施无任何不当,故不构成医疗事故。

三、案例评析

1.患者左足距骨骨折,在其他医院行内固定术,术后愈合。医方行"切开内固定取出术",是手术适应证,手术方式正确,操作规范,无违规行为。

2.术前X线片示,下方螺丝钉在螺纹的近端有弯曲成角,已经断裂。

3.术前医方已向患者告知,内固定物可能不能完全取出,患者签字同意手术。

4.手术中内固定螺钉断裂,是多见的、难以预防的并发症。

5.内固定断裂螺钉残留骨内,患者切口愈合良好,关节功能无明显活动障碍。

6.若强行手术取出残留螺钉,将造成距骨的严重骨破坏,易造成距骨塌陷或坏死,导致踝关节功能严重障碍。

7.医方与患者家属未沟通,对患者行手术,未请家属到场,以至术中出现问题无法与家属沟通。

案例十六

一、病史摘要

患者,男,40岁,因"沙石砸伤右肩部、左大腿后1 h",急诊以"右锁骨骨折、左股骨骨折"于××年2月21日收住A医院骨科。

查体:T 37 ℃, P 80次/分,R 18次/分,BP 110/80 mmHg。

专科情况:右上胸部锁骨中外1/3处肿胀,压痛Ⅲ级,关节异常活动,右肩关节活动受限,双上肢等长。左大腿肿胀Ⅲ级,关节向外侧突出畸形,局部压痛Ⅲ级,关节异常活动。左下肢较右下肢短约2 cm,左下肢各关节活动受限。

入院后拍片提示：右锁骨中外1/3处横行骨折，断端对位对线良好。左股骨上段粉碎性骨折，近端向外错位。

入院诊断：(1)右锁骨骨折；(2)左股骨上段粉碎性骨折。

2月23日行右锁骨粉碎性骨折切开复位内固定术+左股骨粉碎性骨折切开复位髓内针内固定术。行基础麻醉和右臂丛神经麻醉，取仰卧位，沿右锁骨骨折处为中心，切一横斜形切口，逐层分离皮肤、皮下组织、筋膜、三角肌、斜方肌锁骨头，切开外膜，见一骨块呈三角形，垂直插于锁骨骨折处，游离各块，先用钢丝固定远端粉碎性骨折，再用钢针逆行穿出，在对位对线良好后牵引穿入近端，再用钢丝固定，查断端对位对线良好后，清点纱布和器械无误，清洁切口，逐层缝合，术毕；再行连硬外麻醉，以左股骨骨折处为中心，沿左髋前上棘与髌骨外缘连线处切开，依次分离皮肤、皮下组织、筋膜、肌肉，见股骨粉碎性骨折，远端向内下方移位重叠，碎骨大约6片，用髓内钉内固定，再用钢丝固定其一块最大的骨片，查断端对位对线良好后，固定牢靠。清点纱布和器械无误后，清洁切口，逐层缝合，术毕，安返病房，穿“丁”字鞋。3月7日拆线，伤口I/甲愈合，当日X线照片报告单示：右锁骨中外段粉碎性骨折，钢针加铁丝内固定，对位情况尚可；左股骨中上段粉碎性骨折，髓内针加铁丝内固定，对位对线良好。患者及其家属要求出院，交代注意事项后出院。

出院诊断：右锁骨粉碎性骨折、左股骨粉碎性骨折。

第二年5月17日，A医院的X线照片报告单示：左股骨中上段陈旧性粉碎性骨折，一枚髓内针内固定加铁丝内固定后，对位好，断端有骨痂生成，骨折线清晰可见。

第四年12月2日，A医院的X线照片报告单示：左股骨中上段陈旧性骨折，髓内针钢丝内固定，骨折断端未愈合，对位对线尚可。

第五年4月4日，B医院CR影像检查诊断报告提示：右锁骨骨折内固定术后4年复查，见骨折端对位对线欠佳，骨折远端向内下成角，断端周围有大量骨痂形成；左股骨中段骨折，髓内针固定术后复查，目前骨折远端向内成角，骨折断端有部分骨痂形成，髓内针断裂。

二、矛盾焦点

患方:医方将应拆除的内固定物不予拆除而遗存在体内,致患者右锁骨畸形愈合。左股骨手术失败,内固定铁丝卡在骨折处,一直不愈合,手术所用髓内针断裂。整个医疗行为存在重大医疗过错,构成医疗事故。

医方:患者住院治疗期间,手术方式的选择是正确的,手术过程是顺利的,骨折断端对位对线是良好的,钢丝固定牢靠,所处位置满意。患者出院后出现骨折不愈合、钢丝移位是由于患者过早负重活动所致。

三、案例评析

1.患者于××年2月21日因右锁骨粉碎性骨折和左股骨粉碎性骨折入住A医院治疗,医院行右锁骨髓内钢针固定、钢丝捆扎术。左股骨粉碎性骨折,医院采用了梅花针髓内固定外加钢丝捆扎术。伤口一期愈合,说明无菌操作理想。患者出院后4年来多次拍片,右锁骨已完全愈合,但有轻度畸形;左股骨骨折不愈合始终存在。第五年4月4日拍片,梅花针已断裂。医方的手术方案及手术程序正确无误,骨折不愈合及钢针断裂系术后并发症,与医方的诊疗行为无因果关系。

2.体查发现,右肩局部只有2个切口疤痕,这2处切口符合第一次手术操作程序。第二次手术只是拔钢针,不是切开软组织取钢丝,待锁骨骨折骨性愈合后再行切开取钢丝,手术方式正确。

3.左股骨粉碎性骨折,可采用钢板或髓内针固定,髓内针优于钢板,医师采用髓内针是正确的。由于是粉碎性骨折,有需固定的骨片,常规使用不锈钢钢丝捆扎骨块,由于骨块在骨折部,钢丝捆扎时,钢丝肯定在骨折线附近。从患者术后所拍的X光片看,骨痂在不断形成,而骨折线一直可见,且有加大和硬化现象。说明患肢的活动、骨断端的不稳定,增加了骨折断面的撞击,出现了硬化和萎缩,久而久之,松动的钢丝滑到了骨不连的两断端间。因此,骨折不愈合不是钢丝造成的,是由患肢活动和骨折断端不稳定所致。

由于骨折不愈合,又有下肢活动,所有的负荷重量都加在髓内针上,造成金属疲劳性断裂。

4.患者还应再次手术,取出右锁骨钢丝;取掉左股骨断裂的钢针,换一带锁髓内针,并做大量植骨。

案例十七

一、病史摘要

患者,男,39岁,于××年5月3日因“右膝部挤压伤2 h,疼痛伴活动受限”来A医院就诊,急诊以“右胫骨平台粉碎性骨折”收住骨科。

查体:T 36.8 ℃,R 20次/分,P 81次/分,BP 110/60 mmHg。

专科情况:右膝部青紫肿胀,右胫前及腘部皮肤青紫,软组织挫伤较重,右胫前皮肤挤压挫伤部分渗血,右胫骨近端呈畸形,压痛(+),可触及骨擦感,活动受限,右足活动可,可触及足背动脉。

入院诊断:(1)右膝部挤压伤;(2)右胫骨平台粉碎性骨折;(3)膝部软组织挫伤;(4)胫前皮肤挫伤。

5月4日,在单侧腰麻下行“骨折切开复位钢板内固定术”,术中见右胫骨平台内侧粉碎骨折,骨折累及关节面及平台内侧,切开关节囊,见前交叉韧带损伤,清理骨折处,行手法复位,检查骨折对位良好,用解剖型钢板固定,检查对位良好。术中拍片示:右胫骨平台粉碎骨折对位内固定良好。修补前交叉韧带,冲洗关节腔及术野。

术后诊断:(1)右胫骨平台粉碎性骨折;(2)右膝挤压伤;(3)右膝前交叉韧带损伤。

术后10天,患肢足趾出现发绀,血运差,足背动脉搏动弱。考虑有动脉血栓形成,患足有坏死可能,给予丹参、654-2、低分子右旋糖酐抗凝、扩血管、促进血运循环治疗。5月22日,请外院专家会诊:患肢胫前有5 cm×5 cm面积发黑结痂,右足第1、2、3、4趾发黑坏死,右足背及足底靠近足趾部发绀,有坏死可能，右足背动脉未触及。结合彩超，明确诊断为右胫前动脉血栓形成。建议加用潘生丁、阿司匹林加强血循环治疗。待坏死界线清晰后，需截除坏死肢体。5月24日患者要求转上级医院治疗。

出院诊断：(1)右膝部挤压伤；(2)右胫骨平台粉碎性骨折术后；(3)右膝部软组织挫伤；(4)右胫前皮肤挫伤并坏死、右胫前动脉栓塞、右足趾缺血性坏死；(5)右膝前交叉韧带损伤；(6)右腓神经压迫性损伤。

患者，男，主因"右膝及右小腿挤压伤、右足趾坏死"，门诊以"右胫骨平台骨折、膝部挤压伤术后、右胫前血管栓塞及胫前皮肤坏死"于××年5月26日第二次收住A医院。患者于5月24日从本院转上级医院治疗，因上级医院治疗方案与我院相同，故今又来我院。入院后完善各项相关检查，给予抗感染、扩血管、抗凝治疗，前后经过5次手术(6月5日行"右足趾坏死感染部清除术"、6月19日行"右足趾坏死开放截肢术、植皮术"、7月18日行"右足皮肤缺损、双下肢交换皮瓣成形术、植皮术"、9月4日行"右足皮蒂离断术、右胫前植皮术"、11月27日行"右足跟腱延长矫形术、右胫前伤口清创引流术")，住院369 d。现患者胫前有一皮肤伤口未愈合，患足保留近2/3，于第二年5月30日自动出院。

二、矛盾焦点

患方：医方未采取有效处理方法，导致患者前足坏死及踝关节功能障碍。

医方：术后患足趾缺血发绀并坏死是胫前动脉血栓闭塞、小腿部多发的小静脉血栓共同造成的，我院及时给予抗凝、活血化瘀和促进微循环治疗措施，为尽可能多保留患肢，多次手术。整个治疗过程及时合理，无差错存在。

三、案例评析

1.患者因车祸右膝部挤压伤，医方诊断：①右胫骨平台粉碎性骨折；②右膝挤压伤；③右膝前交叉韧带损伤。行"骨折切开复位钢板内固定术"。术后10 d，患肢足趾出现发绀，血运差，足背动脉搏动弱，考虑有动脉血栓形成，患足有坏死可能。给予丹参、654-2、低分子右旋糖酐抗凝、扩血管、促进血运循环治疗。后右足趾坏死，行"右足趾坏死开放截肢术、植皮术"。

2.医方存在以下违规行为：对骨折并发症的认识不足，对病情的观察不仔细，术后10 d才发现患趾发绀，未及时给予有效的纤溶（尿激酶等）、抗凝（肝素、香豆素类）药物，后发生右足趾坏死，行“右足趾坏死开放截肢术、植皮术”，右踝关节强直，右足前中部缺失，残留部分2、3、4趾骨，残足感觉减退。

3.医方的违规行为与患者的右足损伤有一定因果关系，应负次要责任。

4.患者右下肢严重外伤，存在动静脉血栓形成的因素。围术期血栓形成的因素很多，主要与患者个体因素有关。

案例十八

一、病史摘要

患者，女，55岁，于××年12月14日因“摔伤后左髋部疼痛约3 h”，急救中心拍片后以“左股骨颈骨折”收住A医院。

查体：T 36.4 ℃，R 20次/分，P 80次/分，BP 170/100 mmHg。

外科情况：左髋部压痛，左下肢外旋、短缩畸形，左髋关节功能障碍。活动后左髋部疼痛加重，有骨擦感。

X线片示（××年12月14日）：左股骨颈骨质结构断裂，骨折端错位0.5～1 cm，关节正常，沈通氏线连续。

意见：左股骨颈骨折。

初步诊断：左股骨颈骨折。

12月15日在腰麻下行“左股骨颈骨折牵引复位可折断螺钉内固定术”。手术在C型臂透视下用3枚螺钉加压固定骨折，C型臂透视固定适中，骨折对位良好，活动左髋关节，检查固定牢靠后，手术完毕。

12月16日拍片复查示：骨折段向上错位1 cm，三根螺丝钉固定，两根穿越股骨头端。遂于12月17日行“闭合牵引复位三翼针内固定”纠正手术，拔除第一次手术的三根螺钉，用三翼钉和一枚可折断螺钉固定骨折。

12月18日拍片示:断端对位良好,内固定适中。术后给予对症、支持治疗,12月25日患者出院。

出院诊断:左股骨颈骨折。

出院医嘱:(1)院外继续治疗,定期来院复查,了解愈合情况,随时调整治疗方案;(2)门诊复查;(3)随诊。

第三年12月21日,患者在A医院拍片检查示:左侧股骨头缺血坏死,骨不连,三翼钉、螺丝钉脱出。

二、矛盾焦点

患方:第一次手术没能将三根螺钉按正确方向穿入断骨,螺钉斜拉致使断骨错位0.5~1 cm,其中的两根螺钉穿过股骨头,进入髋臼,把股骨头和髋臼连在一起,手术失败。二次手术又拔出三根螺钉,在没有将断骨复位的情况下,用一根坏死率极高的三刃钉和一根松质骨螺钉固定,二次手术又失败。两次失败的手术最终导致患者股骨头坏死。

医方:该患者股骨头坏死是由创伤暴力大、骨折完全错位、血管损伤严重、骨折部位高、过早负重、出院后未及时来院复查等综合原因所致,股骨头坏死是常见的并发症。我院在治疗上没有过错。

三、案例评析

1.患者摔伤致左股骨颈骨折,医方××年12月15日行“左股骨颈骨折牵引复位可折断螺钉内固定术”,手术失败,2 d后又行“闭合牵引复位三翼针内固定”纠正手术。住院11 d自动出院。第三年12月21日拍片复查示:左侧股骨头缺血坏死,骨不连,三翼钉、螺丝钉脱出。

2.医方存在以下医疗过失:第一次手术操作不当,内固定进入髋臼,手术失败。在未征得患者及其家属签字同意的情况下,又行第二次手术调整。医方的手术过失与患者的股骨头坏死有一定的因果关系,医方应负相应责任。

3.股骨颈骨折本身极易发生骨折不愈合及股骨头缺血性坏死,这是股骨头坏死的主要原因。

4.患者住院仅11 d,在未完成治疗的情况下自动出院,未主动及时到医院复查,术后近两年才复查发现股骨头坏死,延误诊治,患方也应负相应责任。

案例十九

一、病史摘要

患者,男,58岁,××年8月19日因"左大腿下段间歇性肿痛、流脓40年,加重1个月"来A医院门诊,拍片后以"左股骨慢性骨髓炎"收住。40年前左大腿下端及双小腿即诊断"骨髓炎",在市医院切开放脓,刮除开窗引流,石膏制动治疗,换药,此后窦道形成,时有脓液、死骨流出。

入院体查:T 36.3 ℃,P 82次/分,R 20次/分,BP 120/70 mmHg。

骨科情况:左大腿中下段有切口瘢痕,于前外侧有一窦道口,渗液,皮温不高,压痛(+),膝关节屈70°、伸0°。左小腿下端、右小腿上端有切口疤痕,皮温正常,无压痛及窦道,足部感觉、运动、血运正常。

X线片示:左股骨下端骨质不规则增粗,皮质硬化增厚,髓腔密度不均匀,类圆形低密度影,中有硬化死骨,膝关节骨质疏松,广泛增生。

初步诊断:(1)左股骨慢性骨髓炎;(2)痛风性关节炎(有20年痛风病史)(?)。

8月23日在连硬外麻醉下行"病灶清除、死骨摘除、置管冲洗术",做左大腿远端前外侧切口长约13 cm,中间切口向窦道口(偏向大腿正中)弧形弯曲,切开皮下、阔筋膜,见皮下阔筋膜外侧肌与股直肌间隙已粘连不清,从窦道方向切开股直肌向下,仔细止血,达骨干表面(肌肉较薄弱)。剔开贴骨瘢痕,见窦道口直通骨面,骨面有一约1.5 cm×1.5 cm圆形孔状缺损,通向髓腔,此处骨干明显膨大。电钻钻孔呈连续性蝶形开窗,约2 cm×5 cm长方形凿开髓腔,清除髓内长条形死骨块即颗粒状死骨;刮除里面炎性肉芽及泥沙样碎骨。周围骨质渗血,骨质(新生)质地较脆,再向上探髓腔闭合,电钻钻不通髓腔,故再向上钻孔凿开皮质约1 cm×4 cm大小，呈蝶形敞开，钻孔钻通髓腔，从近端髓内向下流出大量黄骨髓，探查髓腔已完全通畅，冲洗(双氧水、盐水)干净，放置闭式引流管及冲洗管，将肌肉卷曲缝合，填塞空腔。缝阔筋膜及皮肤，冲洗通畅，敷料包扎，术毕。术后给予抗感染、对症等支持治疗，拍片检查示死骨已彻底清除，闭合髓腔已打开通畅。

9月6日出院，在家抗感染、换药治疗。出院诊断：(1)左股骨慢性骨髓炎；(2)痛风性关节炎。

患者，男，58岁，××年11月26日因“左大腿间歇性流脓，肿痛40年，术后3个月，再次红肿1个月”来A医院入住。3个月前手术清除死骨，置管冲洗术后2个月再次复发红、肿、疼痛，经保守治疗仍不能痊愈。

骨科情况：左大腿中段下侧肿胀，皮温高，压痛(+)，有两个窦道流脓，纵向叩击痛(-)。

X线检查示：左股骨中下段骨皮质增厚，术后见有空腔形成，未见明显死骨。

初步诊断：左股骨慢性骨髓炎。

11月29日在连硬外、静脉全麻下行“病灶清除、肌瓣填塞、置管冲洗术”。做左大腿中下段前外侧切口约9 cm，切开皮肤、皮下、筋膜，切开骨直肌与外侧肌连接部肌肉，见此处肌肉明显水肿，渗血较多，切至股骨面，见股骨中下端蝶形敞开处脓液生成，蝶形腔内充满泥沙样炎性碎骨及脓苔，刮除干净，留取病检。向上探至蝶形敞开处，刮出少量炎性肉芽，两侧窦道搔刮直通下端蝶形敞开处。搔刮窦道干净后，电钻向上通近端髓腔，双氧水、盐水反复充分浸泡髓腔及创口，刮匙刮除充分，接出水管，选合适最佳位置，内踝处穿口，向内侧蝶形入口处接出水管，剪好侧孔，再从内侧上端接进入管，测试出水顺畅，将外侧肌外踝处逆行切取(筋膜下)肌瓣，向前向蝶形腔内肌瓣填入，止血，依次缝合，术毕。

术后病检报告诊断：结核性肉芽肿并脓肿形成。

给予抗结核治疗、抗感染等对症支持治疗，伤口定期换药。冲洗管通畅，冲洗液逐渐变清亮，12月15日拆线换药，拔出水管，出水管口放置油沙条填塞，以防渗出。

当日出院,出院诊断:左股骨慢性骨髓炎,合并骨结核。

患者,男,58岁,第二年4月11日因“左大腿间歇性疼痛、肿胀、流脓40年”第三次来A医院。患者前两次入院治疗后,恢复尚可,窦道未愈,脓液时多时少,左大腿间歇性疼痛,以“左股骨慢性骨髓炎”收住。

入院查体:T 36.4 ℃,P 88次/分,R 20次/分,BP 110/80 mmHg。

骨科情况:左大腿中下段前外侧可见一长约20 cm手术瘢痕,前方皮肤瘢痕形成,表面可见6个脓点,有脓性分泌物渗出。窦口周围肉芽组织长出,局部肿胀,无压痛,挤压时大量脓性分泌物渗出,内侧引流口时有分泌物渗出,膝关节屈曲35°。

初步诊断:左股骨慢性骨髓炎。

4月20日,在硬麻+连硬外麻下行“切开引流术”,左大腿前外侧中下1/3部位长约8 cm,依次切开皮肤、皮下,切开股外侧肌,推开骨膜,见股骨旁、肌间隙中有脓液,量约80 mL,将窦道刮出,肌间隙中脓液挤出,用双氧水、生理盐水反复冲洗伤口,用两块碘伏纱条填塞伤口,加压包扎,术毕。术后隔日伤口换药,分泌物细菌培养示:白色葡萄球菌。给予对症敏感药物治疗,密切观察。7月4日,患者要求转上级医院进一步治疗。

患者,男,59岁,因“左大腿远端间歇流脓、肿痛1年”,第二年7月4日门诊以“左大腿慢性骨髓炎”收住B医院。

专科检查:患者左大腿远端前侧伤口未愈,窦道形成,长约5 cm,流出脓液,伤口周围塌陷,瘢痕挛缩,皮肤色素沉着,色青,皮温略高。左膝关节功能障碍,强直于屈曲10°位。

辅助检查:第二年5月21日A医院X线片示左股骨中下段硬化,不规则,髓腔封闭,内侧骨质部分缺如。

初步诊断:中医诊断为附骨疽,气阴两伤;西医诊断为左股骨慢性骨髓炎。

7月27日行“左大腿中上1/3截肢术”,术程顺利,术后给予抗感染、止血、支持治疗,手术切口愈合良好。8月21日患者出院。

二、矛盾焦点

患方:医方为骨髓炎患者三次手术失误,误把好骨头去掉,用肌肉填塞,造成伤口感染,导致患者最终截肢,终生残废,属医疗过失所为。

医方:对该患者诊断正确,手术适应证明确,手术方法为经典方法,诊疗过程及程序符合医疗规范,对慢性骨髓炎术后复发术前已履行了告知义务,患者最终截肢与我院对该患者的诊疗行为不存在因果关系,故我院不承担任何责任。

三、案例评析

1.患者在A医院首诊时,已有骨髓炎病史40年,医方诊断"左股骨慢性骨髓炎(并死骨、窦道形成)"正确,有手术适应证,在久治不愈的窦道及股骨髓腔内死骨形成后,选择开窗减压,病灶清除,死骨摘除及肌瓣填塞,第一次手术方式选择得当。

2.医方存在以下医疗过失:医师对慢性骨髓炎及其预后的认识不足。第一次手术中置管不当,引流不畅,使合并感染加剧。选择第二次、第三次手术时机不当,手术间隔时间短,同时骨开窗范围逐渐扩大,造成股骨缺损加重,最终因骨缺损过大,且并发病理性骨折,导致截肢。医方的过失促使患者病情加重,加速了截肢。过失与患者的损害之间有一定的因果关系,医方应负相应责任。

3.慢性骨髓炎治疗很困难。患者截肢的主要原因是其疾病本身反复发作、病情进展恶化的最终结果。

案例二十

一、病史摘要

患者,男,21岁,因"外伤致右大腿反常活动4 h"于××年9月7日来A医院。患者受伤后先到B医院拍片检查见右股骨干骨折。

查体：T 36.8 ℃，P 78次/分，R 20次/分，BP 110/80 mmHg。

骨科情况：右下肢自大腿中段呈反常活动，局部肿痛，远端呈外旋畸形，足踝活动正常，右上腹压痛、叩击痛。

入院诊断：(1)右股骨干骨折；(2)腹部闭合损伤(?)。

入院后给予抗感染、支持及对症治疗，9月8日三维超声示：(1)肝脏内钙化灶；(2)胆囊、胰腺、脾脏、双肾、腹盆腔未见明显异常。

9月10日患者颈部及双腋前壁出现散在出血点，病人精神差、面色黄白、唇甲发绀、呼吸快、出汗多，双肺可听到广泛的水泡音，心电监护示SPO_2 27%，HR 135次/分。考虑系肺部脂肪栓塞性肺炎、脂肪栓塞综合征，即静点低右+丹参，D.X.M 20 mg入壶，面罩吸氧。请呼吸科、麻醉科会诊后给予气管插管，床边拍片示双肺雪片状弥漫的高密度影，明确诊断为右股骨干骨折，脂肪栓塞综合征。治疗以激素、预防感染、抗凝、镇静为主。9月11日10：00患者出现皮下肿胀，扪及握雪感，血氧饱和度21%，再次请呼吸科会诊，拍片示：双肺脂肪栓塞，皮下气肿，建议做皮下放气切口，家属拒绝继续治疗，放弃抢救并签字。9月11日晚患者呼吸、心跳停止，临床死亡。

二、矛盾焦点

患方：医方未及时做详细的检查，忽视病情，延误诊疗，多次拒绝家属要求，未做CT、胸片，导致病情恶化，失去抢救时间，造成患者死亡的重大医疗事故。

医方：病人的诊疗过程符合医疗规范，死亡原因为股骨骨折并发症——脂肪栓塞综合征导致的呼吸衰竭。

三、案例评析

1.医方对患者诊断明确，为右股骨干骨折，同时有腹壁损伤需观察。入院后给患肢皮牵引制动，符合闭合性骨折的处理原则，无违法违规行为。后期发生肺部脂肪栓塞导致患者因呼吸衰竭死亡，属于骨折的并发症，患者的死亡与医院的诊疗行为无因果关系。

2.患者入院第四天出现呼吸困难、皮疹，X线片示两肺出现弥漫性片状阴影,医方诊断肺部脂肪栓塞正确,抢救及时。脂肪栓塞是骨折的并发症,难以防范。一旦出现肺部脂肪栓塞,治疗很困难,死亡率很高。

3.医方存在以下缺陷:对骨折并发症的预见、肺部脂肪栓塞的严重后果认识不足,未明确告知患者及其家属;胸片显示气胸是患者病危时气管插管所致。但这些缺陷与患者的死亡无因果关系。

案例二十一

一、病史摘要

患者,女,49岁,××年11月4日15:00入住A医院。

主诉:摔跌伤后左小腿下段疼痛、肿胀、功能障碍1周。患者于入院前1周不慎从高处坠落跌伤,左足部先着地。在当地医院就诊,门诊拍片示:"左胫腓骨下段粉碎性骨折",临时石膏外固定、制动,住院1周后转来A医院,门诊X片检查示:"左胫骨远端粉碎性骨折、外踝骨折",收住入院。

专科情况:右侧额部有4 cm×3 cm血肿,双侧眼睑青紫瘀斑;左下肢近踝关节外局部皮肤肿胀、青紫、压痛及轴向叩击痛,踝关节活动受限,活动时疼痛加重。

X线片示:左胫腓骨下段粉碎性骨折石膏外固定术后,断端移向内上及后错位,骨折线贯通关节。

初步诊断:(1)左胫骨远端Pilon骨折(粉碎性);(2)左外踝骨折;(3)头颅外伤。

经术前小结、谈话、患者及其亲属签字同意,于11月8日在硬膜外麻醉下行"左胫骨远端粉碎性骨折、左外踝骨折切开复位内固定并植骨术"。手术暴露骨折处,见胫骨远端粉碎性骨折、错位严重,骨质疏松明显,骨块较大者4块,较小者数十块,内踝处骨块向外分离,后踝处骨块向后移位,胫骨远端外侧骨块向外分离,后踝处骨块向后分离,胫骨远端关节面破坏严重,碎裂、缺损,胫骨远端骨干前侧骨块旋转移位，总体缩短移位，试行复位后钢丝克氏针临时固定。以7孔胫骨远端内侧专用钛板内固定，内踝处骨块以螺钉纵形加强固定，又以一枚拉力螺钉于矢状位固定胫骨远端前面骨块及后踝骨块，拆除临时固定的钢丝及克氏针，因外伤压痛、骨质疏松、关节面缺损、骨折处骨质缺损，遂取同侧髂前脊骨块，修整后于骨缺损处植骨，重建关节面，术中C型臂X光机透视见关节面平整，关节间隙对称，以轻力螺钉固定下胫腓联合，活动踝关节，关节面光滑无摩擦感，骨折固定尚稳固，伤口敷料外敷。后行外踝内固定术。术中见外踝粉碎性骨折，骨折块重叠移位，复位骨折，以腓骨6孔钛板内固定，术后C型臂X光机透视复查见骨折复位良好，内固定螺钉位置正常，踝关节面平整，位置正常，关节间隙对称，活动踝关节，骨折稳定，遂冲洗伤口，彻底止血，内侧伤口放置外引流管，依次逐层关闭切口，辅料外敷。手术顺利，出血不多。术后对症治疗，恢复好，拍片复查示：骨折复位良好，踝关节关系正常，伤口愈合，于11月28日出院。

患者，女，52岁，第二年6月19日入住B医院创伤外科。

主诉：左踝部术后皮肤缺损，内固定外露6个月余。在A医院行踝关节骨折切开复位钢板螺丝钉内固定术，术后左内踝处皮肤逐渐出现颜色暗黑，坏死，破溃，流液，以致内固定物外露，皮肤缺损区约3 cm×4 cm，长期有脓性分泌物渗出。患乙型病毒性肝炎。

专科情况：左内踝3.0 cm×2.0 cm皮肤缺损，内固定物钢板、螺钉可见，少量分泌物，色清淡。四周皮肤水肿，关节活动度较差，患足皮肤感觉正常，末梢循环可。左下肢肌力正常，无肌肉萎缩。

诊断：(1)左踝骨折术后皮肤缺损，内固定外露；(2)乙型肝炎；(3)左胫骨骨髓炎。

经术前小结、患者签字同意，于6月30日9:10—14:30行骨折内固定装置取出术、骨髓炎病灶刮除术、胫前肌皮瓣移植术、去皮植皮术。用双氧水、稀碘伏、生理盐水冲洗伤口。先沿小腿外侧手术切口取腓骨固定钢板，沿钢板切开疤痕组织，显露钢板全长，完整取出螺丝钉及钢板，缝合关闭伤口。另于内侧沿原切口切开皮肤、皮下组织及筋膜，将钢板及螺丝钉完整取出后，见内踝上约3

cm处有炎性肉芽组织形成,未见明显分泌物,刮除肉芽组织,见胫骨远端内侧有约2 cm×4 cm大小骨缺损,清除四周坏死组织及皮缘,见皮肤缺损约6 cm×4 cm,用双盐水、碘伏、生理盐水冲洗伤口,并用稀碘伏纱布填塞骨缺损处。拟行取胫前动脉皮瓣移植修复皮肤缺损。以胫前动脉走向为轴,按术前多普勒探及胫前动脉穿皮支处为中心,设计皮瓣大小为8 cm×6 cm,先按设计皮瓣前内缘切开皮肤、皮下组织及筋膜,并带有肌膜。将筋膜与真皮间断缝合,防止皮肤与筋膜分离。将皮瓣前内缘切开后向后外侧肌膜下分离,至胫前肌外侧肌间隙时注意保护胫前动脉供皮瓣的穿皮支,再将皮瓣外后缘及上缘切开,切开皮肤皮下组织及筋膜。做肌膜下分离直至显露血管蒂处,沿肌间隙血管蒂显露,注意保护其穿皮支四周筋膜,显露出胫前动脉主干部分,在穿皮支分出处,近端阻断胫前动脉,10 min后皮瓣血运良好,皮缘出血活跃。随即将胫前动脉在穿皮支发出近端约0.5 cm处切断结扎,其近端双重结扎。将皮瓣及血管蒂逆行分离,注意保护腓深神经,见血管蒂与周围组织粘连致密,为保护血管蒂,切开游离骨间膜,将皮瓣游离合适长度后,做皮下隧道,约3指宽,将皮瓣由皮下隧道引至皮肤缺损处,见皮瓣覆盖满意,血管蒂无打折,无成角,张力合适。取出稀碘伏纱布,冲洗术野,间断全层缝合皮瓣,关闭供区创面。见皮肤缺损约4 cm×5 cm,在大腿取中厚皮片植皮,打包。清点手术器械、纱布如数无误,皮瓣下及切口放置橡皮引流片10枚,逐层关闭切口,敷料包扎,皮瓣下留观察窗,见皮瓣血运良好。石膏外固定。手术顺利。术后第5日发现皮瓣坏死,即给予坏死皮瓣清除换药,患者伤口较前减小。由于患者拒绝进一步手术治疗,建议其在当地医院换药处理创面,预防伤口感染,择期手术治疗,不适随诊。

二、矛盾焦点

患方:造成自身慢性骨髓炎、肌肉萎缩、身体残疾的原因在于A医院缺乏职业责任心,手术治疗不当,违反诊疗规程;手术时机选择欠妥;清创不彻底,使用三无产品钢板是导致钢板外露、发生感染的直接原因。B医院皮瓣修复手术失败明显为主治大夫医疗水平低下所致;骨缺损是B医院的重大过错所致。

医方：

A医院：治疗过程严格按照Pilon骨折的治疗原则进行，设计合理，治疗规范，出现切口问题时及时采取措施。出现并发症是原始高能量损伤所致以及后续自行治疗的结果。

B医院：诊断明确；选择胫前动脉逆行皮瓣转移术修复皮肤缺损，手术方法选择正确；术前术后反复向患者及家属解释病情，告知可能出现的各种意外。皮瓣坏死、治疗失败是难免的。不构成医疗事故。

三、案例评析

1.A医院对患者的诊断、手术过程符合诊疗规范，经与生产厂家核实，所用器材接骨板等均为合格产品。伤口感染是外科手术后难以避免的并发症。

2.B医院对患者的诊治符合医疗规范，手术适应证明确，手术完全按显微外科常规操作，用带血管蒂的肌皮瓣覆盖创面。皮瓣坏死是显微外科手术难以完全避免的并发症。

3.A医院、B医院的诊疗过程无违法违规行为，该案例不构成医疗事故。

案例二十二

一、病史摘要

患者，男，23岁，于××年6月25日因“外伤后左下肢肿胀、疼痛、活动受限2 h”来A医院，急诊拍片示左胫骨平台粉碎性骨折，门诊以“左胫骨平台粉碎性骨折”收住。

查体：T 36.9 ℃，R 20次/分，P 80次/分，BP 120/70 mmHg。

专科情况：左下肢肿胀，压痛（+），可触及骨擦感，活动时疼痛加剧。

初步诊断：左胫骨平台粉碎性骨折。

6月25日在硬膜外麻醉下行“切开复位螺丝钉、钢丝内固定术”，以腘窝为中心，做“S”形切口，长约15 cm，依次切开皮肤、皮下组织，纵向切开深筋膜，把半腱及半膜肌与股二头肌分别向两侧牵开。将胫神经向外侧牵开，显露腘静脉及腘动脉，予以保护。将半腱肌与腓肠肌内侧头之间的疏松组织分开，并向两侧牵开，显露膝关节囊后面，纵形切开关节囊，显露骨折部位，见胫骨平台内后侧呈粉碎性骨折，骨折块堆积（大的骨折块三块），将关节腔积血清洗干净后，将骨折充分复位，用两枚松质螺钉固定牢靠，并用钢丝做张力带固定，活动关节功能良好，缝合关节囊，用生理盐水冲洗手术创面，清点敷料器械无缺失，依次关闭手术切口，术后石膏托行固定。术后给予抗感染、止血、对症等治疗。6月27日术后拍片复查：断端复位良好，未见异常。7月22日患者出院，出院诊断：左胫骨平台粉碎性骨折。

患者，男，23岁，于第二年3月30日因“车祸致伤左膝部，术后畸形、疼痛、活动受限9个月”来B医院，门诊以“左胫骨平台骨折术后并膝内翻畸形”收住。

查体：T 36.5 ℃，R 18次/分，P 72次/分，BP 120/70 mmHg。

专科情况：左膝关节屈曲、内翻畸形，腘窝处有一长约20 cm“S”形陈旧性手术疤痕。左髌骨活动可，左膝关节伸直20°受限，屈曲活动可，抽屉试验、轴移试验、麦氏试验、侧方应力试验阴性，左下肢较健侧短缩约2 cm，左足血循环、感觉、活动可。

辅助检查：X线片示左胫骨平台陈旧性骨折2枚松质骨螺钉、1根钢丝内固定术后，骨折线消失，钢丝及螺钉钉尾均位于后位，1枚螺钉较长，穿出前外侧骨质，左膝关节内翻畸形，外侧平台向内侧倾斜，内侧平台关节面不平，可见明显台阶，内后侧平台向后下方移位，髁间骨折粉碎，高突畸形，髁间前侧及后侧可见骨折块明显上移。

初步诊断：左胫骨平台骨折术后并膝内翻畸形。

4月4日，在腰硬联合麻醉下行“左胫骨平台陈旧性骨折畸形愈合取出内固定，切开复位国产胫骨近端异型钛钢板内固定取同侧髂骨植骨，左胫骨后髁间、前髁间隆突陈旧性骨折切开复位、进口可吸收螺钉内固定，左膝内侧半月板切除术”。术后输液抗感染治疗，中药接骨续筋，复查X线片示骨折复位可，关节面基本平整,行左下肢管型石膏外固定。

4月22日患者出院,出院诊断:(1)左胫骨平台骨折术后并膝内翻畸形;(2)左胫骨后髁间陈旧性骨折;(3)左胫骨前髁间隆突陈旧性骨折;(4)乙肝;(5)左膝内侧半月板损伤。

二、矛盾焦点

患方:医方术前未做全面检查,未能严格按照胫骨平台骨折手术的治疗规范操作,且复位失败,清创不彻底,存在明显的医疗过错。

医方:诊断正确,治疗无误,符合诊疗护理规范和常规,不属医疗事故。

三、案例评析

1.医方对患者的诊断明确,为“左胫骨平台粉碎性骨折”,是手术适应证,手术方案合理,行“切开复位螺丝钉、钢丝内固定术”,手术入路正确,骨折复位良好,内固定合乎要求。医方的诊治无违法违规行为。

2.术中见后纵韧带从胫骨后嵴撕脱,形成一复杂骨折,该处又是负重部位,所以这种骨折手术台上对位再好,由于骨质的吸收和压挤,容易造成塌陷和畸形,必要时行二次矫形。

3.第一次手术采用后路切口,由于解剖关系,只能看到半月板后角,不能看到其全部(前侧入路可见全部半月板);半月板一旦损伤,是不能愈合的,且X线片上不显示半月板。其通常的处理是:待其他损伤愈合后若有半月板损伤的症状,才考虑做进一步检查诊治。半月板损伤医方不属漏诊。

4.患者第一次手术后共拍X线片4张,提供3张,其X线片表现一致,位置均符合要求,丢失一张X线片对判断手术有无失误没有影响。

案例二十三

一、病史摘要

患者，女，40岁，因“车祸伤至头部、腰背部、臀部3 h”于××年8月27日11:40入住A医院。

查体：T 36.7 ℃，P 72次/分，R 20次/分，BP 110/80 mmHg。

外科情况：头颅五官无畸形，右侧额部有一长约2 cm的皮肤裂伤，枕部有一长约2.5 cm的皮肤裂伤，流有鲜血。腹略膨隆，上腹部压痛，无反跳痛，叩诊呈鼓音，移动性浊音阴性，腹肌无紧张，双肾区叩击痛阴性。脊柱无畸形，第12胸椎椎体旁压痛明显，臀部、会阴部压痛明显，骨盆分离，挤压试验阳性，双下肢肌力4级。四肢正常无畸形，双下肢感觉麻木，神经系统生理反射存在，巴宾斯基征等病理反射未引出。

辅助检查：查头颅CT示右颞部、左枕顶部头皮血肿。胸椎正侧位片示胸12椎体压缩性骨折。骨盆正位片示骨盆骨折。胸部正位片正常。腹部B超未发现异常。

初步诊断：(1)胸12椎体压缩性骨折；(2)骨盆骨折；(3)右颞部、左枕顶部头皮血肿；(4)头皮裂伤。

即刻行头部清创缝合术，平卧硬板床，在胸12椎体处垫沙袋防止进一步加重损伤，为明确病情行CT扫描，根据CT结果紧急手术减压治疗，抗感染、止血、补液等对症治疗。

当日23:30 CT扫描结果回报：胸12椎体被压缩呈“楔形变”，椎体骨皮质撕裂翘起，骨小梁不连续，椎体中部横行断裂，略向后移动。8月28日1:30患者病情呈进行性加重，腹胀明显，自觉双下肢无力，分析可能为椎管内活动性出血压迫脊髓。向患者及其家属交代病情，建议急诊手术解除压迫。家属不愿在我院手术，打算转上级医院治疗。8月28日10:30家属签字后患者转上级医院治疗。

患者,女,40岁,因“胸背部外伤疼痛,双下肢功能障碍16 h”来B医院,急诊于8月28日以“胸12椎体爆裂骨折并截瘫”收住我院。

查体:T 36.8 ℃,P 90次/分,R 21次/分,BP 110/80 mmHg。

骨科情况:抬入病室,被动仰卧位。脊柱外观成角畸形,胸椎11—12压痛、叩击痛。平腹股沟以下感觉丧失,双下肢肌力0级,肌张力低,双侧下腹壁反射引出,肛门反射未引出,膝腱反射、跟腱反射未引出,巴宾斯基征未引出。余肢体及脊柱未伤及。胸腰椎X线及胸椎CT平扫示:胸11椎体向前滑脱。

初步诊断:(1)外伤性截瘫;(2)胸12椎体爆裂骨折;(3)胸11椎体向前滑脱。

8月30日在连硬外麻醉下行“切开复位AF钉内固定术,椎板减压、脊髓探查术”。取脊柱后正中切口,以胸12椎体为中心,切开皮肤8 cm,先露胸11—腰1棘突,术中见胸12椎板粉碎性骨折,压进脊髓;胸11椎体向前滑脱,胸11、12椎间关节及胸12胸肋关节脱位。胸11横突中连线与小关节外侧缘垂直连线交点进针上入AF钉,对侧同法上入AF钉。腰1横突中连线与小关节突外侧径垂直连线交点处上入AF钉,对侧同法上入AF钉。切除椎板,胸12平面硬膜无血,椎体后缘突入椎管,“i”棒穿入上连接杆,固定螺帽,加压撑开。C型臂透视无误,彻底止血,盐水冲洗,清点器械、敷料无误,硬膜外明胶海绵覆盖,置引流管,按解剖层次关闭切口,术毕。术后给予抗感染、止血及对症治疗,并相关骨折治疗仪器治疗。9月16日患者家属要求出院。出院诊断:(1)截瘫(外伤性);(2)胸12椎体爆裂骨折;(3)胸11椎体向前滑脱。

二、矛盾焦点

患方:医方误诊误治,无视患者的知情权,极不负责任,造成患者截瘫的严重后果。

医方:治疗措施及时、合理、正确。对病情的演变过程观察细致,对可能发生的后果告知及时、清楚、明白。腰背部垫软枕是为了稳定骨折,防止椎体进一步向后滑脱使损伤加重。患者截瘫是脊柱外伤、脊髓损伤后脊髓进展性损伤的必然结果。

三、案例评析

1.胸12压缩性骨折的诊断正确。第一次X线片即提示胸椎后突,椎管变窄,脊髓受压,但未诊断脊髓损伤。

2.处理不当,未及时做CT检查以全面明确诊断,未及时使用激素以缓解脊髓压迫、水肿。

3.医方对脊柱外伤严重预后的认识不足,未及时、详细地告知患者及其家属。

4.医方的以上过失,是使患者病情加重的原因之一,医方的过失与患者的损伤之间有一定的因果关系,应负相应责任。

5.医方选用腰背部垫软枕并无错误,不会导致患处进一步损伤。患者系严重不稳定性骨折、原发性脊髓外伤,病情随时可以加重。患者目前的病情,主要是由外伤所致胸12压缩性骨折、脊髓损伤造成的,是病情进展的结果。

案例二十四

一、病史摘要

患者,男,40岁,因“车祸后右膝关节外伤1 h”来我院,门诊以“左胫骨平台骨折(粉碎性)”于××年4月21日收住入A医院。

查体:T 37 ℃,P 80次/分,R 20次/分,BP 130/70 mmHg。

专科情况:左膝部肿胀,活动受限,浮髌试验(+),抽屉试验(+)。

X线片示:左胫骨近端骨皮质不连续,累及关节面,见碎骨片,并错位。

影像诊断:左胫骨骨折。

急查血常规:HGB 125 g/L,WBC 7.6×10^9/L。

初步诊断:(1)左胫骨平台粉碎性骨折;(2)左交叉韧带断裂(?);(3)半月板损伤(?)。

入院后由于骨折粉碎严重，手术治疗难以进行，选择保守治疗：先行骨牵引术，待肿胀消退后行石膏固定。4月30日为防止神经肌肉缺血坏死，行“左小腿切开减压引流术”，术后患者小腿肿胀明显减轻，但足部仍感麻木。为求进一步治疗，5月7日患者出院。出院诊断：(1)左胫骨平台粉碎性骨折；(2)左交叉韧带断裂；(3)半月板损伤；(4)左小腿骨筋膜室综合征。

患者，男，39岁，主诉“车祸致左小腿肿痛15 d，足趾干瘪感觉丧失10 d”，门诊以“左胫骨平台粉碎性骨折”于同年5月6日收住B医院。

查体：T 36.9 ℃，P 86次/分，R 18次/分，BP 11.8/11 kPa。

专科情况：平车推入病房，脊柱生理曲度存在，无畸形及压痛、叩击痛，脊柱活动度未查。双上肢及右下肢关节无红肿，活动自如，肌力、肌张力未见异常。携带外院左跟骨牵引克氏针，针眼干净，左小腿皮肤散在青紫色瘀斑，仍有肿胀，小腿中段前外侧有一长约4 cm的减压切口，有少许褐色液体渗出。左足趾从趾甲根部以远发黑，干瘪坏死，足背动脉搏动消失，小腿远段、足背皮肤青紫，呈散在花斑样改变。足部皮温低，从踝关节以远皮肤感觉丧失，足趾和踝关节不能主动屈伸。膝关节至踝关节皮肤、足底皮肤充盈反应尚存在。双侧肱二、三头肌肌腱反射正常，右侧膝、跟腱反射正常，右侧Hoffmann征、Babinski征及Kernig征均阴性。

辅助检查：A医院X线片、CT提示左胫骨平台粉碎性骨折。

初步诊断：(1)左小腿足部缺血性坏死；(2)左胫骨平台粉碎性骨折；(3)左小腿筋膜间室综合征后期减压术。

患者入院后积极完善各项检查，经科室查房讨论，认为患者伤后筋膜间室综合征导致小腿足部肌肉神经缺血坏死，应行大腿或小腿截肢术。5月13日在腰麻下行“左大腿截肢术”。仰卧位，左大腿根部缚气囊止血带，常规消毒，铺巾。取左大腿下1/3前后弧形切口，首先探查小腿肌肉情况，做小腿前外侧切口，深至肌层，见胫前肌、小腿伸肌群颜色灰暗，无张力，电凝刺激无收缩，全部坏死；再行小腿内侧切口，探查见小腿三头肌、深层屈肌群全部坏死，放弃骨折内固定术。决定行大腿下段截肢术。按术前测量标记线做小腿下1/3前后弧形切口，切开皮肤、皮下、深筋膜，前侧皮瓣回缩，从近侧皮瓣回缩平面离断股四头肌，直至股骨骨膜，切开骨膜。行骨膜下剥离至预计截骨平面，从大腿内侧缝匠肌深层分离股动、静脉，钳夹离断，近断端双重结扎。离断肱二头肌、缝匠肌、股内外侧肌，从后侧找到坐骨神经，分离表面滋养血管，离断，结扎近断端，将坐骨神经牵向远侧，从近端锐刀离断，使近断端回缩至近端肌肉内。按预计平面线锯离断股骨，骨挫休整骨断端。用电钻从股骨断端后侧皮质骨钻一骨孔，胫骨孔褥式缝合股四头肌，使股四头肌附着于股骨后侧皮质。后侧和两侧肌肉缝合固定于股四头肌表面。肌肉深层置橡皮引流管1枚，逐层缝合切口。伤口内另外放置橡皮引流条1片。无菌敷料包扎完善，术毕。术后按期换药拆线，伤口甲级愈合。出院诊断：(1)左小腿足部缺血坏死；(2)左胫骨平台粉碎性骨折；(3)左小腿筋膜间室综合征后期减压术。

二、矛盾焦点

患方：因为一次小事故致胫骨骨折，医院及主治医生极其不负责任，主观地认为无法手术治疗，最终因延误治疗不得已而截肢，造成终生残废。构成医疗事故。

医方：该患者入院后，医方给予积极的非手术治疗和手术切开减压治疗措施，没有违反治疗原则，治疗方案、措施是正确合理的。不构成医疗事故。

三、案例评析

1.医方对患者的诊断正确：①左胫骨平台粉碎性骨折；②左交叉韧带断裂；③半月板损伤；④左小腿骨筋膜室综合征。入院给予止血、止疼、消肿、预防感染、制动、骨牵引治疗，入院9 d后行“左小腿切开减压引流术”。

2.医方对病情观察不认真，对随后出现的骨筋膜间室综合征缺乏认识，处理不当，减压太晚且不彻底，减压创口太小，未起到减压的作用。到B医院后，发现左小腿足部已缺血坏死。

3.患者外伤，病情较重，进展较快，救治虽然有一定困难，但由于医方对骨筋膜间室综合征缺乏认识，处理不当，促使患者病情加重，造成患者左小腿缺血坏死，最终导致截肢。医方的过失与患者的损害之间有直接因果关系，医方应负主要责任。

案例二十五

一、病史摘要

患者,女,40岁,因“右小腿疼痛1 h”于××年7月6日入住A医院。

查体:T 36.6 ℃,P 72次/分,R 19次/分,BP 130/90 mmHg。

专科情况:右小腿下段有一斜形伤口,长约15 cm,胫腓骨骨质穿出伤口,骨质上有许多异物,足背动脉搏动良好,双膝关节伸屈功能正常,肌力V级,肌张力正常。左侧踝关节伸屈功能障碍,双下肢小腿外侧及足部感觉减退,左侧跟腱反射消失,巴宾斯基征阴性。

X片示:右胫腓骨、右内外踝骨折。

初步诊断:(1)右胫腓骨开放性骨折;(2)腰椎压缩性骨折(?)。

××年7月7日在全麻下行“清创+切开复位+钢板内固定术”,探查伤口见胫腓骨双骨折,穿出伤口,继续清除伤口内污物,行小腿前内侧弧形切口长约25 cm,显露出胫骨内踝将之复位,上解剖钛板,螺丝钉固定。缝合骨膜、皮下、皮肤,然后沿腓骨走向行外侧切口,长约20 cm,切开皮肤、皮下及深筋膜,切开骨膜,显露出腓骨,复位后上9孔钛板,然后缝合皮下及皮肤,缝合原创伤伤口,无菌纱布包扎伤口,术毕。

术后拍腰椎正侧位片及CT片均提示:T_{12}椎体压缩性骨折。于7月7日在全麻下行“椎板减压+椎弓根钉内固定术”,术程顺利,术毕安返病房。术后给予抗感染等对症支持治疗。由于患者伤口皮肤挫伤严重,出现创缘皮肤坏死,伤口内有少量软化液渗出,钢板外露,考虑内有软组织挫伤后坏死组织。于8月8日在全麻下行“右小腿转移皮瓣植皮术”,拆除原伤口缝合线,切除坏死皮肤及伤口边缘,打开伤口见坏死皮肤下肉芽组织增生,伤口内有大量坏死组织,刮除坏死组织,使组织表面出血,然后用双氧水冲洗伤口,生理盐水冲洗伤口。

从右小腿内侧，垂直于内踝后缘行纵形切口，切开皮肤、皮下及筋膜，切口长约15 cm，然后分离、推移向前，先将胫前原切口缝合，然后从同侧大腿前侧面取与小腿内侧皮肤缺损大小相同的刃厚皮片，将其缝合覆盖于小腿内侧，然后打包加压，大腿创面用纱布包扎。原小腿前缘皮肤缺损处行游离刃厚皮片植皮，打包加压，然后包扎伤口，术毕。术后继续给予抗感染对症支持治疗，患者一般状况良好，8月28日出院。

患者，女，40岁，因“右小腿骨折术后钢板外露8个月”于第二年3月19日入住B医院。入院时该患者右小腿无明显肿胀，中下段前内侧有一长约15 cm的切口瘢痕，切口中部有一2.5 cm×1.5 cm大小的溃疡面，钢板外露，有少许分泌物。

初步诊断：(1)右胫腓骨骨折钢板内固定术后骨外露并感染；(2)腰1椎体骨折术后并不全瘫。

3月22日在全麻下行“钢板取出、病灶清除、窗口闭合术”，术后给予对症支持治疗，病情好转，于4月20日出院。

“外伤后右小腿流脓17个月”第二次来B医院，门诊于第三年1月13日以“右胫骨骨髓炎”收住。入院后完善相关检查，于1月15日在腰麻下行“病灶清除、肌瓣填塞、灌注冲洗术”，以窦道为中心取10 cm纵形切口，将窦道梭形切除，切开瘢痕组织，所见在窦道口部有一破坏区，有少量脓液及肉芽组织，将其取一部分送作细菌培养。将胫骨前内侧以破口为中心蝶形开窗，窗口约1.2 cm×8 cm，清除一块约2 cm长的死骨送病检，铲除硬化的骨质，刮除髓腔内硬化的骨髓及肉芽组织，清除过程中发现一米粒大小的石块在髓腔内，将其取出，并刮干净周围的肉芽肿，打通封闭的髓腔。庆大霉素、盐水冲洗伤口数遍，在窗口上端取胫后肌和一部分比目鱼肌肌瓣填塞在髓腔内，用克氏针打孔，四周固定，然后在切口上下端摆放冲洗管，置于髓腔内，关闭伤口。冲洗伤口见冲洗管畅通无漏液，无菌敷料包扎伤口，术毕。术后给予对症支持治疗，切口干结无渗血及分泌物，2月1日患者要求出院回家休养。

因“右小腿红肿热痛、畸形、活动受限20个月，加重1月余”来B医院，门诊于第四年3月27日以“右小腿慢性骨髓炎”收住。患者入院经抗感染治疗后，局部感染症状消失，于4月25日在连硬外麻醉下行“切开复位，断端病灶清除，外固定架固定，取同侧髂骨植骨术”，术后抗感染治疗，部分切口愈合。6月26日患者出院，出院诊断：(1)右胫腓骨骨不愈合；(2)右小腿慢性骨髓炎。

二、矛盾焦点

患方：医方在手术时没有认真对骨折开放处进行清创，致使一小石子遗留在右小腿骨腔内，以上医疗过错导致患者右腿伤口长期溃烂，并诱发慢性骨髓炎，丧失了走路功能，医方对此负有完全的过错责任。

医方：医方在清创时严格按照操作规范处理，已彻底清创，无医疗差错与过失，家属要求出院，医生也履行告知义务。患者的右腿伤口感染及由此而引起的骨髓炎，与我院医疗操作无关，对于石块的来源表示不解与怀疑。

三、案例评析

1.患者因坠地摔伤致左胫腓骨开放性骨折，伤口污染较重，医方行清创、切开复位、钢板内固定术，手术选择正确。

2.术后患者发生感染，右胫骨骨髓炎，是开放性骨折本身常见的并发症。

3.根据B医院第三年1月15日的手术记录，“清除过程中发现有一米粒大小的石块在髓腔内，将其取出”，因清出物并非医源性(如纱布等)，且患者为污染严重的开放性伤口，医方手术清创很难保证彻底清除干净。

案例二十六

一、病史摘要

患者，男，45岁，因“左大腿外伤后疼痛，活动受限1 h”，门诊拍片检查后以“左股骨干骨折”于××年7月22日收住A医院。

查体：T 37 ℃，P 88次/分，R 20次/分，BP 106/77 mmHg。

专科情况:左髋关节下方压痛、叩击痛阳性,左股骨外旋畸形45°,左下肢较右下肢短缩1 cm,活动受限。

X线检查:左股骨干多段骨折并错位,左股骨颈骨折无错位。

入院诊断:左股骨干多段骨折、左股骨转子间骨折。

7月26日在连硬外麻醉下行“切开复位内固定术”,取左髋关节前外侧纵形切口,并向大腿中下段延长约20 cm,依次显露,见股骨颈基底型骨折无移位,用2枚空心螺钉内固定,C臂X光机监视下证实位置正确。然后显露股骨干多段骨折,见中段约10 cm长骨股游离,移位并成角,远折端有3块游离骨折片游离移位,远折端成交并移位,清除血肿,骨折端及远折端3块游离骨折片逐一复位,用1#可吸收线捆扎固定3块游离骨折片,用1枚12孔股骨加长加压钢板内固定股骨干多段粉碎性骨折,近折端及远折端各有3枚螺钉,内固定可靠,被动活动髋关节不受限,冲洗切口,彻底止血,放置负压引流管,逐层缝合切口各层,敷料包扎,术毕。

术后诊断:左股骨干多段粉碎性骨折、左股骨颈骨折。

术后给予抗感染等对症支持治疗,8月10日复查X片示:骨折端对位线良好,折线可辨,内固定器无脱落。8月17日患者出院。

第二年2月8日主诉“左大腿外伤术后半年,再次摔伤后17 d”第二次住院。“入院17 d前,在家中上卫生间时不慎摔倒,即感左大腿疼痛,活动受限,渐肿胀”。

X线检查:骨折端对位对线尚可,折线模糊,见骨痂形成。

入院诊断:左股骨干陈旧性粉碎性骨折术后再次骨折。

入院后经科室会诊,准备行“左侧股骨干陈旧性粉碎性骨折术后再次骨折切开复位取髂骨植骨内固定术”,患者不同意手术治疗,于2月11日自动出院。

2月13日入住B医院骨科,主诉:左股骨骨折术后7个月余。

专科情况:左下肢石膏托固定,于左股外侧、腓外侧皮肤可见片状不规则瘢痕,左股外侧可见一长约40 cm的手术瘢痕,股骨下段向内成角畸形,局部压痛不明显,左股部皮温较对侧略高。左髋关节屈曲约50°,外展30°,内收20°,左膝关节主动及被动运动受限。左足趾可主动活动,甲床返红时间正常。足背动脉搏动有力。下肢皮肤浅感觉正常，左下肢较对侧缩短约2.0 cm。

初步诊断：(1)左股骨颈、股骨干骨折术后骨不连；(2)左股骨干内固定松动。

2月22日行左股骨干骨不连、钢板取出、逆行髓内钉固定并同侧髂骨取骨植骨术。手术顺利。

2月23日床旁X线片示：左股骨干骨折术后，对位对线良好。术后给予抗感染、止血、对症等治疗，恢复顺利。3月6日出院。

11月6日入住C医院，主诉：左股骨干骨折术后疼痛，活动受限8个月余，加重伴局部流脓1周。

检查：精神欠佳，扶拐跛行，左大腿肿胀，外侧有伤口，周围有脓性渗出物，左膝关节僵直，中部有一创口，左下肢较右下肢缩短2 cm。

X线片示：左侧股骨干广泛性坏死，周围软组织肿胀，髓内针松动，骨折端萎缩。

入院诊断：(1)左股骨骨髓炎；(2)左股骨骨不连；(3)左股骨颈骨折术后。

11月14日在连硬外麻醉下行左股骨骨髓炎股骨髓内钉取出清创外固定架固定术，术程顺利，术后抗感染、止血、消肿、对症治疗，病情痊愈，患者要求出院，于12月19日出院。

第三年1月10日入住D医院，主诉：左股骨骨折术后破溃流脓1年余。

专科情况：左下肢髋人字管型石膏托外固定，左股骨外侧上段石膏开窗，外露处皮肤色青黑，感觉麻木，压之肌肉质地硬，局部有一破溃处流黄色脓性液，左下肢末梢血供可，左足趾及踝关节屈伸可。

X线片示：(1)骨折愈合不良；(2)骨髓炎。

入院诊断：(1)左股骨骨折；(2)骨髓炎。

1月15日行左股上1/3截肢术。术后创面愈合良好。3月28日出院。

二、矛盾焦点

患方：医方严重不负责任，诊疗不符合常规，在手术中清除骨伤结合部位杂质杂物不干净，内固定金属材料使用不当和不卫生，采取止血、清血措施不规范，造成患者手术后感染、骨不连，最终导致截肢。

医方：患者现病情的主要原因是由第一次交通肇事及第二次自行摔伤直接所致，及其由术后自身原因造成股骨干骨折术后再次骨折间接所致。医院在诊治过程中不存在过失行为，不构成医疗事故。

三、案例评析

1.患者系闭合性左股骨粗隆间及左股骨干多段性粉碎性骨折。入院诊断正确。

2.手术及时，手术方案合理，选材恰当，粗隆间和股骨干均为解剖学对位，钢板所置的螺钉都穿过对侧的骨皮质，且术后伤口内放置负压引流，这些都符合正规操作要求。术后6个月拍片，粗隆间骨折线消失，股骨上段骨折线模糊，且有骨痂形成，骨髓腔清晰。骨折部对位对线良好。

3.术后7个月拍片，骨髓腔仍清晰，无炎症表现(在某医院病历中，行二次手术时亦未提及有炎症)，见股骨下段骨折部有成角畸形，螺钉松动拔出。出现这种情况是由于股骨干多段骨折，软组织损伤严重，骨折处血供差，影响了骨折的愈合，属于并发症。第一次手术后刀口处出现约4 cm的伤口感染，实践证明是一个软组织局限性感染，属于并发症。

案例二十七

一、病史摘要

患者，男，51岁，××年12月22日12:30收住A医院。

主诉：摔伤致左髋部疼痛1 d。

门诊拍X片报告：左侧股骨颈骨折。

骨科检查：左髋部疼痛剧烈，肿胀，压痛明显，左髋关节活动受限，被动活动有骨擦感，不能站立行走。WBC 8.1×10^9/L，RBC 4.78×10^{12}/L。

初步诊断:左股骨颈骨折。

于第二年1月15日行左股骨颈骨折切开复位内固定术。术中见左股骨颈骨折,并向上错位,行手法复位,使骨折断端对位对线良好后,在大粗隆下缘呈等腰三角形排列向股骨头打入三枚平行克氏针,拍片见克氏针满意后,以空心钻头沿克氏针钻孔,再以空心丝锥攻丝,将选好的螺丝沿导针拧入,并使罗纹部跨过骨折线位于股骨头内,并以相同的方法打入其他2枚空心针,拍X光片检查空心针位置满意后,冲洗伤口,彻底止血,清点手术器械无误,逐层关闭切口。

以后到B医院、C医院就诊,检查结果为股骨头变形。第三年5月22日去D医院就诊,确诊股骨头坏死并有感染,患肢较健侧短3 cm、细2 cm。5月28日实施了切开髋关节置换手术,取出3枚空心螺钉。

二、矛盾焦点

患方:医方不负责任,手术复位不良,内固定稳定性不好,使腿短3 cm,导致股骨头坏死。使用的螺钉为非法渠道购进的假冒伪劣器械;未妥善履行转诊义务;对腿短没有采取补救措施;没有有效的预防感染的发生,造成尿道感染。

医方:对患者的治疗正确无误,术前准备充分,术中、术后积极预防感染,各项操作均按无菌技术进行,术中、术后拍片均显示骨折端复位良好。股骨头坏死及感染为正常并发症。

三、案例评析

1.医方诊断患者为左股骨颈骨折,诊断正确,手术适应证明确,行左股骨颈骨折切开复位内固定术,手术方式选择合理,手术操作符合规范。术前向患者及其家属履行了告知义务,其家属签字同意。

2.骨折本身会造成股骨头血运破坏,发生股骨头坏死。股骨头坏死是骨折常见的并发症,难以预防。

3.医方内固定器械的购进及消毒均符合要求:有企业法人、营业执照、医疗器械注册证、生产企业许可证及产品合格证;器械消毒有121 ℃ 20 min压力蒸汽灭菌化学指示卡。

案例二十八

一、病史摘要

患者，男，37岁，因"左小腿外伤2 h"来A医院，门诊以"左小腿开放性骨折并异物"于××年8月13日收住。

查体：T 36.0 ℃，R 22次/分，P 110次/分，BP 80/40 mmHg。

专科情况：左小腿上外侧有一长约15 cm的裂口，呈斜形，创口出血多，呈活动性出血，裂口内嵌入2块钢板，大小约5 cm×6 cm×2 cm，裂口处腓骨粉碎性骨折，骨外露，裂口深至胫骨，腓肠肌及比目鱼肌断裂达3/4，左小腿外翻畸形，左足背动脉未触及搏动，左足皮温低，左足外侧麻木，感觉障碍，脉搏弱，摸不清。

辅助检查：X线片示左胫腓骨上段粉碎性开放性骨折并异物。

实验室检查：WBC 26.4×10^{9}/ L，RBC 5.05×10^{2}/L，HB 138 g/L。

入院诊断：(1)左胫腓骨开放性粉碎性骨折；(2)左小腿异物；(3)左腓总神经损伤；(4)左小腿血管损伤；(5)失血性休克。

入院后给予抗休克、抗感染、止血、输液等对症治疗，于入院当日在腰麻下行"取异物清创内固定术"，腰麻后患者取仰卧位，伤口内取出2块钢板，大小约7 cm×6 cm，厚2 cm，略平行嵌入左小腿内。创口先后用肥皂水、盐水、洁尔灭、双氧水彻底冲洗，术野碘伏常规消毒，铺巾，创口见腓骨胫骨粉碎性骨折，腓肠肌、比目鱼肌、胫后肌断裂挫裂约3/4，创口出血难于止住，未见腓总神经及胫前后动脉，前内侧切口切开皮肤、皮下及深筋膜、骨膜，暴露胫骨断端，见其粉碎，清除积血后考虑用翼行钢板固定，逐层缝合切口，创口用7号丝线缝合后加压包扎，术毕。术后患者左小腿肿胀明显，左足苍白，皮温低，左足外侧麻木、无感觉，左足背动脉未触及搏动。为求进一步治疗，该患者于同年8月17日转入B医院。

患者，男，37岁，因“车祸外伤致左胫腓骨开放性骨折术后4 d，伴左小腿足背动脉搏动消失，皮肤发青、发黑，感觉麻木、减退”于8月17日来B医院。

入院时专科情况：左小腿自腓骨头部向外下方有一长约18 cm不规则伤口，少量渗血，小腿后侧皮肤发青、发黑，末梢皮肤黏膜苍白，皮肤感觉麻木、减退，足背动脉搏动消失，左下肢肿胀、压痛，左下肢活动受限。

初步诊断：(1)左小腿血管神经损伤；(2)左小腿肢体坏死；(3)贫血；(4)左胫腓骨开放性骨折术后；(5)左下肢气性坏疽。

8月17日在腰硬联合麻醉下行“左股骨髁上截肢术”，取仰卧体位，上止血带，常规消毒，铺无菌中单，驱血，上止血带，于右股骨髁上10 cm取前后壶口状切口，长约50 cm，依次切开皮肤、皮下、筋膜及左股下段肌肉，分离股动静脉并双重结扎，将其断离，切断股神经，依次向深部钝性分离进入，用线锯将股骨锯断，残端修理光滑，创面双氧水、生理盐水反复冲洗后，骨折端及皮下置引流，清点器械、敷料无误后依次关闭切口，术毕。术后给予抗感染等对症支持治疗，9月27日患者出院。

二、矛盾焦点

患方：医方只对患者腿部受伤部位进行简单的清创缝合固定术后，未将损伤的神经、血管进行修补就加压包扎，且在住院的4 d期间也未对绷带换药，医方的诊疗失误导致患者左小腿肌肉坏死并最终截肢，造成肢体残废，构成医疗事故。

医方：我院的治疗是合理的、及时的、规范的，不存在误诊误治、延误病情，医方没有任何责任，不属医疗事故。

三、案例评析

1.患者系切割伤，入院医师检查即无足背动脉搏动，但未向家属交代病情。

2.取异物清创内固定术不当：未上止血带，未探查血管、神经，仅行内固定，术后未打石膏。

3.对病情观察、处理不及时，未请血管专科诊治，入院4 d后，即8月17日

11:00才转B医院,延误了最佳救治时机。

4.由于医方的以上违规行为,导致患者左下肢坏死、截肢,两者间有直接因果关系,医方应负相应责任。

5.患者伤情重,抢救、手术均有困难。

案例二十九

一、病史摘要

患者,男,41岁,××年4月21日入住A医院手足微创病室。

主诉:外伤致左足踝后方肿胀、疼痛,行走困难40余d。

专科检查:左跟后方肿胀,患侧足拇关节跖屈减弱,跟腱附着点以上5 cm可触及一横沟,压痛(+),提踵试验(+),Thompsons试验(+),患足末梢血运及感觉良好。

超声检查报告:左跟腱炎性改变,有强回声团,考虑跟腱断裂之可能性。

初步诊断:左跟腱不全断裂(陈旧性)。

经术前准备,患者及家属签字同意,于4月23日在腰麻下行左跟腱修复术。腰麻满意后,俯卧位,常规消毒,铺巾,后正中切口,kessler缝合,lindholm's法修复,冲洗,术毕,石膏托固定于跖屈位。术后抗感染、止血,患肢抬高。

5月8日病程记录:患者5月5、6、7日三天未归病房,在家除去石膏托外固定上厕所,不慎磕碰地面,当即感疼痛。现术部敷料有血性渗出,跟腱断裂处皮肤发红、略肿,挤压有较多血性伴黄白色分泌物,检查跟腱断裂处空虚,Thompsons试验(+),考虑再断裂,换药引流,择期手术修复。

5月12日病程记录:今日局部分泌物培养回报为库氏棒状杆菌。

5月13日在腰麻下行跟腱修复术。探查见左侧跟腱自吻合处断开,局部炎性反应重。沿原切口打开,清理肌腱断端及周围炎性肉芽组织,钢丝Bunnell法缝合,关闭伤口,术毕。术后抗感染、止血。

5月25日病程记录：跟腱断端坏死，可见肌腱缝合之钢丝，跟腱两侧皮肤与肌腱分离，有死腔。追问病史，患者昨日自行换药，伤口内涂擦中药糊剂，自行院外会诊。予以清洁换药。

5月28日患者自动出院。

患者，男，41岁，同年5月27日入住B医院创伤外科，主诉：左跟腱断裂1个月余，伤口不愈合，渗出10 d。

专科情况：左踝关节小腿石膏托外固定，拆除石膏托见小腿后方辅料渗湿，移开敷料，见小腿下段后方一约15 cm手术切口，切口中段约7 cm未愈合，缝线已拆除，周围皮肤软组织血运不良，有明显色素沉着，伤口内可见钢丝外露及跟腱残端，部分残留跟腱已坏死，有淡黄色液体渗出。踝关节跖屈10°强直，足趾不能背伸，生理反射存在，病理反射未引出。外院MRI检查提示左跟腱断裂。诊断：跟腱断裂术后感染、钢丝外露。经连续换药，至创面肉芽组织新鲜，6月11日行“左足跟部清创术，带蒂皮瓣转移术”。术后经解痉扩血管、抗凝、抗感染对症支持治疗，伤口局部换药，治愈。6月30日出院。

二、矛盾焦点

患方：医方违反医疗常规。第一次术后7 d，主治医生便让患者用力活动脚腕；在伤口发炎、化脓的情况下又贸然进行了第二次手术，用钢丝连接跟腱。医疗过程存在明显过错，致使伤口皮肤、肌肉、跟腱相应缩短，形成巨大开放创口。构成医疗事故。

医方：患者擅自回家导致肌腱再次断裂，自行请外院会诊在伤口抹药致伤口感染溃烂，一切后果自负。

三、案例评析

1.患者入院后医方诊断正确，第一次手术适应证明确。术后患者感觉伤口疼痛是感染所致，属于术后常见并发症。

2.第二次手术时机选择不当。××年5月12日病程记录：“今日局部分泌物培养回报为库氏棒状杆菌”；5月13手术记录描述局部炎性反应重，并清理断端周围炎性肉芽组织。证明伤口感染严重，不应行二次手术，清创引流即可。由于二次手术在炎性肉芽组织中进行，且使用了钢丝（异物），导致3 d后术区皮肤肿胀、张力性水泡、感染、皮缘坏死，跟腱和钢丝外露。

3.由于医方的以上违规行为导致患者跟腱和钢丝外露，两者间有直接因果关系，医方应负主要责任。

4.患者自行在伤口处用药、回家取下石膏活动，也是引起感染的原因之一。

案例三十

一、病史摘要

患者，男，38岁，××年7月7日住院，主诉：车祸致瘫痪4 h。门诊以“颈椎损伤”收住A医院。

查体：T 36.0 ℃，P 80次/分，R 20次/分，BP 120/75 mmHg；神志清，对答切题。

专科检查：颈部疼痛，活动受限，双上肢肌力2级，皮肤感觉存在，双乳头平面以下运动感觉丧失，腹壁反射、提睾反射、肛门反射未引出，病理反射未引出。

MRI示：颈5、6骨折脱位，C1-T1脊髓损伤水肿。

初步诊断：C5、C6骨折脱位并高位截瘫。

给予止痛、活血化瘀、对症治疗、择期手术。经术前讨论、小结，家属签字同意，于7月9日行“前路减压、椎间融合、钉板内固定术”。术中见椎前筋膜部分破裂，C5向后、C6向前脱位，并骨折。完全显露C4-C7，在C5、C7打入椎体钉，安放椎体撑开器，撑开并复位C5、C6，切开C5-C6椎间盘髓核、纤维环及部分上下终板，切除后纵韧带，看到脊髓波动，取髂骨，填入钛笼，将钛笼植入C5、C6椎间隙，松开椎体撑开器，使钛笼嵌紧，前路钉板固定于C5-C7。术中摄片，骨折复位满意，内固定在位，冲洗，置管引流，逐层缝合伤口，无菌敷料覆盖，颈托外固定。7月20日患者出现手术部位继发性血肿，急行“血肿清除术”。8月16日出现吞咽困难。复查X线片示:术后内固定螺丝松动,钢板翘起。8月21日行颈5、6椎体骨折脱位并高位截瘫术后钢板、螺钉、钛笼取出,钢板螺钉内固定术。术后抗感染、对症治疗。现患者大小便失禁,肢体高位截瘫,仍在医方住院。

二、矛盾焦点

患方:医方3次换医生,延误治疗时间,术中卡子放置不当脱落,手术严重失误,致使患者瘫痪,构成医疗事故。

医方:患者病情危重,脊髓损伤,高位截瘫不可逆。生命体征平稳后立即进行了手术。第一次手术指征明确,术前检查完善,时机选择恰当,术式选择正确。内固定松动没给患者造成新的损伤,对原始疾病的治疗没有影响。医生更换是工作需要,有交接班制度。不构成医疗事故。

三、案例评析

1.根据病历和手术前后7张X片,归纳如下:

(1)患者于××年7月7日以颈椎损伤入院,体查:双上肢肘关节能轻微屈曲,肌力2级,双乳头以下运动、感觉丧失,腹壁、提睾、肛门反射均未引出。护理记录:留置导尿。7月7日12时(术前)X片示:颈5/6骨折并3~4度脱位。近端向后移位、远端(颈6)向前移位。7月8日MRI片显示:C5－C6部位骨折脱位3~4度,脊髓完全断裂并移位。术前诊断:颈5/6骨折脱位并高位截瘫。

(2)第一次手术:7月9日,在全麻下行前路减压、椎间钛笼植骨、钢板前路固定。

(3)7月15日(术后6 d)拍片:颈前钢板上端2钉固定在C5椎体内,C5/6椎间有钛笼,倒数第二固定点螺丝只有1枚,钉在C5/6间隙,最下端2枚通过第7椎体前方斜行向下达到C7/8间隙(共5个螺钉),但钢板及椎体位置良好。

(4)第二次手术,7月20日20:00,患者因颈部肿胀,呼吸困难,全科讨论,考虑颈前血肿,急诊手术,手术证实是血肿,位于软组织内,未动钢板及颈椎。

(5)9月2日X片:颈前钢板上端固定在C5椎体内,下面3个螺钉均脱出,钢板下端翘起,压迫气管,所以才做第三次手术。

(6)第三次手术:取掉原钢板和钛笼,重新复位、植骨、换钢板重新固定。术后拍片:颈椎椎体力线恢复,钢板位置良好。

目前情况:患者术后至今已一年多,截瘫未有恢复,且有褥疮,呈痉挛性瘫痪。

2.医方对患者的诊断、手术方案正确:

(1)医方诊断患者为“颈5/6骨折并高位截瘫”:因为术前拍片,C5/6骨折,并3~4度脱位,说明颈椎椎管几乎没有空隙;术前MRI已证实脊髓完全断裂。这是脊柱损伤中最严重的一种,手术做得再好,只能恢复颈椎椎体的稳定性。到目前为止,在国内外不管做什么治疗,脊髓神经的功能都难以恢复。

(2)颈5/6椎体骨折脱位不损伤颈5神经,肱二头肌由颈5神经支配,所以肘关节能轻微屈曲。

(3)术后感觉平面轻度下降,是脊髓断端水肿消退所致,不是受损伤神经功能的恢复。

(4)目前痉挛性瘫痪,是高位脊髓神经损伤的必然表现。

(5)术后出现手术部位软组织血肿,是难以避免的并发症。

3.医方第一次手术钢板固定不理想,引起下端螺钉脱出、钢板翘起,导致颈椎重新复位、植骨、钢板固定,是医疗过失。但二次固定手术与患者的病情变化、截瘫无关。

案例三十一

一、病史摘要

患者,女,35岁,××年4月26日9:00入住A医院。

主诉:左前臂内固定术后12年。

12年前在该院因“左桡骨头习惯性脱位”住院,行手术治疗,去除尺骨,保留尺骨鹰嘴及尺骨茎突,尺骨近端与桡骨头内固定融合,痊愈出院在家对症治疗,功能锻炼。现无任何不适,来院行内固定取出。多年前因"桡骨韧带纤维瘤"在该院手术治疗痊愈。

专科情况:左前臂尺侧近肘部可见一约10 cm长手术疤痕,平行于此疤痕内侧可见一约25 cm长纵行手术疤痕(为两条疤痕重叠),左前臂外形正常,无肌萎缩,肘关节活动自如,伸直位正常,屈曲位最大100°,末梢血运及感觉正常,前臂内旋功能受限。

诊断:左前臂内固定术后。

经术前小结,家属签字同意,于4月27日行"左尺桡骨对接融合术后内固定取出术"。取左前臂后侧原切口,依次切开皮肤、皮下组织、深筋膜,显露内固定螺钉区,探查见螺帽被骨痂部分包埋,行局部骨痂清理,取出两颗螺帽。取螺钉时发现钉尾部骨质与螺钉接触紧密,不能取出。强行取出有引起骨质破坏及骨折可能。向病人及其家属交代病情后,同意放弃取出螺钉。清点器械及敷料无误,冲洗并依次缝合伤口。术后第一天,左手伸指、伸拇功能受限,屈指、屈拇功能正常,考虑可能桡神经损伤。于5月4日在臂丛麻醉下行"左肘下桡神经探查术"。探查深层未发现桡神经结构,向上下延长切口至深部,见桡神经在尺骨冠状突水平向内后方走行,在原内固定螺钉中间紧贴尺骨外皮质处损伤,断端不规则,向上下回缩,形成约3 cm的神经缺损。行神经断端修整,自右外后髁间斜行切口,切取约10 cm腓肠神经,截成二等份,按神经传导方向桥接吻合于桡神经缺损处。查无异常,依次缝合切口,并行左前臂石膏外固定。

术后诊断:左尺骨上段桡神经探及损伤。给予抗感染、止血、对症治疗、间断换药。现伤口已拆线,I/甲愈合,石膏固定无松动,末梢血运良好,同意出院。于5月25日出院。

二、矛盾焦点

患方:医方对手术适应证的把握认识不足,不该行左前臂内固定取出术;术前对桡神经损伤的可能向患者及其家属告知不足;拖延时间,错过了最佳治疗时机;"左肘下桡神经探查术"术前未向患者及其家属说明手术预案,并可能从腿上取神经;两次手术给患者造成严重后果。构成医疗事故。

医方:对患者行左前臂内固定取出术履行了告知义务;手术未违反常规;术后第7天探查桡神经,不存在延误病情;左桡神经深支损害与患者的左上臂特殊的骨结构、异常的神经走行及神经与筋膜严重粘连特殊病情互为因果关系;桡神经损伤是手术可能出现的并发症之一,而非医疗事故。

三、案例评析

1.医方对患者行左尺桡骨融合术后内固定取出术,手术适应证选择不当,对术中的困难和可能伤及神经等问题认识不足,手术不认真,损伤桡神经。

2.第二次行"左肘下桡神经探查术",发现桡神经有缺损,临时决定行腓肠肌神经移植,但术前无预案,未向患者及其家属及时告知并签字。

3.医方的以上违规行为、过失导致患者桡神经损伤。医方的违规行为与患者的损伤之间有直接因果关系,医方应负一定责任。

4.患者左前臂经多次手术,内固定螺钉在体内滞留时间过长,局部组织解剖关系异常,组织粘连严重,医方手术有难度。

案例三十二

一、病史摘要

患者,女,38岁,××年10月15日15:40入住A医院。

主诉:左肩部外伤疼痛并活动受限8 h。8 h前从驴车上摔下,左肩部先着地。

外科情况:左肩部及左上臂肿胀明显,压痛明显,可触及骨擦感,左肩关节活动屈、伸、收、展及旋转功能受限,左肩峰至肱骨外上髁长约30 cm,右肩峰至肱骨外上髁32 cm,左上肢各段皮肤感觉正常,桡动脉波动正常,左肘、腕、手各关节活动正常。

左肱骨正侧位X线片提示:(1)左肱骨外髁颈骨折;(2)左肱骨大结节撕脱

骨折。

初步诊断同X线片提示。

经术前谈话,患者家属签字同意,于10月17日在臂丛麻醉下行左肱骨外髁颈骨折切开复位钢板内固定术。术后抗感染、止血及对症治疗,患肢悬吊等处理。住院10 d,缝线尚未拆除,患者坚决要求出院,医方告知患者过早出院可能出现的不良后果及注意事项,患者签字出院。

第二年4月25日再次入住A医院,主诉:左侧肱骨异物半年。左肩关节活动仍受限,近2个月来活动时患肢疼痛,左上肢无力。要求取出左上肢内固定器材。

左侧肱骨正侧位片示:左肱骨钢板内固定稳固,骨折线模糊。

外科情况:左上臂外侧上段可见一长约10 cm纵行手术切口痕迹,瘢痕组织形成,局部皮肤发红,隆起于皮肤表面,左肩关节活动受限,前屈75°,后伸45°,被动外展80°,不能上举,左上臂及前臂肌力4级,肌张力正常。

初步诊断:左侧肱骨外髁颈骨折钢板内固定术后。

向患者及家属讲明取出内固定后可能存在的问题,患者丈夫签字愿意承担手术风险,于4月26日手术取出内固定钢板。术中查看骨折断端已经愈合,左上肢被动活动时无假关节畸形。术后8 d患者坚决要求出院,医方告知其病情,嘱左上肢三角巾悬吊3周后来院复查,但患者1年后才来院复查,拍片发现左肱骨外髁颈骨不连。

第四年5月21日入住B医院,诊断:左肱骨外髁颈骨折骨不连。行左肱骨“骨不连切开复位内固定植骨术”,术后左臂活动自如,无疼痛。

二、矛盾焦点

患方:医方术中根本没把骨折部位对位、对线,固定钢板拆除过早,复查不认真,延误了病情,导致骨不连,属医疗事故,医方应负完全责任。

医方:我院前后两次治疗处置均合理正确,不存在过失、过错。患者术后近两年出现的问题,不排除患者体质因素和不配合复诊所致,不排除院外疲劳等原因造成二次骨折。患者经再次手术,功能恢复良好。不构成医疗事故。

三、案例评析

1.患者××年10月15日外伤住院，医方诊断“左肱骨外髁颈骨折、左肱骨大结节撕脱骨折”，诊断正确，手术指征明确，手术方式得当，10月17日，在臂丛麻醉下行左肱骨外髁颈骨折切开复位钢板内固定术，对位对线可接受，内固定稳定。

2.第二年4月25日再次入院，主诉“左侧肱骨异物半年”，当日拍X线片报告：左肱骨断端可见向外成角征象，断端略嵌顿，骨折线模糊。于4月26日行钢板取出术。患者第一次术后仅半年，在骨折端尚未愈合牢固的情况下，医方过早取出内固定，违反诊疗常规，过失导致患者骨不连。医方手术违规与患者的骨不连有直接因果关系，应负一定责任。

3.患者未及时到医院复查，延误治疗，是造成长期骨不连的原因之一。

4.第四年5月21日在B医院行左肱骨“骨不连切开复位内固定植骨术”后，左臂活动自如，无疼痛，功能恢复。

案例三十三

一、病史摘要

患者，男，56岁，××年5月4日8:00入住A医院胸外科。

主诉：右上腹间歇性胀痛不适5个月。胀痛向前胸及后背部放射。无明显消瘦及体重减轻。无尿频、尿急、尿痛等症状。

体查：T 37.0 ℃，P 90次/分，R 20次/分，BP 110/65 mmHg，W 65kg。腹部平坦，胆囊区压痛，墨菲氏征阳性；阴囊肿胀，无压痛，右侧睾丸及附睾可触及一约0.5 cm×1.0 cm肿块，透光试验阴性。脊柱四肢无畸形，肌力正常。

B超提示：(1)胆囊炎，胆结石(多发性)；(2)右肾囊肿；(3)左肾轻度水肿并输尿管扩张；(4)轻度脂肪肝；(5)右侧阴囊内实质性肿物，左附睾增大，双侧睾丸鞘膜积液。胸片未见异常。

初步诊断：(1)慢性胆囊炎并结石；(2)右侧睾丸肿瘤并严重感染；(3)右肾囊肿，左肾轻度积水；(4)脂肪肝。

入院后经抗感染、保肝、支持对症治疗，病情好转，患者及其家属要求出院，于5月14日9:00出院。

同年5月14日21:00转入A医院普外科，主诉：发现双侧睾丸肿胀5个月余，加重1个月。自发病以来间断发热，自服退热药物。

查体：36.5 ℃，右侧睾丸肿大约5 cm×8 cm，质硬，触痛，活动度尚可，右侧附睾区可触及约2.5 cm×2.5 cm卵圆形质硬肿物，左侧附睾肿大约2 cm×1.5 cm，左侧睾丸正常，阴囊未见红肿及异常。

初步诊断：(1)右侧睾丸炎；(2)右侧睾丸结核；(3)右侧睾丸肿瘤(?)；(4)左侧附睾肿大；(5)慢性胆囊炎并结石。

经家属签字同意，于5月20日在腰麻下行"右侧睾丸切除术"。术中见右侧睾丸发硬肿大，决定切除，见睾丸破坏呈囊腔状，内有干酪样坏死。切除标本家属过目，送病检。

5月20日病理诊断：(右侧睾丸及附睾)结核。

术后抗感染、对症、切口换药治疗。术后第3天患者诉右上腹部及后脊背胀痛，双下肢略麻木，查心、肺、腹未见明显异常，阴囊水肿伴血肿，双下肢活动及肌力可，无高热、寒战。考虑胆囊炎，加大抗生素用量。

5月23日记录：夜间右上腹部及后脊背胀痛，体温38.6 ℃，双腿无力，无法行走，排尿困难。查双下肢活动障碍，感觉神经消失，痛觉消失。考虑截瘫、肺部感染。请麻醉科会诊并留置导尿管。

5月24日长期医嘱：8:39给0.9%氯化钠注射液250 mL/瓶(250 mL/次)，异烟肼注射液0.1 g:2 mL×10支/盒(0.4 g/次)，每日一次，静脉滴入，于5月30日10:00停止；8:40利福平胶囊0.15 g×100粒/瓶(0.45 g/次)交病人口服；8:46吡嗪酰胺片0.25 g×100片/瓶(0.75 g/次)，交病人口服。

临时医嘱：5月30日9:05给异烟肼50 mg×100片/瓶(400 mg/次)，交病人口服。

25日行胸腰椎正侧位CR回报：(1)T6、T7阻滞椎；(2)胸、腰椎退行性改变。

6月1日胸椎MRI平扫报告:T8、T9椎体结核并寒性脓疡。

请骨科会诊后,6月2日转入A医院骨二科治疗。

主诉:胸背部酸痛5个月余,双下肢活动障碍10 d。伴低热、乏力、盗汗等症状,近1个月胸背疼痛加重。

查体:T 38.9 ℃,P 92次/分,R 19次/分,BP 80/60 mmHg,T8、T9椎体棘突部后突压痛及叩击痛明显,平剑突下触痛觉消失,双下肢运动消失,肌力0级,肌张力弱,腱反射消失,巴宾斯基征阴性。

初步诊断:(1)T8、T9椎体结核并寒性脓肿;(2)高位截瘫(A级)。

6月19日在插管全麻下行T8、T9椎体结核并寒性脓肿病灶清除髂骨植骨取骨内固定术。

6月28日病理诊断:(T7–T8椎体)慢性炎症,椎体结核待排。

术后积极抗感染、抗结核、功能恢复锻炼等对症支持治疗,自诉胸背疼痛明显减轻。术区切口敷料干燥,无渗出,双下肢肌力0级,肌张力低,末梢血运良好,触痛觉迟钝。患者及其家属要求出院,于6月30日出院。

同年7月1日9:37再次入住A医院骨科,主诉:胸背部酸痛6个月余,双下肢活动障碍近1个月。

体查:T 38.9 ℃,P 92次/分,R 19次/分,BP 80/60 mmHg,T8–T9椎体棘突部后突压痛及叩击痛明显,平剑突下触痛觉消失,双下肢运动功能减弱,肌力1级,触痛觉迟钝,肌张力减弱,腱反射消失,巴宾斯基征阴性。

诊断:(1)T8–T9椎体结核并寒性脓肿;(2)高位截瘫;(3)肾结核。

给联合化疗药物:异烟肼、利福平、吡嗪酰胺、乙胺丁醇,按常规剂量定时口服,链霉素肌注,异烟肼静滴,并辅以能量、对症及针灸治疗,加强双下肢功能活动锻炼。目前患者仍在住院,10月23日查房:双下肢运动功能较前有所增强,肌力3级,肌张力可,腱反射弱,患肢末梢血运良好,触痛觉较上肢略减退。

二、矛盾焦点

患方:医方将睾丸结核误诊为“右侧睾丸炎”,盲目切除睾丸;漏诊胸椎结核。在麻醉、手术的打击下,未行抗结核治疗,使病情加重,医方对患者的截瘫负有全部责任。

医方：我们对疾病的诊断是合理的、科学的，有充分的依据，治疗方案完全符合医学原则，无不当之处。截瘫原因是明确的，与睾丸手术只是时间差的问题。

三、案例评析

1.医方术前诊断患者为“右侧睾丸肿瘤”，行“右侧睾丸切除术”，术后病理诊断为“(右侧睾丸及附睾)结核”。术前诊断错误。

2.医方术前对患者检查不认真，不全面。患者发烧（睾丸肿瘤一般不发烧），X线胸片右肺有结节影，尿检有感染指征，超声提示肾有问题，医方未考虑结核的可能，未进行认真、全面的检查。××年5月4日入院，5月18日行“右侧睾丸切除术”，5月19日送病检，5月20日病检诊断为结核，5月24日才开始抗结核治疗。对结核的诊断、治疗均有延误。

3.患者5月25日的胸腰椎X线片诊断已有病变，医方未再对胸腰椎做进一步的检查，延误了对胸椎结核的诊断。

4.6月1日临时医嘱给地塞米松注射液5 mg：1 mL×10支/盒，10 mg/次，肌肉注射。激素可促进结核病的进展。

5.医方的以上行为违反了诊疗常规，过失导致患者的病情加重，加速了患者的截瘫。睾丸切除与截瘫无关。

6.结核是慢性疾病，患者原来即有，临床表现不明显。患者截瘫主要是原有胸椎结核病发展的结果。

案例三十四

一、病史摘要

初产妇,××年7月29日A妇幼保健院分娩,宫口于7:30开全,8:00在会阴侧切下以左枕前位助娩一男性活婴,脐绕颈一周,松解脐带,清理呼吸道后哭声好,Apgar评9~10分,常规断脐,交台下处理。当日11:30行第一针乙肝疫苗接种,后分别于8月29日、第二年1月29日接种第二、三针乙肝疫苗。

同年12月14日在B医院的门诊换药室局麻下行左手多指环切术。患方述,术中流血太多,医生用药棉擦血,药棉用完又用卫生纸擦,医生让家属抓紧孩子手腕,也无法止血,医生又用橡胶管扎手腕,继续手术。手术中孩子几次断气,医生开门去门口与来人说话。术后擦血用的药棉和卫生纸红红的,约大半脸盆。医嘱3 d后换药,换药时伤口已化脓,高烧,严重感染,2个月后才消退。医方述:术中将近侧关节面及多指完全切除,术中出血不多。术后给阿莫西林0.25 g口服,3次/日。

患者,男,5个月,第二年1月15日5:30入住B医院。

主诉:发烧、气促3 d。

体查:T 40 ℃,P 160次/分,R 45次/分,W 5.5 kg,神志清,精神差,呼吸急促,呻吟不止,口唇发绀,头颅五官无畸形,前囟平,张力不高,咽红,三凹征阳性,呼吸音粗,可闻及大量水泡音及痰鸣音。

诊断:急性支气管肺炎。

给予抗感染、止渴化痰、对症、雾化吸入等治疗后,一般情况好,精神佳,双肺呼吸音清,病愈,于1月21日出院。

第二年1月24日13:00入住C医院儿内科,主诉:发热、腹泻10 d,伴咳嗽2 d。最高体温40.5 ℃,腹泻每日4~5次,量中,蛋花样便。

体查:T 36.7 ℃,P 115次/分,R 31次/分,W 6 kg,神志情,精神差,前囟约

1.5 cm×1.5 cm，双肺呼吸音粗，可闻及湿性啰音及痰鸣音，心、腹未见明显异常，左拇指处有约1 cm×1.5 cm瘢痕，为六指术后形成，生理反射存在，病理反射未引出。

初步诊断：(1)支气管肺炎；(2)急性肠炎；(3)六指畸形术后(左侧)。

入院后行头颅CT检查未见明显异常，小儿神经心理测试均低下。给予抗感染、抗病毒、对症、支持治疗，患儿病情好转，于1月31日出院。

出院诊断：(1)急性支气管肺炎；(2)急性肠炎；(3)脑发育不良；(4)营养不良。

第三年1月6日，D脑瘫康复医院诊断：(1)脑性瘫痪；(2)四肢瘫(混合型)；(3)智力落后。

第四年9月3日入住E医院神经外科，主诉：发热后运动及语言发育迟缓两年半。专科情况：神志清，不能说话，双眼各项活动正常，追视功能尚可，无眼震，对光反射灵敏，双瞳孔等大等圆，直径2.5 mm，四肢、腰背、颈部肌力3级，肌张力略高，肱二头肌腱反射、肱三头肌腱反射、桡骨膜反射、膝腱反射、跟腱反射活跃，踝阵挛、髌阵挛(－)，坐位平衡0级，Babinski征、Chaddock征、Rossolimo征(+)，Hoffmann征(－)，双下肢呈足内翻、下垂、剪刀步。自带头部CT及入院后MRI：颅内未见异常。诊断：缺血缺氧性脑病。经4次脐血干细胞移植，症状缓解，呛咳缓解，咀嚼及吞咽明显进步，头控制能力明显改善，出现坐起动作，下肢肌张力降低，足内翻、下垂、剪刀步改善。于9月29日出院。出院诊断：缺血缺氧性脑病。

二、矛盾焦点

患方：孩子5个多月，健康活泼，有六指。六指切除手术违反规则：一般3岁前不能手术；术前未告知患方手术有风险；手术消毒不严，在换药室进行；出血太多，止血不当；术后感染、高烧，致孩子脑瘫。属于医疗事故。

医方：我院对患儿诊疗期间，诊断明确，治疗处理得当，无任何医疗过失行为。患儿“支气管肺炎”、“急性肠炎”、“脑瘫”与多指切除手术无任何因果关系，不构成医疗事故。

三、案例评析

1.医疗文书完全缺失,如术前谈话、手术记录、患儿表现、术后处理、门诊记录等资料。

2.手术地点在门诊换药室不当,容易发生感染。

3.婴儿使用局麻,选择不妥。

4.手术操作不规范,使用胶带止血效果欠佳,无菌操作观念差。

5.术后处理不当,仅给口服抗生素。

6.患儿手术时未发现休克、昏迷及惊厥症状,未出现缺血缺氧性脑病表现;术后手指感染,未见神经系统改变。

7.脑瘫的病因有先天、后天等多种因素。医方的以上违规行为,给患儿造成感染,与患儿脑瘫无直接因果关系。

案例三十五

一、病史摘要

患者,男,38岁,××年11月13日15:00入住A医院。

主诉:车祸后致右髋部疼痛、活动受限2 h。

专科情况:胸廓挤压试验(+),右髋部肿胀,臀部皮肤青紫,右髋关节呈内旋,屈曲20°左右固定,伸屈、内外活动受限,右臀部触及股骨头,右下肢轴向叩击痛(+),右下肢较左下肢短4 cm。

骨盆平片:右髋关节后脱位。

初步诊断:(1)右侧髋关节脱位(后脱位);(2)右髋臼骨折;(3)右侧第五肋骨骨折。

11月15日胸部、骨盆X线检查报告:(1)右胸第五前肋骨折;(2)右髋关节髋臼面后缘骨折。

经术前谈话，提到有股骨头坏死的可能，家属签字同意，于11月21日在连硬外麻醉下行"右髋臼骨折切开复位、取髂骨植骨、解剖钢板内固定、局部引流术"。11月24日X检查报告：骨折断端对位、对线尚可，内固定位置如常，右髋关节对位关系良好。11月30日为防术后股骨头无菌性坏死，行右下肢皮牵引。术后3周，患者病情平稳，病人及家属要求出院，于12月15日出院。出院医嘱：(1)术后2个月内避免下地活动，半年内避免右下肢负重；(2)门诊随诊。

第二年10月9日再次入住A医院，主诉："右髋部疼痛、活动障碍2个月余"。

专科情况：右髋关节后外侧见一约20 cm切口痕，愈合良好，未见脓肿、瘘管，右股骨叩击痛(++)，髋关节主动活动受限，右下肢轴向叩击痛(+)，双下肢感觉正常。

诊断：右股骨头无菌性坏死，右髋关节骨性关节炎。

于第二年11月3日行"右髋关节全髋置换术+局部引流术"。手术顺利。术后止痛、防负重、功能锻炼等，病情平稳。病人及其家属要求出院，于第三年3月2日出院。

医嘱：(1)避免重体力劳动、右髋关节过屈过伸、过度外旋、内收外展等动作；(2)3~6个月门诊复诊。

二、矛盾焦点

患方：患者因车祸致右腿、骨盆受伤，医方术后说"骨对接了，血管没有对接上"。医方违反手术常规，导致股骨头坏死，行髋关节置换术。构成医疗事故。

医方：我院对患者的治疗符合髋关节脱位、髋臼粉碎性骨折的诊治原则，没有违反医疗、护理常规，诊断明确，治疗方法得当。患者股骨头坏死的原因分析：患者所受暴力强大，致右髋关节脱位并髋臼粉碎性骨折，软组织损伤严重，血液循环破坏，影响股骨头血运；圆韧带和小凹动脉断裂，使股骨头失去血液供应；可能存在一定程度的股骨头骨挫伤；患者过早下床活动及体力劳动，加快股骨头坏死。

三、案例评析

1.医方对患者的入院诊断为右侧髋关节脱位(后脱位)、右髋臼骨折、肋骨骨折(右)。术前谈话提及术后有股骨头坏死的可能,家属签字同意,于第一年11月21日行"右髋臼骨折切开复位、取髂骨植骨、解剖钢板内固定、局部引流术"。第二年10月9日再次入院,诊断右股骨头无菌性坏死、右髋关节骨性关节炎。11月3日行"右髋关节全髋置换术+局部引流术"。术后恢复良好。

2.两次手术前,医方对病情的诊断正确,治疗方法恰当,均符合治疗规范。

3.术前X线片与CT片均显示患者为右髋臼粉碎性骨折及股骨头后脱位。股骨头无菌性坏死是该病常见的并发症,与医方的手术无关。

4.股骨头血运由多处微血管血液供应。到目前为止,国内、国外尚没有骨科手术理论,提出该种损伤手术时需要吻合微血管。

案例三十六

一、病史摘要

患者,男,46岁,××年2月14日约8:00因饮酒后感心悸、胸闷、气短到A诊所就诊。精神疲倦,乏力,心率120次/分,血压120/90 mmHg,印象:饮酒过量,酒精中毒(?)。给予10%葡萄糖250 mL+50%葡萄糖40 mL+地塞米松5 mg,由诊所医生妻子(无护士资质)从右臂扎针静脉输液,液体剩约50 mL,患者突然四肢抽搐、神志不清、口唇紧闭、咬破舌头,抽搐持续约1 min,抽搐后全身出汗。抽搐过程中患者右侧卧位,Z大夫一手扶持患者,一首掐人中穴及眶上神经,患者的同事按摩腿部。抽搐缓解后应患者家属要求给服速效救心丸。抽搐完后拔掉液体,患者述右臂疼痛,患者坐于木椅,抬上出租车送往××卫生院。卫生院大夫检查后建议转院,遂租车将患者送往B医院。

B医院为患者拍照右肩关节轴位及正位X线片,诊断为药物过敏,右胳膊关节脱位。医院用救护车将病人送往C医院。

2月24日16:25入住C医院,主诉:皮肤紫癜1 d。

检查:颜面、躯干及双上肢皮肤散在紫癜,压之不褪色。右上肢活动受限,右肩关节肿胀明显。

X线片诊断:右侧肱骨骨折。

诊断:过敏性紫癜(?),右肱骨骨折。

应患者及家属要求,于住院当日22:00出院。

2月25日0:30入住D医院,主诉:右上肢疼痛、活动受限1 d。

专科检查:神志清醒,精神差,右肩部肿胀明显,局部压痛(+),活动受限。

X线片示:右肱骨骨折。

临床诊断:右肱骨骨折。

给予制动固定、消肿止痛对症治疗,于2月26日12:00患者自动出院。

2月26日入住E医院,诊断:右肱骨外髁颈骨折。3月3日行右肱骨粉碎性骨折切开复位内固定术、髂骨取骨植骨术。

二、矛盾焦点

患方:医方违反诊疗常规,不向患者出具诊断证明、药品处方,不告知患者所用药品,未做任何检查就输液,输液前未询问患者有无过敏史及禁忌药物,导致患者抽搐,抢救措施不当,压患者上胸部和胳膊,致右肱骨骨折,至今右臂不能转动。构成医疗事故。

医方:医方对患者的治疗方案和治疗行为,符合医学科学基本原理,医疗事故不能成立。

三、案例评析

1.患者因心悸、胸闷到医方诊所看病,医方即从患者右臂扎针,静脉点滴葡萄糖及地塞米松。输液剩余约50 mL时,患者突然四肢抽搐,神志不清,口唇紧闭,咬破舌头。清醒后患者述右臂疼痛。坐于木椅,抬上汽车,医生陪护转送就近卫生院。然后又分别乘车转往B医院及C医院。C医院根据X线片及体查,诊断:过敏性紫癜(?)、右肱骨骨折。

2.去诊所看病前,患者(司机)曾移动汽车位置、搬动货物。到诊所输液,针扎在右上肢,未主诉右上肢疼痛。证明就诊时右上肢无异常。

3.患者抽搐后,坐木椅转上汽车,陪护人员担架抬送、乘车转院,说明转院途中患者身体未受到强力撞击,不会引起骨折。说明骨折发生在医方诊所。

4.患者在诊所输液中发生严重抽搐,抽搐导致骨折。

案例三十七

一、病史摘要

患者,女,36岁,××年1月10日入住A医院。

主诉:跌伤致全身多处疼痛,活动受限10 h余。

专科检查:左额皮肤擦伤渗血,颜面大部发青,双眼睑青紫,右胸锁部压痛(+),右前臂肿胀畸形明显,压痛(+),有骨擦感、骨擦音及假关节活动。右大腿肿胀畸形,有骨擦感及假关节活动。骨盆闭合试验(+)、分离试验(+)。全腹轻压痛,以下腹为甚。四肢血运、感觉可。

胸部正位X线片:右第一肋骨骨折,断端轻移位;颈椎正位片:未见明显异常;右尺桡骨正位片:右尺桡骨中远段粉碎性骨折,断端分离成角,移位;右股骨正侧位片:右股骨上段粉碎性骨折,右尺骨上下支、坐骨上下支多段骨折,断端错位。

初步诊断:(1)右股骨上段粉碎骨折;(2)右尺桡骨中远段双骨折;(3)右第一肋骨骨折;(4)骨盆骨折;(5)腹部闭合性损伤;(6)创伤性失血性休克;(7)颜面部皮肤挫伤。

经术前小结,病情谈话,家属签字同意,于1月20日行右股骨、右尺桡骨骨折切开复位内固定术。术中见右股骨中上段粉碎,有2 cm×3 cm的骨块分离,断端明显错位,重叠。清理血肿,牵引复位,选用9孔股骨近端髁骨板置于股骨偏外侧，三爪暂固定，维持断端对位、钻孔，逐一攻丝后上螺钉，稳定性良好，断端对位对线良好。清洗伤口，放置引流管，逐层缝合，加压包扎。探查右前臂见：右桡骨中远段骨折，有一小骨块碎片，断端成角畸形，清理骨断端血肿，牵引复位，维持骨断端对位，选用重建接骨板置入，钻孔，逐一上螺钉固定，稳定性良好。再暴露尺侧断端，清理血肿，复位后选用重建接骨板固定，稳定性、对位对线良好。冲洗右前尺桡侧切口，先后逐层缝合，患肢石膏外固定。术后给予止血、抗感染、对症治疗，术后12日拆线，切口Ⅰ/甲愈合，患肢血运感觉正常，X线示：骨折端对位对线良好。于2月1日出院。

同年6月7日入住B医院，诊断：右股骨干骨折，内固定断裂。6月23日行"断裂钢板取出术、股骨复位外固定架固定并髂骨植骨术"。术后抗感染、创口冲洗及对症治疗。住院40 d，一般情况好，无不适，于7月17日出院。

二、矛盾焦点

患方：医方为患者行右股骨干骨折和右尺桡骨骨折切开复位内固定术，使用的钢板是三无产品，违反相关法规，致使钢板断裂，骨折不愈合。二次骨折后去哪家医院治疗是患方的权利。构成医疗事故。

医方：诊疗过程完全符合规程；使用的内固定材料为医院正规招标公司提供；内固定材料都有疲劳系数，骨折愈合前不当的功能锻炼及负重活动，均可发生内固定断裂；患者出院时切口Ⅰ/甲愈合，患肢血运感觉正常，一般情况良好。患者出院后的问题与我院无关。

三、案例评析

1.医方给患者行骨折内固定术，术式选择、手术操作等均符合诊疗规范。

2.骨折内固定钢板断裂难以避免。其原因有：骨折未愈合，患肢过早活动，未遵医嘱及时到医院复查，患者的个体差异等。

3.医方为患者所使用的内固定钢板，是正规生产厂家、正规经营企业，通过招标购进，质量合格。患者提交的手术取出的钢板规格(9×206右)与病历中记载的规格相同。所谓9孔钢板是指"规格孔"，不含6个"定位孔"。

案例三十八

一、病史摘要

患者,女,44岁,××年11月9日入住A医院。

主诉:左侧髋部外伤后活动受限1 h。

专科检查:左侧髋关节周围肿胀压痛(+),骨盆分离、挤压实验(+),左侧髌关节伸屈及外展、内收活动受限,左下肢缩短3 cm,末梢循环及感觉正常。

骨盆正位、左髋双斜位片示:左侧髋臼中心性骨折,左侧坐骨多发骨折;骨盆CT示:左侧髋臼粉碎性骨折,左侧坐骨骨折。

入院诊断:左侧髋臼粉碎性骨折。

暂给予左侧股骨髁上骨牵引及对症处理。经术前小结,风险告知,家属签字同意,于11月16日行"切开复位解剖型钢板内固定术"。术后继续给予股骨髁上牵引、抗感染、预防深静脉血栓等治疗。手术第二天影像报告骨折复位、对位、关节关系良好。术后12 d拆除缝线,术后15 d出院。出院时医嘱强调康复功能锻炼方法,减少负重,同时继续骨牵引,要求随诊。术后一年左右,拍X线片示髋关节出现骨性关节炎改变。

B医院第二年11月18日诊断:左侧髋臼骨折术后取内固定器,股骨头无菌坏死;第四年5月28日诊断:左股骨头无菌性坏死。

C医院第三年5月2日诊断:左股骨头无菌性坏死(Ⅲ期)。

二、矛盾焦点

患方:摔伤致髋臼骨折,本人坚持不手术,在医方的劝说下做了手术。术后腿僵硬麻木,疼痛,股骨头坏死。髋臼没有恢复到原位,钢钉磨损股骨头致其坏死。C医院说根本不用手术只做牵引就好了。

医方:对患者诊断明确,治疗合理。术后出现的并发症预想正确,并明确告知患者及其家属，对术后的康复锻炼给予正确指导。出现的问题与左髋部高能量损伤致髋臼粉碎性骨折或术后患者早期不合理运动有直接因果关系。

三、案例评析

1.患者从高处跌下，至左髋部外伤，医方诊断左侧髋臼粉碎性骨折，暂给左侧股骨髁上骨牵引及对症处理。经向家属风险告知，家属签字同意，于入院第8天行"切开复位解剖型钢板内固定术"。手术第二天影像报告骨折复位、对位、关节关系良好。术后继续给予股骨髁上牵引、抗感染、预防深静脉血栓等治疗。术后12 d拆除缝线，15 d出院，并告知患者注意事项及随诊。

2.医方的诊断正确，伤者手术指征明确，术式选择及手术操作、处理符合诊疗规范。

3.术后一年左右，左髋关节出现骨性关节炎改变，又在其他医院诊断左股骨头无菌性坏死。患者左侧髋臼粉碎性骨折，伤势较重，发生股骨头坏死及创伤性关节炎的概率较高，是常见的并发症，与患者自身的损伤有直接因果关系，与医方的手术治疗无关。

案例三十九

一、病史摘要

患者，男，29岁，因"车祸致左小腿肿痛、畸形、功能障碍6 h"于××年9月17日入住A医院。

骨科情况：脊柱无畸形，全长无压痛，左上肢及右下肢无畸形，各关节活动正常；右前臂远端肿胀明显，呈"枪刺样"畸形，活动显著受限，末梢血运及感觉无异常；左膝关节明显肿胀，有大面积的瘀血斑，膝关节外侧明显压痛，左膝关节活动受限，左足背动脉可触及，末梢感觉正常。

X线片示：左胫骨外侧骨折；右桡骨远端骨折，远端向掌侧移位，骨折线通关节。

初步诊断:(1)左胫骨外侧平台骨折(SchatzkerII型);(2)右桡骨远端粉碎性骨折。

入院后积极完善相关检查,行右手桡骨远端伸直型骨折手法复位,石膏外固定。9月17日右腕关节正侧位片示:骨折断端向掌侧并向上错位,尺桡关节面未见同一平面,可疑尺桡关节半脱位,请与原片比较。再次手法复位并外固定,9月20日右腕关节正侧位片示:右桡骨远端骨折术后复查拍片,骨折线可见,对位对线良好,余(-)。9月21日在硬膜外麻醉下行左胫骨平台骨折切开复位内固定术,手术顺利,术后给予抗感染、对症等综合治疗。9月27日左胫腓骨正侧位片示:手术后对位及力线尚好,固定器完好,其他未见异常。

10月7日患者出院,出院诊断:(1)左胫骨外侧平台骨折(SchatzkerII型);(2)右桡骨远端粉碎性骨折。

出院医嘱:(1)加强功能锻炼;(2)右前臂外固定后6周拍片复查,取外固定;(3)术后3周取下肢外固定,术后3个月拍片复查,根据骨折愈合情况负重;(4)术后一半年取内固定;(5)如有不适,门诊复查。

患者,男29,岁,主因"车祸后右腕肿痛、功能障碍2个月"于同年11月10日来B医院。

骨科专科情况:脊柱无畸形,全长无压痛,活动度尚可。右前臂远端肿胀明显,呈"枪刺刀"畸形,右腕活动受限,末梢血运及感觉无异常。左膝有一14 cm长愈合切口,左膝活动度尚可。

辅助检查:X线片示右桡骨远端骨折,远端向掌侧移位,骨折线通关节。

初步诊断:(1)右侧Colles骨折;(2)左胫骨干骨折术后。

11月16日在臂丛神经麻醉下行右腕Colles骨折切开复位内固定术,取右腕背侧弧形切口,切口长约7 cm,依次进入至桡骨远端,见桡骨骨折,断端错位明显,呈粉碎性,周围有少量纤维骨痂形成,将断端复位后用解剖钢板固定,并将碎块用2枚克氏针固定,查固定妥当,术野中无活动性出血,清点器械无误后逐层缝合关闭切口,术毕。术后2 d X片复查:断端对位对线良好,骨折线模糊,内固定位置正常,腕关节对位正常。11月29日患者出院,出院诊断:(1)右侧

Colles骨折;(2)左胫骨干骨折术后。

二、矛盾焦点

患方:主管大夫不负责任,右桡骨远端粉碎性骨折在A医院住院治疗期间根本就没有复位,延误治疗(前后延误了整2个月),错过了最佳的治疗机会,使我遭受了二次手术的痛苦,构成医疗事故。

医方:我院在对该患者的诊治过程中,诊断正确,手术成功,用药合理,不存在医疗过失。

三、案例评析

1.入院诊断右侧桡骨远端粉碎性骨折正确,二次手法复位后骨折位置良好,石膏外固定位置正确,医方的诊疗行为符合诊疗规范。

2.患者出院后4周(××年11月4日)拍片复查右桡骨远端骨折位置不佳,有错位,这可能与骨折后肢体肿胀消退有关。错位是外伤造成的,和医方的手法复位没有直接因果关系。

案例四十

一、病史摘要

两患儿(双胞胎),女,1岁10个月,主诉“先天性下肢跛行4月余”,于××年6月21日11:30收住A医院外科。患儿出生后1岁6个月开始行走,家人及邻居发现其行走跛行,臀部后突,腰前突。患儿足月产,产程顺利,无外伤史。

专科检查:双下肢无肌萎缩,臀纹左深右浅,左侧较右侧偏上,会阴部增宽,骨盆前倾,腰前突增大,双下肢长:右36.5 cm、左35.5 cm,双侧蛙式试验(+)。

骨盆正位X线片:右股骨头于Perkin式方格交点稍偏外,左股骨头位于Perkin方格外上象限,双侧Shewton线不连续,双侧髋臼发育不良。

初步诊断:双侧先天性髋脱位。

经术前小结,家属签字同意,于6月23日下午在氯胺酮麻醉下行左侧内收肌部分切断,双侧蛙式石膏外固定术,术后双侧髋脱位复位良好。

6月28日X线透视复查:双侧髋关节复位正常。6月28日出院,最后诊断:双侧先天性髋脱位。出院时石膏无压迫,末梢血运良好,复查双髋位置良好,治愈。出院时医嘱:注意勿压破骶尾部,双膝部予以垫高,出院2个月后门诊复查。

患方陈述:遵A医院医嘱,先后于同年9月8日、11月10日,第二年1月12日、3月16日、4月13日、6月15日、8月10日,第三年1月24日、3月24日,第四年春季及后来的两次(忘记日期),第七年3月22日,第九年3月18日、3月27日进行了长达15次的复查。结果都是"好,非常好"。然而,现实是孩子髋关节脱位非但没有治愈,反而导致右股骨头坏死(缺损Ⅱ期)、骨性关节炎、髋臼发育不良、假髋臼凸凹不平、股骨头膨大、股骨颈短粗、前倾角过大、骨盆旋转倾斜和腰椎侧弯。目前已在B医院做了三次"姑息挽救"式治疗。

二、矛盾焦点

患方:孩子髋关节脱位,医方6个多月4次手法复位均未成功,导致孩子左股骨头坏死、骨性关节炎、髋臼发育不良、假髋臼凹凸不平、股骨头膨大、股骨颈短粗、前倾角过大、骨盆旋转倾斜和腰椎侧弯。医方存在如下过错:(1)手术方案错误,18个月以上儿童不能行"手法复位,蛙式固定";(2)未先行牵引3周;(3)在并未复位的情况下,反复多次拆开石膏固定,使股骨头承受了超限压力;(4)石膏固定至外展极限,致股骨头血运不畅;(5)手法复位失败后行内收肌切断不彻底;(6)石膏固定长达9个月之久;(7)复位固定后未按时(每月复查X线片)复查;(8)明知4次手法复位不成功,故意隐瞒真相,说"手术成功"长达8年零9个月,延误了挽救治疗时机;(9)事故发生后,相关重要病历资料(手术记录、麻醉记录、护理记录、X线片等)根本没有记录或丢失或藏匿。

医方:所选治疗方法、复位方法、固定方法正确,给予患儿最合理、完善、及时的治疗,没有违反医疗操作规范。由于失去了最佳治疗期(1岁以内),现在的病情是病变发展的必然结果,不构成医疗事故。

三、案例评析

1.医方诊断正确,手术方法得当。患儿为先天性髋脱位,行"左侧内收肌部分切断、双侧蛙式石膏外固定术",X线检查证实,首次治疗复位满意。

2.复位后,患儿髋臼发育不良,是导致髋关节功能不好的重要原因。

3.患儿目前的情况与疾病的自然转归有关,与医方的治疗无关。

案例四十一

一、病史摘要

患者,男性,××年11月20日,因双下肢关节痛30年,阵发性胸闷、气短20余年,加重2周入住A医院。

初步诊断:类风湿性关节炎、冠心病。后诊断为右髋关节结核。

12月5日骨科会诊意见:右股骨头坏死。因无前原片无法确诊。观察3个月,采用抗结核治疗效果良好。第二年2月8日患者好转出院。

诊断:右髋关节结核、冠心病。

出院后患者7次在该医院拍片,结论均为右髋关节结核。距上次入院后的第四年12月23日,医院以"右股骨头坏死"转上级医院治疗,但患者未去。又三次在该院行MRI、X线片检查,距第一次入院的第五年1月13日MRI报告右股骨头变形、股骨颈短缩,关节异常为股骨头缺血坏死所致。医院曾准备手术治疗,换不锈钢股骨头,因冠心病,不能手术,转院治疗因无人陪送亦未去。后患者自行联系,经院方同意,向哈尔滨北方股骨头坏死专科医院购药治疗,有所好转。

二、矛盾焦点

患方：自第一次入院至后面6年期间，A医院一直给患者按骨结核治疗，直到××年1月14日才诊断缺血性股骨头坏死，属误诊。

医方：疾病的发展有其自身的规律，髋关节结核与无菌性股骨头坏死在早期无法鉴别诊断，只能观察治疗，不属误诊。在患病初期，抗结核治疗是符合常规的。

三、案例评析

1.A医院有误诊过失。从病史、影像学检查，误诊为结核是确定的。

2.现在股骨头坏死没有很好的治疗办法。目前的种种保守治疗亦不能改变股骨头坏死的结局。抗结核治疗药物并未造成患者人身损害，医疗行为与患者目前病情无因果关系。

案例四十二

一、病史摘要

患者，女性，29岁，于××年8月8日晚以"右髋结核"收住A医院外二科。主述"右髋疼痛半年伴行走受限3个月"。在外院检查考虑"腰椎间盘突出症"，有潮热、盗汗、消瘦、苍白症状。查体见右髋外展畸形、固定，活动受限，尤以屈曲及后伸为著，右下肢短缩（左81 cm，右77.5 cm）；血沉75 mm/h，X线片表现为右髋关节间隙变窄，骨质呈磨砂玻璃样改变，股骨头变扁。初步诊断"右髋关节结核"。治疗方案为给予正规的四联抗结核、支持、对症治疗1个月后行病灶清除术。8月19日化验抗"O"≤250单位，RF阴性。经上述治疗1个月后，患者结核中毒症状减轻，于同年9月15日请省内某三甲医院A医师主刀，在持续硬膜外麻醉下行"右髋结核病灶清除术"，术中见关节腔内有滑膜增生肥厚，大量肉芽组织填充,股骨头表面约1/2软骨面剥离,松质骨破坏,呈豆渣样。术后将术中清除的坏死组织及增生滑膜送某医学院病理学教研室检验。患者于同年10月13日出院。

出院后,患者抗结核治疗约5年,经B医院、C医院、D医院多次的X光片检查,诊断为“强直性脊柱炎”,现双髋僵直,腰部活动受限,双下肢伸屈障碍。

二、矛盾焦点

患方:患方是强直性脊柱炎,根本就未患骨结核,A医院诊断骨结核,手术后不给病理检验报告,一直抗结核治疗,误诊误治,导致病情变化。

医方:根据病史、体征、实验室检查及X线检查等诊断髋关节结核,手术及病检亦证实。诊断明确,治疗得当。

三、案例评析

1.医方根据病史、症状、体征、X线及实验室检查,诊断“右髋关节结核”,抗结核治疗1个月后,症状减轻,行“右髋关节病灶清除术”,并将切除组织送兰州医学院病理学教研室检验,经病理专家复诊“不能排除髋关节结核”。医方诊断结核并给予常规抗结核治疗是有依据的、合理的。

2.强直性脊柱炎属于不可治愈的疾病,患者目前的病况是该病发展的结果,于医治方无关。

3.医方无责任。

案例四十三

一、病史摘要

患者,男性,××年5月3日22:00,因车祸,以“右股骨髁上、髁间粉碎性开放性骨折”,急诊收住A医院骨外科。

入院专科检查:右股骨下端膝关节以上肿痛、压痛,触之疼痛加剧,可扪及骨折断端;右下肢活动受限,右足背伸无力。

住院后,经家属同意签字,急行清创缝合、切开复位、钢针骨栓骨内固定术,术后石膏托外固定,拍片示:骨折对位对线良好。切口一期愈合出院。出院后50、56 d骨圆针分别退出。于同年7月8日、8月30日两次拍片显示,骨折已错位,但患者从出院到二次入院期间,再未到医院复查。

同年10月9日,患者再次入住A医院,查体见右大腿下段肿胀、压痛,有假关节活动,右膝关节僵硬,双下肢不等长,右下肢短缩2 cm。X光片示:右股骨髁上陈旧性骨折。近折端向前下至髌骨下方,周围骨痂形成较多,骨折断端不延续。10月10日行二次手术切开取出骨栓复位,髂骨取骨植骨,外固定支架固定。术后切口一期愈合出院,出院后继续对症治疗。于一年后的10月拍片复查,骨折外侧方有较多骨痂形成,达临床愈合,拆除外固定支架,1个月后再次到医院复查,X线片示:骨折断端再移位。

患者现况:右下肢用一半环形外固定支架固定,右下肢力线正常。双下肢不等长,右73 cm,左78 cm(从大转子顶端致外髁处)与健侧对比,皮肤色泽、外表无差异。髋关节活动正常,踝关节活动度:背伸800~900,蹠屈900~1200,拇趾不能背伸,小腿外侧中下段皮肤感觉迟钝,足背皮肤感觉迟钝。

二、矛盾焦点

患方:右腿骨折手术打错了骨眼,撬碎骨头,不当的固定损伤神经,固定钢针不合适,骨位内偏40°左右;输血感染;第二次手术是欺骗、侵权的,未经患者及其家属同意,擅自截骨5 cm,有输液反应。

医方:医师处理患者尽职尽责,操作规范,并尽了最大努力。酿成的后果主要来自患方的因素。

三、案例评析

1.患者为严重的右股骨髁上及髁间粉碎性、开放性骨折,诊断明确,抢救及时,手术选择钢针骨栓内固定是正确的。第一次手术复位对位比较好,以后发生移位和骨不连,与受伤的部位和伤情严重有关。第二次手术前医方已向患者交代清楚,家属同意签字。患者入院时专科检查即发现右下肢活动受限,右足背伸无力,说明即有神经损伤,并非手术造成。医方按常规操作输血、输液,发生反应是常见的并发症,及时处理,未造成伤害。

2.医方手术与患者骨折移位和骨不连无因果关系。

3.医方无责任。

案例四十四

一、病史摘要

患者,女,68岁,××年7月19日下午因右腿摔伤3 h到A医院就诊,经X线拍片示:右股骨粗隆间骨折并小粗隆撕脱骨折。门诊Z医生行“右单髋人字石膏固定”。患者述:医生将石膏绷带卷放到盆里,“倒入2瓶开水,顿时石膏像炖肉似的翻滚,Z医生立刻用拇指和食指快速拉起石膏卷,敷在右腿部,当即我疼痛难忍”,医生不顾反抗,强行打了石膏,哄骗我回家休养。回家后我疼痛难忍,当晚揭掉石膏,见被贴部位已溃烂。次日前往该院复查,门诊医生在家中给以抗感染、对症治疗,效果不佳,于同年9月9日入住A医院。入院检查右臀、腰、腹股沟至下肢前面见大面积陈旧皮肤损伤,化脓感染创面,部分已结痂,周边红肿触痛。右下肢内收、外旋80°,缩短2 cm,畸形。

诊断:(1)右股骨转子间陈旧性骨折;(2)右下肢皮肤损伤感染。

经抗感染、换药、对症、功能练习等治疗,10月13日右下肢伤面基本结痂愈合,扶双拐右下肢不负重行走。11月4日记录:拍片示骨折畸形愈合。12月24日出院。

第二年6月19日患者体检:右下肢及腰部伤口全部愈合,右下肢缩短1 cm,右膝关节伸180°,屈曲可至150°。

第二年2月20日当地人民法院《法医技术鉴定书》结论:被鉴定人右股骨骨

折及烧灼伤形成的右下肢功能丧失，髋关节畸形功能障碍，膝踝关节强直，功能丧失，参照中华人民共和国劳动部、卫生部“职工工伤与职业病致残程度鉴定标准”第三级十三项，达三级伤残。

二、矛盾焦点

患方：患者因骨折就诊，医方违反基本操作规程，用高温石膏固定患处，烧伤腿、腰部，致畸形、伤残，属严重医疗事故。

医方：四肢骨折并发张力性水泡是自然转归。患者皮肤损伤与被严重殴打（病历中是摔伤，但是在材料中是被人殴打）有关，骨折后卧床没有很好地保护。

三、案例评析

1.患者诊断“右股骨粗隆间粉碎性骨折”，医方打石膏后5～6 h，石膏部位皮肤出现水泡、破溃、感染，经治疗后形成瘢痕，患者人身受到损害，与医方打石膏有关。骨折后也可发生张力性水泡。

2.皮肤瘢痕表浅，未影响关节活动。

3.右下肢缩短，关节活动受限，是骨折后综合征，与打石膏后软组织损伤无关。

案例四十五

一、病史摘要

患者，女，45岁，主诉“间断性腰痛5年、加重2 h”，于××年12月24日入住A医院。5年前不慎跌伤后腰痛，4年前再次摔伤，腰痛加重，入院2 h前又扭伤。

检查：腰椎强直明显，L1-S1棘突压痛明显，L3-L4扣击痛为重，放射至大腿外侧，右拇指伸肌肌力明显减弱，右股四头肌力减弱。

X线片示：L5、S1椎体滑脱。

入院初诊：L5、S1椎体滑脱，L5峡部裂。

住院后经抗感染、脱水治疗，症状好转，但有反复，患者要求手术治疗，并签字（患者述：术前总结家属签字为模仿、伪造）。第二年1月15日手术，术前诊断：L5峡部不连伴椎体滑脱I度，腰椎右侧突；手术名称：L4-S1椎板植骨融合术，右侧取髂骨术。术中见L5椎板在上关节突下缘，（峡部）呈假关节状不连，脊柱旋转，右侧较高（俯卧时），椎板及关节轻度畸形。比较用椎体提拉复位系统的连杆，见其弧度与腰椎生理弧度不适应，强行植入可能出现“平脊畸形”。与患者家属谈话后放弃植入器械，做单纯后路植骨融合术，用小圆凿将L4-S1椎板、横突及小关节打成鱼鳞状，切除L4、L5间小关节及L5峡部假关节，再行植骨术。切除髂骨块7 cm×3 cm，切成骨柴状，植于L4-S1椎板、小关节、L5峡部假关节处及L4-S1横突间。术后诊断同术前诊断。术后2周拆线，伤口Ⅰ/甲愈合，用石膏背心固定。于第二年3月11日出院。出院1个月时，在患者坚决要求下取掉石膏背心，没按医嘱行腰背功能锻炼。自述腰背不适。

二、矛盾焦点

患方：腰椎滑脱手术反而导致病情加重。术前诊断不清，术前总结没有家属签字，属模仿伪造；定位错误。Ⅰ度滑脱不是手术适应证；内固定手术失败后改为植骨术，植骨术错误。

医方：脊柱滑脱诊断和治疗方案无过错，无违法违规行为。患者术后效果不理想是综合因素所致，与手术无直接因果关系。

三、案例评析

患者术前诊断“L5峡部不连伴椎体滑脱Ⅰ度”行“L4-S1椎板植骨融合术、右侧取髂骨术”。术后患者腰痛难忍、双小腿外侧麻木、大小便难控。医方对手术选择不当。椎体Ⅰ度滑脱没有必要手术，手术没有解决患者的任何问题，反而使症状加重，医方负有一定责任。

案例四十六

一、病史摘要

患者,男,21岁,主诉“右髋疼痛5 d”,于××年7月10日收住A医院。患者7月5日右髋关节疼痛,夜间重,不能行走,门诊X线片示髋关节骨质明显异常,以“右髋化脓性关节炎”收住。

体检:T 38.4 ℃,P 98次/分,R 22次/分,BP 14/10 kPa,发育正常,营养良好,心、肺、腹未发现异常;右髋屈曲,伸直及外展时疼痛,托马氏征阳性,右髋关节未见明显肿胀,周围无明显压痛,纵向叩击痛(+);WBC 9.0×10^9/L,中性粒细胞70%,淋巴细胞30%,血沉28 mm/h;X线片示双髋关节未见明显异常。

入院诊断:右髋化脓性关节炎。

7月11日抗“O”及RF阴性,会诊后诊断“右髋过敏性关节炎”。7月12日用激素治疗,地塞米松5 mg,1次/日,疼痛明显缓解,5 d后停用激素,右髋痛加重。7月19日结核抗体弱阳性。7月22日CT报告右股骨头破坏,提示右股骨头结核。再次会诊诊断右股骨头结核,先抗结核治疗做术前准备。患方将相关检查材料送三家省内三甲医院等咨询,皆考虑右股骨头结核,同意医方处理方案。抗结核治疗2周,症状改善,血沉39 mm/h,家属要求手术,经全科讨论,会诊,于8月2日行右髋结核病灶清除术,术中见右股骨头前上方有一约1.5 cm×2 cm大小的破坏区,刮出干酪样物质(留送病检)。术后抗感染、抗结核治疗。8月8日外院病理诊断:骨组织慢性炎症,其病因考虑如下可能:(1)极早期尚未形成特异性改变的结核;(2)外伤。8月15日另一家综合医院病理报告:(右髋关节)慢性非特异性炎症,未见到典型结核性病变。术后右髋关节疼痛逐渐消失,床头检查活动功能正常,切口愈合良好,8月8日拆线,23日出院。医嘱:按时服抗结核药物,患肢严禁负重,定期复查。患者目前右髋关节活动受限。

二、矛盾焦点

患方：医方将“慢性非特异性炎症”误诊为“右髋结核”，抗结核治疗数月无效，延误了诊治时机，导致病情加重，出现股骨头无菌性坏死，造成患者人身损害。

医方：根据病史、临床症状、X线片提示、术中所见、病检及专家会诊，结核的诊断成立，没有误诊误治，不属医疗事故。

三、案例评析

1.术前诊断错误。根据术前X线片表现，右髋关节是慢性炎症，不是结核，术后病理诊断亦是慢性炎症。

2.术前准备不充分。诊断错误，过早手术，属医疗过失，给患者造成人身损害，医方负主要责任。

案例四十七

一、病史摘要

患者，女，8岁，××年7月18日15:00，因右前臂外伤伴功能障碍3 h就诊于A医院。门诊拍片示尺桡骨骨折并成角畸形。用手法复位，小夹扳外固定，X线示骨折对位良好，末梢血运良好。嘱患者家属如有不适及时来院复查。2 d后(7月20日)16:00复诊，患儿患肢甲床青紫，手掌及手背严重水肿，夹板固定远段有水泡。松解夹板固定带，拍片检查，骨折对位良好，嘱活动患肢。7月24日再来医院就诊，家属诉患儿拇指感觉消失，不能活动，当时除去夹板外固定，见患肢前臂水泡溃烂，局部青紫，出现前臂缺血性肌挛缩。功能位悬吊患肢，嘱活动手指，用抗生素防感染。

患方述：回家后，晚上疼痛难忍，服了3片安芬待因，第二天早上因患者右手肿胀，到医院检查，Z大夫认为属正常现象。第三天早上右手腕出现水泡，又到医院找Z大夫，Z大夫检查后没说水泡原因，在场的Y、X大夫建议松解固定夹板，否则就麻烦了。Z大夫将夹板放松了一下，并进行X片检查后回家。第五天水泡仍在，再去检查，Z大夫取下夹板，右臂伤处全是水泡并有黑斑，Z说不要剧烈活动，慢慢就恢复了。过了一段时间，水泡陆续没了，但手腕不能活动，手指不能伸缩。又到医院检查，W院长说夹板太紧，肌肉受压，神经损伤，半年后才能慢慢恢复，并建议到外院检查。同年9月2日、3日B医院诊断：右前臂缺血性肌挛缩；C医院诊断：右侧桡、正中神经损伤。

二、矛盾焦点

患方：右臂骨折，医方违反医疗规程，夹板外固定太紧，多次复诊不及时处理，造成缺血性肌挛缩。

医方：治疗符合规范、常规，出现右前臂缺血性肌挛缩，是常见并发症；患儿未及时来院治疗，延误时机。不属于医疗事故。

三、案例评析

1.患者右前臂尺桡骨骨折，医方手法复位，小夹板外固定。医方门诊未执行《病例书写基本规范》，无病历记载。医生责任心不强，违反诊疗规范，未认真详细叮嘱患儿家属及时随诊，未及时观察病情变化，第二天随诊时医生又未及时处理，导致右前臂缺血性肌挛缩。

2.患儿目前右前臂所留疤痕与当时外固定小夹板的位置、大小相吻合。由于夹板固定过紧，又未及时松解，造成患儿右手功能基本丧失。

3.由于医方违反诊疗规范，造成患儿人身损害，应负主要责任。

4.患儿人身损害与其家属疏忽、未及时就诊也有一定关系。

案例四十八

一、病史摘要

患儿，男，5岁，因“右肘关节肿胀，功能障碍半天”，于××年4月25日21：20到A卫生院诊治。患儿在家玩要时摔倒，右臂疼痛，肿胀。

检查：右肘关节周围肿胀，活动受限。经X线透视，右肘关节肿胀部位密度增强，尺骨头向左脱位，未见骨折。当即经家属辅助固定患儿进行手法复位，成功后，伸曲试验正常，透视并和左肘关节对照无误，将右前臂屈曲悬吊于胸前呈功能位。消炎止痛、活血化瘀治疗。并嘱1周左右X光复查。患儿回家。4月30日X光透视右肘关节复位正常。

5月21日B医院X线检查报告：右肱骨髁陈旧性粉碎性骨折并错位。

5月23日A乡卫生院透视：右肘关节局部密度增强，未见骨折和脱位。

5月26日B医院放射检查报告：右肱骨髁上骨折并肘关节脱位。

5月27日A乡卫生院透视：右肘关节脱位，肱骨髁上骨折，肱骨内髁见条形碎骨片，建议到上级医院治疗。

6月2日C医院诊断：右肱骨陈旧性尺偏型屈曲髁上骨折，畸形愈合。建议行畸形愈合矫形术。

7月28日D医院放射诊断报告：原右肱骨髁上骨折伴脱位，今照片见骨折处愈合欠佳，肱骨远端骨质欠光滑，肘关节关节间隙呈畸形改变。建议手术治疗。

二、矛盾焦点

患方：医方违反医疗操作规程，诊断错误，骨折按脱位医治，造成患儿右臂残疾。

医方：无违法违规及过失，透视诊断肘关节脱位，并予以复位，复位成功；不能保证患儿不会再次摔伤。

三、案例评析

1.医方未履行告知义务：患儿摔伤右臂，卫生院条件差，无拍片设备，仅做X线透视即诊断，未告知其家属再到条件好的医院就诊，延误了诊疗时机。

2.漏诊：卫生院三次X线透视未发现骨折，仅诊断尺骨头向左脱位。B医院及C医院都诊断有右肱骨髁上骨折。伤后3周左右的X线片已有骨痂形成。卫生院漏诊骨折。

3.由于以上过失，导致患儿肘内翻畸形加重，骨折畸形愈合。医疗过失与患儿人身损害有直接因果关系。

4.卫生院条件有限，儿童肘部损伤很复杂，准确诊断有困难。肘部骨折处理好也会有30%左右的患者肘内翻。

5.患儿骨折畸形愈合，与其家长未积极、及时诊治有很大关系。

案例四十九

一、病史摘要

患者，女，30岁，主诉“右上臂车祸致伤伴功能障碍3 h”，于××年8月22日16:40入住A医院。

检查：右上臂肿胀明显、畸形、有异常动度，右上臂内侧有一约10 cm×6 cm的皮肤缺损，肱三头肌内侧头断裂、外露，右腋窝有一3 cm皮肤裂口，流血，并有一约12 cm×8 cm皮肤损伤。

初步考虑：(1)右肱骨开放性骨折；(2)右锁骨骨折；(3)右肩胛骨骨折；(4)妊娠5月；(5)右上臂内侧皮肤缺损。

22日17:00急诊在臂丛麻醉下行“切开复位、肱骨Euder’s针内固定、清创术”，从原创口进入，显露骨折端，逆行击入一根Ender’s针，检查复位满意，内固定牢靠,清点器械,逐层关闭皮肤切口,术后用石膏将右上肢固定于贴胸屈肘90°位。因患者已孕5个月,为了缩短手术时间,避免产科意外发生,且肱骨骨折术后石膏托外固定,故当时对肩胛骨及锁骨骨折未进行处理。手术顺利,安返病房。对症治理,恢复良好,切口一期愈合,拍片证实骨折复位满意,内固定稳妥。于同年9月11日出院。

出院后感右肩部疼痛,右锁骨骨折端撬起,同年9月16日入住B医院,诊断:(1)右锁骨陈旧性骨折;(2)右肱骨骨折内固定术后;(3)右肩关节半脱位;(4)妊娠6个月。9月20日行"右锁骨骨折切开复位内固定术"。治疗好转,于同年11月6日出院。

二、矛盾焦点

患方:医护人员责任心差,手术粗糙,钢针顶开了右肩关节,使其长期处于半脱位状态;右锁骨、右肩胛骨骨折未予以治疗,致使二次手术。

医方:在急诊处理中无违法违规,对患者未造成人身损害,不属医疗事故。

三、案例评析

医方对患者的诊断正确,是手术适应证。手术方案选择得当。术前告知患者家属手术的各种并发症并签字同意。手术符合规范,钢针内固定是正确的,骨折对位、愈合都可以。考虑到妊娠因素,未扩大手术范围。医方无违法违规。

(1)鉴定会当场所拍右肩关节X线片显示,右锁骨骨折、肩胛骨骨折、右肱骨干骨折已愈合,盂肱关节关系正常,无脱位。

(2)患者术后右肩功能部分障碍,是多因素造成的:外伤、局部软组织粘连、功能锻炼不够等,手术不是主要因素,与医疗行为无直接因果关系,医方无责任。

案例五十

一、病史摘要

患者，女，64岁，××年8月至12月19日在A医院住院治疗，住院病历记载，患者因摔伤左髋疼痛3个多月，活动时疼痛加重，局部拒按，诊断“左股骨粗隆骨折”，对症治疗1个月，疼痛稍有缓解，但左大腿后方肿胀并波及大腿前方。外院X片示左大转子部骨密度减低区约3 cm×3 cm，MRI检查双侧股骨粗隆部及右侧股骨头部有骨质破坏，左11后肋骨破坏（患方提供影像片）。经上级医院专家远程会诊，诊断转移瘤（原发灶待查）。建议转院治疗。后在B医院治疗。第二年6、7月，到C卫生所就诊，以“骨结核、风湿性关节病”治疗月余无效，又到D卫生院求治，医方根据患方提供的一张X线片及陈述（患者曾在E医院诊治，诊断怀疑是癌症），考虑为骨囊肿，并建议到F医院进一步诊治。第二年8月5—10日在F医院住院，诊断为左股骨大转子转移瘤、胸部转移癌、肝转移癌，无手术指征，建议对症治疗，家属理解，要求出院。第二年8月19日再到D卫生院就诊，经拍片等检查，诊断：(1)左股骨粗隆间骨巨细胞瘤(?)；(2)左股骨大转子病理性骨折；(3)左股骨粗隆间转移性骨肿瘤(?)。患者疼痛剧烈，家属要求手术确诊，经术前总结，家属签字同意，于第二年8月19日14:00，行“病灶清除取活检术”。活检组织送地区医院病理科，8月25日病理诊断：“左股骨转子间”恶性肿瘤（多考虑腺癌浸润转移而来，待术后进一步确诊）。术后在卫生院住院12 d，刀口临床愈合出院。后死亡。

以病理性骨折在D卫生院门诊留观，患者一般情况好，无恶病质表现，从影像学考虑：(1)骨肿瘤(?)；(2)骨结核(?)。因粗隆间骨质破坏不明显，未采取闭合穿刺取活检术，而是开放式取活检术。在取活检之前家属确实未提供地区医院和远程会诊已诊断为骨癌的病史。手术名称虽是“病灶清除取活检术”，当时切开皮肤、皮下时肿瘤已波及软组织，质地坚硬，故取骨组织约30 g送病检，并未做“病灶清除术”。

二、矛盾焦点

患方：医方违反诊断治疗常规，对晚期癌症病人行“病灶清除取活检术”是错误，造成“一髋或一膝关节功能完全丧失，不能手术重建功能”，医源性癌细胞广泛扩散，加速病人死亡。

医方：医疗行为正当、合法、有效，完全符合医疗操作规程，不构成医疗事故。

三、案例评析

1.患者病情、诊断未完全明确的情况下，医方征得家属同意并签字后，行“病灶清除取活检术”，以明确诊断，无原则错误。根据术中所见又只行“活检术”是合理的。

2.患者在“活检术”后，伤口按期良好愈合，未出现术中出血、术后感染等手术并发症，术后明确了病理诊断。

3.患者死亡原因是癌症晚期、多脏器功能衰竭，与医方的诊疗行为无直接因果关系。

案例五十一

一、病史摘要

患方陈述：患者，女，12岁，××年1月27日，人力车将左手小指碰伤，到A卫生院门诊治疗、包扎，拍了X光片，第二天来院在X线下复位，不换药，只打针吃药，每天吊一针。2月3日化验血后，针也不打了，只吃消炎药，家属要求医生看伤口，未果。2月4日又到卫生院要求看伤口，Z医生说不用，到12 d拆线换药就行了。2月8日去医院拆线，才发现小指已坏死，立即带女儿到地区医院检查,诊断:左手小指创伤清创术后中末节坏死。2月8日下午在该院行左小指中节以远清创、截肢手术。

患者,××年1月27日下午急诊入A卫生院。于1 h前左手小指被架子车挤压,流血不止,在家简单包扎后来院就治。

检查:左手小指明显成角畸形,中节指骨远端外露,桡侧近端血管喷血不止,掌侧、桡侧软组织撕脱性损伤,小指远端仅以背侧及尺侧少部分组织相连,远端痛觉消失。

常规消毒,指根神经阻滞麻醉,彻底冲洗创面,见桡侧血管、神经断裂伴明显挫伤,尺侧血管挫伤破裂,掌侧屈肌断裂,中指指骨骨折,远端向前上方重叠错位,末节指骨不能做屈曲活动,末节皮肤循环障碍,毛细血管充盈差。

初步诊断:(1)左手小指不全离断伤;(2)左手小指挤压伤(重度)。

建议:(1)行截肢残端修整术;(2)行清创缝合术,若左手小指中指骨及远端因缺血坏死,再行二期截指残端修整术。

患儿父亲要求行清创缝合术。结扎止血后彻底清除挫伤失活组织,纠正骨折成角畸形,冲洗并缝合伤口,术后无菌纱布加压包扎,并给以抗感染(青霉素80万单位,肌注,每日2次)、止痛、对症治疗。

X线片回报:左手小指中节指骨折错位。建议输液观察治疗,患者父亲不同意,自行离院回家。28日上午来复诊,左小手指敷料完整,有少量渗血,甲床苍白,远端痛觉消失。患者父亲要求进一步手法复位,在X光下手法复位后,行小夹板固定,并给予抗感染(青霉素80万单位静点)治疗1 d。嘱其父随时观察患者末梢血运情况,继续抗感染治疗,不适随诊。其后患者再没来门诊。2月8日来门诊要求拆线换药。拆线换药时见:患指远端皮肤发黑坏死。建议行截指残端修整术,患者父亲拒绝,自行离院。

二、矛盾焦点

患方:左手小指外伤,医方治疗包扎,每天到卫生院打针,家属多次要求查看伤口,医生不准,到12 d拆线换药时,发现小指坏死,到地区医院截指。医方不观察、不换药,延误病情。

医方：诊断明确，救治及时合理。患者伤指为重度积压伤、不全离断伤、指骨骨折，软组织挫伤严重，血管、神经、肌腱断裂，不具备断指再植条件。清创缝合时已告知伤情及治疗原则，近十日未再复诊。不属医疗事故。

三、案例评析

1.患者左手小指为比较严重的挤压伤、开放性骨折，接诊医师行急诊清创缝合，因骨折对位不好，于次日在X线下行手法复位外固定。医方在诊疗过程中无违法违规行为。

2.患者手指坏死是左小指血管较为严重的挫伤所致，与医方的诊疗行为无直接因果关系。

案例五十二

一、病史摘要

患者，男，28岁，××年7月31日21:40入住A医院外科，主诉"车祸后右上肢活动受限2 h"，被汽车挂倒，伤后意识不清，数分钟后清醒，头痛，右上肢痛，右足背流血。

检查：左外耳道见血性分泌物，右上臂中段肿胀畸形明显，有骨擦感，局部触痛，右手背桡侧面、拇指、食指及中指桡侧面感觉迟钝，右手腕及右手1、2、3指背伸功能受限，右足背见一弧形约7 cm的裂口，第3、4、5伸趾肌腱外露。X线示右肱骨中段粉碎性骨折，头颅CT示右额顶部脑挫伤。

诊断：(1)右肱骨干骨折并桡神经损伤；(2)右足背皮肤撕裂伤；(3)颅底骨折；(4)右额顶部脑挫伤。

8月1日15:00在局麻下行"右肱骨干骨折切开复位钢板内固定术"，取右肱骨中段前外侧切口，长约12 cm，依次切开皮肤、皮下组织，沿肱肌与肱桡肌间钝性分离，暴露骨折断端，见右肱骨中段呈粉碎性骨折，一3 cm大小骨片游离，紧贴骨膜分离断端远近端，刮除嵌入的积血块，骨折断端对位，于肱骨外侧置一5孔加压钢板，螺丝固定，并用钢丝环扎以固定骨碎片。查无活动性出血，盐水、甲硝唑冲洗切口，依次关闭。手术顺利。术后行抗感染对症治疗，一般情况良好，切口干燥无红肿，右手感觉功能缓解，但运动功能无明显变化。家属要求出院，门诊换药。于8月9日出院。出院医嘱：1个月后拍X线片复查；休息3个月，观察右手功能恢复情况，随时就诊。

第二年5月7日至5月10日在B医院住院，出院证明书诊断：右侧肱骨干桡神经损伤（手术所见桡神经损伤6 cm）。

二、矛盾焦点

患方：车祸受伤，行"肱骨干钢板固定术"，误切桡神经6 cm，术后右手终身残疾。

医方：入院诊断"右肱骨干骨折（粉碎性）并桡神经损伤"，并非手术中切除桡神经；患者伤后近一年才探查桡神经，错过最佳治疗时期。

三、案例评析

1.造成患者桡神经损伤的原因是车祸严重创伤所致右肱骨骨干粉碎性骨折。

2.创伤造成神经损伤，允许观察或择期手术探查，基层县医院将患者转上级医院进一步检查治疗是正常医疗行为。

3.患者在县医院出院时医嘱：休息3个月，观察右手功能恢复情况，随时就诊。后因右手功能障碍，建议去上级医院检查治疗。

4.在B医院治疗中，患者拒绝做神经移植，失去桡神经恢复重建的良好时机，致使右手桡神经尚未恢复。

案例五十三

一、病史摘要

患者，男，22岁，主诉“腰、左髋外伤5 h，疼痛，活动受限”，于××年7月14日入住A医院骨科。

经体查及辅助检查，初步诊断多发外伤：(1)左股骨颈骨折；(2)左耻骨骨折；(3)L5左横突骨折；(4)多发皮肤、软组织损伤。

7月17日上午在硬膜外麻醉下行左股骨颈骨折切开复位、空心加压螺丝钉内固定术。7月19日行调整空心螺钉术。拍片复查，骨折复位佳，内固定螺钉位置佳，无松动、移位。8月7日出院。出院诊断同入院。出院时左髋已能小范围屈伸活动，左下肢略外旋，左髋无肿胀、压痛，左下肢皮肤感觉、血运正常，足趾活动正常。出院医嘱：继续治疗，卧床休息，不负重，屈髋屈膝锻炼，1个月后复查。

10月31日，主诉“左股骨颈骨折术后3个月，伤口流脓7 d”，再次入院。检查后诊断：(1)左股骨颈骨折后感染；(2)左髋关节部分活动受限。该日16:50行病灶清除、窦道搔刮术。

同年12月14日，主诉“左股骨颈骨折术后5个月，切口红肿流脓3个月”入住B医院。

初步诊断：(1)左股骨颈骨折术后并感染；(2)左股骨头部分破坏；(3)左髋关节僵硬。

12月20日在腰麻下行左股骨颈骨折内固定螺钉取出术。取原切口，切开皮肤、皮下组织、筋膜层，见一2 cm×3 cm脓腔，在股骨颈粗隆下20 cm处，发现两块陈旧性遗留纱布块，将其取出。三根螺钉位于股骨上段外后侧，顺利取出。缝合伤口，置橡皮引流管。伤口I期愈合。术后CT示左股骨头坏死，左股骨颈骨折未愈合。建议3个月后手术治疗。

二、矛盾焦点

患方:医方手术将两块纱布遗留在体内,造成感染溃烂;内固定螺钉过长,上穿骨盆,致髋关节功能丧失;手术不当损伤股内侧动脉,致股骨头坏死;螺钉固定不当,致股骨颈错位,骨不连。

医方:伤口内遗留纱布与关节功能、骨折不愈合、股骨头坏死无直接因果关系;股骨颈骨折不愈、股骨头缺血性坏死是常见并发症;一枚螺钉穿过股骨头关节面0.2 cm,不会影响股骨头固定而不活动;髋关节原发损伤、手术创伤、关节周围粘连、疤痕形成均可影响关节功能恢复。

三、案例评析

1.医方诊断左股骨颈骨折正确,是手术适应证。××年7月17日行左股骨颈骨折切开复位、空心加压螺丝钉内固定术,7月19日行调整空心螺钉术。

2.同年12月14日入住B医院,诊断:①左股骨颈骨折术后并感染;②左股骨头部分破坏;③左髋关节僵硬。12月20日行左股骨颈骨折内固定螺钉取出术,在股骨颈粗隆下20 cm处,发现两块陈旧性遗留纱布块。此纱布为A医院手术时过失所遗留。

3.骨折不愈合及股骨头坏死,是股骨颈骨折后十分常见的并发症。

4.伤口内遗留纱布,可加重骨折不愈合,医方应承担主要责任。

案例五十四

一、病史摘要

患者,男,32岁,××年9月13日12:00入住A卫生院,主诉“右下肢石头砸伤伴剧烈疼痛2 h”,当时现场未做任何处理,门诊X线检查示:“右股骨周围软组织明显肿胀,股骨髁上、髁间窝骨质连续性中断、错位、畸形,‘T’形改变”,以

"右股骨远端骨折"收住入院。

专科检查：右侧肾区皮肤擦伤约6 cm×4 cm，右腘窝处有一长约1.5 cm、深0.2 cm撕裂伤口，胫骨前缘处皮肤长约5 cm、深约0.2 cm撕裂伤口，皮肤颜色如常，趾甲床无苍白及青紫，皮肤弹性良好，皮温如常，膝关节上方约2 cm处压痛明显，局部轻微肿胀，各趾及踝关节活动良好。

初步诊断：(1)右股骨远端T形骨折；(2)右下肢软组织撕裂伤；(3)右肾区皮肤擦伤。

入院后给予清创缝合止血，13:30再次拍片，将片送往B医院，15:00 B医院回电话：患者骨折位置离关节太近，手术难度大，在乡下卫生院无法进行。数次向患者及其家属说明应转院，但都拒绝。在三番五次的劝说下，家属最后同意转院，于9月15日11:00转B医院。

患方陈述：在伤势实在得不到控制的情况下，经家属再三催促，直到15日12:00才转院。13:00到转院，16:00拍片后大夫检查，说在卫生院耽误时间太久了，丧失了本病的最佳治疗时机。建议转B医院或C医院。但L大夫说D医院有他的同学，遂于16日送D医院。16日11:50做了通血管手术。后经多日观察治疗病情仍在继续恶化，于10月16日做了第一次截肢手术。截肢后伤口仍化脓感染，于11月4日又进行了第二次高位截肢手术。11月26日出院。

D医院出院证明书诊断：(1)右腘动脉损伤；(2)右股骨干下段骨折；(3)右下肢软组织损伤；(4)右小腿筋膜间隙综合征。

入院后经抗感染、消肿、改善微循环、腘动脉栓塞溶栓术、抗凝、切开引流等治疗，患肢逐渐坏死。经全院专家会诊，于同年10月16日行右股骨中下段截肢术。术后2周出现残端肌肉坏死，创面扩大，保守治疗愈合无望。全院专家再次会诊，于11月4日再次行右下腿中段截肢术。术后抗感染、止血、支持、换药治疗，伤口愈合尚可，无明显特殊不适，患者要求出院，于11月25日出院。

二、矛盾焦点

患方：医方误诊误治，加速了血栓形成、感染；延误治疗时间，导致截肢。

医方：患者伤势严重，入院后积极诊治；让患者立即转院，患者及其家属不同意。不构成医疗事故。

三、案例评析

1.医方诊断患者为“右股骨远端T形骨折、右下肢软组织撕裂伤、右肾区皮肤擦伤”是正确的,但漏诊了血管损伤,未考虑到血栓形成,属医方过失。

2.患者在卫生院住院时间长,从9月13日12:00住院,至9月15日11:00转院,计47 h。未及时将患者转至有条件的医院,延误了最佳治疗时机。

3.卫生院条件差,诊断、治疗有困难。未及时转院与患方也有关系。

4.由于医方的以上过失,导致患肢血栓形成、坏死,最后在他院截肢,给患者造成损伤。医方的过失行为与患者损伤有直接因果关系,医方应负次要责任。

案例五十五

一、病史摘要

患者,男,37岁,主诉“左膝关节红、肿、热、痛伴活动困难4 d,加重 d”,于××年10月30日急诊入住A医院外科。

体查:T 37.7 ℃,P 120次/分,R 28次/分,BP 15.5/12 kPa,左膝关节局部红肿、发热,关节疼痛剧烈,压痛明显,触之有波动感,浮髌试验(+),关节活动障碍,远端血运、感觉、运动正常。

辅助检查:(1)膝关节腔穿刺有少量白色黏稠浓液;(2)WBC 11.9×10^9/L;(3)X线检查左股骨下段后缘及胫骨上段前缘毛糙,髌骨下缘处软组织骨化影。

入院诊断:左膝急性化脓性关节炎。

10月30日术前总结:手术方式为“关节腔切开引流术”,患者签字“同意手术”,患者妻子在麻醉同意书上签字。同日在单侧腰麻下行“膝关节切开冲洗置管术”。依次切开皮肤、皮下、内侧付韧带，向上切开肌间隙，直达股骨髁上，钻孔取少量骨髓，胫骨结节内侧钻孔取少量骨髓，急送化验室镜检，回报未见异常，无骨髓炎迹象，缝合骨膜。切开关节囊，见有约40 mL白色脓液溢出，将髌骨脱位，仔细冲洗关节腔，切除先性增厚的滑膜组织，加压冲洗关节腔，于内侧戳进关节放置引流管于后内侧，于髌骨下外侧引进引流管，依次关闭关节腔，缝合，加压包扎伤口。长腿石膏托外固定，抗感染、止血、支持、对症治疗。10月31日查尿糖(+++)，11月3日病程记录：患者诉三年来血糖忽高忽低，入院后查血糖为17.8 mmol/L，此日查空腹血糖为18.2 mmol/L，考虑为2型糖尿病，给降糖药物。

患者入A医院后下午体温高。11月12日行二次切开冲洗置管引流术，术前诊断：“左膝急性化脓性关节炎”。11月22日病程记录：小腿内上侧有一弥漫性肿胀区，约4 cm×3 cm，穿刺得脓性分泌物，行左下腿脓肿切开冲洗引流术。住院57 d，患者及家属要求出院。于同年12月25日出院。出院诊断：(1)左膝急性化脓性关节炎；(2)左下肢骨髓炎待排；(3)左外踝下张力性水疱并感染；(4)糖尿病(2型)活动期；(5)左小腿广泛软组织感染。

12月25日转到B医院治疗，诊断“慢性骨髓炎”。第二年2月8日赴C医院治疗，诊断“慢性骨髓炎”，经手术治疗70 d余，仍未痊愈，回家用药7个多月才基本痊愈。

二、矛盾焦点

患方：医方违反了急性化脓性关节炎的诊疗护理操作常规，未规定手术时要做钻孔取髓，患者及其家属坚决反对钻孔取髓，但医生执意钻孔取髓，造成骨髓炎，且对手术造成的骨髓炎漏诊，延误治疗机会，成为慢性骨髓炎。

医方：根据临床分析，患者左下肢急性化脓性关节炎与骨髓炎是合并发生的，采取骨质钻孔探查是必要的和正确的，无医疗过失行为。患者骨髓炎是其特殊体质所致，与钻孔治疗无因果关系。

三、案例评析

1.患者病历原件丢失，补写的病历与原件复印件相比有明显的伪造，如原件病历入院诊断只有“左膝急性化脓性关节炎”，补充诊断“糖尿病2型”，手术名称为“膝关节切开冲洗置管术”；补写的病历入院诊断为“①左膝急性化脓性关节炎、②左胫腓骨上段骨髓（炎）待排；③左外踝下后方张力性水疱并感染”，手术名称为“左膝关节切开冲洗置管术、胫骨上段股骨下段钻孔探查术”。医方违反了《医疗事故处理条例》第九条、《医疗机构病历管理规定》第五条、《病历书写基本规范（试行）》第三条的规定。

2.患者被诊断为“左膝急性化脓性关节炎”，医方不应施行“钻孔取髓术”，系违规操作，手术方式不当。

3.术前谈话中并未告知患者及其家属行“钻孔取髓术”，术中患者坚决反对，但医方坚持执行，违反了《医疗事故处理条例》第十一条的规定。

4.由于医方以上违规，加重了患者的痛苦，与骨髓炎的形成、关节损伤有因果关系，医方应负主要责任。

5.患者原有“左膝急性化脓性关节炎、糖尿病（2型）”，也是发生骨髓炎的原因之一；关节功能障碍与原有疾病本身的自然转归有关。

案例五十六

一、病史摘要

患者，男，46岁，主诉“间歇性腰部疼痛伴双下肢麻木剧痛10年，症状加重20 d”，于××年1月11日入住A妇幼保健站。前一年7月在B医院行腰部CT检查，诊断为“（1）L3-L4椎间盘突出偏左型；（2）L4-L5椎间盘膨出；（3）L5-S1椎间盘轻度膨出；（4）腰椎椎体和小关节增生”。

体查：脊柱强直向左弯，L3-L4、L4-L5、L5-S1椎旁压痛明显，叩击痛阳性并向双下肢放射性麻木疼痛，大腿后外侧、小腿后外侧痛觉减弱，足背痛觉消失，左侧胫前肌、胫后肌肌力Ⅰ－Ⅱ级，伸足拇长肌、伸趾短肌肌力0－Ⅰ级，腓肠肌、比目鱼肌肌力Ⅰ－Ⅱ级，右侧股四头肌肌力差，胫前肌、胫后肌肌力Ⅱ级，腓骨长短肌肌力0级，趾屈肌腱肌力Ⅰ级，屈颈试验阴性，挺腹试验、腰功能活动度检查无法完成，双下肢直腿抬高试验"零"度。

初步诊断：(1)L3–L4、L4–L5、L5–S1椎间盘突出；(2)L4–L5、L5–S1椎管狭窄。

诊疗计划：(1)腰椎三维立体牵引，水平66 mm，倾角－10°，转度8°；(2)术后西药抗感染、脱水、活血化瘀、对症治疗；(3)术后3 d推拿、理疗。

病人亲属与谈话医师签署《腰椎间盘突出症电脑牵引治疗协议书》。

同年1月14日病程记录：患者昨日下午行牵引，牵引后疼痛减轻，但双下肢仍麻木、发软无力、缩腿无力，无力抬起情况依旧。下午小便不能自排，留置导尿管。大便有自遗现象。

1月16日请C医院院长会诊，诊断为三维立体牵引后马尾损伤综合征。17日查房记录：从昨日早晨至今日再未发生大便失禁。

1月18日上午请D医院教授会诊，建议病人到上级医院进一步诊治。1月18日9:00出院。

同年1月19日入住E医院骨科。

门诊行MIR检查示：腰4–5椎间盘突出症。

骨科检查：腰3–4、腰4–5、腰5–骶1棘突、棘间及椎旁除压迫酸困外，无压痛及下肢放射痛，局部叩击痛(－)，腰部活动受限。肛周及双大腿后侧痛温觉消失，双小腿及足背感觉明显减退，足底感觉消失，双足背内侧缘痛觉过敏。双下肢直腿抬高试验因怕加重神经损伤未进行，肛门括约肌刺激无收缩。肌力测定结果见检查表。腹壁、提睾、双膝腱反射均正常，跟腱反射消失，病理反射未引出，双下肢末梢循环正常。

诊断：(1)腰椎管狭窄；(2)腰4–5椎间盘突出症并不全瘫痪。

诊疗计划：制动、平卧硬板床休息；防感染、支持、对症等药物治疗；行椎管减压、椎间盘摘除术。

患者家属要求转上级医院治疗，于1月20日自动出院。

同年1月20日入住F医院脊柱外科。诊断：L4、L5椎间盘突出并截瘫（完全性）。同年1月22日行“脊髓探查术及腰椎间盘髓核摘除术”。术后伤口愈合好，瘫痪有所恢复，但损伤平面下肌力无恢复。家属要求出院，于同年2月9日出院。

二、矛盾焦点

患方：腰腿痛入院，医方未做全面检查，诊断不清，术前未行告知义务，盲目牵引，致“下肢全瘫”；事故发生后，没引起大夫的重视，既不详细检查，又不迅速采取有效措施，耽误了最佳治疗时间；病历记载严重失误和疏漏，伪造；牵引治疗是否系保健站的职责（？）；设备是否合格（？）；不服××市医学会“不构成医疗技术事故”的鉴定结论。

医方：F医院诊断患者为“腰椎间盘突出症”，B医院诊断“（1）L3-L4椎间盘突出偏左型；（2）L4-L5椎间盘膨出；（3）L5-S1椎间盘轻度膨出；（4）腰椎椎体和小关节增生”。患者符合三维牵引治疗的适应证，无明显禁忌证，向家属告知疗效及意外，家属签字同意。严格按照操作规范治疗，无过失。患者出现“马尾综合征”是不能避免和防范的并发症。

三、案例评析

1.医方具有合法的医疗机构执业许可证及腰椎三维牵引设备，经治医师具有合法的医师资格证及执业医师执业证书，并到外地进修学习，具备腰椎三维牵引的资质。

2.医方根据症状、体查及CT片，诊断患者为腰椎间盘突出症，行腰椎三维立体牵引治疗，诊治基本符合原则，无明显违法违规行为。

3.根据CT片，患者为中央型腰椎间盘突出、低位脊髓。牵引后患者出现马尾综合征，与原有疾病（中央型腰椎间盘突出症）的病理变化及体质特殊（低位脊髓）有关。

胸外科

案例一

一、病史摘要

患者,男,17岁,××年9月20日19:20左右被人用刀刺伤腰背部,19:50就诊于A医院,医师对其进行了输液、缝合伤口等处理,收住外科,血压测不到,输液。因病重,未做CT。21:25左右被护送至B医院,因病危,未办理入院手续,将病人直接抬入CT室进行简单查体后,21:29开始对患者胸部进行CT扫描,发现右胸腔有大量血、少量气,立即安排化验人员到CT室采血、查血型,做术前准备。此间,医患双方因CT交费问题有争议,但根据医方提供的CT片判断,这期间CT检查没有中断。21:47腹部扫描结束。CT诊断:(1)右侧大量血(气)胸;(2)肝破裂(?)。22:05左右,患者被送入手术室。皮试、吸氧,并准备麻醉药品、抢救药品、输血,切开双侧大隐静脉加压输血600 mL。22:50左右行胸腔闭式引流,引出积血约4300 mL,过滤后约3000 mL自体回输(实际输入1000 mL左右)。此时血压40/20 mmHg,脉搏摸不到,呼吸抑制,即行气管插管辅助呼吸,抗休克、止血。9月21日0:20左右自主呼吸基本恢复,送回病房,1:10左右,呼吸停止,抢救15 min无效,于1:25死亡。

9月20日22:10首次病程记录:患者以"右胸壁右背部刀伤3 h"由A医院转B医院。查体:P测不到,BP 40/20 mmHg,R 30次/分,神志不清,躁动不安,重度贫血貌，五官端正，双瞳等大等圆，对光反应迟钝，右胸12棘突旁开有3 cm的锐性裂口（已缝合），右第4腰椎棘突右侧有3 cm锐性裂伤（已缝合），右上腹有压痛，无反跳痛，无肌紧张，肠鸣音弱，全身衣服被血浸透。CT报告：（1）右侧血气胸；（2）肝破裂可疑。血型"O"。初步诊断：（1）右侧血气胸（大量）；（2）失血性休克；（3）右胸壁锐器伤，右背部锐器伤；（4）腹内脏器损伤不排外肝破裂（？）。诊疗计划：（1）下病危通知家属；（2）急诊行胸腔闭式引流术。经术前小结，家属签字同意，于9月20日22:15行胸腔闭式引流术。入室后急行双侧大隐静脉切开加压输血，氯胺酮全麻入睡后取右侧腋中线8-9肋间行右胸腔闭式引流，接两个引流瓶引流出大量血液，计算约4300 mL，其中3000 mL过滤后还输，加压输入本院"O"型血600 mL，术中一直处于休克状态且呼吸抑制，故行气管插管辅助呼吸。因休克一直未能纠正，故未能行胸腔探查。9月21日0:05呼吸好转后送回病房，继续抗休克治疗，全力抢救，再次给家属交代病情。1:05呼吸心跳骤停，抢救15 min无效，于1:25死亡。死因：右侧大量血气胸、失血性休克。

公安局刑事科学技术鉴定书：尸表检验，颜面及尸体皮肤苍白。右腋中线，腋下17 cm处有长3.5 cm缝合三针伤口，深达胸腔。解剖检验："1"字形剖开胸，腹腔见右胸腔有约2000 mL血性液及凝血块，右肺下叶外下端外侧有长1 cm创口，贯通于内侧（长1 cm），其余脏器未见异常。腹腔、盆腔干净，未见明显损伤。结论：患者系单刃锐器刺创致右肺破裂失血性休克而死亡。

二、矛盾焦点

患方：医方刁难，故意延误检查、抢救时间，CT检查延误10 min左右，没有及时保证输血，在手术室等待、延误达2 h；诊断有误，医方诊断肝破裂、腔静脉血管破裂、开放性血气胸，但尸检死因为右肺部下叶外下端外侧有长1 cm创伤，右肺部破裂失血性休克死亡；未履行告知义务，隐瞒病情及救治措施，未告知病危。

医方：诊断明确，因患者病情危急，采取超常措施，在全部欠费的情况下相关科室人员积极配合，全力以赴抢救，措施恰当。患者伤势过重，死于"右侧大量外伤性血(气)胸重度失血性休克”。

三、案例评析

1.患者于9:25左右被送达B医院,未办理入院手续,立即抬入CT室检查,第一张胸部CT扫描时间为“××/9/20 9时29分57秒”,最后一张腹部CT扫描时间为“21时44分55秒”。诊断:(1)右侧大量血气胸,失血性休克;(2)肝破裂(?)。约经20 min进入手术室。

2.进入手术室后,22:10急行①右胸腔闭式引流术、②静脉切开术。引流出大量血液,约4300 mL,将其中3000 mL还输。

医方以上抢救措施基本合理、及时。

3.医方无胸外科医师,没有遇到过如此严重的胸外科急症,认知不足,没有条件处置,未告知患者家属,也没有及时请外院胸外科专家处置或转院。

4.若不能转院,没有及时、积极地设法开胸探查、止血,丧失了有可能挽救患者生命的一线希望,是导致患者死亡的因素之一,医方负有一定责任。

5.患者9月20日19:20左右受伤,送到B医院,已经超过2 h。医方胸腔引流引出4300 mL血液,长时间处于严重失血性休克状态,病情十分危急,虽经医方积极抢救,但难以救治,这是造成患者死亡的主要原因。

案例二

一、病史摘要

患者,男,55岁,“因车祸致胸痛、气短、神志不清6 h”于××年3月23日21:30入A医院,急诊以“胸部外伤,左肋骨骨折,创伤性湿肺”收住。急诊科给予清创缝合眼部及额部伤口、止血对症治疗。头颅CT检查未见颅内出血,胸片示左侧多发肋骨骨折、左侧创伤性湿肺。

查体:BP 125/75 mmHg,神志模糊,烦躁,精神差,急性痛苦病容,平卧位,平车送入病房。左侧颜面部及左侧下眼睑裂伤已清创缝合包扎，无渗血。呼吸运动减弱，左侧胸背部压痛明显。左肺叩诊清音，左下肺叩诊略浊，左下肺呼吸音减弱，可闻及湿啰音。心率116次/分，律齐。

入院诊断：(1)胸部外伤，左肋骨骨折并血胸、肺挫伤、心脏挫伤(？)；(2)急性闭合性颅脑损伤；(3)左眼下睑裂伤；(4)颌面部皮肤裂伤。

入院后给予吸氧、心电监测、止血、预防感染等治疗。24日1:00、12:40别给予杜冷丁50 mg肌注，后复查CT示胸腔积血增多，行左侧胸腔闭式引流术。患者突然于3月24日20:20发生呼吸、心跳骤停，终因病情严重，经积极抢救无效，于当日21:25临床死亡。

死亡诊断：(1)呼吸循环衰竭；(2)严重胸外伤，创伤性窒息，心脏挫伤[创伤性心梗(？)]，左5、6肋骨骨折，肺挫伤，大量血胸，主动脉增宽动脉夹层瘤(？)；(3)急性闭合性颅脑损伤、脑干损伤(？)；(4)左眼睑裂伤；(5)颌面部皮肤裂伤；(6)高血压；(7)糖尿病。

二、矛盾焦点

患方：医方对患者的病情变化及预后的严重性缺乏认识，诊断不明确，医务人员严重不负责任，是致人死亡的根本原因。医方违反护理规范和常规，诊疗措施处理不当，致使患者死亡。医方未履行告知义务，侵犯患者及其亲属知情同意权。构成医疗事故。

医方：患者是以严重胸部外伤为主的多发伤，且合并多种慢性疾病。入院后抢救及时，符合医疗、护理常规和规范。患者死亡与医疗行为之间无因果关系，不属于医疗事故。

三、案例评析

1.患者为胸部重度外伤，左第5、6肋骨骨折并血胸，肺挫伤，心脏挫伤，患者有高血压、糖尿病史，心电图示左前分支传导阻滞，多种伤病共存，病情极其危重，患者随时可死亡。

2.根据临床表现及CT片，患者原患有胸主动脉夹层动脉瘤，此病极少见，动脉瘤破裂难以抢救,很快死亡。患者直接死亡的原因是外伤致胸主动脉夹层动脉瘤破裂,引起大出血、血胸、心包填塞,心跳、呼吸骤停。患者死亡与医方的诊治、抢救无关。

3.医方存在以下失误,但与患者的死亡无因果关系:患者为重型胸外伤,且有高血压、糖尿病史,对病情的观察、记录、向家属告知不够,死前才下病危通知;两次注射杜冷丁掩盖了病情;病历记录不准确。

案例三

一、病史摘要

患者,男,30岁,主诉“发现心脏杂音12年”收住A医院。入院前一年在外院超声检查提示室间隔缺损。劳累后易出现心悸、气短,但无口唇发绀、咳嗽,无下肢浮肿。

体查:T 36.2 ℃,P 72次/分,R 20次/分,BP 14.5/9.3 kPa ,心前无隆起,心尖搏动部弥散,胸骨左缘3、4肋间可触及震颤,并向锁骨下及腋下传导,心脏相对浊音界向左、右扩大,心率72次,律齐,胸骨左缘3、4肋间可闻及Ⅸ/6级收缩期杂音,肺动脉瓣区第二音亢进。

初步诊断:(1)先天性室间隔缺损;(2)肺动脉高压。

经术前准备,家属签字同意,于××年7月9日在全麻低温体外循环下行“室间隔缺损修补术＋动脉导管未闭缝合术”。术中切开右心房探查,见室缺为干下型,缺损直径约2 cm,缺损以补片修补之,剪以与缺损大小相同之涤纶补片,上缘以带垫片褥式缝线缝合修补之,垫片置于肺动脉窦。其余边缘以4/0 Prolene缝线连续缝合修补之。切开肺动脉探查,见动脉导管未闭,开口直径约0.4 cm,以带垫片缝线褥式缝合2针,关闭导管。手术过程顺利。术后病情好转,心脏功能恢复良好,心脏各瓣膜区未闻及病理杂音,双肺呼吸音正常,各方面恢复良好。于7月23日出院。

10年后2月25日B医院放射科检查报告:左肺膈上内带可见一针形异物影。

10年后4月2日C医院食道超声心动图示波报告:右室异物(针和线)。

12年后5月26日D医院EBCT诊断报告:肺动脉段及左心室处有条状高密度影。

12年后5月31日E医院放射科检查报告:(胸部正位片)肋膈角与左心重叠处见弧形金属影。

二、矛盾焦点

患方:××年7月9日医方给患者行室间隔缺损修补术和动脉导管结扎缝合术。术后心脏经常犯病,胸闷、心慌、心律失常等,不能正常上班。10年后2月25日在其他医院检查左肺膈上内带见一针形异物影,C医院诊断:左室异物(针和线)。异物完全由医疗过失造成。

医方:病情诊断正确,手术适应证明确,治疗科学合理。如确实留有缝针,我们深感抱歉。但遗留缝针并未对患者造成生理上的伤害,更不会引起心律紊乱,多次彩超检查心功能很好。

三、案例评析

1.患者于××年7月9日在医方行"室间隔缺损修补术+动脉导管未闭缝合术",此后患者再无胸部手术史。

根据10年后2月25日胸部正位X片、10年后3月16日X胸片、10年后3月21日胸部CT片、12年后5月26日胸部CT片、12年后5月31日胸部正位X片等影像材料,心尖部可见明显的针形金属密度异物影。此针形异物为医方××年7月9日为患者行心脏外科手术时所遗留,与医方的手术过失有直接因果关系,医方应负全责。

2.患者现有三尖瓣关闭不全,是本身肺动脉高压长期存在的结果。患者目前存在的症状与胸腔内残留的针形异物无因果关系。

案例四

一、病史摘要

患者,男,38岁,××年4月23日22:00入住A医院。

主诉:车祸致伤胸部,后胸痛、气短1 h。

体查:T 37 ℃,P 133次/分,R 28次/分,BP 80/50 mmHg,急性痛苦病容,面色苍白,被动体位,头颅、五官、腹部未见异常。胸部对称无畸形,双侧呼吸运动减弱,左侧第3、4、8肋及右侧第8肋处胸壁肿胀明显,压痛明显,可触及骨擦感,胸廓挤压试验阳性,右肺叩诊浊音、听诊呼吸音减弱,未闻及干湿啰音。脊柱无畸形,生理弯曲存在,左侧肩胛骨处软组织肿胀,压痛明显,四肢未见畸形及活动异常。生理反射存在,病理反射未引出。

X线片示:(1)左侧第3、4、8肋,右侧第8肋骨折;(2)左肩胛骨骨折;(3)左侧气胸;(4)右侧胸腔积液;(5)两肺挫裂伤;(6)胸部皮下积气。

腹部B超检查示:双侧液气胸。

诊断:(1)创伤性休克;(2)多发肋骨骨折;(3)左肩胛骨骨折;(4)左侧气胸;(5)右侧胸腔积液;(6)双肺挫裂伤。

入院后纠正创伤性休克,吸氧,吸除呼吸道内分泌物,消炎、止血、止痛、抗感染、对症、支持治疗并心电监护,密切观察病情。

5月12日记录:今日复查B超(右侧胸腔积液),并根据B超定位在换药室局麻下行胸膜腔穿刺治疗,未抽出积液、积气,手术顺利,患者生命体征平稳,无胸痛、呼吸困难等症状。

患者病情仍重,5月19日全院会诊:(1)诊断明确,原发性肺挫伤后右侧中下叶实变,感染中毒性休克;(2)治疗措施得当及时;(3)给予克林霉素0.9,病毒唑0.5,头孢哌酮纳等静滴。可给白蛋白、粒细胞刺激因子等。

病情较重向家属交代。家属坚决要求转院。5月20日20:30患者在转院搬运途中突发心跳、呼吸骤停，抢救40 min无效，21:10临床死亡。

二、矛盾焦点

患方：患者在做肺穿刺前病情稳定，日渐好转，行肺穿刺后当即咳出鲜血，此后高烧不止，病情恶化，直至死亡。未对病人会诊即行穿刺。家属要求转院，医方推诿。患者死亡，医方难辞其咎。

医方：诊治措施得当，患者死因包括肺挫伤致病毒感染、急性呼吸循环衰竭、感染中毒性休克。属于正常死亡，不属于医疗事故。

三、案例评析

1.医方经检查对患者的诊断正确：①创伤性休克；②多发肋骨骨折；③左肩胛骨骨折；④左侧气胸；⑤右侧胸腔积液；⑥双肺挫裂伤。患者伤情危重，入院后给予纠正创伤性休克、吸氧、抗感染、抗病毒、对症、支持等治疗，符合治疗规范。

2.患者有胸腔积液，复查发现患者有多发包裹性积液，行胸腔穿刺抽取液气符合诊疗常规，医师穿刺操作规范。穿刺不一定能抽出液气。穿刺与患者病情加重、死亡无因果关系。

3.肺挫裂伤肯定会引起感染。患者在转院途中突发心跳、呼吸骤停，经抢救无效死亡。死亡原因是其严重的双肺挫裂伤、感染中毒性休克，与医方的诊治行为无因果关系。

案例五

一、病史摘要

患者，男，38岁，就诊时间××年1月21日8:03。

主诉：腹痛、腹胀、胸闷、气短2 d。因饱食后出现上腹部胀痛、胸闷，活动后气短，于今日下午腹痛、腹胀加重，遂来A医院门诊就诊。既往体健。

检查：体温未测，R 22次/分，P 90次/分，血压120/80 mmHg，神志清楚，双肺呼吸音清，干湿性啰音未闻及，心律齐，杂音未闻及，剑突下有压痛，余未见阳性体征。心电图示未见明显异常，白细胞12.3×10^9/L，腹部平片未见。

初步诊断：(1)急性胃炎(?)；(2)消化不良(?)。

心电图示未见明显异常；WBC 12.3×10^9/L；阿托品0.5 mg即刻肌注，静滴5% GS 250 mL、丁胺卡那0.6，维生素K_3 12 mg、替硝唑100 mL、雷尼替丁25 mg。1月21日21:00记录：经消炎、解痉治疗腹痛有所缓解，仍腹胀。查剑突下有压痛，余未见阳性体征。请普外科会诊，查体后同意诊断，给胃复安10 mg肌注。1月21日9:40患者仍述腹胀，剑下压痛，两天未排便、未通气，遂拍腹部平片，未见明显异常。嘱家属给腹部按摩后，患者入睡。23:25记录：患者于23:25许上卫生间后在观察床上躺下，突然呼吸困难，面色发绀，家属呼救。查：桡动脉、颈动脉搏动消失，遂入抢救室抢救。血压测不到，心音、呼吸音消失。给吸氧，胸外按压1个周期，无心跳、呼吸，即给电除颤2次，肌注肾上腺素2 mg，继续心肺复苏，总计约30 min，经抢救无效，于23:55宣布死亡。

司法医学鉴定中心司法鉴定意见书：患者系因升主动脉夹层动脉瘤破裂伴心包填塞而死亡。

二、矛盾焦点

患方：医方误诊误治，用药失误，抢救时没氧气，导致患者死亡，属医疗事故。

医方：我院诊断思路明确，用药治疗得当，诊疗行为无过失，患者系因主动脉夹层动脉瘤破裂出血导致心包填塞死亡，与我院的诊疗行为无因果关系。

三、案例评析

1.患者尸体经法医病理解剖检查后得出结论：患者系因升主动脉夹层动脉瘤破裂伴心包填塞而死亡。胸主动脉瘤诊断困难，一旦破裂，病情极其危急凶险，可出现休克、心包填塞等很快死亡，来不及救治。胸主动脉瘤破裂患者死亡，在现有医学科学技术条件下无法预料。

2.患者到医方急诊,主诉腹痛、腹胀。没有主动脉瘤的特异症状。心电图对夹层动脉瘤的诊断并无意义。所用药物与患者夹层动脉瘤破裂死亡无因果关系。

3.医方有以下过失:心电图报告者无执业医师资质;抢救室未及时备好氧气;医疗文件书写有误,包括初诊日期,门诊治疗单患者姓名、阿托品剂量,心电图、检验单患者姓名等。但这些过失与患者死亡无因果关系。

案例六

一、病史摘要

患者,男,18岁,因胸部被锐器刺伤1 h,于××年5月12日23:00入住A卫生院。

体查:T 36.7°C,P 80次/分,R 20次/分,BP 15/10 kPa,神志清醒,精神差,痛苦病容,自动体位;全身皮肤无黄染及出血点;胸骨右缘第5肋间处有一长、深各1 cm的裂口,边缘整齐,流血不止;两肺呼吸音清,心音有力,律齐,无杂音;腹软,肝脾未触及;脊柱四肢无异常。

放射线检查:胸片后前位两肺及心膈正常。

B超提示:肝、胆、脾、双肾未见异常。

诊断:右胸部锐器伤。

治疗:常规消毒后清创缝合,TAT皮试阳性(+),脱敏注射,预防感染,能量合剂,对症治疗,病情稳定。

14日8:00从厕所回病房后突感胸痛、心悸、气短,呕吐,四肢厥冷,口周发绀,面色灰白,血压测不到。急会诊考虑胸膜破裂、血气胸。给吸氧、升压改善微循环,对症处理(家属称:抢救时盲目做胸外按压),血压升至100/80 mmHg,病情稍有好转,建议转院,家属同意后于14日11:00转B医院。

B医院检查CT示:(1)前纵膈金属异物,伤及心脏;(2)纵膈积液;(3)双侧胸腔积液。诊断:(1)胸部刀刺伤;(2)心脏刀刺伤;(3)低血容量性休克;(4)纵膈金属异物;(5)纵膈积液;(6)胸腔积液。又急转至C医院死亡。

二、矛盾焦点

患方:患者胸部被刀片刺伤,A卫生院草率诊治,未发现伤口中残留的刀尖,抢救时多次按压胸部,使刀尖刺伤心脏死亡。

医方:患者及其家属提供病史不真实,医方无诊疗过失。

三、案例评析

1.患者5月12日22:00许受伤,于23:00到A卫生院诊治,该院给予体查和投照后前位X胸片、B超、血常规、肝功等检查,诊断为右胸部锐器伤,给予清创缝合、TAT脱敏注射、止痛、补液、抗菌、能量合剂等治疗,符合胸部外伤的处理规程。

2.患者胸部存留锐器断端的病史不清楚;由于条件所限,乡卫生院50mA X光机所拍胸片初诊未见异常。即使拍摄侧位胸片,也难发现胸内金属异物。

3.患者于5月14日8:00上厕所回病房后突感胸痛、心悸、气短,口唇发绀,血压测不到。医方急行会诊紧急处理,血压升至100/80 mmHg,病情好转,经家属同意后转县医院。医方的医疗行为是恰当的、合理的,与病情突然加重无因果关系。

4.5月14日11:03 CT检查示:双侧胸腔少量积液,心包积血呈填塞状影,骨窗片8、9层面胸骨正中可见高密度金属影,尖端指向正中偏左的心脏。此时并无大出血达数千毫升。14日晨病情变化,是患者上厕所下蹲挤压,造成刀尖刺入心脏所致。

5.5月14日晨当患者病情突然加重时在胸前按压,在不知患者胸部有异物的情况下,实施紧急抢救并不违规。

案例七

一、诊治过程

患者,女,27岁,于××年2月4日收住A医院。

主诉:左侧胸痛伴咳嗽、咳痰、气急明显1个月余。

检查:T 36.8C,R 19次/分,P 82次/分,BP 12.0/8.0 kPa;胸廓左侧呼吸动度、语颤较右侧弱,左第2肋至第5肋间叩诊呈实音,听诊呼吸音低,双肺无啰音。××年1月29日门诊胸片示左侧膈膨升、致密影,CT示左侧胸腔巨大囊性病变:肺包虫病、肺囊肿。入院前1天卡松尼试验(+)。

入院初步诊断:左肺包虫病。

经术前讨论、准备,于2月9日9:30行“左肺包虫内囊摘除、左胸闭式引流术”,取左第4肋间前外侧开胸切口,切开皮肤长约18 cm,常规进胸,见左肺有一约15 cm×10 cm囊肿,用纱布垫保护囊肿周围的肺组织,用穿刺针穿刺抽出包虫液约1200 mL,内囊注入10%氯化钠溶液约500 mL,保留20 min后吸出,切开外囊,将内囊完整全部取出,将游离部分外囊切除,在直视下将残余外囊腔经折叠内翻两层缝合,胸腔内倒入盐水清洗,在腋前线第7肋间置一胸管,清点纱布器械无缺,逐层关胸,术闭。给予止血、抗感染、对症治疗。术后第二天10:00出现左侧皮下气肿,呼吸困难,考虑为张力性气胸。12日行左侧胸腔闭式引流术,在左锁中线第2肋间切开皮肤约2 cm,分离皮下组织及肌层,插入胸管,外接水封瓶。术后呼吸改善,皮下气肿消失。多次复查胸片、B超,并5次行胸腔积液穿刺术,症状改善。考虑积液可自行吸收,于同年3月19日出院。

第二年5月29日入住B医院,主诉“咳嗽、咳痰、胸闷、气短2个月余”。

查体:T 38.6 ℃, P 108次/分,R 22次/分,BP 100/70 mmHg,左侧胸廓略饱满,呼吸运动减弱,叩诊第10背肋以上呈鼓音,呼吸音消失,右肺呼吸音粗,双肺底可闻及大量湿啰音,心脏右移。

胸部CT示:(1)左侧胸腔术后改变,胸腔大量积气,胸膜广泛肥厚、粘连;(2)右下支气管感染。

胸片示:(1)左肺术后改变;(2)右胸膜改变;(3)左肺包虫病复发。

入院初步诊断:(1)左肺包虫病术后;(2)左肺自发性气胸;(3)左下肺包虫。

5月30日下午行胸腔闭式引流;6月13日胸穿;6月16日行"左下肺包虫囊肿外引流术",取左侧6~7肋间腋前线切口长约6 cm,进入包裹积液腔,抽出约200 mL黄色混浊液体,术中证实为左肺包虫复发合并感染,盐水冲洗囊腔,置外引流,器械敷料如数,关胸。术后抗感染治疗,病情平稳,要求带药回家休养,于7月3日出院。

9月1日主诉"咳嗽、咳痰、气短伴左胸痛3个月余"入住C医院。

查体:T 37.2 ℃, P 86次/分,R 22次/分,BP 13/9 kPa ,左侧腋中第7、8肋间有一胸腔闭式引流管,左侧呼吸运动、呼吸音减弱,叩诊浊音。诊断"脓胸"。给予急诊左侧胸腔闭式引流术、对症、抗菌治疗。病情好转出院。

第三年10月5日以主诉"先后两次肺包虫术后,间断左胸背剧烈疼痛2年余"入住C医院。

查体:T 36.5 ℃,P 88次/分,R 19次/分,BP 142/90 mmHg,左前胸部可见一16 cm长斜形手术切口,愈合良好,左腋下第7肋间见长约8 cm手术切痕,瘢痕愈合。

初步诊断:(1)左下肺包虫术后复发(复杂型、多发型);(2)左上肺脓肿;(3)左上肺舌段部分实变;(4)左胸内异物;(5)左肺肿瘤;(6)左侧慢性脓胸术后。

2001年10月16日行左侧开胸探查、左下肺包虫切除、左上肺脓肿切除、左胸内异物取出、部分胸膜切除术。首先将胸膜粘连分离,充分游离左肺,逐个切开肺包虫外囊,抽出囊内液体,取出内囊,缝合支气管瘘口,以大量生理盐水冲洗。然后钝性加锐性分离左上肺尖后段主动脉弓平面胸膜腔内肿物,切开肿物吸出黏稠脓液约300 mL,见脓腔内异物纱布残留,取出纱布,切除脓肿,并切除部分增厚胸膜,大量生理盐水、甲硝唑液彻底冲洗胸腔、止血。于第8肋间腋后线放置上下胸腔闭式引流管各一根。清点器械、敷料无误,依次关胸,术闭。术后应用抗生素、胸腔闭式引流和对症治疗。病人恢复顺利,无不适主诉。于11

月6日出院。

出院诊断:(1)左下肺包虫术后复发(复杂型、多发型);(2)左上肺脓肿;(3)左上肺舌段部分实变;(4)左胸内异物;(5)左侧慢性脓胸术后。

患者陈述:自从A医院出院后,一直咳嗽、胸闷、气短、发烧。在C医院手术后,上述症状很快好转,体质很快恢复。

二、矛盾焦点

患方:××年2月9日在A医院行"全麻下经左侧第四肋间前外侧切口肺包虫内囊摘除、胸腔闭式引流术",后出现咳嗽、发烧。B医院诊断"左肺手术后,自发性气胸并感染",第二年5月30日行"左侧胸腔闭式引流术"。第三年10月16日,C医院行"左侧开胸探查、左下肺包虫切除、左上肺脓肿清除术",术中发现在左上肺尖后段主动脉弓平面胸膜腔内有纱布残留,取出纱布,病情好转出院。三年时间,疾病折磨,身心受损,医院有责任。

医方:

A院:手术无差错,胸腔内未留纱布。

B院:患者在本院行第三次手术,不可能把纱布残留在胸腔。

三、案例评析

1.第三年10月16日,C医院为患者行开胸术,切开左上肺尖后段主动脉弓平面胸膜腔内肿物,从中取出纱布。之后,患者很快痊愈。该纱布肯定为医方(A/B医院)手术时所遗留,违反手术操作规范。

2.患者在A医院手术后,仍胸闷、气短,间断发烧,白细胞高,应用抗生素等药物后,症状时好时坏,久治不愈。这说明胸腔内仍有问题。

3.第一年2月9日,A医院为患者行"左肺包虫内囊摘除、左胸闭式引流术",取左第四肋间前外侧开胸,切开皮肤长约18 cm,常规进胸。12日又行左侧胸腔闭式引流术。根据手术切口大、纱布所在位置,胸腔内遗留纱布系A医院手术时所为。

4.第二年5月30日,B医院为患者行胸腔闭式引流,6月13日胸穿,6月16

日行“左下肺包虫囊肿外引流术”，上述手术不可能将纱布放入左侧胸腔左上肺后段。

5.患者第一次手术后长期不愈，与胸腔内手术遗留纱布有直接因果关系。

6.A医院负完全责任。

神经外科

案例一

一、病史摘要

患者,女,58岁,××年11月13日15:40病危入住A医院。

主诉:昏迷1 h。有高血压病史10余年,服药,近2年测血压接近正常,自行停服降压药。

体查:T 36 ℃,P 52次/分, R 24次/分,BP 240/180 mmHg。昏迷,呼之不应,压迫框上神经有痛苦表情,口角左偏,右侧鼻唇沟变浅,双瞳等大等圆,光反应灵敏,颈项强直,双肺呼吸音清,未闻及干湿啰音,心脏、腹部未见异常,左侧肢体无自主活动,右侧肢体肌力D级,右侧巴宾斯基征阳性,布鲁津斯基征阴性。

头颅CT示:左侧外囊区出血并破入蛛网膜下腔。

诊断:3级高血压、脑出血。

入院后给予20%甘露醇脱水,静滴硝酸甘油降压,对症治疗。于11月15日在局麻下行"微创锥颅血肿冲洗术",术程顺利。16日行"血肿粉碎冲洗术"2次。17日行"血肿粉碎冲洗术"1次。17日夜间突发呼吸循环衰竭,经抢救后心跳恢复,呼吸机辅助呼吸,持续静滴升压药。此后4 d的抢救治疗过程中渐出现DIC、急性肾衰竭、消化道出血。11月21日21:37经抢救无效死亡。

二、矛盾焦点

患方:医方在病房内进行微创颅内血肿冲洗术,严重违反手术规程;医生同时用4种降压药使患者血压降至休克,未采取有效措施,延误心电监护及呼吸机辅助呼吸1 h余,错过最佳抢救时机,造成患者死亡。

医方:对患者的治疗抢救方案正确,抢救及时,不存在医疗差错,患者死亡系其本身疾病发展所致。

三、案例评析

1.医方对患者的诊断正确,为3级高血压、脑出血。治疗方案正确,用药合理,行微创锥颅血肿冲洗术,是手术适应证,术后病情好转。无违反诊疗常规的行为。

2.患者病情危重,变化快。死亡原因为重度高血压、脑出血、脑疝形成、中枢性呼吸衰竭、多脏器功能衰竭、消化道出血。患者死亡与医方的诊疗行为无关。

3.医方有以下失误:对病情观察不仔细;向家属交代病情不够;病历记录不规范。但这些失误不是造成患者死亡的因素。

案例二

一、病史摘要

患者,男,55岁,××年7月18日因左上肢前臂内侧肿物数年伴麻木、困胀感到A医院就诊。

查体:左上肢前臂内侧有约2 cm×2 cm大小肿物,表面光滑,活动度欠佳,基底部不清,边缘尚清,触压时有困胀麻木感。

诊断:皮脂腺腺瘤。

在门诊行皮脂腺腺瘤摘除术，术后左手食指出现肿胀、麻木不适感，给予对症治疗并嘱患者进行功能锻炼。

患者因左前臂肿物切除术后手指麻木，疼痛半年于同年12月2日到B医院，门诊以“左侧正中神经、桡神经损伤”收住。

专科情况：左侧前臂掌侧可见约5 cm长手术疤痕，按压疤痕时左侧拇指、食指、中指出现疼痛麻木加重。左手正中神经支配区域皮肤感觉障碍，左侧食指、拇指、中指背侧皮肤感觉障碍。拇指及腕关节屈伸活动正常。左手拇指对掌不能。骨间肌大鱼际肌肉萎缩。右上肢及双下肢各关节无红肿、压痛及功能障碍。皮肤感觉无异常。实验室及特殊检查无异常。

入院诊断：(1)左侧正中神经损伤；(2)左侧桡神经损伤(?)。

同年12月3日在臂丛麻醉下行左侧正中神经探查松解术。术中探查所见：原伤口下方可见约4 cm长正中神经呈疤痕样增粗，直径约1.5 cm，中指屈指肌腱与神经粘连。将神经与周围粘连细心分离，充分游离并用橡皮片保护神经，使正中神经完全游离。打开病变部分神经外膜，见神经束支被疤痕样组织卡压，切取部分疤痕样组织送病理检查。尽可能松解神经束支。

术后病理检查镜下所见：极少量的血块内见变性的神经纤维样细胞，细胞结构不清。

术后诊断：左侧正中神经损伤。

二、矛盾焦点

患方：医方的手术过失，伤害患方左侧正中神经，神经伤处结成疤痕，形成硬块，造成神经粘连严重，使中指不能伸直，神经束支被疤痕卡压，造成患方骨间肌大鱼际肌肉萎缩，手拇指对掌不能，食指肿胀，血脉不通。医方术后不给患者打针输液，把患者当成试验品，根本没有采取任何消炎措施，导致患者神经发炎、肿粗的恶果。

医方：术后出现上述情况，与该皮脂腺腺瘤所处位置特殊有关，系周围组织粘连造成的并发症，我院在医疗活动中并无不妥行为，故不承担任何责任。

三、案例评析

1.医方在手术前未完全尽到告知义务,没有让患方签写手术知情同意书。手术中操作不规范,损伤患者的神经,对患者造成了损害。医方的违规行为与患者术后的功能障碍有直接因果关系,医方应负次要责任。

2.经过B医院的神经探查松解术后,患者术后恢复尚可。

案例三

一、病史摘要

患者,女性,于××年2月2日因头部被刀砍伤15 h,A医院以“头部外伤、颅骨间金属异物”收住入院。伤口在右枕,长2 cm多,深及颅骨并可见砍伤的颅骨外板骨折线,X线片(入院当日)见右枕部片状金属物嵌在内外板之间。决定行“金属异物取出”急诊手术。家属签字后在局麻下进行,术中所见与术前同,异物在板障内,内板完整,未进颅腔,经过顺利(部分手术记录:见伤口正中枕骨上有一金属异物嵌插于颅骨上,颅骨上有2 cm的骨缝,将枕骨沿金属边凿除少许,逐渐暴露金属,见金属异物深达内板,将金属逐渐取出后缝合骨膜)。术后伤口愈合好,第7天拆线。同年2月10日,头颅X线片报告“颅骨未见异常”后出院。后因头痛、头昏相继在B医院于同年6月16日行CT检查,C医院同年2月28日CT检查,诊断为“右顶结节状高密度影、右顶枕区碎骨片”;同年3月6日以“颅内碎片残留”住D医院,诊断为“颅内钙化灶”出院;同年4月17日D医院MRI诊断为“右顶枕骨后部异常信号,金属伪影”;同年7月31日E医院诊断为“右枕颅骨骨折、颅内异物”。

目前患者有“头痛、头晕、头昏,记忆力减退”,“部分生活不能自理,精神状况极差”等症状,患者认为是颅内金属异物残留所致。

二、矛盾焦点

患方:患者头部被砍伤,于××年2月2日在A医院以“颅骨间金属异物”进行手术,术后院外多次CT、MRI检查示“颅内残留金属异物”,认为是手术不当致仍有“颅内金属异物残留”(金属残留物可能是砍刀碎片或术中折断骨凿),并认为术后出现头痛、头晕、记忆力减退、部分生活不能自理,均因医方手术致颅内金属残留物存留造成,故医方应负全部责任。

医方:医方为患者急诊进行外伤性“颅骨间金属异物取出术”,手术指征明确,手术顺利。术前、术后X线片对照金属异物消失,完全达到急诊手术目的。术后所指CT、MRI所见骨质钙化影与手术不在同一部位,不存在医疗过失问题。

三、案例评析

1.颅骨线状骨折已15 h,术前拍片证实有金属异物残留,手术目的为清创、取出异物,缝合伤口。急诊手术指征明确,手术在局麻下进行。术后拍X线头颅片证实手术成功,异物取出。手术不存在违规违法问题。至于CT、MRI报告有高密度影、颅内异物或金属异物等,其位置与右枕伤口不符。

2.目前症状与手术本身无因果关系。

3.医方无任何责任。

案例四

一、病史摘要

患者,男,25岁。××年4月24日入住A医院神外科。

主诉:右侧头皮包块6年。

诊断:头皮血管瘤。

4月26日行“右额头皮血管瘤切除术”。5月5日痊愈出院。

第三年2月27日第二次入住A医院（神外科），主诉“反复性头痛、视力减退7年余，头痛加重、视物倾斜并肢体抽搐半年”。

检查：眼底双侧视乳头水肿，中央凹消失，A∶V=1∶2；Renne's试验（+）；Romberg氏征（+），向左右倾斜；双侧肱二、三头肌腱反射、桡骨膜反射（++），双膝及跟腱反射对称（++）。头颅CT平扫：透明隔囊肿，大小约2 cm×3 cm×4 cm，占位明显，脑室扩张不明显。

诊断：（1）透明隔囊肿；（2）癫痫；（3）头皮血管瘤术后。

2月28日脑电图诊断报告：正常脑电图。

3月5日脑电图报告：（1）异常AEEG；（2）双侧大脑半球各导联慢波中-长呈阵发性发放（双侧额区及前额著）。

3月4日CT报告：颅脑常规CT扫描，透明隔囊肿。

3月7日8:30—12:00行“（1）经胼胝体经纵裂入路；（2）显微手术；（3）囊肿切开造瘘；（4）透明隔囊肿腔-纵裂池分流”手术。在显微镜下切开扣带回及胼胝体2 cm，直达囊肿，囊肿约4 cm×2.5 cm×3 cm，切开囊肿，内壁光滑，放出清亮液，取出绿豆大小标本一块，放置永久性引流管一根，一端置囊腔内，另一端置纵裂池。缝合硬脑膜，缺损处用颞肌及E-C胶修补。硬膜外置引流管一根，由头皮戳洞引出。覆盖骨瓣，缝合骨膜、帽状腱膜及皮肤。手术顺利。

3月11日病理报告：“透明隔囊肿壁”送检少许脑组织，胶质细胞轻度增生，间质水肿。

3月14日CT报告：右颞叶及胼胝体膝部不规则低密度灶，多系术后改变；引流管位置适中，颅骨呈术后改变。

患者病情平稳，恢复良好，无特殊不适，于3月19日出院。

同年8月8日第三次入住A医院（神外科），主诉“反复性发热、头颈部疼痛5个月”。

体查：T 39.2°C，P 86次/分，R 20次/分，BP 17/6 kPa；WBC 9.96×10^9/L，NEUT 91.6%，HGB 146 g/L，PLT 80×10^9/L。

经必要的检查、会诊，诊断：（1）结核性脑膜炎；（2）透明隔囊肿术后；（3）头皮血管瘤术后;(4)癫痫。

给予抗感染、降温、对症处理,头痛减轻,发热有下降,一般情况可,血常规检查未见异常;脑脊液检查细胞数正常,蛋白下降。鉴于结脑疗程长,9月12日转神内科治疗。

同年9月12日转入A医院神内科,给予抗结核、保肝、抗感染、神经营养、对症支持等综合治疗,定期行腰穿给强的松龙悬混液鞘内注射。患者一般情况尚可,头颈部疼痛缓解,复查肝功无异常,入院时阳性体征消失。患者要求带药出院,于10月16日出院。

同年11月5日入住A医院神内科,主诉"透明隔囊肿引流术后伴发热、头痛"。诊断、治疗同前。请B医院××主任、C医院××主任会诊:不考虑结核性脑膜炎诊断,停抗结核治疗;考虑致热源为透明隔囊肿手术植入的引流管和/或缺血坏死的骨瓣,手术取掉引流管、去除骨瓣。拟将病人转至神外科手术,但病人经济困难,坚持出院,于11月21日出院

同年12月23日入住D医院,主诉:"透明隔囊肿术后9个月、间断发热"。

查体:36.5 ℃,神清、语利,右额有约15 cm切口瘢痕。

初步诊断:透明隔囊肿术后。

入院后完善相关检查,确诊透明隔囊肿术后颅内感染。于12月27日在全麻下行"透明隔囊肿引流管拔出术"。术后给予抗感染、对症治疗,体温恢复正常,颅内感染控制,神志清醒,语利,生命体征平稳,饮食、睡眠较好,切口拆线一期愈合,治疗效果较好。于第四年1月23日出院。

出院诊断:(1)颅内感染;(2)颅骨缺损;(3)透明隔囊肿术后。

出院建议:出院后3个月行颅骨缺损整修术。

二、矛盾焦点

患方:手术不当造成颅内感染;误诊误治,将透明隔囊肿术后感染,误诊为结脑,抗结核治疗,延误了病情,造成癫痫、颅骨瓣死亡、颅骨缺损、神经系统损伤。

医方:术前诊断明确,手术方法得当;不存在手术不当造成颅内感染之说;诊疗过程符合规范,不存在误诊误治及耽误病情;癫痫与手术无直接因果

关系。

三、案例评析

1.第一次入院医方诊断“头皮血管瘤”,并行“右额头皮血管瘤切除术”,诊治正确,痊愈出院。

2.第二次入院,第三年3月5日术前检查,脑电图报告:①异常AEEG;②双侧大脑半球各导联慢波中-长呈阵发性发放(双侧额区及前额著)。医方诊断:透明隔囊肿、癫痫。第二次手术前即有癫痫,并不是手术所致癫痫。

3.医方诊断透明隔囊肿,是手术适应证,行“①经胼胝体经纵裂入路;②显微手术;③囊肿切开造瘘;④透明隔囊肿腔-纵裂池分流”手术正确。感染是术后常见的并发症,给予抗感染治疗。术后长期间断发热,胸片提示左隔轻度粘连,诊断结脑并给正规三联抗结核治疗,无原则错误。后请外院专家会诊,考虑致热源为透明隔囊肿手术植入的引流管,拟将病人转神外科拔管,但病人坚持出院。

4.患方拒绝医方治疗,转院。此前,医方未考虑引流管引起的感染,延误了治疗,但未给患者造成明显人身损害。

案例五

一、病史摘要

患者,女,28岁,主诉“间断性左枕部疼痛2年”,于××年2月12日14:30入住A医院外科。左枕部疼痛每次持续约1 h,可自行缓解,无恶心、呕吐、复视、发热等,近日头痛加剧,发作次数增多,门诊行头颅CT及磁共振检查,以“垂体瘤”收住。患者有月经不调,无视、听力下降,无视野缺损、抽搐、肢端肥大、向心性肥胖、精神迟钝及性格改变。

体查:T 36.4 ℃,P 70次/分,R 20次/分,BP 16/10 kPa,精神可,头颅、五官、

心、肺、腹、四肢、神经检查均未见异常。

头颅CT、MRI示:鞍区占位性病变,考虑垂体瘤。

初步诊断:鞍区占位性病变,垂体腺瘤(泌乳素型)。择期手术。

经术前谈话,家属签字,于同年2月17日9:00在全麻下行"经口-鼻-蝶垂体瘤切除术"。打开鞍底,突然大出血,量大,出血快,行电凝止血,明胶海绵止血纱布压迫止血,出血停止。考虑为海绵间窦出血。用碎骨片和EC胶修补鞍底。术中出血约3000 mL,输血2600 mL。术后双瞳孔散大约6 mm,对光反射消失,无自主呼吸,考虑脑干缺血缺氧。经抢救自主呼吸恢复,10次/分,送回病房。行呼吸机辅助给氧、头部冰帽降温、心电监护、抗感染、脱水、止血、补液、输血、激素、对症治疗。患者病危、昏迷,2月18日15:30突然呼吸、心跳停止,立即抢救0.5 h,心跳恢复,152次/分,心音有力,呼吸恢复,但浅弱。同日21:30出现频发室早搏、室过速,经抢救、心电除颤,心脏复跳,147次/分。患者气管插管1周,为保护呼吸道通畅,2月23日行气管切开术。

3月27日复查CT示:"交通性脑积水",3月31日行"侧脑室-腹腔分流术"。

第二年9月10日记录:经对症、高压氧治疗,患者意识微弱,呼唤不睁眼,失语,刺激有反应,四肢肌力无明显改善,生命体征平稳,双瞳孔不等大,左侧约6 mm,右侧约5 mm,光反射消失,两肺呼吸音粗,可闻少量痰鸣音,治疗同前。

二、矛盾焦点

患方:医方承诺脑垂体瘤为小手术,只用两三个小时,五天出院,七天上班。但事与愿违,医方进行了一次违约实践,术后成了植物人。术前检查不准,手术失误。医院必须负全部责任。

医方:脑垂体腺瘤(泌乳素型)诊断正确,手术方法正确。患者术中大出血,术后昏迷,考虑脑干缺血、缺氧。术中出血为手术并发症

三、案例评析

1.医方属三级乙等医院,神经外科成立已二十余年,主刀医生系神经外科

副主任医师，已做垂体瘤切除术数例。该医院具有垂体瘤切除术的资质。

2.根据患者病史（月经不调、不孕等）、PRL及MRI等检查，医方“鞍区占位性病变，脑垂体腺瘤（泌乳素型）”的诊断成立，具有手术指征。

3.经术前准备，术前谈话，患者家属签字同意，医方行“经口-鼻-蝶垂体瘤切除术”，手术按规程进行，无违法违规行为。

4.该手术为高风险手术，术中出现大出血，医方积极抢救，术后出现严重意识障碍，医方积极治疗，尽到了责任。

麻醉科

案例一

一、病史摘要

患者，男，37岁，主诉“上腹部疼痛伴黑便1周、呕血1次”，于××年6月5日1:00入住A医院内科。

体查：体温不高，P 120次/分，R 30次/分，BP 80/40 mmHg，抬入病房，神志不清，呼之不应，查体合作，贫血貌，四肢冰冷，脉搏细速，双瞳等大等圆，约7 mm，对光反应迟钝，睑结膜苍白，双肺呼吸音清，未闻及干湿啰音，心界不大，心音遥远奔马律，腹平软，肠鸣音活跃。

入院初诊：上消化道出血，胃溃疡（?），失血性贫血，低血容量性休克。

即刻补液、止血、扩容、心电监护、吸氧、输血，下病危通知，严观病情变化，若保守治疗无效请外科手术。因保守治疗无效，于6月6日22:00转外科，经术前准备，家属签字同意，于6月7日9:45在连硬外（穿刺点为T8–T9间隙）麻醉下行剖腹探查、胃大部切除、毕Ⅰ氏吻合术。术中血压（126～70）/（88～36）mmHg，呼吸平稳（20～25次/分），出血不多，输全血460 mL，安返病房。

术后诊断：胃溃疡出血，失血性贫血（重度），失血性休克（失代偿期）。

6月10日双肺底可闻及湿啰音，胸片示右肺中下野大片渗出病变，多考虑感染。给予抗感染治疗。

6月15日19:30检查,双下肢肌无力,双小腿肌萎缩,肌力3级,双侧膝关节上约三横指处以下感觉迟钝,无痛觉,温度觉迟钝,生理反射及病理反射消失。CT扫描椎体及椎管内未见异常。截瘫原因考虑脊髓前动脉综合征。给予营养神经、支持治疗。6月30日转院治疗。

同年6月30日至8月6日入住B医院,诊断:(1)胃大部切除术后;(2)双下肢不全瘫;(3)骶尾部褥疮。给予抗感染、营养神经、支持治疗、高压氧舱、褥疮清洁换药等处理。出院医嘱:继续对症治疗,随诊。

同年8月6日再次入住A医院骨科,查体:双下肢外展功能差,右胫前后肌瘫,双下肢感觉迟钝,肛门括约肌松弛,褥疮。行换药、神经营养、消炎等治疗,病情改善。10月16日出院。出院时右胫前后肌力未恢复,褥疮已愈合。最后诊断:双下肢不全瘫,褥疮。出院医嘱:门诊复查,择期行踝关节融合术。

二、矛盾焦点

患方:医方为患者行胃切除手术,麻醉不当,造成下肢瘫痪,大便失禁,小便不通,属医疗事故。

医方:麻醉操作规范,术中麻醉满意,术后患者呼吸平稳,咳嗽有力,切口疼痛,不属于麻醉意外,为脊髓前动脉缺血综合征,与术前休克、HGB低、缺氧、手术刺激、麻醉药品有关。

三、案例评析

1.医方对患者诊断、治疗正确,无违规行为。患者于××年6月5日11:00急诊入院,诊断“上消化道大出血,失血性贫血,低血容量性休克”。给予输血、扩容、心脏急救,经内科保守治疗无效,经术前小结,向家属口头及书面说明了术中、术后可能出现的问题、并发症及对策,家属签字同意手术,于同年6月7日在连硬外麻醉下行“剖腹探查,胃大部切除”术。手术指征明确,手术方式、操作规范;麻醉方式规范,用药得当。

2.手术后,6月15日患者出现双下肢肌无力,双小腿肌萎缩,肌力3级,双侧膝关节上约三横指处以下感觉迟钝,无痛觉,温度觉迟钝,生理反射及病理反射消失。就病史、病历及检查所见,可确认患者术后有脊髓病变发生,目前仍残留有腰骶节段以下神经功能缺损症状。病程中诊断脊髓前动脉病变成立,治疗处理得当。

3.根据体检,脊髓损伤的范围与腰麻位置不符合,腰麻穿刺位置在上,而脊髓损伤的位置在下。目前无依据提示麻醉及手术治疗过程与脊髓病变发生有直接因果关系。

4.脊髓损伤与患者大失血、低血压及可能原有的脊髓血管缺陷有关,这些因素可促使脊髓血管综合征的发病。

5.结论:不构成医疗事故。

案例二

一、病史摘要

患者,女,34 岁,××年9月10日13:00入住A医院,主诉:上腹胀痛半月,黄疸一周,意识不清一天。既往体健,否认肝炎、结核等传染病史。

体查:T 36.6 ℃,P 72次/分,R 21次/分,BP 101/70 mmHg,营养欠佳,神志不清,肝病面容,问答不切题,全身皮肤黏膜、巩膜重度黄染,双瞳孔等大等圆,对光反应灵敏,腹平坦,未见蜘蛛痣及腹壁静脉曲张,腹肌紧张,右上腹压痛、反跳痛明显,墨菲征(+),肝脾肋下未触及,移动性浊音(+),肠鸣音3次/分。

B超示:(1)肝实质回声增粗、增强,肝内胆管壁回声增强、扩张;(2)胆壁增厚,肝外胆管壁回声增强、狭窄;(3)脾大;(4)腹水(大量)。

CT示:(1)腹水形成(肝硬化);(2)脾脏增大。肝肾功:ALT 4300 U/L, AST 450 U/L, ALP 147 U/L, r-GT 78 U/L, TBIL 19.4 mmol/L, DBLT 19.4 U/L, TP 59 g/L, ALB 27 g/L, GLB 32 g/L, 乙肝表抗(+)。血凝:PT 89 s, APTT 30.4 s, TT 5 s, INR 1.14 Null。血气分析:pH 7.474, PCO_2 33.1 mmHg, PO_2 67 mmHg。

初步诊断:(1)急性化脓梗阻性黄疸(?);(2)急性病毒性肝炎(重度)(?);

(3)肝性脑病;(4)肝硬化并腹水形成;(5)肝功能衰竭。

经向患者家属谈话,同意手术并签字,于10月6日15:00在硬膜外麻醉下行“胆囊摘除、胆总管探查术”。术中探见:胆囊长约8.0 cm,壁明显增厚,质硬且韧,张力高并与部分大网膜粘连,其内可及大小不等沙砾样之结石若干;胆总管上段轻度扩张,管径约12 mm,张力略高。肝脏质地硬,略显增大,未见明显包块,呈赭红色。胃、十二指肠质地、形态未见明显异常,腹腔可见大量黄绿色液体。分离粘连,解剖胆囊三角,游离胆囊动脉结扎切断之,游离胆囊管,于其汇入胆囊管以远0.5 cm处结扎切断。胆囊底部浆膜层下注入0.9%盐水,切开浆膜层,将胆囊自胆囊床内剥出,移出病变胆囊,于胆囊管与肝总管汇合以远1 cm处纵切胆总管,见有黄绿色黏性混浊液体溢出,引出约20 mL;以胆石钳向近端探查,见胆道通畅;向远端探查深入约5 cm处有梗阻感,钳夹出泥沙样结石若干。以各型胆道探子探查胆道,通畅,通过乳头顺利,置入导尿管注水(0.9% NaCl 100 mL)冲洗且无返流,置“T”形引流管,间断缝合关闭之,并自右侧腹壁引出。以周围组织包埋胆囊管残端,4号丝线间断关闭胆囊床,并敷以明胶海绵。查各创面无活动性出血,清点器械敷料无误,逐层关闭腹壁切口。手术顺利。切除物交患者家属过目后送病检。

术后诊断:(1)急性胆总管梗阻;(2)急性化脓性胆管炎;(3)慢性胆囊炎、胆石症;(4)胆汁淤积性肝硬化、肝功能衰竭。

病理诊断:(胆囊)慢性胆囊炎,急性炎反应。

9月11日14:30记录:于凌晨2点发现患者胸背部硬膜外止痛泵导管处(T8、T9)有渗血,查硬膜外管深度(刻度10 cm)未变,给予更换敷料包扎处理。查患者双下肢不能活动,双下肢肌力为0,左上肢肌力减弱,右上肢正常,胸壁感觉减弱,平面在胸4-5,考虑为:(1)硬膜外止痛泵作用结果;(2)硬膜外有异常情况。请示上级医师,停用止痛泵,遂拔除硬膜外管。

11月8日换药见切口及引流管周无渗血及皮下血肿。多考虑硬膜外血肿。加大止血药用量。

12月31日阶段小结:由于患者肝功能极差,一度出现肝性脑病,出现硬膜外麻醉并发症,硬膜外血肿。多次邀请院内外有关专家会诊,经积极治疗,目前患者皮肤巩膜无黄染,腹部反射存在,感觉平面在胸10以下,巴宾斯基征阳性,深反射存在,浅感觉消失,双下肢肌力约2级,大小便不能自理,大便呈黄绿色。目前病情平稳,肝功转氨酶恢复正常。脊髓受压征改变不明显。督促患者双下肢功能锻炼,按摩、针灸、理疗、高压氧治疗。12月27日记录:家属要求转医院治疗,院方已联系。

第二年1月1日家属要求请假回家休养,同意请假出院。

第二年2月20日患者家属要求结账出院,同意出院。

B医院胸椎MRI增强(T10为中心)诊断报告:T9水平脊髓信号异常,软化灶可能大。

第二年1月9日至1月30日入住C医院,予以神经营养药物、对症治疗,同时进行功能训练、针灸、推拿、电动站立床等康复训练及间歇导尿,患者肢体功能无明显改善,予降低双下肢肌张力后(枢芬)轮椅转移有所改善,生活自理能力有所提高。

出院诊断:(1)脊髓损伤(T10,B级)截瘫,神经源性膀胱后;(2)胆囊结石术;(3)右小腿烫伤。以上诊断均减轻。

出院后建议:(1)门诊随访;(2)出院带药。

二、矛盾焦点

患方:医方为患者行胆囊摘除术、胆总管探查术,术前侵犯患者家属知情权,手术违反操作规程,采取措施极为不当,将硬膜外管一拔了之,明显是医疗过失行为,直接造成患者双下肢瘫痪。

医方:医护人员忠于职守,竭尽全力,尽职尽责,医疗行为并无过错或过失。抢救治疗中虽出现意外,发生椎管内硬膜外血肿,导致患者截瘫,但不属于医疗事故。

三、案例评析

1.患者入院医方初步诊断:(1)急性化脓梗阻性黄疸(?);(2)急性病毒性肝炎(重度)(?);(3)肝性脑病;(4)肝硬化并腹水形成;(5)肝功能衰竭。经向患者家属谈话,同意手术并签字,于10月6日15:00在硬膜外麻醉下行"胆囊摘除、胆总管探查术"。术后8 h发现患者双下肢痛觉消失,不能自如活动,肌力为零;胸壁感觉减弱,平面在胸4–5。12月10日行胸椎段CT检查,报告T5–T11硬膜外血肿伴积气。经积极治疗,患者脐上两指有痛觉,左右平髂骨平面痛觉明显,双足底及足背对针刺有明显收足动作,双膝关节反射亢进,双下肢肌张力3级。

2.CT及MRI片示胸5–10平扫椎管内积气,脊髓密度增高改变。胸腰段MRI平扫及增强扫描片示胸8或胸9平面脊髓内局部软化灶。脊髓软化灶是损伤出血引起,与麻醉穿刺点相符。患者术后出现下肢瘫痪,是医方麻醉穿刺失误所致,医方应负一定责任。

案例三

一、病史摘要

患者,女,51岁,于××年11月1日入住A医院。主诉"间断性上腹疼痛七年余",10月31日已做B超、心电图、血、尿、肝功检查,初步诊断"慢性结石性胆囊炎"。11月2日上午在连硬外麻醉下行胆囊切除术。患者11:15进入手术室,血压160/86 mmHg,心律95/分,呼吸18次/分,血氧饱和度98%。取胸8–9椎间隙,用2%利多卡因1 mL局麻;破皮针穿透皮肤、棘上韧带,12#硬脊膜穿刺针穿刺,逐层进入皮肤、脊上韧带、脊间韧带、黄韧带,有落空感时负压明显,用5 mL注射器推气无阻力,回抽无液体及血液,证实进入硬膜外腔;测得硬膜外腔距皮肤表面距离4.5 cm,放置硬膜外导管,进入硬膜外腔5.5 cm时停止送管。经硬膜外导管送气,穿刺针尾有气泡溢出,拔硬膜外导管至刻度8 cm处,固定。置病人平卧位,吸氧2 L/min。注射器取出2%利多卡因4 mL,注入硬膜外腔,注射前回抽负压明显,无液体及血液回流。患者无异常。3 min后针刺测麻醉平面存在,剑突至脐部感觉迟钝。血压150/84 mmHg,心律92次/分,呼吸18次/分,血氧饱和度98%。推注首次剂量2%利多卡因8 mL(含1:20万肾上腺素),因患者害怕，予安定6 mg入壶，入睡。11:32手术开始，切开皮肤后患者躁动，手术停止，静脉给杜氟合剂2 mL（哌替啶50 mg，氟哌啶2.5 mg）入壶，患者平静入睡，继续手术。进腹后探查分离时血压下降至110/60 mmHg，心律57次/分，手术停止，加快输液，静脉给阿托品0.5 mg，入壶，麻黄碱15 mg入壶；至心律65次/分，无变化，血压正常时，切除胆囊。探查肝脏质软，胆囊约8 cm×3 cm，表面充血，壁厚，与周围组织轻度粘连。剪开胆囊三角，分离胆囊动脉及胆囊管，分别双重结扎，顺逆结合切除胆囊，胆囊窝充分止血。12:06患者呼吸、心跳骤停，立即抢救。胸外按压，人工呼吸，气管插管，静注1 mg肾上腺素、阿托品0.5 mg，静滴纳洛酮0.4 mg、地塞米松10 mg、呋塞米20 mg。12:08心跳恢复，12:17呼吸恢复，P 179/分，BP 180/102 mmHg，R 22/分。积极脑复苏。13:40出现抽搐，立即肌注鲁米那0.2 g，静推安定10 mg，抽搐略缓解。在手术室抢救近3 h，患者血压、呼吸、氧饱和度稳定正常。15:00出手术室进抢救室治疗。11月3日气管切开，12月16日拔出气管套管，19日再次气管切开。

同年12月22日转外院行高压氧舱治疗，住院21 d，CT示：脑萎缩。又去B医院诊治，MRI示：全脑萎缩。住院7 d，转回A医院。术后第一年10月18日下午病情恶化，4:40家属放弃抢救，自动出院回家，约10 min患者死亡。拔除气管套管，缝合伤口。

二、矛盾焦点

患方：麻药过量；麻醉不成功，病人因疼痛致休克；手术麻痹大意，伤及其他部位；未按手术程序操作造成患者昏迷。

医方：麻醉意外，是手术中难以预料的；对患者及时积极抢救，妥善处理。不属于医疗事故。

三、案例评析

1.医方根据病史、症状及体征对患者慢性胆囊炎、胆囊结石的临床诊断正确。在硬膜外麻醉下手术切除胆囊的选择、麻醉手术过程中的操作、所选用药物的配伍与剂量，以及患者发生医疗意外后所采取的抢救措施，均无违法违规行为。

2.手术麻醉过程中患者突然心跳、呼吸停止，是由于患者体质特殊而发生的医疗意外。

案例四

一、病史摘要

患者，女，35岁，××年2月8日10:20入住A医院，主诉“第一胎，妊娠35周，全身浮肿伴头晕、眼花1周”。末次月经：上一年6月20日。停经40 d出现早妊反应。

体查：T 36.8 ℃，P 80次/分，R 20次/分，BP 20/15 kPa，颜面浮肿，心、肺未见异常；腹膨隆，宫底在脐与剑突之间，ROA，胎心音清楚，140次/分，先露高浮。尿蛋白(+++)，白细胞2–6/高倍，管型0–1/高倍；眼底动脉血管变细，A:V=1:2，网膜可见轻度水肿。

诊断：(1)高龄初产；(2)第一胎，妊娠33周，先兆子痫。

处理：镇静，降压，扩容利尿。

药物治疗无效，要求手术结束妊娠，家属签字同意，于2月13日15:00在腰麻下行子宫下段剖宫产术。术前用药：鲁米那0.1 g，肌注，阿托品0.5 mg，肌注；麻醉用药：0.75%布比卡因2 mL+10% GS 1.5 mL管内。于子宫下段做一小切口，未见羊水，左右弧形延长切口约8 cm，以右枕横位助娩一男性早产儿，观无畸形，重1.9 kg，评7分。手术顺利，麻醉满意，失血约150 mL，术后血压16/11 kPa。2月16日，患者血压18/14 kPa，出现烦躁不安，随后反应迟钝，意识不清，瞳孔散大，心率96次/分。即刻给25%甘露醇250 mL静滴，后加呋塞米20 mg、冬眠Ⅰ号用量减半、利血平1 mg。严密观察，继续扩容、降压、支持治疗。经治疗，精神较前好转，双下肢无力，血压16/12 kPa，伤口无异常改变，停止输液，继续针灸、暗示治疗。3月4日出院。

婴儿出生记录：于16:00剖宫取出一男婴，外无畸形，总评分8分，体重1.9 kg，于同年2月15日8:00死亡。

二、矛盾焦点

患方：剖腹产手术时用药不当，严重超量。使用当时已是禁止使用的药物鲁米那0.1 g、阿托品0.5 mg，同时使用的麻醉药普鲁卡因、丁卡因等超量，致使患者活动功能严重受限。医院销毁、添写病历。构成医疗事故。

医方：对患者诊断明确，各项治疗措施符合原则，患者术后出现的肢体功能障碍属妊高征并发症，与诊治无因果关系。

三、案例评析

1.医方对患者的诊断、治疗原则正确：①高龄初产妇；②妊娠33周，先兆子痫。治疗基本符合原则，选择剖宫产术终止妊娠得当，麻醉方式、用药基本合理。

2.患者为重度妊高征，剖宫产术后出现的不全脊髓损伤症状，属重度妊高征的并发症及后遗症，与医方的治疗、用药无直接因果关系。

案例五

一、病史摘要

患者，男，50岁，主诉“转移性右下腹痛1 d余，伴恶心呕吐”，于××年12月13日0:30入住A医院外一科。

检查：腹软，左下腹、上腹部有压痛，无反跳痛，右下腹有压痛，反跳痛(+)，腹肌无紧张，移动性浊音(－)，肠鸣音减弱，闭孔肌试验(+)。腹透、B超检查未见异常。12月12日查WBC 11.8×10^9/L，血淀粉酶(AMS)32单位，尿淀粉酶210单位，12月13日2次查尿淀粉酶分别为176单位、231单位。

初步诊断:急性化脓性阑尾炎。

经术前准备,患者家属在手术同意书上签字,同意行阑尾切除术,同意书上有“麻醉意外,心跳、呼吸骤停”等可能发生的情况。13日10:00行阑尾切除术。手术采用腰麻:腰3-4间隙0.5%利多卡因4 mL局麻,回抽无血,7号腰穿针腰3-4间隙穿刺过程顺利,脑脊液回流通畅,0.5%布比卡因2.5 mL(0.5%布比卡因2 mL+10%葡萄糖1 mL,推掉0.5 mL),腰麻阻滞后侧平面胸10以下,麻醉后10 min血压突然下降。患者自觉头晕、气短,查四肢冰凉,手足发绀,血压70/40 mmHg,迅速补液,麻黄素15 mg入壶,给予肾素、碳酸氢钠、西地兰等抢救。后送入监护室抢救,告病危。抢救无效,于12月13日16:00死亡。

二、矛盾焦点

患方:麻醉操作技术失误,麻药用量过大,麻醉部位平面过高,麻药误入蛛网膜下腔,导致患者死亡。

医方:患者系麻醉药物高敏反应致过敏性休克、呼吸循环衰竭死亡,属麻醉意外,难以预测。麻醉操作和麻药用量严格按规范进行,发生意外抢救积极,无违规及过失。不属医疗事故。

三、案例评析

1.医方违反病历书写规范,没有认真观察病人:患者××年12月13日0:30以“急性化脓性阑尾炎”收住外一科,除0:30的首次病程记录外,至23:50抢救记录之前,十余小时无任何病程记录,其间只有术前小结。

2.诊断错误,延误抢救时机:患者病情一直加重,白细胞增高,血、尿淀粉酶均数次持续增高,应诊断急性胰腺炎。腹膜炎的体征早已出现,实际上已出现弥漫性腹膜炎及中毒性休克,会诊时也考虑过急性胰腺炎,但未引起重视,未认真观察分析,诊断错误。到决定手术时又延误了10 h。

3.麻醉医师对病人的检查及了解不够,麻醉方式选择不当,只听临床医师的选择(腰麻+全麻),没有采取更安全的局麻探查。

4.由于医方以上违规,过失致患者死亡,两者间有直接因果关系,医方应负一定责任。

患者死因不是麻醉意外，而是急性胰腺炎，全身重要脏器衰竭。该病十分凶险，恶化快，救治困难。

案例六

一、病史摘要

患者，女，69岁，××年5月12日，主诉“发现颈部有一肿物20 d余”入住A医院外科。患者食欲、睡眠尚可，无体重下降，偶有胸闷、头晕。

体查：T 37°C，P 100次/分，R 20次/分，BP 100/60 mmHg，左颈部触及5 cm×3 cm×3 cm之肿物，质柔软，触痛明显，活动度好，随吞咽上下移动，心、肺、肝、肾均未见异常；B超示：甲状腺左叶囊性占位—腺瘤(?)待排结甲；心电图正常；颈部正侧位片示：气管在颈6–胸1椎体水平轻度右移并狭窄(外压性)；胸腹部透视未见异常。

初步诊断：左叶甲状腺腺瘤。

准备行“甲状腺腺瘤切除术”。5月13、14日，患者家属分别在术前总结及麻醉协议书上签字，“同意手术”，“同意麻醉”。术前总结及麻醉协议中注明术中、术后可能发生的问题有“麻醉意外，致心跳、呼吸骤停，抢救无效死亡”。

5月14日9:00在手术室为患者实施全麻及气管插管术，在给予芬太呢0.2 mg、咪唑安定7 mg、司克林100 mg麻醉诱导后行气管插管，1～2 min，心电监测示患者心率急剧下降至20次/分，继而出现心室扑动，心室颤动，脉搏消失，血压降至0。急给胸外心脏按压、机械辅助呼吸、吸氧，静注阿托品、肾上腺素、利多卡因、地塞米松、呋塞米，静滴多巴胺、间羟胺等药物。4 min后，恢复自主心跳，心电图示加速性交界性心动过速。请内科会诊后考虑麻醉意外致心跳骤停。复苏成功后转内科抢救治疗。抢救无效，于5月15日21:50死亡。

二、矛盾焦点

患方：医方插管操作粗暴误入食道或插破气管，导致呼吸循环病变；麻醉用药不当造成休克；抢救中医生擅离职守，多次失去抢救机会。

医方：完全按法规操作，无任何医疗过失。患者死亡是其特异性体质发生麻醉意外致心脏骤停，复苏后又反复出现心律失常、心血管衰竭，抢救无效所致。

三、案例评析

1.医方对患者诊断正确，是手术适应证，麻醉方式选择适当。

2.麻醉医师于术前询问病史、检查病人、术前谈话，说明麻醉意外及并发症，患者家属在麻醉协议书上签字："同意麻醉"。

3.根据患者症状表现，气管插管并无插破气管或误入食道。

4.患者出现心率急剧减缓、脉搏消失时，医方抢救及时，方法得当。

5.整个麻醉、抢救过程医方无违法违规及过失行为。

6.患者死亡系其体质特殊而发生的麻醉意外，在现有医学科学技术条件下不能防范，与医方的医疗行为无直接因果关系，医方无责任。

泌尿外科

案例一

一、病史摘要

患者，男，38岁。主诉“阴囊部位坠胀不适伴疼痛2个月”，于××年10月9日入住A医院外科。

体查：患者站立，阴茎、阴囊皮色如常，阴囊浅静脉扩张，左侧阴囊松弛低垂。

触诊：阴囊温度略高，双侧精索静脉扩张、迂曲，似蚯蚓团块，按之疼痛，以左侧为著；平卧时，阴囊浅静脉扩张消失，精索静脉曲张明显减轻，但仍迂曲；会阴部皮色、皮温正常，无肿胀及压痛。

入院诊断：精索静脉曲张。

10月10日患者亲属在手术、麻醉同意书上签字“同意手术”，同日在连续硬膜外麻醉下行“精索内静脉高位结扎术”，分别将左、右精索内静脉高位结扎。术中患者生命体征平稳，麻醉满意，手术过程顺利。术后经预防感染、对症、支持、换药治疗等，10月8日拆线，伤口一期甲级愈合。

第三年9月9日B医院彩超检查提示：双侧阴囊鞘膜积液，左侧精索静脉曲张。

第四年10月18日C医院门诊检查：“双侧睾丸存在，大小正常”。

第四年12月12日D医院彩超报告:“(1)双侧睾丸鞘膜积液;(2)双侧精索静脉曲张(?);(3)双侧睾丸、附睾未见异常”。

二、矛盾焦点

患方:医方所做“精索静脉曲张”及“精索内静脉结扎”手术选择不当,造成患者失去性功能,睾丸疼痛、缩小,精索静脉血管不通、肿胀等后遗症,属医疗事故。

医方:术前向患者及家属做了交代,手术程序及术后治疗合理,无过失。睾丸萎缩或性功能障碍的防范应在患者本人,与手术无任何因果关系。

三、案例评析

1.医方对患者的诊断正确,手术适应证明确,术式选择正确。

2.根据专家的检查,患者阴茎、双侧睾丸、附睾、双侧精索血管正常,未触及明显精索静脉迂曲、扩张。

3.患者所表述的症状与医方的诊治无关。

案例二

一、病史摘要

患者,男,20岁,××年12月9日15:20入住A医院骨二科,主诉“长跑后左小腿疼痛、肿胀、活动受限21 d”,曾用镇痛、消肿等药物治疗,拍片检查是“左腓骨中段骨折”。

体查:心、肺、腹、肛门、外生殖器、脊柱、四肢未见异常。

专科检查:步入病房,左小腿肿胀,中段外侧压痛,未查及骨擦音、骨擦感及异常动度,轴向叩击痛(+),左膝、左踝关节活动正常,末梢感觉、血运正常。余肢无异常。X线片见腓骨骨折,骨折线呈横形,可见一小碎骨片,骨折对位对线尚可。

诊断:左腓骨中段骨折(疲劳性粉碎性)。

给予理疗及对症治疗,病情平稳。第二年2月21日查房,患者自诉早晨突感阴囊部疼痛,并向会阴、左小腹部放射,恶心、呕吐2次,均为胃内容物。查体:左侧睾丸肿大,附睾与睾丸分界不清,精索无明显增粗,触痛。15:00请外四科会诊,考虑为“急性睾丸炎”,给予抗感染、理疗及对症治疗。3月13日患者及家属要求出院。出院时复查X线片,骨折端对位对线尚可,骨折线模糊,见骨痂形成。嘱继续治疗、随诊。

第二年3月12日因“左侧阴囊内肿块20 d”入住B医院泌尿外科。诊断:急性附睾炎(左)、急性睾丸炎(左)。给予专科检查及抗感染、对症治疗后,左侧阴囊正常,附睾明显消肿,基本正常,达到临床治愈,3月24日出院。

4月9日、6月11日C医院彩色超声诊断报告分别为:左睾丸扭转可能性大;左睾丸萎缩。

4月16日入住D医院,主诉“左睾丸疼痛、肿大2个月”。诊断:左睾丸扭转;左睾丸、附睾炎。4月17日行“左睾丸复位探查术”。术中见附睾肿大,鞘膜壁粘连,给予分离,见其坏死,给予切除。给予抗感染处理,伤口愈合良好,4月24日出院。

二、矛盾焦点

患方:左腓骨中段骨折,后出现“左睾丸炎”症状,最后其他医院诊断为睾丸扭转、坏死并切除附睾。医方延误诊治,造成患者损害。

医方:诊断准确,治疗得当,无过失,不构成医疗事故。

三、案例评析

1.医方漏诊左睾丸扭转。患者于第二年2月21日早晨,突发阴囊部疼痛,并向会阴、左小腹部放射,伴恶心、呕吐,无发热、寒战,检查左睾丸触痛、肿大。根据这些症状,医师应该考虑到睾丸扭转,并应及时做相关检查(彩超等),请专科会诊,采取治疗措施。若医方条件有限,应及时转院。以上医方均未做到,仅诊断急性睾丸炎,使睾丸扭转漏诊。

2.由于医方失误,漏诊左睾丸扭转,使患者错过了最佳手术时机,导致左附睾坏死、切除,左睾丸萎缩,给患者造成人身损害。漏诊与人身损害有直接因果关系。医方应负一定责任。

3.睾丸扭转临床上并不多见,与睾丸炎不易鉴别,诊断有一定难度,容易漏诊。

案例三

一、病史摘要

患者,女,40岁,××年12月19日16:00入住A医院妇产科。

主诉:下腹部突然疼痛1 d余。

体查:下腹偏左压痛(+),反跳痛(+),移动性浊音(-);外阴(-),阴道畅,宫颈肥大,白带量多,宫体平位,正常大小,活动,压痛(+),附件右(-),左附件区可扪及手拳大小囊实性占位,活动差,边界清,压痛(+)。

诊断:左输卵管积水扭转并坏死。

12月19日超声切面显像报告:右肾内实质占位,待查;子宫左侧卵巢囊肿。

12月19日双肾CT平扫、20日报告:(1)右肝内小囊肿;(2)双肾未见异常。

12月20日在腰麻下行左侧输卵管切除+右侧输卵管系膜囊肿剥除术。手术顺利。

12月23日病理活检报告:左输卵管慢性炎,积水,并扭转、出血、坏死;右输卵管泡状附件。

三年后的3月14日再次入住A医院外五科,主诉"右肾区疼痛不适2年余"。专科检查:双肾区对称无畸形,叩痛(-),肋脊点、肋腰点压痛(-)。

入院诊断:右肾区占位性病变,肾癌(?)。

3月17日、18日分别行双肾CT平扫和增强扫描意见:右肾上极肾癌和右肾上极透明细胞癌。

经术前小结，患者签字同意，于3月29日行“右肾癌根治术”。手术顺利，台下解剖见肾上极肿物约4 cm×4 cm，淡黄色，包膜尚完整。

3月31日病理检查回报：(1)(右)肾透明—颗粒细胞癌，浸破肾被膜，部分浸及肾盂；(2)输尿管断端无残留。

给予抗感染、对症治疗。患者术后病情平稳，切口Ⅱ/甲愈合，无明显不适。4月13日出院。

二、矛盾焦点

患方：××年12月19日，医方对患者行“双肾CT平扫”，错误地报告双肾无异常。三年后的3月14日至4月13日因右肾癌变被摘除，构成医疗事故。

医方：××年12月19日的CT平扫片上病变并未显示出来，诊断困难，当时确实漏诊。CT不是诊断肾癌的唯一依据。手术顺利，恢复良好，未给患者造成大的影响。

三、案例评析

1.医方于××年12月19日对患者行超声切面显像检查报告：“右肾内实质占位，待查”；同日又行双肾CT平扫，20日报告：“双肾未见异常”。于12月20日以“左输卵管肿物”的术前诊断行“左输卵管切除术，右输卵管系膜囊肿剥除术”，术后诊断：“左输卵管积水扭转并坏死，右输卵管系膜囊肿”。12月23日病理活检报告：“左输卵管慢性炎，积水，并扭转、出血、坏死；右输卵管泡状附件”。

2.三年后的3月14日再次入住医方外五科，主诉“右肾区疼痛不适2年余”。入院诊断：“右肾区占位性病变，肾癌(?)”。3月17日、18日分别行双肾CT平扫和增强扫描意见：“右肾上极肾癌”和“右肾上极透明细胞癌”。于3月29日行“右肾癌根治术”。术后病理报告为“(右)肾透明—颗粒细胞癌”。

3.CT漏诊存在原因：技术和学术的知识不够，疏忽所致，有过失。未能发现右肾有占位病变。

4.确诊肾癌后，医方行右肾癌根治术，手术原则符合目前国际上肾癌手术指南标准。根据循证医学及医方诊治过程及结果、对患者最近的检查(全身ECT、肝肾功能、血、尿等),患者肾癌根治术后未发现局部复发及癌症转移,对患者未造成明确的人身损害,故不构成医疗事故。

案例四

一、病史摘要

患者,男,43岁,××年6月30日17:20入住A医院普外科。

主诉:尿道口外伤后3个月伴红肿疼痛。尿道外口受伤,排尿后疼痛加重。尿道口无滴血,无尿频、尿急、尿痛。无高热、寒战。在院外曾多次接受抗感染输液及高锰酸钾治疗,渐出现包皮增厚,不能上翻。

体查:T 37.7 ℃, P 84次/分,R 19次/分,BP 140/100 mmHg。

专科情况:阴毛分布、阴茎发育正常,包皮不能正常上翻,包皮系带处皮肤发红,皮温高,可触及一约2 cm×3 cm大小质硬肿物,压痛阳性,其与龟头面似有一0.5 cm×0.3 cm大小溃烂,无异常分泌物,阴囊对称,睾丸及附睾无压痛。WBC 8.2×10^9/L, N 61%;B超示:睾丸未见明显异常。

初步诊断:严重泌尿系感染,包皮过长。

于7月1日在鞍麻下行包皮环切术,术中见包皮过长约2 cm,包皮炎性增厚,系带处可见炎性粘连,局部约1.5 cm×1.5 cm菜花样溃疡,在距冠状沟处0.5 cm环形切除包皮,保留内板约0.5 cm,菜花样溃疡电刀切除。术后抗感染、止血、消肿、创面换药、对症治疗。经治疗,阴茎无明显肿胀,冠状沟处油纱卷已完全脱落,创面愈合好,无脓性分泌物及渗液。

7月8日病理诊断:(包皮系带)多考虑为肉芽肿性炎。出院诊断:严重泌尿系感染,包皮过长。

出院医嘱:院外服药,注意卫生,随访1周。

同年8月18日入住B医院泌尿外科。

主诉:发现阴茎包块6个月。在A医院行包皮环切术后半个月,阴茎、龟头出现一包块,逐渐增大。

专科情况:阴茎、冠状沟腹侧有一约2.0 cm×1.5 cm×1.0 cm大小的包块,质硬,表面欠光滑,与周围界限不清,无触痛。

初步诊断:阴茎占位性变。

8月21日在腰麻下行阴茎新生物切除术。

23日病检报告:(阴茎)鳞状细胞癌,Ⅰ级。

27日行阴茎部分切除术。距冠状沟2 cm将阴茎海绵体切断,同时切断尿道及其海绵体,远端阴茎离体,近端阴茎创面丝线缝合。给予抗感染、止血、补液治疗。

8月30日病理报告:(阴茎)复查上次活检切片为鳞状细胞癌,此次送检组织中未见癌组织残留,切缘未见癌组织。

患者一般情况好,拔出输尿管后排尿通畅,于9月7日出院。

同年9月21日再次入住B医院肿瘤科。

主诉:阴茎癌术后近1个月。现为辅助化疗收住入院。血压140/90 mmHg。

专科情况:阴茎部分缺如,呈部分切除术后表现,未触及异常包块。双侧腹股沟可触及数个肿大淋巴结,右侧为著,圆形,最大者约2 cm×1.8 cm,质偏硬,形态规则,与周围组织分界尚清,活动度欠佳,压痛阳性。

诊断:(1)阴茎恶性肿瘤术后,鳞状细胞癌;(2)高血压Ⅲ级;(3)双侧腹股沟淋巴结继发性恶性肿瘤;(4)盆腔淋巴结继发性恶性肿瘤。

有化疗指征。9月26日至30日给予第1周期紫杉醇+顺铂+亚叶酸钙+替加氟的方案全身化疗。治疗有效,无特殊异常。患者及其家属要求出院休养,于10月2日出院。

二、矛盾焦点

患方:医方诊断患者为“严重泌尿系感染,包皮过长”,并行包皮环切手术,术后病检为“肉芽肿性炎”。B医院确诊为“阴茎鳞状细胞癌”。医方诊断错误,漏诊癌症，耽误了最佳治疗时机。

医方：患者系农村合作医疗人群，为报销医疗费用，将诊断写成“严重泌尿系感染，包皮过长”，情况已告知患者及其家属。患者自外伤后长期在院外无正规治疗，在我院住院仅8 d，术后病理诊断为肉芽肿性炎，并向患者及其家人说明阴茎肿物并溃疡长期不愈有癌变可能，不排除二次手术根治的可能，交代随诊，但患者未来我院复查。

三、案例评析

1.医方临床诊断患者为严重泌尿系感染，包皮过长。××年7月1日行包皮环切术，7月8日病理诊断：(包皮系带)多考虑为肉芽肿性炎。专家对病理切片诊断：A医院病理切片高度怀疑皮肤高分化鳞癌，B医院病理切片(阴茎包皮下结节)高分化鳞状细胞癌；皮肤切缘与基底部未见癌组织浸润。

2.医方诊断有误，误将“鳞状细胞癌”诊断为“多考虑为肉芽肿性炎”。从医方手术到B医院病理确诊，延误诊治50 d余，使患者未得到及时、有效的治疗，医方应负一定责任。

3.医方术后的病理切片确诊癌症有一定困难。目前未发现患者病情恶化及明显转移。

案例五

一、病史摘要

患者，男，62岁，××年8月28日入住A卫生服务站。

主诉：自幼包茎，排尿困难10年，加重3年。

检查：阴茎发育正常，包茎，包皮紧紧粘连于尿道上，外口约2 mm，查不到尿道外口，尿道外口有约1.5 cm(直径)瘢痕，皮肤色素等白，与龟头黏膜无游离，黏膜不能翻上。阴囊及双侧睾丸、附睾、精索无异常。

诊断:(1)包茎致龟头粘连瘢痕;(2)尿道口狭窄。

处理:分离粘连,包皮环切,松解尿道狭窄;门诊手术,抗感染、止痛、止血等对症治疗。

28日14:00,在局麻下行松解尿道狭窄、分离粘连、包皮环切术。手术野常规用碘伏、酒精消毒,阻滞麻醉,分离包皮,因包皮与龟头粘连无法分离,改先行包皮环切。缝合后,逆行分离黏膜于龟头包皮,由龟头近端冠状沟处向尿道口慢慢剥离,然后扩张尿道口皮至完全松解。术闭,因渗血,再次行龟头黏膜缝合止血。患者要求回家治疗。9月2日20:00于门诊,陈述局部胀痛,检查包皮、阴茎水肿,血运尚可,松解油纱条,拆除缝线,暴露创面,抗感染治疗1周,局部水肿明显减轻,疼痛缓解,排尿通畅,但患者情绪紧张,要求转B医院治疗。

B医院诊断:尿道外口狭窄。同年11月26日行“尿道扩张、尿道外口成形术”。12月8日出院。目前有阳痿、性功能减退症状。

二、矛盾焦点

患方:没有按消毒管理办法消毒,造成伤口感染长期不愈;误诊误治,没按手术规则手术;没完成必要的检查,未明确诊断,术前病员未签字,切除包皮未告知病人。

医方:诊断明确,术式、术中及术后情况已向患者说明。尿道再次狭窄是患者自身因素和不配合治疗造成的。

三、案例评析

1.医方证照齐全,具备行医资格,属合法行医。

2.术前准备不够,医方术前未告知患者术中、术后可能发生的问题及并发症(无术前签字)。

3.医师外科基本知识薄弱,术前对疾病判断有误,手术操作不规范。

4.术后渗血、血肿、感染、粘连等是常见并发症,龟头形状是疾病本身造成的,性功能减退问题不能确定与手术有关。患者最终愈合较好,排尿通畅,未造成损害。

口腔科

案例

一、病史摘要

患者,男,52岁,主因"发热寒战1周,加重1 d",急诊以"发热待查"于××年7月1日收住A医院普内科。患者于入院前1周"因食猪肉"出现全身发热,伴大汗,后症状加重,出现牙痛,张口困难,口周出现脓疱,不痛、不痒,持续高热,体温波动在38 ℃左右。

门诊急查血常规示:白细胞 15.3×10^9/L,血小板 44×10^9/L,淋巴细胞百分比4.9%,中性粒细胞百分比90.9%。

血生化示:白蛋白28.7 g/L,直接胆红素17.85 mmol/L,碱性磷酸酶400.00 mmol/L,谷氨酰转酞酶320.00 mmol/L,钾 2.56 mmol/L,钠 124.0 mmol/L,葡萄糖15.12 mmol/L,总胆固醇2.9 mmol/L。

患者自发病以来,有头晕、乏力、食欲缺乏,稍有恶心、呕吐症状。

初步诊断:(1)发热待查;(2)单纯疱疹。

入院后经普内科积极抗感染、支持、对症治疗后,仍间断寒战、发热,7月4日下病危医嘱,遂请口腔科Z副主任医师会诊后,诊断为"急性冠周炎合并左面颊部蜂窝组织炎",转入口腔科继续治疗。经积极抗感染、对症治疗后,患者体温正常,左侧咬肌间隙及翼颌间隙出现波动,符合切开指征。

7月12日在局麻下行脓肿切开引流术，从下颌支后缘绕过下颌角，距下颌骨下缘2 cm处切开，切口长2～3 cm，逐层切开皮下组织，钝性分离，触及骨面后分别沿下颌骨内侧面及下颌骨外侧面扩开，有大量黄色脓液流出，引出脓液后以盐水棉球擦洗脓腔，分别在嚼肌间隙和翼颌间隙放置引流管，以多层纱布覆盖，术毕。术后继续给予静脉滴注射安林、替硝唑、爱益等对症、抗感染、支持治疗。7月28日拔除病灶牙左下第8智齿。

8月5日患者出院，出院诊断：(1)智齿冠周炎；(2)左面颊部蜂窝组织炎。治愈。长期医嘱：自7月5日9:00起至8月5日出院，每日一次静滴硫酸依替米星氯化物注射液0.4 g。

二、矛盾焦点

患方：医方连续1个月超量使用抗生素造成患者耳鸣、尿血，无法正常睡眠，抵抗力下降，经常感冒。构成医疗事故。

医方：对患者诊断明确，治疗规范，没有违反国家卫生部门相关法律法规，不构成医疗事故或医疗差错。

三、案例评析

1.患者病情严重，发热、寒战1周，伴大汗，体温曾达39.9 ℃，血象高，甚至昏迷。冠周炎间隙感染已形成败血症，内科、口腔科均下达了病危通知书。为控制病情，医方及时使用了大剂量广谱抗生素，成功地挽救了患者的生命。

2.发烧、带状疱疹、药物等均可损伤听神经及其他脏器。根据患者目前的情况及电测听等检查结果，无客观证据判定其听力及其他方面受到损害，故不构成医疗事故。

3.用药不规范：抗生素应用前未做药敏试验；剂量大、时间长，未及时调整；未监测患者的血象、肝肾功能、听力等。

4.病历质量差，病程记录不详细、不够准确，手术、病程记录无主任签字。

眼　科

案例一

一、病史摘要

患者，女，55岁，因眼睛不适，于××年12月8日在A医院眼科门诊检查，诊断为“左眼白内障，左眼晶体脱位，双眼高度近视”。12月9日在该院行左眼超声乳化白内障摘除术。

手术记录示：左眼常规消毒、铺巾、球后麻醉，2%利多卡因3 mL+0.75%布比卡因1 mL，开睑器开睑，穿刺后见晶状体脱位明显，术中有一小块碎核掉入玻璃体，行前部玻璃体切割术后包盖术眼。

4 d后，以“左眼视物不见3 d”到B医院就诊。患者3 d前因“左眼晶体脱位、白内障”在当地医院表麻下行“左眼晶体脱位白内障超声乳化人工晶体植入术”，术中见晶体核体部分脱入玻璃体内，终止手术，12月12日门诊以“左眼晶体脱位”收住B医院。

经眼科专科检查后，初步诊断为：(1)左眼晶体脱位；(2)左眼白内障超声乳化术后；(3)左眼虹膜震颤；(4)右眼黄斑水肿；(5)左眼陈旧性视网膜脉络膜炎。

12月14日，在局麻下行“左眼玻璃体切割联合晶体超声粉碎术”。

二、矛盾焦点

患方:医方主治大夫未将患者晶体脱位的情况告知主刀专家,专家不检查患者,盲目手术,导致白内障手术失败,碎核掉入玻璃体内,左眼失明。

医方:医院和专家对患者手术前的诊断是准确的,符合手术适应证,术式选择是正确的,碎核掉入玻璃体属并发症,故不属医疗事故。

三、案例评析

1.医方Z医生只取得口腔执业助理医师资格,无眼科医师资格证书及执业证书,即从事眼科疾病的诊治及手术,违反了《中华人民共和国执业医师法》第十四条的规定,属于违法行医。

2.医疗文书记录不完整、不规范,术前检查不仔细,对术中、术后可能发生的问题向患者及其家属告知不够。

3.根据病历材料,患者系左眼晶体半脱位,行"左眼超声乳化白内障摘除术、人工晶体囊袋内植入术",术式原则正确。部分晶体核脱入玻璃体腔内,损害视力,属手术正常并发症,难以避免。目前患者的眼部病变与术前眼底病变、晶体半脱位等基础疾病有关,与医方的医疗行为无因果关系。

案例二

一、病史摘要

患者,女,42岁,××年10月11日因"鼻痒、流涕、打喷嚏、头痛2年余",鼻窦华氏位拍片(B医院)示"右上颌窦炎,双下鼻甲肥大",以"变应性鼻-鼻窦炎、双下甲肥大"到A医院门诊治疗。经鼻窦负压治疗5 d,今来复查。

查体:神志清楚,双眼睑肿胀,双下甲肥大,鼻腔黏膜苍白水肿,鼻道内可见少许黏液涕。

治疗：患者饱腹后行"双下鼻甲封闭治疗"，表麻下于右侧下鼻甲前端注射曲安奈德注射液10 mg+2%利多卡因注射液0.1 mL，进针后回抽无血，缓慢注射0.2 mL后询问患者无恶心等特殊不适，右眼视物未见明显异常，治疗过程中患者无特殊不适。后同法封闭左下鼻甲，药物有少许漏出。治疗约5 min后患者自述头晕伴恶心、呕吐。嘱患者仰卧，指掐人中，并且饮用10%葡萄糖注射液250 mL，休息约20 min后，患者自述头晕、恶心、呕吐缓解，但右眼睁开困难，视物模糊。嘱低枕平卧休息。患者仍诉恶心、呕吐，右眼视力下降，急向上级医师报告病情，并请眼科急会诊。会诊检查发现眼底视乳头水肿，右眼对光反射消失。

会诊考虑：右眼动脉栓塞。给予口服硝酸甘油1片后，转眼科门诊治疗。

眼科检查：右眼睑水肿，角膜明，前方中深，瞳孔散大约5 mm，直接对光反射消失，间接对光反射存在，晶体波动体(－)。

眼底：视乳头边界清，色泽如常，颞侧小分支动脉纤细，血流中断，后极网膜呈乳白色，黄斑部呈樱桃红。

诊断：右视网膜动脉阻塞。

于11:20给予阿托品1 mg球后注射、吸氧、右眼按摩、乙酰唑胺片250 mg口服，分别静脉点滴尿激酶5万单位、丹参注射液20 mL、ATP 40 mg+Co-A 100万单位+V-C 3 g+肌苷0.2 g，并密切观察眼底情况。

因"右眼突然视物不见8 d"于××年10月19日来A医院住院治疗。该患者之前在我眼科门诊连续治疗5 d，门诊给予局部按压、扩血管、溶栓、吸氧等综合治疗，症状未见明显好转。

于10月15日在C医院造影检查，诊断为"右眼视网膜中央动、静脉小分支阻塞"。于10月18日在D医院会诊眼底荧光造影示：右眼视网膜中央动脉阻塞。

既往史：患者于9月28日行双眼双重睑矫治美容术。

查体：T 36.8 ℃，P 82次/分，R 18次/分，BP 130/90 mmHg。

专科情况：VOD无光感，VOS 0.6，双眼球运动良好。双角膜透明，前房深，房水清，双瞳圆，对称。右瞳直接光反射消失，右瞳间接光反射存在。左瞳光敏。

眼底：右视盘界清，色淡红，颞侧动脉变细，静脉迂曲，可见斑片状出血，黄斑区色深。左眼网膜未见明显异常。眼压:右5.5/5=17.30 mmHg,左5.5/4=20.55 mmHg。

入院诊断:(1)右眼视网膜中央动脉阻塞;(2)双眼上睑双重睑术后。

入院后完善各项检查,全身给予改善微循环、对症支持治疗。经过一段时间治疗未见好转,向家属交代病情,于10月27日患者出院。

出院诊断:(1)右眼视网膜中央动脉阻塞;(2)双眼上睑双重睑术后。

出院医嘱:门诊随诊。

二、矛盾焦点

患方:医方未告知治疗措施的危害以及药物不良反应可能出现的并发症,没有患方签字。术前未检查,注射药物右眼看不清东西后,医方未采取和启动有效医疗事故预案措施,延误了最佳的抢救时机,致使患者右眼无法复明。构成医疗事故,医方应承担完全责任。

医方:诊断正确,鼻腔注射药物治疗符合医疗常规,患者自身体质可能存在对药物的应激反应是医务人员不能预见的。患者的右眼底中央动、静脉阻塞系鼻腔注射药物治疗后药物颗粒栓塞造成的,与患者个体差异有关,是现有医学科学技术条件下,发生无法预料或不能防范的不良后果。不构成医疗事故。

三、案例评析

1.诊断明确,是治疗适应证。

2.医方诊断患者为“变应性鼻-鼻窦炎,双下甲肥大”。行双下鼻甲注射醋酸曲安奈德加利多卡因封闭治疗。注射后出现右眼视网膜中央动脉阻塞、右眼无光感。医方给患者行下鼻甲封闭注射与患者的右眼损害有因果关系。

3.根据全国高等学校教材《眼科学》第6版:“下鼻甲或球后注射泼尼松龙等药物偶有引起”视网膜中央动脉阻塞,医方对此并发症的后果认识不足。

4.医方给患者行下鼻甲封闭治疗后,发生右眼视网膜中动脉阻塞,右眼无光感,给患者造成损害,是由于患者体质特殊、在现有的医学科学技术条件下发生无法预料或者不能防范的不良后果。

案例三

一、病史摘要

患者,男,60岁,××年3月28日入住A医院五官科。

主诉:右眼异物感1个月余。无视力下降、虹视、眼球疼痛等不适。

眼科情况:视力,右眼1.0,左眼1.0;眼压,右11.7 mmHg,左12.7 mmHg;右眼结膜,鼻侧及颞侧结膜增生肥厚,呈三角形,尖端已延伸过角膜缘4 mm,表面血管充血,无滤泡增值、乳头肥大,无出血点、伪膜及分泌物;右眼角膜,角膜鼻侧及颞侧被增生组织遮盖,周边部透明、光滑,大小、形状及弯曲度正常,上皮完整无水肿、脱落,基质无水肿、炎症及新生血管,KP(-)。

诊断:翼状胬肉(右、进展期)。

经术前小结,患者及其家属签字同意,于3月30日行"右眼胬肉切除术"。患者平卧,丁卡因眼液滴右眼;开睑器开睑,右眼内眦部翼状胬肉头、颈部注入麻药;用手术刀沿头部边缘割至角膜前弹力层下面的实质浅层,在同一角膜层内用刀继续分离越过角巩膜缘至巩膜;切除胬肉下的所有结膜组织,巩膜表面烧灼止血,将胬肉的头、颈及部分体部结膜剪除;暴露角膜缘约2 mm巩膜,将胬肉体部的结膜平铺开,缝于浅层巩膜。同法处理右眼外眦部翼状胬肉,红霉素眼膏涂眼,单眼包扎。术后给予抗感染、止血及对症治疗。术后第4天,患者一般情况较好,右眼内、外眦部结膜少量积血,角膜切口处上皮轻度混浊,缝线牢固无脱落,前房深度正常,房水清晰。患者恢复好。于4月4日出院。出院医嘱:继续点眼,门诊复查。

同年6月14日再次入住A医院,右眼翼状胬肉术后红、流泪1个月余。上次出院后右眼红、异物感、流泪。

专科检查:左、右眼视力均为1.0,右眼压16 mmHg,左眼压17 mmHg,眼睑无水肿,睑缘位置正常,右眼结膜高度充血水肿,表面血管充血,外眦部角膜新生血管形成，前房深度正常，晶体、玻璃体及眼底未见明显异常。

诊断：翼状胬肉术后感染。

予以局部应用抗生素、抗真菌、抗病毒药物，全身应用抗生素药物。住院27 d，较前明显好转。

查体：两眼视力均为1.0，右眼球结膜明显充血、水肿，外眦部角膜新生血管形成。

同年7月11日出院。出院医嘱：继续点眼，门诊复查。

B医院门诊病历记录：同年8月28日，右睑红肿，结膜混合充血，蚕食样溃疡，新生血管，视力0.1。

第二年4月3日，右眼无光感，左眼0.1，诊断：角膜白斑（右），瞳孔散大。

二、矛盾焦点

患方：医方为患者右眼翼状胬肉实施手术，手术过失，造成右眼失明、左眼视力下降，属医疗事故。

医方：我院为患者实施眼疾手术治疗的过程中，严格按治疗程序，科学施治，规范操作，不存在任何违规行为，不属于医疗事故。

三、案例评析

1.医方诊断患者为右眼翼状胬肉，行“右眼胬肉切除术”。诊断正确，手术操作规范。术后给予抗感染、止血及对症治疗，处理得当。患者一般情况较好，术后第5天出院。

2.患者术后3个月发现蚕食性角膜溃疡，该病病因不清，属自身免疫性疾病，与医方的手术、治疗无关。

3.医方门诊病历记录不完善；门诊及二次入院诊断“翼状胬肉术后感染”有误，应为“蚕食性角膜溃疡”。

案例四

一、病史摘要

患儿,男,3岁,××年5月30日,以双眼6个月时视物不见,到A医院就诊。

患儿出生后6个月家长发现其双眼视物不见。曾在解放军某医院行双侧白内障手术,术后视力一直不理想,视力右0.01,左0.02,眼睑、球结膜未见异常,虹膜右后粘连、左部分后粘连,系先天性白内障囊外摘除术后,无晶体眼,晶体皮质残留。需要进行左眼人工晶体植入术。于同年6月2日术前给病人家属说明了术中、术后可能发生的各种并发症及风险,家属慎重考虑后,同意手术,并在手术协议书上签字。上午在全麻下行左眼人工晶体植入术,手术顺利。术后第2天检查,静注庆大和地米,局部滴眼药(抗生素)每小时一次,数天后炎症基本消退,回家继续治疗,并嘱家长若发现患儿眼红、痛、流泪、视物模糊,及时到医院复诊。一直到6月23日,家属未能带患儿复诊,也从未找手术大夫复查。

二、矛盾焦点

患方:专家5月31日给患儿行左眼手术,术后眼球萎缩。原因是未住院,让回家观察,失去了治疗机会。

医方:手术适应证明确,术前准备充分,术前谈话交代了并发症及风险,家长签字同意手术。手术准确无误,术后按眼科常规处理。家属要求回乡,并嘱其回乡继续治疗,有问题及时到医院复诊。患儿出现不良后果,主要原因是发生葡萄膜炎,未能及时有效治疗,患者回乡后20多天未到医院复诊,延误了治疗时机。另外,可能亦因患儿体质特殊所致。医方无责任。

三、案例评析

1.患儿属先天性白内障术后,为提高视力,需二期植入人工晶体,是手术适应证。

2.手术顺利植入人工晶体。

3.术后出现前房纤维素性渗出物,属于术后葡萄膜反应,同时给予了及时处理。

4.以后发生的眼红、痛、流泪等也属于葡萄膜反应,家属未及时到医院复查,至今也未找手术医生进行及时处理,延误了诊治时机,造成目前的眼球萎缩。

5.手术与患儿的病症无因果关系。

6.医方无责任。

案例五

一、病史摘要

患者,女,75岁,主诉“右眼视力进行性下降1年”,于××年9月4日11:00入住A医院眼科。

查体:右眼视力,手动/眼前,左眼0.05;眼压(mmHg),右眼11.0,左眼10.0;双眼角膜透明;双眼晶体中度混浊,部位皮质性、后囊下性,核分级2;眼底清晰。

诊断:双眼老年性白内障。择期手术。

经术前准备,于9月8日上午行右眼白内障超声乳化晶体植入术。手术按操作规程进行,顺利。术后抗感染、催水肿吸收、对症治疗。9月19日查右眼视力0.02,眼压10.0 mmHg,伤口对位愈合,角膜水肿明显消失,部分透明,人工晶体位置正常,眼底视乳头界清,色淡红,动脉变细,余不清。9月21日带药出院治疗,定期复查。同年11月9日因右眼胀痛1个月、视物模糊,到该院复诊,留院观察。查右眼视力0.02,眼压49.0 mmHg,角膜水肿明显,瞳孔欠圆,对光(-),人工晶体位置端正,眼底模糊。

诊断:(1)右眼急性青光眼;(2)右眼白内障术后。

经降压治疗,当日下午眼压为19.0 mmHg。11月10日上午行右眼青光眼小梁切除术,小梁组织切除约0.5 mm×3 mm,手术顺利,留观8 d,病情好转,右眼压下降至6.0 mmHg,角膜轻度水肿,结膜引流滤泡扁平。11月17日病愈出院。

患者于术后第二年11月27日入住B医院,诊断:右眼大泡性角膜炎,右眼继发性青光眼。12月3日行右眼板层角膜移植术,12月10日出院。出院时情况:术眼无疼痛,右眼视力光感,轻度充血,移植片固定良好,前房稍浅。

二、矛盾焦点

患方:医方给患者行右眼青光眼小梁切除术,术后眼压仍高,未采取有效治疗措施,未痊愈即让出院,导致不可逆转的角膜大泡。

医方:“双眼老年性白内障”的诊断正确,是手术适应证,行“右眼白内障超声乳化人工晶体植入术”按操作规程进行,达到了增视性目的。术后角膜水肿消失。右青光眼小梁切除术操作规范。青光眼与白内障手术无关。

三、案例评析

1.医方给患者施行白内障手术,操作规范,患者术后出现角膜水肿,是常见的术后反应。任何一种白内障手术都可能使患者的角膜内皮脱失,而脱失的严重程度与患者的个体差异及年龄等因素有关。

2.再次住院是“右眼原发性急性青光眼”,诊断明确,采取“右眼小梁切除术”,术式选择正确,术中切除0.5 mm×3 mm小梁组织,手术操作规范,术后直至患者出院时眼压均控制在正常范围内。

3.由于青光眼的急性发作可以加速角膜内皮细胞失代偿及内皮细胞的进一步减少,致使患者出院后一年,出现大泡性角膜炎,与白内障和青光眼手术无因果关系。

4.患者同时存在“白内障”、“青光眼”两种疾病,在诊断明确的情况下,行两次手术,属正常的医疗措施,在整个医疗过程中无违规操作及医疗过失。

案例六

一、病史摘要

患者，男，64岁，主诉“双眼间断胀痛，头痛，视力进行性下降4年”，于××年7月9日收住A医院眼科。

入院时查视力，右眼0.6，左眼0.8；眼压（mmHg）右眼32.5，左眼30.0；双眼睛体轻度混浊，眼底视乳头界清，色淡。

诊断：双眼慢性青光眼，双眼视神经萎缩。

经术前准备，与家属谈话并签字同意，于同年7月13日在局麻下行“双眼青光眼小梁切除术”，严格按无菌及操作程序手术。术后无任何并发症，恢复良好，7月20日痊愈出院。出院时视力，右眼0.6，左眼0.8；眼压（mmHg）右眼12.3，左眼13.0。出院后门诊复查眼压稳定，眼局部良好，视力提高（8月10日查右眼1.0，左眼0.8，眼压正常）。

同年8月15日，患者述食用羊肉500 g后“右眼视力下降、疼痛”，到门诊就医，初诊“葡萄膜炎”。8月23日17:00收住入院，视力右眼光感，左眼0.8，眼压（mmHg）右眼43，左眼9。诊断：右眼急性葡萄膜炎，右眼瞳孔膜闭，右眼继发性青光眼，左眼视神经萎缩。给予抗生素、激素、对症治疗。8月31日眼部抽出液培养，无细菌生长。

9月6日记录：目前查体，眼压右9 mmHg，左14.5 mmHg；视力，右眼手动/眼前，左眼0.5，明日好转出院。建议定期复查，避免视力疲劳。

同年9月7日入住B医院，诊断：右眼眼内炎和右眼恶性青光眼。患者住院1 d后自行出院。

9月11日入住C医院，诊断：右陈旧性眼内炎、右白内障。查视力：右眼光感，左眼0.25。右眼结膜发红，水肿，上方滤泡平，眼压：右15 mmHg，左15 mmHg，于9月28日行“前房玻切+前房成型+晶切除”术，同年10月21日出院。

出院检查:右球结膜轻度充血,角膜内皮水肿,灰白色KP(-),前房有渗出,房闪(+),前房形成,较浅,下方虹膜表面积血消失,瞳孔4 mm,瞳孔中央灰黄色液渗出,测眼压右15 mmHg,左18 mmHg。院方告知家属,手术效果有限。

同年10月11日,再次入住B医院,诊断:右眼化脓性眼内炎,右眼前房玻切+晶体切除术后。检查:视力,VOD微弱光感,VOS 0.6,小孔0.8。10月26日,行右眼球内容物剜除+羟基磷灰石义眼手术,11月16日出院。

二、矛盾焦点

患方:医方术前草率行事,仅凭片面检查制定术式是错误的;对术中、术后可能出现的问题及并发症未告知患方;双眼不能同时行青光眼手术;术后眼睛发炎,未采取有效措施住院治疗,延误了治疗时机;术后未进行有效医学观察,住院仅8 d未拆线就让患者出院。由于医方违规导致右眼球摘除。

医方:对患者慢性青光眼的诊断正确,有明显的手术指征。双眼同时手术并非禁忌,"双眼青光眼小梁切除术"严格按无菌操作规程及手术步骤进行,术程顺利,术后恢复好,无并发症,治愈出院。以后出现葡萄膜炎,与青光眼手术无因果关系,治疗原则正确。

三、案例评析

1.医方根据患者眼压升高、视野缺损、视盘改变,诊断为"慢性青光眼",选择行"小梁切除术",是手术适应证,术式是可行的,术后治疗合理。目前国内尚无明确规定不能同时行双眼的抗青光眼手术。

2.术后1个月,因诱因引发"右眼急性葡萄膜炎",医方采取了积极措施,及时应用了局部和全身抗感染、激素、散瞳等治疗。

3.患者第二次住院是在术后1个月,因"右眼急性葡萄膜炎"入住,根据炎症发生的时间和眼内细菌培养结果,可以排除院内感染,"急性葡萄膜炎"的诊断成立。

4.二次住院后积极做玻璃体腔内注药及腔内细菌培养,积极准备给患者行玻璃体切割手术。治疗过程中无违规操作及医疗过失。

5.患者自行转院,终止治疗,延误病情,最终导致眼球丧失。

案例七

一、病史摘要

患者,男,35岁,主诉“外伤致昏迷约30 min,伴颜面部充血”,于××年10月5日19:00入住A医院外科。醒后对受伤详情回忆不清,感头痛、头晕,无其他不适。

检查:头颅五官对称,无畸形,双侧瞳孔等大等圆,光反射存在,右眼睑高度肿胀,右眼上有一约4 cm大小弧形裂口。

X线片:头颅诸骨未见明显骨折。

西医诊断:(1)脑震荡;(2)颜面部皮肤裂伤。

治疗方案:三级护理;清创缝合、止血、对症处理。

10月8日病程记录:家属及患者拒绝治疗,自动出院。10月9日出院,该日,某三甲医院眼科××副主任医师会诊:(1)右眼外伤性白内障;(2)右眼外伤性瞳孔散大;(3)右眼视神经挫伤(?)。

同年10月14日12:00,入住B医院,主诉“车祸碰伤右眼部,肿痛,视物不见9 d”。

眼科情况:VOD无光感,VOS 1.0,左眼未见明显异常,右眼睑裂变小,睫毛排列整齐,无内外翻、倒睫,上下泪点在位,挤压泪囊区无溢泪流脓,上睑内眦部有一裂伤,已缝合,瘢痕化,结膜无充血,前房中深,房水混浊,瞳孔中等散大,对光反射迟钝,玻璃体混浊,视乳头水肿,眼底大面积出血,黄斑境界不清,眼位正,眼眶(-)。

双眼球CT平扫提示:右侧眶上缘及眶内侧壁骨折,双侧上颌窦积液。

诊断:(1)右眼部挫裂伤,上睑裂伤,眼球挫伤,眼内组织损伤,瞳孔括约肌断裂,眼底出血,视神经损伤;(2)右侧眶上缘及眶内侧壁骨折;(3)双侧上颌窦积液。

诊疗计划:(1)抗感染、对症、营养神经等治疗;(2)行眼部CT;(3)观察病情变化。

家属因经济困难要求出院,10月17日出院。医院建议其尽快去上级医院诊治。

同年4月19日C医院彩色电脑声像室提示:(1)右眼晶状体混浊;(2)右眼晶状体脱位(?);(3)右眼玻璃体混浊并视网膜脱离。

二、矛盾焦点

患方:医方疏忽大意,判断和行为失误,造成右眼残疾,构成医疗事故。

医方:患者以“颅脑损伤”急诊入院,注重颅脑损伤的诊治是正确的;入院时无瞳孔改变,不宜搬动病人详细检查视力;入院第二、三天未提及视力异常,未查及瞳孔改变;头颅X线未提示骨折;住院62 h后拒绝治疗,不辞而别。不属医疗事故。

三、案例评析

1.医方对患者的诊治原则基本正确,无明显违法违规行为。

2.医方对患者眼部未行全面、详细检查,未请眼科会诊,属失误;病历书写不规范。但这不是造成患者右眼视力丧失的原因。

3.造成右眼视力丧失的原因为外伤致右侧眶上缘及眶内侧壁骨折,骨折部出血进入眼眶,使眶压升高,压迫视神经,导致视神经缺血,进而萎缩。右眼视力丧失与医方的医疗行为无直接因果关系,医方无责任。

案例八

一、病史摘要

患者,女性,71岁,于××年4月9日以2型糖尿病、糖尿病视网膜病变、高血压入住A医院内分泌科。

患者于22年前确诊为糖尿病，7年前确诊为糖尿病视网膜病变，入院前4 d左眼光感，右眼视力明显下降，4月11日请眼科大夫会诊，结果：右眼黄斑部可见渗出物，网膜见散在性出血，左眼看不进去，呈红光。诊断：双眼糖尿病性视网膜病变，建议眼底荧光造影后激光治疗。

同年4月13日行眼底荧光造影，结果发现患者双眼已经做过全视网膜光凝治疗，(在外院)视网膜光斑稀疏，仅分布在网膜赤道部，网膜上有较多的微血管瘤。新生血管渗漏，黄斑拱环破坏，结构紊乱，右眼下方玻璃体出血。须尽快补充光凝治疗。于5月15日及5月22日两次对右眼激光治疗，治疗前查视力右0.06，左0.1，右眼周边白内障较重，下方玻璃体出血，无法激光治疗。目前患者视力右0.04，左0.1，双眼晶体皮质混浊，眼底乳头色正常，网膜周边见多量激光斑，乳头黄斑区未见激光斑，中心凹光反射消失，色素紊乱。荧光造影及眼底照片，双眼后极部网膜见出血及渗出性病变。

二、矛盾焦点

患方：患者患糖尿病视网膜病变入住××医院，主要目的是行眼底激光治疗。4月13日，在眼科做了眼底荧光造影，决定对右眼行激光治疗。5月15日第一次治疗后，视力没有大的变化，5月23日做第二次治疗时，一出治疗室发现右眼即看不见物体。以后视力一直没有好转。治疗前后，医护人员没有给患者及其家属讲过激光治疗的危险性。医院应承担责任。

医方：患者住院要求做激光治疗。糖尿病视网膜病变是一种严重的致盲症，当发展到增殖期糖尿病视网膜病变时，全视网膜光凝是唯一的治疗手段。激光治疗也有很多的并发症，院方认为不构成医疗事故。

三、案例评析

1.糖尿病视网膜病变目前最好的治疗方法是全视网膜光凝。患者糖尿病22年，视网膜病变7年，如不及时进行光凝，眼底出血、渗出、玻璃体出血，牵拉网膜导致失明。

2.光凝治疗也有许多的并发症，如加重黄斑水肿、渗出性网脱，加重白内障等，引起视力下降。

3.根据眼底检查、荧光造影、眼底照相，激光未打到乳头黄斑部位。

4.患者双眼视网膜病变已发展Ⅲ~Ⅳ级，同时患者有糖尿病、肾病、高血压、脑栓塞，视力下降是由于以上疾病所致。

5.患者视力下降为激光手术的并发症和患者本身有糖尿病、肾病、高血压、脑栓塞等综合因素所致。

整形外科

案　例

一、诊治经过

患者，男，37岁，××年1月12日下午1时入住A医院外一科。主诉："火烧伤致头面部及双手疼痛半h"。查体：头发焦黑，颜面部烧伤占体表面积约4%左右，颜面部皮肤成灰黑色，局部有水泡产生，眉毛焦黑，双侧眼睑水肿轻，睑结膜轻度充血，巩膜无黄染。双手皮肤完全烧伤，占体表面积约5%，部分表皮撕脱，创面颜色苍白，肿胀明显，双手手指背侧呈指套样表皮撕脱，创面基底颜色苍白，无明显触痛，双侧桡动脉搏动良好；双侧踝关节处环形烧伤，占体表面积约1%左右，创面颜色苍白，足背动脉搏动良好，四肢末梢冰凉。初步诊断：(1)全身多处烧伤(10%)，(其中浅II°6.5%；III°3.5%)(2)低血容量性休克。1月12日晚7时行清创包扎，术前谈话告知需进行双手切开减张，若不减张，患者双手会因骨筋膜室综合征出现血液循环障碍、干性坏疽，患者家属签字同意。患者入手术室，麻醉平稳后，患者取仰卧位，常规冲洗双手，用无菌纱布刷洗，将撕脱的表皮进行修剪，检查创面基底部颜色苍白，张力大，用生理盐水、新洁尔灭冲洗干净后，纵行切开至深筋膜层，切口内有血性液溢出，切口用碘伏沙条包扎，用洁尔阴无菌纱布湿敷，绷带外敷包扎，手术顺利，患者安返病房。第二年1月13日，在全麻下行双手"清创植皮术"，拆除双手筋膜切开减压创口的缝线及碘伏纱条，仔细清创，清除双手、前臂III°烧伤创面的撕脱表皮，用0.1%新洁尔灭冲洗双手，碘伏消毒后切除双手、腕关节及其前臂III°烧伤创面的皮肤约有4.5%，然后分别用双氧水、生理盐水冲洗创面，松驱血带后创面确切止血后用0.1%付肾盐水纱布湿敷创面备用。然后在供皮区（胸腹部、股部）再次用酒精消毒皮肤，用滚轴式取皮刀取中厚皮片并置于生理盐水中备用，而后将所取的备用皮根据创面形状移植于创面并缝合固定，皮肤移植区敷料包扎固定，手术顺利。2月23日在臂丛麻醉下行“右手皮肤缺损清创植皮+近侧指间关节融合术”。患者臂丛麻醉妥当后仰卧，右上肢上驱血带，仔细探查见右手食指、中指、无名指和小指近侧指间关节关节囊开放，关节面骨质外露，同时可见右手各指背侧指伸肌腱坏死，局部皮肤缺损、软组织少量坏死，并可见中指近节指骨体外露，术中遂清除右手坏死组织，然后用0.1% 新洁尔灭、双氧水、生理盐水冲洗右手创面，松驱血带后创面确切止血后用0.1%付肾盐水纱布湿敷创面。清创后双氧水和生理盐水再次冲洗右手创面，而后行近侧指间关节融合术。术中分别切除近侧指间关节关节面，骨质断端对位后用克氏针固定各手指于伸直位。然后在供皮区（左侧股部）再次用酒精消毒皮肤，用滚轴式取皮刀取中厚皮片并置于生理盐水中备用，供皮创面用0.1%付肾盐水纱布湿敷压迫止血约5 min，去除付肾盐水纱布，用凡士林纱布贴敷创面，然后用纱布垫包扎固定。去除右手皮肤创面的付肾盐水纱布，查创面无活动性出血及其明显渗血，而后将所取的备用皮根据创面形状移植于创面并缝合固定，皮肤移植区敷料包扎固定。患者术中生命体征平稳，术后安返病房，术后给予抗感染等支持治疗。出院小结：患者目前双手指间关节功能屈伸约20°，左手中指及无名指掌指关节可屈伸70°，掌指关节屈伸约30°。通过复查双手X线片检查提示：右手中指、食指、无名指、小指近节指间关节间隙模糊，关节关系消失，周围可见骨痂形成，骨质疏松。

二、矛盾焦点

患方：因烧伤入住A医院治疗，行第二次植皮、关节融合术时，把手指血皮剃去，剃掉指筋，未采取补救措施，用钢针将手指穿固。现在双手功能障碍，重度残疾。医方诊疗有过失，构成医疗事故。

医方:患者双手指功能损害的直接原因系本身的疾病——烧伤所致,不属医疗事故。

三、案例评析

医方在对患者的诊疗过程中没有违法违规:

(1)根据患者病历与彩照资料,患者手部为三度烧伤。医方在同时处理整批烧伤病员中,对该患者的双手背先进行切开减张术,改善了末梢循环,使患者的手指得以存活、保留,避免了手指干性坏死,处理治疗方法及时、恰当。

(2)手部三度烧伤合并感染都会伤及肌腱,加之手指创面感染,有骨外露,为保留手指长度,避免感染加重,先暂做伸直位固定,待创面消灭后,再做手指功能位固定及各指蹼开大手术,符合烧伤整形治疗规范。

(3)患者的植皮区、供皮区及面部愈合创面均有明显的增生性瘢痕,与患者的瘢痕体质有关,与医方的诊治无关。

(4)目前患者的治疗尚未结束,应需尽早进行双手多次整形手术,否则关节强直及血管、神经、肌腱的挛缩将会更加严重。

耳鼻喉科

案例一

一、病史摘要

患者，男，50岁，××年5月31日因“咽部上颌部包块，质硬，活动受限”到A医院门诊就诊。在某医院输液治疗无效，前来求治，A医院门诊考虑脓肿，当时进行了穿刺，抽出脓液，决定进行手术引脓。手术出血不多，并取了活检。6月1日，术后第二天，伤口出血多，用纱布填塞后，仍出血很多，请口腔科会诊处理，缝合止血，用大量抗生素、支持对症治疗。待病检出来后决定。6月7日A医院病检报告：(口腔左侧)送检为坏死组织，有炎症反应。

患方陈述：A医院门诊Z大夫，既不写病历，又无登记，没做任何术前检查，更没有患者术前知情同意签字，当场向患者收了300元手术费，没任何票据。术后口腔内一直往外流血，6月1日大量流血不止，找来口腔科主任缝合，出血量减少，这才想起做活检。回家后仍然流血，不久便不能说话，不能吃东西，嘴里一个大肿块几乎把口腔塞实。又到医院，这时才写病历。经输液，病情加重，家属将患者抬到B医院五官科求治。市医院病理会诊结果：“病检组织为表浅渗出及坏死层，临床考虑为肿瘤，建议再取活检组织”。经2 d鼻饲输液，精神稍有好转，连夜去外地治疗。

医方：××年5月31日9:00，咽部长一疼痛性肿块10余天，前来A医院肿瘤科就诊。吞咽困难，检查以左侧软腭处为中心有一约4 cm×3 cm大小的肿块，范围波及咽后壁，质硬不活动，触压痛明显，局部黏膜充血，无糜烂，牙齿及口腔前庭正常，右侧扁桃体不大，穿刺抽出黄色黏稠血性脓液约2 mL，初步诊断：(1)口腔咽部脓肿；(2)咽部癌肿待排。肿瘤科医师邀请外科医师共同实施了"局麻下脓肿切开引流术"。术后患者一般情况好，给予抗感染治疗。6月1日上午复诊，自述咽部流血、分泌物多、局部疼痛，取出引流条后见渗血量较多。邀口腔科、外科来会诊，对出血点进行了处理，创面缝合，增加菌必治点滴。6月4日再复诊，患者疼痛减轻，分泌物减少，肿块变小，无出血。同日活检报告为炎性组织。

同年6月10日主因发现左咽旁肿物40 d，手术后迅速增大10 d入C医院。初步诊断：(1)左咽旁肿瘤伴血肿；(2)左咽旁囊肿伴血肿。经抗感染、止血、消肿、营养治疗，全面术前准备，于6月15日行"左咽旁肿物探查切除术，左颈鞘解剖术，气管切开术"。术中在左咽旁摘除一囊性肿物，冰冻快速病理结果为：符合囊肿。口内肿物摘除后经检查为已经机化的血肿。术后诊断：左咽旁囊肿伴血肿。术后患者恢复良好，伤口愈合好。左咽旁肿物术后病理结果：考虑鳃裂囊肿。6月29日出院，最后诊断：左咽旁鳃裂囊肿伴血肿。

二、矛盾焦点

患方：Z大夫的执业医师资格为内科专业，却在肿瘤科门诊做手术，存在超范围医疗行为，且对患者极不负责任，医德低下，私自收费。术前连最基本的常规(血压、血常规、出凝血时间等)检查都未做，无病历记录，无术前签字。盲目手术，不懂口腔解剖，割破了血管，"脓肿"非但没切除，还给患者添了巨大血肿，身体受到极大摧残。

医方：患者咽部肿块，肿瘤科诊断咽部脓肿，行切开引流术、抗感染治疗、取活检排除癌肿的治疗方案正确，缓解了症状。术后产生血肿为切口渗血并发症所致。无违规行为。

三、案例评析

1.医院管理混乱。门诊病历中的接诊及手术医师Z,职业医师执业证书中注册的职业范围为内科专业,不具备口腔、外科医师的资质,却对口腔"脓肿"患者施行手术引流,属超范围执业。

2.患者无门诊初诊记录,5 d后接诊医师才补记,记录很不完善。

3.术前未请口腔科会诊,无术前谈话、患者及家属签字同意书,无完整的手术记录。

4.由于以上违规行为,使医方误诊误治。医方诊断口腔咽部脓肿,切开引流。C医院确诊为"左咽旁鳃裂囊肿伴血肿"。患者到医方诊病时为鳃裂囊肿合并感染,不应该切开。

5.由于医方的误诊误治,使患者病情加重,C医院不得不再行"左咽旁肿物探查切除术,左颈鞘解剖术,气管切开术"。现患者喉返神经损伤,与医方的诊治有直接因果关系,医方应负主要责任。

案例二

一、病史摘要

患者,女,42岁,××年8月11日11:00入住A医院。

主诉:左耳间断流脓伴听力下降1年。无头痛、头晕、恶心、呕吐及意识障碍。

体查:发育正常,营养中等,头颅无畸形,眼睑无肿胀,鼻外形端正,心、肺、腹未见异常,各生理反射存在,病理反射未引出。

专科检查:双耳郭正常,左耳外耳道充血,可见灰白色分泌物积聚,鼓膜窥视不清,左耳乳突区略有压痛,听力较右耳差,右耳未见异常。

门诊行听道CT扫描诊断:多考虑左侧中耳乳突炎。

诊断:左中耳乳突炎。

经术前总结,患者签字同意,于8月13日行"左中耳乳突根治术"。术后给予抗感染治疗。8月14日患者述左耳疼痛不适,伴头痛、头晕、恶心,无呕吐。8月18日患者述口角向右歪斜,左眼睑闭合不全。考虑是面神经受左外耳道油纱条压迫所致,即抽取外耳道油纱条,给予激素、针灸、理疗、营养神经等治疗。经治疗,患者口眼歪斜明显缓解,患者及其家属要求出院治疗,医院向其讲明病情后准予出院。9月26日出院。出院医嘱:继续药物治疗,定期复查。

同年11月11日B医院MRI检查报告:(1)左侧面神经颅内段未见异常;(2)颅脑双侧放射冠白质区小灶性脱髓鞘改变。

C医院同年11月12日肌电图诊断报告:左面神经不全损伤改变肌电图。12月5日CT检查报告:(1)左侧中耳乳突炎;(2)左侧颈静脉球高位;(3)左侧面神经管垂直段部分增粗,部分显示欠清,考虑损伤可能。

同年12月7日入住D医院耳一科,主诉"左乳突根治术后面瘫114 d",诊断:周围性面瘫(左,V级)。患者因月经来潮,要求出院,择日再住院手术。12月10日出院。

同年12月15日再次入住D医院耳一科,检查:眼睑无下垂,左眼裂较右眼裂明显变宽,咀嚼动作左侧无力,左侧额纹基本消失,闭眼左侧露白3 mm,肌力较右侧稍差,左侧鼻唇沟变浅,鼓腮漏气,示齿时口角向右侧偏斜,舌前2/3味觉左侧明显减弱,泪液分泌试验阳性。Weber's test右偏,Rinne's test (+)。左耳乳突根治术后术腔有炎性分泌物。右耳鼓膜完整。诊断:(1)周围性面瘫(左,V级);(2)慢性化脓性中耳炎乳突根治术后感染(左)。于12月17日行"乳突修理术+耳大神经面神经移植术"。术中"发现面神经锥段、垂直段近茎乳孔这一段缺如,被瘢痕样组织所取代"。

术后抗感染、止血及雾化吸入等治疗,恢复较好,刀口拆线,左耳内腔无感染,上皮生长良好。于12月25日出院。

二、矛盾焦点

患方:医方行"左中耳乳突根治术",手术草率、粗糙,严重不负责任,手术损伤神经,造成面瘫;左侧鼓膜损伤;左耳听力丧失。医方术前未告知患者术中、术后可能发生的后果,使患方无选择权。构成医疗事故。

医方:患者术后第5日出现面瘫症状是该病治疗中常见的,甚至是不可避免的并发症。不存在医疗过失,更不是医疗事故。

三、案例评析

1.医方诊断患者为左中耳乳突炎,行"左中耳乳突根治术",术后出现口角向右歪斜,左眼睑闭合不全,未及时发现面神经损伤。C医院肌电图诊断报告:左面神经不全损伤改变肌电图。D医院诊断:乳突根治术后并发周围性面瘫(左,V级),行"乳突修理术+耳大神经面神经移植术(左)",术中"发现面神经锥段、垂直段近茎乳孔这一段缺如,被瘢痕样组织所取代"。证明医方手术过失损伤患者左侧面神经。医方的过失与患者左侧面神经的损伤有直接因果关系,医方应负一定责任。

2.患者原有左耳慢性化脓性中耳炎、乳突炎,有鼓膜穿孔、听力下降,与医方的手术无关。

3.正常人面神经鼓管约有50%暴露,患者病史较长,受损伤的概率较大,手术有一定难度。

案例三

一、病史摘要

患者,男,57岁,××年7月17日9:28入住A医院。

主诉:间歇发热3个月余。体温最高39 ℃,发热前多有寒战,自服退热药体温下降。既往有糖尿病史3年。

体查:T 39.0 ℃,P 120次/分,R 21次/分,BP 160/100 mmHg,贫血貌,皮肤无黄染、皮疹及出血点,左侧颌下可触及一约2 cm×3 cm大小淋巴结,右侧颌下可触及一约0.5 cm×0.5 cm淋巴结,质中,活动度可,与周围组织无粘连,无压痛,局部皮肤无红肿。浅表淋巴结无肿大。未见肝掌及蜘蛛痣。巩膜无黄染。心肺未见异常。全腹无压痛及反跳痛,肝肋下未触及,脾肋下三横指,质韧,缘钝,无触痛,全腹未触及包块,振水音、移动性浊音阴性,肠鸣音正常,未闻及气过水声。门诊查白细胞3.7×10⁹/L,红细胞3.76×10¹²/L,血红蛋白101 g/L,血小板110×10⁹/L。

初步诊断:(1)发热待查菌血症(?)、风湿热(?)、血液系统疾病;(2)2型糖尿病。

7月17日骨髓穿刺,18日报告:似感染性骨髓象。入院后查血沉65 mm/h,C蛋白反应阳性,血糖6.51 mmol/L,血红蛋白58 g/L,红细胞2.24×10¹²/L,白细胞2.0×10⁹/L;彩超:双侧颌下腺实质性团块,考虑腺瘤。腹部B超示:(1)肝左叶实质性结节;(2)肝右叶多发性实质性结节,多考虑血管瘤,不排外其他;(3)脾大,脾静脉增宽。仍考虑血液系统疾病可能性大。骨髓片送B医院血液科检查:考虑恶性组织细胞病。建议做淋巴结活检或胸骨穿刺。7月25日下午在手术室局麻下行左侧颌下包块活检术,术后切除组织送病检。术后患者自觉切口部疼痛,咀嚼时左侧面颊及牙龈部位疼痛,饮水及嚼食时左侧口角有漏出。查口角向右歪斜。给予抗感染、止血、止痛、对症治疗。切除组织送病检,7月21日报告:(左颌下淋巴结)考虑组织细胞坏死性淋巴结炎。7月29日报告:(1)颌下腺慢性炎症;(2)(颌下腺)Warthin瘤(腺淋巴瘤)。给予抗感染、保肝、颌下腺切口理疗及对症支持治疗。患者病情平稳,一般情况可,无寒战、发热等症状。患者及家属要求出院,于8月7日出院。出院诊断:(1)感染性贫血;(2)2型糖尿病;(3)左侧颌下腺炎;(4)左侧颌下腺淋巴瘤;(5)恶性组织细胞病(?)。出院医嘱:(1)注意休息;(2)定期复查血常规;(3)建议进一步骨髓活检;(4)不适随诊。

同年11月20日19时急诊入住B医院普外科。主诉:突然全腹痛5 h,伴气短、心慌。腹痛呈持续性、刀割样,以上腹部尤甚。16:30先到急诊科,以“白细胞减少”收住血液科,WBC 1.2×10⁹/L,GR 79.1%,HGB 72 g/L。经会诊以“感染性休克、弥漫性腹膜炎、下消化道穿孔待查”收住普外科。既往有糖尿病、缺铁性贫血病3年。查体:T 37.5 ℃, P 160次/分,R 36次/分,BP 88/58 mmHg,急性痛苦病容,贫血状,坐卧不安,四肢末梢冰凉,心率100次/分。肺部未见异常。

专科情况：下腹膨隆，全腹压痛、反跳痛，肌紧张呈板状，以下腹为著，未触及包块，叩诊呈鼓音，肝浊音界缩小，移动性浊音阳性，肠鸣音消失，双下肢可凹性水肿。右下腹穿刺抽出血性及肠内容物。胸腹部透视未见异常，B超提示腹腔积液。初步诊断：(1)弥漫性腹膜炎；(2)感染性休克；(3)下消化道穿孔原因待查；(4)肠系膜血栓待排；(5)2型糖尿病；(6)重度贫血；(7)白细胞减少症；(8)低蛋白血症。于11月20日21：00急诊在插管全麻下行剖腹探查术。探查见整个大、小肠管略扩张，以结肠为著，其内有积气积液，肠管充血水肿明显，表面有脓苔附着。腹腔内感染重，乙状结肠有一约20 cm×20 cm肿物，质硬，其中有一约1 cm×1 cm坏死穿孔，形成狭窄梗阻，并与回肠浸润约20 cm，距回盲部约80 cm。术中诊断：(1)弥漫性腹膜炎；(2)感染性休克；(3)乙状结肠癌浸润小肠并坏死穿孔。决定行乙状结肠癌切除、小肠部分切除、肠腔减压、回肠端端吻合、结肠端端吻合、腹腔冲洗引流术。切除标本送病检。病理诊断：(乙状结肠)间质肉瘤，结肠及小肠黏膜未见癌浸及，手术两断端干净，网膜淋巴结未见(0/3)瘤转移。免疫组化结果：CEA(-)，P53(-)，KI-67(-)，GST(-)，PGP(+++)。术后转ICU病房监护7 d，病情平稳后转回普外科。患者恢复可，要求出院，于12月14日出院。

二、矛盾焦点

患方：医方行淋巴结活检手术，损伤左面神经，致左面瘫。漏诊结肠癌，延误最佳治疗时间，使病情加重，致急性肠穿孔。是明显的医疗事故。

医方：在对患者的诊疗过程中，未违反卫生法律，行政法规，部门规章和诊疗规范、常规，也不存在过失行为。目前患者口角歪斜，主要是原有疾病所致，同时，亦存在可能的手术不可避免的并发症所致。不构成医疗事故。

三、案例评析

1.医方为患者行左侧颌下包块活检术，手术不仔细，过失误伤左侧面神经下颌缘支，造成左侧面瘫。目前，下唇轻瘫症状存在，咀嚼、语言功能有轻微影响。医方的过失与患者的左侧面神经损伤有直接因果关系，应负一定责任。

2.患者在医方出院3个多月后,急诊在其他医院行剖腹探查术,诊断急性腹膜炎、感染性休克、乙状结肠癌浸润小肠并坏死穿孔。行乙状结肠癌切除、小肠部分切除。病理诊断:(乙状结肠)间质肉瘤。患者在医方住院期间,无消化道系统症状,大小便正常,腹部一般检查及CT平扫未见包块,未见腹部肿瘤的表现,难以查出。患者乙状结肠间质肉瘤是疾病发展的结果,与医方的诊治无因果关系。

案例四

一、病史摘要

患者,男,47岁,因“左侧耳垂下无痛性渐进性包块5年余”于××年11月4日来我院,门诊以“腮腺囊肿”收住A院外科。患者于入院前一天在B医院行左耳前包块彩超检查,超声提示:左侧腮腺内以囊性为主的占位病变,性质待查。

专科情况:左侧耳垂处可见一约3.5 cm×3.5 cm大小包块,边界清,质硬无压痛,活动度可,与周围组织无粘连。

入院诊断:腮腺囊肿。

患者入院后完善相关辅助检查,无明显异常。11月4日15:00在局麻下行囊肿切除术,患者侧卧于手术床上,常规消毒铺巾,自包块顶部以利多卡因做一皮纹并向周围注射麻药,自耳垂后做一与皮纹相平行的切口,长约3.5 cm,逐层切开皮肤及皮下,可见腮腺实质内一紫暗色包块,钝锐性分离,将包块完整切除,确切止血后,逐层关闭切口,手术顺利,术中出血不多,术后安返病房。术后给予抗感染、止血、对症等治疗。11月10日患者出院时自觉左侧面部皮肤麻木,临床考虑面神经水肿所致。

出院诊断:腮腺囊肿。

患者,男48,岁,主因“左侧面部麻木伴耳后疼痛3个月”于第二年2月3日来C医院,门诊以“左侧面神经损伤”收住入院。患者3个月前因“左腮腺囊肿”

于当地医院在局麻下行“左侧腮腺囊肿切除术”，术后左侧面部无感觉，表情肌功能障碍，于当地医院注射营养神经的药物1个月，自觉效果不明显。

专科情况：左侧耳后长约3 cm的手术瘢痕，左侧颧面部塌陷，左侧鼻唇沟变浅。左侧面部表情肌功能障碍，左侧口角下垂，左侧无额纹，左眼闭合不全，鼓腮无力。口内左侧腮腺导管口无红肿，挤压腮腺仍有少量液体流出。

辅助检查：D医院EMG/NCV/EP报告：左面部肌组织神经源性改变。

初步诊断：左侧面神经损伤。

第二年2月5日在全麻下行左腮腺浅叶切除+面神经吻合术，常规腮腺手术切口，向前延伸至颏下，依次切开左侧耳屏前、颌后及颌下之皮肤、皮下组织、颈阔肌，向前翻瓣至腮腺前缘咬肌区，向后至胸锁乳突肌后缘。于胸锁乳突肌表面找到耳大神经，保留。沿胸锁乳突肌前缘分离寻找到二腹肌及外耳道下方软骨，于乳突尖下方寻找到已被切断的近心端面神经总干。切除腮腺浅叶，探查面神经各断端。可见术区解剖结构错乱，有多处缝线结扎，断离的远心端可见神经呈现结节状，修整面神经远心端。面神经吻合：切取长4 cm耳大神经，于显微镜下以9-0无创伤线吻合耳大神经与近心端面神经总干和远心端。面神经远心端共2个断端，共5根神经分支。冲洗创口，彻底止血。清点手术器械及敷料无误后，检查创口无明显出血，严密缝合，置入橡皮引流条一根。术后给予抗感染及支持治疗。第二年2月10日患者出院，出院诊断：左侧面神经损伤。

二、矛盾焦点

患方：医方实施手术时严重违反诊疗常规，造成患者面神经损伤的严重后果，构成医疗事故。

医方：诊断正确，术前已向患者及其家属告知可能出现的并发症，我方此次手术不存在任何过失，不构成医疗事故。

三、案例评析

1.诊断正确，患者具备手术适应证。

2.医方对腮腺手术认识不足，术前告知不充分，手术过程中损伤面神经，造成患者左侧面瘫。后患者在C医院行“面神经吻合术”，现患者面神经功能部分恢复。

3.医方的手术过失造成患者左侧面神经损伤(目前为不完全性面瘫)，手术和损伤有直接因果关系，医方应负主要责任。

妇产科

案例一

一、病史摘要

患者,女,31岁,××年9月15日9:00入住A医院妇产科。

主诉:下腹疼痛半年余,发现腹部包块1个月。1个月前在B医院B超提示盆腔有一囊性包块,1周前腹痛明显加剧。医院B超确诊盆腔巨大囊性包块,以“子宫左后方囊性包块”收住。

体查:T 37.5 ℃,P 82次/分,R 22次/分,BP 120/70 mmHg,腹略隆起,未见异常肠型、蠕动波及腹壁静脉曲张,腹软,无压痛及反跳痛,左下腹可触及成人拳头大小囊性包块,活动可,腹部叩诊呈鼓音,移动浊音阴性,肝脾肋下未触及,肝区、脾区、肾区叩击痛阴性,肠鸣音存在。

妇科检查:右附件(-),左附件区可触及拳头大小囊性包块,活动欠佳。

门诊B超提示:子宫左后方有一9.8 cm×9.5 cm囊性包块。

初步诊断:(1)左卵巢囊肿(巨大);(2)左附件囊性包块。

9月15日B超报告:肾脏大小左侧、右侧如常,轮廓线清,活动度良好,肾实质回声均匀,集合系统明亮集中;B超提示:肝、胆、胰、脾、肾声像图未见异常。

9月16日术前总结,手术方式为“(1)剖腹探查术;(2)左附件囊肿切除术”。连续硬膜外麻醉。患者签字“同意手术”。当日9:00开始手术。

术前诊断:左侧卵巢囊肿。

手术方式:盆腔脓肿清除术、左侧输卵管探查、膀胱造瘘术、腹腔引流术。

术中探查盆腔左侧有一5 cm×5 cm肿块,质硬,有囊性感,穿刺抽出暗褐色混浊脓液。充分显露术野,保护周围组织,打开后腹膜,即有前述脓液流出,予以吸除,包块明显缩小。再次穿刺,证实为后腹膜脓肿,打开囊壁,充分吸除脓液,总量约800 mL,沿囊壁钝性分离,向下顺直肠左侧延伸,向上至左肾区。诊断为左侧输尿管扩张并积脓。以导尿管向下探查,未引出尿液,故切开膀胱前壁探查,未寻及左侧输尿管口,置一膀胱造瘘管,缝闭膀胱切口,向上再探查脓腔,腔径逐渐缩小,内容物为脓液,无尿液及血性液。术中诊断为盆腔脓肿慢性炎症致左输尿管下段狭窄,或先天性左输尿管远端闭锁致输尿管扩张并积脓。黏膜面充血,散在出血点,故切除该段囊壁,上、下端关闭。仔细止血,在后腹膜置一引流管,缝闭后腹膜切口,在盆腔中置一引流管,分别从侧腹壁另戳孔引出。手术顺利。切下之标本交家属过目后送病检。术后诊断:盆腔脓肿,左侧输尿管扩张并积脓。术后转外科,给予止血、抗感染、补液等治疗。9月20日病理诊断:(输尿管)镜下见输尿管黏膜变性坏死,各层间质可见中性白细胞浸润。患者述阵发性低烧,并左肾区酸痛。9月25日B超提示:(1)左肾未显像,左肾区异常无回声区;(2)子宫上方囊性包块;(3)盆腔积液;(4)子宫声像图未见异常。9月30日记录:患者精神好,未诉腹痛及腹胀等不适,要求出院。查体:腹平软,无压痛,肠鸣音正常,肾区无压痛及叩击痛,切口愈合良好。医方说明病情,嘱患者带药出院,定期复查。于10月1日出院。

第二年5月13日入住C医院妇产科,主诉:左侧腰部阵发性酸胀痛半年余。

妇科查体:子宫左上方触及一包块,如孕6周大小,活动欠佳,触痛(+),右附件无异常。

第二年5月9日C医院B超提示:左附件区囊性包块,不除外输卵管炎症性病变。初步诊断:盆腔包块。

第二年5月19静脉肾盂造影报告:左肾、左输尿管未见显影。

5月27日在全麻下行左肾切除术、左侧输尿管部分切除术、盆腔粘连分解术及左侧输卵管切除术。术中探查左肾区可见一巨大不规则囊性肿物,壁薄,呈多囊性(20 cm×10 cm),未见正常肾脏组织。钝性剥离囊性肿物,游离、离断肾蒂,向下探查囊肿,于平髂前上棘消失,切除标本送病理。结扎肾蒂。于腹主动脉旁探及一索状物,无扩张,穿刺有尿液,考虑为输尿管,予以部分切除,送病理。切开侧腹膜,未发现明显盆腔占位。切口未见活动出血,肾蒂结扎良好。依次关闭切口。行B超示附件区仍有囊性包块。患者平卧位,于耻骨联合上两横指约12 cm横切口,洗手探查:见盆腹腔广泛粘连。依次钝性分离粘连,见子宫前位,经产大小,左侧输卵管弯曲、积水,钳夹、切断、缝扎左侧输卵管系膜,送病理。右侧输卵管及卵巢无异常。手术顺利,术毕安返病房。术后诊断:(1)左肾囊肿;(2)左输尿管扩张;(3)左侧输卵管积水;(4)盆腔粘连。病理诊断:(1)肾发育不全伴囊性扩张;(2)部分输尿管及左输卵管大致正常。6月4日病理会诊报告:(盆腔)被覆移行上皮的管壁组织,以输尿管可能性大。术后抗感染、对症处理,住院25 d,切口Ⅱ/甲愈合,于6月8日出院。

二、矛盾焦点

患方:医方实施手术误将输尿管当囊肿切除,导致肾积水,左肾功能丧失,不得不切除左肾。

医方:患者是“子宫左后方囊性包块”收住妇产科,术前以剖腹探查谈话,术后向家属说明,转外科,不存在未告知情况。手术探查证实肿块为左侧输尿管扩张并积脓,远端闭锁,左肾无功能,彻底处理了脓肿,并未误伤输尿管。外院切除左肾与我院无直接因果关系。不构成医疗事故。

三、案例评析

1.医方对患者的检查不仔细,诊断不清。根据门诊B超检查及入院妇科检查诊断“左卵巢囊肿”、“左附件囊性包块”,入院第2日即手术,术中探查时未做进一步的检查,未搞清包块的解剖关系及性质,亦未及时请泌尿专科会诊。

2.由于诊断不明,术中解剖关系不清,在切除囊肿过程中误切左侧输尿管并结扎上下端,造成左肾损伤:

入院当日(××年9月15日)的B超报告:“肾脏大小左侧如常、右侧如常,轮廓线清,活动度良好,肾实质回声均匀,集合系统明亮集中。肝、胆、胰、脾、肾声像图未见异常”。术后(同年9月25日)B超提示:“左肾未显像,左肾区异常无回声区”。

C医院第二年5月19静脉肾盂造影报告:左肾、左输尿管未见显影。手术探查未见正常肾脏组织。

病理专家对医方提供的患者病理切片复诊报告:镜下所见主要为囊壁样组织,内表面被覆较完整移行上皮(3~5层),上皮下组织水肿,可见2层平滑肌组织,间质小血管扩张充血、弥漫性出血伴极少量含铁血黄素沉积;并见少量淋巴细胞散在浸润。复诊意见为“(输尿管中上段)慢性炎症(轻度)”。

3.由于医方的误诊误治,过失切除左输尿管,导致患者左肾损害,最后在C医院切除左肾,给患者造成人身损害。医方的误诊误治与患者的人身损害之间有直接因果关系,医方应负完全责任。

案例二

一、病史摘要

患者,女,51岁,主诉“阴道不规则流血3年,加重20 d”,于××年6月27日12:00入住A院妇科。

查体:轻度贫血貌;外阴(-),阴道畅,壁光滑,黏膜无充血,暗红色积血量多于月经,宫颈轻度糜烂,质中,无触血,宫口有活动性出血,出血来自宫腔。

盆腔B超:子宫、附件未见明显异常。HGB 98 g/L,尿BLD +2,URO +1。

入院诊断:(1)功能失调性子宫出血;(2)子宫内膜癌待排;(3)失血性贫血(轻度)。

6月28日10:20行诊刮术。患者自诉头晕、乏力,家属要求输血,并在输血治疗同意书上签字,急配血200 mL,献血者A型。12:35输血,约3 min后出现胸闷、气短，继而恶心、呕吐，颜面、口周发绀，考虑有输血反应，立即停止输血，给予吸氧、肌注地塞米松10 mg、爱茂尔2 mL，5～10 min后上述症状缓解，向领导汇报。(1)急查血尿常规、肾功能；(2)给予5%碳酸氢钠200 mL；(3)保护肾功；(4)维持血容量；(5)记出入量，注意尿色；(6)严密注意病情变化。18:00记录：病情平稳，自诉头痛、胸前区紧闷、腰痛，体位改变有头晕，阴道流血量少，T 36.5 ℃，P 80次/分，R 20次/分，BP 18/11 kPa，液体入量1000 mL/4 h，尿量1430 mL，血尿常规未见异常，BUN 4.2 mmol/L，HGB 94 g/L，严密观察。查对发现输血过程中出现异型血，A型血输给O型血病人。多次请院外专家会诊，肝肾功能检验正常。7月11日出院，转外院治疗。

出院诊断：(1)功能失调性子宫出血(无排卵性)；(2)失血性贫血(轻度)；(3)输血反应。

同年7月16日二次入住A医院。给予输血治疗。患者不配合治疗，要求转院，医院同意，于同年9月14日出院。出院诊断：(1)功能失调性子宫出血；(2)失血性贫血(轻)。

同年9月15—22日在B医院检查，血液细胞分析：白细胞2.7×10^9/L，血红蛋白115 g/L，血小板计数141×10^9/L。临床化学检验：尿素4.8 mmol/L，肌酐70 μmol/L。尿液分析：只有管型阳性，其余均正常。腹部超声：脾略大，回声未见异常。磁共振检查头颅：(1)左侧基底节区腔梗(小点状)或血管腔隙略宽；(2)双侧基底节区脱髓鞘改变；(3)双侧上颌窦囊肿。颈椎MRI平扫：(1)曲度直；(2)颈椎骨质增生(轻度)。腰椎：(1)腰椎曲度显示略变直；(2)S2水平骶管囊肿。血液科初步认为目前尚无血液系统疾患，随诊；神内科：目前未发现可致神经功能障碍的脑部影像学异常。

同年11月13日至第二年1月14日，第二年7月7日至27日两次入住B医院，诊断：(1)脑梗死；(2)贫血；(3)自主神经功能紊乱；(4)脑神经衰弱；(5)颈椎骨质增生；(6)S2椎管内囊肿。给予抗凝、支持等对症治疗，病情好转出院。

二、矛盾焦点

患方：医方管理混乱，输血错误，误将A型血输给O型血病人，故意拖延最佳治疗时间，导致病人严重伤残。

医方：医技人员失误配错血，出现输血反应，及时抢救，严密观察，多次请专家会诊并到外院诊治，没有给患者身体造成任何器质性损害，也不会留有后遗症，患者自述症状与输血反应无直接因果关系。

三、案例评析

1.医方违反《医院工作制度》第二十八条，医技人员未认真查对，配错血，错误地将A型血输给O型血的患者，引起输血反应，医方负有完全责任。

2.发生输血反应后，病人胸闷、气短、恶心、呕吐、颜面及口周发绀，医方积极抢救，请专家会诊，症状缓解。经检查，肾、肝功能正常，未发现血液系统疾患。

3.鉴定会现场专家对患者体检，患者不合作，未发现有意义的阳性体征。

4.患者S2椎管囊肿等器质性疾病，与输血反应无因果关系。

5.患者是否有心理、精神疾患，建议由专科检查。

案例三

一、病史摘要

患者，女，24岁，因“闭经10个月、破水0.5 h伴下坠感”于××年8月23日20:45收住A医院妇产科。末次月经上一年10月7日，预产期××年7月21日，此次妊娠顺利，无异常经过。

产科检查：宫底剑下三指，LOA，胎心138次/分，胎心清亮，宫口2 cm，宫颈软，展平，胎膜已破，羊水清亮，先露头，S=-1，骨盆外测量正常。

入院诊断：(1)G1P0，$G40^{+5}W$，LOA，临产；(2)早破水；(3)第一产程潜伏期。

处理：(1)完善各项检查(急诊查血RT，血型)；(2)静脉用药、抗感染；(3)观察产程。

第一产程进展快，从入院(20:45)至宫口开全5 h，8月24日1:45宫口开全上产床，准备接生，1:50胎心加快，考虑脐带异常，给催产素2.5 U+10% GS 500 mL静滴，2:10胎心减慢，80～100次/分，加大催产素剂量，2:10静滴7.5 U，2:15静滴10 U；2:15行会阴侧切加腹压无效，行产钳术，2:20在产钳术下娩一约3300 g活女婴，胎位正常，无枕横位及枕后位；胎头娩出后，胎肩嵌顿达2 min，新生儿娩出后脐绕经一周，评4分，青紫窒息，心率110～120/分，无呼吸，胸外按压抢救5 min，评4分，断脐交台下处理。请儿科、麻醉科配合抢救，于2:45气管插管，有自主呼吸，心率120次/分，面色转红，但仍不哭，2:50新生儿自然哭，评7分。3:50转儿科治疗。

8月26日CT检查报告：(1)新生儿缺血缺氧性脑病；(2)蛛网膜下腔出血；(3)左枕顶部头皮下血肿。经保暖、吸氧、纠酸、抗感染、镇静、营养脑细胞、支持治疗12 d，病情临床治愈，精神尚可，反应好，觅食、吸吮、握持、拥抱反射均存在，吃奶好，吸吮有力，全身皮肤红润，大小便正常，臀部有细小丘疹，无糜烂，无渗液，复查肝功、心肌酶谱、电解质均正常。患儿于同年9月5日出院。

出院诊断：(1)新生儿窒息；(2)新生儿缺氧缺血性脑病；(3)蛛网膜下腔出血；(4)头皮血肿；(5)尿布性皮炎。出院医嘱：注意营养，勤换尿布，保持干燥，随诊。产妇于同年9月2日出院。

患儿因“生长发育迟缓3个月余”于第二年5月17日再次入住A医院儿科。入院诊断：(1)右额部脓疮；(2)新生儿缺氧缺血性脑病后遗症。入院后给予抗感染、促进脑细胞恢复等治疗，住院8 d，患儿精神、吃奶尚可，大小便正常，肺部痰鸣音消失，双肺呼吸音粗糙，额部脓疮脓痂未脱落，四肢肌张力仍高。5月25日出院。出院诊断：(1)脑性瘫痪；(2)右额部脓疮。出院医嘱：坚持治疗，注意功能恢复锻炼。

二、矛盾焦点

患方：产妇入院后，医方未进行全面检查，未及时观察产程；胎儿出现宫内窘迫时未采取有效措施，反而加大剂量使用催产素，用腹压方式助娩，产钳助产致使孩子颅内出血、头皮血肿；出生后未立即抢救；医方已检出孩子有脑病，但未告诉家属。医方存在严重医疗过错,导致脑瘫,应属医疗事故。

医方:产妇急诊入院后主治医师按常规检查、治疗、谈话,严格按产钳术操作规范助产;积极抢救,向家属告知了病情,发出了病危通知,医疗服务符合诊疗护理规范、常规,无违法违规行为,患儿脑瘫是现有医学科学技术条件下无法预料或不能防范的不良后果,不构成医疗事故。

三、案例评析

1.医方对产妇的处理没有违反诊疗常规。孕妇××年8月23日20:45入院,直到8月24日2:20婴儿助娩。8月24日1:45宫口开全,胎心178次/分,及时吸氧,静滴低浓度催产素(2.5 U + 5% GS 500 mL),2:10胎心减慢,加大静滴催产素剂量(7.5 U + 5% GS 500 mL),在没有引起任何反应的情况下,产钳助娩缩短第二产程,以减轻胎儿宫内缺氧,处理是正确的。

2.产钳助娩未出现局限性损伤,与蛛网膜下腔出血没有因果关系。但医方未告知产妇及其家属产钳助娩的并发症。

3.该产妇有过期妊娠、胎盘老化、胎儿脐绕颈、胎儿宫内窘迫、新生儿青紫等并发症,是造成新生儿蛛网膜下腔出血、脑瘫的原因,脑瘫与医方的医疗行为无因果关系。

案例四

一、病史摘要

患者,女,25岁,主诉“停经9⁺个月,不规律腹痛1 d”,××年10月4日13:00入住A医院妇产科。

产查:宫高34 cm,腹围97 cm,子宫底剑下3指,胎位LOA,胎心140/分,骨盆正常,髂骨间径25 cm,髂嵴间径27 cm,骶耻外径20 cm,坐骨结节间径9 cm。

印象:(1)孕40^{+6} W,G1P0,LOA,临产;(2)羊水偏多;(3)慢性支气管炎。

10月4日13:00报告:BT 1′30″,CT 5′。

12:40病程记录:2:55在会阴侧切助娩下急产免出一男婴,产后10 h,患者自诉会阴部疼痛肿胀。查体:BP 15/9 kPa,精神欠佳,颜面苍白,宫缩良,阴道血性恶露量少,左侧侧切口平整,无出血、渗血,右侧会阴部肿胀。立即推入产房处理,拆开左侧切口缝线,阴道右壁血肿形成,立即清理血肿及凝血块,估计约500 mL,血肿剥离面渗血。

18:00病程记录:患者会阴血肿清除、二次缝合术后3 h余。

10月5日6:50术前小结:会阴血肿清除、裂伤缝合术后12 h,自感会阴部疼痛,偶有躁动,血压9/6 kPa,脉搏126次/分,皮肤黏膜苍白,会阴部肿胀、青紫,快速补液,加压输新鲜血。10月5日8:00急诊行会阴部血肿清除术及裂伤修补术,术中清理会阴部凝血块约500 mL,探查右侧阴道壁破损延及侧穹隆,缝合破损,子宫收缩不良。缝合结束后见阴道有活动性出血,给予止血治疗,再次请A妇产科××主任会诊,行局部油纱布卷加压止血,中间置橡皮引流条。术毕,安返病室,血压98/52 mmHg,P 121次/分。10月5日13:58报告BT 2′30″,CT 4′。经对症处理,11月10日基本治愈,自动出院。

术后第三年5月22日到B医院诊治,检查:外阴无阴毛,大小阴唇、阴道、子宫萎缩,子宫颈细小、光,10月29日诊断:闭经,席汉氏综合征。

术后第四年1月18日在C医院门诊诊治,诊断:席汉氏综合征(?)。

二、矛盾焦点

患方:值班医生失职、失德,让疼痛难忍的产妇在寒冷的门外冻了45 min才进病房;未告知产妇在产房的情况;操作失误,造成产道损伤;产后未严密观察,未及时发现血肿,未认真处理,导致休克、脑垂体失血性坏死、席汉氏综合征。医方应负完全责任。

医方:没有违反操作规范、常规,不存在诊治过失。因急产、凝血功能障碍,造成阴道黏膜下血肿、阴道壁广泛出血。患者属体质特殊而发生无法预料的医疗意外。

三、案例评析

1.医护人员责任心不强,观察病情不及时、不认真:10月4日凌晨1:00入院,2:55急产分娩,9 h 45 min后,即12:40才有病程记录,发现产妇阴道壁血肿。

2.发现产妇阴道壁血肿后,处理措施不力,延误时间长。第一次、第二次缝合止血均不彻底,休克时间长,又于10月5日请外院妇产科主任会诊,压迫止血方奏效。

3.医师专业基础薄弱,思路窄。患者住院37 d无泌乳,出院后无随访。医师未考虑到发生席汉氏(Sheehan)综合征的可能,造成漏诊,致使患者病情加重。Sheehan氏综合征如及时诊治,可获痊愈。

4.由于医方的以上医疗过失,造成失血过多,休克时间过长,引起脑垂体缺血坏死,垂体功能减退——Sheehan氏综合征。Sheehan氏综合征与医疗过失有直接因果关系,医方应负主要责任。

5.该产妇系初产,总产程2 h 40 min,属急产。初产妇急产,因产道未充分扩张,易导致阴道壁血肿、出血。

案例五

一、病史摘要

医生K陈述:××年10月17日,患者因"孕39周临产"到A卫生室,自述小腹坠痛,无规律,经查产妇情绪紧张,血压、脉搏、呼吸等情况正常,胎儿无头盆不对称,胎心142次/分,胎动情况良好,羊水少量流出,宫口1～1.5 cm。第二日约9:00开始自觉腹痛渐有规律,宫缩每10 min 1～2次,但较弱,宫口变化不明显,至13:00左右,宫缩仍弱,宫口开约3 cm,听胎心良好,将10 U催产素加入500 mL GS中,从2滴/分开始输,密切观察,0.5 h后宫缩1～2次/10分,便将速度调至4～5滴/分,输了约2.5 h,不到液体总量的1/4,宫缩每10 min仍不超过4次,听胎心较弱，建议行B超检查，停止输液。经某乡镇卫生院B超检查结果为胎死宫内，腹腔内未见液性暗区。回到诊所后建议转院，当时产妇除仍小腹坠痛外无其他不适，能自己步行上车。

患者，女，26岁，××年10月18日20:00入住C医院妇科。主诉"闭经10个月余，下腹疼痛2 d"。曾在闭经40 d余出现轻微早妊反应，后自行缓解。双下肢浮肿(++)。无其他不适。同年10月17日早晨开始下腹阵痛，伴阴道流液，去A卫生所待产，给催生药物静脉输入(具体药名不详)，用药中开始腹痛加剧难忍，之后腹痛突然缓解，并出现恶心、呕吐、头晕等症状，待产至今晨(18日)上述症状加重，未能分娩，前去B医院就诊，诊断胎死宫内。遂到C医院就诊。

体查：T 36 ℃，P 60次/分，R 20次/分，BP 70/50 mmHg，宫底x−3下，先露头，深定，胎位LOA，胎心未闻及，无宫缩。

内诊：外阴血染，味臭，宫颈管展平，宫口开全，面先露，衔接S+"2"，胎膜已破，味臭。

初步诊断：(1)妊41^{-1}W，G2P1，面先露临产；(2)胎死宫内；(3)子宫破裂；(4)休克。

完善必要的化验检查，向家属交代病情，抗休克，急诊手术。18日22:00术前小结：积极给予扩容治疗，待血压回升后查，胎头下降至S+2，宫颈未触及，面先露至阴道内口处，卡紧。如行剖宫产取胎头困难，更会造成子宫及邻近器官的损伤，故考虑穿颅术后再行剖腹探查术。穿颅后胎儿娩出，男性，皮肤呈草绿色，味臭，约3500 g，术后1 min胎盘、胎膜娩出完整，查胎盘2/3面早剥，有凝血压出。探宫腔左侧壁有一长约6 cm的纵行裂口。向家属交代病情，术中、术后的情况，签字同意行剖腹探查术。18日23:00手术开始，开腹后见腹膜呈紫蓝色，褐色液混有胎粪溢出，味恶臭，量约500 mL，探查子宫左侧阔韧带纵行完全裂开延及后穹隆处，圆韧带完全断裂，膀胱与子宫颈分离，下移约3 cm，渗血、水肿，裂伤延及直肠浆膜层、盆腔壁，左侧VA及输尿管充分暴露，子宫下段及膀胱反折组织充血、水肿，大网膜、肠系膜以及裂伤口处均被胎粪样物污染，子宫破口处有坏死感染迹象。术中再次向家属交代病情，决定行子宫次全切+左侧附件切除术。19日1:45手术结束。给予抗感染、止血、补液、特护处理，严观病情。

10月29日9:00记录:患者精神欠佳,腹略胀,伤口无渗血,阴道仍有少量流液,味恶臭,T 38 ℃,BP 100/70 mmHg,WBC 31.0×10^9/L,需继续治疗,但家属要求出院并签字,于同年10月29日9:00出院。

同年10月17日患者就近前往私人诊所诊治待分娩,村医只行简单处理,10月18日又在葡萄糖液体500 mL中加入催产素10 U,静脉滴入,用催产素后有腹痛、恶心等症状,仍不能分娩;遂前去B医院就诊,行B超检查,诊断"胎死宫内"。

患者从B医院出院后,又先后到C医院、D医院就诊。D医院诊断:(1)膀胱阴道瘘;(2)子宫切除术后切口感染;(3)盆腔脓肿引流术后;(4)脓胸(左);(5)左足背烫伤坏死并感染。

二、矛盾焦点

患方:C医院设备、技术差,玩忽职守,操作失误,行剖腹产、子宫全切手术,造成患者膀胱阴道瘘、脓胸、腹壁切口感染裂开、左足背烫伤坏死。医方应负责任。

医方:

C医院:产妇7年前曾行剖宫产,属瘢痕子宫,且身材矮小,骨盆狭窄,此次待产面先露,胎儿较大,在根本不可能从阴道分娩的情况下,村医给患者500 mL葡萄糖液体中违规加入催产素10 U静脉输入,势必导致子宫破裂。"膀胱阴道瘘"主要是患者来我院前已发生子宫破裂,并损伤膀胱,加之长时间腹腔污染侵及损伤的膀胱创面造成的并发症。我院诊疗行为不存在任何过失,不属医疗事故。

A卫生室:从接诊到产妇离开的整个过程,医方严格按产科诊疗常规处置,密切观察产程,缩宫素用量在规定范围内,滴速较慢,未出现较强宫缩,胎儿死亡与缩宫素使用应当没有关系。

三、案例评析

1.A卫生室有医疗机构执业许可证,诊疗科目为全科医疗、预防保健。诊所接诊医生K无执业医师资格证及执业医师执业证书,无接生员上岗证,自行接生，违反《中华人民共和国执业医师法》第十四条的规定，系违法执业；且无任何病历记录，违反《医疗事故处理条例》第八条的规定。

2.患者曾有剖宫产史，系瘢痕子宫，再次妊娠属高危妊娠，卫生室根本无条件处理高危妊娠，也未及时转院。

3.瘢痕子宫是使用催产素的禁忌证，而卫生室滥用，给产妇高浓度、快速滴入催产素，使子宫强直性宫缩，致胎头回转异常，胎死宫内，子宫破裂。

4.胎儿分娩困难，面先露，胎头顶部压迫膀胱充血、水肿、缺血、坏死、穿孔，进而形成膀胱阴道瘘。

5.医院在行急救手术时，手术方式不当，不应采取穿颅术，此操作会加重病损组织的损伤程度，导致膀胱阴道瘘。

6.根据以上分析，胎儿死亡、子宫破裂、膀胱阴道瘘的形成，与A卫生室、C医院的诊疗行为有直接因果关系。

案例六

一、病史摘要

患者，女，19岁，××年5月9日18:00急诊入住A医院妇科，主诉“右下腹阵发性疼痛2 d”，门诊抗感染、输液治疗无缓解，B超示：(1)左侧附件囊肿（扭转）；(2)子宫、右侧附件未见异常。平素月经不规律，量较多。

专科情况：腹部有一5 cm×6 cm大小包块，质中，活动度尚可，内诊未做。

肛查：左下腹可触及一鹅蛋大小的包块，质硬，活动度好。

初步诊断：左附件囊肿。

向家属交代病情，抗感染、输液，必要时剖腹探查。经术前总结，准备行剖腹探查术，患者父亲签字同意手术，5月10日12:30在连硬外麻醉下行剖腹探查术，见子宫大小如常，色红，表面光滑无结节，左侧卵巢增大约6 cm×7 cm，呈部分囊性，有完整包膜，表面光滑，形态不规则呈哑铃形，灰白色，扭转360°，质中。右侧卵巢有一约5 cm×6 cm的包块，呈囊性变，有完整包膜，表面光滑，形状不规则，灰白色，与周围组织无粘连。决定行双侧卵巢切除术。术程顺利，麻醉满意。

术后诊断：(1)双侧卵巢囊肿；(2)畸胎瘤(?)。

5月15日××医院病理报告：(双侧卵巢)卵巢成熟型畸胎瘤(皮样囊肿)；输卵管未见著变。

5月16日出院。出院诊断：(1)双侧卵巢囊肿蒂扭转；(2)畸胎瘤。

出院医嘱：(1)加强营养；(2)注意休息及情绪、生理变化；(3)1个月后门诊复查。

同年10月23日，××专科医院彩色多普勒超声检查报告：双卵巢未见显像，子宫发育欠佳。

二、矛盾焦点

患方：医方对术前诊断、手术名称、术中或术后可能出现的并发症、手术风险等情况，既未告知患者本人，也未向其父说明；探查时发现双侧输卵管肿瘤，未经患者本人签字同意，擅自切除了双侧卵巢，使患者失去了生育能力和女性特征，造成终生损伤。

医方：诊断患者为左侧附件囊肿蒂扭转正确，必须行剖腹手术，完全符合诊疗常规。剖腹探查术中发现右侧卵巢存在同样病变，由于患者本人处于麻醉状态，无法与其沟通，将病情、治疗方案、手术切除后果等一一告知其父母，其父母同意(口头)后，才行剥离，无法剥离，最后才行切除。

三、案例评析

1.医方术前检查不认真、不全面，诊断不准确。××年5月9日18:00患者入院，医方诊断：左侧附件囊肿。生命体征平稳，B超示：左侧附件囊肿(扭转)；子宫、右侧附近未见异常。准备行“剖腹探查术”。

2.手术盲目，未认真履行告知义务。当日12:00即行“剖腹探查术”。术前未告知患者或家属可能切除右侧附件，家属以“剖腹探查术”在术前小结上签字同意手术。

3.对女性性腺的认识不足，手术有原则错误。手术切除左侧卵巢后，发现右侧卵巢有一囊性变，未征得患者本人及其家属同意，将两侧卵巢均切除，造成患者终生损害。医方不应行右侧附件切除术，而应实施右侧卵巢肿瘤剥离术。

4.医方诊疗中的违规行为，是造成患者终生损害的直接原因，应负主要责任。

案例七

一、病史摘要

患者，女，36岁，××年5月31日11:00，主诉"足月，轻微下腹痛0.5 h"入住A卫生院。末次月经上一年7月25日(-)，预产期同年4月9日(-)。既往小产1次，足月产2次，末次生产日期××年7月。现有儿子1人，未发现其他手术及异常情形。

体查：头、颈、心、肺均未见异常，妊娠腹，肝脾未触及，双膝以下及双足水肿(++)，子宫底剑下4指，胎位LOA，胎心146次/分，先露部固定，骨盆正常。

入院印象：孕40^{+4}W，待产。

向产妇家属谈话，可能发生的问题及紧急处理。

临产记录：5月31日12:00，血压100/70 mmHg，胎心146次/分，胎儿大，宫缩5″～10″/20′～30′，胎位LOA，头先露，固定，胎膜完整，宫口2 cm；6月1日3:00静滴催产素2.5 U加入5% GS 500 mL，8～12滴/分开始，根据宫缩调整速度；6:30胎膜自破，羊水清亮；12:05，胎心146次/分，宫缩30″～40″/5′～10′，续催产素2.5 U；15:05血压70/40 mmHg，脉搏102次/分，胎心89次/分，宫缩5″～10″/10′～20′，患者突然呕吐，胸闷，气短，呼吸困难，面色及双手足发绀，皮肤潮冷，双肺湿啰音，紧急抢救；15:15血压测不到，胎心"0"，无宫缩；15:40双鼻及口内外流粉红色泡沫物，16:05点头状呼吸，心率听不清，双鼻孔及口内继续出现大量粉红色泡沫物;16:20呼吸、心跳停止。

最后诊断:(1)急性羊水栓塞;(2)DIC;(3)各器官功能衰竭。

二、矛盾焦点

患方:医方没有严格遵守医疗卫生法律、法规、诊疗护理规范,玩忽职守,滥用催产素等药物引产,在出现紧急情况后未及时采取有效措施,延误治疗时机,致产妇母子双亡。病历不真实。

医方:考虑产妇宫缩乏力进而导致产程延长,故给催产素;产妇无催产素应用禁忌证;严格按教科书规定静滴催产素。产妇病情凶猛,发展迅速,抢救无效,死于急性羊水栓塞、DIC。

三、案例评析

1.根据临床表现,考虑患者死于羊水栓塞。

2.5月31日12:00入院后,6月1日3:00查宫口开2 cm,先露棘上4 cm,观察产程4 h无进展,产程处于潜伏期,即给予催产素静滴达12 h。静脉输入催产素2.5 h胎膜自破,12 h宫口开全,先露棘平,提示有头盆不称。医方使用催产素的时机、指征不当,是造成羊水栓塞的主要原因。

3.产程观察中未能发现难产因素(经产妇,宫口已开全,胎头位置棘平)。

以上违规行为是造成产妇死亡的主要原因,医方应负主要责任。

4.产妇羊水栓塞病情危急,难以抢救。

案例八

一、病史摘要

患者,女,33岁,预产期××年3月1日,产前一年10月9日至生产年2月15日产前检查7次,未发现异常。××年2月4日产科彩超:(1)单胎存活,顶先露;

(2)脐绕颈。××年2月28日入住A医院产一科,主诉"停经40-W,恶心、食欲不振1周,黄疸2 d"。现病史:停经40 d查尿妊试验阳性,确诊怀孕,随即出现早妊反应,持续月余消失。孕早期感冒一次,服"清开灵口服液"治疗。入院前1周无明显诱因恶心、食欲不振,入院前3 d门诊产前检查肝肾功结果当日未报,入院前2 d出现颜面及双目黄染,遂于今日来院,肝肾功提示:ALT 181 U/L, AST 164 U/L,CR 208 μmol/L,UA796 μmol/L。5年前行"胆囊摘除术"。

体查:T 36.8 ℃,P 100次/分,R 24次/分,BP 134/82 mmHg;皮肤中度黄染,浮肿(+),巩膜黄染,腹部膨隆,肝脾未触及,肾区无叩痛;宫高36 cm,胎位LOA,入盆浮,胎心142次/分,估计胎儿3600 g,宫缩无,髂棘24 cm,骶耻外径18 cm,坐骨结节间径8.5 cm,坐骨棘10 cm,耻骨弓 > 90°。肛查:宫颈未展平,宫颈管消失20%,宫颈后位,宫颈开大0,先露顶,宫颈评0分,胎膜未破。

28日产科彩超提示:(1)单活胎,顶先露;(2)羊水过少。

胎心监护报告:NST有反应,胎儿储备力佳。

胎儿脐血流检测报告:S/D比值正常。

化验:WBC 11.7×10^9/L, Hb 136 g/L, PLT 119×10^9/L,乙肝五项阴性,抗-HIV 、抗-HCV、RPR阴性。

尿:PRO、GLU、KET、LEU、ERY、尿比重均未查。

初步诊断:(1)孕40^-W,G1P0;(2)脐带绕颈;(3)黄疸原因待查[①甲肝(?)、②梗阻性黄疸(?)]。

入院后,3月2日8:00查房时孕妇因去检查肝、胆、脾、肾B超不在,9:50回病房,立即听胎心未闻及,B超提示胎死宫内。请会诊。查生化示肝肾功能明显损害,转入ICU病房积极保肝、补血浆、冷沉淀、血小板和氨基酸等支持、纠正凝血功能障碍等治疗。静滴催产素:3月2日14:40给催产素1 U+10% GS 500 mL,17:00给催产素2 U+10% GS 500 mL,3月3日2:00给催产素2.5 U+10% GS 500 mL,7:30给催产素5 U+10% GS 500 mL;给水囊引产。无效后,3月3日17:30行剖宫产,取出一男死婴。术后肾功能恶化,肝功能损害无好转,凝血功能差,有发生DIC倾向,心率快,血压低。为进一步治疗,3月4日转肾内科继续治疗。出院诊断:孕40-W G1P0,剖宫分娩,胎死宫内,脐带绕颈,妊娠期肝内胆汁淤积症,多脏器功能障碍。

二、矛盾焦点

患方:病人临产入院后,医护人员没有正确地、积极地履行好应尽的检查、治疗职责,病人皮肤发黄、化验异常,未采取任何救治措施,未及时中止妊娠,是造成胎儿死亡和孕妇病情加剧的主要原因,医方负有不可推卸的责任。

医方:对该病例的处置符合有关卫生管理法律、法规、部门规章、诊疗规范和技术标准,不存在过错行为,不承担任何责任。

三、案例评析

1.根据病史及化验,患者有严重肝肾功能损害、脂肪肝。妊娠期合并急性脂肪肝、肝肾功能衰竭,本病例实属罕见,且不易早期诊断,来势凶猛,发展迅速。发病率约1/13000,母婴死亡率分别高达75%和85%。

2.医方及时对患者进行抢救,护肝、保肾、纠正凝血功能障碍、调节电解质紊乱、预防感染及支持治疗等措施,转有条件的医院治疗。抢救治疗原则正确,使患者得以救治。

3.患者住院后胎死宫内,病情恶化,是疾病本身自然发展的结果,与医方的诊疗行为无关。

4.医方存在的不足及建议:

(1)产前检查记录表填写简单,不规范;

(2)对患者应加强指导,应该做的检查、治疗要说服患者接受;

(3)加强学习,提高医护人员的业务素质。

案例九

一、病史摘要

患者，女，49岁，××年11月29日9:00入住A医院妇科，主诉“发现盆腔包块10年”。

妇科检查：外阴发育正常，已婚已产型；阴道通畅，未见紫蓝色结节；宫颈光滑，无肥大；宫体平后位，增大如孕60+天，活动好，外形不规则，质中；右附件可及一拳头大小包块，界限清，质硬，活动尚好，无粘连，左侧附件区未触及明显异常。

B超提示：(1)子宫肌瘤；(2)右附件混合性回声团块[黏液性囊腺瘤(?)]。尿糖(－)，血糖8.99 mmol/L。

入院诊断：(1)子宫肌瘤；(2)右卵巢囊肿。

经术前准备，家属签字同意，于12月4日在持续硬膜外麻醉下行全子宫+双附件切除术。术中见子宫平位增大如孕80+天，外形不规则，各壁及右侧有突起，子宫固定于盆腔，各壁与肠管粘连，左侧卵巢增大4 cm×4 cm×3 cm，粘连，与肠管一并粘连在子宫各壁，右侧卵巢囊肿约11 cm×11 cm×10 cm，表面光滑，下方与子宫底肠管粘连，右侧膀胱腹膜反折粘连在右侧宫旁及子宫右前方，分离粘连后行右侧卵巢肿物切除，剖视见内有稀薄的咖啡色液体，呈多房，并可见小的乳头状突起组织。送快速冰冻病理检查。左侧卵巢囊肿为巧克力囊肿，确定行全子宫+左附件切除。术后快速冰冻病理回报：右侧卵巢黏液性乳头状囊腺瘤。故不再扩大手术范围。

术后诊断：(1)子宫肌瘤；(2)右侧卵巢囊腺瘤；(3)左侧卵巢巧克力囊肿。

12月9日病理诊断：(1)子宫富于细胞性平滑肌瘤，瘤细胞生长活跃；(2)子宫内膜轻度单纯性增生过长；(3)慢性宫颈炎；(4)(右侧，即术中送)卵巢浆液性乳头状囊腺瘤，伴乳头水肿和瘤细胞生产活跃；(5)(右侧，即术中送)慢性输卵管炎;(6)(左侧)卵巢卵泡血肿;(7)(左侧)慢性输卵管炎。

建议临床随访。术后病情平稳,腹部切口拆线甲级愈合,空腹血糖11.1 mmol/L,12月10日带药出院,随诊。

出院诊断:(1)子宫肌瘤;(2)右侧卵巢囊腺瘤;(3)左侧卵巢巧克力囊肿;(4)糖尿病1型。

术后第一年8月24日在B医院体检,B超提示:少量腹水。8月29日门诊以"腹水待查:(1)结核性腹膜炎;(2)恶性腹水待除外"收住B医院。8月30日病理诊断:腹水为血性并找到腺癌细胞。空腹血糖7.2 mmol/L。给予NP方案全身化疗:NVB 40 mg,dl:DDP40 mg,dl,d8,并给予DDP 60 mg腹腔内化疗一次,辅以止吐、支持、对症治疗。

9月13日复查B超提示:肝内强回声[转移癌(?)];腹水;胆囊炎。化疗后复查ALT 55 U/L。

9月18日出院。出院诊断:(1)卵巢癌术后腹膜转移、可疑肝转移;(2)2型糖尿病。3周后回医院继续化疗。

术后第一年10月14日C医院会诊A医院病理切片,病理诊断:(1)卵巢肿物(双侧),浆液性乳头状囊腺癌,癌细胞多呈片状分布,侵犯间质,并有多量沙粒体形成;(2)输卵管(-);(3)子宫平滑肌瘤,富于细胞型;(4)慢性宫颈炎。

二、矛盾焦点

患方:医方诊断患者为良性子宫肌瘤,行"子宫、双侧附件卵巢全切除术"。9个月后B医院诊断为卵巢癌术后伴腹膜转移。医方延误诊治长达9个月,错过了最佳治疗时机。从医方借的患者病理蜡块、由C医院做的切片不存在弄虚作假、调换问题。

医方:对患者的诊疗行为规范,不存在任何过失,不构成医疗事故。

三、案例评析

1.医方术前临床诊断:(1)子宫肌瘤;(2)右侧卵巢囊肿。术中冰冻病理回报:右侧卵巢黏液性乳头状囊腺瘤。术后临床诊断:(1)子宫肌瘤;(2)右侧卵巢囊腺瘤；(3)左侧卵巢巧克力囊肿。术后病理诊断：(1)子宫富于细胞性平滑肌瘤，瘤细胞生长活跃；(2)子宫内膜轻度单纯性增生过长；(3)慢性宫颈炎；(4)(右侧，即术中送)卵巢浆液性乳头状囊腺瘤，伴乳头水肿和瘤细胞生长活跃。

术后第一年8月30日B医院病理诊断：(腹水)涂片中找到癌细胞(腺癌)。出院诊断：卵巢癌术后腹膜转移、可疑肝转移。

术后第一年10月12日D医院病理会诊意见：(卵巢)组织处理切片质量极差，仅两张切片中见到呈腺样、乳头状排列的异型上皮性成分，考虑为腺癌。

术后第二年1月16日E医院病理会诊意见：(腹水)涂片可见成团及散在肿瘤细胞。(无标号切片×9)其中2张切片可见恶性肿瘤细胞成分。

病理学专家对医方提供的14张病理切片复查结果：切片中有典型的卵巢浆液性乳头状囊腺癌的病理组织学表现。

2.根据以上病理学诊断及临床诊断，医方显然诊断错误，将卵巢癌误诊为卵巢浆液性乳头状囊腺瘤，延误患者诊断、治疗9个月余，给患者造成人身损害。误诊与损害有直接因果关系，医方应负完全责任。

案例十

一、病史摘要

患者，女，22岁，××年10月22日13:45入住A卫生院。

主诉：停经9个月余，羊水早破24 h。平时月经规律，末次月经同年1月15日。

体查：T 36.5 ℃，P 82次/分，R 22次/分，BP 100/70 mmHg，发育正常，营养欠佳，精神差，眼睑及口唇黏膜苍白，心、肺未见异常，腹膨隆，全腹无压痛及反跳痛，下肢轻度水肿。宫底剑下一指，胎位头位，胎心140次/分，胎膜已破，宫口3 cm，先露头S-2，骨盆测量：23-28-20-9 cm。Hb 9 g，WBC 15200/m^3，出血2.50 min，凝血2.50 min，B超提示：双顶径9.8 cm，胎盘Ⅲ°，无羊水。

初步诊断:孕40周,G1P0,羊水早破,头盆不称,巨大胎儿。

经家属签字同意,于10月23日15:10在连硬外麻醉下行“子宫下段剖宫产术”。术中以左枕横位助娩一男婴,体重4000 g,评5分,5 min后手剥取出胎盘,清理宫腔,1号肠线连续锁边缝合子宫壁基层,10号丝线包埋,7号丝线连续缝合腹直肌前鞘,褥式缝合皮肤3针。手术顺利,术后血压90/60 mmHg,安返病房。术后第一天自诉夜间伤口疼痛厉害,肌注杜冷丁50 mg后缓解,伤口周围压痛明显,稍渗血,子宫底脐下一指,恶露量少,鲜红,继续抗感染止血。

10月28日18:00,患者下床解大便用力过猛,即感阴道流血,19:30下床大小便时又有阴道点滴样流血,查BP 97/66 mmHg,给予止血药、706代血浆等处理。

10月29日11:20查神志清醒,T 37 ℃,P 92次/分,R 24次/分,BP 90/50 mmHg,阴道仍间断出血,量较多,Hb 5 g/L,决定立即转上级医院治疗,家属同意,由主管医师及护士陪同于29日11:20转院。

11月29日16:30危急入住B医院妇科。

主诉:剖宫产术后6 d,阴道流血1 d。

体查:T 39.6 ℃, P 140次/分,R 34次/分,BP 105/50 mmHg,重度贫血貌,烦躁不安,神情,宫底脐上一指,子宫轮廓尚清,上腹部较软,下腹部双侧腹肌较紧张,按压宫底无积血排出,移动性浊音可疑,耻上3指有一横切口长约10 cm,已拆线,愈合良好。

妇科检查:外阴阴道黏膜有血迹,但无流血,未行内诊(唯恐大出血)。Hb 27 g/L, R 1.01×10^{12}/L, PLT 199×10^{9}/L, WBC 20.0×10^{9}/L, L 0.12, N 0.818,血型“B”,PT 21.9 s, PT-INR 2.26 min,心电图广泛ST-T改变。

初步诊断:(1)剖宫产术后6 d;(2)产后晚期出血;(3)失血性休克。

入院后立即配红细胞3 U,扩容止血,患者于22:00血近输完时,出现阴道流血增多,烦躁不安,准备抢救行子宫切除术,将患者抬入手术室后测血压为0,呼吸表浅,请各科协助抢救,此时阴道流血增多,行大隐静脉切开输液,持续吸氧,心电监护,1:20呼吸衰竭,1:40瞳孔散大,3:40血压测不到,呼吸停止,心电图呈直线,临床死亡。死亡原因:多脏器功能衰竭。

二、矛盾焦点

患方：医方设备简陋，在无血源的情况下施行剖宫产术。患者剖宫产后出血，医方查不出原因，认为属正常，对出血毫无思想准备，也无任何救助措施。转院中所带氧气不够，拔掉输液管。延误了抢救时间，造成产妇死亡，属一级甲等医疗事故。

医方：我院开展剖宫产手术已18年，设备、技术水平完全具备。患者从入院到转院的各个医疗环节严格遵循医疗规范，诊断、治疗、护送无任何疏漏。

三、案例评析

1.产妇入院时检查：宫口开大3 cm，先露头S-2，胎膜已破24 h。入院后25 h检查产程无进展，说明已发生滞产。这是发生产后大出血的重要原因。

2.患者有贫血(血色素9 g)，营养不良。行剖宫产应预防子宫大出血，一旦发生即行子宫切除。但卫生院无血源，不备血，医师不会做子宫切除术。医方不具备对该产妇行剖宫产手术的条件，又未及时转院。

3.术后第五天产妇发生阴道大出血，血色素由9 g下降至5 g。医护人员未严密观察，未找出出血原因，抢救、转院不及时，措施不得力，失去了最佳抢救时机，送B医院后抢救无效死亡。

4.医方的以上违规行为，是造成患者死亡的直接原因，应负主要责任。

案例十一

一、病史摘要

患者，女，27岁，××年12月8日11:56入住A卫生院妇科。

主诉：产后70 d，要求行双侧输卵管结扎。既往体健，否认有肝炎、结核、伤寒等急慢性传染病史。月经史：6~7/28 ~ 30 d，末次月经同年1月3日，经期下腹痛、腰酸痛，白带量多；生育一男一女。

体查：T 37.0 ℃，P 76次/分，R 23次/分，BP 105/70 mmHg，发育正常，营养中等，全身皮肤黏膜无黄染、出血点及皮疹，浅表淋巴结不大，头颅、五官、心、肺无异常，腹部轻微隆起，下腹部压痛，未见肠型及蠕动波，叩无明显移动性浊音，肝脾未触及，生理反射存在，病理反射未引出。外阴已婚已产型，阴道通畅，白带多，呈黄色，黏膜充血，宫颈充血、肥大、轻度糜烂，子宫后位，约60 d大小，活动，双侧附件未见异常。

初步诊断：(1)产后70 d；(2)阴道炎；(3)宫颈炎。

入院当日13:20在局麻下行"双侧输卵管结扎术"。位于耻上两横指处，行正中线纵形切口，长2 cm，切开皮肤、皮下组织、腱鞘，分离腹直肌，打开腹膜，见腹水为淡黄色，量多，用吊钩钩出输卵管，同时感觉子宫较大，输卵管充血、水肿，组织较脆弱，包埋结扎。对侧同样方法结扎。出血不多，于13:50术毕。手术经过顺利。建议观察2 h，因家属及本人拒绝观察，于14:00强行回家。

术后诊断：(1)子宫复旧不良；(2)腹膜炎。

12月9日 Hb 125 g/L，WBC 11.9×10^9/L，N 73%，L 27%。

患者，女，12月10日10:00急诊入住。

主诉：输卵管结扎术后2 d，进行性腹痛、腹胀1 d，血便0.5 d。结扎术后出现下腹部疼痛，持续加重，伴腹胀，A卫生院给予抗感染、输液治疗，入院前半天血便三次，初为柏油样，后呈暗红色，量约300 mL，口服止血药无效。门诊X线腹透示："双膈下游离气体，腹部见多个液平，呈阶梯状分布"，以"肠穿孔、腹膜炎"收住。

体查：T 38.4 ℃，P 124次/分，R 30次/分，BP 100/70 mmHg，神志清醒，精神差，痛苦病容，腹部膨隆，未见肠型及蠕动波，下腹部压痛明显，未扪及包块，叩之呈鼓音，肝脾未触及肿大，肝浊音界消失，移动性浊音阴性，肠鸣音亢进。腹部彩超：肠梗阻，腹腔局限性积液(少量)。

初步诊断：(1)腹膜炎；(2)肠穿孔(?)；(3)肠梗阻(?)。

入院当日11:45在全麻下行"剖腹探查"。开腹见腹腔内大量气体溢出，腹盆腔大量含粪便脓性液约600 mL，部分小肠、大网膜及盆腔脏器于盆底包裹粘连成团，乙状结肠下端距腹膜返折约3 cm，肠壁见约3.5 cm裂口，粪便及肠内容物溢出。行乙状结肠修补、乙状结肠腹壁造瘘、腹腔冲洗引流术。

术后诊断：乙状结肠破裂，弥漫性腹膜炎。

术后恢复尚可，部分切口感染经换药愈合，造瘘口愈合，排粪正常。于第二年1月23日出院。出院医嘱：6个月后行腹壁造瘘关闭术。

二、矛盾焦点

患方：医方做结扎输卵管绝育手术，致乙状结肠破裂，盆腔内有大量肠内容物。现行结肠腹壁造瘘。

医方：术中损伤肠管与患者术前自身疾病有关。患者术前有阴道炎、宫颈炎，导致肠管、输卵管充血水肿。术后建议观察2 h，但患者拒绝观察强行回家。

三、案例评析

1.医方对患者施行“双侧输卵管结扎术”，术后患者腹痛、便血，经B医院剖腹探查证实为“乙状结肠破裂、弥漫性腹膜炎”，行“乙状结肠修补、乙状结肠腹壁造瘘术”。

2.医方违反手术规范，手术操作不认真，过失造成患者乙状结肠破裂、弥漫性腹膜炎，行乙状结肠修补、乙状结肠腹壁造瘘手术。

3.医方手术操作不规范，是造成患者乙状结肠破裂的直接原因，医方应负完全责任。

案例十二

一、病史摘要

患者，女，31岁，××年11月29日10:30入住A医院产科。

主诉：停经9个月、双下肢浮肿2 d。末次月经同年3月1日，预产期同年12

月8日。

体查：T 36.4 ℃，P 80次/分，R 20次/分，BP 136/100 mmHg，发育良好，营养中等，心肺未见异常，肝脾不大，下肢浮肿(+++)，外阴发育正常，已婚未产型。宫底剑下三指，胎位ROA，胎心140次/分，先露头、浮，估计胎重3000 g，肛查宫口1 cm，先露部棘平线S-1，胎膜未破；骨盆外测量：24-28-20-9 cm。HGB 115 g/L，WBC $9.46×10^9$/L。

印象：(1)妊娠38^{+5}周，G2P0，ROA；(2)中度妊高征。

患者入院后无头痛、头昏、眼花、胸闷等症状，11月30日开始规律宫缩，产程进展顺利，11月30日4:30在会阴侧切下助娩一女婴，体重3100 g，胎盘、胎膜自娩完整。行会阴侧切口缝合术、徒手清宫术。产后出血不多，给予抗感染、止血、对症治疗，患者无自觉不适。12月1日体温37.5 ℃，BP 130/88 mmHg，心肺未查及明显异常，腹软，宫底脐下2指，无压痛，阴道少量血性恶露，会阴侧切口缝合处无红肿、渗出，双下肢无浮肿。准予出院。

于12月1日出院，出院医嘱：有异常随诊，42 d后复查。

因"干咳1周，加重伴头痛、发热、恶寒怕冷3 d"，于12月2日14:30门诊以"上呼吸道感染"收住B医院内一科。无鼻塞、流涕、胸闷、气短、黑蒙、晕厥等症状。

体查：T 36.6 ℃，P 140次/分，R 27次/分，BP 150/90 mmHg，神志清醒，精神略差，扶入病房，急性病容，唇色略暗，咳嗽，未见痰液，全身皮肤黏膜无黄染、瘀点及皮下结节，浅表淋巴结未触及肿大，五官端正，眼睑无浮肿，巩膜无黄染，睑结膜无苍白，双侧瞳孔等大等圆，对光反应灵敏，咽部充血红肿，扁桃体无肿大，左肺底呼吸音粗，右肺底可闻湿啰音，心、腹、神经、四肢、脊柱未查及异常。WBC $10.7×10^9$/L，LYM 10%，MID 0.3%，GRA 87%。

胸部X线正侧位片：(1)肺部感染(右肺为主)；(2)右侧胸腔积液。

心电图：窦性心动过速，125次/分。

初步诊断：(1)肺部感染(肺炎)；(2)妊高征(中度)；(3)心功能不全(?)。

诊疗计划：完善各项检查，明确病情；给予中药辛温解表，宣肺止咳，以麻黄汤加减。

医嘱记录：14：40静滴头孢他啶2.0+0.9%盐水100 mL，BID；静滴双黄莲2.4+5%葡萄糖250 mL，qd；奥得清1包，冲服，tid；急支糖浆；感康1粒即刻口服。（患方述：当时就掉了一个小瓶，抢救时输双黄连了，封存时只把头孢他啶封了。医方述：17：00开始输液，先输头孢他啶，约5 min静滴液体不到20 mL）患者约17：05突然出现呼吸困难，呼吸浅表，强迫端坐位，剧烈咳嗽，咳大量粉红色泡沫样痰，颜面发绀，BP 120/80 mmHg，心率150次/分，即可给呋塞米20 mg，入小壶；地塞米松10 mg，入小壶；吸氧，特护，5 min测一次T、P、R、BP；记出入量；下病重通知书。约17：10呼吸、心跳停止，意识丧失，血压测不到。立即抢救，气管插管，呼吸机通气，心电监护，下病危通知书。副院长、医务科长及急诊科、麻醉科、心内科、妇产科主任均参加抢救，18：49心电图呈直线，抢救无效死亡。

法医学教研室《法医病理解剖鉴定报告》鉴定意见：患者系脑水肿伴小脑扁桃体疝形成而死亡。

法医病理解剖复核报告：死亡原因系急性呼吸循环衰竭。

二、矛盾焦点

患方：两家医院不负责任。患者在A医院产后住院2 d，在B医院住院死亡。死因是：子宫内有残留羊膜，羊膜进入血循环，造成DIC，肺栓塞。A院未尽到观察义务，使病情恶化；B院为患者用头孢他啶及双黄连，《中华药典》对头孢他啶的界定是产妇慎用，双黄连是过敏药物。

医方：

A医院：产妇妊高征在我院分娩，出院时无任何异常表现，可以出院。出院后2 d因咳嗽、头痛，就诊于外院输液死亡。与我院处理无关。

B医院：患者入院，派护士全程陪同检查，诊断明确，用药合理，用药约5 min静滴液体不足20 mL，不足以诱发急性左心衰竭，更不会导致死亡。患者入院不到3 h，医院组织各科抢救，做了大量工作，但由于人体的复杂性、医学科学的未知性，患者仍死亡。

三、案例评析

1.法医病理解剖复核报告:镜下所见大脑、小脑及延髓神经细胞未见损伤,神经细胞、小胶质细胞及血管周间隙未见明显增宽;肺脏未见明显的微血栓形成。

患者主要疾病:(1)充血性心肌病;(2)急性弥漫性肺瘀血及肺水肿(以双肺中、下叶为重);(3)宫腔基蜕膜组织间有多量以中性粒细胞为主的炎性渗出物,心外膜下及心肌间质内血管周围及肺间质小血管内有多量中性粒细胞为主的炎性细胞聚集。

死亡原因:急性呼吸循环衰竭。

法医学教研室尸检证实左右心室显著扩张。

根据病理学检验,患者原有潜在心肌病。围产期可以发生心肌病。

2.临床诊断患者为急性左心衰竭、急性肺水肿,与病理复核报告诊断相符。

3.产妇入A院时有中度妊高征,生产时会阴侧切,徒手清宫,可以是感染的途径之一。B院胸片肺部有感染、右侧胸腔积液。怀孕、妊高征、生产、感染等均可加重心脏负担,促使原有心肌病加重,引起左心衰竭、肺水肿。该患者病情突然加重,死亡,是其心肌病加重、急性左心衰竭、肺水肿所致。

4.A医院、B医院对患者的诊断治疗原则正确,用药符合规范,无违法违规行为。大体尸检见子宫腔内部分残留羊膜,属正常。患者死亡是其疾病本身发展的结果,无法预料,不能防范,与医方两家医院的医疗行为无关。

5.医方存在的失误:

A医院:(1)患者为中度妊高征,产后48 h内有发生心衰的可能;又行会阴侧切、徒手清宫术;出院当日体温37.5 ℃;未多留院观察,产后第二天(16 h)即仓促出院。(2)患者住院后未做胸透、心电图检查。

B医院:(1)患者入院时即心率快(140次/分)、心电图异常(窦性心动过速,心率125次/分),未引起医师重视;(2)患者病重时未做呼吸监测(血氧饱和度等)。

案例十三

一、病史摘要

患者,女,39岁,××年11月12日入住A医院妇产科。

主诉:发现盆腔包块并逐渐长大5年。

妇科检查:外阴发育正常,已婚已产型,阴道伸展性好,黏膜色泽正常,宫颈光,宫口闭,正常大小,盆腔内可触及一肿物约16 cm×8 cm,表面光滑,质硬,界限不清,活动差,占据整个盆腔。

初步诊断:盆腔包块性质待查。(1)卵巢肿瘤(?);(2)卵巢巨大囊肿(?)。

经家属签字同意,于11月13日行“子宫全切+双附件+阑尾大网膜切除术”。完整切除双侧卵巢肿瘤,送快速冰冻切片病理诊断“双侧卵巢黏液腺囊腺癌”,根据探查分期为Ⅰb。经患者家属同意行子宫全切(筋膜外)+双附件+阑尾+大网膜切除术。切下组织送病检。手术顺利。术后病检诊断:“双侧卵巢多房性浆液性囊腺癌”。为巩固疗效为患者实施化疗。该病属化疗药物低度或中毒敏感,故选用联合化疗。向患者及其家属履行了告知义务,并让其在同意书上签字。术后7 d第一次选用PBC(顺铂100 mg,平阳霉素40 mg,环磷酰胺1000 mg)一日化疗方案,腹腔+静脉+水化。腹腔和静脉化疗1 d,水化3 d。水化第二天出现腹泻,经对症处理后缓解,血常规正常。住院12 d出院。嘱4周后行第二疗程化疗。

12月23日住院行第二次化疗,选用PC方案(顺铂100 mg,环磷酰胺1000 mg,腹腔+静脉+水化),静脉水化连续治疗2 d,无特殊不适出院。

12月30日第三次入院,主诉:卵巢癌术后,二次化疗后腹胀3 d,尿少1 d。体查:BP 100/60 mmHg,眼睑无水肿,双耳听力消失,全腹有压痛及反跳痛,移动性浊音阳性。

入院诊断:(1)卵巢癌二次化疗后;(2)急性肾衰竭;(3)腹水待查;(4)药物

性耳聋。

给予补液、利尿、对症治疗，12月31日转内一科治疗。入院后查肝功：ALP 45 U/L，CHE 2413 U/L，TP 58.29 U/L，ALB 33.6 g/L，BUN 16.48 mmol/L，CREA 811 μmol/L，HGB 82 g/L。给予血透、纠正电解质紊乱、改善肾循环、支持等治疗，患者现无恶心、呕吐，腹水减少。患者及其家属要求出院，于第二年1月15日出院。

二、矛盾焦点

患方：医方化疗时未经患方同意，两次化疗中使用不同剂量药物，私自将PBC化疗方案变成PC化疗方案，治疗不当，导致患者双耳聋、急性肾衰竭，丧失劳动能力和生活能力。

医方：为患者行子宫全切+阑尾+大网膜切除术，手术顺利，术后病检为双侧卵巢多房性浆液性囊腺癌（Ⅰb级），治疗措施正确，没有违法违规。术后为巩固疗效采取了二次化疗措施，给药方案正确、合理。医方不承担责任。

三、案例评析

1.医方诊断患者为“双侧卵巢多房性浆液性囊腺癌”，化疗方案选择正确，治疗规范，所用化疗药物剂量均在正常范围内，无违法违规行为。

2.化疗药物对身体均有毒性，化疗对患者身体的损伤很大，对肾、肝、血液等脏器及神经系统均可造成损害。顺铂易引起耳聋，且不可逆转。这些都是化疗病人的正常并发症，对化疗药物的毒性反应程度存在个体差异。

3.第二年1月14日的电测听力记录表极不规范，且化疗前无对照，据此诊断“神经性耳聋（药物）”依据不足。

案例十四

一、病史摘要

患者,女,35岁,××年7月24日入住A医院妇科。

主诉:停经7个月余,阴道大量流水伴腹痛4 h。末次月经上一年12月18日,预产期9月25日,孕期产前检查胎位、胎心、血压均正常,无下肢水肿,无毒物接触史。

入院当日下午阴道大量流水,伴轻微腹痛。23岁结婚,爱人健康,孕6产0,曾自然流产5次。

体查:T 37.2 ℃,P 88次/分,R 18次/分,BP 120/65 mmHg,发育正常,营养中等,心、肺、腹未见异常。

产科情况:妊娠腹,宫高27 cm,腹围81 cm,胎位ROA,胎心140次/分,子宫较敏感,先露头,浮,内诊未做。

初步诊断:(1)孕32^{-5}周,孕6产0,ROA;(2)胎膜早破;(3)先兆流产;(4)习惯性流产;(5)妊娠合并贫血(轻度)(?);(6)珍贵儿。

向家属交代胎膜早破、先兆流产有关并发症;促胎儿肺成熟,预防感染、保胎、对症治疗;科学接生。入院后绝对卧床休息,预防感染、间断吸氧、支持等积极保胎治疗26 d,一直有活动性流水,8月20日17:30因胎心变为156次/分,吸氧后改善不明显,胎心增至170~180次/分,考虑胎儿宫内窘迫,向家属交代阴道分娩及剖宫产的利弊,家属理解,要求手术并签字,后果自负。于8月20日22:30在腰麻下行剖宫产术。术中见羊膜囊不突,羊水Ⅱ度污染,量约150 mL,吸净羊水,取胎儿时发现脐带先露于胎头之前且脐带绕颈一周,右手徒手进宫腔于23:30以头位取出一2400 g男婴,发育幼稚,清理呼吸道,1 min评8分,5 min评10分,断脐后交台下,即刻转入儿科。手术顺利。

新生儿,小,男,8月20日24:00入住儿科,诊断:(1)早产儿;(2)新生儿室息(中度);(3)呼吸窘迫综合征。

入院查体:T 36.8 ℃,P 80次/分,R 15次/分,W 2.4 kg,意识不清,发育差,全身皮肤青紫,口唇发绀,双肺呼吸音低,心率80次/分,律齐,四肢肌张力低,原始反射消失。给予抗感染、预防出血、促进肺发育成熟、改善脑细胞代谢、对症支持等治疗,患儿病情加重,家属要求放弃治疗出院。

二、矛盾焦点

患方:医方保胎长达27 d,不得已才剖宫产,导致孩子出生后13 h死亡;住院保胎每天用抗生素,连用20 d,造成羊水污染,使胎儿宫内窘迫,不治死亡,应由院方承担;胎儿是否吸氧过量中毒。

医方:诊疗活动没有过错,医护人员进行了恰当处理。产妇高龄,多次流产史,胎膜早破,胎儿窘迫,新生儿呼吸窘迫综合征,家属放弃治疗,致所生早产儿死亡。不构成医疗事故。

三、案例评析

1.孕妇35岁,妊娠31^{+2}周,孕6产0,ROA,胎膜早破,先兆流产,习惯性流产。孕妇系高危妊娠、高危胎儿、高危新生儿。新生儿死亡的原因是孕妇体质因素及早产,早产儿各脏器发育不成熟,尤以肺脏为著,易发生肺炎、肺透明膜变、肺不张、湿肺、胎儿宫内窘迫、新生儿呼吸窘迫综合征等疾病,生存能力低下。新生儿死亡与医方的诊疗行为无关。

2.产妇入院后即给予保胎、预防感染、促进胎儿宫内发育、促进肺成熟等治疗。当孕妇出现发烧、血象偏高、胎动频繁、胎心加快时,医方适时选择了剖宫产手术结束分娩,用药合理,治疗措施正确,无违法违规及医疗过失行为。

案例十五

一、病史摘要

患者，女，30岁，××年2月10日12:00入住医院。

主诉：停经10个月余，阵发性下腹痛10 h余。末次月经上一年4月12日，预产期××年1月19日，5年前在本院剖宫产分娩一足月男婴。

体查：体温37 ℃，脉搏82次/分，血压120/80 mmHg，皮肤、淋巴腺、头、颈、胸、腹等未查及异常，浮肿(+)。

产科检查：宫底剑下三指，胎位LOA，胎心136/分，先露部固定，骨盆正常，宫口开1 cm。

印象：孕43周，孕2剖1，过期妊娠(?)、瘢痕子宫。

经术前总结，家属签字同意，于2月10日15:45在连硬外麻醉下行“子宫下段剖宫产术”。术中见羊水Ⅱ°污染。以LOP顺利助娩一女婴。宫体注射缩宫素20 U，助娩胎膜、胎盘基本完整。子宫下段切口右侧角见一长约2 cm裂伤，无出血，7号丝线连续缝合裂伤处，0号肠线连续锁边缝合子宫肌层，并包埋。行双侧输卵管结扎术。清理腹腔积血，查无渗血及活动性出血，甲硝唑冲洗腹腔并吸净。术程顺利，术中出血约200 mL，术毕血压95/65 mmHg 。

2月10日20:40病程记录：患者突然寒战，口唇发绀，心率132次/分，T 39.1 ℃，R 24次/分，给地塞米松加管，异丙嗪25 mg肌注，吸氧。请外科医师会诊同意上述治疗。20:50记录：呼吸急促，烦躁，自诉胸闷，气短。立即加大吸氧量，通知院领导、总值班、科主任。并请内科会诊。21:05呼吸困难加重，考虑肺栓塞(?)、呼吸窘迫综合征(?)。立即给地塞米松10 mg加管，尼可刹米0.375 mg加管。请内科协助抢救。21:10呼吸突然呈抽泣样，面色发绀，呼吸音弱，心音低钝、遥远，心率130次/分，血压测不清，21:15呼吸停止。经积极抢救无效，22:25心电图呈直线，终止抢救。

二、矛盾焦点

患方:医方医疗技术差,管理混乱,设备不齐全,不负责任,延误了有效抢救时间,最终导致产妇死亡。

医方:在整个诊疗过程中,医方无违法违规行为,患者死亡是羊水栓塞所致。羊水栓塞是目前产科无法预料和难以防范的严重并发症。不构成医疗事故。

三、案例评析

1.未对患者进行尸检,未做相关检查,医方诊断患者为羊水栓塞证据不足。

2.医方对患者术后观察不认真,检查不仔细,未及时监测血压、血常规,对腹部及阴部未检查,出血情况不明。术后一直陪护的患者丈夫述,患者出血较多,且呈块状,医方未发现,也未做处理。患者系失血性休克,抢救不及时死亡。

3.医方以上的诊疗违规行为,与患者死亡有直接因果关系,应负主要责任。

案例十六

一、病史摘要

患者,女,27岁,××年7月13日入住A医院妇产科。

主诉:停经53 d,阴道少量流血5 d。

平素月经规律,末次月经5月21日,停经37 d时尿妊娠试验阳性,确诊“早孕”,入院7 d前无明显诱因阴道少量流血,色暗红,无水泡样组织及肉样组织,门诊考虑先兆流产,给予保胎、止血等治疗3 d,今日流血增多,无血块。以“先兆流产”收住。

体查:T 36 ℃,P 80次/分,R 20次/分,BP 113/75 mmHg,发育正常,营养中等,精神好,步入病房,睑结膜无苍白,口唇无发绀,腹平软,下腹无压痛,无反跳痛,腹部叩诊移动性浊音阴性,肛门及外生殖器无畸形。

专科情况:妇检未查。血清B-HCG检测:116896.9 mIU/ mL; 7月11日我院B超检查:子宫前位,宫体大小6.7 cm×6.2 cm×5.7 cm,肌层回声均匀,宫腔内显示1.2 cm×1.0 cm小胎囊,囊壁清晰、规则,囊内未见胎芽及胎心波动,双附件无异常。超声提示:宫内早孕。入院诊断:先兆流产。7月17日B超提示:宫内回声不均,双附件声像图未见异常。给予保胎对症治疗7 d后,7月21日彩超检查提示:过期流产。向患者交代病情后口服药物流产,给溴隐亭3片,口服,即刻。7月24日行清宫术,术中探宫腔约9 cm,清出蜕膜样组织约50 g,未见明显绒毛组织及水泡样胎块。术后子宫收缩好,阴道流血不多,清出组织送病检,给予抗感染治疗3 d。7月26日病理诊断:(宫腔)蜕膜组织,未见到绒毛。7月27日出院。出院时情况:无腹痛及阴道流血,腹平坦,全腹无压痛及反跳痛。

出院诊断:过期流产。

出院医嘱:(1)注意休息,加强营养;(2)流血多、腹痛随诊;(3)休息半月。

8月9日以“腹痛待查(宫外孕破裂)”收住妇产科。

彩超检查提示:(1)宫体右侧不均回声包块(多考虑宫外孕);(2)盆腔积液;(3)腹腔积液;(4)胰腺显示不清;(5)肝胆声像图未见明显异常。

阴道后穹隆穿刺抽出不凝血约3 mL,急查尿HCG阳性。入院后给予补液,急诊行右输卵管切除术,手术顺利,术中出血约1600 mL,自体血回输900 mL,给予预防感染治疗,病情恢复良好。

术后病检回报:(右侧输卵管)输卵管妊娠。

8月17日出院。出院诊断:(1)右侧输卵管壶腹部妊娠破裂;(2)失血性休克;(3)失血性贫血(重度)。

二、矛盾焦点

患方:医院明确存在误诊、漏诊、不作为、捏造事实、违反医疗常规,麻痹大意,不负责任,将“宫外孕”误诊为“正常的宫内孕”,并施以错误的治疗方案,延误治疗时机等过错,造成右侧输卵管切除,属于医疗事故。

医方:诊断、治疗不违反规程。患者就诊期间无任何宫外孕体征,辅助检查双侧输卵管无异常。清宫时未见绒毛不考虑“宫外孕”是因已看见宫腔内流出“肉眼胚囊”。出院后发生“宫外孕破裂出血”属正常现象。

三、案例评析

1.医方对患者不重视，诊疗不认真。7月11日B超提示“宫内早孕”；7月17日B超提示“宫内回声不均，双附件声像图未见异常”；21日B超提示“过期流产”。入院诊断“先兆流产”，诊断错误，在未排除宫外孕的情况下，违规实施了药物流产及清宫术。

2.清宫术清出蜕膜样组织约50 g，未见明显绒毛组织及水泡样胎块；7月26日病理诊断：“蜕膜组织，未见到绒毛”。医方就应考虑到宫外孕的可能，但未会诊，未认真观察，以致将宫外孕误诊为宫内妊娠，诊断错误，治疗错误，让病人出院，后发生宫外孕破裂大出血，失血性休克。术后诊断为右侧输卵管壶腹部妊娠破裂。

3.输卵管妊娠是妇科常见的急腹症之一。输卵管炎症是异位妊娠的主要病因。医方对此认识不足，未做规范检查，误诊误治造成一侧输卵管切除。

4.由于医方的误诊误治，过失造成患者宫外孕破裂大出血、失血性休克、右侧输卵管切除，给患者造成人身损害。误诊误治与患者的人身损害有因果关系，医方应负主要责任。

5.宫外孕早期诊断有一定困难，多数病例的妊娠输卵管要切除。

案例十七

一、病史摘要

患者，女，27岁，孕38周，于入院前1天无明显诱因出现下腹部疼痛，呈阵发性，阴道无流水及流血，急来A医院门诊，B超示：(1)晚孕、双胎；(2)脐绕颈。以“(1)孕38周待产；(2)双胎；(3)妊高征(中)”于××年3月21日入住A医院妇产科。

查体：T 36.3 ℃，P 80次/分，R 20次/分，BP 130/100 mmHg，精神差，扶入病房，腹部妊娠状，双下肢及外阴高度水肿（+ + +），宫高41 cm，腹围115 cm，胎位LSA、ROA，胎心率126次/分（左），130次/分（右），宫缩不规律，宫口未开，胎膜未破。

根据孕产史及病史，急诊剖宫产手术指征明确，即行术前准备，患者同意手术，于入院当日15：30在硬膜外麻醉下行"子宫下段剖宫产术+绝育术"。麻醉成功后，常规下腹部消毒，剔除原瘢痕，逐层切开腹壁各层，有粘连，渗血多，常规打开子宫，见羊水清亮，约100 mL，术者以臀位手法助娩一女婴，即清理呼吸道，断脐交台下处理，术者再次以头位手法助娩一男婴，即清理呼吸道，断脐交台下处理，缩宫素20 U宫体注射，待胎盘娩出后，干纱布分两次清理宫腔，检查子宫下段切口无延长，用0号可吸收线连续锁边缝合子宫全层，用7号丝线间断加固，检查无活动性出血后，常规行双侧输卵管结扎术，见左侧输卵管囊肿，约1 cm×2 cm大小，行剥除术，7号丝线贯穿缝扎。检查无误后，清理腹腔积血，清点敷料无误后，逐层关腹，手术顺利，术中出血约1000 mL，术后血压80/50 mmHg。因术中出血多，于当日19：28静脉点滴输入红细胞400 mL。术后患者自感头晕、心慌、气短，经对症治疗后缓解，于3月28日出院。

患者，女，27岁，因"疲乏无力，食欲减退4个月余，加重1个月"于××年7月18日入住B医院普通内科。

入院查体：体温36.5 ℃，脉搏60次/分，脉细弱，呼吸20次/分，血压78/60 mmHg，精神差，面色苍白。

入院后辅助检查：血皮质醇76 nmol/L（降低）。血常规：HBG 100 g/L，白细胞4.8×10^9/L；尿常规：比重＜1.005。甲状腺功能：T_3、T_4无异常，TSH 0.06 μIU/L（降低）。血沉、肝炎系列、生长激素、垂体泌乳素无异常。心电图：窦性心律，78次/分，Ⅰ度房室传导阻滞。性激素：睾酮0.30 nmol/L、雌二醇96 pmol/L、FSH 1.81 IU/ mL、LH 0.58 mIU/ mL、孕酮0.01 nmol/L（降低）。

入院诊断：席汉氏综合征。

入院后改善皮质功能低下（氢化可的松），改善甲状腺功能低下（甲状腺片)，改善循环(川青)，及时对症治疗。现患者疲乏无力、食欲缺乏缓解，病情平稳，于7月28日出院。

二、矛盾焦点

患方：医方医务水平和手术技术不过关，普通剖宫产手术发生急性超大量出血，医方管理混乱，发生意外时束手无策，没有紧急抢救，也没有及时输血，错失了危重病情的最佳抢救时机，导致患者脑垂体严重损害和全身生理机能紊乱，并最终发展成“席汉氏综合征”。

医方：手术指征明确，术中因子宫收缩乏力出现大出血，给予缩宫素对症处理，符合治疗原则；患者有剖宫产史、经产妇、双胎妊娠、中度妊高征，均为急性大出血的高危因素，所引起脑垂体缺血、损伤，发生“席汉氏综合征”与患者的病情有直接因果关系。

三、案例评析

1.患者系足月妊娠、瘢痕子宫、双胎、中度妊高征、中度贫血，已具备再次剖宫产术的指征。

2.该产妇不属急产，但医方术前对病情估计不足，准备不够，未经任何治疗，术中应急措施很不得力，发生产后大出血，不能及时输血、补充血容量，术后5 h只输入400 mL红细胞，失去了最佳抢救时机，导致产妇发生席汉氏综合征，脏器功能中度受损。

3.医方以上的诊治失误，是导致患者发生席汉氏综合征的主要原因，医方应负主要责任。

4.患者为双胎、妊高征、妊娠贫血，平时组织器官的血液灌注不良，一旦产后大出血，也是容易发生席汉氏综合征的原因之一。

案例十八

一、病史摘要

孕妇，女，37岁，因“孕36+2周伴下腹坠痛数小时”于××年9月19日急诊入住A医院。扶入病区，孕妇自述自感胎头已露出阴道。即刻抬上产床，脱去衣裤，见胎头已娩出阴道，面色青紫，嘱产妇屏气，即刻铺无菌巾单，戴手套，协助胎儿娩出。胎儿青紫窒息，Apgar评分3分，即洗净胎儿口腔内羊水，行心前区按压，复苏囊氧气正压通气，足底拍打等急救措施。胎儿恢复自主呼吸，5 min后Apgar评分6分。断脐，见脐带增粗，直径约3 cm，羊膜下为胶冻样组织。残端碘酒、酒精消毒，因脐圈无法套入，遂用7#丝线双重结扎，三角纱布覆盖。体重4.05 kg。包裹后放入婴儿床，给予面罩低流量吸氧，20 min后Apgar评分8分。次日早上查房见：新生儿一般情况好，皮肤红润，吸吮佳，为预防吸入性肺炎，今日给予青霉素20万U肌注，一日两次。PE：心肺未闻及明显异常。见脐带已恢复为正常粗细，直径约1.5 cm，残端无出血，将脐带残端碘酒消毒后，重新用脐带圈套入结扎，三角纱布覆盖。9月21日出院，新生儿卡介苗、乙肝疫苗已注射。

患儿，男，7 d，因“嗜睡伴拒奶1 d”前来B医院就诊，家长诉患儿产前、产后一般情况良好，出生时无脐绕颈，羊水清亮，无明确窒息、产伤史。于生后3 d颜面皮肤出现黄染，并逐渐加重，遍及全身皮肤，入院当日无明显诱因出现嗜睡、拒奶症状。无发烧、口吐白沫、呼吸困难、青紫、腹胀、便血、呕吐、排茶色血、排陶土样便、抽搐、尖叫、凝视等症状，大小便正常。于××年9月26日以“(1)新生儿肺炎；(2)脐炎；(3)新生儿高胆红素血症”入院。

查体：T 36.7 ℃，P 130次/分，R 40次/分，精神反应差，面色青紫，呼吸浅促，节律尚整齐，重度缺氧症。颜面及躯干、四肢皮肤中度黄染，手足心皮肤略黄染。头顶皮肤可见一8 cm×8 cm大小苍白区，右侧腋窝皮肤破溃，无渗出及脓性分泌物。头颅五官端正，前囟2.0 cm×2.0 cm大小，平软，张力不高。口鼻周发绀，咽部略充血。颈抵抗阴性，三凹征阴性。双肺呼吸音略粗。腹部平坦，脐带包扎完好，脐周皮肤红肿，脐窝较多脓性分泌物，无渗血；四肢肌张力减低。新生儿原始反射觅乳反射、拥抱反射、握持反射、吸吮反射引出不完全。

入院诊断：(1)新生儿破伤风；(2)新生儿肺炎；(3)新生儿脐炎；(4)新生儿高胆红素血症。

入院后积极给予特护、吸氧、心电监护、镇静，施用抗感染、预防出血、破伤风抗毒素静脉点滴等综合抢救治疗，病情仍危重，继续给予镇静、抗感染、干预脑病、降颅压等综合抢救治疗，患儿呼吸逐渐好转，再未出现呼吸骤停，抽搐缓解。于10月1日患儿出现皮肤硬肿，查体双肺散在痰鸣音及湿啰音，给予头孢他啶加强抗感染治疗后，皮肤硬肿消失。目前患儿一般情况良好，脐窝有结痂形成，无渗血及脓性分泌物。于10月11日出院。

出院诊断：(1)新生儿破伤风；(2)新生儿肺炎；(3)新生儿脐炎；(4)新生儿高胆红素血症；(5)新生儿硬肿症；(6)缺血缺氧性脑病。

二、矛盾焦点

患方：医方对新生儿脐带残端结扎不严格或消毒不严格造成患儿感染破伤风，并产生脑细胞缺氧缺血性改变、蛛网膜下腔出血等严重后果，对患儿今后智力发育有明显影响。

医方：我院产房消毒及无菌操作都严格按照操作规程执行，感染破伤风不存在传染源和转播途径，且破伤风的诊断缺乏有力证据。A医院在整个治疗过程中没有过错，不构成医疗事故。

三、案例评析

1.产妇分娩期间，A医院按诊疗常规、严格执行无菌操作，对急诊产妇接生，胎儿娩出即青紫窒息，Apgar评3分，对新生儿进行抢救，无违法违规行为。

2.患儿破伤风的诊断不成立：

(1)患儿四肢肌张力低下，无破伤风的临床表现(破伤风有反复难治性痉挛、口关紧闭、苦笑面容、四肢肌张力高)。

(2)与破伤风的治疗规律不符。破伤风死亡率极高,治疗非常困难。此患儿仅用鲁米那钠、安定4次(量均不大),治疗5 d惊厥即停止。

(3)破伤风早期不发热,该患儿入院时即有高热,持续2周。

(4)该患儿因黄疸不退,行蓝光照射时,未诱发痉挛发作(破伤风患者受到轻微的声、光、触、针等刺激均可诱发痉挛不止)。

3.B医院的资料,该患儿为新生儿脐炎、败血症、高胆红素血症、缺氧缺血性脑病。败血症也可致中毒性脑病、惊厥。

4.患儿感染、败血症发生在出院后。患儿从A医院出院时一切正常,出院后第6天才出现拒乳、口吐白沫、青紫等症状,用院内感染无法解释,且患儿在B医院时脐带已脱落,但脐窝有脓,右腋窝皮肤破溃,说明是在医院外引起。

5.医方对产妇及新生儿的处治正确,与患儿的脐炎、败血症、高胆红素血症、缺血缺氧性脑病无因果关系,不构成医疗事故。

案例十九

一、病史摘要

患者,女,29岁,停经9⁺个月,腹阵痛3 h来A医院就诊,以“孕39W,G2P1,LOA”于××年10月11日收住A医院妇产科。

入院查体:T 36.5 ℃,P 86次/分,R 21次/分,BP 125/80 mmHg,W 79 kg。

产科情况:宫高38 cm,腹围121 cm,骨盆外测量各径线值为25、28、21、9、5 cm。胎位LOA,胎心142次/分,先露头。

肛查:宫口开4～5 cm,胎膜未破,S-3。

初步诊断:孕39W,G2P1,LOA。

入院当日15:30查宫口6～7 cm,宫缩乏力,行人工破膜,羊水I°污染,静滴2.5 U催产素加强宫缩,于16:30宫口开全。17:00头位自娩一男婴,出肩较困难,转至横位时顺利娩出,外观发育正常,经吸痰后哭声好,体重约4000 g,

Apgar评分9分,5 min后评分10分。产妇肌注缩宫素20 U,10 min后胎盘剥离娩出,查对不全,常规消毒后,行徒手清宫术。会阴I°裂伤,外缝一针,产后出血约50 mL。产后1 h,新生儿出现颜面部发青,即给予吸氧、鲁米那30 mg,严密观察。产后第一日,新生儿右肩腕关节处青紫、肿胀、肌张力差。查拥抱反射、握手反射均正常,请骨科医师会诊。产后第二日,骨科会诊意见:新生儿右前臂青紫肿胀,无自主运动,感觉迟钝,但被动运动和关节活动尚可,考虑臂丛神经牵拉所致,需进一步观察治疗、功能锻炼。10月14日患者出院,出院诊断:孕39W,G2P1,头位自娩一男婴。

患儿,男,因"出生后右上肢活动障碍4个月"来B医院就诊,门诊以"产瘫、右上臂丛神经损伤"于第二年2月27日收住。

专科情况:患儿肩部外展受限,刺激后可轻微抬起,外展20°~30°,上举、内收不能,肘关节屈曲不能,肩及上臂肌肉未见明显萎缩,右手腕部及各手指活动如常有力,对侧肩部及上肢运动正常。

初步诊断:(1)产瘫;(2)右侧上臂丛神经损伤。

第二年3月1日,在全麻下行"右臂丛神经切开探查修复术"。取右胸锁乳突肌后缘至锁骨上"L"形切口,长约6 cm,分离脂肪组织后切断肩胛舌骨肌下腹,结扎颈横动静脉,即找到位于前中斜角肌的臂丛神经根。术中可见到C5根性撕脱,上干断裂,神经瘤形成,与周围组织广泛粘连。探查C7未见撕脱断裂。切除神经瘤,松解周围疤痕粘连,在上干不短缩情况下与C6吻接(神经外膜间断9/0吻接)。在斜方肌处寻找副神经与上干发出的肩胛上神经离断,转位吻接(神经外膜间断9/0无创缝线吻接)。结扎明显出血点,修复肩胛舌骨肌下腹,缝合皮肤,病人安返病房。

术中诊断:(1)产瘫;(2)右臂丛上干神经损伤;(3)C5根性撕脱;(4)上干断裂神经瘤形成。

术后给予营养神经、功能锻炼,病情有所好转。3月19日出院。

出院诊断:(1)产瘫;(2)右上臂丛神经损伤。

二、矛盾焦点

患方:出现“肩产瘫、臂丛神经损伤”是医方妇产科医生错误助产分娩造成的,属于医疗事故。

医方:对该患者的治疗严格遵循医疗原则,没有违反医疗常规,患儿臂丛神经麻痹系分娩时肩难产并发症所至,不属于医疗事故。

三、案例评析

1.产前检查一般情况良好,但对胎儿体重未做预测,未严密观察产程进展,当第一产程历时9.5 h后,才发现继发性宫缩乏力(人工破膜没有静滴催产素调整产力),此时应明确估计胎儿体重,选择最佳的分娩方式。当胎儿体重在4000 g以上时,原则上应行剖宫产术。医方未明确提出剖宫产方案,而行阴式分娩。

2.继发性宫缩乏力最容易产生胎儿胎方位的回转异常。该产妇分娩过程中胎头娩出后发生肩难产,医方实施旋肩法困难,将胎儿强行拉出,出生后哭闹不止。第二日发现胎儿右上肢青紫、肿胀、不能举动。

3.产后第二天医方拍片检查,未发现异常。20 d后在其他医院拍片检查,发现患儿右锁骨骨折、右肱骨骨折,手术证实右臂从神经损伤断裂。医方漏诊了患儿的骨折及神经损伤。

4.患儿目前右上肢肌力3~4级,右手垂腕明显,不能背屈,右手腕肌力2级,患儿的损伤与医方的医疗过失行为存在直接因果关系,应负主要责任。

5.肩难产的发生率很低,旋肩法容易给胎儿造成损伤。新生儿骨折早期不易发现。

案例二十

一、病史摘要

患者，女，23岁，因“停经9⁺个月，不规律性腹痛5 h”于××年1月8日15:00入住A医院。

孕妇自述平时月经周期规律，末次月经上一年3月23日，预产期上一年12月30日。停经40 d后出现轻微的恶心、呕吐、择食等早孕反应，1⁺个月后自然消失。孕4⁺个月始感胎动至今，孕7⁺个月患感冒在当地诊所治疗(具体用药不详)。

查体：T 36.8 ℃，P 84次/分，R 21次/分，BP 110/70 mmHg。

产科检查情况：宫高32 cm，胎位LOA，胎心音140次/分、规律，肛查宫口开大2 cm，胎膜未破，先露头S-3，骨盆外测量各径线值均正常。

B超提示：双顶径10.0 cm，胎盘成熟度Ⅲb级，脐绕颈。

初步诊断：(1)G41⁺¹W，G1P0，LOA，待产；(2)脐绕颈；(3)巨大儿(?)。

入院后积极完善各项检查，(RBC 3.36×10^6/L，HGB 10.5 g/dL)向家属交代病情，为确保母子相对安全，建议尽快行剖宫产术终止妊娠，家属拒绝手术，要求静滴缩宫素，阴道分娩，后果自负，签字为证。孕妇于1月9日21:00宫口开全，22:20在会阴侧切、胎头吸引术下分娩一女婴，苍白窒息，立即清理呼吸道，摩擦肩背，轻弹足底，仍无哭声。再次清理呼吸道，胸外按压，气囊人工呼吸，心前区注射付肾素0.1 mg，肌注纳洛酮0.2 mg，经抢救15 min后恢复自主呼吸，哭声微弱，断脐包扎后吸氧。产妇胎盘、胎膜剥离完整，侧切伤口肠线缝合，子宫收缩差，阴道出血多，宫颈注射缩宫素20 U，按摩子宫，软产道无损伤，(根据医方陈述：22:20胎儿娩出，22:35帮助胎盘完整娩出、侧切伤口缝合，22:50返回病房)

23:00记录：出现面色苍白，阴道出血多，约200 mL，血压80/60 mmHg，立即给予快速输液，纠正贫血。向上级医师汇报病情，立即抢救，静脉切开，用升压药、呼吸兴奋剂，补充血容量，纠正休克，血压测不到。10日凌晨0:20记录：神志不清，重度贫血貌，急查Hb 2.3 g/dL。13:10记录：胸外按压，给尼可刹米、洛贝林、付肾素、纳洛酮等入小壶，持续抢救20 min，呼吸、心跳停止，患者死亡。

死亡原因：(1)羊水栓塞；(2)宫缩乏力；(3)DIC；(4)呼吸循环衰竭。

病例讨论死亡原因：(1)宫缩乏力；(2)失血性休克；(3)失血性贫血；(4)羊水栓塞(?)；(5)呼吸循环衰竭。

二、矛盾焦点

患方：产妇有高危因素，只交代胎儿有危险，并未告知产妇面临危险。产后未观察即送回病房，抢救不及时，不配血、不输血，导致患者大出血死亡，构成医疗事故。

医方：产前有三项高危因素，建议采取剖宫产术确保母子平安，患方四次拒绝，要求阴道分娩，导致产后严重的并发症，经抢救无效产妇死亡。整个抢救过程均按程序进行。患者及其家属不配合治疗是造成不良后果的主要原因，不属于医疗事故。

三、案例评析

1.医方存在以下违规行为：

(1)患者妊娠有潜在的高危因素(胎儿双顶径10 cm，脐绕颈，胎盘老化)，无论采取何种分娩方式，均有发生产后大出血的可能。医方对此认识不足，未做好应急准备，未将患者的严重后果认真详细地告知患者家属；孕妇从入院待产到临产，历时30 h之久，医方未与当地中心血站联系，未备血。

(2)医方违反产科操作规范。产后应在产房内严密观察2 h，因此时段最容易发生产后大出血、宫缩乏力。该产妇却在产后15 min即送回病房，回病房后10 min即出现了严重的失血性休克状态(面色苍白、血压由80/60 mmHg下降至40/20 mmHg，血色素由10.5 g/dL下降至2.3 g/dL)。

(3)医方对患者观察、记录不认真。患者从产后到死亡总失血量是多少医方弄不清楚。患者已处于贫血、休克状态，病历记录失血量仅200 mL。

(4)患者既无羊水栓塞的症状、体征，又无相关的化验检查，医方诊断患者为羊水栓塞无根据。患者死于产后大出血休克。

2.医方的以上违规行为与患者的死亡有直接因果关系，医方应负主要责任。

3.患者家属拒绝剖宫产，也应承担部分责任。

案例二十一

一、病史摘要

患者，女，26岁，因“停经9^{+}个月，阵发性下腹疼12 h”于××年12月9日入住A医院。既往月经正常，末次月经同年3月5日，停经40 d出现恶心、呕吐、择食、乏力等早孕反应，持续1周后上述症状缓解。孕早期无感冒、发烧、病毒感染及接触放射线、有害气体。孕5个月时感胎动至今，孕晚期无头晕、眼花、呕吐、心悸气短等不适，无下肢浮肿。

查体：T 36.4 ℃，P 96次/分，R 20次/分，BP 120/85 mmHg。

产科检查情况：子宫底30 cm，腹围90 cm，胎方位LOA，胎心140次/分，先露部固定。

肛门指诊：宫口开大2 cm。

胎儿大小估计：3200 g。

印象：(1)妊娠40^{+2}W，G1P0；(2)临产。

入院后积极完善各项化验检查，于12月9日21:00出现规律宫缩，第一产程顺利。12月10日8:40入产房，取膀胱截石位，消毒会阴，于8:45胎头着冠，宫口9 cm，胎心140次/分，BP120/70 mmHg，P 80次/分，会阴过紧，缺乏宫缩。用2%利多卡因局部神经阻滞麻醉后，剪自会阴后联合中线向左侧45°方向切开会阴，切口长4 cm，压迫止血，并保护会阴。于9:20宫口10 cm，胎膜自破，羊水黄绿色，胎头下降延缓，给胎头吸引术一次。于9:30娩出一女婴，外观无畸形，皮肤红润，哭声洪亮，Apgar评分1 min 10分，5 min 10分。伤口无延伸，胎膜、胎盘娩出后，用替硝唑冲洗会阴，用可吸收肠线间断缝合阴道黏膜、处女膜环、肌层、皮下脂肪，再包埋缝合。于10:00母子安返病房。术后给予抗感染、补液等对症治疗，12月18日患者出院。

出院诊断：(1)妊娠40^{+2}W，G1P0；(2)正常分娩，正常新生儿。

出院时情况：新生儿发育正常，外观无畸形，心肺均无异常，吸吮吞咽无异常，大小便均正常；产妇阴道流血不多，宫缩好，外阴无红肿，切口愈合好，大小便均正常，无不良反应。

患者，女，26岁，因“产后17 d，会阴部疼痛，阴道溢出稀便2 d”来B医院，门诊于××年12月28日以“阴道直肠瘘”收住。

妇科情况：外阴发育正常，已产型，阴道口5:00处见一瘢痕，瘢痕黏膜侧可触及线结多个，近处女膜缘5:00处见一约黄豆大破口，将生理盐水30 mL及适量龙胆紫自直肠推入，见破口处溢出蓝色液体(考虑直肠阴道瘘)，阴道壁充血，色红，分泌物多，淡红色，子宫颈光滑，宫口松。入院后向上级请示汇报，查房后认为直肠阴道瘘诊断明确，请外科主任会诊后同意诊断，予以拆除伤口内未吸收缝合线，嘱予以抗感染、支持治疗。遂治疗一周。患者精神及一般情况好，会阴伤口无红肿，稀大便仍自阴道口溢出。第二年1月4日患者要求出院去上级医院治疗。

出院诊断：(1)产后；(2)阴道炎；(3)直肠阴道瘘。

患者于第二年10月14日入住C医院妇科，诊断阴道直肠瘘，10月16日在联合麻醉下行阴道直肠瘘修补术，手术顺利，术后恢复可，治愈，于10月25日出院。

二、矛盾焦点

患方：医方在行会阴侧切术过程中，方案仓促，准备不足，操作违规，无职业责任心，手术动作粗鲁，缝合过程马虎，伤至患者阴道壁而造成穿孔，存在主观过错行为，应属医疗责任事故。

医方：常规产前检查，产前诊断准确。产前就阴道分娩有可能发生的并发症及医疗意外已向产妇及其家属进行详细告知义务，家属同意并谅解意外。分娩过程处置合理有效，产妇及新生儿产后恢复顺利，住院期间大便无异常，出院时侧切伤口已愈合。我院在整个治疗过程中无违反医疗卫生管理法律、行政法规、规章和诊疗护理规范、常规的行为，亦未发现给产妇造成了人身伤害。产妇出院后发生阴道直肠瘘可能和产后保健、营养、休养、生活有关，是现有医学条件下临床上无法防范的不良后果，不属于医疗事故。

三、案例评析

医方存在以下过失：孕妇生产时，医师会阴侧切缝合术操作失误，组织层次不清楚，缝合粗糙，形成多个线结，引起缝合组织的供血不足、水肿、坏死，缝线脱落，形成直肠阴道瘘；产后检查不认真，未发现阴道损伤问题。医方的过失给产妇造成损害，过失与损害之间存在直接因果关系，医方应负主要责任。

案例二十二

一、病史摘要

患者，女，51岁，因“B超发现子宫肌瘤4年余，月经不规律近1年”来A医院，门诊以“子宫肌瘤”于××年7月19日收住入院。

查体：T 36.2 ℃，P 80次/分，R 20次/分，BP 133/86 mmHg。

妇科检查：外阴发育正常，阴道畅，宫颈光滑，无肥大及糜烂。子宫前位，如孕2^{+}个月大小，子宫右侧有一约6 cm×5 cm大小的肿块，向浆膜外凸出，边不清，与周围组织粘连，活动度差，双侧附件未扪及异常。

辅助检查：本院B超提示子宫肌瘤。

初步诊断：子宫肌瘤。

入院后完善相关化验及检查，7月23日在全麻下行“腹腔镜下子宫全切除术”，患者取膀胱截石位，头低脚高倾斜30°。用安尔碘液消毒腹壁皮肤、会阴、阴道三次，常规铺消毒巾，置入导尿管。纵向切开脐孔皮肤长约10 mm，CO_2气腹形成，气腹压力维持12 mmHg。10 mm套管针穿刺进入腹腔，顺利插入腹腔镜探查盆、腹腔，所见：子宫不规则增大如孕2个月大小，表面凹凸不平，见多个瘤样突起，最大一个位于子宫右侧壁，直径约8 cm肌瘤样突起。双侧输卵管及卵巢未见异常。下腹部两侧相应部位穿刺：左5 mm，右5 mm。经阴道、宫颈置入举宫器至宫底部固定。用PK刀分别钳夹并切断右侧圆韧带、输卵管峡部、卵巢固有韧带，同法处理左侧，剪开阔韧带前、后叶，子宫腹膜反折。下推膀胱达宫外口，PK针切开穹隆阴道。PK刀钳夹并切断双侧主韧带及双侧子宫动静脉、宫底韧带；PK针环形切开宫颈前后穹隆。自阴道取出子宫标本。1号可吸收线依次缝合残端及前后叶腹膜。查无出血，冲洗盆腔，标本送病理。腹腔留置引流管。遂放尽CO_2，拔出套管，缝合各切口。术中出血30 mL，术中尿量200 mL，尿色清。术程顺利。术后给予抗感染等对症治疗，腹部切口Ⅰ/甲愈合，一般情况好，7月31日出院。

患者，女，51岁，因“腹腔镜子宫全切术后阴道流尿4周”来B医院，门诊检查及做静脉肾盂造影，KUB+IUP示右肾不显影，提示尿瘘，门诊以“尿瘘”于××年8月17日收住。

查体：T 37.2 ℃，P 69次/分，R 20次/分，BP 110/70 mmHg，泌尿专科情况无明显异常。

初步诊断：尿瘘。

8月27日在连续硬膜外+ 腰麻下行“右输尿管膀胱再植术”，常规消毒铺巾后，采取平卧位，取脐下正中切口，依次切开皮肤、皮下组织、腹直肌鞘，用手指分离腹直肌，分开全层腹壁，显露膀胱前脂肪组织及腹膜。在右侧髂血管处找到输尿管，用止血钳分离输尿管，向下分离至膀胱壁处，切断输尿管，近膀胱端用7号丝线结扎，将腹膜推向上方，切开膀胱前壁，在膀胱右后侧壁穿孔，将输尿管下端拖入膀胱，做一乳头，用5.0可吸收线缝合。确认双侧输尿管通畅，排清气、尿液后，在右侧乳头处插入5#双J管至肾盂位置，引流通畅，用1.0可吸收缝线连续缝合膀胱切口，将膀胱外脂肪组织亦做连续缝合加固，逐层缝合腹直肌、腹直肌鞘、皮下组织、皮肤,并在耻骨后穹隆放置引流管一根。清点器械、敷料无误后,外敷敷料固定。查阴道外口无渗液后,留置尿管冲洗。术后给予抗感染对症支持治疗,9月26日患者出院。

出院诊断:右输尿管阴道瘘。出院医嘱:(1)多饮水;(2)不适随诊。

二、矛盾焦点

患方:手术损伤右输尿管,术后出现"腰胀、腹胀"等现象,医院不做任何检查,患者出院多日后才发现症状,失去及时治疗的机会,造成"右肾严重损伤",构成医疗事故,医方应负完全责任。

医方:患者在腹腔镜手术中由于热辐射损伤了输尿管,属于腹腔镜手术并发症,是在现有科学技术条件下无法预料或很难防范的不良后果。我院的医疗行为符合诊疗规范,不构成医疗事故。

三、案例评析

1.医方对患者的诊断正确,手术适应证明确,手术方式选择得当。术后出院,患者到B医院就诊,确诊为"右输尿管阴道瘘",经行"右输尿管膀胱再植术",输尿管阴道瘘治愈。根据B医院的检查,患者右肾积水,造影检查右肾未显影,右肾功能损害。

2.患者发生右输尿管阴道瘘,进而发生右肾积水、右肾功能损害,与医方的手术有直接因果关系,手术不慎,误伤右输尿管。

3.虽然医方的手术知情同意书中明确指出可能发生的并发症有"损伤其他脏器(输尿管、膀胱、肠管等)",但医师并没有意识到这种可能,术中防范不够,术后对患者的病情观察不认真,未及时做任何必要的检查及处理。患者术后3 d拔除导尿管,出现腰胀、腹胀,多次向医师反映,均未引起重视,误认为是正常现象。由于医方的处置不及时,使患者失去了最佳手术时机,造成右肾损害,医方应负一定责任。

4.患者的输尿管、阴道损伤早期表现不明显,确诊有一定困难。

案例二十三

一、病史摘要

患者,女,35岁,××年1月18日8:40入住A医院。

主诉:停经40+ d,下腹痛数月,加重1+周。

体查:表情痛苦,无贫血貌,腹平坦,下腹压痛(+),反跳痛(-),移动性浊音(-),外阴已产型,阴道畅,充血,少量脓性分泌物,宫颈充血,超度着色,举痛(±),子宫平后位,正常大小,宫体压痛(+),左侧附件增厚,压痛明显,右侧附件对合不好,压痛(+)。化验血HCE 54 ng/mL;B超示:子宫平位,回声均,子宫正常大小,左侧附件可探及6 cm×5 cm×5 cm大小的囊实性回声,子宫直肠窝液性暗区,右侧附件(-)。

入院诊断:左附件包块,考虑:(1)盆腔炎;(2)宫外孕(陈旧性)。

经向患者及其家属交代病情,患者家属签字同意,于1月18日12:50行左侧附件切除术。术中探查:子宫大小正常,右侧卵巢正常,输卵管充血,表面有3~4个小米粒大小的结节,左侧卵巢、输卵管与子宫后壁粘连,形成5 cm×4 cm×5 cm大小之血包,有活动出血,伞端暴露于血包外表面有多个小米粒大小之结节。腹腔有暗红色血约200 mL,将血包与子宫后壁粘连处分离,拟行左侧卵巢输卵管切除术,7号丝线缝扎断端,查无出血,将残端包埋于周围组织。手术顺利。

术后诊断:左侧输卵管妊娠流产,腹腔内出血,盆腔炎。

术后4 d患者回家,7 d天拆线,伤口愈合,于1月25日出院。

2月29日B超描述:左附件未见明显异常;提示:宫颈纳囊,右附件囊性包块。

5月17日,B医院B超提示:(1)盆腔积液(少量);(2)子宫、右侧卵巢声像图未见异常;(3)左侧卵巢未显像。

二、矛盾焦点

患方：医方未告知患者及其家属，自行切除患者的左侧输卵管和卵巢，致患者腹部、背部抽痛加剧，左侧身体麻木，食欲不振，舌头紫白。左侧输卵管和卵巢整体切除的行为缺乏必要性和正当性，不符合医学理论和实践，应行部分输卵管切除。医方应负完全责任。

医方：对患者的诊断明确，手术及时，为患者祛除病因，解除痛苦，挽救生命。患者诉术后腹痛，考虑与其慢性盆腔炎有关，与手术无关。

三、案例评析

1.医方对患者的诊断正确，为宫外孕，是剖腹探查的指征。

2.医方存在以下违规行为：

(1)在行剖腹探查前，未告知患者及其家属可能要切除的组织，在未告知患者及其家属也未让其签字的情况下，医方即自行切除了患者的左侧输卵管、左侧卵巢，剥夺了患者的知情权、选择权。

(2)患者年仅35岁，在输卵管妊娠手术中，不应切除卵巢。

3.由于医方的以上违规行为，给患者造成终生损害，医方应负主要责任。

4.左侧输卵管、卵巢与子宫粘连，形成血包，有活动出血，手术有一定困难。

案例二十四

一、病史摘要

患者，女，24岁，××年4月29日11:40入住A医院。

主诉：停经9个月余，要求住院待产。

体查：T 36.4 ℃，P 82次/分，R 20次/分，BP 100/70 mmHg，营养中等，神情，精神好，全身皮肤黏膜、口唇苍白，牙龈无溢脓及出血，心、肺、腹、神经系统未见异常。双下肢浮肿(++)，凹陷性。红细胞 $1.74×10^{12}$/L，血红蛋白 74 g/L，红细胞压积 19.9%，白细胞数 $7.7×10^{9}$/L。

产科检查：腹部妊娠型，腹围 85 cm，宫高 29 cm，无宫缩，胎位 ROA，胎心 140次/分。

肛查：先露高浮，胎膜未破，宫口未开，骨盆外测量正常。

B超检查：宫内晚期妊娠。

初步诊断：(1)孕 40+1 W，G1P0，待产；(2)妊娠合并贫血。

住院后至5月5日均无宫缩，家属要求剖宫产。经家属签字同意，于5月5日行子宫下段剖宫产术。患者腰麻后尾骨部剧烈疼痛及全身间歇性抽搐，不能平卧，遂改全麻，全麻成功后患者平卧于手术台，开始手术。取耻骨上2横指做横切口，长约10 cm，切开皮肤、皮下组织，电凝止血，打开前鞘，钝性分离肌层，大纱布垫保护切口，打开腹膜，洗手探查，见子宫位后旋，下段形成良好，先露，浮。横行切开膀胱子宫反折腹膜，并向两侧弧形向上剪开，同样打开子宫肌层，破膜见羊水淡绿色，吸尽羊水，见胎头过度仰伸，伸手进宫腔捞出儿头娩一男婴，常规清理呼吸道，断脐交台下，新生儿1 min评8分，体重3100 g。组织钳夹持子宫切缘，向肌层注入缩宫素 20 U，胎盘自然娩出，干纱布擦净宫腔，1号可吸收线连续锁边缝合子宫肌层，热盐水冲洗腹腔，1号可吸收线连续缝合膀胱反折腹膜，查双侧输卵管、卵巢正常，无活动出血，盐水冲洗腹腔，清点器械、纱布无误后关腹。10:00结束手术。术毕后患者麻醉不清醒，继续留手术室观察。患者清醒后仍全身抽搐，11:00请脑系科会诊，给安定 10 mg加管，20 mg肌注，甘露醇 250 mL静滴。12:15心律160次/分，给毛花苷C 0.4 mg加管，14:00将麻醉机改为呼吸机。又请内科会诊，请B医院麻醉科主任会诊。经积极抢救无效，患者于5月7日1:50死亡。

法医学鉴定中心司法鉴定检验报告：患者系因胎盘绒毛滋养叶细胞团肺栓塞伴多脏器微血栓形成而死亡。

二、矛盾焦点

患方：医方的麻醉、剖宫产手术存在重大过失行为，造成患者手术切口长

13 cm未缝合，子宫一弧形长6 cm、深0.5 cm的裂创，多脏器出血，并未争取有效抢救措施而死亡，属一级甲等医疗事故。

医方：患者死亡属“胎盘绒毛滋养叶细胞团肺栓塞伴多脏器微血栓形成而死亡”，这是引起产妇死亡常见的并发症，无法预测及预防，也无有效的治疗方法。产妇出现意外情况期间，医院妇产科及相关科室的医务人员多次会诊，请B医院的专家指导抢救，尽了最大努力，不属于医疗事故。

三、案例评析

1.产妇足月妊娠，医方给产妇行子宫下段剖宫产术，腰麻后不成功又给全麻，术后产妇不清醒、抽搐，经抢救无效死亡。经司法鉴定及鉴定会现场病理专家阅读病理切片证实，产妇系羊水栓塞死亡。

2.羊水栓塞是产妇常见的并发症，与其体质有关，核心问题是过敏反应，无法预料，发生于足月妊娠的产妇死亡率为70%～80%。该产妇死亡与医方的诊治、抢救无因果关系。

3.医方对产妇的诊治存在以下过失，但与产妇死亡无关：

(1)术前准备不足，产前检查未做内诊，基础贫血未纠正，手术指征不明确。

(2)腰麻后产妇尾骨部剧烈疼痛及全身间歇性抽搐，不能平卧，说明有问题，未搞清原因又行全麻。全麻掩盖了羊水栓塞的症状。

(3)法医病解报告产妇子宫体后壁见一弧形裂伤，长6.0 cm，深0.5 cm，但产后医方未发现。

(4)医方未考虑产妇会发生羊水栓塞，也未进行这方面的抢救。

案例二十五

一、病史摘要

患者，女，25岁，××年3月20日20:30入住A医院。

主诉:停经9个月余,见红伴腹阵痛4 h。末次月经上一年6月28日,孕中期、晚期各做产前检查一次,妊娠经过顺利。

体查:发育佳,营养中等,眼睑轻度苍白,心、肺无异常,腹膨隆,肝脾未触及,四肢浮肿(+),胎位ROA。胎心:胎儿1 140次/分,胎儿2 130次/分;先露头,棘下1 cm,固定。骨盆外测量23-25-19-10 cm,肛查宫颈扩张5 cm,羊膜未破,宫缩持续60 s,间隔1~2 min,宫高38 cm,腹围110 cm。21:17查血红蛋白80 g/L。

印象:(1)妊娠38-1W,G1P0,双胎临产;(2)妊娠贫血。

诊疗计划:(1)双胎分娩并发症较多,本院条件有限,建议转上级医院,家属未同意;(2)做心电图、肝肾功、血常规等;(3)严密观察产程及胎心;(4)备血,必要时行剖宫产;(5)产后抗感染、支持、对症治疗,观察病情变化。

夜晚24:00宫口开全,21日1:35娩一女活婴,第一胎娩出过快,会阴撕裂。一胎娩出后宫缩乏力,行胎头吸引器吸引娩出一男活婴,5 min胎盘、胎膜完整娩出,会阴Ⅱ°裂伤外缝5针。产后出血约300 mL,产房观察2 h,P 80次/分,BP 130/75 mmHg,按压宫底脐上1横指,阴道无血块流出,产后一般情况好,安返病室。3月21日6:06突发头晕、恶心、心慌,血压测不到,急查阴道出血量少,纸上有血约80 mL,无凝血块流出。

初步诊断:(1)失血性休克;(2)羊水栓塞(?);(3)DIC(?)。

向家属口头告知,产妇病情危重,随时有生命危险。组织抢救,留置尿管有尿液100 mL。7:20 P 108次/分,R 26次/分,BP 91/60 mmHg,尿量150 mL,意识时清时昏;7:50查血红蛋白31 g/L。产妇急需输血,因我院无AB型血,建议转院。8:40 T 36.2 ℃,P 104次/分,R 25次/分,BP 120/70 mmHg,转上级医院。

3月21日11:00入住B医院产科,主诉:双胎足月产后7^+ h,伴心慌、气短、阴道大量流血水4^+ h。

体查:T 36 ℃,R 40次/分,P 127次/分,BP 110/70 mmHg,重度贫血貌,神志清楚,回答切题,反应迟钝,全身皮肤黏膜苍白,双眼睑浮肿,瞳孔等大等圆,对光反射存在,呼吸音粗,心音遥远,心率127次/分,律齐,未闻及杂音,腹平坦,未触及异常包块,肾区无叩击痛,四肢浮肿(+),外阴肿胀,会阴裂伤缝合4针。

Hb 52 g/L, BPC 185×10^9/L, WBC 40×10^9/L, N 58.6%，凝血4项：APTT 37.8 s，PT 24.4 s，TT 15.2 s，Fb 3.38 s。肾功：Bun 4.33 mmol/L，肌酐 44.4 mmol/L，CO_2CP 14.6 mmol/L，血糖 18.67 mmol/L，血钾 3.70 mmol/L，血钠 117 mmol/L。尿：蛋白(+++)，血(+++)，未见管型。

初步诊断：(1)双胎足月产后大出血；(2)失血性休克；(3)失血性贫血(重)；(4)凝血功能障碍：DIC；(5)会阴裂伤。

入院后给予抗感染、纠正贫血、心电监护、血液透析等综合治疗，病情未见好转，3月24日自动出院。

出院诊断：(1)急性肾衰竭；(2)产后大出血；(3)失血性休克；(4)失血性贫血(重度)；(5)软产道裂伤；(6)血栓性血小板减少性紫癜，DIC(?)。

出院后在家中死亡。

医学鉴定所司法鉴定意见：A医院在患者分娩过程中及产后护理存在过错，并由此造成被鉴定人未能及时得到救治，出现严重并发症与被鉴定人死亡有一定的因果关系。

二、矛盾焦点

患方：孕妇系双胎，产后易出现宫缩乏力及出血，医方未予以警惕及严密观察，诊治、抢救措施不当，过错导致产妇产后大出血、失血性休克、急性肾衰竭、死亡。住院病历不真实，有涂改。

医方：产妇入院、诊疗及转院中，医方没有违反医疗常规，诊疗行为无过错。患者死亡与医院的诊疗行为无因果关系。患者或家属放弃治疗，出院，造成患者死亡。不构成医疗事故。

三、案例评析

1.医方存在以下违反诊疗常规的行为：

(1)孕妇为双胎妊娠38周，G1P0，临产并妊娠贫血，属高危妊娠范畴，分娩过程中母婴都有极大的风险，可能发生胎儿头位难产、子宫收缩乏力、软产道损伤、胎盘残留、产后大出血、失血性休克、凝血机制障碍、血流动力学改变等，但医方对此认识不足,重视不够,均未做相应的思想、技术准备,未向产妇及家属交代病情,未备血。

(2)对产妇病情观察不严密,产时处理欠缺,产后观察监护、救治不力,未查子宫有无破裂、出血。患者血色素由80 g/L降至31 g/L, 医师却不知失血量;抢救中只输了2000 mL的高渗糖及一般支持治疗。

(3)病情恶化后未能向家属告知,病历中无一处家属签字。

(4)病历记录不完整,有不真实之处,违反了卫生部《病历书写基本规范》第三条"病历书写应当客观、真实、准确、及时、完整"的规定。

2.医方以上的1~3项违规行为造成产妇产后宫缩乏力、大出血、出血性休克、死亡,医方的违规与患者死亡之间有直接因果关系,医方应负完全责任。

3.医方无任何临床、检验、病理依据诊断患者为羊水栓塞。

案例二十六

一、病史摘要

患者,女,33岁,因"月经周期紊乱,经量增多3个月,加重3 d"来A医院,门诊于××年6月30日以"月经不调"收住入院。

体查:T 37 ℃, P 92次/分,R 23次/分,BP 110/70 mmHg。

专科检查:外阴血染,阴道有大量积血块,宫颈口有大量血液流出,子宫均匀,一致增大,活动好,无压痛,双附件区无明显异常。

辅助检查:RBC 3.13×10^{12}/L,HBG 59 g/L。

初步诊断:(1)功能失调性子宫出血;(2)重度贫血(失血性)。

入院后给予清宫、输4个单位添加红细胞、止血等治疗效果不佳,诊刮病检回报:流血期宫内膜。功血诊断明确,拟行子宫内膜射频消融术,B超监测近后壁处探及大小约2.2 cm×1.7 cm的稍高回声区,提示子宫肌瘤(?),取消射频消融术。经术前小结、家属及患者签字同意,7月9日在腰硬联合麻醉下行"子宫次全切除术”,取下腹纵形切口长约10 cm,逐层切开腹壁各层,洗手探查见子宫略大,双附件无异常。故行子宫次全切除术。

手术步骤:(1)处理圆韧带。距子宫角2 cm处血管钳钳夹圆韧带,切断缝扎。同法处理对侧。(2)处理附件。在右侧圆韧带断端,沿阔韧带前叶造口,血管钳钳夹,切断,缝扎两道,同法处理对侧。(3)处理子宫动静脉。横弧形切开阔韧带前叶至子宫内口水平,下推膀胱至宫颈外口水平,分离子宫动静脉周围结缔组织,在宫颈内口水平钳夹子宫动静脉,切断,贯穿缝扎两道。同法处理对侧。(4)处理主韧带。有齿血管钳依次钳夹主韧带,切断,缝扎。同法处理对侧。(5)切除子宫。用刀沿子宫峡部环形并稍微向下方切下子宫,组织钳钳夹子宫残端。(6)缝合子宫残端,用碘伏涂干纱球拭干,术毕取出。(7)1-0可吸收线连续锁边缝合盆底腹膜。(8)关腹。用甲硝唑及生理盐水冲洗腹腔,检查纱布、器械无误后,常规关腹,术毕。(9)手术经过顺利,术中出血约200 mL,尿量2100 mL,清亮。术后给予对症支持治疗,7月26日患者出院,出院时生命体征平稳,心肺听诊无异常。腹软,全腹无压痛及反跳痛,腹部切口愈合良好。

出院诊断:(1)功能失调性子宫出血;(2)重度贫血(失血性);(3)子宫肌瘤。

7月12日病理报告诊断:(1)流血期宫内膜;(2)慢性宫颈炎。

第二年3月9日B医院门诊妇科检查:外阴正常,阴道畅,阴道残端光滑,盆腔内空虚。

第二年3月9日C医院门诊妇科检查:外阴阴道(-),残端愈合尚可,内诊未扪及宫颈样组织,双附件无明显异常,分泌物中等。

二、矛盾焦点

患方:术中发现没有子宫肌瘤不及时终止手术,在不取得病人及其家属的同意下,又以功血为借口施行二次手术,摘除病人健康脏器,且把子宫次全切手术做成子宫全切手术。

医方:对患者的诊疗过程是认真而严肃的,术前通过病史、临床症状诊断功血,子宫肌瘤不能排除,为解决患者子宫出血问题,在患者及其家属同意并签字的情况下做了子宫次全切术,达到了手术预期的目的,不存在误切。对患者的诊疗过程完全按照《妇产科学》第6版功血的诊疗程序进行，没有违反医疗常规。

三、案例评析

1.医方术前诊断患者为子宫肌瘤，无依据。施行子宫切除术后，病理诊断未发现子宫肌瘤，发现宫颈为慢性宫颈炎伴鳞状上皮灶性单纯性增生，说明术前子宫肌瘤的临床诊断有误。

2.医方对子宫切除手术的指征掌握不严谨。该患者33岁，虽患功能失调性子宫出血，但未行药物保守治疗，而直接选择子宫次全切除术，患者及其家属签字同意。但术中医方自行扩大手术范围，行子宫全切，未告知患者及其家属，剥夺了患者及其家属的知情权及选择权，给患者造成一定损害，应负相应责任。

3.仅靠临床资料诊断子宫肌瘤有困难，不可靠，唯有病理检查才能确诊。

案例二十七

一、病史摘要

患者，女，30岁，××年10月20日到A医院门诊。

主诉：停经2^{+}个月，阴道流血1周。

妇科检查：外阴（－），阴道有咖啡色陈旧性血液流出，宫颈Ⅱ°糜烂，肥大，子宫前位，孕2个月大小（拳头大小），质中，活动好，无压痛，双附件无异常。

B超示：宫内回声不均，尿HCG阳性。

初步诊断：不全流产。

行无痛清宫术。术前探宫腔11 cm，清除积血及陈旧性组织约70 g，术后出血较多，即刻给予缩宫、止血、补液等对症治疗，并行双手按摩子宫，出血量减少，观察20 min后，阴道又大量出血，再次行双手按摩子宫，出血量减少。总出血量约800 mL。为防止继续出血，建议住院观察治疗。

患者,女,30岁,××年10月20日入住A医院。

主诉:停经2个月余,行清宫术后阴道大量流血1 h。

平素经期规律,8月11日,停经40 d出现早孕反应,尿HCG阳性,确定早孕。10月3日无明显诱因阴道流血,量少,暗红色,无明显腹痛,2 d后流血停止。今日门诊就诊,诊断“不全流产”,门诊行清宫术后以“清宫术后大出血”收住。

入院查体:T 36.5 ℃,P 80次/分,R 20次/分,BP100/60 mmHg。精神差,面色苍白,睑结膜略苍白。

妇科检查:外阴血染,阴道血液流出,子宫前位,增大如孕2个月大小,活动度欠佳,轻压痛,双附件区无压痛。

10月20日彩超提示:(1)子宫增大;(2)宫内异常回声光团;(3)盆腔积液。

提示子宫肌层菲薄,回声欠均匀。血常规:RBC 3.42×10^{12}/L,HGB 100 g/L。

入院诊断:(1)清宫术后大出血;(2)轻度贫血(失血性);(3)宫颈妊娠(?)。

给予止血、补液等对症支持治疗。保守治疗不佳,为挽救病人生命,将病情告知患者家属,于10月21日2:00在全麻下行子宫全切术。术程顺利,术后给予止血、补液、预防感染等对症处理。

10月24日病理诊断:(1)宫颈管妊娠;(2)镜下所见为炎性渗出物,变性坏死组织及退行性变的绒毛和蜕膜组织。

10月27日患者腹部切口愈合出院。

二、矛盾焦点

患方:医方未检查清楚,B超未孕,仅凭尿检阳性即断定怀孕,做人流,漏诊宫颈妊娠,清宫,导致切除子宫。

医方:对患者宫颈妊娠的诊断明确,并有病理报告证实。在应用抗生素的基础上进行了清宫。清宫后大出血采取各种措施无效,行子宫切除术,挽救了患者的生命。医疗行为无违规、违章事实,不构成事故。

三、案例评析

1.患者首次分娩曾行剖宫产手术。本次因停经2个月余、阴道流血1周到医方门诊,诊断"不全流产",行清宫术,术后大出血,行子宫全切除术。根据门诊病历、B超报告及住院病历中妇科检查的描述,患者为瘢痕子宫再次妊娠,又发生不全流产合并感染,在清宫术中发生宫缩乏力性大出血。医方对以上病情的认识不清,用药简单,处置、抢救措施不利。

2.医方诊断宫颈妊娠错误。根据医方提供的4张HE染色病理切片,经病理学专家审阅,不能证明患者系宫颈管妊娠。

3.医方对清宫术后大出血未先行保守治疗,即行子宫全切除术,手术指征选择不当。手术过失给患者造成损害(子宫全切),过失与损害之间有直接因果关系,医方应负主要责任。

4.宫颈妊娠的诊断有一定困难。

案例二十八

一、病史摘要

患者,女,28岁,××年5月29日9:00入住A医院。

主诉:停经9^+个月,因胎儿畸形,要求住院终止妊娠。

入院查体:T 37 ℃, P 100次/分,R 20次/分,BP 95/60 mmHg,腹膨隆,宫高35 cm,胎位LSA,胎心136次/分,先露臀,浮,宫颈管消失,宫口开大1 cm,骨盆测量正常。

B超提示:(1)宫内孕,单活胎,臀位,晚期妊娠;(2)胎儿面部发育异常;(3)消化道发育异常(?);(4)多囊肾;(5)羊水过多。

WBC $8.49×10^9$/L, RBC $3.10×10^{12}$/L,HGB 10^3 g/L, PLT $149×10^9$/L。5月30日18:00阴道后穹隆置米索30 μg,22:00出现不规则宫缩,5月31日18:30宫口开

全,1 h后因宫缩欠佳给1%缩宫素静脉滴注,21:31在常规消毒及会阴侧切下分娩一男婴,新生儿严重唇腭裂、脑积水外观,外生殖器发育异常。产时失血约300 mL,查软产道无裂伤,子宫收缩欠佳,子宫按摩并宫底注射缩宫素20 U,口服米索600 μg后好转,后续给予抗生素静滴于待产室观察,并每隔15 ~ 30 min按压宫底观察子宫收缩及阴道流血情况,子宫收缩好,恶露量均在正常范围内,患者一般情况好,并进适量饮食。于23:40突然出现大量阴道流血,查子宫收缩差,立即行双合诊按摩子宫并再次口服米索600 μg、宫底注射缩宫素20 μg,子宫仍不收缩,阴道不断流血,患者面色苍白,血压持续下降,立即配血、输血。因患者急性循环衰竭,反复静脉穿刺失败,行大隐静脉切开,见左大隐静脉血栓形成,建立右侧大隐静脉通道,加压快速输血。于0:10呼吸、心搏骤停,经抢救无效死亡。

二、矛盾焦点

患方:胎儿畸形,要求剖宫产被拒。前期未做任何准备工作,B医院、C医院都提出要输血,家属也曾告诉医方,但未予以理睬。产妇痛苦呻吟,很难找见大夫,产后2 h无医护人员陪护观察,大出血找不到医生。由于医方在产妇分娩、产后观察及抢救过程中严重失职,延误了第一抢救时间,导致产妇死亡,构成医疗事故。

医方:因胎儿臀位且相对较大,多发畸形,不考虑胎儿存活,故未过多干预产程。孕妇为经产妇,胎儿畸形,阴道分娩较为有利。患者入院后Hb 103 g/L,无配血指征。患者突然出现阴道大出血,急性循环衰竭,多次静脉穿刺失败,行大隐静脉切开,见左侧大隐静脉内血栓形成,建立右侧大隐静脉通道,加压输血。当班大夫在岗,产后2 h每隔15 ~ 30 min观察一次产妇情况,助产士配合大夫检查处理。

三、案例评析

1.医方对患者的诊治存在以下违规行为:

(1)对孕妇孕情的认识不足。到医方住院前已在B医院、C医院做检查,诊断胎儿畸形、头大有积水、羊水过多，产时有大出血的可能。孕妇系高危妊娠，医方未及时收住入院，让孕妇在外等1周后再来。

(2)医方“因胎儿臀位且相对较大，又合并多处畸形，不考虑胎儿存活，故未过多干预产程”是严重的错误。未考虑到生产中可能出现的并发症，产前未做任何准备，未按高危妊娠观察、治疗，更未备血。引产过程中产程长，从宫口开全到胎儿娩出历时3 h，总产程超过24 h，未采取有利处置措施，造成产后出血，抢救措手不及时，补液不够，输血困难。

(3)引产药物的应用不规范：米索与缩宫素不能共用。

(4)医方未做羊水栓塞方面的有关检查，羊水栓塞的诊断无依据。

2.由于医方的以上违规行为，造成患者产后出血、失血性休克死亡。医方的违规行为与患者死亡之间有直接因果关系，医方应负主要责任。

3.患者病情重，变化快，抢救有一定困难。患者未定期做产前检查。

案例二十九

一、病史摘要

患者，女，24岁，××年8月2日16:20入住A医院妇产科。

主诉：停经39^{-2}W，双下肢浮肿1个月余，伴头晕、眼花3 d。

体查：妊娠腹型，双下肢水肿(++)，胎心140次/分，血压150/110 mmHg。

诊断：(1)孕39^{-2}W，G1P0，LOA，待产；(2)子痫前期。

入院后给予硫酸镁剂量已够大，症状控制不理想，继续等待易发生产前子痫、脑血管破裂、胎儿慢性宫内缺氧加重，建议剖宫产终止妊娠，家属同意。于8月3日在连硬外麻醉下行新式剖宫产术。术中见子宫孕足月大小，下段形成差，羊水清亮，胎儿呈LOT，以LOT转至LOA娩出一男婴，评10分，脐呈麻花状，绕颈一周，长约90 cm，脐部处理后交台下处理。

患者之子，出生24 h，8月4日14:40入住儿科。

主诉:皮肤黄染4 h,伴阵发性颜面发绀1 h。

体查:T 36.0 ℃,P 138次/分,R 46次/分,W 2.1 kg,精神、反应欠佳,哭声弱,全身皮肤轻度黄染,巩膜黄染,双瞳孔等大等圆,对光反射灵敏,鼻唇周发绀,下颌牙槽中可见2个齿痕。双肺呼吸音粗,无啰音。见下颌左下牙齿1颗,质硬,根部色黑黄,松动,长约6 mm,左下门齿有齿痕。为防脱落误吸,请口腔科会诊予以拔牙处理后患儿哭闹,出现阵发性颜面发绀、哭声弱、反应差,吸氧后缓解。

初步诊断:(1)新生儿高胆红素血症;(2)新生儿肺炎(?);(3)低出生体重儿;(4)额外牙拔除术后。

入院后患儿口吐白沫,易惊,偶有单声直叫,反应差,哭声弱,前囟紧等症状。遂行CT检查示:新生儿缺血缺氧性脑病并蛛网膜下腔出血。给予吸氧、抗感染、退黄、止血、降颅内压、对症等综合治疗,22 d后症状消失出院。

第二年4月13日,B医院诊断患儿为:头小畸形,脑萎缩,继发性癫痫。

二、矛盾焦点

患方:婴儿出生后阿氏评分10分,健康状况一切正常。出现"新生儿颅内出血"和"新生儿缺血缺氧性脑病",是由于当时拔牙措施不当,使孩子窒息休克达5 min之久,或将牙掉进气管造成的,完全是医务人员过失所为,构成医疗事故。

医方:患儿目前疾病与拔牙之间不存在因果关系,不属于医疗事故。

三、案例评析

1.产妇妊娠期间产前检查次数少(门诊记录仅2次),住院后有高血压、贫血、尿蛋白,患妇有妊高征。妊高征可导致胎儿宫内慢性缺氧,发育异常。

2.婴儿出生体重2.1 kg,先天不足,为足月低体重儿,有新生儿高胆红素血症,刺激时哭声弱,肌张力略低,属高危新生儿。医方未给予足够重视,未及时送儿科治疗。

3.给高危新生儿拔除额外牙的适应证及拔牙时间掌握不当。拔牙后新生儿哭闹,出现窒息,颜面发绀,肺炎,口吐泡沫,易惊,偶有单声直叫,反应差,前囟紧等症状。遂行CT检查示:新生儿缺血缺氧性脑病并蛛网膜下腔出血。

4.医方口腔科医师为新生儿拔牙,无拔牙手术及前后的病历记录,所拔除的牙不知去向,不排除进入新生儿体内。

5.医方的以上违规行为,与新生儿缺血缺氧性脑病有一定的因果关系,医方应负一定责任。

6.缺氧是新生儿缺血缺氧性脑病发病的核心。引起新生儿缺氧的因素有很多:母亲妊高征,胎儿宫内缺氧,出生后肺部、心脏疾病,高危新生儿,窒息以及遗传等,都可能引起脑损伤。

案例三十

一、病史摘要

产妇,女,41岁,因“阴道流水2 h”于××年8月22日来A医院。

B超示:宫内孕,单活胎,羊水深48 cm,颈部皮肤“W”压迹,脐绕颈不除外。

专科情况:腹部膨隆,宫高30 cm,腹围97 cm,髂脊间径24 cm,髂前上脊间径28 cm,髂耻外径20 cm。胎心112～168次/分,胎膜自破,阴道流水量多。

诊断:(1)G3P1,G35W,胎膜早破;(2)先兆早产;(3)胎儿宫内窘迫;(4)脐绕颈(?)。

入院后给予垫高臀部,左侧卧位,吸氧治疗后胎心仍无好转,快慢不均。于入院当日22:30急诊在硬膜外麻醉下行子宫下段剖宫产,术中见胎儿脐绕颈2圈,清理呼吸道后Apgar评分10分。术后给予早产儿抗感染、止血对症预防治疗,8月23日14:30婴儿出现哭闹不安,口唇轻度发绀,向家属交代病情后于当日21:00转上级医院进一步治疗。产妇于术后第7天出院,出院时生命体征平稳,切口愈合良好,子宫收缩好。

出院诊断:(1)G3P1,G35W剖宫产;(2)胎膜早破;(3)胎儿宫内窘迫;(4)脐绕颈2周;(5)早产儿。

患儿,男,出生22 h,因“哭闹、呻吟1天,发热半天”入住B医院。

体查:T 36.0 ℃,P 160次/分, R 60次/分,头围31 cm,发育正常,面色红,呼吸表浅、规则,前囟平坦,张力略高,双侧瞳孔等大等圆,对光反射存在,口唇发绀,口周发青,吸气三凹症(+),乳房结节大于0.5 cm,双肺呼吸音低,心率142次/分,四肢肌张力高,吸吮、拥抱弱,握持反射未引出。

入院诊断:(1)新生儿宫内窘迫;(2)新生儿缺血缺氧性脑病(?);(3)新生儿颅内出血(?);(4)新生儿呼吸窘迫综合征(?)。

入院后积极进行各项常规检查,给予止血、稳定内环境、保暖、抗感染等治疗。8月26日患儿颅脑CT平扫意见:新生儿局限性缺血缺氧性改变。

9月2日出院,出院诊断:(1)新生儿宫内窘迫;(2)新生儿缺血缺氧性脑病;(3)新生儿颅内出血;(4)新生儿呼吸窘迫综合征。

出院医嘱:(1)加强护理,合理喂养;(2)坚持行为干预治疗;(3)随诊。

同年11月3日因“缺血缺氧性脑病第二疗程脑康复治疗”收住,入院后给予营养脑细胞、改善脑循环对症治疗。治疗10 d后出院,出院诊断:缺血缺氧性脑病恢复期。

二、矛盾焦点

患方:孩子脑瘫完全是缺氧时间太久引起,这些都是A医院技术力量和医疗设备不齐造成的,属于医疗事故。

医方:从产妇入院到剖宫产分娩,以及给予早产儿的治疗过程,我院未发生医疗违规违章行为,不存在医疗事故。

三、案例评析

1.医方对孕产妇及新生儿的诊治存在以下违规行为:

(1)医方对高龄产妇,胎儿脐绕颈、宫内窘迫等危险因素认识不足,没有告知患者及其家属,病历中无患方手术签字。

(2)医院没有抢救高危新生儿的条件,且转院不及时。

(3)新生儿用药不规范。

2.医方的上述违规行为不是造成患儿脑瘫的直接原因，与患儿出现脑瘫症状无直接因果关系。

3.该新生儿宫内窘迫、早产、出生时脐绕颈2圈都是造成先天性缺血缺氧性脑病的重要原因。

案例三十一

一、病史摘要

患者，女，43岁，××年2月25日因“小腹坠痛、白带多、呈黄色1个月，伴异味，月经周期正常”来A医院中医妇科门诊就诊。B超提示：(1)子宫肌瘤，宫颈肥厚；(2)双附件未见异常。诊断：子宫肌瘤、盆腔炎。给予口服金鸡胶囊、氟哌酸处理。同年6月16日复诊，再次做B超提示：子宫小肌瘤、左侧附件炎。给予口服宫瘤清胶囊、甲硝唑药物治疗。服用药物半年病情无好转，同年12月31日来该A医院妇产科检查，宫颈活检提示：中分化鳞状细胞癌。

患者，女，44岁，因“阴道流液11个月”A医院门诊以“宫颈癌”收住。妇科检查：外阴发育正常，已婚已产型；阴道畅，血染，黏膜正常；宫颈增大约5 cm×4 cm×4 cm大小，表面糜烂，呈菜花样改变，色鲜红，质脆，触血(+)，四周穹隆消失，子宫前位稍增大，质中，形态规则，活动尚可，双侧宫旁增厚，以左侧为甚，未达盆壁；双侧附件未触及异常。外院宫颈病检回报：宫颈中分化鳞状细胞癌。入院诊断：宫颈癌。入院后积极完善相关检查，再次行宫颈活检确诊为宫颈癌IIb期。于第二年1月8日给予TP方案辅助化疗并放疗，过程顺利。第二年2月3日在硬腰联合麻醉下行扩大子宫全切除术及盆腔淋巴清扫术。术后病检回报：(1)宫颈中分化鳞癌，侵及浅肌层，阴道切缘未见癌组织浸润，检出盆腔左右淋巴结未见转移癌(0/8)；(2)子宫内膜单纯性增生；(3)左附件充血、水肿；(4)子宫浆膜下平滑肌瘤。术后给予预防感染、止血等对症支持治疗，严密观察病情变化，病情恢复良好。第二年2月16日患者出院，出院诊断：宫颈癌IIb期。

患者，女，43岁，主因“胸闷气短1周余，加重2 h”，门诊以“慢性肾功能衰竭（尿毒症期）”于第二年12月31日收住B医院。初步诊断：(1)慢性肾功能衰竭（尿毒症期）；(2)宫颈癌（多脏器转移）。入院后立即给予吸氧、特护、心电监护、抗感染、扩容升压、兴奋呼吸等维持生命体征治疗，但患者病情仍进行性加重，于第三年1月1日17:45突然出现呼吸、心跳变缓，给予心肺复苏抢救无效后死亡。最后诊断：(1)宫颈癌（多脏器转移）；(2)梗阻性肾病；(3)恶病质；(4)慢性肾功能衰竭（尿毒症期）。

二、矛盾焦点

患方：A医院中医妇产科大夫两次诊断患者病情错误，给患者错误治疗长达10个多月（××年2月25日至同年12月31日），使患者失去最佳治疗时间，导致病情严重而死亡，患者两次就诊的中医妇科不对患者做“活检”等病理检查，接诊大夫严重失职，存在医疗过错。

医方：我院中医妇科对患者的诊断、治疗没有过错，患者的死亡后果系其自身病变所引起的后果，与我院无关，不应当承担赔偿责任。

三、案例评析

1.医方存在以下违反诊疗常规的行为：

(1)患者在两次就诊时病情无好转，医方只让做B超检查，并未做妇科检查，也没有请西医妇科会诊。

(2)患者第三次到医院做宫颈活检检查确诊宫颈癌，距首次就诊长达10个月，延误了疾病的治疗，医方在对患者的诊疗过程中存在疏漏。

2.根据B医院病理切片报告及病理专家阅片意见，患者宫颈癌是一种低分化鳞癌，其恶性程度很高，临床上很难救治。患者最终治疗无效死亡是其自身疾病发展的必然结果，和医方的上述违规行为无直接因果关系。

案例三十二

一、病史摘要

患者,女,25岁,××年8月27日18:00入住A医院妇科。

主诉:停经9个月,下腹不规则疼痛5 h。既往月经规律,停经4个月自觉胎动至今,孕期产前检查4次,均未发现明显异常。5年前在本院行剖宫术产一女婴。

产科检查:宫高32 cm,腹围92 cm,胎位LOA,胎心率140次/分,律齐,先露头,定,宫缩不规律。

内诊:外阴发育正常,已婚未产型,阴道畅,伸展性好,宫颈管展平,宫口开2 cm,先露头,S0,胎膜未破,内骨盆未见明显异常。

骨盆外测量:髂前上棘间径25 cm,髂嵴间径27 cm,骶耻外径19 cm,坐骨结节间径10 cm。估计胎儿大小3400 g。

同年8月23日(入院前4 d)B超检查:胎头高浮,脐绕颈(一周),单胎头位晚期妊娠。

初步诊断:(1)妊娠42^{-3}周,G2P1,LOA;(2)瘢痕子宫。

建议剖宫产(患方述:大夫检查后,告知产妇及其家属,大人和胎儿一切正常,可以正常分娩。家属及孕妇入院时曾明确告诉大夫,如果能正常生育就正常生育,若不能正常生育就进行剖宫产)。

27日22:10病程记录:患者宫缩规律,胎心92次/分,宫颈管展平,宫口开8 cm,人工破膜,羊水Ⅲ度污染,先露S0,立即吸氧,静推50%葡萄糖40 mL+氨茶碱0.25 g+地塞米松10 mg,静滴5%葡萄糖200 mL+5%碳酸氢钠100 mL。22:40记录:患者强直宫缩,胎心70~75次/分,律不齐,宫口开全,先露S+3,吸氧,向家属交代病情。在两个同日同时(27日22:40)《特殊检查(治疗)同意书》中,其中一个在“检查(治疗)时可能出现的并发症及风险”栏下,医师写有“必要时行剖宫产术”,患者家属签字同意。在局麻下行会阴侧切。

27日23:00记录:进入第二产程,胎头拔露5 cm,胎心60次/分,此时患者腹痛突然加剧,随之宫缩停止,胎头回缩,阴道有暗红色血流出,子宫下段压痛明显,胎心消失。考虑:(1)子宫瘢痕裂开;(2)胎死宫内。即行会阴缝合术,同时向家属交代病情,因出血过多,建议转上级医院治疗,家属同意。拨打州医院"120"急救,急救车约15 min来院,向接诊医生交代病情治疗经过,"120"医师由产房接走患者。

同年8月28日0:00入住B医院产科。诊断:G2P1,妊42^{-2}W,胎死宫内,子宫破裂,失血性休克。立即行子宫破裂修补术。腹腔内取出一死女婴及胎盘。见子宫从左侧圆韧带附着处稍下方,右侧斜裂3 cm后又向左下裂至阴道壁,后壁子宫下段横行分离成前后两部分,前壁子宫下段与阴道前壁完全断裂,膀胱与阴道前壁分离。行子宫修补术。住院24 d出院。

同年9月21日C医院血液科报告:白细胞2.92×10^9/L。骨髓细胞学检查意见:(1)白细胞减少症;(2)增生性贫血骨髓象。

二、矛盾焦点

患方:医方违反诊疗常规。入院时未做任何化验和B超检查。助产过程中按压产妇腹部,使劲挤压,用力过度,是造成胎儿死亡的直接原因;胎儿死亡后使用产钳拽拉死胎,是造成产妇子宫破裂的直接原因。医生已知产妇为瘢痕子宫,存在子宫破裂的高危因素,观察不仔细,抢救不及时,未向家属交代病情,未及时进行剖宫产手术或转院。胎儿死亡、子宫破裂、产妇严重贫血和白细胞减少、终生不育,与医方的违规有直接因果关系。

医方:对本病例的诊治符合规范,医院无过失行为。医务人员处理积极主动,严密观察产程,及时向家属交代,针对病情变化给予了相应救治措施,突发子宫瘢痕裂开后,及时转上级医院。产科分娩具有不可预见性和突发性。

三、案例评析

1.医方对患者的诊治存在以下违规行为:

(1)孕妇5年前曾做过剖宫产术,为瘢痕子宫,高危孕妇。本次入院时医方未明确地告知孕妇及其家属阴道分娩有子宫破裂、胎儿死亡的可能，一旦发生这些风险，会危及母子健康甚至生命。即使家属有阴道分娩的意愿，医师也应该有自己的诊治主见，但未坚持动员孕妇及其家属及早行剖宫产术。而在当时(8月27日22:40)签字的《特殊检查(治疗)同意书》中，“可能出现的并发症及风险”栏内，医师写有“必要时行剖宫产术”，患者家属签字同意。但此时抢救为时已晚。

(2)孕妇入院后医方未给孕妇行常规辅助检查。分娩中对产程观察不仔细，子宫破裂有先兆体征，但未注意观察。

(3)对胎心的改变未引起足够的重视，胎心不好，心率开始减慢后1 h，未做及时、有效的处理。

2.由于医方以上的诊治违规行为，失去了对患者的抢救时机，导致胎死宫内，子宫多处破裂，给患者造成人身损害。医方的诊治违规与患者的人身损害之间有直接因果关系，医方应负主要责任。

3.患者为瘢痕子宫，高危孕妇，再次怀孕阴道分娩容易发生子宫破裂、胎儿死亡。

案例三十三

一、病史摘要

患者因感觉不适于××年10月1日到A医院门诊就诊，妊娠试验(+)，彩超示：子宫、双侧附件未见明显异常。门诊医生开具处方：阿奇霉素软胶囊3盒、醋酸加萘茎醌(VK4)30片。

患者，女，37岁，因“停经42 d，阴道流血伴下腹胀痛5 d，加重8 h余”门诊以“宫外孕”于同年10月2日收住B医院。患者于入院前5 d出现阴道不规则流血伴下腹胀痛、腰困症状，血呈鲜红色，少于经量，就诊于当地诊所，给予保胎、对症处理。患者昨日腹痛加重，阴道流血增多，就诊于A医院，行B超检查提示：

子宫、双侧附件未见明显异常，尿妊娠试验(+)，考虑流产，给予益母草膏治疗。患者于今日15:00出现腹痛加重，伴有阴道流血增多，有里急后重感、恶心等不适，遂来我院就诊。专科情况：外阴发育正常，阴道通畅，已婚已产型。屏气时无阴道前后壁膨出，无合并尿失禁。宫颈经产型，肥大，I度糜烂，无异常分泌物、息肉、肿块，举痛(+)，无接触性出血，后穹隆饱满。子宫前位。右侧附件有增厚、压痛、反跳痛、肌紧张。左侧附件增厚，有压痛及反跳痛。因患者肥胖，腹肌紧张触诊不满意。辅助检查：入院B超回报宫腔内不规则液性暗区。结合临床考虑积血，初步诊断：宫外孕(?)。入院后积极完善相关化验检查。同年10月3日在全麻下行右侧输卵管切除术。开腹后探查见：网膜与浆膜粘连，子宫正常大小，右侧输卵管与右侧卵巢及网膜、血块包绕粘连，分离粘连后见右侧输卵管壶腹部近伞端增粗，表面呈紫蓝色，伞端有活动性出血，右侧卵巢及左侧附件外观未见明显异常，盆腔积血约1000 mL，向家属交代病情后其表示知情，要求切除右侧输卵管。钳夹输卵管系膜及壶腹部近峡部，切断，贯穿缝合两道。检查无出血，以甲硝唑、低分子右旋糖酐冲洗腹腔，庆大霉素16万单位留置腹腔，清点器械、纱布无误，逐层关腹。术后病理检查报告：(右侧输卵管)凝血块中见早期绒毛组织。10月13日患者出院，出院诊断：右侧输卵管妊娠。

二、矛盾焦点

患方：医方误诊误治，没有诊断出患者是宫外孕，延误了进行微创手术的最佳治疗时机，造成患者输卵管破裂并被切除，丧失了再次生育的能力，构成医疗事故。

医方：严格按照操作规范进行治疗，该患者仅在我院门诊就诊过一次，未到我院进一步住院或检查治疗，不存在误诊误治的问题。

三、案例评析

1.患者有输卵管吻合术病史、停经史，在门诊查HCG(+)，彩超显示子宫及双侧附件未见明显异常，医方没有进一步排除宫外孕就诊断“流产”，并给予抗感染治疗，使患者病情加剧，发生腹腔内出血而转院治疗。

2.医方的误诊误治医疗过失行为与患者后来发生腹腔内出血、手术切除一侧输卵管没有直接因果关系，输卵管吻合术后常见发生宫外孕(输卵管妊娠)，临床上多行手术切除治疗。

案例三十四

一、病史摘要

患儿母亲，31岁，因妊娠40^{+5}周下腹阵痛2 h，阴道流水性分泌物2 h，于××年5月7日凌晨入住A医院妇产科。孕期经过顺利，入院检查宫高32 cm，胎膜已破，先露顶S=0，入院诊断妊娠40^{+5}周，G1P0，宫内妊活胎临产。待产4h，宫口全开，先露顶，有产瘤3 cm×3 cm×3 cm，LOT，诊断相对性头盆不称，而行剖宫产术。术程顺利，分娩一男婴，Apgar 1 min评9分，产后送婴儿室，婴儿室按常规护理，抱给母亲喂奶，未发现新生儿有异常。出生后49 h患儿出现面色青紫，口角抽搐，即转入儿科治疗，儿科诊断为缺血缺氧性脑病。后经B医院、C医院治疗8个月，基本定为脑萎缩、脑瘫。第二年3月先后在D医院、E医院、F医院、G医院、H医院检查会诊，4月到I医院、L脑病医院检查，确诊为重度脑萎缩、脑瘫、癫痫、视神经萎缩(无视力)。目前患儿1岁6个月，仍不认人，不会说话，不会坐，手不能持物，智商为“0”。

二、矛盾焦点

患方：××年5月7日1:00左右，孕妇因孕41周不规则下腹疼痛入住A医院妇产科，剖宫产生一男婴，哭声洪亮，医院即可评分9分，婴儿由医院护理。至5月8日9:00以前，孩子无任何异常。5月9日10:00后，医院报孩子病危，为缺血缺氧性脑病。查阅病历，5月9日5:00无任何异常记录，8:20出现异常，那么这3 h到底发生了什么事？

(1)孩子因冷热造成，我们看见孩子无任何包裹；

(2)由饥饿造成；

(3)由洗澡造成；

(4)由管护因素造成。

医方：产妇在正常时间内足月产，没有妊高征、贫血、糖尿病、异常分娩史等。临产后观察产程、观察胎心均按正常进行。孕妇因头盆不称而行剖宫产手术，手术顺利，Apgar 1 min评9分。新生儿在婴儿室有专人看护，按常规护理，该新生儿产前、产时及产后均无缺血缺氧病史。根据临床文献记载，该儿脑瘫与该孕妇的分娩过程及产后的新生儿护理无因果关系。

三、案例评析

医方妇产科的诊疗程序规范，操作正确，医务人员无医疗过失行为。该患儿产前、产时及产后均无缺血缺氧产科史，如果缺血缺氧性脑病在宫内行成，理应出生后出现神经系统症状。如果出生12 h后出现神经症状，不考虑宫内缺氧引起。

抽搐的原因很多，抽搐可能引起脑缺氧、脑损伤，甚至脑瘫。49 h出现抽搐，一般不考虑与脑缺氧缺血有关。况且目前有1/3的脑瘫患者原因不明。该患儿脑萎缩、脑瘫与医院的分娩治疗、产后护理无因果关系。A医院对患儿脑病无责任。

案例三十五

一、病史摘要

患者，女性，26岁，因妊娠38^{+3}周，G1P0，临产入住A妇保中心。宫口全开1.5 h，先露顶仍S+1。患者极不合作，哭闹不安，要求剖宫产术。在征得家属同意并签字后，行新式剖宫产术，术程顺利，术后情况良好出院。术后10 d发生阴道大出血，伴头晕乏力，在抗感染、止血治疗和各种辅助检查完成后，行清宫术。术中宫口外剪除一肠线，长3.5 cm，术中刮出物送病理，病理报告示：送检物为大量平滑肌组织和嗜伊红染色的坏死组织，炎细胞轻度浸润，期间有少许增生早期的子宫内膜组织。后转入B医院行抗感染、止血及一般支持治疗，治愈出院。术后3个月，月经正常来潮，术后半年至另两所医疗机构行宫腔镜检查，均未见异常。

二、矛盾焦点

患方：患者行剖宫产手术，术后10 d阴道大量出血，后转B医院治疗。出院后一直头痛、眼痛、腰胀、腰痛。第二次入院，A妇保中心自患者阴道内取出30多cm的缝线，没有向患者解释；A妇保中心违规操作，剖宫产术后10 d内行刮宫；A妇保中心在患者昏迷的状态下，未告知家属进行刮宫术。

医方：(1)首次临产住院，诊断明确，手术指征存在。

(2)手术按常规进行，顺利，术后抗感染治疗。

(3)二次入住，诊断基本明确，治疗及时。当时阴道活动性出血，B超提示宫内有残留物，刮宫处理指征明确。

三、案例评析

1.产妇临产后，总产程14 h 40 min内，宫口全开1.5 h，胎先露仍S+1，宫缩乏力，患者疼痛难忍，不合作，采取剖宫产手术是具备指征的，是正确的，术后10 d发生大出血行清宫术，并非禁忌。剪除肠线3.5 cm并非强拉。

2.剖宫产手术属乙类手术，术中、术后发生大出血、感染、腹部伤口及子宫切口裂开，并产后晚期大出血均有可能。术前已向患者及家属说明，并征得家属同意并签字。特殊体质患者术后排异也不罕见。

综上所述，患者在整个病程中，医务人员无违法违规事实，无医疗过失行为。

3.A 妇幼保健服务中心的诊疗与患者所述病情无因果关系。

4.医方无责任，不属医疗事故。

案例三十六

一、病史摘要

孕妇,23岁,家住某村,临产时请乡医在家中接生,历时2 d,产程无进展,乡医给患者肌注缩宫素(量不详)后请来A乡卫生院Z大夫检查,考虑可能系头盆不称,需做剖宫产术。故家属于××年8月29日3:00许打急救电话,A卫生院X大夫和Y大夫乘车前往,约1 h到达患者家中,给患者做初步检查(未带血压计),见孕妇全身重度水肿,宫缩不规律,胎心音正常,与家属商量后决定送乡卫生院(家属原意直接送县医院),约5:30到达A乡卫生院,先做B超检查,胎儿一切正常,送入产房,查宫口未全开,后测量血压200/120 mmHg,心率86次/分,即按产前子痫对症处理,约1 h后病情缓解,并向家属说明有可能要做剖宫产术(患者家属诉此时要求转院,但是院方没有同意)。约9:30,患者再次抽搐,即给予肌注安定10 mg,肌注25%硫酸镁30 mL,患者出现强直性抽搐,呼吸、心跳停止,胎心音消失,抢救无效死亡。

医方对患者死亡讨论认为,患者为足月妊娠,产时子痫。怀孕期间未做产前检查,临产时在家中请乡医接生,历时2 d,产程无进展,未及时住院分娩,是造成患者死亡的原因。

二、矛盾焦点

患方:医务人员严重失职,导致患者及胎儿死亡,为重大医疗事故。

(1)医方篡改病历,到达卫生院的时间是8月29日3:30左右,不是5:40。

(2)妊高征诊断可疑,若是,该院无条件收治。

医方:患者于8月29日5:30左右入院,先做B超,入产房后宫口未开全,测血压时突然抽搐,血压200/120 mmHg,经会诊是产前子痫,给予对症处理。向患者家属谈话,家属不说话。9:30左右,全院10人参加抢救,1 h后患者死亡。

院方全力抢救,不是事故。

三、案例评析

1.A乡卫生院,受条件所限,不能接收重症产科患者,家属提出转县医院应立即转院,但未转,失去了抢救的最佳时机。

2.抢救过程中措施不利,药量不足,延误了有效的抢救时机,有严重医疗过失行为,造成母婴双亡。

3.患者及胎儿的死亡与该院的医疗过失有直接的因果关系。

4.责任程度:医方负主要责任,患方负次要责任;孕妇未做产前检查,临产又在家中接生,未及时住院分娩,因而也延误了有效的抢救时机。

案例三十七

一、病史摘要

患者,女性,35岁,因停经2个月,下腹痛,不规则阴道流血20 d余,先在当地A医院保胎治疗,因经济困难出院,当日做B超检查提示:无胎心,胎死宫内。当日下午腹痛加剧4 h,于××年8月1日到××门诊就医。入院时患者呈急性病容,体温正常,脉搏80次/分,血压80/50 mmHg,在征得患者及其家属同意后,即刻行清宫术,术中见绒毛组织,术后给予抗感染、止血治疗,术后3 h发生阴道大量活动性出血,立即转入B医院妇产科抢救。在该院行彩超检查,提示宫颈妊娠需切除子宫,以确保患者生命安全,立即手术切除子宫。术后子宫送病检结果:(1)宫颈妊娠;(2)子宫肌腺症。术后一般情况好,痊愈出院。

二、矛盾焦点

患方:××门诊营业手续不全,医生无资格手术,导致清宫手术大出血,切除子宫。

院方：

(1)××门诊手续齐全，合法。经治医生从事妇幼临床工作20年，主治医师，并有区卫生局发的合格证。门诊具备清宫手术条件。

(2)清宫后发现异常，及时止血、抗感染、扩容处理，并亲自护送患者到B医院抢救，为患者交上押金。

(3)患者术后病检为“宫颈妊娠”，实属罕见，妇科检查时体征不典型。

三、案例评析

1.经审核，××门诊具备有效合法的医疗机构执业许可证，经治医生具有有效合法的妇幼医师和妇产科主治医师任职资格证、执业医师资格证、计划生育手术操作合格证，属合法行医。

2.宫颈妊娠病例极为罕见，有报道称发病率1:(2500~18000)［见中国妇科与产科杂志，2001，10:633］，是异位妊娠的一种严重类型，早期诊断极为困难，容易误诊为难免流产。

3.医方的诊治与患者的大出血及子宫切除无因果关系。

4.医方无责任。

案例三十八

一、病史摘要

患者，女性，36岁，因停经41 d到A医院妇产科就诊，确认早妊。在征得患者同意后行人工流产。术中未吸出任何组织，随后阴道大量出血，喷射，凶猛。此时医生已意识到可能是宫颈妊娠，立即护送住院部抢救，由于抢救措施及时、有力，扭转了患者的病情恶化。因宫颈妊娠可能再次出血，在征得家属同意的情况下，签字后于当日下午行子宫全切术，术程顺利。切除子宫送病理检查，符合宫颈妊娠的病理改变。经抗感染、止血支持治疗，于术后25 d痊愈出院。出院诊断:宫颈妊娠、失血性休克、子宫肌瘤、慢性宫颈炎。

二、矛盾焦点

患方:患者因停经41 d到××医院妇产科就诊,确认早妊。

(1)医院在行人流术前未告知患者家属及其并发症;

(2)如果术前做B超确诊会避免大出血;

(3)人流术造成内出血;

(4)大出血后是否只有子宫切除。

医方:

(1)宫颈妊娠极为罕见;

(2)B超是辅助诊断之一,并非例行检查步骤,即使做B超,并非100%确诊;

(3)该病人在处理过程中无违规行为,抢救及时。

三、案例评析

1.患者要求人流手术,并向其说明并发症,征得其同意。

2.宫颈妊娠病例极为罕见,早期诊断较困难,容易误诊。阴道出血量多少不定,因绒毛不仅侵入宫颈内膜,且侵入肌层引发出血,对宫缩剂无效,常出现难以控制的大出血,后果严重,该患者停经后无阴道流血,也是宫颈妊娠难以诊断的原因之一。

3.B超是辅助诊断的方法之一,并非早妊检查的例行步骤。

4.如流产时意外发现此症,应立即以纱布填塞止血,抢救休克,立即行子宫全切除术。

5.该患者在诊疗过程中,医务人员无违法违规事实,无医疗过失行为。

案例三十九

一、病史摘要

患者，女性，因进行性痛经30年，加重半年，月经量增多2个月，药物治疗无效，门诊以“多发性子宫肌瘤、子宫肌腺症”于××年12月18日收住A医院。入院经妇产科检查、全身体检、有关各项实验室检查和辅助检查后，准备行经腹全子宫切除术。但后又征得患者及其丈夫同意、签字，于××年12月25日在全麻下行腹腔镜辅助子宫全切除术，术中因左侧主韧带粘连严重而改为阴道操作。术后切除的子宫送病检，结果为：(1)子宫体弥漫性内膜异位症；(2)子宫多发性平滑肌瘤；(3)慢性子宫浆膜炎；(4)慢性宫颈炎，鳞状化生，部分腺上皮细胞轻度异形性。术后第一天自觉左侧腰痛，有叩击痛。术后第四天血尿自阴道流出。故请泌尿科专家行左侧输尿管修补术。病历记录：左侧输尿管入膀胱处局部渗尿粘连，行左侧输尿管修补术。专家手术记录：膀胱修补加固和输尿管再植术。术后20 d基本痊愈出院。

二、矛盾焦点

患方：××年12月18日，因子宫肌瘤入住××医院，专家建议子宫切除，因经院方多次动员，最终接受腹腔镜手术。术后第二天发烧、小腹胀痛、排尿困难，第四天严重血尿，左肾区痛。后经泌尿专家会诊，是手术伤及膀胱，引起肾积水和尿道漏。又请泌尿专家做膀胱修补，术后才知此系膀胱修补加固和输尿管再植术。出院后常发生小便困难、小腹下坠、左肾背部疼痛。

医方：

(1)术前诊断明确，手术适应证明确，手术方法合理；

(2)“左侧输尿管损伤”为手术并发症，术前谈话已说明，家属并签字；

(3)出现并发症时已及时处理，未留下后遗症；

(4)医疗过程无违法违规。

三、案例评析

1.术中伤及膀胱、输尿管下段,经修复后,功能正常;

2.手术与患者损伤有因果关系;

3.医方负完全责任。

案例四十

一、病史摘要

患者因月经量增多3年,伴经期延长、腰痛及左下腹痛,于××年11月26日以“多发性子宫肌瘤”收住A医院。

入院后查体无异常,妇科检查:外阴阴道正常,宫颈I度糜烂,子宫后位,如孕50 d大小,活动可,质中,无压痛,双侧附件无异常。做相关的实验室检查及辅助检查均正常。

在征得患者及家属同意并签字后,于12月4日上午在持续硬膜外麻醉下(因阻滞效果不太理想)并静脉给予氯胺酮后行子宫全切术,麻醉操作规范顺利(置管后平卧,于静脉输液后开始麻醉注药,给予0.5%布匹卡因,实验量3 mL,观察5 min,未见异常,遂又分两次注入0.5%布匹卡因6 mL。边注药边测试阻滞范围,阻滞效果不理想,加之病人入手术室十分紧张,于是给予0.1%氯胺酮静脉麻醉并辅以安定10 mg肌注,杜氟2 mL肌注使病人安静入睡开始手术),术程顺利,无并发症。

术后子宫病理诊断:(1)子宫多发性平滑肌瘤壁间2个;(2)子宫体内膜异位症,局灶性、轻度;(3)晚分泌期子宫内膜;(4)慢性宫颈炎,鳞状化生,纳氏囊肿;(5)左侧输卵管积水。

术后4 d患者自述腰骶部酸、胀痛,并向右大腿根放射。给予对症处理。术后伤口一期愈合。术前查血尿常规、血沉、生化、AFP、CA125、乙肝三系统均为正常。术后又查尿十项,尿培养无细菌生长,即停用抗生素,行微波治疗后症状缓解。

12月17日行B超检查提示:右肾积水,不排外膀胱炎性改变。

12月19日空腹在外院行肾血流图检查,提示右侧肾功能受损伴排泄不畅,左侧肾图排泄欠畅通。

12月24日请专家会诊,12月25日行静脉肾盂造影:双侧肾盂、肾盏显影充分。肾功能良好,右侧输尿管排泄通畅,上段有一迂曲。

意见:右肾结石(?),右肾旋转不良,右侧输尿管上段有一迂曲;左肾、输尿管未见明显病变。双肾功能良好。

12月26日出院。出院诊断:(1)多发性子宫肌瘤;(2)子宫体内膜异位症;(3)慢性宫颈炎;(4)左侧输尿管积水。

二、矛盾焦点

患方:12月4日行子宫切除后,出现种种疼痛不适及奇怪的感觉和症状。右腰胀痛,头沉重,头昏,颈胸椎疼痛,椎体轻度滑脱,燥热、盗汗、轻咳等。麻醉进针剧痛。认为以上症状是由麻醉引起。

医方:患者诊断明确,手术指征得当,手术方式合理,手术顺利,未损伤脏器。麻醉操作规范,置管顺利,用药合理,效果满意。术后造影显示肾及输尿管未见明显病变,双肾功能良好。右肾旋转不良及输尿管迂曲属先天性改变。手术、麻醉对患者未造成损伤。

三、案例评析

1.患者诊断明确,手术指征得当,手术方式合理。

2.患者手术为全子宫切除术,手术时不可能损伤双侧肾脏。

3.由于右肾形态先天性改变,B超不能作为明确肾积水的诊断依据。

4.术中麻醉操作技术规范,置管顺利,用药合理,效果满意,术程顺利。

5.手术麻醉与患者目前病症无因果关系。

6.医方无责任。

案例四十一

一、病史摘要

患者，女性，36岁，因停经44 d，阴道间断流血4 d，伴下腹部持续隐痛于××年6月3日11:30以宫外孕收住A医院妇产科。

入院时一般情况好，无贫血貌，全腹软，无压痛及反跳痛，无移动性浊音。

妇科检查：外阴已婚已产型，阴道有少量暗红色血液，宫颈光，着色，无举痛，后穹隆无饱满及触痛，子宫前位如孕40 d左右大小，活动好。右侧附件区可触及一约3 cm×3 cm包块，表面光，边界清，有触痛，左侧附件无异常。

5月31日B超示：子宫前位，大小约5.6 cm×7 cm×6 cm，肌层回声均匀分布，宫腔内可见0.3 cm×0.5 cm液性无回声区，可见较厚包膜，内可见点状回声，左侧附件未见异常，后穹隆部可见1.2 cm液性无回声区。B超诊断：(1)右侧附件区囊性包块；(2)子宫增大、后穹隆积液。5月31日尿妊娠试验(+)。

入院诊断：宫外孕(未破裂型)。

拟行急诊手术，向家属交代病情，家属表示理解并签字。6月3日13:45手术。术中见右侧输卵管增粗、充血、水肿，壶腹部膨大约6 cm×5 cm×4 cm大小，内有组织感，右侧卵巢大小5 cm×4 cm×2 cm，表面光，形态正常，子宫如孕40 d大小，左侧附件无异常。即行右侧输卵管切除术。切下组织剖开管腔内有组织样物及血凝块少量。术后标本送病检，汇报：输卵管各层充血、水肿，有中性粒细胞浸润，肿物见胎盘绒毛及血凝块。

术后诊断：(1)右侧输卵管妊娠；(2)宫内妊娠；(3)先兆流产。

给予抗感染、支持、保胎等治疗。同时向家属交代病情并告知保胎可能失败，家属表示理解并同意配合治疗。术后阴道一直流血。拆线后于术后第六天出院。

患者自述出院后于同年7月9日阴道突然流血,7月10日在B医院B超示“胚胎停止发育”,7月11日再次回到A医院行人流术(无病历记载,刮出物未送病检,仅有诊断证明)。患者对A医院的入院诊断产生怀疑,故将标本送至C医院再次做病理检查,结果报告:输卵管慢性充血性炎。

二、矛盾焦点

患方:医方误诊误治,将患者“右侧输卵管囊肿”误诊为输卵管妊娠,未经患者及其家属同意切除右侧输卵管,造成组织器官损伤、功能障碍。术后患者有宫内妊娠的症状,保胎治疗无效,胎死宫内,行人流术。

医方:对患者的诊治正确。根据病史、体检、B超及尿妊娠实验阳性,诊断为宫外孕,手术及病检证实为右侧输卵管妊娠。

三、案例评析

1.根据患者入院时的临床检查、辅助检查、术中所见及术后病理报告,宫外孕诊断是正确的。

2.经病理学专家复查病理报告切片诊断为:符合输卵管妊娠流产并血肿形成。

3.医方诊治正确,未造成不良后果。

4.医方无责任。

案例四十二

一、病史摘要

患者,女性,因腹痛在A医院治疗10余日无好转于同年6月9日,急诊住B医院妇产科。

专科检查:右下腹可触及6 cm×9 cm包块,外阴已婚未产型,宫颈光滑,触不清宫体及双侧附件。B超提示右下腹囊性包块并盆底积液(血)——陈旧性宫外孕(?)。化验:白细胞8.4×10^9/L,血红蛋白75 g/L。

初诊:下腹部囊性包块待查(?);陈旧性宫外孕(?);贫血(中度)。

经家属签字当日行急诊剖腹探查术。术中见盆腔广泛炎症,形成粘连块,有脓性物溢出,钝性分离发现4 cm×5 cm脓肿,切开引流,完成手术。

6月16日拆除切口缝线,切口愈合良好,腹腔脓肿引流量少许,6月18日腹腔引流量增多,约200 mL,在引流液中可见消化道内容物,考虑是肠瘘,转外科治疗。经抗感染、全身支持治疗,肠瘘治愈,全身康复,同年10月15日出院。

二、矛盾焦点

患方:医院入院诊断“下腹部包块待查(?);陈旧性宫外孕(?);贫血(中度)”。诊断失误,盲目施行宫外孕手术。手术中损伤肠管,造成肠瘘,以盆腔脓肿掩盖过失。

医方:对患者诊断无失误,入院手术指征明确,剖腹探查正确无误;术中见盆腔多处脓肿,粘连严重,放置引流管有必要;肠瘘是脓肿引起的。

三、案例评析

1.治疗过程中,手术指征明确,术前有家属签字,手术方式、操作程序无违法违规事实。

2.关于术前术后诊断不完全相同,是临床医生经验不足所致,并未给治疗造成不良后果。术后发生肠瘘,是因为腹腔、盆腔、肠间隙感染所致,并非手术损伤引起。肠瘘与手术治疗无直接因果关系。

3.医方不承担责任。

案例四十三

一、病史摘要

患者，女，27岁，因停经38⁻²周、见红1 h于××年12月8日2:00收住A医院妇产科。末次月经同年3月17日，预产期12月24日。诊断孕38⁻²周，G2P0，先兆临产，观察胎心变化及产程进展。12月8日10:30给予催产素2.5 U+5%葡萄糖500 mL静滴，14:20再给以上剂量药物，产程进展缓慢，17:35又给予催产素5 U+10%葡萄糖500 mL静滴，产程进展顺利，于18:00宫口开全，19:10阴道顺产一3450 g活男婴，产中失血1500 mL，会阴裂伤严重，20 min胎盘不能自剥，并有活动性出血，立即行手剥，胎盘胎膜完整，宫颈3:00处裂伤约1.5 cm，用2号肠线缝合3针，用2号、1号线分别缝合会阴裂伤。19:25产妇面色苍白、恶心、胸部不适，阴道流血较多，手足发冷，血压8/5 kPa，立即开放静脉通道，静点5%糖盐水500 mL，配血，血宁安500 mL静滴，呼吸20次/分，心率114次/分，脉率及血压均为零，静滴5%碳酸氢钠200 mL，21:30输血400 mL，血压升至12/5 kPa，13/10 kPa，自述头晕、腹痛，阴道流血不多。又分别于12月10日10:00、15日9:00、17日12:00各输血400 mL。经抗感染对症治疗，孕妇一般情况好，阴道无流血，无任何不适，血压14/10 kPa，会阴伤口愈合，血色素偏低(78 g/L)。于××年12月18日出院。

患者住院期间未做丙肝检验。献血的四人丙肝抗体检验均为阴性。

出院后一直头晕、恶心、乏力、心慌，各种功能衰竭，无法正常生活和工作，限于医疗和经济条件，一直未能确诊。××年×月×日入住B医院，确诊为席汉氏综合征、丙型肝炎。

二、矛盾焦点

患方：孕妇住院分娩，医方高度不负责任，未按必要程序检查，产期未到，盲目使用催产素，接生措施不正确，会阴撕裂，宫颈损伤，手剥胎盘致大出血、休克，延误诊治，致席汉氏综合征和丙肝。

医方：医生对孕妇及时做了体检，使用催产素合乎标准，手剥胎盘符合产程处理原则，抢救休克及时，发生席汉氏综合征与个体特异性有关，献血者4人丙肝抗体均为阴性。

三、案例评析

医方在诊疗过程中存在医疗过失行为，产妇发生产后大出血、失血性休克，医方抢救措施不得力，未及时补充血容量及输入足量的血制品，休克时间过长，引起脑垂体缺血坏死，继发严重的脑垂体功能减退——席汉氏综合征。医方的诊疗过失行为与患者席汉氏综合征的发生有直接因果关系。席汉氏综合征如及时诊治可获痊愈。医方未对其进行随访，致使病情加重。故医方医疗过失行为在患者损害后果中负有主要责任。

患者产后在医方感染乙肝、丙肝缺乏证据。

案例四十四

一、病史摘要

患者，女，27岁，主诉“停经38^{+5}周，不规律下腹痛4 h，轻微见红1 h”，于××年9月11日1:00（患者述0:30进了待产室）入住A医院产科。平素月经规律，5/30 d，末次月经××年2月11日，孕3个月在该院建卡，定期产前检查，5月14日查乙肝表面抗原、乙肝e抗体、乙肝核心抗体为阳性，5月19日、8月30日、10月30日三次B超及10月30日胎心监护等检查均正常。孕晚期出现双下肢浮肿，11月7日下午洗澡0.5 h，“11月8日未感一次胎动”（患者述：“前一天，我没有数胎动”）。

入院体检：血压18.0/12.0 kPa，已婚未产型，双膝以下浮肿(+)，宫高38 cm，腹围95 cm，先露部顶，定，胎位ROT，双顶径9.4 cm，胎儿大小3100 g，宫缩40秒/1～2分，强度(+~++)，胎心170次/分，骨盆测量在正常范围，肛诊宫颈消，宫口0.5⁺ cm。

初步诊断：(1)妊娠38⁺⁵周，2/0，临产；(2)胎儿宫内窘迫；(3)乙型病毒性肝炎；(4)妊娠期肝内胆汁郁积症(?)；(5)妊娠高血压缩合症。

11月9日1:30电子胎心监护20 min，CST评分CTG=6，CST不满意，变异小，基线174～180次/分，中等过速。给左侧卧位、吸氧，2:00给静滴5%葡萄糖500 mL、Vc 2 g，3:15静滴10%葡萄糖500 mL、Vc 2 g，3:30静滴5%碳酸氢钠注射液50 mL，5:00肌注安定10 mg。胎心(次/分)2:05之前为170～174，2:45为148，3:00为138，3:15为70～80，3:35为40～50，3:40为10～30，3:50胎心消失。4:12 B超显示胎死宫内。8:18自娩一男性死婴。产后给予预防感染、促宫缩、防产后出血治疗，产妇一般情况尚可，情绪低落，11月14日要求出院。

相关检查：同年11月13日，肝功能有异常：乳酸脱氢酶286 U/L，乳酸脱氢酶-1 81 U/L，肌酸肌酶168 U/L，谷草转氨酶133 U/L，谷丙转氨酶126 U/L总蛋白56.46 g/l，白蛋白34.2 g/L，碱性磷酸酶259 U/L。乙肝三系统：HbsAg阳性，HbeAb阳性，HbcAb阳性。

二、矛盾焦点

患方：从产妇××年2月11日怀孕到11月7日上午，按期在医院做产前检查，一切都正常，11月8日23:00左右疼痛出血去医院，9日0:30进待产室，长达4 h里医生多次告知家属孕妇血压高，胎心快、后变慢，家属数次要求采取抢救措施、剖宫产。但该院未及时采取抢救措施，延误时间，致胎死宫内。

医方：胎死宫内可能与孕妇妊娠合并乙肝、肝功能异常、高血压综合征、孕妇住院前一天洗澡有关。医生所做治疗都是最大可能挽救宫内胎儿。不负主要责任。

三、案例评析

医方在诊疗过程中存在医疗过失行为，产妇入院当时即发现胎儿宫内窘迫，经左侧卧位、吸氧30 min无改善，即应尽快终止妊娠（剖宫产），但胎儿宫内窘迫延续2 h，医方未及时终止妊娠，导致胎死宫内。其医疗过失行为与胎儿死亡有直接因果关系。医方负完全责任。

案例四十五

一、病史摘要

患者，女，28岁，于××年5月13日入住A医院。

主诉：妊9^{+}个月，B超提示羊水过少。

入院印象：（1）妊娠40^{+5}W，G1P0，ROA，待产；（2）羊水过少。

14日9：35自娩一男婴，体重3250 g，全身皮肤青紫，颜面口唇发绀，清理呼吸道后无哭声，无呼吸，肌张力消失，心率80次/分。青紫窒息。急行口对口人工呼吸、胸外心脏按压，刺激患儿后呈叹息样呼吸，微弱哭声，哭时口角向左偏斜。Apgar评分1 min 6分，5 min 9分。（患方陈述：孩子刚一出生，医护人员直接往婴儿褥子内放入一只特大的装满水的热水袋。婴儿很快大哭不止，满房医护人员无动于衷。后被抱入病房，一直哭，不吃母乳。医护人员走后，我们发现褥子内有热水袋，就顺手抽了出来。直到3 h后，亲人们才发现孩子已被烫得惨不忍睹，30%的皮肤被烫成重伤。医方陈述：常规用热水袋保暖，9：50送回病房）保暖，预防缺氧性脑病，并严观患儿病情变化，给家属交代病情及母婴同室注意事项。

5月14日病程记录：13：30新生儿哭闹较剧，查看发现右侧腋下、腰部、臀部及左右足跟烫伤。

5月14日会诊记录：右侧腋下至右髂脊部可见约11 cm×8 cm的浅Ⅱ度烫伤面，创面有大小不等的水泡形成，渗液。右髂脊部至右大腿外侧中上部可见约10 cm×6 cm的Ⅱ度烫伤面，创面中间部分（大转子周围）呈深Ⅱ度烫伤，并有血性水泡形成，皮肤呈紫黑色，左足跟部有3 cm×1.5 cm大小的深Ⅱ度烫伤面，创面有血性水泡，皮肤呈紫黑色，右足跟部可见约1 cm×1 cm的浅Ⅱ度烫伤。用0.5‰的新洁尔灭擦拭创面，每2小时一次；创面涂美宝烫伤膏，每4小时一次；辐射红光照射，抗感染、补液及对症治疗，特护。

5月21日外科会诊记录：一般情况好转，测量烫伤面积为，臀部6 cm×4 cm，躯干长11 cm，宽分别为6、3、4、2 cm，左足跟部3 cm×2 cm，总计烫伤面积，臀部1.33%，躯干部2.44%，左足跟部0.33%，其中浅Ⅱ度占80%，Ⅱ度占20%。

同年8月5日以“右臀部瘢痕挛缩”收住B医院。

检查：右臀部可见面积约6 cm×3 cm瘢痕，颜色暗红，高出皮肤约0.5 cm，局部挛缩明显。足底可见烫伤后瘢痕，增生不明显，无破溃。

诊断：右臀部烫伤后瘢痕挛缩畸形。

8月11日行右臀部瘢痕切除术，自体刃厚皮加脱细胞真皮移植，右大腿取皮术。手术顺利。

病理诊断：（右臀部）皮肤组织，真皮层胶原纤维增生明显，交错排列，形成肥大性瘢痕。

8月26日拆线，术区愈合良好。建议3个月复查，必要时再手术。

8月28日出院，医嘱：（1）局部涂康复奶、疤痕霜；（2）加强功能锻炼；（3）门诊随诊。

二、矛盾焦点

患方：医护人员给新生儿置热水袋保暖导致烫伤。

医方：严格按照常规进行保暖，并履行告知义务；事后全力救护。无违法违规情况。

三、案例评析

1.医护人员给新生儿保暖用热水袋水温过高，未测试温度即放入新生儿褥内。婴儿被烫，哭声不止，未引起医护人员的注意，3 h后才发现烫伤。

2.医方对烫伤面积（4.1%）的计算有误。目前计算为15%，其中Ⅱ度8%，Ⅲ度7%。

3.治疗延误，失去了对Ⅲ度烫伤手术的最佳时期，造成右臀部感染长期不愈，导致日后右臀部瘢痕挛缩。

4.分娩后新生儿青紫窒息，抢救后应在婴儿室严密观察，不应在出生后15 min即抱到病房。

5.由于医方违反诊疗常规，过失导致新生儿烫伤，有直接因果关系。

6.新生儿烫伤完全由医方造成，应承担完全责任。

案例四十六

一、病史摘要

患者，女，23岁，汉族，××年11月2日22:18入住A医院妇产科。

主诉：停经9个月余，伴下腹轻微疼痛2 d。孕期顺利，定期产查，孕中晚期无头晕、胸闷、心悸及双下肢浮肿，胎心胎位正常，阴道无流血流水。

查体：体温36.5 ℃，脉搏84次/分，呼吸21次/分，血压16/9.7 kPa，发育、营养中等，皮肤、头颈、胸部、心、肺、腹、脊柱、四肢、肛门、会阴等均未见异常。

产科检查：胎位ROA，胎心140次/分，胎动好，先露部固定，无流出物，骨盆正常，肛查宫颈扩张1 cm，羊膜未破。无高危因素。WBC 9.6×10^9/L，lymph 16.6%，Mid 3.5%，Gran 79.9%，HGB 136 g/L，PLT 157×10^9/L。

印象：孕40周，G1P0，ROA。

11月3日9:00后穹隆放置米索前列醇28.5 μg，14:30人工破膜，静推安定10 mg，16:00吸氧，缩宫素0.2 U穴封、10 U肌注，16:45自然顺利分娩一男婴，体重3500 g，16:50胎盘娩出，胎盘面积20 cm×18 cm×2 cm，重量500 g，胎盘无异常。产后估计失血150 mL，血压16/11 kPa，脉搏84次/分。产后出血不多，给口服药（云南白药0.25 g×48片，3次/日；阿莫西林0.25 g×40片，3次/日）。母子一般状况好，产妇及家属要求出院。准予出院，带药口服，不适随诊。11月5日体温36.8 ℃。11月6日9:00出院。

同年11月9日20:50，再次入住A医院妇产科，主诉"产后7 d，昏迷2 h"，7 d前住院待产，行内诊检查后双下肢轻微疼痛，产后阴道恶露少，色淡红，无特殊异味，无腹痛、发冷、发烧等不适。产后第五天双下肢疼痛加重，来院就诊，经对症治疗疼痛消失。9日晨烦躁不安，14:00许发烧、头晕、眼花、心慌、气短、胸闷，进食后呈喷射状呕吐，约2 h后上述症状加重，且胡言乱语。19:00突然意识丧失。

体查：T 42 ℃，P 109次/分，R 36次/分，BP 20.9/17. kPa，呈昏迷态，无明显贫血貌，全身皮肤黏膜无黄染及出血点，浅表淋巴结无肿大，头颅五官端正，眼睑无浮肿，巩膜无黄染，瞳孔缩小固定，对光反射消失，耳鼻道无异常分泌物，口唇黏膜干燥，咽无充血，扁桃体无肿大，颈软，无抵抗感，气管居中，甲状腺不大，胸部无畸形，胸前布满米粒大小的红色皮疹，呼吸深快，双肺呼吸音粗糙，可闻及痰鸣音，心率109次/分，心音有力，心界不大，各瓣膜未闻及病理性杂音，腹软，肝脾未扪及，宫底耻上三横指，无移动性浊音，肠鸣音弱，各种生理反射消失，病理反射未引出。

妇科情况：外阴发育正常，已婚已产型，会阴愈合好，无红肿，阴道恶露量少，色淡红，无特殊异味，未做内诊检查。

初步诊断：产后昏迷原因待查，呼吸衰竭，产褥热(?)，产褥中暑(?)。

处理：立即吸氧，物理降温，脱水，纠正酸中毒，抗休克，抗感染等。

化验：白细胞数11.8×10^9/L，粒细胞数8.4×10^9/L，淋巴细胞17.2%，红细胞3.47×10^9/L，血红蛋白99 g/L，血小板63×10^9/L。

心电图报告广泛心肌缺血，头颅CT报告透明间隔腔，胸部X片报告心肺膈未见异常。经会诊可排除外科情况。

诊断：(1)感染中毒性休克；(2)中毒性脑病；(3)中毒性心肌炎；(4)产褥中暑(?)。

22:40转内科治疗。23:30突发抽搐。

11月10日3:30记录：T 37.5 ℃左右，BP 15.2/10.2 kPa，P 116/次，深昏迷，双瞳孔散大，呕吐咖啡色物约100 mL，PT 18 s，APTT 59 s，WBC 26.9×10^9/L，Gran 79.3%，HGB 157 g，PLT 51×10^9/L，考虑DIC。7:00黑便一次，8:00 T

38 ℃,再发抽搐。病情危重,征得家属同意,转B医院进一步诊治。

同年11月10日10:50入住B医院妇科。

查体:T 35.5 ℃,P 94次/分, R 26次/分,BP 14/9.3 kPa。抬入病房,神志不清,全身皮肤苍白,散在出血点,无黄染,浅表淋巴结不大,头颅五官端正,双侧瞳孔散大,唇绀,牙关紧闭,鼻腔、口腔内有陈旧、新鲜混杂血,舌尖咬伤,颈软,双肺可闻及湿啰音,生理反射均消失,病理反射均未引出。

妇科检查:外阴血染,有臭味,阴道完整无损伤,宫口可容宫内一指松,有暗红色血液流出,腥臭味,子宫前位,如孕2个月,宫腔内指尖似探及残留物。PTT 37 s(正常),凝血酶原活动度17.8%,3P试验强阳性,WBC 22.7×10^9/L,HGB 157 g/L, PLT 19×10^9/L。

初步诊断:(1)产后感染并休克;(2)DIC;(3)宫腔胎盘残留(?)。

给予抗感染、补液、输血、对症治疗。21:40记录:T 39.4 ℃,R 40次/分,BP 16.5/9.9 kPa,眼球上翻,双侧瞳孔不等散大、固定,颈部略有抵抗。B超提示宫腔内组织残留。为进一步确诊,向家属交代风险,家属签字同意后,于11月11日11:00行清宫术,共清出陈旧残留组织约10 g,送病检。术时出血约100 mL。病理诊断:送检物内检见坏变的绒毛轮廓。阴道分泌物48 h培养无细菌生长。病情危重,11月12日17:30家属放弃治疗,自动出院。

出院诊断:(1)产后感染并休克;(2)DIC;(3)宫腔胎盘残留。

产后8 d宫腔刮出物进行病理检查,医方检见"坏变的绒毛轮廓";C医院病理会诊报告:"找到极少量蜕膜细胞及疑似绒毛的组织轮廓";D医院病理报告:"未见胎盘组织,未见绒毛,未见明显绒毛退变阴影,符合产后恶露组织象";E医院病理会诊报告:"为产后子宫生理性改变的退变、坏死组织及凝血块(恶露),未见到明显的异常改变"。于11月14日19:00死于家中。

二、矛盾焦点

患方:产后胎盘残留,病房消毒不严,抢救不认真,未采取积极有力措施,误诊,延误诊治。

医方:诊疗措施规范,产后回访及时,二次入院抢救及时,抢救治疗无差错,不属医疗事故。

三、案例评析

1.医方的诊疗行为无违法违规。产妇由妇产科主任、副主任医师负责,产妇顺产,胎盘、胎膜自娩,检查胎盘、胎膜完整,产后阴道流血不多,恶露不多,子宫复旧进程正常。

2.对产后8 d宫腔刮出物进行病理检查,医方检见"坏变的绒毛轮廓";C医院病理会诊报告:"找到极少量蜕膜细胞及疑似绒毛的组织轮廓";D医院病理报告:"未见胎盘组织,未见绒毛,未见明显绒毛退变阴影,符合产后恶露组织象";E医院病理会诊报告:"为产后子宫生理性改变的退变、坏死组织及凝血块(恶露),未见到明显的异常改变"。

3.阴道分泌物培养48 h无细菌生长。

4.根据以上资料,该患者不是"胎盘残留",属产褥病。因缺乏系统的临床检验、特殊检查及尸检资料,患者确切的病理死因不明,临床死因可能为感染、中毒性脑病、产后中暑(?)

5.患者死亡与医方的诊疗行为无直接因果关系,与患者病情异常或体质特殊有关。

案例四十七

一、病史摘要

患者,女,32岁,因"停经9⁺个月下腹痛伴阴道流液9 h",于××年9月17日17:30到A医院就诊,以"孕40^{+3}W,G2P1,LOA临产"收住。孕中晚期无阴道流血现象,无头晕、眼花,晚期出现水肿,行三次检查均系正常,入院前9 h感阴道不自主流血,并感轻微腹痛。

体查:T 36.5 ℃,P 96次/分,R 24次/分,BP 100/70 mmHg,一般情况好,心、

肺、四肢、神经检查未见异常，腹部明显膨隆，宫底剑下3指，胎位LOA，胎心140次/分，宫口3 cm，胎膜未破，胎头棘上1 cm，宫缩不规律。

B超：(1)单活胎晚期妊娠；(2)LOA；(3)脐绕颈一周。

诊断：孕40^{+1}W，G2P1，LOA，临产(此为病历中仅有的检查报告单)。

诊疗计划：(1)密切观察产程，听胎心；(2)米索前列醇25 μg舌下含化；(3)准备接生。

18:10舌下含化米索前列醇25 μg，18:40宫缩规律，5～6 min/20～30 s，胎心140次/分，20:40有排便感，腹痛，宫缩每3～4 min/30～40 s，胎心130次/分，20:45宫口开全，胎头棘下2 cm，上产床，吸氧，20:46胎膜自破，羊水Ⅲ度污染，胎心125次/分，21:10胎头仍棘下2 cm，胎心120次/分，律不齐。考虑胎儿双顶径较大，且脐绕颈，已出现胎儿宫内窘迫，向家属交代病情，应立即中止妊娠，21:15准备胎吸时，患者突然于宫缩时出现喷射状呕吐、抽搐、口吐白沫，呼之不应，立即给予肌注安定10 mg，听心音消失，呼吸7～8次/分，经抢救，21:19心律20次/分，心音极弱，自主呼吸停止，21:25心跳停止，从阴道流出少量暗红色不凝血，注射针眼处渗血不止，21:45抢救无效死亡。21:47胎吸娩出一男婴，当时呼吸、心跳停止，放弃抢救。产妇阴道大量不凝血流出。

当地专家检查分析后认为，患者死于羊水栓塞。

××年11月12日，B病理解剖学教研室患者《法医病理解剖诊断报告》：

(1)失血征象：①尸斑颜色较淡，双睑结膜苍白，指趾甲床苍白；②全身多个脏器大部分血管管腔空虚。

(2)全身多脏器水肿。

(3)宫颈破裂(宫颈右后侧，距宫颈宫体交界处1 cm，大小为2 cm×1 cm，破裂口处宫颈外膜面有6 cm×5 cm×2 cm的血肿形成)。

(4)(右下肺叶)支气管周围间质非特异性炎症。

主要死因：结合(1)(2)，多考虑失血性休克所致猝死。

××年6月17日，组织病理专家对患者部分尸检组织切片复核意见：对肺组织切片重点观察了肺间质血管及肺泡壁毛细血管内含成分，未见到明确的羊水成分。

二、矛盾焦点

患方：产妇入院前一切正常，医方诊疗行为违法，极其不负责，滥用催产药和缩宫素，未及时娩出和抢救胎儿，致产妇及胎儿死亡。

医方：尸检诊断为失血性休克所致猝死。患者生前无出血，发病10 min内死亡，我院认为死于羊水栓塞。

三、案例评析

1.医方对产妇的诊疗存在违规行为：

医方观察产妇不严密，未做任何化验检查，未及时确诊、转院及采取剖宫产等抢救措施。

产妇入院时已进入宫颈扩张活跃期，又系经产妇，违规使用米索前列醇催产，引起强烈宫缩，导致子宫下段不全破裂，宫腔大量出血，产妇严重失血性休克死亡（病理检查证实），胎儿死亡。

2.病理检查证实，患者并无羊水栓塞，系失血性休克所致猝死。

3.医方的违规行为与患者死亡有直接因果关系。

4.患者病情危重、变化快。基层医院受设备、技术力量限制，对紧急、危重病人诊治有一定困难。医方应负主要责任。

案例四十八

一、病史摘要

患者，女，24岁，××年12月7日，因停经9个月，阵发性腹痛6 h伴腰困，以“G1P0，孕39^{+2}W，ROA”收住A医院。

产科检查：宫底脐上4指，先露头，深定，胎方位ROA，胎心140次/分，律齐，肛诊未查。

入院诊断:G1P0,孕39^{+2}W,ROA。

诊疗计划:(1)完善有关化验检查;(2)勤听胎心,密观产程进展;(3)做好助产准备。(医院治疗经过报告:12月9日16:30内诊宫口开约6 cm,羊膜囊未破,舌下含化米索50 μg)

12月9日产后病程记录:第一产程进展顺利,宫口于今日18:30开全,破水羊水清亮,行内诊先露头,S=0,胎心140次/分,向家属交代,阴式分娩困难,对胎儿不利,手术分娩对产妇不利,损伤较大。家属希望试产,故立即进产房,在静点催产素(10 U)下,胎头逐渐下降。但第二产程进展缓慢,行内诊胎头位LOT,左枕横位,于19:50在会阴侧切下行胎头吸引,外加腹压助产一男婴。1 min Apgar评分1分,经复苏抢救(脐静脉注射5% $NaHCO_3$ 5 mL,吸氧,清理呼吸道,心前区注射肾上腺素0.3 mL)心跳、呼吸未恢复。产妇一般情况尚可,会阴伤口缝合4针,产后子宫收缩好,产时出血约300 mL,20:30将产妇用推车送回病房,产妇意识清楚。于8:50护士在做静脉穿刺时,产妇突然双上肢抽搐,两眼上翻,面色苍白,立即抢救,吸氧、胸外按摩,产妇意识不清,呼之不应,心前区注射副肾素(1 mg),静注10% GS 20 mL,抢救20 min无效,于21:00死亡。

法医病理解剖诊断报告病理诊断:①羊水栓塞;②弥漫性血管内凝血(DIC),伴多脏器出血;③胸、腹腔及心包腔血性积液;④肺瘀血,伴肺水肿;⑤喉头黏膜充血、水肿;⑥子宫旁血肿形成;⑦心室肌间质水肿;⑧大脑水肿;⑨全身多脏器瘀血。

主要疾病:①羊水栓塞;②弥漫性血管内凝血(DIC),伴多脏器出血;③胸、腹腔及心包腔血性积液;④肺瘀血,伴肺水肿;⑤喉头黏膜充血、水肿。

主要死因:①羊水栓塞;②弥漫性血管内凝血(DIC),伴多脏器出血。

二、矛盾焦点

患方:产妇入院检查正常,医方严重失职和过长拖延时间致死两条人命。未做剖宫产,违规操作,用药错误 ,米索前列醇产妇不能用,催产素用量惊人、滴速过快、用药间隔短,棘平不该胎吸,产妇不能压腹,在产房已经大出血而未抢救。

医方:产妇死因是急性羊水栓塞所致心源性休克、急性呼吸循环衰竭。新生儿死因为宫内窘迫延续至新生儿窒息,最终导致缺氧、缺血性脑病。

三、案例评析

1.医方违法违规:产程观察不仔细;在产程处理中使用催产素及米索前列醇指征不明确,用药过频、剂量过大;胎吸不当;施加腹压错误。

2.医方在上述诊疗活动中的违法违规行为,致使产妇羊水栓塞、DIC,是造成患者死亡的直接原因。

3.医方对患者的死亡应承担完全责任。

案例四十九

一、病史摘要

患者,女,33岁,××年5月3日15:30,A卫生院以妊娠40W+1d待产收住。既往月经规律,停经5个月感胎动,孕6个月检查胎位正常,未用任何药物,无毒物及射线接触史,孕晚期无头晕、胸闷、气短等异常症状。预产期5月2日。

检查:血压120/80 mmHg,下肢浮肿(+),宫底剑下3指,胎位ROA,胎心140/次,估计胎重3200 g。

骨盆外测量:髂前上棘间径25 cm,髂棘间径27 cm,外结合径19 cm,出口横径8.5 cm。

印象:妊娠40W+1 d,G4P3,ROA。

5月3日15:30给米索1/4片舌下含服,严观宫缩。无宫缩,5月4日8:00给米索1/4片含服,12:00静滴5%葡萄糖500 mL加缩宫素5 U,每分钟8~10滴,5月5日0:30开始宫缩,但无规律,4:00宫缩规律,胎心140次/分,7:00宫缩乏力,胎心150次/分,宫口开2指,羊膜未破。建议转院,家属要求在卫生院做剖宫产。准备行剖宫产术,8:00查B超、心电图,孕妇心率快,8:30转B医院。临时医嘱8:00记录:备皮,青霉素皮试(-),普鲁卡因皮试(-),肌注安定10 mg,静滴10%葡萄糖500 mL加维生素C 2.0 mg、B_6 0.1 mg、ATP 40 mg、辅酶A 100 U、肌苷0.4 U、毛花苷C 0.2 mg加管,8:40缓慢静推安定10 mg。

5月5日9:40入住B医院妇产科。

初步诊断:(1)妊娠40W+3 d,G2P0,LOA;(2)胎儿宫内窘迫;(3)妊娠合并浮肿;(4)窦性心动过速;(5)滞产;(6)珍贵儿。

10:30行新式剖宫产术,横切子宫下段肌层一小切口,见羊水Ⅲ度污染,量少,呈墨绿色,胎粪多,发出臭味。胎儿为左枕横位,脐绕颈一周,松。右手入宫腔,上托胎头,顺肩清下脐带,娩出一女婴,青紫窒息,吸出口腔内黏液,为粪染之羊水,脐带与胎膜均绿染,断脐,进一步清理呼吸道,吸出约8 mL墨绿色羊水,黏稠,有自主呼吸,哭声尚可,反射存在,持续吸氧3 min后面色转红润,肌力正常,体重3400 g,Apgar 1 min评7分。给新生儿流量吸氧、输液、抗感染治疗,5月6日0:20新生儿呼吸急促,呻吟,T 38.5 ℃,R 68次/分,心率180次/分,律齐,呼吸浅表,未闻及啰音,腹软,不胀,脐干燥,下肢无硬肿,已便两次胎粪。因保暖太热(电褥子加两个热水瓶)可能致发热,停止电褥子保暖,降温观察,并给5% GS 30 mL加地塞米松1 mg静滴,纳洛酮0.2 mg加管,观察。5月6日1:00患儿病重,不断呻吟,面色发白,唇发绀,T 37.6℃,R 43次/分,心率164次/分。建议转院。4:00由主管医师护送转C医院。

5月6日5:00到C医院就诊,患儿昏迷,无任何反应,四肢软瘫,全身青紫。立即收住新生儿室。诊断考虑:羊水吸入性肺炎;新生儿窒息;新生儿缺血缺氧性脑病。给静滴5% GS 12 mL加5% $NaHCO_3$ 6 mL;静注维生素K_1 10 mL;静滴5% GS 20 mL加苯巴比妥6 mg、20%甘露醇6 mL;静注纳洛酮0.1,q4h。积极抢救2 h,6:50吐鲜红色泡沫,考虑肺出血。R 18次/分,心率136次/分。抢救无效,于7:00死亡。死亡原因:肺出血;羊水吸入性肺炎;新生儿窒息;新生儿缺血缺氧性脑病。

二、矛盾焦点

患方:新生儿死因是大夫疏忽大意、不负责任、处理不当、延误抢救时机所致。产程长达66 h，产前共输5组催产素，宫口开3指即用电吸，提前打破羊水，口中及下身各放了两片开宫药，催产素中加安定，B超不清楚。

医方：自身因素致产程进展缓慢；500 mL溶液中加入宫缩素，滴速控制在每分钟8～10滴；未采取胎吸操作；未打破羊水。B医院对婴儿的观察和处理有延误。

三、案例评析

1.医方对孕妇的全身状况及产科情况掌握不够，产程观察不仔细，在待产过程中及潜伏阶段使用米索前列醇及催产素指征不明确，用药剂量过大。违反了产科诊疗护理规范、常规，造成宫缩过强、胎儿缺氧致羊水污染、胎粪吸入、胎儿宫内窘迫，致新生儿死亡。

2.医方在诊疗过程中的违规行为与新生儿死亡有直接因果关系，应负主要责任。

3.由于产妇个人因素（高龄、多次妊娠、人流），给医方诊治也带来一定困难。

案例五十

一、病史摘要

患者，女，30岁，因孕40W(±)，阵发性腹痛2 h，于××年5月28日15:50入住A卫生院，血压130/85 mmHg，人工破膜，16:20头位顺产一女婴，在处理胎儿脐带过程中，产妇阴道大量出血，约500 mL。（产妇述：孩子安全降生，胎盘未下来，大夫用镊子夹、手拉，导致大出血）经处理，胎膜、胎盘完整娩出，阴道仍流血，纱布填塞，血压降为60/40 mmHg，血色素52 g/L。抗休克治疗，16:30静滴5% GNS 500 mL加氨甲苯酸0.4 mg、Vc 3.0 mg，16:50静滴0.9% NS 500 mL加多巴胺20 mg，16:35报告血色素35 g/L，18:00静滴低右500 mL，18:55静滴706代血浆500 mL、0.9%NS 500 mL，19:00转上级医院。（卫生院答辩：因无血源必须转院，和B医院取得了联系，立即租车，由院长和医护人员护送去B医院）

同年5月28日8时（应为20时）入住B医院妇科，首次病程记录时间为××年5月28日20:35，在静脉输液下急诊转入院。

体查：T 36.5 ℃，P 细弱不清，R 24次/分，BP 9/6 kPa，急性病容，烦躁不安，神志恍惚，重度贫血貌，全身冷汗，心率120次/分，左上肢肿胀，手臂皮肤张力较高，甲床发青，尺桡动脉及肘部肱动脉搏动细弱，指端发凉，上肢疼痛（++），右上肢前臂肿胀，手臂皮肤正常，疼痛（+）。

妇科检查：外阴血染，阴道少量鲜红血液，宫底耻上4指。Hb 47.4 g/L。

诊断：（1）胎盘残留；（2）失血性休克；（3）失血性贫血（重度）；（4）左上肢深部静脉炎。

处理：扩充血容量，纠正贫血和休克，行清宫术，50%硫酸镁右上肢湿热敷，吸氧。5月28日20:30开始记医嘱及特别记录。21:00病程记录：右上肢静脉炎较重，继续热敷。29日4:30记录：手臂皮肤张力较高，尺桡动脉及肘部肱动脉搏动消失，甲床青，考虑为：（1）左上肢血栓性静脉炎；（2）左上肢筋膜间室综合征。给予抗感染、溶栓、活血、局部切开引流减压。请外科会诊（患方述：没有组织会诊）。29日7:50左上肢常规消毒，铺无菌巾，2%利多卡因局麻，行前臂掌侧、肘关节下约3 cm纵行切开，长约6 cm，深达筋膜间隔，见局部毛细血管有凝血，左腕关节上背侧纵向切口，长约4 cm，手术顺利，术后伤口敞开，无菌纱布盖创面。术后尺桡动脉搏动稍有恢复，但甲床仍青紫发凉。5月30日记录：左手背见大小不等的水泡多个，给穿刺放液。6月1日22:00记录：左上肢疼痛明显，仍青紫，冰冷，肿胀明显，体温39.4 ℃，请外科会诊，转外科治疗。

6月2日入住C医院骨科，检查：左前臂肿胀明显，皮温高，左手甲床及五指末梢均发黑，周围有明显的水泡形成，触痛明显，末梢感觉丧失，运动功能丧失，发凉，指甲发黑，手背侧发黑明显，背侧有两处减压口，分别为4 cm×12 cm及5 cm×10 cm，肌肉组织外露。

诊断：（1）左前臂骨筋膜室综合征；（2）左手指坏疽；（3）失血性贫血。

抗感染换药治疗。6月14日记录：左手背及手指均发黑坏疽。7月5日在臂丛麻醉下行左腕关节平面离断截肢术，手术顺利，术后抗感染、止血治疗，病情好转，于7月3日出院。

二、矛盾焦点

患方：产后大出血，卫生院在左臂吊两路液体，右臂吊一路液体；到B医院后两臂胀痛得厉害，医院态度不好，延误时间，左上臂变青黑色；转C医院后手从腕处截下。

医方：

A中心卫生院：患者左手坏疽不是发生在我院。患者产后大出血休克，抢救输液中转往B医院，途中颠簸漏液无法避免。入住B医院时，左上肢出现肿胀，B医院误诊为左上肢静脉炎，只做简单热敷，形成左上肢骨筋膜间室综合征。

B医院：在转送患者途中A中心卫生院医护人员未及时发现液体渗漏；B医院对患者筋膜间室综合征诊断及时；诊断后的延误系家属造成；手术减压并无不当。

三、案例评析

1.A中心卫生院在抢救产妇产后大出血时大量输液，液体外渗。

2.转至B医院后，患者左前臂疼痛、肿胀，延误诊治，造成左手指坏死。

3.C医院检查、诊断不认真，行腕部截肢手术，致左手完全丧失，加重了伤残程度。根据患者提供的多张彩色照片，截肢部位选择不当。

4.三家医院均有不同程度的违规行为，与患者截去左手有直接因果关系，应共同承担主要责任。

5.患者处于休克状态，血运不良，输液外渗，加重了末梢血运障碍，引起指端坏死。此种情况极少见，医务人员不易发现。

6.A中心卫生院输液外渗处于早期，患者尚无明显反应，应负轻微责任；B医院对患者左前臂疼痛、肿胀诊治延误，是造成患者手指坏死的重要原因，应负次要责任；C医院截肢部位选择不当，加重了伤残程度，应负主要责任。

案例五十一

一、病史摘要

患者，女，25岁，主诉"停经3个多月，阴道反复流血18 d，加重1 d"，于××年1月18日入住A医院妇产科，初步诊断：不全流产。18日12:00在产房行清宫术，探宫腔约14 cm，以大号刮匙及卵圆钳钳夹，夹出胎儿肢体及少量胎盘组织，清宫过程可见形如肠管组织，较长、壁薄，无管腔及粪便，经会诊，切断后结扎，组织送检，患者安返病房。清宫术后医嘱"病危"。15:00测BP 90/60 mmHg，患者要求转院，19:00转院。

1月19日9:00急诊入住B医院妇产科，主诉"停经3个月，间歇性阴道流血18 d，人流术后腹痛17 h"。18日曾在A医院行清宫术，清除胚胎组织及长约30 cm似肠管组织，A医院误认为"子宫肌瘤"。入院时患者家属拿有"肠管样组织"。体查：T 37.3 ℃，P 102次/分，R 21次/分，BP 110/70 mmHg；睑结膜苍白；全腹压痛、反跳痛，移动性浊音阳性；外阴发育正常，有少量血迹，阴道畅，宫口有组织阻塞，子宫平位，触诊不满意，有压痛，双侧附件区压痛明显。

初步诊断：(1)子宫穿孔；(2)肠管损伤；(3)弥漫性腹膜炎；(4)人流术后；(5)失血性贫血。

急诊行剖腹探查术，术中见腹腔内有多量血性液及脓性分泌物，小肠缺失约2 m，肠系膜断端部分活动性出血，子宫底右侧近宫角处有一长约1 cm破口，可见活动性出血；小肠系膜撕裂长约160 cm，远断端距回盲部约60 cm，残余小肠血运良好；探查见阑尾充血、水肿，遂行部分肠管切除、空回肠吻合术、阑尾切除术、子宫穿孔修补术及子宫切开取胚术，手术顺利。术后抗感染、补液、对症、支持治疗。

病理诊断：(宫腔)胚胎发育伴胎盘组织残留；(阑尾)急性化脓性阑尾炎；(小肠)急性化脓性肠炎，急性浆膜炎。

患者恢复良好，于2月4日出院。

二、矛盾焦点

患方：术前未做任何检查，家属未签字，医方行清宫术，穿破子宫，拉出小肠2.5 m左右，说是子宫肌瘤被截断。

医方：清宫时刮穿子宫，在医疗上属并发症，不能作为医疗事故定论。至于是否切除了部分小肠，由上级医学会确认。

三、案例评析

1.患者入院诊断“不全流产”，立即行清宫术，实施高风险的钳刮术。术前未跟患者或家属谈话，无术前谈话及家属签字记录。

2.术中发现“形如肠管的组织脱出阴道口”，竟然未经完全确认其性质，就草率地实行切除术，导致患者子宫穿孔合并小肠1/2以上缺损的严重后果。

3.清宫术后医嘱“病危”，患者转院，医方无医护人员陪送，违反了危重病人转院制度。

4.B医院手术证实：小肠缺失约2 m，子宫底右侧近宫角处有一长约1 cm破口，可见活动出血；小肠系膜撕裂长约160 cm，远断端距回盲部约60 cm，行部分肠管切除、空回肠吻合术、阑尾切除术、子宫穿孔修补术及子宫切开取胚术。

由于医方诊疗违规，过失给患者造成人身损害，两者间有直接因果关系，医方应负完全责任。

案例五十二

一、病史摘要

患者，女，36岁，××年3月1日10:00入住A医院。

主诉：停经9^+个月，腹阵坠痛，阴道见红3^+h。

妊次4，末次月经上一年4月20日（农历），产次1，预产期今年2月5日（农历）。1999、2001年均因早期妊娠恶阻而在中医院行终止妊娠术。

体查：BP 105/60 mmHg，心肺未见异常，腹膨隆，浮肿（+），子宫底4F-X，胎位ROA，先露部固定，髂前上棘25 cm，髂脊28 cm，粗隆间径31 cm，骶耻外径19.5 cm，坐骨结节间径9 cm，宫口开大2 cm，有鲜红色血液少量，下腹部有一约12 cm手术瘢痕。先露V3-3，胎心136次/分，规律。

印象：（1）妊40^{+6}W，第四胎；（2）剖宫产术后10^{+}年；（3）临产。

入院后规律宫缩11^{+} h，于20:10宫口开全，胎头拨露20 min，胎心节律不齐，产力欠佳，于21:25在会阴侧切下行胎头吸引术助产失败（胎头吸引器漏气），即改用低位产钳术助娩一女性活婴，脐绕颈一周，紧，苍白窒息，经清理呼吸道、心脏按压、人工呼吸、胸前区注射等，约5 min后呼吸、心跳停止，10 min后胎盘自娩，完整，羊水少，约50 mL，Ⅱ度污染，子宫收缩佳，探查宫腔、宫颈、阴道无裂伤，失血约100 mL。在抢救新生儿过程中，（于第三产程）胎盘娩出约5 min（胎儿娩出10 min后），病人突然出现呼吸困难、发绀，呼而不应，头向右偏，BP 0/0 mmHg，P 130次/分，R 12次/分。即请内科会诊，各有关科室参与抢救，积极抢救约2 h无效，于3月1日23:20左右死亡。

二、矛盾焦点

患方：家属要求剖宫产，大夫坚持试产，并强行擀压助产。做过剖宫产的人就不能强行助产，致产妇腹部全部青肿，孩子、大人死亡。属医疗事故。

医方：阴道试产成功；产妇死于羊水栓塞；催产素剂量、滴速适宜。患方十分恐惧再做剖宫产，此次并无要求剖宫产；用低位产钳术助娩，不能说是从腹部擀死的。

三、案例评析

1.医方对产妇观察不认真，处理不当。该产妇36岁，曾有剖宫产史，此次妊娠为第四胎，系高危产妇，但医方警惕性不高，未按高危产妇对待。住院后未认真观察，未做B超，总产程不清，未好好监测胎心，操作不规范，试产时间过长，没有及时做剖宫产。

2.医方的以上违规行为，是导致产妇及新生儿死亡的直接原因，应负主要责任。

3.医方诊断产妇为羊水栓塞无依据，未做心腔穿刺抽血查羊水，未做尸检。

4.该产妇为高危产妇，有潜在危险因素，救治有一定困难。

案例五十三

一、病史摘要

产妇，26岁，××年4月3日20:30因停经10个月腰部坠痛伴阴道少量流血2 h，入住A卫生院。末次月经上一年5月23日（农历），预产期今年二月初八（农历）。20 d前出现下肢浮肿，左腿重。

入院查体：BP 130/80 mmHg，双下肢浮肿（++）；腹膨隆，宫底剑下二指半，ROA，胎心140次/分，先露浮，内诊未查，宫盆外测量：28 cm、31 cm、20 cm。

入院诊断：G1P0，G40^{+}W孕，ROA，待产。

严观胎心及产兆。4月4日A医院超声报告：单活胎头位，羊水偏少，胎盘成熟度Ⅱ级（请结合临床）。即刻给静滴地塞米松10 mg；肌注安定10 mg；口服氢氯噻嗪25 mg，Bid；吸氧。

4月6日记录：孕妇自昨晚出现宫缩，伴阴道流血，量中，无流水，胎心136次/分，BP 145/100 mmHg，吸氧、降压、肌注安定。13:51静滴催产素2.5 U后，宫缩规律。

4月7日0:20宫口开全，0:30进产房，1:20顺产一男婴，0.5 h后胎盘未剥离。徒手剥离胎盘见胎盘与子宫前壁粘连，界限不清，怀疑胎盘部分植入，病人出现休克状态，紧急扩容补充血容量，血压70/40 mmHg，P 96次/分，R 23次/分，阴道有活动出血，即请求“120”急救，“120”大夫于5:50到达卫生院，将病人送B医院。

B医院4月7日9:00接诊记录："120"于5:45到达A卫生院，见患者面色苍白，四肢冰冷，心率123次/分，律齐，呼吸22次/分，补液、纠酸、脐静脉推催产素等治疗后，血压85/50 mmHg，神志清醒，8:50到达B医院，9:00进入待产室，BP 0/0，P 40次/分，尿量100 mL。

诊断：(1)产后大出血，出血性休克，失血性贫血；(2)胎盘滞留5$^+$ h；(3)急性肾功能衰竭；(4)呼吸功能衰竭。

医院紧急配血，患者血型为"O"，血库无"O"型血及红细胞悬液，急查家属血，均无同型。经抢救无效，于4月7日22:00死亡。

二、矛盾焦点

患方：A卫生院不具备条件，执意接收患者，隐瞒实情，延误治疗，未采取应急措施，导致产妇死亡。B医院接到"120"电话未准备血源，也未告知无血源，接产妇到B医院往返4 h，未及时输血死亡。

医方：卫生院条件差，曾建议患者家属转院，但未转；卫生院该采取的措施都采取了，全院抢救，与B医院联系，急呼"120"。

B医院"120"及时将患者接回，大夫到现场全力抢救，医疗活动无违法违规。

三、案例评析

1.A卫生院不具备给产妇接生的资质：无妇产科医师、助产士及培训合格的接生人员。由儿科医师接产，违反了《执业医师法》第十四条。

2.A卫生院从胎儿娩出到向B医院"120"呼救期间，未给患者有效的抢救措施，估计失血2500 mL，但输液只有2000 mL，延误了抢救时机，致使患者重度失血性休克。

3.由于以上违法违规行为，过失造成患者死亡，两者间有直接因果关系。A卫生院应负主要责任。

4.根据电话查询记录单，4月7日02:55:32第一次呼叫"120"，B医院即派妇产科医生及有关救护人员，携带706代血浆等药品，乘"120"急救车奔跑77 km

公里山路，于5:45到达A卫生院，立即进行抢救，剥离出完整胎盘。卫生院无输血条件，“120”于8:50将患者送达B医院，并紧急配血、抢救。因病情发展快，未来得及输血，患者即死亡。“120”及B医院抢救及时，措施得当，无违法违规行为。患者死亡与其医疗行为无直接因果关系，不承担责任。

内 科

案例一

一、病史摘要

院前急救调度登记表：电话联系时间 ××年1月7日17:45，通知出诊时间 ××年1月7日17:46，出车时间7日17:56，回车时间1月7日19:00。

患者，女，24岁，××年1月7日19:00，突发性头痛、头晕伴恶心、呕吐1 d，全身无力约0.5 h，由"120"送到A医院急诊科。发病来无二便失禁，发热（自测体温38 ℃），平素体健，无外伤史。

查体：T 37.2 ℃，R 20次/分，P 86次/分，BP 110/50 mmHg，神志清醒，精神差，平卧位，问答切题，查体合作，面色苍白，微汗，双瞳孔等大等圆，对光反应灵敏，咽充血，颈软，双肺呼吸音清，左下肢肌3级，Hoffmann征（－），双膝反射较弱。头痛待查。

即刻静滴以下药物：20%甘露醇250 mL，地塞米松10 mg入壶，10% GS 500 mL 维生素C 2.0 mg、维生素B_6 100 mg；能量2支，10% KCl 10 mL，5% GNS 500 mL，左克0.2 mg，严观病情变化，查ECG。20:30记录：患者仍呕吐，给胃复安1支肌注。20:30突然出现神志不清，右侧瞳孔散大固定约6 mm，左侧瞳孔约4 mm，光反应尚灵敏，呼吸急促、表浅，即给氧气吸入，可拉明、洛贝林各1支入小壶，建立双静脉通路，给20%甘露醇250 mL V.D ST，地塞米松10 mg入壶，呼吸平稳，

22次/分。

特别记录：21:00脉搏63次/分，血压100/60 mmHg，患者神志仍不清，给5% GS 250 mL+纳洛酮1.2 mg静脉滴注，654-2 10 mg入小壶。内一科值班医师会诊后，以意识不清待查收住内一科。

急诊科心电图记录：1月7日18:37:31窦性心律，正常心电图；1月7日20:39:46异位心律，心电图异常：①加速性交界性心动过速；②完全性左束支传导阻滞；③Q-T间期延长。

1月7日22:00主诉“头痛、呕吐5 h伴意识不清2 h”入住内一科。

体查：T 37 ℃，P 64次/分，R 20次/分，BP 105/55 mmHg，呈深昏迷状态，全身皮肤黏膜苍白，无黄染，双瞳孔散大，光反射消失，口唇无发绀，呼吸运动均匀，四肢肌张力减低，生理及病理反射均未引出。

21:53血检报告：WBC 11.6×10^9/L，HGB 73 g/L，PLT 5×10^9/L（血小板仅供参考）；22:21血检报告：WBC 12.4×10^9/L，HGB 80 g/L，PLT 10×10^9/L。

初步诊断：脑出血（脑疝形成）。

因CT机发生故障不能行CT检查。向家属交代病情重。给吸氧、降颅压，加用止血剂。1:20左右突然呼吸停止，立即胸外按压，静注呼吸兴奋剂，心率125次/分，血压80/50 mmHg。抢救30 min仍无呼吸，出现奔马律，10 min后心跳停止。

二、矛盾焦点

患方：医方该查不查，该会诊不会诊，该治不治。患者在救护车上未做任何处置，急诊不负责任，对突发头痛、头晕、呕吐的病人，拒绝病人家属CT检查的要求，未及时组织会诊，未及时查血常规，未输入血小板，延误诊治时机，应用的654-2是高颅压的绝对禁忌药，导致患者死亡。

医方：医院抢救及时，措施得当，无违规，无过失。患者死亡属疾病发展的必然结果，不构成医疗事故。

三、案例评析

1.患者于××年1月7日19:00由“120”急救中心救护车接到A医院急诊科，Imp:头痛待查。当日22:00整入住内一科，诊断为“脑出血，脑疝形成”，经抢救无效死亡。

患者在急诊科观察治疗3 h，存在以下违规行为：

(1)接诊医师思路狭窄，询问病史不详细，检查不认真，未及时请有关科室会诊。患者突发头痛、恶心、呕吐，一侧下肢已瘫痪，甚至一侧瞳孔已散大，神志不清，接诊主治医师始终未考虑颅内病变。因而必然出现失误。

(2)未查血常规、血小板。白细胞、血小板检验是常规检查，对感染、出血性疾病的诊治有重要意义，但未查。住院后的检查证明，该患者血小板很低，易引起出血。

(3)未做颅脑CT检查。该检查是诊断颅脑病变的重要依据，医方CT机坏了也应设法到其他医院检查。

(4)违反用药规范。20:30患者双侧瞳孔不等大，21:00脉搏63次/分，静滴654-2 10 mg。该药品说明书及《新编药物学》(人民卫生出版社第15版)中均明确注明，654-2为颅内压增高、脑出血急性期的禁忌药。

2.医方的以上违规行为，延误了颅内出血、脑疝形成的诊断和治疗，是加速患者死亡的因素之一，医方应负一定责任。

3.该患者年轻，为急性、重型颅内大量出血，进展快，导致脑疝形成，是死亡的直接原因。从病史分析，这一过程是不可逆的。

案例二

一、病史摘要

患者，男，62岁，××年10月10日9:00入住A医院内分泌科。

主诉:多饮、多食、多尿10年,乏力、腰骶部疼痛1周。

曾在门诊化验空腹血糖22 mmol/L,确诊为2型糖尿病,住院控制饮食,口服降糖药,症状缓解出院。本次入院查体:T 36 ℃,R 20次/分,P 80次/分,BP 110/65 mmHg。步入病房,精神欠佳,腰骶部压痛明显,右下肢活动受限,心、肺、腹、神经未见异常。

初步诊断:(1)2型糖尿病;(2)腰椎间盘突出症(?)。

给予糖尿病护理、饮食,营养神经、对症治疗,暂不给予降糖治疗。

10月11日记录:尿糖(++),餐后2 h血糖16.5 mmol/L,空腹血糖13.03 mmol/L,糖化血红蛋白14%,故今日给孚来迪1 mg,Tid,口服降糖治疗。

10月12日记录:骨科主任会诊,诊断为腰椎管狭窄、腰椎间盘突出,给芬必得口服止痛,维生素B_1、B_{12}肌注,qd,为减轻胃肠反应,给瑞力芬1.0 g,qn。化验血常规正常,肾功基本正常。

10月13日B超示:结石性胆囊炎。

10月17日22:40记录:患者于21:35由家人扶入病房,自诉今日出现阵发性心悸、头晕,进食后症状有所缓解,心率84次/分,BP 110/75 mmHg,全身皮肤湿冷,血糖仪测血糖20 mmol/L。综上多考虑为低血糖反应,血糖高为低血糖后的反应性高血糖。立即给50% GS 40 mL口服,上述症状缓解。孚来迪改为1.5 mg,Tid,口服。

因胃部不适,24日给西咪替丁0.6 g,静滴 ,qd,奥美拉唑20 mg,Tid,口服。

10月25日查体:巩膜、皮肤轻度黄染,右上腹轻压痛。普外科会诊考虑结石性胆囊炎、梗阻性黄疸,给头孢哌酮5 g静滴,qd,26日加用左旋氧氟沙星0.2 g静滴,bid;25日肝功化验:GOT 763 U/L, TTT13.4 U, GPT 524 U/L, BILIT 178.9 μmol/L,BILID 53.8 μmol/L。

26日记录:请传染科主任会诊,考虑可能为药物性肝损害。停用肝损害药物,给保肝、抗感染、对症治疗,静滴甘利欣、茵栀黄及门冬氨酸钾镁。

26日静滴普通胰岛素3 U,3次/日,27—28日早、中、晚餐前15 min皮下注射普通胰岛素各6 U,29日早、中、晚餐前15 min皮下注射诺和锐6 U。查HBsAg、抗HCV、抗HAV均阴性。

因肝功进行性损害，10月30日转入消化科治疗，查体：精神尚可，皮肤、巩膜中度黄染，无肝掌及蜘蛛痣，腹平软，肝肋下3 cm，剑突下4 cm，质地中等，有触痛，脾肋下未触及，腹水征(－)。诊断为急性黄疸型肝炎(重型)。给保肝、退黄、支持对症治疗。曾请B医院专家会诊，病情继续恶化，患者家属要求转院治疗，于11月15日出院。

出院诊断：(1)2型糖尿病；(2)腰椎间盘突出症；(3)结石性胆囊炎；(4)急性药物性肝炎(重型)。出院医嘱：继续治疗。

11月15日转入B医院传染科继续治疗，初步诊断：亚急性重型肝炎，低蛋白血症，腹水，电解质紊乱(低钠、低氯血症)，糖尿病(2型)，糖尿病周围神经病变，高脂血症，结石性胆囊炎，腰椎间盘突出症。入院后给保肝综合治疗，行两次MARS人工肝治疗，治疗过程顺利。12月3日患者要求离院治疗。12月5日死于重症肝衰竭。

二、矛盾焦点

患方：医方诊疗护理中有过失，10月17日的"低血糖"诊断有误，当时医师用血糖仪测血糖为20 mmol/L；未尽到用药后的监测义务，检查、停药、治疗不及时，未全力救护患者，导致患者药物性肝损害发展到难以逆转的程度，死于药物性重症肝衰竭。构成医疗事故。

医方：对患者诊断明确，"孚来迪"用法、用量无过错和不当。出现药物性肝损害时，医院积极救治，多次请院内外专家会诊，因病情严重，最终未能挽救患者生命。

三、案例评析

1.医方对患者的诊治原则基本正确，无违法违规行为：

诊断正确：(1)2型糖尿病；(2)腰椎间盘突出症；(3)结石性胆囊炎；(4)急性药物性肝炎(重型)。患者有结石性胆囊炎，后出现黄疸，诊断药物性肝炎需要一过程。

治疗原则基本正确：考虑患者为药物性肝炎后，即停用损肝药物，给保肝、对症治疗。所用药物符合规范,剂量均在正常范围内。

2.患者发生药物性肝损害,是其病情异常或体质特殊所致。

案例三

一、病史摘要

患者,女,11岁,××年12月11日入住A医院内科。

主诉:发热、咳嗽、头痛、周身不适4 d,伴口唇疱疹、舌面溃疡,精神差,不思饮食,尿少。

门诊胸透:支气管感染。

门诊给"氧氟沙星、头孢曲松"治疗,症状无缓解,以"待诊"收住。

体查:T 39.6 ℃,P 106次/分,R 34次/分,BP 101/62 mmHg,急性病容,皮肤无黄染,两侧颧骨部可见对称分布之蝶形斑片状皮损,并散在红色丘疹,压之褪色;全身淋巴结不肿大,颜面轻度水肿,结膜无苍白,口唇可见疱疹,口腔黏膜、舌部溃烂,颈软,无抵抗,心肺未见异常,肝脾未触及,生理反射存在,病理反射未引出。尿常规:PRO(±),BLD(+2);WBC $5.4×10^9$/L,HGB 136 g/L,PLT $46×10^9$/L,ASO阳性,RF阳性。双肾B超正常。

入院诊断:(1)发热原因待查;(2)系统性红斑狼疮。

给予抗感染、对症治疗。12月12日病程记录:患儿突然出现抽搐,鼻出血,给予对症处理。病情无好转,建议转院。12月14日由医护人员陪送转B医院。

12月14日14:00入住B医院儿科,查体:T 36.4 ℃,P 98次/分,R 24次/分,BP 90/70 mmHg,W 45 kg,深昏迷,压眶反射未引出,口唇发绀,双侧瞳孔缩小,约0.2 mm,对光反射消失,面部浮肿,有出血性皮疹,双手、双下肢散在瘀点、瘀斑,颈抵抗(-),生理反射消失或减弱,病理反射未引出。WBC 5.4×109/L,N 50%,Hb120 g/L,ALT 116 IU/L,AST 670 IU/L,CO_2CP 19.6 mmol/L,BUN 13.49 mmol/L。

诊断:(1)多系统多脏器功能衰竭;(2)系统性红斑狼疮并感染(?);(3)中枢神经系统感染(?);(4)颅内出血(?)。

抢救无效,于12月15日晨2:00死亡。

二、矛盾焦点

患方:患者病情恶化与医疗行为有直接因果关系,医方有不可推卸的责任。住院4 d,对患者未做详细检查,未诊断清楚,未如实向患者家属介绍真实病情,没有下病危通知,没有马上转院,病情恶化后没有采取任何抢救措施,抢救中病房里没有医生、护士,转院途中未采取应急的抢救措施。

医方:入院初步诊断发热原因待查、系统性红斑狼疮待排,给予抗感染、对症治疗,下病重通知,向家属交代病情,积极抢救,及时转院,符合医疗救治程序。患儿病情突然恶化,属现有医学科学条件下发生的不能防范的不良后果。

三、案例评析

1.在当时当地条件下,医方根据病史、临床症状、初步检查及相关诊断标准,诊断"发热原因待查(FOU),系统性红斑狼疮(SLE)待查"无误;处理原则正确,给予抗感染、对症治疗。诊疗过程中病情加重,医方向家属交代病情,征得家属同意后,医护人员护送转院至B医院,该院仍考虑系统性红斑狼疮并感染。医方的诊治无违法违规行为。

2.因未进行尸检,临床诊断患儿死亡的原因是"中枢神经系统狼疮(狼疮脑病)"。该病凶险难测,可无预兆,进展快,即使在条件好的专科医院积极救治,死亡率也很高。

3.患儿病情加重、死亡是疾病本身发展的结果,无法预料,与医方的诊治行为无关。

案例四

一、病史摘要

患者，女，28岁，××年12月10日19:25入住A医院，入院时情况“危”，主因胃痛、恶心、呕吐7 h。发病后在个体诊所按“急性胃炎”治疗，疗效不佳。

入院体查：体温不升，脉搏96次/分，呼吸14次/分，血压0/0，发育正常，营养中等，神志不清，精神淡漠，全身皮肤、巩膜无黄染，瞳孔散大，对光反应消失，口唇淡红，双肺呼吸音清晰，心率96次/分，律齐，腹平坦、软，剑突下轻压痛，肠鸣音存在，肛门、外生殖器未查。

入院初步诊断：(1)过敏性休克；(2)急性胃炎。

因前月行人流术后，阴道不规则流血，临床考虑“失血性休克”不排外。积极抢救，给予吸氧、强心利尿、抗过敏、补钾、支持对症处理，向家属交代病情。请内科及全院会诊抢救。

12月11日15:00记录：呼吸14次/分，血压50/30 mmHg，急诊化验K^+因机器故障测不到，CO_2CP 14 mmol/L，血WBC 14.8×10^9/L，RBC 1.20×10^{12} g/L，HGB 44 g/L。给呼吸机呼吸，心电监护，升压药，三联针，病情仍不见好转。抢救无效，于12月11日15:55临床死亡。死亡原因：过敏性休克。最后诊断：过敏性休克，贫血原因待查，代谢性酸中毒。

市公安局鉴定结论：患者属生前异位妊娠破裂，失血性休克死亡。

二、矛盾焦点

患方：患者为“异位妊娠(宫外孕)破裂，失血性休克死亡”。医方错误地诊断为“过敏性休克，急性胃炎”，导致患者死亡。

医方：个体诊所误诊，失去最有希望的抢救时间。患者病情濒临死亡，值班医生抢救正确，不到5 min意识丧失，呼吸停止，急请有关科室抢救，无法进一步检查、诊断。患者丈夫未提供准确病史,无法考虑宫外孕。医院已尽全力,不属于医疗事故。

三、案例评析

1.公安局尸体伤害鉴定结论为:患者属生前异位妊娠破裂,失血性休克死亡。

2.患者入院时情况“危”。接诊医师无急救医学知识及抢救技能,根本未考虑到宫外孕等急腹症的问题,未做基本的常规检查及检验,病历中未描述有无贫血貌,腹部检查太简单,未请妇产科会诊,未做B超及腹穿。12月11日2:01血红蛋白仅44 g/L,病人重度休克,仍找不出出血原因。由于医方的以上过失,漏诊宫外孕,按过敏性休克治疗,误诊误治。患者为异位妊娠破裂,失血性休克,未及时得到有效的手术治疗而导致死亡。医方应负全部责任。

案例五

一、病史摘要

患者,男,35岁,初诊日期××年5月21日,恶心、呕吐、胃痛2 d余,饮酒半月余,平时嗜酒。以前有胰腺炎、胃痛病史,用胃药有效,这两天胃痛用胃药效不显。

体查:胃部压痛,胸闷,心率90次/分,心律齐,肝大,触痛,全身无力,精神差,呼吸音粗。查心电图,血十八项,尿,胸透。

初步诊断:胃炎,酒后胃痛,酒精中毒,心梗(?)。

处理:5% GS 250 mL+西咪替丁0.4+VB_6 200 mg+654-2 10 mg 静滴;法莫替丁1盒,1片,Bid;VB_6 20片,1片,Tid。

12:30在输液室输液时出现口吐白沫,面色发绀,抽搐,意识丧失,心音消失,颈动脉搏动消失,瞳孔散大,血压未测到,小便失禁。考虑输液反应(?),脑血管意外(?),立即停止输原液体,更换5%葡萄糖,进行抢救。胸外心脏按压,人工呼吸，开通两路静脉通道，肾上腺素1 mg、阿托品0.5 mg入壶，2 min后血压135/85 mmHg，心率85次/分，$SaPO_2$ 99%，继续抢救，12:35 BP 72/35 mmHg，HR 47次/分。立即联系家属。大动脉搏动消失，心电图示：机械性电分离波形，ST段明显抬高，呈单向曲线。继续抢救30 min，14:20仍无自主呼吸、心跳，瞳孔散大5 mm，固定，心电图呈直线。患者家属同意停止抢救。14:35宣布临床死亡。

初步死因：呼吸、心搏骤停，猝死，心肌梗死（?），脑血管意外（?），酒精中毒，慢性胃炎，胰腺炎（?）。

二、矛盾焦点

患方：医方未经诊断，病情不明，突然盲目给药治疗；输液无护理人员观察，亲属守候5 min离开后再无人照看，患者是因输液反应未能及时发现纠正，导致恶化而死；死后医方未告知家属尸检，也未进行尸检。

医方：我院严格执行了医疗卫生管理行政法规、部门规定和治疗护理规范、常规，依法文明行医，在对该患者救治过程中无过失，无责任。诊断明确，治疗得当，死因清楚。死后向家属告知了尸检的重要性。

三、案例评析

患者以恶心、呕吐、胃痛2 d余，饮酒半月余，于××年5月21日11:40（患方述12:00左右）到A医院门诊，患者胸闷，胃部压痛，心率90次/分，精神差。印象：胃炎，酒后胃痛，酒精中毒，心梗（?）。12:30病情突然加重，经抢救无效于14:35死亡。

医方处置病人有过失：既然怀疑患者有心梗，但未量血压，未及时做心电图、有关化验检查及相关治疗，只按胃炎给予输液、服药治疗，静点654-2。

因患者的临床检查资料缺乏，未做尸检，疾病诊断及死亡原因难以确定。医方的过失与死亡之间是否存在直接因果关系不明确，无法做出鉴定结论。专家鉴定组建议医患双方协商解决。

案例六

一、病史摘要

××年11月28日21:00,患者,男,40岁,四肢无力半天,一周前受凉后全身困痛、头痛,今日在A医院门诊输液治疗(具体不详),于3 h前开始出现四肢乏力,急来就诊。既往体健,无高血压、糖尿病史,无食物及药物过敏史,无手术及外伤史。

体查:T 37.1 ℃,R 20次/分,P 92次/分,BP 139/90 mmHg,神志清醒,头颅五官端正,颈软,双肺、心、腹均(－),四肢肌力1级,膝反射存在。

电解质化验:血钾2.47 mmol/L。诊断:低血钾症。处理:5% GS 500 mL+10% KCl 15 mL,静滴;10% KCl 25 mL水溶后分次口服;NS 500 mL+10% KCl 15 mL,静滴。

11月29日6:30门诊记录:经补钾治疗后病情无好转,且逐渐加重,四肢肌力0级,呼吸困难,复查血钾1.45 mmol/L。

向家属交代病情,并向院长汇报,指示请内科会诊,建议转上级医院治疗。家属要求转上级医院,故转院。

11月28日21:00 T 36.2 ℃,P 86次/分,R 20次/分,BP 135/90 mmHg,即刻补钾、输液等对症治疗,静滴5% GS 500 mL+10% KCl 15 mL;口服10% KCl 15 mL;23:40心电图检查;11月29日2:20静滴NS 500 mL+10% KCl 15 mL;3:10口服10% KCl 5 mL;6:10出现呼吸、吞咽困难,面色蜡黄,即刻吸氧;6:20口服10% KCl 20 mL;6:30病情加重,出现张口呼吸,口服螺内酯40 mg;7:00转上级医院治疗。

11月29日9:15在当地医院查血K^+2.5 mmol/L,给补钾,复查血K^+为1.4 mmol/L。体查:血压及脉搏测不到,叹息样呼吸,6次/分,深度昏迷,右侧瞳孔放大7 mm,左侧瞳孔3 mm,对光反射消失,胸廓无畸形,呼吸音弱,心音听不到,腹软,肠鸣音消失,生理反射消失,病理反射未引出。初诊:(1)低血钾症;(2)心律失常,室颤;(3)呼吸肌麻痹。经综合抢救无效,于10:15死亡。

二、矛盾焦点

患方:医方急诊查出“低血钾症”,补钾8 h,反而钾低了,未做心电图,未会诊,未及时找原因。

医方:入院后低血钾症诊断明确,补钾治疗方法正确。补钾需要一定时间。

三、案例评析

1.患者于××年11月28日21:00门诊,四肢乏力半天,化验血钾2.47 mmol/L,立即给静滴10% KCl 15 mL,分次口服10% KCl 25 mL,11月29日复查血钾1.45 mmol/L。医方诊断低血钾症,并给予补钾治疗,诊断、治疗原则基本正确。

2.该病人住院时间短,导致低钾血症的病因难以诊断清楚,患者死亡是其疾病严重、病情进展迅速所致,与医方的诊疗无直接因果关系。

3.医方存在以下不足,但与患者死亡无直接因果关系:

(1)病历记录不全,只有门诊医师的3页半记录、2张电解质化验单及3页护理记录单;

(2)未充分认识到低钾血症的严重性,没向家属仔细交代病情,没下病重通知书,抢救措施不力,没有请有关科室会诊;

(3)在转上级医院的2 h中,没有静滴钾,观察病情不仔细,转到上级医院后即死亡。

案例七

一、病史摘要

患者,男,45岁,××年9月5日12:30入住心内科,入院时情况“危”。

主诉：左侧肢体无力，嗜睡2 h。入院前2 h活动中头晕明显，左肘软弱无力，不能自行站立，左手不能握物，伴口角歪斜、流涎，乏力，嗜睡，呼之可醒，对答切题，言语含糊，无饮水咳呛及大小便失禁。

体查：T 36 ℃，P 67次/分，R 19次/分，BP 140/90 mmHg，神志不清，嗜睡状，呼之可醒，对答切题，查体合作，被动体位，头颅五官端正，双侧瞳孔等大等圆，对光反射灵敏，左侧鼻唇沟略浅，口唇无发绀，伸舌左偏，颈软，双侧肢体浅感觉减退，左侧肢体腱反射亢进，左上肢肌力1级，左下肢肌力2级，左侧Babinski征、Chaddock征均(+)。

头颅CT平扫提示：右侧超急性期脑梗死，必要时复查CT。

初步诊断：脑梗死，高血压病(1级)。

诊疗计划：(1)给予抗凝、抗血小板、扩张脑血管、营养神经等治疗；(2)完善各项检查。

向患者家属交代病情，家属同意并签字，15:25给予尿激酶150万单位加入100 mL生理盐水中静滴溶栓治疗。(医方陈述：溶栓前用低分子肝素5000单位)。9月6日0:00患者烦躁、出汗、恶心，呕吐数次，血压160/100 mmHg，呈嗜睡状，2:00神志不清，呈浅昏迷状，压眶上神经有反应，双侧瞳孔不等大，左3.0 mm，右5.0 mm，给20% 125 mL甘露醇静滴。9月6日4:50记录：复查头颅CT示右侧内囊基底节区出血并破入脑室系统，占位效应典型，提示右钩回及大脑镰疝。向家属交代病情，家属同意手术。行颅内血肿微创清除术。剃除头发，肌注吗啡10 mg，取左侧卧位，以右耳郭上2.5 cm处为穿刺点，常规消毒，电钻将微创穿刺针钻入颅骨内，戴无菌手套，铺洞巾，穿刺针缓慢进入血肿腔内，拔针芯，离帽盖，接测管，以5 mL空针缓慢抽吸，共抽出7 mL混有血凝块的脑脊液，后接粉碎针，以生理盐水反复冲洗血腔，至冲洗液变清，注入尿激酶2万单位液化血液，拔粉碎针，盖帽盖，接压引流袋，夹闭侧管4 h后开放引流。手术顺利。9月9日会诊，患者呼吸衰竭，行气管插管，吸出大量脓痰。9月10日5:15自主呼吸停止，给予呼吸机辅助呼吸。血压下降，63/49 mmHg，给多巴胺等抢救，血压升至104/65 mmHg，双侧瞳孔不等大，光反应消失，双脚冰凉。9月11日呈深昏迷状，生理反射消失，眼球固定，患者家属放弃治疗，于9月11日3:30自动出院。9月11日8:00去世。

二、矛盾焦点

患方:CT已确诊为大面积脑梗死,溶栓治疗为禁忌证;医方给病人用肝素和尿激酶的间隔时间不到3 h;溶栓药物导致脑出血;钻孔引流、颅内血肿清除术的适应证、时间、操作不规范(?),医疗文书有篡改伪造。

医方:对该患者的诊断明确,治疗特别是静脉溶栓及后来的微创清除术等应用适当,符合原则,实施方案规范。医疗、护理严格按诊疗规范操作,无违规、违章、违法,不存在任何医疗责任。患者病情恶化是疾病本身发展的自然转归。

三、案例评析

1.根据症状、体征及CT扫描片,医方诊断患者为"脑梗死",诊断正确。给予抗凝、溶栓治疗,先静滴肝素5000单位,后静滴尿激酶150万单位。7 h后发生脑出血。

2.医方给患者溶栓治疗存在以下违规行为:

(1)静脉溶栓治疗前后未监测凝血时间及凝血酶原时间;

(2)根据人民卫生出版社出版的国家级规划教材《神经病学》第5版,"正在应用抗凝剂或卒中前48 h曾用肝素治疗",静脉溶栓疗法是绝对禁忌证。

3.由于以上违规行为,诱发患者脑出血,导致患者死亡,违规行为与患者死亡有因果关系,医方应负一定责任。

案例八

一、病史摘要

患者,男,55岁,××年3月7日第一次入住A医院内科。

主诉:咳嗽气短,颜面、下肢水肿1周余,加重2 d。既往有高血压史10年余,冠心病史2年余。

入院查体:T 36.4 ℃,P 110次/分,R 26次/分,BP 145/110 mmHg。神志清醒,步入病房,面色黧黑,口唇发绀,眼睑水肿,巩膜轻度黄染。右肺下叶可闻及固定的痰鸣音,心音低钝,心尖区可闻及Ⅲ+级收缩期吹风样杂音,腹软,肝肋下3指,软,肝颈静脉反流征(±)。

心电图示:窦性心率,心电轴-39°,左前分支传导阻滞,左室肥厚并劳损。

诊断:(1)高血压病(极高危)伴心衰;(2)冠心病。

入院后给予强心、利尿、扩血管、降压、抗感染等对症支持治疗。病情好转,于3月29日出院。

第二年3月9日第二次入住A医院内科。

主诉:口干、乏力、气短1月余。

查体:T 36 ℃,P 94次/分,R 24次/分,BP未测到。患者浅昏迷,抬入急救室,颜面、口唇发绀,巩膜中度黄染,颈软无抵抗,颈静脉充盈,胸廓桶状,叩诊呈清音,双肺呼吸音弱。心律94次/分,律齐,心音遥远。腹平坦,肝、脾未触及,肝颈静脉反流征阳性。

心电图示:(1)窦性心动过速;(2)左前分支传导阻滞;(3)ST-T段改变。

诊断:冠心病,心肌梗死,心功能不全。

患者于入院30 min内发生心脏骤停2次,经胸外按压、高浓度吸氧、静滴阿托品等对症支持治疗后,心脏复苏成功,继续心电监护、吸氧、升压、强心、抗感染治疗,并严密观察。用药情况:长期医嘱为毛花苷C、10% GS、参脉注射液、尤力、斯坦定,临时医嘱为麦普宁、益替欣、再泰等(头孢类药物用药:3月9日至3月13日用斯坦定、信力威、再泰、益替欣共40 g)。因病情复杂,于入院第5日转上级医院治疗。

第二年3月14日17:00入住B医院内二科。

主诉:间歇性胸痛4年,加重1个月。

查体:急性危重病容,颜面、口唇发绀,双肺底可闻及少量湿性啰音,心率84次/分,律不齐,音低钝,二尖瓣区可闻及Ⅲ/6级收缩期吹风样杂音。

心电图示:(1)V1—V4病理性Q波形成;(2)V1—V6广泛性T波高尖。

心脏彩超示:(1)符合冠心病UCG改变,左房左室内径增大,左室各壁明显变薄,回声增粗增强,运动搏幅明显减低;(2)右室内径增大,右房内径正常高限,肺动脉瓣环、主干及左右分支内径增宽,肺动脉收缩压增高(63.9 mmHg),右室舒张功能减低;(3)主动脉硬化;(4)左室收缩及舒张功能明显减低;(5)彩色血流,二、三尖瓣反流(中－重度)主动脉瓣反流(轻度)。

诊断:(1)冠心病,广泛性前壁心肌梗死;(2)缺血性心肌病;(3)全心功能不全Ⅳ级。

入院后给予抗凝、改善循环、扩冠等治疗,并查胸片示:主动脉型心影,左室显著增大,肺气肿。生化检查示:AST 765 U/L、ALT 471 U/L、TP 57.5 g/L。TBIL 193.80 μmol/L, DBIL 165.50 μmol/L, IBIT 28.30 μmol/L GGT 261U/L, URIC 520.2 μmol/L。下病危通知,向家属交代病情,于3月17日家属签字出院。

出院诊断:(1)急性重型肝炎;(2)扩张性心肌病,心功能Ⅳ级;(3)支气管肺炎;(4)低钠血症。

二、矛盾焦点

患方:医方在对患者的治疗过程中,错误用药,导致患者肝脏损坏,不幸在十几天后死亡。

医方:该患者住院期间的诊断明确,治疗规范,抢救积极有效,医院没有任何过错之处,不属医疗事故。

三、案例评析

1.根据病历记载,患者有高血压史10年余、冠心病史2年余,长期服药;曾有饮酒史。根据入院后的临床症状、体征、实验室检查(心电图、X线胸片、超声心动图等),证明患者为心功能衰竭,病程中曾有心脏停搏、休克。以上因素都是导致患者肝功能损害的原因,患者肝功能损害并非入院后才有。患者死亡的原因为心功能衰竭,与医方的用药无因果关系。

2.医方在对患者的诊疗过程中有以下过失:

(1)第一次入院查体发现巩膜轻度黄染、肝大,第二次入院查体发现巩膜中

度黄染,未引起医方的注意;

(2)用药不规范,联合使用抗生素根据不足,用药量大、时间长。

案例九

一、病史摘要

患者,男,56岁,诊断“心源性休克”于××年5月13日5:00急诊入院。5:00心电图报告:窦性心动过速(100次/分),ST-T改变;5:20护理记录:“意识不清30 min”,抬入病房,呼吸急促,全身皮肤湿冷,头部有一长约1.5 cm伤口,双侧瞳孔等大等圆,光反应欠灵敏,体温不升,脉搏摸不到,呼吸26次/分,血压测不到,浅昏迷。即置患者平卧位,迅速建立三组静脉通路,快速补液(平衡盐500 mL,5% GS 500 mL,生脉散80 mL,多巴胺60 mg,间羟胺20 mg),保暖,持续吸氧,观察尿量,急诊科医师协助缝合伤口。5:30意识清楚,脉搏、血压测不到。6:10血压85/0 mmHg,给静滴低分子右旋糖酐500 mL,654-2 10 mg、地塞米松10 mg入壶,主诉口渴、呕吐少量淡黄色液体。7:00意识清楚,血压92/87 mmHg,体温不升,脉搏摸不清,呼吸22次/分,尿200 mL,四肢皮肤渐转温,瞳孔等大等圆,直径4.5 mm,光反应迟钝,留置导尿,继续补液升压。7:20心电图报告:窦性心动过速(150次/分),ST段改变。8:00体温35.8 ℃,脉搏152次/分,呼吸不规则,23次/分,血压95/85 mmHg,意识清楚,给予毛花苷C 0.2 mg。8:30血压100/85 mmHg,瞳孔光反应灵敏,继续升压。9:00给予白蛋白10 g,尿量300 mL。9:30给予头孢曲松3.0 mg静滴。10:00加生脉散30 mL,尿300 mL,给心电监护。10:45脉搏摸不到,呼吸22次/分,血压60/40 mmHg,面色青紫,双眼向上凝视,呕吐,心电监护,给地塞米松10 mg入壶。11:00给予阿奇霉素0.5 mg、多巴胺100 mg、间羟胺40 mg静滴,尿300 mL。11:09意识丧失,体温不升,脉搏、血压测不到,呼吸10次/分。11:10呼吸消失。抢救至11:50呼吸、心跳仍未恢复,心电监护成直线。头颅CT平扫印象:脑组织未见明显异常。生化报告:AST 72

IU/L,D-BIL 19.1 μmol/L,GLU 19.04 mmol/L,BUN 9.14 mmol/L,K 2.71 mmol/L。

二、矛盾焦点

患方:医方主管医师违法行医,没有仔细询问病情就进行治疗,病情危重时,搬动病人做CT检查,导致病情恶化,并最终造成患者死亡的严重后果。在整个治疗过程中,医方未向家属告知医疗风险,未下达病危通知书,未告知转院,贻误了抢救治疗的最佳时间,构成医疗事故。

医方:整个抢救过程和环节及时、规范,抢救措施得力,用药合理。患者的死亡是由病情过于危重而致。

三、案例评析

1.患者急诊入院时即意识不清,浅昏迷,脉搏、血压测不到,全身皮肤湿冷,头部有一伤口。患者已处于严重休克状态,应就地迅速抢救。

2.患者入院后,医方迅速积极地抢救休克,给予补充血容量、升压药等,抢救措施及时、正确,无违规行为。在患者生命体征稳定的情况下行头颅CT检查,排除脑部疾病也是必要的。

3.患者死亡是由于疾病严重,与医方的抢救措施无关。

案例十

一、病史摘要

患者,女,51岁。××年6月6日13:00记录:因腹痛腹泻1 d,加重伴发热3 h就诊。既往无药物过敏史。

检查:T 38.5 ℃,P 100次/分,BP 90/60 mmHg,精神差,神志淡漠,扶入病室,腹肌紧张,上腹及脐周有压痛,肠鸣音9~11次/分。

诊断:(1)急性胃肠炎伴中重度脱水;(2)感染性休克;(3)高热;(4)细菌性

痢疾(?)。

处理:(1)抗感染、补液治疗,青霉素皮试(-),静滴5% GNS 250 mL+氨苄青霉素5.0 mg,5% GNS 150 mL+双黄连60 mL,5% GNS 150 mL+丁胺卡那0.6 mg;(2)对症处理,柴胡4 mL,im,阿尼利定2 mL,im;(3)建议查血、大便RT,必要时住院治疗。

××年6月6日19:00记录:患者于14:30输入氨苄西林液体约150 mL时,突然出现寒战、高热、四肢抽搐、烦躁不安。无气短及呼吸困难,无皮疹及瘙痒,无昏迷及大小便失禁。BP 90/60 mmHg ,T 41 ℃,心律110次/分,心肺听诊未见明显异常,考虑患者为感染性休克伴中重度脱水,高热所致。处理:(1)立即停用氨苄西林;(2)静滴5% GS 200 mL+地塞米松10 mg,5% GS 200 mL+清开灵50 mL;(3)物理降温;(4)氯苯那敏10 mg,im, 10% 葡萄糖酸钙20 mL。患者于15:40测体温38.5 ℃,神志清醒,出汗多,仍感腹胀、腹痛,腹泻黄绿色稀水样便两次。考虑有感染性休克伴中重度脱水、高热、抽搐和急性细菌性痢疾的可能,向患者及家属告知病情,建议转住院部进一步诊治,于19:00转入住院部。

入院体查:T 37 ℃,P 100次/分, R 22次/分,BP 120/80 mmHg,神志清醒,精神差,扶入病室,自动体位,全身皮肤黏膜干燥,口唇略发绀,心律齐,100次/分,腹平坦,全腹软,上腹正中有压痛,无反跳痛,肝脾肋下未触及,无移动性浊音,肠鸣音活跃。血RT: WBC $10.1×10^9$/L,PLT $74×10^9$/L;粪常规稀水样便,脓细胞1~3/HP,红细胞0~2/HP;尿常规:PRO(++++),pH 5.5,WBC 1~2/HP;心电图:窦性心律,心电图大致正常。

初步诊断:(1)急性胃肠炎;(2)细菌性痢疾;(3)中度脱水。

给予抗感染、补液、纠正电解质及酸碱平衡紊乱,6月6日、7日分别静滴西索米星1 mL,6月7日出现少尿,查肾功:BUN 6.3 mmol/L, CR 118.3 μmol/L, UA 777.9 μmol/L,pH 7.55。考虑为“急性肾功能衰竭”,给呋塞米等治疗。复查肾功:BUN 6.29 mmol/L, CR 118.2 μmol/L, UN 379.1 μmol/L, Na 145 mmol/L, K 3.95 mmol/L, Cl 102.8 mmol/L, Ca 0.97 mmol/L,pH 7.35。向家属谈明病情,建议转B医院,家属同意,于21:00转院。

6月8日10:20以病危入住B医院,主诉:发热、全身浮肿,伴无尿2 d。入院前3 d因感冒在社区门诊静脉输注氨苄西林出现高热、抽搐、惊厥后昏迷，6 h后清醒，逐渐出现浮肿，从下肢渐渐漫至全身。全身无皮肤出血点、皮疹等过敏反应。夜间出现腹泻，稀水样便4～5次，社区门诊给予补液及对症治疗后腹泻症状缓解，但全身浮肿加重并出现无尿，每天尿量约50 mL。

查体：T 35.7 ℃，BP 111/72 mmHg，神志清醒，口唇发绀，心率84次/分，律齐，全腹无压痛及反跳痛，肠鸣音3～5次/分，双下肢中度指凹性浮肿。肾功：BUN 14.70 mmol/L，Cr 409.1 μmol/L；血常规：WBC 37.4×10^9/L，N 90%，CO_2CP 9.1 mmol/L。

诊断：(1)急性肾功能衰竭；(2)感染性急性间质性肾炎；(3)急性过敏性间质性肾炎(？)；(4)代谢性酸中毒。

给予血液透析、纠正酸中毒、抗感染、肠道清除毒素、利尿及对症治疗，患者病情逐渐加重，6月20日14:10，突然出现叹气样呼吸，呼吸逐渐浅慢，心电监护呈室颤，血压60/40 mmHg，即刻电除颤、胸外按压、副肾素20 mg静推，电除颤3次，抢救30 min，心电图呈直线，患者死亡。

死亡诊断：多脏器功能衰竭。(1)急性感染性间质性肾炎；(2)急性肾功能衰竭，代谢性酸中毒；(3)肝功能衰竭；(4)呼吸循环衰竭。

二、矛盾焦点

患方：既往身体健康，本次身体不适前往社区卫生服务中心看病，诊断感冒，无大恙。最终发生不幸，完全是医务人员违规操作所致：诊断错误；是否做皮试(？)，药物配伍不当，剂量过大；用药不当；给药顺序错误。患者死亡与医方医疗不当行为有直接因果关系。

医方：对患者的诊断准确、治疗得当、用药合理、转诊及时，尽到了应尽的责任。

三、案例评析

1.医方对患者的诊断不清，治疗过度。“中重度脱水”、“休克”、“细菌性痢疾”的诊断缺乏依据。同时一次给予静滴氨苄西林5 g、双黄连60 mL、丁胺卡那0.6 g，肌注柴胡、阿尼利定等，入院后又静滴西索米星两次，用药数量较多、剂量较大。丁胺卡那、西索米星具有明显的肾毒性作用，以上其他药物也都具有一定的毒副作用，联合应用加重了对肾脏的损害。

2.由于医方的以上违规行为，给患者造成急性药物性肾功能衰竭、死亡。

3.医方的违规行为与患者的肾衰、死亡有一定因果关系，医方应负一定责任。

4.患者体质特殊，也是造成其急性肾衰的原因之一。

案例十一

一、病史摘要

患者，女，15岁，××年7月间出现干咳、盗汗、乏力、食欲减退、消瘦及午后潮热等症状，多处投医使用“青霉素、氨苄西林”等治疗不见好转，9月11日到A医生诊所求治。A医生介绍其到卫生院行X线等检查后疑诊“慢性咽炎”，用养阴清咽汤三剂，罗红霉素、蒲地兰消炎片治疗一周后，疗效不理想，介绍其到B疾控中心检查，X片提示：“双肺及胸膈未见明显病理改变”。建议其到C医院做痰菌培养或CT确诊，家属拒绝，并强烈要求由A医生诊所治疗。考虑患者有结核病密切接触史，9月24日在用阿莫西林的同时，加用“利福平300 mg一日一次”，治疗一周(9月30日)，疗效很好，无肝功异常症状，便疑诊为结核感染，让其再到医院确诊，家属执意不去，便将前方中的“阿莫西林”换成“异烟肼”，在保肝的前提下，按常规用量暂给了10 d的药。10月15日检查患儿面色潮红，巩膜略黄染，胃脘胀满，泛泛欲吐，小便短黄，肝区叩痛。遂即送卫生院检查，证明肝功损伤，又送C医院传染科。

10月16日入住C医院内一科，此时患者巩膜黄、小便赤黄、急躁，主治医生告知家属，孩子是“结核性腹膜炎”。治疗4 d无好转，10月21日，大夫给异烟肼5支滴注，滴注到一半时，患者出现手足麻木、心慌气短、胡言乱语、视力减退、鼻出血、高热等，大夫说是正常现象。滴剩1/3时，上述症状加重，出现烦躁、视力消失。即刻停止静滴异烟肼，又给异烟肼三片一次口服。此后病情日渐恶化，至10月24日上午深度昏迷，急送D医院抢救。

患者，女，15岁，××年10月16日10:00急诊入住C医院内一科。

主诉：乏力、食欲缺乏、咳嗽1个月，加重伴小便黄染1周。无咳痰、咯血及盗汗，无发冷发热。曾在当地治疗，用药不详。既往体健，无明显各种急慢性传染病感染及接触史。

体查：T 37.4 ℃，P 94次/分，R 20次/分，BP 80/60 mmHg，精神差，全身皮肤略水肿，但无黄染、皮疹及出血点，双侧巩膜略黄染，心、肺、腹部均无异常。胸腹透：心肺膈如常，腹透未见异常；胸片示：无明确实质性病灶；肝功：TBIL 19 μmol，ALT 284 U/L，HBsAg(-)，WBC 10.56×10^9/L，HB 117 g/L；腹部彩超：肝大，声像图符合肝炎、胆囊炎性水肿，脾脏略大，腹水。

初步诊断：(1)病毒性肝炎，急性黄疸型；(2)药物性皮炎。

给予抗感染、抗病毒、保肝、利胆等综合支持治疗。10月17日查ESR 54 mm/h，18日PPD试验(-)，病程记录诊断为"结核性腹膜炎"，加用二联抗结核治疗，19日临时医嘱给予异烟肼0.5 mg静滴，链霉素0.5 mg肌注，患者出现耳鸣、四肢瘙痒等症状，停用异烟肼，肌注地塞米松后症状缓解。20日停用链霉素，给予口服异烟肼，并再次出现四肢麻木、瘙痒、发烧等症状，停用口服抗结核药。21日胸透：心肺膈如常。23日请外二科会诊，建议该患者应明确诊断为药物性肝炎，继续保肝治疗。患者病情仍重，疗效不佳。家属要求转院治疗，10月24日出院。

××年10月24日入住D医院传染科。

主诉：全身皮肤、巩膜黄染12 d，神志模糊1 d。患者入院前1个月出现咳嗽、咳痰，当地医院诊断为"肺结核"，给异烟肼0.3 mg/d，利福平0.45 mg/d，葡醛内酯、维生素C等药物口服1个月。C医院给予抗感染、保肝治疗，并静滴异烟肼、利福平2 d。否认既往有肝炎等急慢性传染病史。

体查：神志模糊，烦躁不安，胡言乱语，无肝掌、蜘蛛痣，全身皮肤黏膜和巩膜重度黄染，口唇轻度发绀，双肺底未闻及干湿啰音，腹平软，腹水征阴性，肝脾肋下未触及。

初步诊断：急性重型肝炎，肝性脑病。

肝功：AST 448 U/L，ALT 217 U/L，ALB 31.6 g/L，TBIL 337.5 μmol/L；头颅CT平扫未见明显异常。入院后给予纠正肝昏迷、保肝、促进肝细胞再生、抗感染、对症、支持、高压氧治疗，病情好转，黄疸基本消退，肝功好转。12月8日出院。

出院诊断：(1)药物性肝炎；(2)急性重症肝炎；(3)肝性脑病。

出院医嘱：继续巩固治疗。

二、矛盾焦点

患方：两家医疗机构误诊、误治、延误病情，未做出正确诊断，在没有结核病证据的情况下，却给病人抗结核三联治疗，使用大剂量异烟肼滴注，给患者造成损害，构成医疗事故。

医方：

A诊所：用抗结核药有理由(患者有结核病人接触史、结核中毒症状等)，所给抗结核药为诊断用药，二联用药只服3 d，不会损害肝脏。

C医院：我院采取了保肝、支持等治疗，使用极少量抗结核药物，不是造成肝功损害的主因，不构成医疗事故。

三、案例评析

1.A医生违反了卫生部《结核病预防控制工作规范》第3.6.3条“推荐肺结核可疑症状者到县(区)级结核病防治机构就诊”的规定。无根据地诊断患者为结核病，B疾控中心X线片提示“双肺及胸膈未见明显病理改变”，也未做痰菌检查，即给患者使用抗结核药是错误的，抗结核药导致患者出现肝损伤。

2.患者入住C医院即主诉食欲缺乏、乏力，体检巩膜黄染，直接胆红素19.00，谷丙转氨酶284.0 U，HBsAg(-)，抗-HAV(-)，抗-HCV(-)，抗-HIV(－)，PPD试验(－)。已有明显的肝损害表现，但医院医师未询问患者服药史，即诊断病毒性肝炎、结核性腹膜炎，给二联抗结核治疗，并临时静滴异烟肼。医院诊断结核病错误，治疗错误，抗结核药加重了患者的肝损伤，以致出现肝性脑病。

3.两家医疗机构的诊断、治疗错误，给患者造成了身体损害，诊治错误与患者的身体损害之间有直接因果关系，医方应负主要责任。

4.医方所给抗结核药物剂量并不大,时间也不长,患者的肝损害与其反应敏感有一定关系。患者的肝损伤现已恢复正常。

案例十二

一、病史摘要

患者,男,24岁,因“咳嗽、低烧、消瘦、左胸痛2周”于××年11月1日来A医院,门诊以“左胸痛”收住。B医院X线胸片(××年10月29日)示:左侧陈旧性胸膜炎。

入院查体:左胸下叩浊,呼吸音低,B超检查提示左胸腔积液(中量、呈包裹性,多个分隔成蜂窝状)。

初步诊断:左结核性渗出性胸膜炎。

给予链霉素抗结核治疗,采用“2S(E)HRZ/4HR”方案。医嘱:肌肉注射链霉素0.75 g,每日一次;异烟肼注射液0.4 g+0.9氯化钠250 mL静脉滴注;利福平0.45 g口服,每日一次;吡嗪酰胺0.75 g口服,每日一次,直至出院。患者住院治疗23 d,病情缓解,于11月23日出院,出院诊断:左结核性渗出性胸膜炎(包裹性)。

出院证明书中的出院及注意事项:(1)继续抗结核治疗;(2)对症治疗。出院时的治疗单为:“链霉素0.75 g,im,qd,2个月;链霉素0.75 g,im,三天一次,3个月”。出院后按照医嘱继续抗结核治疗。

患者述:出院后继续自购链霉素肌注抗结核治疗,第二年2月上旬,患者出现胸部皮疹,并伴有耳鸣症状,电话咨询A医院医师后,予以停药。随后患者先后到多家医院就诊,均诊断为“链霉素中毒性耳聋”。

二、矛盾焦点

患方:患者住院及出院后一直按医嘱给予肌注链霉素抗结核治疗,医方用药不当，导致患者出现耳鸣、双耳失聪，经多家医院诊断为“链霉素中毒性耳聋”。

医方：患者在我院治疗期间诊断正确，治疗符合原则，药物使用符合国家用药规范与原则。患者住院期间未出现听力异常情况，出院时嘱其在就近的医疗机构继续抗结核治疗。我院认为患者听力下降与我院无关，我院不承担任何责任。

三、案例评析

1.医方根据患者的临床症状、体征、X线胸片、B超检查，诊断左结核性渗出性胸膜炎（包裹性）是正确的，住院期间抗结核治疗方案正确。

2.患者出院后医方给予的治疗方案前2个月正确，后3个月违反治疗常规，实际使用链霉素近3个月，超出常规近1个月。

3.由于医方的以上违规行为，给患者造成难以治愈的链霉素中毒性耳聋，医方应负相应责任。根据最近的双耳客观检查，患者的听力损失72分贝。

4.患者发生耳鸣、耳聋后，未及时到医院诊治，以致造成难以逆转的听力损失，应负一定责任。

案例十三

一、病史摘要

患者，女，32岁，因“右腰部疼痛”于××年7月26日到卫生所就诊，经检查后初步诊断为“带状疱疹”。即用利巴韦林0.5 g溶于5%葡萄糖液250 mL静脉点滴3 d，每天一次。当天输液后患者感觉不适，但不明显；第二天输完液回家后浑身发冷，脸色发黄，疲乏；第三天患者输液后出现发冷、寒战等输液反应，在输液床上难受得打转，医方即给予地塞米松2.5 mg肌肉注射，后症状有所缓解，大夫说缓一阵就好了，不可能有危险。7月29日早上医生到患者家里探望时，患者主诉腹泻、恶心、无食欲，解不下小便，医方又给予土霉素2片、诺氟沙星2片、多酶片3片、甲氧氯普胺2片，每日三次。当天18:00许，家属告诉医生患者腹胀、小便不利，请医生到家中查看，医生到达时发现患者呼吸、心跳停止，已死亡。

二、矛盾焦点

患方：患者出现液体反应后，医方一直坚持说没事，不会有危险。从开始输液到患者死亡一直由医方进行治疗，医方从未告知患者是否应转院治疗，故患者死亡是医方造成的。

医方：对患者诊断准确、用药合理、治疗及时。28日中午输完最后一瓶液体后，到29日19:00患者死亡，共30 h，病人家属没有及时将患者送入医院，失去了救治病人的宝贵时间。患者的死亡与医方的诊疗行为没有因果关系，医方不承担任何责任。

三、案例评析

1.患者既往身体健康，××年7月26日到卫生所看病，医师诊断“带状疱疹”，在卫生所每日给患者利巴韦林0.5 g溶于5%葡萄糖液250 mL中静脉点滴，连给3 d。患者输液当天即有轻微反应，两腿酸软；27日输完液回家浑身发冷，脸色发黄；28日输液后难受得大哭，在输液床上打转；29日早上在家出现腹泻，小便下不来，19:00患者死亡。

2.根据临床表现，患者系药物不良反应所致休克、肾衰竭，抢救不及时死亡。

3.医方的过失在于，没有认识到药物不良反应后果的严重性，在卫生所条件不具备的情况下，没有及时、果断地告知患者及其家属转到有条件的医院救治。医方的过失与患者的死亡有直接的因果关系，医方应负相应责任。

4.患者及其家属在病情渐重，尤其7月29日在家病情严重后，未及时送上级医院救治，失去抢救机会是造成患者死亡的主要原因。

案例十四

一、病史摘要

患者,女,43岁,××年6月19日到A医院就诊。

主诉:头晕伴失眠近2周,乏力、心烦、易怒。

查体:血压正常,心肺(-),医方诊为神经衰弱。给予静滴氨基酸250 mL,5%葡萄糖250 mL+参麦30 mL,输部分液体,患者身体不适即停。次日静滴5%葡萄糖250 mL+刺五加20 mL×4支,几分钟后患者出现不适:发热、大汗、恶心、呕吐、头晕、胸闷、心速加快、全身发痒、发抖、嘴唇发麻、右耳聋、四肢无力、肌肉发紫、双眼失明等,即拔掉液体。医生说休息几天即好。静脉注射痒苦乐明后全身不再发痒,大汗止。

同年8月8日B医院门诊诊断:荨麻疹。

同年12月1日至12月31日住C医院,诊断:精神抑郁症。经治疗症状缓解。C医院第二年7月3日头颅MRI平扫:双侧半卵圆中心区脱髓鞘改变;9月22日诊断:过敏反应综合征。

第二年10月6日D医院门诊初步诊断:(1)脑供血不足;(2)气滞。

二、矛盾焦点

患方:在静脉输入氨基酸、参麦、刺五加的过程中发生严重致敏,医务人员未采取及时积极抢救措施,造成患者神经衰弱、精神抑郁症,并导致大脑神经变质,造成终生残疾。

医方:医疗机构资质合法,人员资证齐全。诊治严格按操作规程进行,所用药品均从正规渠道购进,质量合格。

三、案例评析

1.医方诊断患者为“神经衰弱”，给静脉点滴氨基酸、参麦、刺五加、葡萄糖，临床诊断大致正确，用药基本合理，符合诊疗常规。

2.根据医方所提供的资料，其所用药品的进药途径正规，手续齐全，质量合格，无过期药品，未给患者造成身体损害。

3.患者所述用药后出现的病状，与医方的诊治无因果关系。

案例十五

一、病史摘要

患者，女，43岁，××年8月20日入住A医院胸外肿瘤科。

主诉：胸闷、气短伴咳嗽、咳痰10 d，发热2 d。痰呈白色黏稠状，夜间痰量明显增多，夜间出汗，乏力，纳食尚可，二便正常，体重有所下降。门诊拍片提示：右侧胸腔中等量积液。WBC 10.6×10^9/L，N 81.2%，L 15.1%。否认既往结核等传染病史，17年前曾在本院行剖宫产术，无输血史，生化乙肝表面抗原阳性。否认家族传染病史。

体查：T 37.8 ℃，P 116次/分，R 22次/分，BP 150/78 mmHg，发育正常，营养中等，全身皮肤黏膜无黄染及出血点、瘀血点。胸廓基本对称，右侧胸廓呼吸动度减弱，语颤减弱，右下肺叩浊音，呼吸音消失。左肺及心脏未见异常。腹略膨隆，无腹壁静脉曲张，肝、脾肋缘下未触及，全腹无压痛及反跳痛，未触及包块，无移动性浊音。双下肢呈凹陷性水肿。腹部B超：肝实质回声增粗增强，胆囊炎。

生化检查：AST 112 U/L，ALT 84 U/L，TBIL 60.4 μmol/L，DBIL 36.7 μmol/L，IBIL 24.3 μmol/L，ALB 23.8 g/L，GLB 46.2 g/L，A/G 0.51，K^+ 3.42 mmol/L，GLU 3.03 mmol/L，HBsAg(+)。

初步诊断:(1)左侧胸腔积液。①结核性胸膜炎;②胸膜间皮瘤。(2)低蛋白血症。(3)乙型肝炎,肝硬化。(4)胆囊炎。

给予抗感染、抗结核、保肝、利尿、纠正低蛋白血症治疗。长期医嘱:8月20日11:00至9月17日9:00,9月27日8:00至10月8日8:00,每日一次静滴异烟肼0.5 mg+5%葡萄糖250 mL+维生素B_6 0.2 mg,8月23日临时医嘱给利福平0.15 mg×100片,口服,每次3片,每日一次;9月28日9:00至10月6日9:00每日一次静滴甲硝唑0.5+5%葡萄糖250 mL+促肝细胞生长素40 mg。8月22日行右侧胸腔闭式引流术。患者病情好转,要求临时出院观察治疗,于8月18日出院。9月22日病情复发,9月23日再次入院治疗。患者一般情况好,于11月21日出院。12月12日B超:肝脏弥漫性损害,考虑肝硬化所致。

第二年1月12日入住B医院消化科。主诉:腹胀伴气短、食欲缺乏半年。体查:心肺未见异常,腹膨隆,移动性浊音阳性,肠鸣音减弱。双下肢轻度水肿。

C医院检查肝功(第二年12月12日)示:AST 63 U/L, ALT 46 U/L, TBIL 40.4 μmol/L, DBIL 18.8 μmol/L;腹部B超:弥漫性肝损害。诊断:乙肝后肝硬化失代偿期。入院后查白蛋白24.3 g/L,丙氨酸氨基转移酶19 IU/L,天门冬氨酸转氨酶48 IU/L,直接胆红素18.0 μmol/L,间接胆红素13.9 μmol/L,总胆汁酸79.6 μmol/L,总胆红素31.9 μmol/L,乙肝病毒定量<1000拷贝/mL,乙肝核心抗体阳性,乙肝表面抗原定量6510.00 COI。给予保肝、营养支持、利尿等治疗11 d,症状明显减轻,于第三年1月3日出院。出院诊断:(1)乙肝后肝硬化失代偿期;(2)慢性萎缩性胃炎;(3)营养不良性贫血。

二、矛盾焦点

患方:住院以来一直以结核性胸膜炎、胸膜间皮瘤治疗,给予抗结核、抗癌药物,造成身体损害,属医疗事故。

医方:诊治规程符合诊疗常规,患者出现腹水是乙型肝炎肝硬化合并结核性胸膜炎发展的自然结果。在给患者抗结核治疗中就包含"保肝"治疗措施。

三、案例评析

1.医方对患者的诊治无违法违规行为。根据入院时的症状、既往史、化验、X线片、B超等资料，医方对患者结核性胸膜炎、乙型肝炎后肝硬化的临床诊断成立，与B医院对肝病的诊断一致。

2.医方的治疗原则正确，在给患者抗结核的同时，给予保肝治疗，胸膜炎痊愈，肝功能基本稳定，未给患者造成损害，不构成医疗事故。

3.医方的医疗行为存在以下过失，但与患者的乙型肝炎后肝硬化无因果关系：

（1）胸膜间皮瘤的诊断未明确即用抗肿瘤药，且未告知并未征得患者及其家属的同意。

（2）用药种类多，适应证、用药方法不够规范：异烟肼一次静滴量大、浓度高；抗生素种类多。

（3）收住胸外肿瘤科，未请呼吸科会诊，以求更合理的诊治。

案例十六

一、病史摘要

患者家属述：××年11月24日6:00左右，患者因（头痛）病请A卫生所Z医生到家中诊治。Z医生诊断后，既未开处方，也未做皮试，先给病人肌注阿尼利定，后输液（清开灵、地塞米松）。Z医生为病人输上第一瓶液体后即离去，待第一瓶液体快输完时，病人大汗淋漓，轻微心慌气短。Z医生返回，输上第二瓶液体（头孢唑啉）后未留任何医嘱即离开。液体输到半瓶左右，病人症状越来越重，给Z医生打电话他不来。此时病人面色苍白、呼吸困难、坐立不安、意识淡漠，没几分钟即离开人世。

Z医生述：××年11月24日早上4:00接到患者家属电话，4:30左右到他家。患者表现:头痛剧烈,面色苍白,全身无力,眩晕,体温39 ℃,血压150/90 mmHg,疑为颅内高压,让去大医院诊治,家属不去,在家属的强烈要求下开了处方。先做先锋Ⅴ号皮试,此时是5:10,打了2支阿尼利定。5:25皮试阴性,先输了清开灵20 mL,5%葡萄糖250 mL,观看输液通畅,5:50去其他人家看病,6:20左右回来问病情稍有缓解,再次建议其去医院,家属不同意,让再打一针,于是换上了第二瓶液体(先锋Ⅴ),观察大概30 min无不适即离去。离开前向家属告知,如果还是这样痛,建议家属送病人去医院。9:30家属打电话说病情危重,在赶往患者家的路上听说患者死亡。

公安局证明患者于××年11月24日在家中死亡。

[法医学会大学病理研究所法医病理解剖图文报告书]

(1)垂体及其周围脑组织念珠菌病是基础性疾病。

(2)双肾急性肾小管坏死是患者死亡的主要原因。

(3)垂体及其周围脑组织念珠菌病与双肾肾小管坏死不宜建立直接的因果关系。

(4)药物对肾脏的急性损害作用不能排除。

[公安局刑事科学技术研究所法医学尸体检验报告书、理化检验鉴定书]
尸表检验:双前臂无皮试针孔;所送材料中未检出氰化物;砷、汞金属毒物;各类催眠镇静药物;生物碱类;各种有机磷农药成分。

检验意见:患者系垂体感染致应激反应低下,肾脏对药物的耐受性降低,最终因双肾急性肾小管坏死而死亡。

[医学会组织病理学专家对患者尸体解剖病理切片复查意见]

(1)患者生前存在如下基础性疾病:

①亚急性脑膜炎,以垂体周围病变为甚,真菌感染待排;

②间质性肺炎,慢心肺瘀血、肺水肿;

③冠状动脉粥样硬化,纤维斑块期;

④肝汇管区少量炎性细胞浸润。(淋巴和单核细胞为主)轻度肝瘀胆。

(2)全身各脏器小血管充血、瘀血明显;肺血管内见多量慢性炎性细胞聚集,其中可见嗜酸性细胞聚集;部分器官组织自容性改变;肾脏近曲小管形态改变多考虑为自溶。

二、矛盾焦点

患方:医生未详细询问病情,诊断感冒。违反诊疗护理操作常规,既未开处方,也未做皮试,即给病人肌注、输液,误诊误治,错误用药。发生反应大夫不在,使患者因急性肾小管坏死而死亡。医生的医疗行为与患者的死亡有直接因果关系,应认定为医疗事故。

医方:本人有乡村医生执业证书,治疗活动中没有任何过错。先做先锋皮试阴性,挂上先锋后观察了十几分钟没发现患者不适才离开患者家,并告诉家属若病情加重就尽快去大医院。患者死亡与本人的治疗行为没有直接因果关系。用药治疗符合医学规范。死亡完全是由于其家属对病情严重程度估计错误和护理过程中疏忽大意造成的,而不是由于医疗行为造成的。

三、案例评析

1.根据患医双方的陈述,患者的主要症状是头痛剧烈,另有眩晕,全身无力,面色苍白,预示患者有颅脑等疾病。根据医学会组织病理学专家对病理切片进行的复查意见,证明患者生前存在以下基础性疾病:(1)亚急性脑膜炎,以垂体周围病变为甚;(2)间质性肺炎,慢性肺瘀血、肺水肿;(3)冠状动脉粥样硬化等。患者生前的这些基础性疾病都是潜在危险,死亡原因是脑膜炎、颅内高压、脑疝形成,与医方的治疗无因果关系。

2.医方存在以下医疗过失,但与患者死亡无因果关系:

(1)法医尸表检验报告:双前臂无皮试针孔。证明医方在输入先锋V号抗生素前未做皮试。

(2)未严密观察病人,对患者头痛症状认识不足。

(3)无任何病历记录。

案例十七

一、病史摘要

患者,男,1岁,××年6月25日16:20病危入院。

主诉:突然全身青紫、昏迷4 min。

查体:T 36.0 ℃,HR约30次/分,呼吸未测出,深昏迷。全身皮肤青紫,手足冰凉,前囟约1.0 cm×1.0 cm,平紧。双侧瞳孔散大约6 mm,对光反射迟钝。口唇黏膜重度发绀,咽部明显充血,左侧扁桃体Ⅲ度肿大,右侧扁桃体Ⅱ度肿大。颈抵抗,颈、股动脉搏动微弱。双肺呼吸音未闻及。心音微弱,心率约30次/分,各瓣膜未闻及病理杂音。腹肌稍紧张,肝、脾未触及肿大,叩呈鼓音,肠鸣音未闻及。脊柱、四肢无畸形,肌张力减弱。肛门及生殖器正常。角膜反射,腹壁反射,膝反射,肱二、三头肌反射,踝反射,提睾反射均未显,巴宾斯基征、奥苯海姆征、戈登征、查多克征均未引出。

入院诊断:(1)窒息;(2)急性咽喉-扁桃体炎;(3)脑血管畸形、破裂;(4)多脏器功能衰竭(心、肺、脑、肾)。

抢救经过:即刻畅通呼吸道、持续吸氧、吸痰、建立静脉通路、胸外按压、副肾上腺素和呼吸兴奋剂静推、抗休克、新三联静推等治疗。16:50心率152次/分,无自主呼吸。19:50心率60次/分。19:56心电监护示:室颤波。20:50心跳停止。

死亡诊断:(1)窒息;(2)急性咽喉-扁桃体炎;(3)脑血管畸形、破裂;(4)多脏器功能衰竭(心、肺、脑、肾)。

医嘱记录:25日23:08病危,心电监护,23:11气管插管、呼吸及辅助呼吸,23:14吸痰、心肺复苏术,23:19及23:26分别给予肾上腺素针及异丙肾上腺素针各0.5 mg,23:20尼可刹米0.185 g,23:28洛贝林1.5 mg。

二、矛盾焦点

患方:医方违反诊疗常规。青霉素皮试后无人负责监管与防范。青霉素过敏是导致患儿死亡的主要原因。医方否认青霉素过敏,没有按青霉素过敏抢救,患儿窒息16 min后才注射肾上腺素。发生急性喉阻塞,既未使用吸痰器,也无简易呼吸机,未行环甲穿刺、气管切开、插管,窒息18 min后才敞开呼吸道。医方的违规导致患儿死亡,属医疗事故。

医方:患儿病情较重,病情变化太突然。死因分析为急性喉阻塞导致窒息;先天性脑血管畸形、破裂,很难抢救成功。青霉素皮试阴性,无法确定过敏。

三、案例评析

1.医方给患儿进行青霉素皮试后,很快发生急性喉头水肿、呼吸困难、全身皮肤青紫、手脚冰凉、抽搐等,患儿为明显的青霉素过敏症状。

2.医方在对患儿的诊治过程中,存在以下医疗违规行为:

(1)青霉素皮试不规范:医师未下处方及书面皮试医嘱,护士所用皮试液来源、浓度、批号均不详;

(2)医方对青霉素皮试引起的过敏反应认识欠缺,未完全按青霉素过敏进行及时有效的抢救。

3.医方的以上违规行为与患者的死亡有直接因果关系,应负次要责任。

4.患儿系对青霉素超过敏体质,以致皮试即发生超敏反应,抢救有一定困难。

案例十八

一、病史摘要

患者,男,21岁,××年4月18日入住A医院。

主诉:兴奋、话多4个月余。

精神科检查:定向力基本完整,思维奔逸,存在夸大及被害妄想,情感高涨。

初诊:有精神病症状的躁狂症。

精神药物:氯丙嗪最小剂量50 mg/d,最大剂量400 mg/d,共9 d;碳酸锂最小剂量500 mg/d,最大剂量1000 mg/d,共85 d。

症状消失,于7月19日出院,共住院92 d。

最后诊断:有精神病性症状躁狂症。

第三年2月13日再次入住A医院。

主诉:兴奋、话多、乱跑2年,伴打人、夜眠差复发1个月。

主要精神症状:思维奔逸,语量多,语速快,自我评价高,夸大妄想,情感高涨,意志活动增强,无自制力。

初步诊断:复发性躁狂症。

给予抗狂躁药物治疗辅以心理治疗。

精神药物:碳酸锂剂量500 mg/d,共136 d;氯丙嗪最小剂量100 mg/d,最大剂量500 mg/d,共15 d,肌张力增高、震颤;丙戊酸钠最小剂量400 mg/d,最大剂量1200 mg/d,共4 d;氟哌啶醇最小剂量4 mg/d,最大剂量16 mg/d,共8 d, 肌张力增高、震颤;维斯通最小剂量1 mg/d,最大剂量2.5 mg/d,共3 d,肌张力增高。

住院136 d,兴奋症状好转,目前为药物副反应,肌张力高、震颤。向家属交代病情,患者用药剂量小时不能控制兴奋状态,剂量稍大时药物副反应明显。现碳酸锂0.5 g,bid;维斯通2 mg,qd。住院期间(2月26日至6月8日)7次测定血清Li^+0.79~0.93 mmol/L。家属要求将患者接回家休养,并签字担责。

6月29日出院。出院建议:(1)2周后门诊复查;(2)避免精神刺激;(3)带药:碳酸锂0.25 g口服,每次0.5 g,每日一次,维斯通口服,每次1.5 mg,每日一次。

第三年8月2日17:40以病危急诊入住B医院。

主诉:寒战、高热伴意识不清约18 h。

体查:T 38 ℃,P 120次/分,R 24次/分,BP 70/47 mmHg, 神志不清,睑结膜苍白,双侧瞳孔等大等圆,直径约2 mm,对光反射迟钝,双眼球上翻,双肺呼吸音粗,可闻及大量湿啰音。心、腹及其他部分未见异常。WBC 13.1×10^9/L,PLT

40×10^9/L，肾功、心电图、胸部X线片、头颅CT均未见异常。

初步诊断：高热、昏迷、休克、血小板减少原因待查。

给予抗休克、抗感染、解毒、保肝、输血、血浆等综合治疗，血压持续偏低，于8月10日23:15抢救无效死亡。

最后诊断：(1)碳酸锂、维斯通中毒；(2)感染性休克；(3)败血症(?)。

二、矛盾焦点

患方：患者在A医院住院治疗136 d，服用碳酸锂、维斯通、氯氮平致中毒，仍带药出院服药1个月，患者中毒死亡，属医疗事故。

医方：给患者所用维斯通、碳酸锂剂量均在药典规定的剂量范围之内，且剂量偏低，不会引起中毒。若确实是中毒，不排除患者未遵医嘱自行增加药物剂量的可能。患者死亡与我院无关。

三、案例评析

1.医方对患者的诊断、治疗正确，无违反诊疗常规的行为。住院期间及出院后所给药物碳酸锂、利培酮等均符合国家药典所规定的用法，用量在药典规定的剂量之内；住院期间7次测定血锂浓度都在正常范围之内(0.79～0.93 mmol/L)，低于中毒症状出现剂量(1.4 mmol/L)。碳酸锂、利培酮中毒的诊断无依据。

2.根据B医院的病历记载，患者入院时寒战、高热伴意识不清，WBC 13.1×10^9/L，血压70/47 mmHg，为感染中毒性休克，经抢救无效死亡，与A医院的诊治、用药无因果关系。

案例十九

一、病史摘要

患者，男，23岁，××年2月4日入住A医院内科。

主诉：不规则发热、胸闷、气短3个月，加重1周。阵发性咳嗽、咳痰，咳黄白色痰，午后发热、盗汗。3个月来渐消瘦，食欲减退。既往无肺结核、肝炎病史，无药物、食物、花粉过敏史。

体查：T 36.8 ℃，P 78分/次，R 18次/分，BP 110/80 mmHg，皮肤黏膜无黄染、皮疹、出血点及蜘蛛痣，浅表淋巴结不大，胸廓对称，右侧呼吸运动略减弱，右锁骨中线第4肋、肩胛线第7肋以下叩呈实音，实音区语颤减弱，呼吸音消失。心脏未见异常。腹平坦，腹壁静脉无怒张，肝脾未触及。

胸片：右侧前6肋以下胸腔呈外高内低边缘弧形致密影，侧胸壁胸膜肥厚呈带状密度增高影，右下肺见大片模糊影，边缘不清。双肺门见点状钙化灶。

诊断意见：(1)右侧胸膜肥厚粘连并包裹性积液；(2)右下肺炎性病变（Ⅲ型结核不排除）。

入院诊断：右侧胸腔积液；结核性胸膜炎，渗出性。

给予抗结核、保肝及对症治疗。自2月4日起，给异烟肼0.6 g+10%葡萄糖500 mL+维生素C 3 g，静滴，1次/d；链霉素0.75 g肌注，1次/d；利福平0.45 g口服，1次/d；吡嗪酰胺0.25 g口服，3次/d。经治疗患者病情好转，精神好，无咳嗽、咳痰，无胸痛、气短，饮食正常。叩诊右肺浊音范围缩小，浊音区语颤减弱，呼吸音减弱。3月10日记录：受凉后发烧，体温39～40 ℃，胸背部出现红色斑丘疹，咽部充血，扁桃体不大，心率105次/分，考虑感冒，给予清开灵、穿琥宁治疗。复查肝功有改变，考虑为抗结核药物副作用所致，停用。异烟肼、链霉素分别于3月11日15:00、3月12日8:00停止，利福平、吡嗪酰胺于3月11日11:00停止。3月13日记录：全身橘红样斑丘疹，背部潮红，进行性肝脾肿大，腹胀，上腹部压痛，移动性浊音(+)，下肢水肿，尿少。转上级医院治疗，3月16日出院。肝功检验结果：2月5日谷丙转氨酶20 U/L，谷草转氨酶6 U/L，白蛋白46.0 g/L，球蛋白36.0 g/L，A/G 1.28；甲肝抗体阳性。2月25日谷丙转氨酶57 U/L，A/G 1.45。3月10日谷丙转氨酶37 U/L，球蛋白35.0 g/L，A/G 1.17，总胆红素4.3 μmol/L，间接胆红素0.9 μmol/L。3月15日谷丙转氨酶862 U/L，白蛋白26.0 g/L，球蛋白19.0 g/L，A/G 1.37，总胆红素69.3 μmol/L，直接胆红素55.6 μmol/L，尿酸770 μmol/L，二氧化碳结合力17 mmol/L。

患者，同年3月15日入住B医院。

主诉：气短、咳嗽1个月余，发热伴全身皮疹7 d。

体查：体温39.5 ℃，脉搏92次/分，呼吸23次/分，血压96/62 mmHg，皮肤潮红，全身广泛皮疹，未突出于平面，压之不褪色，巩膜轻度黄染，双肺呼吸音粗，双肺叩诊音清，双肺底可闻及散在湿啰音。腹饱满，软，右上腹压痛，肝肋缘下约5 cm，剑突下约6 cm，质韧，有压痛，脾肋下未触及，墨菲氏征阴性，肝区叩击痛阳性，脾肾区无叩痛，移动性浊音阴性，肠鸣音5～6次/分，双下肢无水肿。

初步诊断：(1)急性肝损害；(2)药物性皮疹(?)。

入院后给予相关治疗，但患者病情进行性加重，意识不清，呼吸困难，少尿，给予机械通气、血液净化、保肝、多脏器功能支持、抗感染、营养、维持内环境平衡稳定、头部低温治疗等。病情曾一度好转，3月31日17:00病情突然加重，昏迷，小便失禁，自主呼吸弱，家属放弃抢救，自动出院。

出院诊断：(1)急性肝功能衰竭；(2)肝性脑病；(3)多脏器功能衰竭。

二、矛盾焦点

患方：医方未尽到勤勉、注意义务，存在过错。未按医疗常规进行抗结核治疗，给四联抗结核药物，却无保肝药物。异烟肼超过正常剂量2倍。治疗中患者出现变态反应性皮疹，没及时停药，反而使用了增强肝脏毒性的水杨酸类药物。医方的过错导致患者药物性肝损害、急性肝功能衰竭，直至死亡。医方的过错与患者的死亡之间存在因果关系，构成医疗事故。

医方：对患者诊断正确，积极负责，治疗合理。根据第七版《内科学》、国家药典(2005年版),没有违反结核病的治疗原则,所用抗结核药物剂量准确,效果满意。患者出现爆发性肝损害,最后死亡,与其体质有关。不构成医疗事故。

三、案例评析

1.医方对患者胸膜炎的临床诊断正确,采用四联抗结核治疗方案适当,用药未违反原则,异烟肼静脉滴注用量偏大,但仍在药典规定的范围之内。住院抗结核治疗期间进行了3次肝功能检测,3月15日出现肝功能损害,此时抗结核药物已停用4 d。

2.患者发生肝损坏,是由于患者体质特殊而发生的医疗意外,与医方的诊治无因果关系。

案例二十

一、病史摘要

患者,女 ,73岁,××年12月11日11:00入住A医院。

主诉:左下肢疼痛、肿胀8年,加重5 d。长时间行走后加重,平卧休息后缓解。

体查:T 36.0 ℃, P 86次/分,R 22次/分,BP 130/90 mmHg,脊柱无畸形,腰部压痛明显,左下肢肌力3级,直腿抬高试验阳性,膝腱反射减弱,左小腿肿胀明显,皮温较高,皮肤发红,压痛明显。

诊断:(1)腰椎间盘突出症;(2)左膝骨性关节炎;(3)左小腿肿痛原因待查。

12月13日行左下肢静脉造影显示:左股静脉中段病变;左侧大隐静脉股膝段未显影。

诊断:左下肢静脉血栓形成。

会诊后转入心内科。患者有溶栓治疗的适应证,并向家属详细交代病情及可能发生的并发症,家属签字同意溶栓。12月13日、14日每日一次给尿激酶50万U+生理盐水100 mL静脉输注0.5 h;15日至17日每日一次给尿激酶60万U+生理盐水100 mL静脉输注0.5 h;从12月13日起,给尿激酶的同时给低分子肝素钙5000 U静注,Bid,至12月17日止。12月15日以后患者出现呕吐现象,一过性意识丧失、失语。17日下午尿失禁,CT检查报告:左侧基底节区尾状核头部出血,破入双侧脑室及三脑室、四脑室并形成脑室铸型。下病危通知。专家会诊后行椎颅侧脑室引流。引流后病情渐好转,但2周后患者转为嗜睡。经远程会诊,关闭引流管24 h,CT检查脑室无扩大,拔除颅脑引流管。后经B医院专家会诊,行腰大池持续引流减轻脑积水,引流后2 d,患者病情好转,意识清楚,到第三天时,意识状态又恢复至引流前。给万古霉素鞘内注射3 d,仍嗜睡。

第二年1月16日头颅CT检查:脑积水并有脑疝形成可能。再次下病危。向家属交代需行侧脑室引流,家属拒绝,提出转院,签字后转入B医院。

二、矛盾焦点

患方:医方使用尿激酶为患者行溶栓治疗,在确诊死者病症、用尿激酶的适应证、剂量、用药血液的检测、术后处理等方面存在不正确的治疗措施。尿激酶药量过大,用导尿袋代替脑室引流袋,脑室引流阀关闭长达7 h,篡改病历。不正确的治疗导致患者死亡,属医疗事故。

医方:对患者下肢静脉血栓的诊断明确,治疗适应证明确,用药处置规范,并履行了详细的告知义务。脑出血是溶栓治疗的并发症,尤以老年患者更易发生。医方在诊疗过程中无任何过失及违规行为,不承担任何医疗责任。

三、案例评析

1.医方对患者的诊断正确,为急性左下肢静脉血栓形成,有溶栓治疗的适应证,向家属详细交代病情及可能发生的并发症,家属签字同意溶栓。医方溶栓治疗基本符合用药原则。

2.出血是溶栓治疗常见的并发症,发生率较高。患者73岁,脑血管基础较差,容易出血。

3.医方存在以下过失：

(1)尿激酶使用剂量偏大；

(2)用药期间对患者的临床监测欠妥。

案例二十一

一、病史摘要

患者，女，32岁，因"二胎孕28周，上腹疼痛伴恶心、呕吐1 h"，于××年5月1日23:15以"妊娠28周，LOA ，G2P1，急性胃炎(?)"收住A医院妇科。

自述入院前4 h吃火锅后上腹剧烈疼痛1 h，持续性，伴恶心呕吐。

查体：生命体征平稳，神志清楚，精神欠佳。双肺呼吸音清，未闻及干湿啰音，心音有力，律齐，心率84次/分，未闻及病理性杂音。腹软，剑突下及右上腹压痛阳性，肝、脾未及，肠鸣音正常。宫底脐上三指，胎位LOA，胎心160次/分，规律，宫缩无。

初步诊断：妊娠28周，LOA，G2P1，急性胃炎(?)。

给予654-2肌注10 mg，23:30疼痛未见明显好转，咨询外科大夫、请内科大夫会诊后，考虑胆绞痛(?)、急性胰腺炎、胃痉挛。给哌替啶50 mg肌注，异丙嗪25 mg肌注，10%葡萄糖250 mL+维生素C 1.0 g静滴。于5月2日0:30疼痛缓解。

B超提示：(1)肝内胆管结石(右)；(2)胆囊壁水肿；(3)晚孕，单活胎，头位；(4)脐绕颈；(5)胎儿心动过速；(6)胰腺声像图未见明显异常。

血、尿淀粉酶化验无明显异常。留病房观察。2:40查患者平稳入睡，呼之应答，呼吸平稳，P 82次/分，BP 110/70 mmHg，心、肺阴性，腹软，无压痛。因B超提示胎儿心动过速，嘱其尽量左侧卧位，继续湿化吸氧。6:00患者突然口唇发绀，呼之不应，叹息样呼吸，瞳孔散大，似固定，对光反射消失，呼吸音微弱，3～4次/分，心音微弱，律不齐，心率20～30次/分，血压未测到。即刻行心肺复苏、静推呼吸兴奋剂、吸氧、胸外按压、人工呼吸等积极抢救，于6:50临床死亡。

死亡诊断：心源性猝死，心肌梗死，肺梗死。

二、矛盾焦点

患方：医方在未查清病因的情况下，给患者使用包括哌替啶在内的镇痛药物，虽腹痛暂时缓解，但不久又出现异常。在长达7 h中医方未进行实质性治疗，出现重大失误，致患者死亡，医方应负完全责任。

医方：患者为孕妇，X线对胎儿有致畸作用，且患者无心肺症状及体征，故未做胸部拍片检查；医师给哌替啶50 mg肌注解痉镇痛不违规；患者病情突变，医师抢救及时；患者死因不明。我院诊疗不存在过错。

三、案例评析

1.医方对患者的诊治存在以下违规行为：

（1）患者孕28周，急腹症，由急诊收住妇科，未行心电图、胸部X线等必要的检查；未请有关科室进行认真会诊。

（2）在急腹症疼痛病因未诊断明确的情况下，使用中枢镇静剂及强镇痛剂异丙嗪及哌替啶，掩盖了病情，延误了诊断。

（3）对病人观察、处理不及时，未及时发现呼吸衰竭等病情变化，未及时采取有效救治措施。

（4）无急诊及住院病历，无任何病情观察、处理记录。

2.医方的以上违规行为，导致患者无法确诊，未得到及时有效的救治，与患者死亡有直接因果关系，医方应负主要责任。

3.患者的病情发展快，诊断、抢救有一定困难。

案例二十二

一、病史摘要

患者，男，54岁，因"突发胸痛、胸闷、气短10 min"于××年11月9日16:50到A医院急诊科就诊，经询问病史，急查心电图提示：ST-T缺血性改变。血压测不到，诊断"急性心肌梗死"。给予极化液静滴、吸氧、硝酸甘油0.6 mg舌下含化、0.9%氯化钠250 mL+硝酸甘油5 mg静滴、哌替啶50 mg肌注等治疗，症状渐缓解；化验肌红蛋白、肌酸激酶同工酶、肌钙蛋白均为阴性。18:30拟转运至内科住院治疗，用担架抬上救护车时，病情突变，胸痛加剧、呼吸困难、冷汗、意识丧失，急回急诊室，查：大动脉搏动消失、无自主呼吸，给予心肺复苏、哌替啶50 mg肌注、5%葡萄糖+利多卡因50 mg静滴、肾上腺素1 mg入壶、5%葡萄糖+丹参20 mL静滴、阿托品0.5 mg入壶，抢救至19:10，心跳、呼吸未恢复，心电监护示直线，征得家属同意后停止抢救。

二、矛盾焦点

患方：患者走进医院大门，先后不到2 h就命送大夫手中，医方急救药品（肾上腺素、利多卡因）使用不规范，阿托品也不能使用，同时医方设备（除颤仪）不是不能正常运转，而是该设备纯属不能使用的坏设备。患者的死亡属医疗责任事故，医方应当承担全部经济责任和法律责任。

医方：对该患者诊断准确，抢救及时，由于患者病情本身的因素（急性心肌梗死并心源性休克），尽管进行了积极的抢救，但未能挽救患者的生命，患者的死亡与医方的抢救治疗措施、转运等无因果关系。

三、案例评析

1.医方根据患者的症状、体征及心电图检查，诊断急性心肌梗死成立。

2.医方对患者的治疗存在以下违规行为:

(1)对患者病情严重性认识不足,对患者及其家属未告知病情的严重性,没有患方的签字,且未下病重通知书。

(2)对急性心肌梗死患者搬动、转院选择的时机把握不当。

(3)医方的抢救设备(除颤仪)不能正常工作。

3.医方的上述违规行为与患者的死亡有直接因果关系,医方应承担次要责任。

4.急性心肌梗死患者抢救难度大,临床死亡率很高。患者最终的死亡结果与其自身疾病有很大关系。

案例二十三

一、病史摘要

患者,男性,32岁,以发烧、头痛20 d余,加重伴躁动不安、谵语5 d,于××年11月1日11:00入住A医院神经内科。

查体:体温38.6 ℃,意识呈瞻望态,躁动不安,颈部抵抗,双侧克氏征阳性,布什征阳性。

入院当天考虑中枢神经系统感染,给予降颅压、抗感染等治疗。入院后第二天(11月2日)行腰穿术,当时脑压大于400 mmH$_2$O,取少量脑脊液送常规检验,WBC 56×10^9/L,N 0.72,蛋白定性(++),糖定性(±)。当天诊断结核性脑膜炎,并给予抗结核治疗:异烟肼、利福平、吡嗪酰胺,同时使用地塞米松、降颅压、支持对症治疗。经以上治疗,病情逐渐好转,意识逐渐转清,精神症状消失,体温正常,头痛明显减轻。11月20日复查腰穿,脑压已降至正常(165 mmH$_2$O),脑脊液化验白细胞与蛋白仍高。遂请专科医院专家会诊,专家认为诊断正确,经抗结核治疗已明显好转,宜继续抗结核治疗。鉴于患者转氨酶轻度升高,建议暂停吡嗪酰胺,改用氧氟沙星,并加保肝药,继续用激素,抗结核药物3~6个月后酌情调整。根据专家建议,调整治疗方案。12月7日患者又出现头痛,随后复查CT为结脑致脑积水。遂加用链霉素,同时加强脱水降颅压治疗。28日复查CT,脑积水无好转,即请神经外科会诊,保守治疗月余后转专科医院治疗。

二、矛盾焦点

患方:

(1)医方误诊,延误病情,××年12月25日前未按结脑治疗。

(2)改动病历,与事实不符。××年11月2日病历记录中的腰穿、脑脊液化验、11月24日专科医院专家会诊时间系伪造。

医方:患者××年11月1日住院,11月2日即行腰穿、脑脊液化验,当天报告检验结果,即采用四联抗结核、激素、降颅压治疗。症状逐渐好转。治疗有效。

三、案例评析

1.各种治疗查证:

(1)医院检验结果登记本(原件)××年11月2日患者的脑脊液检查结果登记与住院病历中脑脊液检验报告单相一致;

(2)医院护理交班本(原件)××年11月2日记录患者“今日行腰穿术”;

(3)医院医嘱本(原件)××年11月2日记录即采用抗结核、激素治疗;

(4)专科医院专家证实患者病历的记录属实,会诊时医院已给了抗结核治疗,病情好转,仅对某些抗结核药物剂量提了调整建议。

根据病历及其他原始证据记载,院方神经内科对患者结核性脑膜炎的诊治及时,原则正确,无违法违规事实。

2.因果关系:医方治疗结果,患者病情好转。

3.责任程度:院方无责任。

案例二十四

一、病史摘要

患者,女性,65岁。××年10月4日因车祸受伤急诊入住A医院。

诊断:腹、胸部闭合性损伤。左侧多发性肋骨骨折,创伤性湿肺,左髋臼骨折,低血容量休克,牙齿脱落,大量心包积液。心功能Ⅳ级,高血压病Ⅱ级,上呼吸道感染。

于第二年的1月31日首次行心包穿刺术,抽出暗红色心包积液450 mL,病人自觉症状明显缓解。此后又给予利尿、扩血管及对症治疗。2个月后症状再次出现,且逐渐加重,彩超探及中量心包积液。4月15日交代病情及心包穿刺风险,明确记录术中可能出现局部出血、气胸、心脏损伤、休克、猝死等并发症。患者及其家属都签字同意手术。同年4月18日再次行心包穿刺术,术中因病人感心前区不适而即刻拔出穿刺针,此时测血压0/0 kPa,经积极抢救无效死亡。

公安处刑事科学技术鉴定书《关于××尸体检验死因的鉴定书》检验证实:心尖部位左心室前侧面(胸肋面)在2.1 cm×1.5 cm范围内,正中有一0.2 cm×0.2 cm洞穿孔,挤压有血液流出,切开左心室相应部位,有同样大小的洞孔伤,周围有血。横切面见散在数个结节样出血,大小为1 cm×0.8 cm到,0.5 cm×0.5 cm。

结论:因心包穿刺失误,造成心脏损伤,又有较大量的出血到心包腔内导致急性心包填塞,心功能障碍而死亡。

二、矛盾焦点

患方:××年4月18日,在彩超提示心包积液中量的情况下,医方为患者行心包积液穿刺抽液术。因心包穿刺失误,造成心脏损伤而死亡。

医方:给患者做心包穿刺指征明确,穿刺有较大的危险性,术前患者及其家属均同意穿刺并签字。穿刺在彩超引导下严格按操作规程进行,发现问题时,及时抢救,措施正确。患者死亡是穿刺所发生的意外。

三、案例评析

1.医方为患者行心包穿刺手术,操作失误,穿伤心脏,大量出血导致心包填塞,心功能障碍,抢救无效死亡。

2.心包穿刺损伤心脏,是造成患者死亡的直接原因。但因患者年龄大,车祸伤势严重,心功能Ⅳ级,又患高血压病Ⅱ级、上呼吸道感染等疾病,心包穿刺本身能引起神经反射导致心跳停止,也是促使患者死亡的重要因素。

3.医方负轻微责任。

案例二十五

一、病史摘要

患者,女性,80岁,因反复心前区疼痛、胸闷气短5年,加重2 d,以"(1)冠心病、不稳定性心绞痛、心功能Ⅲ级;(2)高血压病"于××年3月6日收住A医院心肾科。患者既往有高血压病史21年,曾发生过脑梗死、心肌梗死。

本次入院时查BP 150/105 mmHg,心率110次/分,即给予阿司匹林、美托洛尔、卡托普利、异山梨酯、硝酸甘油等药物治疗,第二日因病人心前区疼痛伴大汗淋漓加低分子肝素钙、麦利平、西沙比利等药物。患者于3月10日出现大小便失禁伴口角麻木,查体BP 130/70 mmHg,神志清楚,左侧中枢性面瘫(陈旧性),双上肢见震颤,肌张力略增高,四肢腱反射存在,病理反射未引出,软瘫试验阴性,颜面躯干及四肢痛觉减退,双上肢内侧及大腿内侧可见数块皮下瘀血斑,做头颅CT示多发性腔隙性脑梗死。经抗凝、扩冠、改善血循环及脑细胞代谢,并对症治疗。患者血压维持在(125~140)/(70 ~ 85)mmHg,左下肢肌力3级,右下肢肌力4级,病情稳定,同年4月6日出院。

二、矛盾焦点

患方:对患者的治疗有过失行为,降压过度,致多发性腔隙性脑梗死。

医方:针对冠心病进行扩冠治疗,选用异山梨酯、卡托普利、硝酸甘油等,后停用异山梨酯、美托洛尔,加强抗凝及改善血管痉挛,并未选用降压药物。另外认为,××市医疗事故鉴定委员会案例评析中的以下描述不妥,容易发生误解,即"但在选用降压药物及给予扩冠治疗中,没有充分考虑各种降压药物的联合降压作用及患者的个体差异,患者血压降幅一度较大……故治疗过程中出现的……症状,与本身疾病的发展演变不无关系,同时也难以确定与血压降幅较大有必然的联系,故不构成医疗事故"。

三、案例评析

1.患者入院期间诊断明确,治疗原则正确,无违法违规事实。

2.经鉴定组专家合议认为,××市医疗事故鉴定委员会《医疗事故鉴定书》中的鉴定案例评析,客观公正,予以维持。

3.在选用降压药物及给予扩冠治疗中,没有充分考虑各种降压药物的联合降压作用及患者的个体差异,患者血压降幅一度较大;故治疗过程中出现的肢体功能障碍,大小便失禁及神经系统症状,与本身疾病的发展演变不无关系,同时也难以确定与血压降幅较大有必然的联系。

4.医方无责任。

案例二十六

一、病史摘要

患儿,女,8.5个月,于××年10月18日因咳嗽5 d,在A医院门诊首诊,由该医院副主任医师Z接诊,经查体,体温37.7 ℃,咽充血,双肺呼吸音清,心率快,以呼吸道感染予以抗病毒冲剂1/3包，美欧卡冲剂0.1 g，每日三次口服，及平儿热痛退热剂。两日后复诊，患儿用药后退烧，咳不剧，吃奶欠好，休息欠安。查体：体温36.4 ℃，双肺(-)，咽充血，心率140次/分。仍由Z医师接诊，按原药继续服用。同年11月3日上午(8:30)第三次就诊，因"发烧、呕吐三次、大便干燥"(家人代诉)查体：体温39 ℃，呼吸急促，60次以上/分，心率快，双肺(-)，咽充血，以呼吸道感染予以甲氧氯普胺2 mg，维生素K 34 mg，阿尼利定1/4支肌注，抗病毒冲剂1/3包、阿莫西林冲剂1包，口服每日三次，小儿热痛片0.2 g，退热。接诊医师Z治疗后其奶奶抱患儿回家。当日16:30左右，患儿因呼吸急促，面色苍白，口周青紫，再次到医院就诊，儿科值班医师检查患儿面色苍白，四肢冰凉，瞳孔散大，对光发射消失，未闻及心跳及呼吸音。立即进行胸外按压5 min，抢救无效死亡。

医院病理尸检报告病理诊断：

(1)先天性心脏病(肺动脉狭窄、室间隔缺损、主动脉右移，骑跨于室间隔缺损上方，右心室肥大及扩张、左心室肥大及扩张瘀血)。

(2)慢性喉炎。

(3)间质性肺炎。

(4)心力衰竭。

①慢性肺瘀血、水肿；

②慢性肝瘀血；

③慢性脾瘀血；

④肾及肾上腺慢性瘀血。

死因：先心病并肺炎、心衰死亡。

二、矛盾焦点

患方：父母认为，其女儿死亡是由于医方再为其提供医疗服务的过程中有严重的不负责、误诊、误治问题，病历记载不符合要求，对症治疗及抢救不及时，使患儿错过了正确治疗和抢救的机会，医方对患儿的死亡有不可推卸的责任。

医方：对患儿的治疗无明显过失行为。患儿死因为"先心病、心衰、间质性肺炎"所致。患儿在诊疗过程中,故意"隐瞒"病史,拖延抢救时间,伪造证据。患儿死亡与医院诊疗无因果关系,不属医疗事故。

三、案例评析

1.医方4次接诊患儿,接诊医师在患儿前三次诊疗中缺乏必要的客观的检查,如仔细听诊心脏,血常规,胸部X线片检查(胸透或拍片),心电图或超声心动图。另外,患儿临床表现特殊,无发绀。造成本例先天性心脏病、肺炎的漏诊以至于对患儿未能采取足够的治疗、预防措施。尤其是第三次就诊时,患儿病重,没有将患儿留院观察或收住入院治疗,失去了抢救机会。

以上情况,医方违反医疗常规。

2.医方患儿先心病、肺炎、心衰漏诊,救治不当,是患儿死亡原因之一。患儿疾病本身严重,随时有出危险的可能。但患儿病情恶化前12 d,家长未到医院就诊,特别是第三次就诊后,未见好转,而先去基督教堂,延误了抢救时机,是造成死亡的重要原因。

3.医方负轻微责任。

案例二十七

一、病史摘要

患儿于××年1月22日晚无明显诱因突发双下肢散在瘀斑伴小腿部疼痛,在A诊所就诊,W医生当即诊断为"过敏性紫癜"。静推50%葡萄糖20 mL加葡萄糖酸钙2.0 g,维生素C 1.0 g,次日重复上述治疗,患儿手臂无疼痛。1月24日1:00,患儿突然呕吐、腹泻,W医生在患儿家中肌注爱茂尔2 mg,酚磺乙胺0.25 mg,于3:00病症加重并出现便血不止,请B诊所Z医生出诊到家中诊治。Z医生诊查时见患儿精神差,面色青灰,口唇发绀,四肢厥冷,呼吸微弱,脉搏摸不到。

初步诊断:(1)过敏性紫癜;(2)失血性休克。

遂肌注酚磺乙胺1支,生脉注射液4 mL,再给50%葡萄糖40 mL附加维生素C 1.5 g,肌酐0.2 g,在左手腕部静脉推注(推注时止血带是否一直在前臂环扎及推注速度无法明确),当推注30 mL左右时,患儿嚷疼,便叫患儿的伯父推完剩余药量。1 h后患儿在C医院就诊。

C医院接诊时患儿精神差,四肢发凉,四肢末端冰凉,左手背侧可见一4 cm×6 cm的皮肤褐色区,左手拇指、食指、中指均见皮肤暗褐色,诊断为:(1)过敏性紫癜;(2)消化道出血;(3)双上肢前臂张力性水肿,并左手背部皮下坏死,左手中指末节缺血性坏死。于同年2月25日行左手背创面带蒂皮瓣移植,取中厚皮片植皮并中指末节截指术,术后伤口痊愈,于4月2日出院

二、矛盾焦点

患方:患儿在B诊所Z医生出诊的1 h期间,是否因Z医生给患儿做前臂静脉推注50%葡萄糖40 mL附加维生素C 1.5 g而引起患儿左手前臂及中指末节坏死,属医疗事故。

医方:

A诊所:W医生认为使用的药物及注射无不当。

B诊所:Z医生认为对患儿的治疗不构成医疗事故;

C医院:患儿在医院诊断明确,治疗及时得当,达到预期目的,无过失。

三、案例评析

1.违法违规事实:

(1)B诊所Z医生在患儿末梢血液循环不良的情况下,使用大剂量高渗药物静脉推注(亦有可能药物露出血管,止血带在前臂环扎时间过长),造成左前臂及手部肿胀,严重影响血液循环而造成皮肤及手指坏死。

(2)患儿在A诊所注射治疗无问题,患儿母亲在向专家组陈述时亦如此认为。

(3)C医院的诊断正确,治疗及时得当,无过错。

2.因果关系：

因B诊所静推大剂量高渗药物，造成患儿左前臂及手部肿胀，进而造成手指坏死、中指末节截指的结果。因患儿体质较差，病情较重，血管脆弱，药液易渗出，是造成该结果的次要原因。

3.责任程度：B诊所负主要责任。

案例二十八

一、病史摘要

患者，女，13岁 。××年11月25日7:00，口含一粒大蚕豆又吹哨子时，不慎将大豆吸入气管，发生梗阻。家人用口对口吸、筷子掏挖等均未奏效。即挡汽车送A医院。(到达A医院时间，患方：7:50左右，医方：9:40，鉴定书：8:30)

查体：呼吸48次/分，脉搏102次/分，面色苍白，口唇及颜面青紫，呼吸急促，烦躁不安，小便失禁，双肺呼吸音弱，三凹征(-)，心音低钝，心率102次/分，律齐，腹部及神经系统未见异常。

喉镜检查：声门及双侧梨状物，声门下区未见异常，会厌及双侧声带充血水肿。

患儿病情危重，就地紧急在医生办公室抢救，给予吸氧，打开静脉通道，用20号针头三次环甲膜穿刺，均无气体排出。及时报告医院领导组织有关科室医务人员紧急会诊抢救。患儿曾一度呼吸停止，经变动体位、拍打胸背，自动呼吸恢复。但很快再次出现呼吸停止，意识丧失。行胸外按压，心肺复苏，注射尼可刹米、洛贝林各一支，抢救无效，于10:30(患者：11:00左右)死亡。

死亡诊断：(1)气管异物(大豆)；(2)急性呼吸道梗阻；(3)窒息死亡。

二、矛盾焦点

患方：患者到医院后，延误治疗。抢救措施失误，导致患者死亡。

医方:因大豆梗阻部位在总气管内,病情危急,来不及做其他检查、治疗、请外院专家,更不能转院,只能用拍打胸背、变换体位等办法。医院及时并尽其所能给予全力抢救,措施得当,不属医疗事故。

三、案例评析

1.救治过程合理:

(1)气管异物属急性、危重病症。大(蚕)豆异物更为凶险,由于其质硬、圆滑、有脂性刺激,一旦吸入,即刻引起呼吸困难,甚至窒息。

(2)患儿入院后,医方抓紧就地在医生办公室诊断床上竭力抢救,拍打胸背部、变换体位等是抢救的简易方法。

(3)气管切开术,不是抢救该患儿的必须办法,即使做了,异物卡在切口下面,无专门医疗设备,仍然无法取出。

(4)患儿就诊时,临床表现已经很危急,转院或请外地医师不允许或根本来不及。

2.因果关系:医方尽力抢救,无违法违规事实,无医疗过失。

案例二十九

一、病史摘要

患者,女,77岁,有高血压、糖尿病史。于××年12月26日19:30左右在厨房干活时突发头昏、头胀、头痛、心跳、胸闷、乏力、呼吸困难、不能说话,神志清。急送A医院急诊科,到医院时间为20:00(患方:19:45)。

急查:P 95次/分,BP 200/120 mmHg,意识不清,处于浅昏迷状态,双瞳孔等大等圆,约2.5 mm,对光反射迟钝,生理反射存在。左侧巴宾斯基征(+),双肺呼吸音清晰,HR 95次/分,心律不齐,心脏各瓣膜听诊区未闻及杂音,做ECG示频发室性早搏。

初步诊断：(1)急性脑血管病、脑出血；(2)原发性高血压病Ⅲ期；(3)心律失常；(4)糖尿病2型。

立即给予吸氧、心电监护、快速静滴20%的甘露醇125 mL(患方：250 mL)，静注呋塞米20 mg，普罗帕酮35 mg静注，后续生理盐水500 mL+赛若素20 mL(患方：吡拉西坦12 g)。于10:00(患方：11:30)收住神经内科，此时病情加重。住院体检：BP 175/110 mmHg，意识不清，深昏迷，压眶无反应，双瞳孔不等大，右瞳孔约5 mm，左瞳孔约1.5 mm，对光反射消失，四肢肌张力增高，四肢腱反射消失，左巴宾斯基征(+)，右巴宾斯基征(±)，颈抵抗(±)，双肺呼吸音粗糙，心律不齐，HR 110次/分。继续给予甘露醇、呋塞米、普罗帕酮、呼吸兴奋剂等治疗，病情仍进行性加重，呼吸不规则，血压下降，经抢救无效，于12月27日3:30死亡。

二、矛盾焦点

患方：病人在医院急诊时，属明显的"心血管"病症状，而经治医生却认为是"脑血管"病症状。急诊延误3.5 h，不会诊，未做CT，是误诊误治。医院篡改病历。

医方：对患者诊断明确，不存在误诊误治的问题，医疗措施得当，抢救及时。患者病重，抢救无效死亡。不存在医疗事故问题。

三、案例评析

1.救治过程合理：医方根据病史、症状及体检等，对患者脑出血的临床症状诊断正确，抢救原则无过失、无违法违规事实。

2.因果关系：患者年事已高，有高血压、糖尿病都可导致脑出血，病情急危重，属重症脑出血。合并心律失常是脑心综合征的表现。虽经抢救，仍无效死亡，此乃疾病发展结果。与医方诊治无因果关系。

案例三十

一、病史摘要

患者,女,63岁,主诉“胸闷、气短、乏力5 d,尿频、尿痛4 d”于××年4月19日11:30收住A医院泌尿科。否认既往有“糖尿病、肾病、高血压”史。

体检:T 36.4 ℃,P 63次/分,R 19次/分,BP 16/11 kPa,营养差,精神差,神志清醒,痛苦面容,心脏偶闻早搏,小腹压痛(+),其余未见异常。尿WBC 2~3个/HP,RBC3~4个/HP,尿酮体(++++),血酮体(+),血糖5.7 mmol/L,血钾3.2 mmol/L,钠137.0 mmol/L。

入院诊断:(1)酮症酸中毒;(2)泌尿系感染。

给予抗感染、持续吸氧治疗。普内科19日20:30会诊暂不考虑糖尿病,随诊。4月19—22日每天一次给静滴5%葡萄糖250 mL加丁胺卡那0.4 mg、5%葡萄糖250 mL加青霉素640万U,4月19日静滴10%葡萄糖1000 mL加10%氯化钾10 mL、VB_6 0.2 mg、VC 2.0 mg,4月20至22日每天静滴50%葡萄糖130 mL、10%葡萄糖370 mL,加10%氯化钾10 mL、VB_6 0.2 mg、VC 2.0 mg、胰岛素8 U,4月20日静滴10%葡萄糖500 mL加能量合剂1支、10%氯化钾10 mL,4月22日静滴10%葡萄糖330 mL,50%葡萄糖170 mL加10%氯化钾15 mL、VB_6 0.2 mg、VC 2.0 mg、胰岛素8 U,5%葡萄糖500 mL加10%氯化钾15 mL,同日起又每日静滴一次10%葡萄糖500 mL加10%氯化钾15 mL、普通胰岛素10 U及10%葡萄糖500 mL加10%氯化钾15 mL、25%硫酸镁10 mL、普通胰岛素10 U。

4月22日晚患者昏迷,查血压14/7 kPa,脉搏79次/分,呼吸19次/分,两肺肺底可闻及少许啰音。急诊查电解质和血糖,提示低钾1.96 mmol/L,CO_2结合力33 mmol/L,尿比重1.014,镜检红细胞2~3个/HP,白细胞0~2个/HP,请普内科再次会诊,复查血K^+1.9 mmol/L,Na^+128 mmol/L,Cl^-89 mmol/L,Gluc 10.54 mmol/L。查体患者呈恶病质,深度昏迷,颈软,瞳孔等大等圆,对光反射不灵敏,双肺呼吸音粗，未闻及干湿型啰音，心音有力，律齐，心率130次/分，未闻及杂音，舟状腹，肝脾未触及，双下肢无浮肿，病理反射未引出。考虑电解质紊乱，但糖尿病尚不能排外。转普内科诊治，给予补充电解质、营养支持及对症治疗，神志转清，22日晚和23日晨复查血糖分别为11.0和12.6 mmol/L，说明可能为糖尿病，监测血糖，给予糖胰比例液。血糖23日为5.51 mmol/L，24日为9.8 mmol/L。病情重，23日又昏迷，给予药物抢救、心肺复苏、吸痰等无效，于24日13:45死亡。

二、矛盾焦点

患方：因尿频、尿急住院，病人不能输葡萄糖，但医院仍输葡萄糖；猛猛地吸痰，猛猛地拔出吸痰器，病人死亡。

医方：患者入院诊断为泌尿系感染，会诊暂不考虑糖尿病，为电解质紊乱，给予纠正电解质、补液、营养支持治疗，并非用药不当。吸痰不会故意伤害患者。患者因糖尿病、恶病质、电解质紊乱、多脏器功能衰竭死亡。

三、案例评析

1.患者入院诊断为泌尿系感染，酮症酸中毒，糖尿病不排外，电解质紊乱。给予补液、纠正电解质紊乱、营养支持、抗感染等治疗，病情曾有所好转。医方在补液过程中考虑到糖尿病的可能性，因而在输液过程中给予适当的胰岛素，期间血糖水平基本正常。并针对饮食不佳、钾摄入不足给予补钾。在临终前的抢救中，给予吸痰、通畅呼吸道是合理的。医疗行为无违法违规事实。

2.患者死亡与其本身的疾病、长期营养不良、全身衰竭、电解质紊乱有直接关系，医方医疗行为与患者死亡无因果关系。

3.医方无医疗过失行为，对患者死亡不承担责任。

案例三十一

一、病史摘要

患者，女，40岁，主诉发热、腹胀10 d，腹泻黏液便3 d，于××年11月24日以“发热待查”收住A医院内二科，给予头孢哌酮治疗不见好转，以急性菌痢转入内三科，抬入病房。

体检：T 38.4 ℃，P 79次/分，R 20次/分，BP 110/70 mmHg，神志清醒，精神极差，查体合作，腹肌略紧张，叩呈鼓音，双下肢呈轻度凹陷性水肿。其余部位未见异常。RBC 3.62×10^{12}/L，总蛋白59.5 g/L，白蛋白27.5 g/L。

B超提示：(1)子宫右侧强回声团块(炎性包块不排外)；(2)右侧附件区囊性肿块(左侧卵巢囊腺瘤待排)；(3)子宫直肠窝积液(大量)；(4)腹腔积液(少量)；(5)双侧肾盂积水。

CT示盆腔内囊性结节，多考虑脓肿。11月26日血糖18.4 mmol/L，28日尿糖(+++)，28日血糖31.5 mmol/L，29日尿糖(+++)，尿蛋白(+)，潜血(+++)，12月3日WBC 26×10^{9}/L，RBC 2.27×10^{12}/L，Hb 67 g/L，12月4日、25日两次大便培养出致病大肠埃希氏菌。

入院初步诊断：(1)感染性腹泻；(2)盆腔占位性病变(盆腔脓肿)(?)。

经全院会诊诊断：(1)感染性腹泻；(2)盆腔脓肿；(3)2型糖尿病；(4)低蛋白血症；(5)结核性腹膜炎。

治疗：11月25—26日，每天给予5%葡萄糖300 mL，27日以后再未给糖，用普通胰岛素皮下注射，抗生素联合应用，抗结核，输全血及血浆。出院时感染性腹泻基本治愈，血糖、低蛋白血症有所纠正，白细胞正常，但体温尚不稳定。12月29日患者自动出院，到B医院治疗，抗菌治疗一周，体温仍不退，后停用所有抗生素，改用抗真菌治疗后体温正常。B医院诊断：(1)右髋关节结核，(2)2型糖尿病。经治疗患者全身情况尚可，行走借助拐杖。

二、矛盾焦点

患方：患者系2型糖尿病，血糖高，医方仍给静滴葡萄糖；滥用抗生素致霉菌感染。治疗有误，加重病情。

医方：给5%葡萄糖300 mL，第二天发现尿糖阳性后即停用；患者有严重感染，有抗生素应用指征；患者病情加重，与疾病的发展和转归有关，不属医疗事故。

三、案例评析

1.患者入院初步诊断：(1)感染性腹泻；(2)盆腔占位性病变(盆腔脓肿)(?)。后又补充诊断：(3)2型糖尿病；(4)结核性腹膜炎(?)。联合应用数种抗生素治疗，腹泻治愈，对症治疗糖尿病，血糖基本控制，但体温仍不正常。转入上级医院抗菌治疗一周仍不退烧，停用所有抗生素，改用抗真菌治疗3~4 d后烧退。医方抗生素使用不规范，导致患者二重感染。糖尿病人长期、大量使用抗生素，更易发生二重感染。属医疗失误。

2.二重感染最终治愈，未给患者造成人身损害。医方的诊疗行为与患者目前的病症无因果关系，医方无责任。

案例三十二

一、病史摘要

患者，男，46岁，主诉头晕伴恶心、呕吐、四肢无力3 h，于××年1月22日17:00以高血压收住A医院。

体查：BP 140/90 mmHg，T 37.2 ℃，P 84次/分，R 24次/分。心脏相对浊音界向左增大，心音减弱。头颅CT：右颞叶脑梗死、皮层下动脉硬化性脑病；心电图示：冠状动脉供血不足、左室肥厚并劳损、左前分支阻滞。

初步诊断:(1)原发性高血压;(2)右颞叶脑梗死;(3)冠心病。

入院后给予特护,住抢救室,四测每6 h一次,吸氧降颅内压、扩冠、对症支持治疗。症状有所减轻,但烦躁不安显著。1月23日16:00停止吸氧。(患者家属述:停止吸氧后10 min病情加重,烦躁不安,嘴唇发绀,四次测血压均为180/120 mmHg,叫大夫不来,23日24:00至24日4:00没有量血压,没有及时采取抢救措施)患者于1月24日13:15小便时突然呼吸困难,面色发青,呼之不应,测血压为零,叹息样呼吸,心音听不到。急行心肺复苏,抢救无效死亡。

二、矛盾焦点

患方:患者因头晕、四肢无力入住××医院抢救室,经输氧、输液病情好转,第二天15:50拔下氧气,10 min后病情加重,血压高,叫大夫不来,没有及时采取抢救措施,致患者死亡。

医方:患者入院诊断脑梗死、高血压病Ⅲ期、冠心病,进行了积极治疗,死因为冠心病猝死。停氧不是导致死亡的直接原因。

三、案例评析

患者入院后多次监测血压记录均在140/90 mmHg以上,高血压的诊断确立。头颅CT片显示有脑梗死及缺血改变,故脑梗死的诊断无误。心电图显示额面心电轴左偏,R波为主的导联均有广泛的ST段下移及T波对称性倒置,提示有心肌缺血。故患者入院时高血压、脑梗死、冠心病的临床诊断成立。

入院后的治疗处理措施基本得当,无违法违规事实。患者有高血压,并有脑梗死及心肌缺血的合并疾病,属于很高危的危险分层。1月24日13:15,患者在小便时突然出现呼吸困难,面色发青,叹息样呼吸,心音听不到,血压为零,抢救无效死亡。其死因为恶性心律失常导致心脏猝死。1月23日16:00停止吸氧与恶性心律失常所致猝死无因果关系。

案例三十三

一、病史摘要

患者，男，62岁，因间断头晕7个月，A医院门诊于××年6月13日10:00，以高血压病Ⅲ期、左侧腔隙性脑梗死收住入院。患者7个月前出现头晕、乏力、眼花、黑蒙，血压高于正常，最高170/120 mmHg，间断服用尼莫地平、脑舒通、通心络等药物。6个月前曾出现晕厥，头颅CT检查示：左侧腔隙性脑梗死。3 d前出现右手麻木，活动欠灵活，走路身体稍向右偏，右下肢略无力，今来院就诊。

查体：BP 20/13 kPa，神志清醒，口角歪斜，唇绀，颈软，心律86次/分，律齐，右侧上下肢痛觉略减，右上肢肌力略弱，肌张力正常，腱反射正常，病理反射阴性。（主管医生要求行CT检查，患者拒绝）。

初步给予溶栓抗凝、营养脑细胞、降压治疗。一级护理，病重，测血压4次/日，给静滴0.9%盐水250 mL加胞磷胆碱0.5 mg、10%氯化钾5 mL，1次/日；静滴血栓通10 mL加5%葡萄糖250 mL，1次/日；口服尼莫地平40 mg、吡拉西坦0.8 mg、硫甲丙脯酸12.5 mg，3次/日。（医方述并有证明及法院调查笔录：下午患者擅自离院游转，主管医生多次找患者行CT未果）

6月13日23:50病程记录：患者23:30出现恶心、呕吐、左面及右手麻木，大汗淋漓。查BP 18/12 kPa，神志清醒，口角左歪，心律88次/分，律齐，四肢肌力基本正常，考虑急性脑血管病，脑梗死及出血均不排外。暂卧床休息，病情平稳后行头颅CT检查。给20%甘露醇250 mL静点，甲氧氯普胺10 mg肌注。

14日2:00病情加重，下病危通知。6:50突现张口呼吸，10次/分，心律110次/分，抢救无效死亡。

死因：高血压病Ⅲ期、脑出血、中枢性呼吸循环衰竭。

二、矛盾焦点

患方:诊断脑梗死证据不足,脑出血的可能性大;对没有确诊为脑梗死的病人采用溶栓抗凝治疗是原则性错误;未做CT检查,延误抢救时机,致病人死亡。

医方:诊断、治疗、抢救正确、积极,所用药物合理,无违法违规行为。患者死亡是病情急剧发展所致,不构成医疗事故。

三、案例评析

1.入院时,医方根据患者病史(有高血压、间断头晕,病程3 d病情无变化,无头痛、呕吐等症状,6个月前头颅CT检查示左侧腔隙性脑梗死)及体征,临床初步诊断"高血压病,左侧腔隙性脑梗死"是合理的,治疗用药基本正确。胞磷胆碱是神经保护剂,血栓通是活血化瘀药,均非溶栓抗凝药。

2.患者外出回病房后,突然出现恶心、呕吐、大汗、左眼视物模糊、意识丧失、抽搐等症状,病情急剧变化,临床诊断脑出血是正确的,抢救措施合理。

3.患者死因是其病情突然急剧变化,发展成脑出血、脑疝形成,致中枢性呼吸、循环衰竭。

4.患者入院时拒绝做头颅CT检查,擅自离开病房外出活动,是疾病确诊困难、导致病情急剧变化的原因之一。

案例三十四

一、病史摘要

患者,女,23岁,于××年12月14日21:40入住A医院内一科。主诉"神志不清2 h余"。患者母亲当晚约18:50离家时未发现女儿异常,约20:00(患方述:19:45)发现其神志不清,呼不应,推不醒,无自主运动。无发热、吐泻、抽搐及大小便失禁。现场发现三个药瓶,估计患者口服舒比利300片、氯氮平100片,急送医院抢救。(患方述:约20:30将病人送到医院,在门诊找不到医务人员,20:40入内一科后才开始抢救。估计病人在家服氯氮平60片、舒比利40片。)发病前几天情绪不好。1997年诊断为精神分裂症、神经性耳聋,经治疗症状基本控制,情绪不好时自服氯氮平半片或一片。

体查:T 35.4 °C,P 96次/分,R 17次/分,BP 0 mmHg,被动平卧位,急性病容,面色苍白,神志不清,问不答,双瞳等大,直径约5 mm,固定,光反射消失,角膜、睫毛反射消失,压眶试验阴性,颈软,双肺大量湿啰音,四肢肌力0级,腱反射消失,未引出巴宾斯基征。WBC 1.0×10^9/L,BUN 6.7 mmol/L,CO_2CP 18.5 mmol/L,血K^+3.3 mmol/L。

初步诊断:药物中毒,氯氮平、舒比利中毒。

入院后即用清水50000 mL洗胃,吸氧、补液、利尿,给特护、留置导尿,下病危通知;22:15静滴10% GS 500 mL,维生素C 2.0 mg、B_6 0.2 mg,10%氯化钾10 mL;22:20静滴10% GS 250 mL,多巴胺20 mg,间羟胺10 mg;23:00 P 90次/分,R 20次/分,BP 70/40 mmHg,给呋塞米20 mg加管,小便200 mL;23:30 P 104次/分,R 17次/分,BP 80/50 mmHg,静滴5% GS 500 mL,多巴胺40 mg,间羟胺20 mg;2 h入量1320 mL,出量200 mL。12月15日1:20静滴林格氏液500 mL;4:00静滴5% GS 250 mL,多巴胺20 mg,间羟胺10 mg,10% GS 500 mL,维生素C 2.0 mg,维生素B_6 0.1 mg,10%氯化甲10 mL;4:10呋塞米20 mg加管;4:15地塞米松5 mg加管;4:50呋塞米40 mg加管;5:20静滴5% GS 250 mL,多巴胺40 mg,间羟胺20 mg;7:10静滴5% GNS 500 mL,10%氯化甲10 mL;8:00静滴5% GS 500 mL,多巴胺80 mg,间羟胺40 mg;10 h入量3820 mL,出量400 mL;9:50呋塞米20 mg加管;10:00静滴5% GS 500 mL,10%氯化甲10 mL;11:00静滴10% GS 500 mL,维生素C 2.0 mg,10%氯化钾10 mL,地塞米松10 mg;11:25静滴5% GS 500 mL,多巴胺80 mg,间羟胺40 mg;13:10小便500 mL;14:10呋塞米20 mg加管;14:15静脉慢推50% GS 20 mL加毛花苷C 0.2 mg;14:35静滴5% GS 250 mL,西咪替丁0.4 mg;14:37静滴5% GS 500 mL,多巴胺80 mg,间羟胺40 mg; 16:00小便500 mL,18:00小便500 mL;白天入量2270 mL,出量1500 mL;18:40静滴5% GNS 500 mL,多巴胺80 mg;19:00静滴NS 100 mL,洛塞克

40 mg;20:30静滴低分子右旋糖酐500 mL;22:10静滴NS 500 mL,P 127次/分,R 22次/分 BP 96/50 mmHg;23:17呼吸突然停止,胸外按压,静脉给予洛贝林、尼克刹米、肾上腺素、阿托品等,抢救无效,于12月15日23:47死亡。

二、矛盾焦点

患方:医方延误抢救长达1 h。采取错误疗法:洗胃用大量冷水,输液加重心脏负担;复苏方法错误,仅在软床上胸外按压,无人工呼吸;未积极有效地采用血液净化;脑部未降温;未按"特级护理"去做。

医方:抢救及时、得当,不构成医疗事故。

三、案例评析

1.医方违反了《医疗护理技术常规》:

(1)用50000 mL冷水洗胃,水量过大,水温偏低,又没有使用生理盐水。(常规洗胃液温度为37~40 ℃,严重中毒洗胃液量为20000 mL左右)

(2)抢救中输液量约7800 mL,尿量1400 mL,经治医生已考虑到肾衰竭,未及时请肾内科医生会诊,未采用血液透析或血液灌流,以解救急性肾衰竭和加速清除毒物。

(3)患者处于昏迷状态,没有采用脑功能保护措施(戴冰帽,物理、药物降温,静滴胞磷胆碱等)。

(4)该患者呼吸中枢明显抑制,没有使用呼吸兴奋剂、催醒剂,直至心跳、呼吸停止时,方使用洛贝林、尼可刹米。

2.由于医方违规,过失促使患者死亡,医方应负次要责任。

3.患者死亡的主要因素是其服药量过大,中毒危重,抢救困难。

案例三十五

一、病史摘要

患者家属述：患者，女，15岁，××年9月15日上午偶发“感冒”，向班主任请假回住处休息，房东给患者服用伤风胶囊两粒。12:00许，患者的哥哥请一大夫来诊，说是重感冒，快送卫生院。此时病人神志清楚，能准确回答大夫问题。随后由其哥哥搀扶上架子车，拉向A卫生院。到A卫生院13:20—13:30，病人十分清醒，问感觉怎么样，回答“头有点痛”。Z大夫检查压腹部，问“痛吗”，回答“不疼”。测量血压正常，把脉正常。Z大夫给开药，护士取药输液：右旋糖酐500 mL加毛花苷C、先锋等好几种药物。13:40—13:50量体温后注射一针强心药。输液约过了20 min，病人出现剧烈反映，浑身发抖，痉挛，问话不答。14:20—14:30，病人又出现上述反应，同时鼻孔内溢出白色泡沫，带鲜血。给予吸氧，又注射一支强心剂。液体输进了约200 mL，大夫用干针在病人双脚底各扎了一针，无任何反应。大夫命令马上转院。14:40用架子车拉着未输完液体的病人拼命往B医院方向跑，半路被B医院车接走，此时无卫生院大夫护送。到B医院急救中心，大夫检查病人已死亡。

医方述：××年9月15日13:00患者不省人事、昏迷不醒，来A卫生院急诊。因病重，让其哥直接背到病房抢救。体查：T 35.5 ℃，P 140次/分，R 30次/分，BP 60/40 mmHg，神志不清，昏迷，浅表淋巴结不大，皮肤黏膜未见黄染及出血点，瞳孔略小，对光反射迟钝，面色苍白，口唇发绀，四肢发冷，皮肤发花，毛细血管充盈时间延长，呼吸急促，颈部略有抵抗，两肺未闻及干湿啰音及胸膜摩擦音，心率146次/分，律不齐，各瓣膜未闻及病理性杂音，腹部触诊无反应，四肢发冷，巴宾斯基征消失，克氏征阴性。针刺耳垂采血未采出血样。初步诊断：(1)休克待查；(2)昏迷待查。积极抢救休克，扩充血容量；强心、兴奋呼吸；吸氧；支持对症治疗；拨打“120”急救电话。13:15给静输右旋糖酐500 mL；13:20

肌注毛花苷C 0.2 mg，尼可刹米0.187 g，静滴5% SB 250 mL，青霉素皮试后给静滴5% GNS 250 mL加青霉素800万U、地塞米松20 mg，10% GS 250 mL加清开灵20 mL、利巴韦林500 mg，10% GS 500 mL加ATP 40 mg、CoA 100 U、肌苷0.4 g、维生素B_6 20 mg、胞磷胆碱5 mg、10% KCl 10 mL，0.9% NS 250 mL加先锋霉素5 g；14:10给肌注毛花苷C 0.2 mg、尼可刹米0.187 g，病情继续加重，建议家属转院，为争取时间，一面让护士拨打“120”急救电话，一面让家属用人力车送病人去迎救护车。

二、矛盾焦点

患方：病人是感冒，血压、体温、心脏都正常，为什么用大剂量急救药、强心剂？而且在不宜配伍的右旋糖酐里加了许多毛花苷C。为什么医院有车不送病人转院？转院没有护送大夫？这是一起医疗事故。

医方：患者入院时病情严重，为休克、昏迷待查，全力抢救，并积极联系转院，未拖延病情，治疗措施无不妥。

三、案例评析

1.患者入院时病情危重，神志不清，呼吸快(30次/分)，心率快(146次/分)，血压低(60/40 mmHg)。根据临床症状，考虑为病毒性心肌炎、心源性休克、急性左心衰竭、肺水肿。

2.医方抢救患者使用低分子右旋糖酐，40 min静脉输入液体约200 mL，两次肌注毛花苷C(共0.4 mg)、尼可刹米(共0.178 g×2)。上述治疗符合病情需要，处理原则正确。

3.该患者病情重，病变进展快，难以诊治，死亡原因系心源性休克、急性左心衰竭、肺水肿。

4.患者死亡与医方的诊治无直接因果关系。

案例三十六

一、病史摘要

患者,男,78岁,××年12月30日11:00入住A医院内科。

(其子代述病史)主诉:咳嗽、气喘10 d,加重伴腹泻1 d。七八年来天气变化、受凉便咳嗽、气喘,症状反复发作,持续半个月,近3年来轻微活动便心悸、气喘。10 d前受凉后咳嗽、气短加重,咳白色黏痰,胸闷、气短、心悸明显,伴乏力、上腹胀痛,平卧后呼吸急促,入院前1 d腹痛,腹泻5~6次,稀水便,无脓血。既往行胆囊切除术、阑尾切除术,同年春季患脑梗死。否认高血压史。

体查:T 37 ℃,R 24次/分,P 102次/分,BP 120/80 mmHg,双侧颈静脉充盈,桶状胸,呼吸运动减弱,语颤低,叩诊呈过清音,听诊两肺底有细小水泡音,右肺明显,双肺满布哮鸣音,呼气延长。心界扩大,心率103次/分,律齐,心音低钝,肝剑突下4指,上腹部压痛(+),四肢无水肿。Hb 164 g/L, WBC 17.2×10^9/L,心电图ST V1-V5下移0.05 mv,逆钟向转位。X线胸片提示支气管肺炎。

诊断:(1)急性支气管肺炎;(2)慢性哮喘型支气管炎,慢性肺源性心脏病,呼吸功能不全;(3)缺血性心脏病,心功能Ⅲ级。

抗感染、平喘、改善心肌供血、支持、对症治疗,I级护理;每日三次口服丹参滴丸1粒、东宝咳喘宁2#、心脑舒通2#;12月30日静滴5%葡萄糖氯化钠250 mL加先锋Ⅴ号4.0 mg、氨茶碱0.25 mg、病毒唑0.3 mg,5%葡萄糖氯化钠250 mL加丁胺卡钠0.6 mg、地米10 mg;12月31日至1月2日每日一次静滴5%葡萄糖氯化钠250 mL加先锋Ⅴ号4.5 mg、氨茶碱0.25 mg、地米5 mg;12月31日至1月3日每日静滴10%葡萄糖100 mL加鱼腥草100 mL、环丙沙星100 mL;1月2日至3日每日一次静滴5%葡萄糖氯化钠50 mL加氨茶碱0.25 mg,5%葡萄糖氯化钠200 mL加先锋必4.0 mg、病毒唑0.3 mg、地米2 mg,0.9% NS 100 mL。

第二年1月3日病程记录:患者精神欠佳,活动后气喘、呼吸困难,不能平卧，心率100次/分，右肺底有小水泡音，心电图示不完全性右束支传导阻滞、陈旧性下壁心梗(?)。综合分析，肺部感染严重，伴左心功能不全。鉴于病情严重，请A院长会诊。11:30 Z院长查看了病人，患者为肺心病，心功能Ⅲ级，给予西地兰0.2 mg静推以强心利尿，静滴西弗林扩张支气管、平喘，口服心痛定10 mg，3次/日，降低肺动脉高压，改善心肌供血。1月3日11:30慢滴西弗林100 mL，静脉慢推毛花苷C 0.2 mg加入50%葡萄糖40 mL中。15:00左右哮喘加重，给呋塞米、氨茶碱。17:00多查看病人，病情加重，经抢救无效，于19:30临床死亡。

死亡诊断：(1)急性呼吸功能衰竭；(2)急性大面积肺梗死。

二、矛盾焦点

患方：入院诊断"慢性支气管炎"、"慢性喘息性支气管炎"、"心肌供血不足"，后改变治疗方案，用药不当，输入毛花苷C、西弗林后病情加重，抢救不及时，致患者死亡。

医方：诊断准确，用药合理，抢救及时。患者高龄，呼吸循环系统存在严重器质性疾病，合并肺部感染、肺水肿，最终呼吸循环衰竭死亡。

三、案例评析

1.医方根据患者的病史、体查及相关检查，入院诊断：(1)急性支气管肺炎；(2)慢性喘息型支气管炎、慢性肺源性心脏病、呼吸功能不全；(3)缺血性心脏病、心功能Ⅲ级。诊断是正确的，且病情危重。

2.住院期间，医方根据病情给予抗感染、平喘、扩冠、改善心肌供血、强心、利尿等治疗是正确的，应用强心剂毛花苷C及西弗林是疾病的需要，用量符合药典规定。医方无违法违规行为。

3.患者死亡原因是其病情危重，心肺功能衰竭，虽经积极抢救治疗仍无效。与医方的诊治无直接因果关系。

案例三十七

一、病史摘要

患者,男,56岁,××年5月12日18:00入住A医院内科。

主诉:左臀部痛15 d,双下肢浮肿再次加重4 d。8年前因双下肢浮肿到卫生院就诊查尿蛋白(++),诊断肾炎,治疗好转。以后常出现双下肢浮肿。入院前15 d从高处跌下,拍片未发现骨折及其他异常,入院前4 d发热,咳嗽,双下肢浮肿,肿至阴囊,左下肢疼痛。

体查:T 36.8 ℃, P 81次/分,R 20次/分,BP 160/110 mmHg,双肺可闻及干鸣音及少量湿啰音,心律齐,未闻及病理性杂音,A2=P2,腹部、四肢无异常,阴囊浮肿,双下肢呈高度可凹性浮肿。HGB 121 g/L, RBC 3.97×10^{12}/L, WBC 9.1×10^{9}/L; 血清钾2.64 mmol/L, 钠142.5/L; UREAN 22.6 mmol/L, CREA 70.6 mmol/L;TP 52 g/L, ALB 30 g/L, 球蛋白22 g/L, A/G 1.4∶1。

初步诊断:(1)慢性支气管炎;(2)肺部感染;(3)心律不齐;(4)高血压;(5)双下肢浮肿原因待查。

完善各项检查,给利尿、补钾、降压、抗生素等药物。一级护理,病重,持续吸氧。

5月13日腰、骨盆X线照相报告:(1)腰椎退行性改变;(2)胸12、腰1压缩性骨折;(3)双侧髋关节增生性改变。尿常规:蛋白(±),粗颗粒管型1~3/HP,脓细胞(+);HBsAg阳性。14日心电图报告:(1)房性早搏;(2)不完全性右束支传导阻滞。15日超声心脏实时显像报告:符合冠心病声像图改变。16日血清钾3.19 mmol/L。

5月13日静滴10%葡萄糖500 mL加氯化钾3 g,口服10%氯化钾10 mL,3次/日,5月14日、15日、16日各口服10%氯化钾20 mL,5月17日静滴10%葡萄糖500 mL加头孢哌酮4 g、10%氯化钾5 mL,5月19日给10%葡萄糖250 mL加氨茶碱0.25 g、维生素C 2 g、普鲁卡因0.5 g，5月21日给10%氯化钾10 mL，口服，3次/日。22日血清钾2.66 mmol/L。5月23日静滴10%葡萄糖500 mL加10%氯化钾3 g，1次/日。经治疗，每日尿量达2000 mL，双下肢浮肿减轻，仅大腿以下浮肿，仍有咳嗽，双肺湿啰音存在。5月25日14:30—15:00家属发现患者咯血，立即给止血剂并准备检查、拍片，此时血钾回报为2.94 mmol/L，家属急呼值班医师，发现患者呼吸困难，双手略屈曲，给葡萄糖酸钙，吸痰，吸氧，患者出现咧嘴呼吸，心电监护，检查示呼吸停止，15:17心电图记录仍有QRS波，立即人工呼吸，注射洛贝林，推注利多卡因50 mg，并使用气管插管，气管内给肾上腺素5 mg，静脉给肾上腺素5 mg。终因病情危重，抢救无效，于15:42死亡。

二、矛盾焦点

患方：尿少浮肿住院，错误用药、疏忽大意致死。输入氯化钾的浓度超过了药典的浓度，患者存在高钾的临床表现；抢救不得力，心外按压只十几下，没有口对口人工呼吸，没用人工呼吸机，没用急救药品，没及时行气管插管；窒息、肺部感染、肾功不全的诊断不能成立；违反诊疗制度：未及时会诊，未履行告知（病危）义务，未监测血氧饱和度，未记出入量。

医方：10% GS 500 mL加3 g氯化钾实际上未输入；患者临终前心电监护描记的心电图是呼吸停止在前，心跳停止在后，与高血钾死亡的临床征象和心电图不符；死亡当日血钾浓度为2.94 mmol/L，不会因高钾致死；缓慢滴入氯化钾符合治疗原则；5 h内滴入370 mL左右的液体并不快。死因可能为：（1）低血钾危象；（2）肺栓塞；（3）不明原因的心源性猝死。不属于医疗事故。

三、案例评析

1.患者有多种疾病：高血压Ⅲ级（极高危），心肌肥厚，左心衰竭，低血钾症（2.64～3.19 mmol/L）等。医方在限制总体液量及滴速的情况下，使用10%葡萄糖500 mL加氯化钾3.0 g是允许的。（《实用药物手册》，主编任娟娟，2003年版，315；《新编常用药物手册》，第三版，主编周自永等，500）

2.依据患者死亡前临床血清钾化验、心电图表现及患者死亡先有呼吸停止而心脏停搏后发,可基本确认患者死因非补血钾引起高血钾所致。患者临床死亡原因系高血压病极高危伴急性左心衰竭、肺水肿,慢性支气管炎伴肺部感染,综合引发心肺功能衰竭而死亡,与医方的诊治无直接因果关系。

案例三十八

一、病史摘要

患者丈夫述:患者,女,45岁,因右手麻木,于××年5月5日到A计划生育服务所找Z大夫诊治,诊断为“中风”,除输液外,还用针灸治疗。Z在患者身体右侧包括右上肢扎了若干针。治疗完毕,Z将针拔出即回办公室。就在患者穿衣准备回家时,发现右胯骨处留有一根针,患者自行拔出,交与Z。5月6日又到计生所扎针,回家后,顿感右胯部刺痛,摔倒在地,上床后脱下衣服,才发现右胯部仍留有一根针未拔出,自己拔出。该针在体内留存长达7 h。5月7日9:00许,将针交还Z,Z说没事。此后,患者脑子昏闷,右侧手脚功能障碍,5月9日已不能行走,在该所治疗,使用激素类药物(患者有高血压,不能用此药)。针刺部位出现鸡蛋大的坑,肌肉开始萎缩。同年6月16日地区医院CT诊断“脑梗死”。12月在大腿内侧发现一大片紫色斑痕,1个月后才恢复。经一年多治疗无效,于18个月后死亡。

根据患者在B医院住院病历,出院诊断:脑出血(脑室内),蛛网膜下腔出血,脑疝形成,高血压Ⅲ级,中枢性呼吸、循环衰竭,于××年3月27日12:30死亡。

二、矛盾焦点

患方:针灸针在右胯部滞留7 h,给高血压患者吊液体“地塞米松”,右侧手脚严重障碍,扎针部位出现深1~2 cm的坑,肌肉萎缩。计生所违背诊疗范围,擅自行针治疗。

医方：根据多年的临床操作经验，决不会出现针灸针滞留的情况。针灸不会出现高血压、脑梗死。病情加重与针灸治疗无关系。

三、案例评析

1.医方行医证照齐全。有效期限自1999年1月1日至2001年12月31日的医疗机构执业许可证中，诊疗科目有“常见病治疗”。

2.医方根据患者临床表现及体征，诊断“脑中风”，轻度偏瘫。连续5 d针灸治疗，并给中西药物治疗，诊治合理。

3.针灸针有两次滞留时间过长，其中一次滞留长达数小时，属针刺操作失误，给患者造成一定痛苦。

4.针刺、针灸针滞留时间长，所用中西药物，均不会引起高血压、脑梗死或脑出血。

5.患者病情加重，18个月后死于脑出血，与医方的治疗无直接因果关系。

案例三十九

一、病史摘要

患者，女，54岁，于××年7月29日17:00收住A医院。

主诉：全身关节痛伴发热半个月，加重1 d。半个月前因受凉后出现咽痛、发热39 °C，伴畏寒，全身关节、肌肉疼痛不适，疲乏无力。曾来院就诊，给予抗感染、解热镇痛等对症治疗9 d，症状缓解，入院前5 d高热、关节疼痛，曾行中药治疗，效果不佳，今日来院就诊，门诊对症治疗，在输液中突发高热，全身关节、肌肉疼痛剧烈，以“风湿热”收入院。

入院查体：T 39 ℃，P 120次/分，R 22次/分，BP 90/60 mmHg，神志清醒，精神差，高热面容，扁桃体无肿大，全身皮肤无黄染，无皮疹及出血点，四肢未见环形红斑及皮下结节，浅表淋巴结未触及肿大，眼结膜轻度充血，心、肺、腹未见异常，脊柱、四肢无畸形，各关节活动自如，双膝关节负重疼痛，双肾区无叩击痛，双下肢轻度凹陷性水肿。生理反射正常，病理反射未引出。7月15日查血沉80 mm/h，抗“O” 1:400，RF阳性；7月28日查WBC 19.8×10⁹/L，N 78%，L 20%，Hb 10.7 g/l。

初步诊断：(1)风湿热；(2)急性上呼吸道感染。

入院后给予抗感染、解热镇痛对症治疗：布洛芬5片，3次/日；羚羊角注射液2 mL，肌注，2次/日；每日一次凯塞欣4 g、灯盏花50 mg、双黄连60 mL、氧氟沙星0.4 g，均加入5%~10%葡萄糖250~500 mL中静滴；氨基酸、能量合剂等。7月29日静滴地塞米松10 mg，1次/日，8月1日改为5 mg，1次/日。7月31日记录有轻微腹泻，水样便3次，检查腹软，无压痛及反跳痛，肠鸣音略亢进，化验大便有脓细胞0~2/HP。考虑中毒性痢疾致发热。8月1日记录无腹泻。8月2日11:00记录腹痛难忍，检查脐周有压痛，无反跳痛，肠鸣音正常，给654-2 10 mg肌注，腹痛减轻，10:10左右，在输注灯盏花50 mg加5% GS 250 mL约20 mL时，继而寒战、发热、全身不适，T 38.7 ℃，P 108次/分，BP 96/60 mmHg，心肺(－)，立即停止输液，给肌注异丙嗪25 mg、654-2 10 mg，肌注阿尼利定、双黄连各2 mL。物理降温，寒战停止。8月2日15:00记录，仍述全身不适，腹痛，可忍受，T 37.4 ℃，脉搏扪不清，BP 60/40 mmHg，呼吸急促，全身皮肤中度青紫、散在出血点，呼吸音清，心率180次/分，律齐，腹软，脐周压痛，无反跳痛。急查出凝血时间、尿常规，未见异常。急向上级大夫汇报，给多巴胺、毛花苷C，建议立即转院，家属同意，15:45由三名医护人员陪送，16:05转至B急诊中心。抢救30 min无效，临床死亡。

二、矛盾焦点

患方：患者因风湿热住院治疗仅5 d，因医方技术低劣，输液过敏后一再被误诊错医，致使病情逐步恶化，不采纳转院治疗建议，在11:00至15:00这段关键时刻未采取有效监护措施，致使患者死亡。输入了污染液体或输液器被污染致使病菌直接进入血液循环，导致败血性休克。

医方：医护人员严守各项规章制度和诊疗护理常规，忠于职守，竭尽全力，诊断无误，治疗原则正确。该患者属特殊少见病例，病变突然，进展迅速，虽经全力抢救仍死亡。

三、案例评析

患者，女，54岁，于××年7月29日以“全身关节痛伴发热半个月，加重1 d”之主诉被收入A医院。该院按“风湿热”及“上呼吸道感染”诊断，给予了地塞米松（10 mg，1次/日，静注）、羚羊角液（2 mL，肌注，2次/日）、灯盏花（50 mg，静滴，1次/日）、凯塞欣（4.0 g，1次/日，静滴）等治疗，效果不错，体温立即下降的同时，关节疼痛减轻，白细胞下降至正常（8月2日化验：白细胞总数6.2×10^9/L，中性粒细胞65%），血沉亦有较大幅度下降（7月30日化验为38 mm/h）。因此，该院于8月1日将地塞米松日用量减为5 mg，仍行静滴。这充分说明A医院对患者的入院诊断及治疗是正确的，应予以肯定，病人家属对此也表示“不提出异议”。

现问题出在8月2日上午静滴灯盏花液（医方转院记录：约10:10输注；患方陈述：8:30输液后大约1 h）之后，患者当即出现腹痛和寒战、发热（体温38.7 ℃）等异常表现，该院医生认为是“输液反应”，立即停输灯盏花，给予地塞米松（2 mg肌注）、异丙嗪（25 mg肌注）、柴胡（2 mL肌注）、阿尼利定（2 mL肌注）、654-2（10 mg肌注）等对症处理，患者病情不仅未见根本好转，反而越加恶化，在13:45呈现排尿困难，到14:40发现患者已呈重型休克，血压降至60/40毫米汞柱，心率187次/分，脉搏快而弱，患者烦躁不安，呼吸急促，全身皮肤中度青紫，散在出血点，查出凝血时间和尿常规尚正常，虽曾给地塞米松（10 mg）、多巴胺（40 mg）、间羟胺（20 mg）及5%碳酸氢钠（100 mL）等静注急救，但无济于事，于当日15:45用专车把病人转送到B医院急诊科，该院的所见为“神志尚清，全身紫癜，发紫，呼吸极度微弱，正在问诊过程中，患者呼吸停止”。综观全部演变，专家组同意本例属于爆发性严重的感染中毒型休克并弥漫性血管内凝血，而最终因此迅速死亡。

本例在院内外曾经长期使用地塞米松等药，影响到自身免疫力，住院第5天突发液体反应及爆发性感染中毒休克致死，属于病情异常而发生的医疗意外。究竟死于何种致病菌，因未做细菌培养及尸体解剖，尚无法查明。A医院疑及病人有中毒性痢疾，家属怀疑医院输注了有细菌污染的液体，均无事实依据。在发生液体反应后，A医院即停输了灯盏花这一可疑液体，并做了相应对症处理，应该说是积极的和正确的。家属认为在发生液体反应后就不应再输其他治疗液体的看法，不能认为正确。本例的皮肤出血，据专家分析系休克所致的弥漫性血管内凝血所致，不符合过敏性紫癜的所见。在本例的抢救过程中，A医院存在着警惕性不够、观察不够细致、没有及时请专家会诊等不足，值得引以为训。但本专家组多数专家认为患者的迅发休克死亡主要与疾病来得迅猛和严重因而很快出现多系统功能衰竭有关。院方在诊治过程中基本符合医疗卫生管理法律、行政法规、部门规章、常规，患者死亡与院方无直接因果关系，故认为这并非医疗事故。

案例四十

一、病史摘要

[医方述]患者，男，36岁，主因间歇性上腹部疼痛5 d，加重伴胸闷、气短2 h在A卫生院就诊。患者5 d前无明显诱因上腹痛，食欲不振，泛酸，乏力。腹痛为阵发性，无放射，持续约0.5 h缓解，进食后加重，以胃溃疡给奥美拉唑等药物治疗，无明显缓解。由于农忙，患者未重视。

[患方述]××年8月23日晚，患者参加防洪灌溉至次日凌晨1:00回家，5:00感胃痛不适，无法等天亮即请卫生所Z医生到家中看病。

[医方述] 患者腹痛持续，绞痛。检查：手感体温不高，脉搏80次/分左右，血压未查，神志清醒，表情痛苦，面黄，烦躁，口唇略发绀，腹平软，左上腹压痛，无反跳痛，肝脾未触及，移动性浊音(－)，心肺未听诊。考虑：(1)胃溃疡，胃痉挛；(2)冠心病不排外。建议到上级医院诊治，患者及其家属要求在家先治疗。给静滴(60滴/分)西咪替丁1.0 mg、庆大霉素24万单位、维生素$K_3$16 mg、黄芪30 mL。输液40 min后疼痛缓解，无异常反应，并再次建议转县医院治疗。

［患方述］5:40开始输液，换上第二组液体几分钟，医生离开现场回家。7:00第二组液体输完家属拔掉针头，病人有困意，入睡状态。约10 min，病人顿感不适，脸颊红、额头发汗、嘴唇发绀、口喷吹液，不省人事，停止呼吸。送县医院抢救无效，确认死亡。

二、矛盾焦点

患方：医生诊断“胃溃疡、冠心病”，未建议转上级医院，采取一般治疗，贻误抢救时机；维生素 K_3 为肌注药品，但用静滴；处方所开药（维生素 K_3 4 mg×4）与实际用药量（维生素 K_3 4 mg×5）不符；患者输液，医生擅离职守，病情突变时无法急救。

医方：考虑“胃溃疡、胃痉挛，冠心病不排外”，给予止酸、解痉、抗感染等治疗，不违反诊疗原则；治疗均为常用药物，无毒、麻、过敏及配伍禁忌；药物稀释后静滴，不属维生素 K_3 不良反应；患者为猝死，与治疗无因果关系。

三、案例评析

1.医方检查病人草率，未带听诊器、血压计，心肺腹部未听诊，血压未测量，仅凭粗略眼看、手摸，即考虑胃溃疡、冠心病，依据不足。

2.用药不规范。根据处方，静滴西咪替丁超量（0.2 g×5）（《新编药物学》：静脉滴注每次200～600 mg），且与庆大霉素、维生素 K_3 混用。

维生素 K_3 一般采用肌注，但必要时也可缓慢静脉注射。

3.输上液体后医生离去，没有观察病人，病情危重时医生不在场。

4.患者死亡是由于其病情异常、变化快所致，与医方的诊疗行为无直接因果关系。

案例四十一

一、病史摘要

患者，男，12岁，××年1月12日17:00主诉"周身片状红斑丘疹伴发热脱屑结痂瘙痒20 d"入住A医院皮肤科。缘于20 d前"感冒"，服速效伤风胶囊、土霉素片治疗，当晚胸背部散发米粒大红斑，伴灼热感，次日皮疹增多，症状加重，就诊于该院普内科门诊。化验WBC 11.1×10^9/L，给予氯苯那敏片、维生素C片、罗红霉素胶囊及钙剂治疗一周，皮疹不断增多。1月6日到皮肤科门诊，诊断"药疹"。给予"裸花紫珠片"口服，外涂"洁身液、氧化锌洗剂"，经一周后躯干皮损结痂，但头面、大腿皮疹增多，精神萎靡，食欲下降，乏力。昨晚恶心，尿呈茶色，巩膜黄染。门诊以"药物性皮炎"收住入院。既往史中记录"对青霉素过敏"。

体查：T 38.1 ℃，急性病容，精神萎靡，全身皮肤黏膜未见溃疡、出血点，双侧颌下淋巴结约豌豆大，压痛明显，球结膜充血，巩膜轻度黄染。咽充血，咽后淋巴细胞轻度增生，双侧扁桃体Ⅱ度大，表面呈轻度蜂窝状改变。皮损分布于周身，颜面及眼睑轻度水肿，头皮、发际及眶周见对称性红色斑片及片状鳞屑，颈部及躯干包裹暗红色痂，紧张，质硬，表面龟裂，局部脱屑，基底皮肤充血，无糜烂、渗液。双侧大腿及上臂对称性分布黄豆大红斑丘疹，压之不完全褪色，皮温高。双小腿及前臂散在数个绿豆大红色丘疹。龟头、阴茎及阴囊轻度红肿、渗液，触痛显著。

初步诊断：(1)药疹(剥脱性皮炎型)；(2)药物性肝炎；(3)慢性扁桃体炎急性发作。

报病重，暂予抗组织胺药、钙剂、维生素及糖皮质激素等抗过敏治疗，兼顾对症、支持、抗感染及免疫调节治疗。入院后给头孢曲松2.0 g、地塞米松注射液5 mg、10%葡萄糖酸钙注射液20 mL、维生素C注射液1.0 g及能量合剂1支，抗感染、抗过敏及对症支持治疗。1月12日23:00静滴清开灵20 mL加5%葡萄糖250 mL。1月13日报告：WBC 7.3×10^9/L，NE 57.6%，11:10先锋霉素过敏试验（－），并肌注0.5 g头孢唑啉钠；12:00静滴头孢曲松纳1 g加0.9%氯化钠注射液100 mL。1月16—17日口服裸花紫珠片0.5 g，3次/日。治疗效果不明显，躯干皮损大面积脱屑，四肢皮损仍不断增多，融合成片，病情危重，家属拒绝治疗，要求转院。于1月20日出院。

出院诊断：（1）药疹（剥脱性皮炎型）；（2）慢性扁桃体炎急性发作；（3）毛细血管渗漏综合征。

出院医嘱：（1）我科门诊随诊；（2）避免使用解热镇痛药、益他欣、大环内酯类、土霉素、四环素等抗生素。

同年1月19日入住B医院皮肤科。

主诉：躯干四肢出痒疹9 d，全身潮红脱屑1周。

体查：T 38.6 ℃，躯干四肢皮肤呈泛发性潮红、肿胀，表面有小片状灰白色脱屑、结痂，无明显糜烂、渗出，双足踝部轻度可凹性水肿，面部见少许小片状淡红色斑。

诊断：药疹（剥脱性皮炎型）。

治疗：皮质类固醇激素为主的综合治疗；抗感染；对症支持治疗；局部按皮炎外用药物使用原则处理。

患者病情危重，入院后多次请有关科室会诊，治疗抢救无效，于3月6日2:20死亡。死于败血症，多脏器功能衰竭。

二、矛盾焦点

患方：患儿药物过敏，并有“青霉素”高度过敏史，医方再次使用“头孢类”药物治疗不合理，使患儿无法救治死亡。

医方：门诊和入院诊断明确，治疗得当；不存在患者家属在门诊病历封面填有青霉素过敏史的情况；头孢类抗生素在青霉素过敏及过敏体质者是慎用不是禁用；剥脱性皮炎型药物疹为重型，初次用药者潜伏期多在20 d以上，病程可长达3个月，死亡率高；患儿在A医院出院时病情稳定，在B医院住院47 d，治疗无效死亡，与A医院用三代头孢类抗生素无直接因果关系。医疗行为不构成医疗事故。

三、案例评析

1.医方对患者诊断正确,为药疹(剥脱性皮炎型)、慢性扁桃体炎急性发作。

2.入院后给予抗过敏、对症、支持、抗感染及免疫调节治疗。因患者有青霉素过敏史,医方慎重选择了头孢霉素,用药前先锋霉素皮试为阴性。考虑到患者有交叉过敏,用药4 d即停止。给患者多种药物外用并观察效果,是为了治疗,并无其他目的。医方用药规范,无违法违规。

3.患者体质特殊,为高过敏体质,可能对多种物质过敏,有药物交叉过敏。

4.剥脱性皮炎为皮肤科重症疾病,可引起多系统损害,救治困难。该患者死于败血症、多脏器衰竭。死亡与医方的诊治行为无直接因果关系,医方无责任。

案例四十二

一、病史摘要

患者,男,34岁,××年12月1日,主诉"右颈部肿物流脓3个月,咳痰1周"入住A医院外科。胸痛、胸闷、气短、头晕、乏力、咳嗽、咳咖啡色痰,无发烧,食欲尚可。既往无结核史。

体查:T 36.6 ℃,P 86次/分,R 20次/分,BP 95/60 mmHg;消瘦,贫血貌,面部有烧伤瘢痕,左眼失明,左肺第3—4肋部位呼吸音低;右颈部可见一12 cm×9 cm肿块,质硬,压痛,境界尚清,活动度差,下方有3 mm窦道流脓,气管向左稍偏,表面无红肿,皮温不高。

12月1日检查:RBC 1.77×10^{12}/L, WBC 16.0×10^{9}/L, GRA 82%。

右颈部脓液涂片:脓细胞满视野;胸片:左肺近肺门处可见空洞,内有液气平面,壁厚。

入院诊断:(1)左肺脓肿;(2)右颈部脓肿;(3)贫血(重度);(4)溃疡性结肠炎;(5)重度营养不良;(6)左肺结核(空洞型)待排;(7)右颈部寒性脓肿待排。

治疗:先锋V、甲硝唑、能量合剂静滴;右颈部脓肿切开排脓;支持、对症治疗。

胸部多次X线检查均考虑左肺脓肿、感染;病理诊断(右颈部脓腔坏死物)结合临床检查,病变多考虑软组织化脓性炎继发脓肿形成。不排除结核,建议实验室检查进一步明确诊断。住院后积极检查,行全身多处脓肿切开引流术,积极抗感染、换药及输红细胞和血浆等支持治疗,脓肿大部分吸收,全身多发脓肿好转,贫血有所纠正。但于第二年1月8日头痛剧烈,检查提示并发急性脑炎,经神经科会诊同意,1月17日转B医院神内科诊治。

出院诊断:(1)左肺脓肿;(2)全身皮肤多发脓肿;(3)急性脑炎;(4)贫血(重);(5)溃疡性结肠炎;(6)重度营养不良。

第二年1月17日转入B医院神内科,胸部CT示:(1)左肺下叶Ⅲ型结核并左第4椎弓及肋骨破坏,部分坏死组织进入椎管;(2)右肺上叶Ⅲ型结核,病灶呈浸润状。诊断:(1)结核性脑膜炎;(2)双肺继发性肺结核(Ⅲ型,重型);3.胸椎结核。给予抗结核、抗病毒、降颅压等治疗,效果欠佳,1月30日转C医院治疗。

1月30日入住C医院。经检查诊断:(1)双肺继发性结核,涂片(+),初治,并椎体破坏;(2)结核性脑膜炎;(3)胃溃疡;(4)结肠炎。患者病重,病情复杂,预后不佳。给予抗感染、抗结核、脱水、降颅压、激素治疗,每周行腰穿、脑脊液置换。

二、矛盾焦点

患方:医方误诊误治,将结核病误诊为肺痈、肺脓肿、肺包虫、肺部感染、支气管炎、重感冒等治疗,拖延了医治时间,致使结核病加重。属于医疗事故。

医方:根据病史、症状、体征及各项化验检查,诊断为左肺脓肿、全身多处软组织多发脓肿。就病原菌,多考虑细菌性,但结核也不排外。患者病重、体质差,医务人员尽职尽责,全院组织了会诊。家属不配合,拒绝相关检查,增加了鉴别诊断的难度。

三、案例评析

1.患者在医方住院47 d,诊断:(1)左肺脓肿;(2)全身皮肤多发脓肿;(3)急性脑炎;(4)贫血(重);(5)溃疡性结肠炎;(6)重度营养不良。转入另外两家医院后,均确诊为结核。结核为常见病、多发病,根据该患者的临床表现(多发脓肿,无红肿热痛,重度营养不良等)、多次X线片、病理报告不排除结核,按常规应考虑诊断结核。但医方未对结核做进一步检查,未请外院相关专家会诊,直到出院,仍未诊断结核。导致结核延误诊断、治疗,属医方医疗过失。

2.患者结核的临床表现不很典型,也是导致延误诊断的原因。

3.结核是一种慢性疾病,医方延误诊治时间较短,未给患者造成明显人身损害。确诊结核后,得到了及时有效的治疗。

案例四十三

一、病史摘要

患者,16岁,主诉"间歇性头痛、头晕伴恶心3 d",于××年3月10日10:20入住A医院内一科。患者述,3 d前因受凉后出现以上症状,呕吐,无发冷发热、抽搐、咳嗽等,门诊查:HGB 147 g/L,WBC $15.6×10^9$/L,L 0.77,N 0.23,脑电图示:轻-中度异常,EEG/BEAM,以"散发性脑炎"收住。既往否认有结核、外伤、手术史。(患方陈述:同年2月3日早上,患者骑摩托车摔倒,3月4日又骑自行车与他人相撞)

体查:T 36.8 ℃,P 72次/分,R 19次/分,BP 130/90 mmHg,神志清楚,精神差,头颅五官端正,双瞳孔等大等圆,约3 mm,对光反射灵敏,外耳道无分泌物,乳突无压痛,各鼻旁窦无压痛,伸舌居中,心、肺、腹未见异常,四肢肌力无减退,生理反射存在,未引出病理反射。

初步诊断:散发性脑炎。

诊疗计划:腰椎穿刺,头颅CT,复查脑电图;病因、对症治疗,抗病毒、抗感染,降低颅内压。

脑脊液常规:无色,清亮,血液(-),潘氏试验阳性,红细胞计数650×10^6/L,白细胞计数15×10^6/L;脑脊液生化:NaCl 109 mmol/L,Glu 2.7 g/L,TP 0.40 g/L;ESR 4 mm/60 min;胸透未见异常。

3月11日××院长查房记录:从化验结果来看,诊断为散发性脑炎,必要时建议患者行头颅CT检查,以排除其他疾病。

3月12日查房记录:再次建议行脑CT检查,家属未表同意。(患方述:16日以前医院未说过做CT)

主要治疗药物:吗啉胍0.2 mg,Tid,口服;青霉素640万U+0.9%氯化钠,100 mL,静滴,Bid;阿昔洛素0.5 mg+5%葡萄糖250 mL,静滴,Qd;能量合剂等。

经治疗,头晕、恶心症状好转,患者及家属要求出院。于3月14日出院。

同年3月16日10:00,主诉"头痛1周,加重伴昏迷7 h"再次入住该医院内一科。

体查:T 39.5 ℃,P 120次/分,R 20次/分,BP 144/68 mmHg,深昏迷,双侧瞳孔散大,直径约5 mm,口唇及颜面轻度发绀,两肺可闻及大量痰鸣音,心率120次/分,律齐,腱反射存在,双侧巴宾斯基征、欧本海默氏征阳性(++),小便失禁。WBC 17.6×10^9/L,N 91.2%;脑CT(3月17日)示:左侧颞顶部慢性硬膜下血肿(约83 mL),中线右移,有脑疝形成。

初步诊断:(1)硬膜下血肿;(2)肺炎。

3月17日在局麻下行"椎颅血肿引流术",引出暗红色血液约80 mL,手术顺利,患者生命体征平稳。术后经抗感染、脱水、降颅压、高压氧疗,患者神经系统症状消失,双侧瞳孔等大等圆,对光反应灵敏,颈软、无抵抗,心、肺、腹无明显阳性体征,四肢肌力5级,病理反射未引出,语言表达能力恢复,并恢复部分生活自理能力,准予出院。于7月21日出院。

二、矛盾焦点

患方:医方没有进行必要的检查(CT),将“脑出血”误诊为“散发性脑炎”,延误了宝贵的治疗时间,使患者成为残疾人。

医方:患者首诊、住院、出院时,医生都建议行脑CT检查,但家属均拒绝。散发性脑炎是医生结合当时的病史、症状、体征及特殊检查结果,参照现行高等医学院校教材有关散发性脑炎的诊断标准做出的诊断。诊断依据充分,治疗合理、有效,不存在医疗过失行为,医院不承担责任。

三、案例评析

1.根据病史、症状、头颅CT检查及手术所见,确诊患者为“左颞顶部慢性硬膜下血肿并脑疝形成”,医方从××年3月10—14日第一次入院期间至同年3月16日第二次入院当天,均诊断为“病毒性脑炎”,显然将该患者误诊。

2.造成误诊的原因,一方面是患者早期症状表现不典型,“病毒性脑炎”与“硬膜下血肿”难以鉴别,一方面是医方思路狭窄,病史采集、检查不全面,未追问患者外伤现病史,未查眼底,腰穿未测脑脊液压力或滴数;对头颅CT检查的重要性认识不足,虽有家属不同意的情节,但未坚持说服。

3.由于误诊,使治疗延误,给患者造成人身损害,两者间有直接因果关系。医方应负一定责任。

儿 科

案例一

一、病史摘要

患者家属述：患儿，男，8个月，××年4月22日早晨因感冒咳嗽，其母抱至A卫生所就医，孩子虽感冒还在玩耍。Z大夫给输水，第一组水（青霉素）输上孩子睡着了，第二组水输上时，大夫给液体里加了两小瓶东西（鱼腥草、氨茶碱），输了一点点，娃娃两手在胸膛上乱抓，口吐白沫，大小便失禁。大夫说没事。输完液体将孩子抱回家中，孩子一直哭闹，口吐白沫，双眼上翻抽风，4月23日凌晨孩子仍处于昏迷状态。早8点，到B医院，马上进行抢救。脑CT检查为缺血缺氧性脑病。

医方述：××年4月22日7:30左右，孩子来诊，发烧、咳嗽、气喘、烦躁。查体温38.9 ℃，咽部充血，两肺有湿啰音和哮鸣音，心律齐，心率140次/分，呼吸50次/分。初步诊断为喘息性肺炎，青霉素皮试阴性，静脉点滴液体：①5% GS 100 mL+PN 240万U；②5% GS 100 mL+鱼腥草6 mL+氨茶碱0.025 g。用药后症状缓解，14:00左右液体滴完，患儿回家。第二天家长将患儿抱B医院就诊。经B医院一段时间治疗无效，又到C医院检查，根据B医院的CT片诊断为脑外脑积水、癫痫、支气管肺炎。

××年4月23日9:00入住B医院。患儿母亲提供病史。

主诉：咳嗽、发热4 d伴抽风10 h余。1 d前在当地诊所就诊，给予输液治疗，第一组内加青霉素；第二组内加鱼腥草、氨茶碱各1支，输了10 min后，患儿出现烦躁不安、恶心、呕吐1次，吐出胃内容物20~30 mL。烦躁进行性加重，约15:00，面色发青，双眼上翻，四肢痉挛，当地诊所未进行任何治疗。

体查：T 39.5 ℃，P 180次/分，R 50次/分，发育正常，营养中等，精神差，面色发青，全身皮肤黏膜发花，无黄染、皮疹及出血点，浅表淋巴结未触及，头颅无畸形，前囟门1 cm×1 cm，平坦无张力，五官端正，结膜无充血、苍白，角膜反射存在，双瞳孔等大等圆，直径约2 mm，光反应灵敏，耳鼻未见异常，口唇发绀，咽部充血，双侧扁桃体无肿大，胸廓无畸形，三凹征明显，呼吸不规则，深长，呼吸音粗，双肺均可闻及大量细湿啰音及哮鸣音，心率180次/分，心音低钝，四肢肌力正常。血RT WBC 15.5×10^9/L，LIN 31.2%，GRA 62.3%。

入院诊断：支气管肺炎，药物中毒（氨茶碱），缺氧缺血性脑病，呼吸衰竭，心力衰竭。

4月24日X线胸片报告：（印象）支气管肺炎。

5月7日报告：轻度异常脑电图。

4月27日CT报告：双侧基底节区见对称性片状低密度影，结合临床考虑，缺血缺氧性脑病（中毒所致）。

经住院治疗28 d出院。出院诊断：（1）药物中毒（氨茶碱）；（2）缺血缺氧性脑病；（3）支气管肺炎；（4）呼吸衰竭；（5）心力衰竭。前两项诊断好转，后三项诊断治愈。

二、矛盾焦点

患方：氨茶碱用药过量中毒，患儿长时间抽风，导致脑缺血缺氧，脑细胞损害。

医方：诊断患儿为喘息性肺炎，用药正确。患儿目前脑外脑积水与医方诊疗无因果关系。

三、案例评析

1.患儿因发烧、咳嗽到医方诊治，但无任何病历记录或记载。

2.处方书写不规范,同一次治疗,书写的两张处方明显不一致,氨茶碱、鱼腥草的用量差别很大。一张处方中的氨茶碱为“0.125”,显然是笔误,否则患儿不能承受。

3.氨茶碱与鱼腥草同在一个输液瓶中静滴不规范。

4.患儿××年4月27日的头颅CT片表现为脑发育不良,胸片有肺炎。

5.医方虽有以上违规行为,但与患儿抽风、脑发育不良无因果关系。脑发育不良、抽风不是医方使用氨茶碱、鱼腥草等治疗所致,与医方的治疗无关。脑发育不良与近亲结婚有关,抽风与发烧有关。

案例二

一、病史摘要

甄××,男,1岁,××年7月31日到A院门诊,主诉发热1 d伴恶心。

体查:体温38 ℃,咽部稍红,舌苔厚腻,腹部稍胀,大便稍稀,余(-)。胃肠型感冒。

治疗:(1)消化散1盒,1包口服,3次/日;(2)小儿速效感冒颗粒,1/2袋,口服,3次/日;(3)四磨汤,1支,口服,3次/日;(4)安去尔乐,1袋,口服,3次/日;(5)小儿消积止咳口服液,1支,口服,3次/日。

8月1日门诊记录:腹胀3 d,患儿于3 d前因饮食不当引起频繁呕吐,无大便,今腹胀加剧,呼吸困难,前来急诊。精神差,面色黄,呼吸急促,唇干燥,呕吐黄绿色水样便,心率快,双肺呼吸音粗,腹部膨隆,呈板状,肠鸣音消失。

初步诊断:肠梗阻;疝气嵌顿。

急诊住院。8月1日16:00入住儿外科,主诉“左侧腹股沟可复性肿物1年,不可复48 h”,门诊以“左侧嵌顿性斜疝、肠梗阻”收住。

入院查体:T 38.5 ℃,P 160次/分,R 42次/分,W 7.5 kg,神志模糊,精神差,对外界刺激反应差,皮肤弹性差,口周无明显发绀,颈软,呼吸促,双肺呼吸音稍粗,腹膨隆明显,腹壁静脉显露,未见肠型及蠕动波,腹软,无压痛,未扪及包块,叩击呈鼓音,移动性浊音阴性,肠鸣音弱。左侧阴囊肿胀明显、水肿、皮肤青紫。腹股沟区可触及一约5 cm×4 cm椭圆形肿物,质硬,触痛明显,不能回纳,透光试验(－),左侧睾丸未扪及,右侧睾丸位于阴囊内,未见异常。双下肢皮温略低,皮肤略发花,弹性差,四肢活动可,生理反射存在,病理反射未引出。

初步诊断:(1)感染性休克;(2)肠梗阻;(3)左侧腹股沟斜疝嵌顿;(4)重度脱水。

诊疗计划:抗休克、抗感染、胃肠减压、禁食水等对症处理,急诊手术,病危通知。

6:52病情变化,突然瞳孔固定,呼吸消失,持续抢救30 min,于7:23临床死亡。

最后诊断:(1)感染性休克;(2)多脏器功能衰竭;(3)肠梗阻;(4)左侧腹股沟斜疝嵌顿;(5)重度脱水。

二、矛盾焦点

患方:医方误诊,将嵌顿疝、肠梗阻诊断为胃肠型感冒,延误病情,错失最佳治疗时机;四磨汤口服液是肠梗阻禁用药,导致患儿死亡。

医方:首诊时,病人并无嵌顿疝临床诊断指征,不存在肠梗阻临床征象。

三、案例评析

1.病历书写太简单。首诊仅记录“测体温38 ℃,咽部稍红,舌苔厚腻,腹部稍胀,大便稍稀,余(－)”。

2.未询问有关病史,未做比较认真的检查,未做任何常规化验及影像学检查。

3.医师思路狭窄。患儿有明显的胃肠症状,家长提出患儿有腹股沟疝,亦未引起医师注意,未进一步做腹部检查及请相关科室会诊。单一诊断“胃肠型感冒”,给消化散、小儿速效感冒颗粒、四磨汤等药口服,让患儿回家,未告知家长随诊。

4.误诊误治。由于以上违规行为,结果将肠梗阻、腹股沟疝嵌顿误诊为"胃肠型感冒"治疗,使诊断延误,病情加重。四磨汤为肠梗阻的禁忌药。

5.8月1日再次来诊,患儿病情已很重,急诊住院,诊断:(1)感染性休克;(2)肠梗阻;(3)左侧腹股沟斜疝嵌顿;(4)重度脱水。抢救无效死亡。

根据该日所拍腹部立位X线片为小肠低位肠梗阻并肠穿孔。该影像表现不是一天形成的。

6.患儿家长在首次就诊后长达34 h内未及时复诊,也是导致病情恶化的因素之一。

7.患儿死亡与医方的以上诊疗违规行为有直接因果关系,应负一定责任。

案例三

一、病史摘要

患儿,男,5岁,××年5月13日22:10入住A医院儿科。

主诉:发烧2 d,呕吐1 d。2 d前因受凉,发烧、头痛,自服感冒通、伤风胶囊、小儿感冒片各一粒,小儿退热片2粒,烧退,晚上又服一次。今早在私人卫生所肌注Pm-PN,口服螺旋霉素、土霉素、安乃近等药2次。间断呕吐、恶心,非明显喷射状,今晚又在私人诊所肌注青霉素80万单位。

体查:体温37.4 ℃,脉搏96次/分,呼吸26次/分,血压未测,咽红,扁桃体Ⅰ度大,颈稍有抵抗,双肺呼吸音清,未闻及湿啰音,心率96次/分,律齐,腹部、四肢未见异常。生理反射存在,病理反射未引出。HGB 120 g/L,WBC 19.0×10^9/L,PLT 87×10^9/L。

初步诊断:(1)急性上呼吸道感染;(2)颅内疾病。

抗感染、抗病毒、止吐、支持治疗。给予头孢曲松、西咪替丁、阿昔洛韦、门冬钾镁、ATP、Co-A等静滴。5月14日9:00病程记录:体温38 ℃,神志清醒,无恶心、呕吐,吃香蕉、蛋糕一个,心率102次/分,神经系统未见明显异常。5月14

日14:30抢救记录:患儿13:20突然大汗淋漓,全身皮肤发花,谵妄,烦躁,面色苍白,口周发绀,心率160次/分,律不齐,音低钝,呼吸50次/分,颈抵抗,腹胀明显,四肢冰凉。立即组织抢救。经抢救无效,于15:40患儿死亡。

二、矛盾焦点

患方:医方诊断有误,住院材料事后编造;挂药液出现了药物反应;抢救不得力。构成医疗事故。

医方:患儿入院后的整个抢救过程及时、合理,用药恰当,诊疗护理严格执行操作规程。患儿病情重,考虑颅内感染(化脑)、中毒性休克,抢救无效死亡。不属医疗事故。

三、案例评析

1.医方诊断患者为上感、颅内感染,给患者输头孢曲松、西咪替丁、阿昔洛韦、门冬钾镁、ATP、Co-A等。对病情、输液治疗中的不良反应观察不仔细,诊断有误。患儿家属向医护人员反映输液后不对劲,发冷发抖,未引起医护人员的注意,继续输液。特护记录:患儿于13:00烦躁不安,大汗淋漓,谵妄,口唇发绀。13:20病情加重,呼吸衰竭、心力衰竭,14:40会诊抢救,仍未确诊输液反应。输液单记录按以下时间静推药物:13:50、14:10、14:50分别静推 5% GS 5 mL+地塞米松5 mg;15:20、15:35分别静推1/1000肾上腺素0.5 mg、1 mg。患儿为药物不良反应所致过敏性休克死亡,并非感染中毒性休克。

2.医方应用头孢曲松规范,皮试(-)后才给药。患儿早期的输液反应临床征象不典型,诊断有误,处理有延误。出现明显的输液反应症状后,13:50医方开始给地塞米松等药物抢救,终因抢救无效死亡。

3.过敏性休克是患者体质特殊所致,是死亡的主要原因。医方诊断有误,早期处理延误,与患儿死亡有一定因果关系,应负一定责任。

案例四

一、病史摘要

患者家属述：患者，女，15岁，××年5月体温偏高，5月18日去A医生诊所就诊，诊所Z医生确诊"水痘"，给予输液治疗。由于诊所床位少，Z医生让患者到隔壁石材门市部去输液。加入第二组液体后约10 min，患者一只手抖，继而全身剧烈颤抖，脸色发青，全身发冷，经抢救脱离危险。当晚患者膝关节内侧出现红色针刺样斑点，疼痛难忍。5月19日再到诊所就诊，继续输前日的液体。5月21日16:00，双腿疼痛加重，下肢僵硬，17:30左右送到B医院儿科就诊，诊断"过敏性紫癜"。

医方陈述：××年5月初，患者来我所（A医生诊所）诊治，自述发烧，身上和腿上出水痘，检查额部、躯干部有几颗透明疱疹，周围有红圈，两下肢有黄豆大小黄色疱疹，部分被抓破，暴露出糜烂面，部分结痂。面色苍白，脉搏细数，高烧，心音低钝，心率快，肝肋缘下两指，疑为败血症、感染性休克早期。诊断：（1）脓疱疮；（2）败血症、感染性休克早期不排外；（3）水痘。用药：GS 100 mL，头孢拉定1.5 g，地塞米松6 mg；GS 100 mL，葡萄糖酸钙20 mL；GS 100 mL，VC 1 g，利巴韦林0.2 g。静脉输入。经3 d治疗痊愈。间隔3 d后，患者又来就诊，自述双膝酸痛，腹痛，检查双下肢有散在出血点和瘀斑。诊断紫癜，用头孢拉定、葡萄糖酸钙、VC、地塞米松、利巴韦林静脉输入。当天输液无任何反应，第二天8:00开始输液，治疗方案同前，患者再三要求到她家门市部（诊所隔壁）去输液，11:00左右患者出现寒战，发生输液反应，随即回诊所，护士当即减慢输液速度，保暖，让患者饮用热开水，肌注阿尼利定一支。随后患者一切正常。之后2 d患者步行来诊所继续治疗，检查两下肢出血点全部消失，瘀斑颜色变浅，治疗方案同前。治疗共4 d后患者自行中断治疗。

患者，女，15岁，××年5月21日20:00入住B医院。

主诉：双下肢皮疹伴双膝关节痛3 d。

体查：T 37.5 ℃，P 80/分，R 20次/分，发育正常，营养中等，神志清醒，全身皮肤黏膜无黄染，淋巴结未触及肿大，巩膜无黄染，心、肺、腹、四肢、神经系统未发现异常。双下肢皮肤可见针尖及米粒大小的皮疹，不痒痛，触之不褪色。WBC 13.4×10^9/L。

初步诊断：过敏性紫癜。

给予抗感染、对症、支持治疗。5月25日自诉腹痛、腹胀，右中下腹可触及一包块。活动度好，腹肌紧张，全腹触痛、反跳痛，肠鸣音弱。

会诊初步考虑：(1)过敏性腹型紫癜；(2)弥漫性腹膜炎；(3)肠套叠可疑；(4)胆囊坏死穿孔；(5)阑尾周围脓肿不排除。

与患儿父母协商，于25日下午16:00转入外一科。

外一科经术前准备、家属签字同意，于26日行肠套叠复位术、腹腔引流术。打开腹膜，腹腔内有大量血性渗出液，约600 mL，吸净，洗手探查，回盲部可触及拳头大包块，并扭转，用手指挤压可见回肠套入结肠内，缓慢挤压牵拉，从结肠内牵拉出44 cm回肠，回肠壁光滑、色黑，血循环差，肠系膜根部血管搏动弱，多次用温盐水敷热肠壁，用10%普鲁卡因做肠根部封闭。家属不同意切除肠管。于是保留肠管，腹腔引流。6月16日转C医院诊治。

6月16日至8月4日住C医院。

诊断：(1)过敏性紫癜(混合型)，紫癜性肾炎，急性肾功能不全；(2)肠套叠术后肠瘘；(3)原发性腹膜炎合并DIC。

给予抗感染、抑制免疫(激素及细胞毒性药物、丙球)、利尿、改善肾功能、改善肾血流、抗凝、支持对症治疗。

出院医嘱：(1)继续在当地治疗原发病；(2)加强营养，处理好外科情况；(3)预防上感、肠道感染；(4)定期复查，随诊。

二、矛盾焦点

患方：诊所未核实病人的过敏史，未做皮试，使用头孢拉定发生药物过敏，造成过敏性紫癜、紫癜肾、肠套叠、肠瘘等；发生过敏反应后护士不在场，延误抢救时机;错误地给水痘病人使用地塞米松,加重了病情;无任何病历记录,应承担举证不能的责任。

医方:诊所诊断准确,用药对症,治疗及时,操作规范。过敏性紫癜的原因错综复杂。患者以后的病症是其自身病理引起,与诊所的诊治无直接因果关系。

三、案例评析

1.根据医患双方陈述的患者病史及其以后住院的病历资料,患者为混合型过敏性紫癜(皮肤型、腹型、肾型)。肠套叠、紫癜肾是过敏性紫癜病情的自然进展过程,是紫癜的重要表现类型。该患者水痘的诊断不成立,但患者有感染。过敏性紫癜使用地塞米松正确,有感染使用头孢拉定无过错。

2.过敏性紫癜的前期症状很不明显,不容易诊断。该患者在诊所的临床表现尚不能确诊过敏性紫癜。诊所的诊治原则基本正确,未对患者造成明显损害。患者到医院后症状表现才比较明显,得以确诊。

3.医方的不足之处在于无任何病历记录,仅有3张处方原件。

案例五

一、病史摘要

患者,男,7岁半,××年1月5日4:00以“发热、咳嗽4 d,声嘶、呼吸费力3 h”收住A医院。4 d前出现发热、咳嗽、乏力,在个体诊所就诊给口服感冒片、头孢氨苄胶囊,发热消退。既往对青霉素、头孢过敏。

体查:T 37.0 ℃, P 144次/分,R 46次/分,BP 94/74 mmHg,急性病容,神志清醒,呼吸费力,急促,口唇略绀,血氧饱和度70%~80%,吸气性四凹征明显,烦躁,发声嘶哑,听诊两肺呼吸音粗,可闻及少量痰鸣音。心音有力,律齐,未闻及杂音,可闻及少量痰鸣音。鼻腔通畅,无分泌物。无皮疹及黄染。

诊断：急性喉炎、Ⅲ度呼吸困难。

1月5日4:20—4:50在全麻下行气管切开，术前先插入支气管镜以持续吸氧，自支气管镜吸出下气道棕红色血性积液，术中听诊两肺湿啰音明显。气管切开后血氧饱和度升至75%～85%。诊断心衰、急性肺水肿。下病危，给毛花苷C、呋塞米、氨茶碱、参麦散，使用广谱抗生素，呼吸机治疗。1月5日13:00床前拍胸片，两肺渗出性改变。诊断重症肺炎合并ARDS。当日18:00，血氧饱和度50%～70%，接呼吸机。请B医院儿科主任会诊，1月6日零时后病情稳定。1月15日10时记录：患儿精神可，示意头痛，呼吸35~38次/分，血氧饱和度90%以上，血压、体温正常，气管套管吸出的痰液减少，听诊两肺呼吸音对称，痰鸣音减少，瞳孔等大，直径约3.5 mm，光反应灵敏。昨日CO_2CP及电解质示轻度低氯、低钠、呼酸，继续给碳酸氢钠、补液纠正。16日记录：凌晨3:00许，静点5% $NaHCO_3$180 mL后（护士误将“5%碳酸氢钠注射液”当作“氨基酸注射液”静滴给患儿），患儿烦躁，神志不清，呼吸急促，67次/分，体温37.5 ℃，心率148～160次/分，血压116/76 mmHg，血氧饱和度71%～83%，双侧瞳孔散大7 mm，光反射极弱。请呼吸科、儿科会诊，考虑5% $NaHCO_3$用量过大，致代谢性碱中毒。给安定、毛花苷C镇静、强心，积极拍背、吸痰，纠正电解质紊乱。1月24日21:05自主呼吸停止，血压测不到，21:13心电图成直线。抢救至21:30，呼吸、心跳未恢复。

二、矛盾焦点

患方：患儿入院4 h，没做任何检查，盲目诊断急性喉炎延误病情；患方不知情即下气管镜，造成肺损伤；护士误将200 mL左右$NaHCO_3$当作氨基酸静滴给患儿，造成严重碱中毒；气管切开后插管不配套使双肺受损；呼吸机管道及附件未按时更换或消毒。医方的过错是造成患儿死亡的直接原因，应负全部责任。

医方：患儿死因为重症肺炎合并ARDS、心搏骤停。误用碳酸氢钠不是导致病情恶化的原因。医院及科室均对患儿起到足够重视，诊治、抢救无违规行为，不构成医疗事故。

三、案例评析

1.患儿在急诊室观察3 h,无病历及检查记录,未及时拍X线胸片,导致诊断失误;急性喉炎的诊断依据不足。根据临床表现及胸片,患儿为双侧重症肺炎;在未拍胸片、肺部病变不明确的情况下,盲目行气管切开。气管切开后护理又不到位,插管未及时更换、冲洗,使患儿发生感染性肺炎合并呼吸机相关性肺炎;护士疏忽大意,输液未认真查对,误将5%的碳酸氢钠180 mL当作复方氨基酸注射液给患儿静脉滴入,导致患儿代谢性碱中毒;用药混乱,无规范,抗生素频繁换药,疗程不够。患儿有心衰,处理力度不够,反而输液过多,加重了心脏的负担。

2.医方的以上违规行为,使患儿的肺炎病情加重,并出现心肌损害、心衰、DIC、凝血机制异常、昏迷等多脏器功能衰竭,导致患儿死亡。医方的违规与患儿死亡有直接因果关系,医方应负主要责任。

3.患儿病情危重,抢救有一定困难。

案例六

一、病史摘要

患儿,女,3岁,××年5月26日15:10入住A医院儿科。

主诉:渐进性乏力、食欲缺乏伴流涕3 d,发热5 d。曾多次在当地乡镇卫生院就诊治疗,效果欠佳。今日化验心肌酶谱增高,来门诊就诊,门诊以“心肌炎”收住。

体查:T 37.6 ℃, P 128次/分,R 28次/分,W 16.0 kg;发育正常,营养中等,精神欠佳,神志清醒;全身皮肤黏膜无黄染,浅表淋巴结未触及重大;巩膜无黄染,双瞳孔等大等圆,直径约3 mm,对光反应灵敏;听力正常;口唇无发绀,舌质淡红,口腔无溃疡,咽部充血,双侧扁桃体轻度肿大,右侧明显;颈软无抵抗;双肺呼吸音粗糙，未闻及明显干湿性啰音；心前区无隆起，未触及震颤，心浊音界无扩大，心音尚有力，心率128次/分，律齐，各瓣膜未闻及病理性杂音；腹平软，肝脾无肿大，叩诊呈鼓音，听诊肠鸣音正常；生理反射存在，病理反射未引出。心肌酶谱(5月26日门诊)：LDH 517.2 U/L，CK 247.0 U/L，CK-MB 28.0 IU/L，GOT 73.0 U/L；心电图(5月26日门诊)：窦性心律，电轴不偏，窦性心动过速。

初步诊断：(1)上呼吸道感染；(2)心肌炎。

入院后5月26日胸部正位相X线片意见：两肺未见明确活动性病变，心膈如常；WBC 9.2×10^9/L。

6月1日B超提示：(1)右下腹包块(不排除脓肿)；(2)肠管轻度扩张；(3)肝、胆、脾未见明显异常。

6月4日查WBC 13.0×10^9/L，Gran 9.4×10^9/L。6月5日查LDH 607.0 U/L，CK-MB 25.0 IU/L，CK 21.0 U/L，GOT 362.0 U/L；BUN 3.8 mmol/L，CO_2CP 19 μmol/L，TBIL 85.7 mmol/L，CR 28.8 μmol/L，DBIL 66.3 μmol/L，TP 61.6 g/L，ALB 34.7 g/L。

给儿科呼吸系统护理常规，保持呼吸道通常，雾化吸入，静脉给予消炎、抗病毒、营养心肌，对症支持治疗等。患儿体温、饮食、睡眠、大小便正常，查体：咽部无充血，双侧扁桃体无肿大，双肺听诊呼吸音清晰，未闻及明显干湿啰音，心音有力，心率约80次/分，律齐，各瓣膜未闻及病理性杂音。于6月5日出院。出院医嘱：前往上级医院进一步检查明确诊断治疗，如有异常随诊。

同年6月6日入住B医院传染二科。主诉：间断发热10 d，皮肤黄染、尿黄1 d。在B医院住院化验心肌酶谱指标升高，诊断心肌炎，给利巴韦林、头孢哌酮钠、舒巴坦、阿昔洛韦治疗10 d后体温曾正常3 d，随后又发热，第10天出现皮肤、巩膜黄染，晨起尿如茶色，烦躁，易哭闹。

在B院门诊查：WBC 12.1×10^9/L，N 56.1%，HB 118 g/L；肝功：AST 1058 U/L，ALT 1871 U/L，TP 69.3 g/L，ALB 32.7 g/L，GLB 36.6 g/L，TBIL 134.5 μmol/L，DBIL 84.10 μmol/L，IBIL 50.40 μmol/L，ALP 503.3 U/L，GGT 173.1 U/L。

上腹部B超提示：(1)左肾游走肾并发育不良(?)；(2)右下腹异常回声；(3)肝脏略增大；(4)胆、脾未见明显异常。

体查：体温36.7 ℃，脉搏120次/分，呼吸20次/分，血压75/50 mmHg，体重

15 kg。营养中等，神志清醒，精神差，皮肤黏膜黄染，眼睑有水肿，巩膜黄染，咽部微充血，心率120次/分，腹平软，未扪及包块，肝肋下1.0 cm，剑突下2 cm，脾肋下未触及，肠鸣音正常，脊柱、四肢、肛门及外生殖器、神经系统未见异常。

初步诊断：(1)黄疸原因待查(?)；(2)肝细胞性黄疸。

入院后病情发展迅速，1周内出现极度乏力、消化道症状，迅速出现神经、精神症状，诊断急性重型肝炎、肝性脑病。入院后给予促进肝细胞再生、退黄、脱氨等对症支持治疗，患儿仍昏迷，给予抗感染、保护脑细胞、甘油果糖脱水减轻脑水肿、补液等支持治疗。家属考虑患儿病情危重，预后差，死亡率高，决定放弃治疗，于6月15日出院。

二、矛盾焦点

患方：医方诊治失误。住院治疗10 d未做肝功化验，使肝炎恶化，失去最佳治疗时间，抢救无效死亡。医方在得知患儿有重症肝炎的情况下，隐瞒病情，未告知患方，让患儿出院。属医疗事故。

医方：对患儿的诊断治疗没有违反卫生法律法规及诊疗常规，诊断依据充分，治疗措施合理，用药及剂量均在正常范围内，不存在过错。患儿刚入院，不具备必须立即查肝功的指征。诊治及时，并及时告知患儿家属病情，建议转院。患儿死亡系疾病正常转归，不属于医疗事故。

三、案例评析

1.根据医方及B医院的病历，患儿死于急性肝衰竭，肝衰竭的原因尚不清楚。该病起病急，进展快，抢救困难。患儿死亡是该病自然发展的结果。

2.医方存在以下诊疗缺陷，但与患儿死亡无直接因果关系：

(1)患儿在门诊时心肌酶即高，但未意识到患儿存在肝病的可能，未及时检查肝功能，使急性肝衰竭的诊断有所延误；

(2)只凭心肌酶高即诊断心肌炎，依据不足；

(3)用药不规范。

案例七

一、病史摘要

患儿,女,1岁,主因脓血便半天,门诊以“细菌性痢疾”于××年8月28日收住A医院。患儿于入院半天前无明显诱因出现大便带脓血,便前易哭闹,伴发热、恶心、呕吐,吐出物为胃内容物。

体查:T 37.5 ℃,P 140次/分,R 40次/分,W 10.0 kg。

辅助检查:(1)腹透,未见阳性征象;(2)粪常规,脓血便,镜检脓细胞20~26/LP,红细胞0~4/LP;(3)血常规,WBC 21.9×10^9/L,N 18.7×10^9/L,L 2.8×10^9/L,HB 115 g/L,PLT 284×10^9/L。

入院诊断:中医诊断,痢疾(湿热);西医诊断,细菌性痢疾。入院后给予输液、抗感染,对症治疗。

9月2日患儿出现腹胀肠鸣音弱,急查腹部B超示:(1)肠管扩张,积液一肠梗阻(?);(2)腹腔积液(少量)。

请外科会诊:考虑麻痹性肠梗阻,给予禁食水、补液,化验血常规、生化等处理,9月3日拍腹部平位片示:中下腹部可见多个呈阶梯状排列的液气平面,考虑麻痹性肠梗阻。9月3日患儿转院。

患儿,女,1岁,主因“腹泻、发热6 d,腹胀,萎靡3 d”收住B医院。患儿于入院前6 d出现腹泻、发热,为脓血便,伴恶心、呕吐,后入住A医院诊断为细菌性痢疾,给予头孢曲松、诺氟沙星、清开灵及补液治疗,于入院前3 d出现腹胀、精神萎靡,行腹部B超及腹部平片后考虑为肠梗阻,后于9月3日转入我院。

入院查体:T 39 ℃,P 140次/分,R 40次/分,W 10.0 kg。

初步诊断:(1)细菌性肠炎伴重度脱水;(2)肠梗阻;(3)肠套叠(?);(4)中度贫血。

入院后B超示:(1)肠梗阻,可疑合并肠套叠;(2)肝脏、胆囊及胆道系统、脾脏、胰腺、双肾未见明显异常；(3)腹水(少到中量)。

腹部正位片示：上腹部肠管(空肠)明显扩张，积气，并伴多个大小不等气液平面，膈下未见游离气体。意见：完全性肠梗阻。

9月4日在全麻下行“剖腹探查术”，切开情况：开腹膜后有混浊脓液喷射出，小肠扩张重，肠壁点状发黑，呈阶段性。回盲部套乙状结肠，头部坏死，降结肠全部裂开，套入肠管黏膜水肿重。探查情况：位于腹腔内，无法复位。套入交界口位于横结肠降区。遂行套入肠管(升结肠、回盲部、横结肠等)切除、小肠造口术。

术后诊断：(1)肠套叠；(2)腹膜炎；(3)肠坏死。术后病理诊断报告：升结肠及部分横结肠符合机械性肠梗阻病理改变。

第二年1月4日入住B医院行二次手术，以“肠造口术后”收住。专科情况：腹平坦、腹软，无胃肠型及蠕动波，全腹无压痛及反跳痛，腹水征阴性，肠鸣音弱，1～2次/分，于右下腹可见约6 cm手术切口瘢痕，于左下腹可见一造瘘口，间断有肠液及食物残渣流出。第二年1月19日在全麻下行小肠回纳、小肠横结肠端端吻合术。

二、矛盾焦点

患方：将肠梗阻及肠套叠错误地诊断为细菌性痢疾并以此进行错误治疗，致使患者病情加重并危及生命，幸而转院到B医院及时手术才挽回了生命。医方的重大失误造成了十分严重和不可逆转的后果，给患者留下了永久的残疾和后遗症，构成医疗事故。

医方：根据患者的年龄、发病季节、症状，入院诊断细菌性痢疾合并轻度脱水正确，而且治疗及时、认真，不存在不予重视和延误治疗的问题。

三、案例评析

1.综合临床症状、体征及辅助检查，该患儿入院时多考虑肠炎。入院后医方抗感染、补液、支持等治疗符合原则。患儿入院后第4天发生肠套叠，后转外院手术治疗。肠套叠是小儿肠炎常见的继发并发症。

2.医方无条件做细菌培养,入院诊断“细菌性痢疾”不准确。

3.请外科会诊后考虑麻痹性肠梗阻,没有及时下胃管减压。

4.在患儿病情演变过程中,医方对病情可能的转归认识不足。

5.医方的上述过失行为与患儿手术切除部分肠管没有直接因果关系,肠套叠是小儿肠炎继发的并发症,临床上多以手术治疗为主,手术切除部分肠管是患儿自身的疾病发展所致。

案例八

一、病史摘要

患儿,女性,4岁。因发烧、咳嗽、恶心、呕吐、腹痛半天,于××年2月14日18:35到A医院门诊部就诊,值班医生W接诊。其母述患儿于当日3:00左右出现发烧、恶心、呕吐、腹痛伴咳嗽咯痰。15:00曾来门诊,S医生查看见患儿咽红、扁桃体肿大,腹部有压痛,怀疑阑尾炎,建议到外院专科治疗。后去B医院检查,诊断为阑尾炎。因B医院条件所限,又到C医院治疗,诊断为胃肠积食、消化不良,嘱服头孢氨苄等药物对症治疗。18:35(患方述18:00)因患儿病情不见好转,发烧加重,再加测体温38.6 ℃,口服小儿热痛片后无效,再次到A医院门诊部就诊。

查体:T 38.5 ℃,R 22次/分,P 96次/分,精神差,神志清,查体合作,咽红,颈软,双肺呼吸音粗糙,心率96次/分,律齐,各瓣膜听诊区未闻及杂音,腹平软,肚脐周围压痛,无反跳痛,移动性浊音(-),肠鸣音正常。

初步诊断:(1)上呼吸道感染;(2)发热原因待查;(3)腹痛原因待查。

处理:(1)因病情甚重,建议其母将患儿转外院治疗,但其母执意要在A医院门诊治疗。(2)抗感染、对症治疗。5%葡萄糖盐水150 mL加头孢哌酮1.0 mg静滴;5%葡萄糖150 mL加清开灵10 mL静滴。

输液中,19:39(患方述19:30),患儿出现寒战、发热(38.5 ℃)、哭闹不止,立即停药，即给予物理降温，异丙嗪12.5 mg、地塞米松2 mg肌注。立即请Z主任会诊，同时通知患儿母亲转院，19:43患儿出现呕吐，19:45患儿出现抽搐，立即持续吸氧，肌注安定5 mg、异丙嗪12.5 mg、地塞米松5 mg，患儿症状缓解。医生给D医院“120”打电话，因占线，为争取时间，用门诊部救护车由数名医护人员陪送患儿到C医院抢救，到达C医院19:58（医方）或20:10（患方）。

在A医院门诊部及送往医院途中医方认为患儿清醒，否认昏迷及心跳呼吸停止。既往患儿多次在A医院门诊部就诊给予头孢哌酮、清开灵等药物治疗，无类似情况发生。

在C医院住院33 d。

入院初诊：(1)输液反应(或致热原反应)；(2)急性胃肠炎。

出院诊断：(1)输液反应(或致热原反应)；(2)缺血缺氧性脑病；(3)急性胃肠炎。

从同年的3月18日起，患儿多次在D医院住院治疗，诊断为缺血缺氧性脑病后遗症、脑萎缩、听力障碍、运动倒退。

二、矛盾焦点

患方：患儿严重的缺氧缺血性脑病后遗症、局限性脑萎缩是由医方在抢救过程中违规诊断，盲目治疗，抢救措施不力，延误抢救时机，不负责任，存在明显的过失。(患方对门诊病历、门诊部诊断、输液医嘱单、输液地点、输液的液体，抢救时间、转送时间提出质疑)

医方：患儿在我部治疗全过程中，我部做到了及时、准确、合理及安全医疗责任，患儿损害结果，与我部无因果关系。

三、案例评析

1.发生输液反应是难以预料的。医方所用液体及药品均有合格证明，进货渠道正规。患儿发生输液反应，医方处理得当，并及时陪护转送C医院抢救。医方无违法违规事实。

2.患儿发生缺氧缺血性脑病于医方诊治无因果关系。

3.医方不承担责任。

案例九

一、病史摘要

患儿，男，××年3月19日，在A卫生院出生后12 h内即进行计划免疫接种，在左臂三角肌部位皮内注射0.1 mL卡介苗、肌肉注射乙肝疫苗5 μg。观察无异常后离院回家。3 d后家人发现患儿左臂呈红色伴肿胀，A卫生院门诊医生以“卡介苗过敏”“上呼吸道感染”处理，并嘱到上级医院检查。经卫生院及地区医院多次检查、治疗，曾诊断“慢性淋巴管炎”，用药以“先锋”“丹参”为主。在卫生院治疗1周，病情变化不明显。目前，患儿左臂红肿已明显减轻。

二、矛盾焦点

患方：医方给新生儿接种卡介苗、乙肝疫苗后第3日，左侧胸部、上肢大部红肿，至今仍不见好转，是医方的责任。

医方：疫苗均为××市××区疾控中心提供，两种疫苗并未发生相互反应。患儿系疫苗接种的异常反应，不构成医疗事故。

三、案例评析

医方为新生儿预防接种卡介苗、乙肝疫苗符合《传染病防治法》第十二条“国家实行有计划的预防接种制度”的规定；所用疫苗均由疾控中心提供，接种时间、剂量均符合国家卫生部规定的“儿童免疫程序”，联合免疫接种方法基本正确。专家对患儿现场体检后诊断：先天性鲜红斑痣。该病与接种卡介苗、乙肝疫苗无因果关系。

案例十

一、病史摘要

患者，男，9岁，因突发性腹痛、恶心、呕吐、腹泻1 d，于××年3月10日21:30入住A医院急诊科。

检查：神志清醒，精神差，全身情况差，面色苍白，皮肤弹性差，心率109次/分，律齐，无杂音，腹膨隆，肠鸣音亢进，体检中排恶臭便3次。

诊断：(1)急性胃肠炎；(2)食物中毒；(3)脱水酸中毒。

给予纠正脱水、酸中毒及抗感染治疗。所用药物中碳酸氢钠方为60 mL，医嘱用了40 mL。11日2:00许，患儿家属急叫，医护人员急救，抢救无效，于2:20死亡。

B医院病理科尸检报告：(1)先天性巨结肠症；(2)肠梗阻(麻痹性慢性不全梗阻)；(3)慢性弥漫性坏死性小肠及结肠炎；(4)肾缺血，肾小管变性坏死。

二、矛盾焦点

患方：医护不负责任，未给病人体检，透视化验报告正常，简单地诊断肠炎；输液、病重时无医护人员看管，致患儿死亡；护士把她的一支假药加在液体内，致患儿死亡。

医方：患儿死亡主要是其本身疾病演变和家属不配合所致，与医方诊疗无直接因果关系。

三、案例评析

1.医方对患儿病史询问及体格检查不够，既往史、腹部手术史未能详细了解。

2.患儿病重，医方观察病情不仔细，对疾病及预后认识不足，未测量血压，未采取有效处理,抢救不及时、不得力。

3.医方诊断有误,只诊断急性胃肠炎、食物中毒(?)、脱水酸中毒。患儿有腹部手术史及长期便秘史,应高度怀疑先天性巨结肠症。尸检证实为先天性巨结肠症、麻痹性不全肠梗阻、弥漫性坏死性小肠及结肠炎。

4.医方以上的诊治失误,是造成患儿死亡的直接原因,应承担一定责任。

5.弥漫性坏死性小肠及结肠炎起病急骤,进展快,病情凶险,死亡率高,诊治极为困难。患儿长期不全性肠梗阻,营养有一定障碍,机体抵抗力低下,是病情发展迅速的主要原因之一。

案例十一

一、病史摘要

患儿,男,2个月,××年4月23日18:20主因“咳嗽2 d伴心率快”,入A医院儿科。转入时氧气袋吸氧,静脉输“酚妥拉明”组。

体检:P 188次/分,R 54次/分,W 5 kg,发育正常,营养良好,神志清醒,精神差,反应稍差,面色稍灰,鼻根部及口周发绀,咽红,心率188次/分,律齐,音钝,腹软,肝肋下1指,质中等。

初步诊断:肺炎合并心衰。

诊疗计划:(1)吸氧;(2)抗感染、抗病毒、强心、利尿、对症支持治疗。

患儿病危,向家属说明病情,继观病情变化。23日19:00突然面色发青,呼吸停止,急听心率偶闻及一两声,紧急抢救40 min无效,于19:40死亡。初步尸检报告:(1)左主支气管内有液体样物;(2)皮下气肿。

医方陈述:经调查,值班护士也承认误将液体管接到氧气管上,医疗操作中确实存在错误。

护士陈述:患儿入院时携带氧气包和输入的液体,我先把氧气包换入我院的氧气瓶,然后换静脉通道。患儿母亲大声说“孩子鼻子进水了”。同时患儿抽搐、面色青紫、呼吸困难加重，口腔内有少量分泌物流出。我有些慌乱，拿起已插好的两根管子相互调换了，这才真正把管道换错，然后又立即更换管道。

患方陈述：××护士给孩子来换液体，当时我正抱着孩子，护士在我身边看了看两根管子，就拔下接头接了起来，接好后，她站在旁边观看。就在这时，我突然看到液体顺着原来固定在孩子鼻子上的氧气管迅速流入孩子的鼻腔，我惊叫："鼻子进水了。"××护士慌忙说："哎哟，怎么这样弄上了！"于是马上拔掉管子，慌乱地换了起来，换好后，直起身体观察。就在这时，我看到孩子头上输液的地方发红，明显地鼓起来，孩子的脸色一下变青，叫来医生抢救。整个抢救持续了大约40 min。

法医学教研室《法医病理解剖诊断报告》：(1)两肺弥漫性间质性肺炎伴大部分肺组织萎陷(肺间隔普遍增宽，其中有多量淋巴细胞、单核细胞浸润；肺泡腔闭锁)；(2)脑水肿；(3)慢性迁延性肝炎(轻度)，体腔积液(心、胸、腹、颅腔分别为5～20 mL)；(4)额、颞、顶皮下广泛气肿；(5)多脏器瘀血。

主要疾病、死因：(1)两肺弥漫性间质性肺炎伴大部分肺组织萎陷(肺间隔普遍增宽，其中有多量淋巴细胞、单核细胞浸润；肺泡腔闭锁)；(2)脑水肿；(3)慢性迁延性肝炎(轻度)。

二、矛盾焦点

患方：护士麻痹大意，错误操作，将输液管误接在孩子鼻子上的氧气管，液体流入鼻腔，致孩子死亡。

医方：尸检未发现气体栓塞，右心室也未见泡沫状气体；液体管错接到氧气管上仅5～10 s，滴入2～4滴液体，且从鼻腔流出，不足以引起窒息；患儿为重症肺炎并心衰，随时有生命危险。护士操作失误不是导致患儿死亡的直接原因。

三、案例评析

1.医方护士操作失误，误将输液管接入吸氧管道，将氧气管接入头皮静脉输液管，致使气体进入血管、皮下组织，液体从鼻导管进入呼吸道，加重了患儿缺氧,促使其窒息、多脏器功能损害死亡。

2.临床诊断患儿为肺炎合并心衰,病理诊断为两肺弥漫性间质性肺炎伴大部分肺组织萎陷、脑水肿、慢性迁延性肝炎。患儿病情危重,变化快,救治有一定困难。

3.医方的操作失误,与患儿死亡有直接因果关系。医方应负主要责任。

案例十二

一、病史摘要

患儿,男,4个月,××年5月30日13:30入住A医院儿科。

主诉:发热5 d。5 d前不明原因发热,38 ℃,无咳嗽、呕吐及腹泻。在私人诊所就诊按“上感”治疗,效果不佳,来A医院就诊。

胸片示支气管肺炎,收住入院。出生后一周曾重度黄疸,住B医院给蓝光等治疗。已行乙肝、卡介苗注射。第一胎,无产伤及窒息。

体查:T 37.6 ℃,R 42次/分,P 180次/分,W 6 kg,发育、营养中等,神志清醒,精神及反应欠佳,全身皮肤黏膜无皮疹及出血点,浅表淋巴结不大,头颅大小正常,前囟1.0 cm×1.0 cm,平坦,双眼睑无水肿,双瞳等大,光反射存在,颜面及口周发灰,无鼻翼扇动,咽充血,扁桃体不大,胸对称,双肺呼吸动度相等,叩诊清音,呼吸音稍低,未闻及干湿啰音,心界不大,心音有力,律齐,心率180次/分,各听诊区未闻及杂音,腹平软,无肠型及蠕动波,肝脾不大,无移动性浊音,肠鸣音正常,四肢末端无发绀。正位胸片:两肺纹理粗重、模糊,并见小片状絮状阴影。血液及便常规均正常。

入院诊断:(1)支气管肺炎;(2)心脏疾患待排除。

治疗:静点美迪星、肿节风,静注维生素K1,吸氧治疗。

病情曾一度好转,但后又加重,呼吸浅快,60~70次/分,心率快,140~160次/分。血生化:GPT 86 U/L,GOT 112 U/L,LDH 871 U/L, HBDH 592 U/L。

6月1日10:00病程记录诊断:(1)支气管肺炎;(2)病毒性心肌炎;(3)感染性肝功能损害(?);(4)病毒性肝炎待排除。加用营养心肌药及护肝药。

6月1日记录:今日病情重,吸氧下发绀,面色较重,四肢末梢亦有发绀,呼吸42次/分,心脏彩超提示先心病、室间隔缺损(?)。请传染科会诊,同意儿科诊断,向家属交代病情。病情仍继续加重,病儿家长曾要求转院治疗,但因病儿不能离开氧气未转院。心内科会诊考虑心肌炎(重型)、心衰。

6月5日记录:儿科主任医师Z会诊。诊断:(1)支气管肺炎合并心衰;(2)病毒性心肌炎(?);(3)中毒性心肌炎,中毒性肝炎(?);(4)先心病不除外。给予营养剂、少量地塞米松等治疗。查肝炎抗体均为阴性,可排外病毒性肝炎。继续吸氧、抗菌、抗病毒、营养心肌、保肝、强心、利尿、白蛋白支持治疗。6月2日肌注毛花苷C 2次,每次0.06 mg;6月3日、4日分别肌注毛花苷C 0.06 mg,6月5日、6日分别静注毛花苷C 0.06 mg及0.05 mg,6月7日给地高辛片0.06 mg每日一次口服。6月6日计划于6月8日转外地治疗,因飞机故障未转院。6月9日B医院Y主任会诊,同意目前治疗。6月9日16:30呼吸、心跳停止,即刻心肺复苏,气管插管,心跳恢复,自主呼吸未恢复,瞳孔散大,请心内科、内三科主任参加抢救,终因病情危重抢救无效,于6月9日20:30死亡。

二、矛盾焦点

患方:医方对患儿诊断不清,治疗混乱,工作不严谨,麻痹大意,造成婴儿多脏器损害、死亡。治疗护理失误,没按病危及时将患儿搬到抢救室抢救、密切观察病情,未及时请儿科专家会诊。病历书写不负责任,多处出现错误。医方严重违反诊疗护理规范、常规,属于医疗事故,应负主要责任。

医方:对患儿的诊断、治疗措施得当无误,尽了职责,符合治疗程序和技术操作规程,患儿死亡系其本身疾病危重所致。

三、案例评析

1.患儿出生仅4个月,入院时查体面色发灰,口周发绀,心率180次/分;胸片诊断“支气管肺炎”;心肌酶、肝酶增高。患儿为重症肺炎合并多脏器功能衰竭(中毒性心肌炎、心力衰竭、中毒性肝炎)。

2.医方给阿奇霉素、头孢他啶、利巴韦林、肿节风、地塞米松等抗感染,给毛花苷C、地高辛、呋塞米、酚妥拉明等强心、利尿、扩血管,给能量合剂、促肝细胞生长素、丙种球蛋白等对症支持治疗,治疗抢救原则正确。

3.患儿死亡是其疾病严重、多脏器功能衰竭所致,在现有医学科学技术条件下不能防范,与医方的诊治无因果关系。

4.医方在对患儿的诊疗护理中存在一些过失行为:

(1)对疾病的严重性认识不足,未及时将患儿移入抢救室救治,未将病情充分告知家长;

(2)化验检查不全面,使用强心剂、利尿剂、地塞米松多日,但未查过电解质及肾功能;

(3)病历书写混乱:疾病诊断名称多处不一致,病历中数处出现姓名、床号、年龄、日期、病重程度的错误。

病理科

案例一

一、病史摘要

患者,男,51岁,××年12月8日10:00入住A医院。

主诉:左下肢肿物1年余。肿物伴间断性胀痛。

专科情况:左小腿中段局部隆起,可及一4 cm×3 cm大小肿物,质硬,活动差,右下肢可见约2 cm大小肿物,质软,活动度可,边界清楚,无触压痛。

初步诊断:左下肢肿物性质待查,右下肢脂肪瘤。

12月10日超声提示:左大腿内侧皮下实质占位性变。经术前小结,患者家属签字同意,于12月11日行“左下肢肿物、右下肢脂肪瘤切除术”。术中见肿物位于腓肠肌肌肉间隙约4 cm×5 cm大小,质硬,无包膜,活动度差。术中诊断为纤维肉瘤(?),完整切除。同法切开右下肢皮肤、皮下组织,见一2 cm×3 cm大小肿物,包膜完整,质软,活动度可,考虑脂肪瘤,完整切除。左下肢肿物患者家属自行送病检,右下肢脂肪瘤患者拒绝送检。12月16日病理诊断:纤维瘤伴坏死。给予抗感染、对症处理,痊愈,于12月22日出院。

第二年4月1日B医院病理报告:(左腿部)倾向于上皮样肉瘤。

第二年4月21日C医院病理报告:(左腿部)形态及免疫组化验结果符合上皮样肉瘤。

第二年5月6日再次入住A院,主诉“左下肢肿物切除术后半年余”。上次住院手术,出院后2个月左下肢原切口处仍复发两次,两次切除标本常规病检报告为良性病变。

C医院病理会诊报告:(左小腿)形态及免疫组化验符合上皮样瘤。患者出现痰中带血,拍胸片示:双肺多发转移癌。体查:心、肺、腹未见异常;大腿内侧可见一6 cm长的手术疤痕,触之硬,无明显触痛。5月7日胸部后前位X线片诊断:肺转移瘤。诊断:左下肢纤维肉瘤并双肺转移。给予支持、化疗,6月23日出院。

二、矛盾焦点

患方:医方误诊,诊断不清,耽误了最佳治疗时间,导致病情恶化。四次手术均在没有必备设备的换药室进行。

医方:我院对患者诊断正确,手术方式、时间、地点选择恰当,病理检查报告无误,用药科学合理,不承担任何责任。

三、案例评析

1.肿瘤的诊断主要依据病理学检查。根据对该患者的病理学检查,第一次病理切片诊断肿瘤很困难,无法确诊。第二次病理切片可明确诊断该患者为恶性肿瘤,多考虑上皮细胞样肉瘤。该肿瘤恶性程度高,少见,病变复杂、多样,病理改变与临床表现不符,只要患者出现包块,即已全身转移,不管用化疗还是放疗均敏感性不高,疗效有限,死亡率高。

2.患者死于恶性肿瘤,是疾病发展的必然结果,与医方的诊断治疗无因果关系。

3.医方对患者的诊治存在以下不足,但与患者的死亡无直接因果关系:

(1)医师对肿瘤缺乏认识,经验不足,责任心不强,行四次手术不当;

(2)化疗不规范,知情同意书太简单,无剂量表,无放疗剂量;

(3)病历书写不规范。

案例二

一、病史摘要

患者,男,65岁,××年6月30日诊断证明书诊断:左肺癌,建议住院治疗。6月30日入住A医院呼吸内科。

主诉:间歇性咳嗽2个月余,加重伴胸痛、气短10 d。咳白色泡沫痰,无咯血,无发热、盗汗;左侧胸痛。遂来院就诊。既往有结核病史20余年,曾行阑尾切除术。

体查:发育正常,营养中等,皮肤黏膜无黄染及瘀血点,浅表淋巴结未扪及肿大,气管居中,甲状腺无肿大,桶状胸,呼吸动度一致,语颤无增减,叩诊呈清音,听诊左上肺呼吸音低。心、腹、四肢等部位检查未见异常。

初步诊断:左肺占位病变性质待查。

6月26日胸部正位X片意见:左肺所见首先考虑感染性疾病,建议CT检查排除或考虑新生物、阻塞性肺炎或干酪性肺炎。同日B医院远程医疗影像会诊考虑诊断:左上肺叶纵隔旁占位,新生物可能;左肺舌段肺炎性病变;建议抗感染后复查及气管镜进一步检查确定左上肺肿块性质。

入院后于7月2日行支气管镜检查,取材及刷片部位:左舌叶支气管。检查结果:左舌叶支气管癌(?)。7月4日病理诊断报告:(左上肺支气管黏膜)考虑为小细胞未分化癌。确诊后,给予化疗,同时给予保肝、对症支持治疗。于7月14日出院。

7月25日至8月1日第二次住A医院,主诉:咳嗽、咳痰3个月余,加重伴胸闷1个月,第一周期化疗后21 d。初步诊断:左肺小细胞癌(广泛期),左下肺阻塞性肺炎。给予化疗。

8月17日至8月28日第三次住A医院,主诉:间歇性咳嗽4个月余,第二周期化疗后3周。诊治同第二次住院。

C医院的病理报告:9月8日对A医院同一张病理切片诊断:(左肺支气管)黏膜慢性炎,部分组织可疑癌变;建议治疗后复查。

D医院检查报告:9月17日肿瘤科多肿瘤标志物蛋白芯片检测,11项指标均正常。9月18日支气管镜检查报告诊断:请结合临床及实验室检查。9月21日病理报告:细胞学诊断(支气管黏膜刷片)未查见癌细胞;病理诊断:(左上舌段肺)支气管黏膜慢性炎,纤维组织增生,血凝块内查见破碎腺体。

E医院病理报告:12月15日,会诊A医院切片4张。病理诊断:"左肺上叶支气管"极小块黏膜内小灶状异型细胞浸润伴机械性挤压,片内组织太少,不能排除小细胞癌的可能性。

二、矛盾焦点

患方:医方诊断、治疗错误,诊断患者为"左肺小细胞癌(广泛区)",错误化疗三次。C医院病理诊断"(左肺支气管)黏膜慢性炎"。D医院病理诊断"(左上舌段肺)支气管黏膜慢性炎,纤维组织增生","(支气管黏膜刷片)未查见癌细胞"。医方的诊治错误给患者造成人身损害,属医疗事故。

医方:我院病理诊断(左上肺支气管黏膜)考虑为小细胞未分化癌,是不完全肯定的诊断,与C医院、E医院的病理诊断结果相符。D医院支气管镜复查是在化疗2个月后,是否肿瘤不能定论。我院对患者的诊疗过程尽到了告知义务,采取周期化疗符合治疗原则,且疗效明显。目前仍考虑左肺小细胞癌,建议一年后复查。

三、案例评析

1.鉴定组专家对医患双方的陈述、提供的病历等材料,进行了认真、深入的讨论。认为化疗前临床诊断肺部恶性肿瘤,病理诊断考虑小细胞肺癌可能。化疗后的病理诊断不能反映化疗前的病理诊断。鉴定会上专家又让患者到医院进行了胸部正侧位X线拍片,该片与××年9月的胸片比较,左肺病变较前加重。

根据患者的临床表现、X线征象及其进展、气管镜下所见及病理活检等材料,专家组综合分析后,诊断患者为左肺小细胞癌。

2.医方左肺小细胞癌的诊断正确，治疗原则、方案无过错，医方给患者进行化疗后病情好转，不构成医疗事故。

3.建议患者及时、积极进行治疗。

案例三

一、病史摘要

患者，男，6岁，××年11月14日入住A医院骨科。

主诉：右肩部疼痛5个月、加重2个月。

10月15日门诊MRI检查报告印象：右肩峰异常信号，良性骨肿瘤性或肿瘤样病变可能。

入院专科检查：右肩峰可见2 cm×2 cm局部隆起，质硬，表面光滑，不活动，与周围组织无粘连，压痛阳性，局部皮温及肤色正常。

入院诊断：右肩峰肿瘤性病变。

经家属签字同意，于11月16日行右肩峰“病灶切除术”。术中见右肩峰略隆起，骨皮质正常，用骨刀取0.1 cm×1 cm骨窗，见骨髓腔内有白色乳白色软骨样组织，用刮匙刮出送冰冻切片检查。0.5 h后冰冻切片回报：考虑“右肩峰”软骨瘤（待石蜡切片后再报）。将病灶彻底刮除干净后，用过氧化氢冲洗，仔细止血，生理盐水冲洗干净后，逐层缝合。术后诊断：右肩峰骨软骨瘤。手术创口愈合良好，于11月21日出院

出院医嘱：（1）继续巩固治疗；（2）门诊随诊（星期二）；（3）定期复查拍片。

11月20日病理诊断报告：送检“右肩峰”碎块组织系软骨瘤征象。

第二年1月22日、2月26日两次X线照相报告相同：右肩胛骨肩峰端骨化性纤维瘤病灶清除术后改变，右肩关节骨质疏松，定期复查。

第二年3月6日B医院会诊A医院病理切片报告诊断：右肩峰肿块，小细胞性恶性肿瘤。3月7—19日入住B医院，诊断：右肩峰尤文氏肉瘤。3月12日行

AI化疗。出院时病情及各项生命体征平稳。

第二年3月31日C医院MRI报告:右肩胛骨肿瘤术后、肿瘤复发,考虑偏恶性肿瘤。

第二年3月28日—4月30日入住D医院。4月2日对A医院送检的病理切片诊断:(右肩胛骨)查见软骨伴退变以及挤压严重的异型细胞,小细胞恶性肿瘤可能性大。诊断:右肩胛骨尤文氏肉瘤。4月10日行"右肩胛骨肿瘤切除重建术",肿瘤组织送常规病检。术后抗感染、对症等治疗,患儿一般情况良好,切口愈合好,无感染。X线示术后植骨位置良好。4月16日再次病检报告仍为尤文氏肉瘤。4月23—28日给异环磷酰胺方案化疗。复查血常规未见异常,于4月30日出院。

二、矛盾焦点

患方:医方误诊、误治,将患者的尤文氏瘤诊断为非骨化纤维瘤、右肩峰骨肿瘤、右肩峰软骨瘤,做了无谓的右肩峰骨肿瘤病灶切除术并植骨术。术后4个月才发现癌症和治疗,误诊误治6个月,造成了癌症扩散,导致肩关节功能丧失,右肩胛骨大面积癌细胞侵蚀,功能丧失。医方的过失与患者的损害之间存在因果关系,构成三级甲等医疗事故,应承担全部责任。

医方:患者在我院诊断、治疗期间,医院不存在医疗诊治过失行为。患者现在的病情与医方的诊疗无因果关系,不承担责任。

三、案例评析

1.医方根据病史、体检、影像及相关检查,入院诊断患儿为"右肩峰肿瘤性病变",拟行右肩峰"病灶切除术",术中冰冻切片病检报告为良性软骨瘤(待石蜡切片后再报),故行病灶切除术。以上诊治过程符合骨肿瘤临床诊治规范。

2.术后石蜡切片病检报告"右肩峰"碎块组织系软骨瘤(良性)征象。该切片后经两家医院病理会诊,D医院报告小细胞恶性肿瘤可能性大,B医院结合免疫组化验报告为尤文氏肉瘤。

3.医学会专家会诊该切片意见:骨肿瘤的诊断在临床外科病理工作中是难

点，误诊率高，需临床、影像及病理结合，依据A医院的病理切片无法做出恶性肿瘤的诊断。

4.C医院MRI报告：考虑偏恶性肿瘤。

5.根据数家医院的诊断及鉴定组专家的鉴定，支持患者为尤文（Ewing）氏肉瘤。经治疗，患者目前一般情况良好，病情稳定，未发现转移及脏器功能损害，与Ewing肉瘤/原始神经外胚层肿瘤的转归不相符，故要确诊尤文氏肉瘤尚需观察，建议患者定期到医院复查。

介入科

案例一

一、病史摘要

患者，女，36岁，因“间断性胸闷、心悸半年”，门诊于××年2月6日以“心律失常—频发室性早搏”收住入院。

查体：P 75次/分，BP 125/87 mmHg，口唇无发紫，颈静脉无怒张，双肺呼吸音清，未闻及干湿性啰音，心界叩诊无扩大，心率75次/分，心音有力，律齐，无杂音，腹部未见明显阳性体征，双下肢无水肿。

辅助检查：心电图提示，窦性心律，心电轴不偏，大致正常心电图；24 h动态心电图检查提示，窦性心律，合并室性早搏33335次。

2月7日在局麻下行射频消融手术。常规无菌操作，1%利多卡因局部麻醉双侧股三角区，穿刺左侧股静脉，植入1根6 F静脉鞘，穿刺右侧股静脉，植入一根8F静脉鞘。沿左侧股静脉鞘植入5FHIS束电极。8F蓝把温度控制加硬射频消融大头导管在右心室流出道行起搏标测，在右心室流出道游离壁偏下部位标测到12导联心电图与自发室性早搏形态相同的靶点，大头电极上无HIS束电位，以60度25 W放电大约7 s，室性早搏完全消失，在原部位巩固放电90 s时突然出现Ⅲ°房室传导阻滞，交界区逸搏心律约50次/分，立即停止放电，将消融电极放置右心室心尖部行保护性起搏，同时给予阿托品2 mg静脉注射，地塞米松20 mg静脉注射，观察30 min后Ⅲ°房室传导阻滞未恢复，经左侧静脉鞘植入4F临时起搏电极至右心室心尖部行保护性临时起搏，结束手术，返回病房，严密监护。心电图示：交界性心律，Ⅲ°房室传导阻滞。术后运用肾上腺皮质激素、中药等治疗后，患者Ⅲ°房室传导阻滞不能恢复，运用异丙肾上腺素后，心室率维持在46～47次/分。2月23日，在局麻下行永久性人工心脏起搏器植入手术。穿刺左侧锁骨下静脉成功，制作好起搏器囊袋，充分止血。按照常规方法分别植入右心室电极导线，测试心内R波振幅11.1 mV，心室电极导线阻抗1026 Ω，起搏域值0.5 V，脉冲发生器：Medtronic SIGMA-TMSSR 303,右心室电极导线：Medtronic CAPSURE 4074-58 cm。起搏模式VVI，植入时频率60次/分。缝合囊袋切口，头孢噻肟钠预防感染，术后病人生命体征平稳，起搏功能良好。

二、矛盾焦点

患方：医方在做射频消融术时操作失误，造成患者出现Ⅲ°房室传导阻滞，需终生安装起搏器来维持生命，构成医疗事故。

医方：患者手术适应证明确，无禁忌证，医方按照常规方法进行手术，无违规行为。由于医学科学的特殊性、人体的个体差异，患者可能存在HIS束解剖变异，这种解剖变异导致的并发症无法防范，不可预料。故不构成医疗事故。

三、案例评析

1.根据病史、症状及相关检查，24 h动态心电图检查示：窦性心律，合并室性早搏33335次，医方确诊患者为频发室早搏，是射频消融术的适应证，医方行射频消融术治疗选择正确。

2.医方经术前谈话，向患者及家属交待了术中、术后可能发生的并发症，其中包括房室传导阻滞，患者及家属签字同意手术。

3.医方手术操作基本规范。手术中行心电生理检查，确定为右室流出道室性早搏，在相应部位进行消融，消融后出现Ⅲ°房室传导阻滞。房室传导阻滞属射频消融术的并发症。术中植入临时起搏器，术后植入永久起搏器。患者病情平稳。专家组建议起搏器等有关费用由医方承担。

案例二

一、病史摘要

患者，男性，27岁。因“甲亢”于××年4月16日入住A医院。主诉多食、消瘦、多汗3年，烦躁易激动。

查体：双侧眼球突出，眼裂增宽，甲状腺肿大；心率90次/分，律齐；两手平举有细颤，膝、跟腱反射活跃。

初步诊断：甲状腺机能亢进症。

住院当日下午行甲状腺动脉部分栓塞术。术前青霉素皮试(+)，碘过敏试验(-)。选右侧腹股沟韧带下1.5 cm股动脉搏动最强点为穿刺点，常规消毒，2%利多卡因3 mL局麻，穿刺成功后送入扩张管及鞘组，经鞘送入4FH_1导管，选择左侧甲状腺下动脉，在锁骨下动脉造影(76%国产泛影葡胺)，未见甲状腺下动脉分支，故选择左椎动脉“冒烟”时，患者出现四肢麻木，恶心，呕吐一次，心率120次/分，律齐，血压正常，出汗较多，并出现失明。经导管推注利多卡因2 mL，退管，口服心得安10 mg，静脉输葡萄糖等，约20 min后症状消失，故将导管送入右侧甲状腺上动脉造影，见该动脉增粗，并见肿大之甲状腺染色，用明胶海绵微粒栓塞后造影见血供仍丰富，故用金属弹簧栓子做近段栓塞成功后退出导管，再次选择左锁骨下动脉起始部“冒烟”，寻找左甲状腺下动脉，见该动脉起始于椎动脉，在该动脉开口处“冒烟”时，患者又出现麻木、失明，经对症处理，拔出导管，结束手术，送回病房。

术后，患者出现不完全性四肢瘫痪，4月28日B医院神内科××教授会诊：造影剂迟发反应致颈5—6节脊髓损伤。经近一年的积极治疗，脊髓损伤仍未完全恢复。

二、矛盾焦点

患方:院方介入手术中行甲状腺动脉造影时,出现中度过敏反应,未及时终止,造成二次过敏反应,引起患者中枢神经系统及肢体后遗症。

院方:甲状腺动脉造影时出现的症状及后遗症,属医学难以预料情况,不构成医疗事故。

三、案例评析

1.术者在第一次行左侧甲状腺动脉造影时,造影剂进入脑动脉和脊髓动脉,出现严重的神经血管反应,应终止手术,但术者认识不足,继续进行右侧甲状腺动脉造影栓塞。在第二次行左侧甲状腺动脉造影时,再次出现中枢神经系统(脑、脊髓)、血管的严重反应(造影剂致血管痉挛),继而损害神经系统(脊髓)。属手术过失。

2.患者体质特殊是引起损害的主要因素,手术过失是造成患者损害的次要因素。

3.医方负次要责任。

案例三

一、病史摘要

患者因甲亢病史三年,于××年××月××日入住A医院介入科拟行介入治疗。

入院查体:双侧眼球突出,眼裂增宽,甲状腺肿大,心率90次/分,律齐,两手平举有细颤,膝、跟腱反射活跃。

入院当日下午行甲状腺动脉部分栓塞术,术前青霉素皮试(+),碘过敏试验(-)。右侧股动脉穿刺后导管进入左锁骨下动脉造影(造影剂为国产76%泛影葡胺),未见甲状腺下动脉分支,再选择左侧椎动脉造影,造影时患者出现四肢麻木，恶心，呕吐一次，心率120次/分，律齐，血压正常，出汗较多，并出现失明。考虑血管痉挛所致，经导管推注利多卡因2 mL，口服心得安10 mg，静点葡萄糖和维生素C，约20 min后症状缓解，视力恢复正常。再次将导管送入右侧甲状腺上动脉造影，见甲状腺动脉增粗，用明胶海绵微粒栓塞后造影见血供仍丰富，故用金属弹簧圈做近端栓塞，成功后退出导管，再次选择左锁骨下动脉起始部造影，见甲状腺下动脉起始于椎动脉，故在左甲状腺下动脉开口处造影，造影时患者出现麻木、视物不清致失明，经导管再次注利多卡因3 mL，地塞米松5 mg，结束手术。术中造影剂为76%国产泛影葡胺40 mL+NS 20 mL稀释致50%左右。

术后患者四肢出现不完全性瘫痪，失明，排尿困难，双上肢肌力0–I级，深浅反射消失。给予营养神经、高压氧等对症治疗，11月后视力恢复，四肢肌力逐渐恢复。考虑造影导致颈段脊髓损伤，一直康复治疗。一年后甲状腺功能检查：T_3 2.10 ng/mL，T_4 147.51 ng/mL，FT_3 9.04 pmol/L，FT_4 25.02 pmol/L，TSH 0.27 IU/mL，TG 7.5，TM 6.8。后曾到外地多家医院会诊，检查发现右侧颈总动脉窦部至颈外动脉起始部见内置弹簧圈呈伸展状态。两年半后，在外地医院取出右颈总动脉弹簧圈。术后三年甲状腺功能检查：T_3 1.86 ng/mL，T_4 112.051 ng/mL，FT_3 39.18 pmol/L，FT_4 10.46 pmol/L，TSH 0.96 IU/mL，TG 3 5.3，TM 3 0.7。体检：左半身痛觉减退，左侧上下肢肌力IV级，双上肢肌力正常，双下肢张力增高，腱反射(++)，踝阵挛(++)，巴氏征(+)。

二、矛盾焦点

患方：

1.医方行介入治疗无适应证；

2.在第一次行左侧甲状腺造影时，患者已出现严重的神经血管反应，应立刻终止手术，但医方仍继续右侧造影，出现严重反应，导致患者脊髓损伤，肢体功能障碍。

3.医院操作不规范，患者颈总动脉发现弹簧圈，在其他医院冒险取出，造成身体严重伤害。(患者于第一次鉴定后2月B超检查发现新问题：右颈总动脉内有弹簧圈。对省医学会的鉴定结论不服,申请再次鉴定。)

4.省市医学会鉴定医疗事故等级错误,患者严重残疾,丧失劳动力,应该属于三级以上医疗事故,医院应该承担全部责任。

医方:

医院对患者诊断明确,治疗护理措施符合诊疗规范,甲状腺动脉造影时出现的症状和后遗症,属于医学难以预料情况,不构成医疗事故。

三、案例分析

1.术前检查不完善,介入治疗指征不明确;

2.造影剂选择不当;

3.弹簧圈型号选择不当,放置位置不正确;

4.无治疗经过记录;

5.术者在第一次行左侧甲状腺动脉造影时,患者出现严重的神经血管反应,未引起应有的警惕,致再次出现严重的毒性反应,造成不可恢复的神经系统损害。

上述医疗过失行为违反了介入治疗规范,与患者目前损害后果有直接的因果关系。

精神科

案例一

一、病史摘要

患者，女性，26岁，因"孤僻、懒散3年，自语、自笑5年"以"精神分裂症"于××年10月11日收住A医院精神科。入院后曾多次要求患者和家属抽血检查，均遭到拒绝，病历中有多次记载。家族史中没有糖尿病的记载。住院2个月中用舒必利0.6 mg/d，氯氮平75~100 mg/d。12月23日病情加重，患者全身无力，说话吐字不清，考虑为药物的副作用，19:00给予能量合剂等加入5%葡萄糖1000 mL输液治疗。12月24日神志不清，急查ECG示低钾表现，血常规：白细胞26.2×10^9/L，中性粒细胞0.92，血糖33.63 mmol,急请内分泌科会诊，考虑为糖尿病高渗性昏迷、糖尿病酮症酸中毒，给予积极抢救后无效死亡。

二、矛盾焦点

患者：医方漏诊糖尿病，致患者高渗性昏迷、糖尿病酮中毒而死亡。是重度的医疗事故。患者在医方精神科住院2个半月，检验血是必需的程序，医生应知其重要性，为何不验血糖？患者为精神分裂症。是"惧怕"抽血，家属及患者并未签字拒绝抽血；患者有糖尿病家族史,患者有糖尿病的异常情况，入院时、入院后均已向主管医生讲过，但都未重视。12月23日病情加重又输了葡萄糖，未采取抢救措施加重病情，延误了诊治时间。

医方：患者以“精神分裂症”入院治疗，患者及家属在治疗过程中拒绝检查和化验，直至病危时才化验，这是导致死亡的直接原因，应由患者本人和家属承担责任，不构成医疗事故。

三、案例评析

1.医方在入院病历家族史中未记录患者母亲有糖尿病史；

2.患者住院71天，死亡前12月18日只做尿液分析一次，未做其他常规及生化检验，12月24日才急查血生化、尿常规；

3.患者为精神分裂症，家属不愿意抽血，院方未意识到常规检验和血液检验的重要性，未坚持说服家属抽血化验；

4.在患者入院时、入院后家属均向医务人员讲过患者有糖尿病可疑的情况，没有引起医方的重视；

5.12月23日病重，又静滴葡萄糖；

6.由于医方违反以上医疗常规，造成患者糖尿病漏诊，至病危时才抽血化验，请内分泌科会诊，导致患者高渗性昏迷、糖尿病酮症酸中毒死亡。

7.病历中多次记录，患者及家属拒绝抽血化验，是导致糖尿病漏诊的重要原因，家属应负主要责任，院方负轻微责任。

案例二

一、病史摘要

患者，男，47岁。主诉情绪低落、疑心大、夜眠差23年余，加重2年，于××年2月27日上午11时由家属及单位同事送A医院。

体查：神经系统无异常，精神意识清晰，地点、时间定向有错，蓬头垢面，哄骗入病房，思维联想迟钝，妄想，注意力不集中，近远记忆减退，理解、判断力欠佳,计算100减7不能正确回答,情感迟钝、不协调,意志行为减退,自知力缺如。初步诊断"精神分裂症"。入院后给特护,系统应用抗精神病药物"奋乃静每天2次,每次量为:第一天,28日8 mg,3月5日—3月11日10 mg,3月12日—16日8 mg,3月17日—20日6 mg,3月21日—24日4 mg,3月25日—26日2 mg;舒必利每天2次,每次量为:3月3日—6日0.1 mg,3月7日—10日0.2 mg,3月11日—24日0.3 mg,3月25日—26日0.2 mg,4月7日—9日0.1 mg,4月15日—20日0.1 mg,4月21日—5月8日0.2 mg,5月21日—6月17日0.1 mg;安坦每天2次,每次给药为:3月10日—3月18日2 mg,3月19日—20日4 mg,3月21日—4月3日2 mg,4月10日2 mg,5月6日—19日2 mg,5月21日—6月17日2 mg。3月26日记录:患者近一周药物副反应较重,故慢慢减药,给予液体排泄。当日下午患者焦虑较明显,不慎碰墙,额头有一约1 cm×1 cm的肿块,出血少量,抗精神药物全部停用。一周后副反应明显减轻,但症状时轻时重。8月26日家属反映,患者在外院行CT检查,回报为"中度脑萎缩"。经住院治疗,临床精神症状好转,自知力部分恢复,生活基本自理,但器质性脑病未见明显好转。于同年12月21日自动出院,出院诊断:匹克氏病。

二、矛盾焦点

患方:医方对病人没有诊断出"脑萎缩",单独以"精神分裂症"反复试用各种抗精神病药物治疗,导致病人多次出现严重副反应,脑萎缩加重。属于医疗事故。

医方:精神分裂症晚期可能出现脑萎缩,患者"痴呆样症状群",病史长达23年,是长期精神分裂症造成,不存在把"脑萎缩"误诊为"精神分裂症"的问题。所用药物均在规定的标准范围内,没有造成脑萎缩或痴呆的报道。

三、案例评析

1.根据住院门诊病历多次记载及患者家属所述,患者病史长(15~20年),慢性起病,主要表现精神异常、孤僻、自语、自笑、懒散、情感淡漠、意志减退、幻觉、妄想、怪异行为,"慢性精神分裂症"诊断成立。其间修改诊断为"匹克氏病”，诊断依据不充分，不能成立。

2.住院期间选择药物为常用药，剂量均为正常范围或较低剂量，患者出现椎体反应系此类药物之常见不良反应及其个体差异所致，并已及时处理，无医疗过失行为。

3.脑萎缩并非某一疾病名称，其病因复杂，起病隐匿，疗效不好，逐渐发展，预后不良。根据门诊病历记载及目前患者姐姐提供，患者有饮酒史（每餐加饮白酒半杯至一杯）20余年，考虑可能系慢性酒中毒致脑萎缩。

案例三

一、病史摘要

患者，男，57岁，因精神分裂症于××年7月25日入住A专科医院，有自杀倾向，7月25日至30日早9点，给特护，7月30日早9点至12月17日早9点给一级护理，防止意外，12月17日早9点至出院给特护。12月7日患者持玻璃片将自己颈部割破，伤口约3 cm，及时制止并给以缝合包扎，抗感染。12月8日患者家属请假带患者回家，12月16日下午4点，在家再次自杀未遂，返回医院，刀伤，颈部左侧伤口约3 cm长，深1 cm，清创上药。12月16日晚11:20，护士查房时发现患者躺在床边，查头左顶部有一约3 cm伤口，表浅，边缘齐，损伤只限头皮，帽状腱膜完整，未发现异物，伤口部位有一约3 cm×3 cm血肿，其他部位未发现伤口。给予止血、消毒、清创缝合，加压包扎。体查：意识清，能简单回答，颈软，瞳孔等大等圆，约3 mm，对光反射正常，血压正常，脉搏80次/分，呼吸20次/分，双上肢肌张力增高，呈屈曲状，左下肢张力增高，病理反射未引出。12月17日至12月18日上午9:30呈昏迷状态，浅反射消失，痛觉迟钝，双下肢有阵挛，右巴氏症（+），12月18日上午送B医院治疗。

B医院以“急性硬膜外血肿”急诊行开颅血肿清除术。经治疗，切口愈合，四肢活动如常，CT示左颞、顶、枕区硬膜下血肿术后改变；右颞叶脑挫伤恢复期。于次年1月8日出院。出院诊断:1.重度颅脑损伤。(1)左颞顶硬膜外血肿;(2)右颞叶脑挫伤;(3)颅骨骨折。2.精神分裂症。

第二年5月1日21:30因喘息、气短10天,加重1天急诊入住C医院,诊断为支气管哮喘,双上肺继发性肺结核。给予抗感染、抗结核、对症治疗。5月22日13:40,家属给患者喂饭时,突然出现呛咳、气憋、气喘、多汗,急嘱停进食,取坐位,加大给氧量,拍背保持呼吸道通畅,防窒息。查双肺布满喘鸣音。考虑哮喘持续发作,不排除食物、痰栓引起通气障碍。14:20病情加重,吸痰吸出物为白色食物颗粒、绿色蔬菜残渣及痰液。经抢救无效于14:30因急性呼吸衰竭死亡。

二、矛盾焦点

患方:精神病人住院,专科医院安全设施及监护存在问题,患者持玻璃片将自己颈部割破,两次自伤致脑外伤,延误诊治,继发癫痫死亡。

医方:患者死因为重症哮喘等症,与颅脑损伤无因果关系;颅脑损伤属于护理意外。

三、案例评析

1.患者因精神分裂症于××年7月25日入住A专科医院,病程记录:“加强护理,防止意外”。入院医嘱:“精神科常规护理,特护,防冲动、伤人、外逃”。7月30日改为一级护理。医方违反护理规范、常规,未按医嘱执行,护理记录不及时、不完整,监护不严,患者自杀致颅脑损伤。伤后又未及时诊治,34 h后才送综合医院。因颅脑损伤导致中度癫痫。属医方医护过失造成。

2.患者死亡是综合因素所致,癫痫不是直接死因。

3.该患者自杀倾向严重,不易预防。医护过失行为在颅脑损伤后果中负次要责任。

其 他

案例一

一、病史摘要

患者，女，36岁。因左耳垂下包块渐进性增大1个月余，在当地镇卫生院以“淋巴结炎”药物治疗无效，于××年6月3日到A医院求治，门诊以左颈部肿物收住入院。入院后经专科检查左颌后区隆起，以耳垂下为中心可扪及2 cm×2.5 cm大小肿块，质中等硬，无压痛，活动度差，边界不清，表面皮肤色泽正常。经三级查房初诊为“左腮腺肿物”，多考虑腮腺多形性腺瘤。全身体查及有关实验室辅助检查后，准备行腮腺浅叶及肿物切除术，术中可能发生的问题告诉患者家属，征得患者丈夫同意签字后，于6月7日9:30在局麻下行腮腺浅叶及肿物切除术，术中未找到面神经总干时，即采用先解剖面神经下颌缘支的方法，解剖面神经各分支，切除浅叶后，在总干部见到肿物呈分叶状两个约1 cm×2 cm大小似淋巴结样的结节，与面神经分支关系密切，即在包膜下切除。手术历时6 h。术后第一天出现左侧面瘫（下唇瘫），术后第三天给予神经营养药物，以使面神经功能恢复。术后第四天病理诊断为“神经纤维瘤”，后经外院病理科会诊，诊断为“神经鞘膜瘤”。住院15 d伤口愈合良好出院。面神经功能未恢复，左侧面瘫。

二、矛盾焦点

患方:(1)医方误诊。术前口头解释为“腮腺瘤”,拟行手术为左侧腮腺浅叶及肿物切除术。术后病理诊断为“左侧神经纤维瘤”“神经鞘膜病”。(2)术中错将左侧面神经损伤。(3)术后隐瞒病情,错过最佳治疗时机。

医方:(1)术前将手术情况,尤其是手术方法及面神经问题仔细反复地向病人及其家属说明,表示理解并签字同意;(2)面神经纤维瘤罕见,术前确诊几乎不可能,治疗后100%面瘫;(3)医院施行了规范而科学的医疗手段,无任何过错。

三、案例评析

1.生长于面神经部位的神经鞘膜瘤,可表现为腮腺包块,术前诊断为“腮腺肿瘤性质待查”,无误诊。

2.术前已将术中可能发生的问题告诉患者家属并签字同意。

3.手术操作规范,寻找面神经方法正确,不存在误治和不负责任的问题。

4.术后发生左侧面神经瘫痪,系疾病本身所致。术后面神经功能部分或全部丧失,需一段时间的观察,不存在延误治疗和隐瞒病情。

5.面神经肿瘤手术必然会使其功能部分或全部丧失。

6.医方无责任。

案例二

一、病史摘要

患者,男,36岁。因左面部包块于××年5月25日15:00在A医院门诊部手术室行左面部包块切除术,术前诊断为左面部粉瘤,该包块约5 cm×5 cm×4 cm,术中发现该包块5 cm×5 cm×6 cm,底部质硬,基底与周围粘连紧密,完整切除该包块，术后病检证实为腮腺混合瘤。

术后一周患者发现左眼睑不能闭合，口角歪斜，以“左面神经损伤，左侧腮腺混合瘤”收住该医院，6月7日行“左侧腮腺浅叶切除术、左侧面神经探查吻合术、耳大神经切除术、神经移植吻合术”。术后病情恢复良好，6月30日出院。以后又请有关专家会诊，外地医院远程会诊，认为手术成功，神经恢复时间较长，给予口服药物，建议面部肌肉功能训练、理疗等。

二、矛盾焦点

患方：医方在门诊行左面部肿块切除术，左侧面部神经损伤，出现左侧眼睑不能闭合、口角歪斜、额纹消失、鼻唇沟变浅等症状。

医方：患者为巨大的腮腺混合瘤，手术切除难免损伤面神经。经及时、积极治疗，已基本恢复。

三、案例评析

1.医方对患者诊断错误：术前未做全面检查，诊断“左面部粉瘤”，术后病理诊断为腮腺混合瘤；

2.术前准备不够，无医方给病人的谈话记录及病人或亲属的签字同意书，违反了术前准备的规定；

3.手术操作失误，损伤患者左侧面神经；

4.由于医方对患者术前诊断错误，术前准备不够，手术操作失误，造成患者左侧面神经损伤；

5.医方负完全责任。

常用政策法规

中华人民共和国执业医师法

第一章　总　则

第一条　为了加强医师队伍的建设，提高医师的职业道德和业务素质，保障医师的合法权益，保护人民健康，制定本法。

第二条　依法取得执业医师资格或者执业助理医师资格，经注册在医疗、预防、保健机构中执业的专业医务人员，适用本法。

本法所称医师，包括执业医师和执业助理医师。

第三条　医师应当具备良好的职业道德和医疗执业水平，发扬人道主义精神，履行防病治病、救死扶伤、保护人民健康的神圣职责。

全社会应当尊重医师。医师依法履行职责，受法律保护。

第四条　国务院卫生行政部门主管全国的医师工作。

县级以上地方人民政府卫生行政部门负责管理本行政区域内的医师工作。

第五条　国家对在医疗、预防、保健工作中做出贡献的医师，给予奖励。

第六条　医师的医学专业技术职称和医学专业技术职务的评定、聘任，按照国家有关规定办理。

第七条　医师可以依法组织和参加医师协会。

第二章　考试和注册

第八条　国家实行医师资格考试制度。医师资格考试分为执业医师资格考试和执业助理医师资格考试。

医师资格统一考试的办法，由国务院卫生行政部门制定。医师资格考试由省级以上人民政府卫生行政部门组织实施。

第九条　具有下列条件之一的，可以参加执业医师资格考试：

（一）具有高等学校医学专业本科以上学历，在执业医师指导下，在医疗、预防、保健机构中试用期满一年的。

（二）取得执业助理医师执业证书后，具有高等学校医学专科学历，在医疗、预防、保健机构中工作满两年的；具有中等专业学校医学专业学历，在医疗、预防、保健机构中工作满五年的。

第十条　具有高等学校医学专科学历或者中等专业学校医学专业学历，在执业医师指导下，在医疗、预防、保健机构中试用期满一年的，可以参加执业助理医师资格考试。

第十一条　以师承方式学习传统医学满三年或者经多年实践医术确有专长的，经县级以上人民政府卫生行政部门确定的传统医学专业组织或者医疗、预防、保健机构考核合格并推荐，可以参加执业医师资格或者执业助理医师资格考试。考试的内容和办法由国务院卫生行政部门另行制定。

第十二条　医师资格考试成绩合格，取得执业医师资格或者执业助理医师资格。

第十三条　国家实行医师执业注册制度。

取得医师资格的，可以向所在地县级以上人民政府卫生行政部门申请注册。

除有本法第十五条规定的情形外，受理申请的卫生行政部门应当自收到申请之日起三十日内准予注册，并发给由国务院卫生行政部门统一印制的医师执业证书。

医疗、预防、保健机构可以为本机构中的医师集体办理注册手续。

第十四条　医师经注册后，可以在医疗、预防、保健机构中按照注册的执业地点、执业类别、执业范围执业，从事相应的医疗、预防、保健业务。

未经医师注册取得执业证书，不得从事医师执业活动。

第十五条　有下列情形之一的，不予注册：

（一）不具有完全民事行为能力的；

（二）因受刑事处罚，自刑罚执行完毕之日起至申请注册之日止不满两年的；

（三）受吊销医师执业证书行政处罚，自处罚决定之日起至申请注册之日止不满两年的；

（四）有国务院卫生行政部门规定不宜从事医疗、预防、保健业务的其他情形的。

受理申请的卫生行政部门对不符合条件不予注册的，应当自收到申请之日起三十日内书面通知申请人，并说明理由。申请人有异议的，可以自收到通知之日起十五日内，依法申请复议或者向人民法院提起诉讼。

第十六条　医师注册后有下列情形之一的，其所在的医疗、预防、保健机构应当在三十日内报告准予注册的卫生行政部门，卫生行政部门应当注销注册，收回医师执业证书：

（一）死亡或者被宣告失踪的；

（二）受刑事处罚的；

（三）受吊销医师执业证书行政处罚的；

（四）依照本法第三十一条规定暂停执业活动期满，再次考核仍不合格的；

（五）中止医师执业活动满两年的；

（六）有国务院卫生行政部门规定不宜从事医疗、预防、保健业务的其他情形的。

被注销注册的当事人有异议的，可以自收到注销注册通知之日起十五日内，依法申请复议或者向人民法院提起诉讼。

第十七条　医师变更执业地点、执业类别、执业范围等注册事项的，应当到准予注册的卫生行政部门依照本法第十三条的规定办理变更注册手续。

第十八条　中止医师执业活动两年以上以及有本法第十五条规定情形消失的，申请重新执业，应当由本法第三十一条规定的机构考核合格，并依照本法第十三条的规定重新注册。

第十九条　申请个体行医的执业医师，须经注册后在医疗、预防、保健机构中执业满五年，并按照国家有关规定办理审批手续；未经批准，不得行医。

县级以上地方人民政府卫生行政部门对个体行医的医师，应当按照国务院卫生行政部门的规定，经常监督检查，凡发现有本法第十六条规定的情形的，应当及时注销注册，收回医师执业证书。

第二十条　县级以上地方人民政府卫生行政部门应当将准予注册和注销注册的人员名单予以公告，并由省级人民政府卫生行政部门汇总，报国务院卫生行政部门备案。

第三章　执业规则

第二十一条　医师在执业活动中享有下列权利：

（一）在注册的执业范围内，进行医学诊查、疾病调查、医学处置、出具相应的医学证明文件，选择合理的医疗、预防、保健方案；

（二）按照国务院卫生行政部门规定的标准，获得与本人执业活动相当的医疗设备基本条件；

（三）从事医学研究、学术交流，参加专业学术团体；

（四）参加专业培训，接受继续医学教育；

（五）在执业活动中，人格尊严、人身安全不受侵犯；

（六）获取工资报酬和津贴，享受国家规定的福利待遇；

（七）对所在机构的医疗、预防、保健工作和卫生行政部门的工作提出意见和建议，依法参与所在机构的民主管理。

第二十二条　医师在执业活动中履行下列义务：

(一)遵守法律、法规，遵守技术操作规范；

(二)树立敬业精神，遵守职业道德，履行医师职责，尽职尽责为患者服务；

(三)关心、爱护、尊重患者，保护患者的隐私；

(四)努力钻研业务，更新知识，提高专业技术水平；

(五)宣传卫生保健知识，对患者进行健康教育。

第二十三条　医师实施医疗、预防、保健措施，签署有关医学证明文件，必须亲自诊查、调查，并按照规定及时填写医学文书，不得隐匿、伪造或者销毁医学文书及有关资料。

医师不得出具与自己执业范围无关或者与执业类别不相符的医学证明文件。

第二十四条　对急危患者，医师应当采取紧急措施进行诊治；不得拒绝急救处置。

第二十五条　医师应当使用经国家有关部门批准使用的药品、消毒药剂和医疗器械。

除正当诊断治疗外，不得使用麻醉药品、医疗用毒性药品、精神药品和放射性药品。

第二十六条　医师应当如实向患者或者其家属介绍病情，但应注意避免对患者产生不利后果。

医师进行实验性临床医疗，应当经医院批准并征得患者本人或者其家属同意。

第二十七条　医师不得利用职务之便，索取、非法收受患者财物或者牟取其他不正当利益。

第二十八条　遇有自然灾害、传染病流行、突发重大伤亡事故及其他严重威胁人民生命健康的紧急情况时，医师应当服从县级以上人民政府卫生行政部门的调遣。

第二十九条　医师发生医疗事故或者发现传染病疫情时，应当按照有关规定及时向所在机构或者卫生行政部门报告。

医师发现患者涉嫌伤害事件或者非正常死亡时，应当按照有关规定向有关部门报告。

第三十条　执业助理医师应当在执业医师的指导下，在医疗、预防、保健机构中按照其执业类别执业。

在乡、民族乡、镇的医疗、预防、保健机构中工作的执业助理医师，可以根据医疗诊治的情况和需要，独立从事一般的执业活动。

第四章　考核和培训

第三十一条　受县级以上人民政府卫生行政部门委托的机构或者组织应当按照医师执业标准，对医师的业务水平、工作成绩和职业道德状况进行定期考核。

对医师的考核结果，考核机构应当报告准予注册的卫生行政部门备案。

对考核不合格的医师，县级以上人民政府卫生行政部门可以责令其暂停执业活动三个月至六个月，并接受培训和继续医学教育。暂停执业活动期满，再次进行考核，对考核合格的，允许其继续执业；对考核不合格的，由县级以上人民政府卫生行政部门注销注册，收回医师执业证书。

第三十二条　县级以上人民政府卫生行政部门负责指导、检查和监督医师考核工作。

第三十三条　医师有下列情形之一的，县级以上人民政府卫生行政部门应当给予表彰或者奖励：

（一）在执业活动中，医德高尚，事迹突出的；

（二）对医学专业技术有重大突破，做出显著贡献的；

（三）遇有自然灾害、传染病流行、突发重大伤亡事故及其他严重威胁人民生命健康的紧急情况时，救死扶伤、抢救诊疗表现突出的；

（四）长期在边远贫困地区、少数民族地区条件艰苦的基层单位努力工作的；

（五）国务院卫生行政部门规定应当予以表彰或者奖励的其他情形的。

第三十四条　县级以上人民政府卫生行政部门应当制订医师培训计划，对医师进行多种形式的培训，为医师接受继续医学教育提供条件。

县级以上人民政府卫生行政部门应当采取有力措施，对在农村和少数民族地区从事医疗、预防、保健业务的医务人员实施培训。

第三十五条　医疗、预防、保健机构应当按照规定和计划保证本机构医师的培训和继续医学教育。

县级以上人民政府卫生行政部门委托的承担医师考核任务的医疗卫生机构，应当为医师的培训和接受继续医学教育提供和创造条件。

第五章　法律责任

第三十六条　以不正当手段取得医师执业证书的，由发给证书的卫生行政部门予以吊销；对负有直接责任的主管人员和其他直接责任人员，依法给予行政处分。

第三十七条　医师在执业活动中，违反本法规定，有下列行为之一的，由县级以上人民政府卫生行政部门给予警告或者责令暂停六个月以上一年以下执业活动；情节严重的，吊销其执业证书；构成犯罪的，依法追究刑事责任：

（一）违反卫生行政规章制度或者技术操作规范，造成严重后果的；

（二）由于不负责任延误急危患者的抢救和诊治，造成严重后果的；

（三）造成医疗责任事故的；

（四）未经亲自诊查、调查，签署诊断、治疗、流行病学等证明文件或者有关出生、死亡等证明文件的；

（五）隐匿、伪造或者擅自销毁医学文书及有关资料的；

（六）使用未经批准使用的药品、消毒药剂和医疗器械的；

（七）不按照规定使用麻醉药品、医疗用毒性药品、精神药品和放射性药品的；

(八)未经患者或者其家属同意,对患者进行实验性临床医疗的;

(九)泄露患者隐私,造成严重后果的;

(十)利用职务之便,索取、非法收受患者财物或者牟取其他不正当利益的;

(十一)发生自然灾害、传染病流行、突发重大伤亡事故以及其他严重威胁人民生命健康的紧急情况时,不服从卫生行政部门调遣的;

(十二)发生医疗事故或者发现传染病疫情,患者涉嫌伤害事件或者非正常死亡,不按照规定报告的;

(十三)使用假学历骗取考试得来的医师证的。

第三十八条　医师在医疗、预防、保健工作中造成事故的,依照法律或者国家有关规定处理。

第三十九条　未经批准擅自开办医疗机构行医或者非医师行医的,由县级以上人民政府卫生行政部门予以取缔,没收其违法所得及其药品、器械,并处十万元以下的罚款;对医师吊销其执业证书;给患者造成损害的,依法承担赔偿责任;构成犯罪的,依法追究刑事责任。

第四十条　阻碍医师依法执业,侮辱、诽谤、威胁、殴打医师或者侵犯医师人身自由、干扰医师正常工作、生活的,依照《中华人民共和国治安管理处罚法》的规定处罚;构成犯罪的,依法追究刑事责任。

第四十一条　医疗、预防、保健机构未依照本法第十六条的规定履行报告职责,导致严重后果的,由县级以上人民政府卫生行政部门给予警告;并对该机构的行政负责人依法给予行政处分。

第四十二条　卫生行政部门工作人员或者医疗、预防、保健机构工作人员违反本法有关规定,弄虚作假、玩忽职守、滥用职权、徇私舞弊,尚不构成犯罪的,依法给予行政处分;构成犯罪的,依法追究刑事责任。

第六章　附　则

第四十三条　本法颁布之日前按照国家有关规定取得医学专业技术职称

和医学专业技术职务的人员，由所在机构报请县级以上人民政府卫生行政部门认定，取得相应的医师资格。其中在医疗、预防、保健机构中从事医疗、预防、保健业务的医务人员，依照本法规定的条件，由所在机构集体核报县级以上人民政府卫生行政部门，予以注册并发给医师执业证书。

具体办法由国务院卫生行政部门会同国务院人事行政部门制定。

第四十四条　计划生育技术服务机构中的医师，适用本法。

第四十五条　在乡村医疗卫生机构中向村民提供预防、保健和一般医疗服务的乡村医生，符合本法有关规定的，可以依法取得执业医师资格或者执业助理医师资格；不具备本法规定的执业医师资格或者执业助理医师资格的乡村医生，由国务院另行制定管理办法。

第四十六条　军队医师执行本法的实施办法，由国务院、中央军事委员会依据本法的原则制定。

第四十七条　境外人员在中国境内申请医师考试、注册、执业或者从事临床示教、临床研究等活动的，按照国家有关规定办理。

第四十八条　本法自1999年5月1日起施行。

医疗事故处理条例

第一章　总　则

第一条　为了正确处理医疗事故，保护患者和医疗机构及其医务人员的合法权益，维护医疗秩序，保障医疗安全，促进医学科学的发展，制定本条例。

第二条　本条例所称医疗事故，是指医疗机构及其医务人员在医疗活动中，违反医疗卫生管理法律、行政法规、部门规章和诊疗护理规范、常规，过失造成患者人身损害的事故。

第三条　处理医疗事故，应当遵循公开、公平、公正、及时、便民的原则，坚持实事求是的科学态度，做到事实清楚、定性准确、责任明确、处理恰当。

第四条　根据对患者人身造成的损害程度，医疗事故分为四级：

一级医疗事故：造成患者死亡、重度残疾的；

二级医疗事故：造成患者中度残疾、器官组织损伤导致严重功能障碍的；

三级医疗事故：造成患者轻度残疾、器官组织损伤导致一般功能障碍的；

四级医疗事故：造成患者明显人身损害的其他后果的。

具体分级标准由国务院卫生行政部门制定。

第二章　医疗事故的预防与处置

第五条　医疗机构及其医务人员在医疗活动中，必须严格遵守医疗卫生管理法律、行政法规、部门规章和诊疗护理规范、常规，恪守医疗服务职业道德。

第六条　医疗机构应当对其医务人员进行医疗卫生管理法律、行政法规、部门规章和诊疗护理规范、常规的培训和医疗服务职业道德教育。

第七条　医疗机构应当设置医疗服务质量监控部门或者配备专（兼）职人员，具体负责监督本医疗机构的医务人员的医疗服务工作，检查医务人员执业情况，接受患者对医疗服务的投诉，向其提供咨询服务。

第八条　医疗机构应当按照国务院卫生行政部门规定的要求，书写并妥善保管病历资料。

因抢救急危患者，未能及时书写病历的，有关医务人员应当在抢救结束后6小时内据实补记，并加以注明。

第九条　严禁涂改、伪造、隐匿、销毁或者抢夺病历资料。

第十条　患者有权复印或者复制其门诊病历、住院志、体温单、医嘱单、化验单（检验报告）、医学影像检查资料、特殊检查同意书、手术同意书、手术及麻醉记录单、病理资料、护理记录以及国务院卫生行政部门规定的其他病历资料。

患者依照前款规定要求复印或者复制病历资料的，医疗机构应当提供复印或者复制服务并在复印或者复制的病历资料上加盖证明印记。复印或者复制病历资料时，应当有患者在场。

医疗机构应患者的要求，为其复印或者复制病历资料，可以按照规定收取工本费。具体收费标准由省、自治区、直辖市人民政府价格主管部门会同同级卫生行政部门规定。

第十一条　在医疗活动中，医疗机构及其医务人员应当将患者的病情、医疗措施、医疗风险等如实告知患者，及时解答其咨询；但是，应当避免对患者产生不利后果。

第十二条　医疗机构应当制定防范、处理医疗事故的预案，预防医疗事故的发生，减轻医疗事故的损害。

第十三条　医务人员在医疗活动中发生或者发现医疗事故、可能引起医疗事故的医疗过失行为或者发生医疗事故争议的，应当立即向所在科室负责人报告，科室负责人应当及时向本医疗机构负责医疗服务质量监控的部门或者专(兼)职人员报告；负责医疗服务质量监控的部门或者专(兼)职人员接到报告后，应当立即进行调查、核实，将有关情况如实向本医疗机构的负责人报告，并向患者通报、解释。

第十四条　发生医疗事故的，医疗机构应当按照规定向所在地卫生行政部门报告。

发生下列重大医疗过失行为的，医疗机构应当在12小时内向所在地卫生行政部门报告：

(一)导致患者死亡或者可能为二级以上的医疗事故；

(二)导致3人以上人身损害后果；

(三)国务院卫生行政部门和省、自治区、直辖市人民政府卫生行政部门规定的其他情形。

第十五条　发生或者发现医疗过失行为，医疗机构及其医务人员应当立即采取有效措施，避免或者减轻对患者身体健康的损害，防止损害扩大。

第十六条　发生医疗事故争议时，死亡病例讨论记录、疑难病例讨论记录、上级医师查房记录、会诊意见、病程记录应当在医患双方在场的情况下封存和启封。封存的病历资料可以是复印件，由医疗机构保管。

第十七条　疑似输液、输血、注射、药物等引起不良后果的，医患双方应当共同对现场实物进行封存和启封，封存的现场实物由医疗机构保管；需要检验的，应当由双方共同指定的、依法具有检验资格的检验机构进行检验；双方无法共同指定时，由卫生行政部门指定。

疑似输血引起不良后果，需要对血液进行封存保留的，医疗机构应当通知提供该血液的采供血机构派员到场。

第十八条　患者死亡，医患双方当事人不能确定死因或者对死因有异议的，应当在患者死亡后48小时内进行尸检；具备尸体冻存条件的，可以延长至7日。尸检应当经死者近亲属同意并签字。

尸检应当由按照国家有关规定取得相应资格的机构和病理解剖专业技术人员进行。承担尸检任务的机构和病理解剖专业技术人员有进行尸检的义务。

医疗事故争议双方当事人可以请法医病理学人员参加尸检，也可以委派代表观察尸检过程。拒绝或者拖延尸检，超过规定时间，影响对死因判定的，由拒绝或者拖延的一方承担责任。

第十九条　患者在医疗机构内死亡的，尸体应当立即移放太平间。死者尸体存放时间一般不得超过2周。逾期不处理的尸体，经医疗机构所在地卫生行政部门批准，并报经同级公安部门备案后，由医疗机构按照规定进行处理。

第三章　医疗事故的技术鉴定

第二十条　卫生行政部门接到医疗机构关于重大医疗过失行为的报告或者医疗事故争议当事人要求处理医疗事故争议的申请后，对需要进行医疗事故技术鉴定的，应当交由负责医疗事故技术鉴定工作的医学会组织鉴定；医患双方协商解决医疗事故争议，需要进行医疗事故技术鉴定的，由双方当事人共同委托负责医疗事故技术鉴定工作的医学会组织鉴定。

第二十一条　设区的市级地方医学会和省、自治区、直辖市直接管辖的县（市）地方医学会负责组织首次医疗事故技术鉴定工作。省、自治区、直辖市地方医学会负责组织再次鉴定工作。

必要时，中华医学会可以组织疑难、复杂并在全国有重大影响的医疗事故争议的技术鉴定工作。

第二十二条　当事人对首次医疗事故技术鉴定结论不服的，可以自收到首次鉴定结论之日起15日内向医疗机构所在地卫生行政部门提出再次鉴定的申请。

第二十三条　负责组织医疗事故技术鉴定工作的医学会应当建立专家库。

专家库由具备下列条件的医疗卫生专业技术人员组成：

(一)有良好的业务素质和执业品德；

(二)受聘于医疗卫生机构或者医学教学、科研机构并担任相应专业高级技术职务3年以上。

符合前款第(一)项规定条件并具备高级技术任职资格的法医可以受聘进入专家库。

负责组织医疗事故技术鉴定工作的医学会依照本条例规定聘请医疗卫生专业技术人员和法医进入专家库,可以不受行政区域的限制。

第二十四条　医疗事故技术鉴定,由负责组织医疗事故技术鉴定工作的医学会组织专家鉴定组进行。

参加医疗事故技术鉴定的相关专业的专家,由医患双方在医学会主持下从专家库中随机抽取。在特殊情况下,医学会根据医疗事故技术鉴定工作的需要,可以组织医患双方在其他医学会建立的专家库中随机抽取相关专业的专家参加鉴定或者函件咨询。

符合本条例第二十三条规定条件的医疗卫生专业技术人员和法医有义务受聘进入专家库,并承担医疗事故技术鉴定工作。

第二十五条　专家鉴定组进行医疗事故技术鉴定,实行合议制。专家鉴定组人数为单数,涉及的主要学科的专家一般不得少于鉴定组成员的二分之一；涉及死因、伤残等级鉴定的,并应当从专家库中随机抽取法医参加专家鉴定组。

第二十六条　专家鉴定组成员有下列情形之一的,应当回避,当事人也可以以口头或者书面的方式申请其回避：

(一)是医疗事故争议当事人或者当事人的近亲属的；

(二)与医疗事故争议有利害关系的；

(三)与医疗事故争议当事人有其他关系,可能影响公正鉴定的。

第二十七条　专家鉴定组依照医疗卫生管理法律、行政法规、部门规章和诊疗护理规范、常规,运用医学科学原理和专业知识,独立进行医疗事故技术鉴定,对医疗事故进行鉴别和判定,为处理医疗事故争议提供医学依据。

任何单位或者个人不得干扰医疗事故技术鉴定工作,不得威胁、利诱、辱骂、殴打专家鉴定组成员。

专家鉴定组成员不得接受双方当事人的财物或者其他利益。

第二十八条　负责组织医疗事故技术鉴定工作的医学会应当自受理医疗事故技术鉴定之日起5日内通知医疗事故争议双方当事人提交进行医疗事故技术鉴定所需的材料。

当事人应当自收到医学会的通知之日起10日内提交有关医疗事故技术鉴定的材料、书面陈述及答辩。医疗机构提交的有关医疗事故技术鉴定的材料应当包括下列内容：

（一）住院患者的病程记录、死亡病例讨论记录、疑难病例讨论记录、会诊意见、上级医师查房记录等病历资料原件；

（二）住院患者的住院志、体温单、医嘱单、化验单（检验报告）、医学影像检查资料、特殊检查同意书、手术同意书、手术及麻醉记录单、病理资料、护理记录等病历资料原件；

（三）抢救急危患者，在规定时间内补记的病历资料原件；

（四）封存保留的输液、注射用物品和血液、药物等实物，或者依法具有检验资格的检验机构对这些物品、实物做出的检验报告；

（五）与医疗事故技术鉴定有关的其他材料。

在医疗机构建有病历档案的门诊、急诊患者，其病历资料由医疗机构提供；没有在医疗机构建立病历档案的，由患者提供。

医患双方应当依照本条例的规定提交相关材料。医疗机构无正当理由未依照本条例的规定如实提供相关材料，导致医疗事故技术鉴定不能进行的，应当承担责任。

第二十九条　负责组织医疗事故技术鉴定工作的医学会应当自接到当事人提交的有关医疗事故技术鉴定的材料、书面陈述及答辩之日起45日内组织鉴定并出具医疗事故技术鉴定书。

负责组织医疗事故技术鉴定工作的医学会可以向双方当事人调查取证。

第三十条　专家鉴定组应当认真审查双方当事人提交的材料，听取双方当事人的陈述及答辩并进行核实。

双方当事人应当按照本条例的规定如实提交进行医疗事故技术鉴定所需要的材料，并积极配合调查。当事人任何一方不予配合，影响医疗事故技术鉴定的，由不予配合的一方承担责任。

第三十一条　专家鉴定组应当在事实清楚、证据确凿的基础上，综合分析患者的病情和个体差异，做出鉴定结论，并制作医疗事故技术鉴定书。鉴定结论以专家鉴定组成员的过半数通过。鉴定过程应当如实记载。

医疗事故技术鉴定书应当包括下列主要内容：

（一）双方当事人的基本情况及要求；

（二）当事人提交的材料和负责组织医疗事故技术鉴定工作的医学会的调查材料；

（三）对鉴定过程的说明；

（四）医疗行为是否违反医疗卫生管理法律、行政法规、部门规章和诊疗护理规范、常规；

（五）医疗过失行为与人身损害后果之间是否存在因果关系；

（六）医疗过失行为在医疗事故损害后果中的责任程度；

（七）医疗事故等级；

（八）对医疗事故患者的医疗护理医学建议。

第三十二条　医疗事故技术鉴定办法由国务院卫生行政部门制定。

第三十三条　有下列情形之一的，不属于医疗事故：

（一）在紧急情况下为抢救垂危患者生命而采取紧急医学措施造成不良后果的；

（二）在医疗活动中由于患者病情异常或者患者体质特殊而发生医疗意外的；

（三）在现有医学科学技术条件下，发生无法预料或者不能防范的不良后果的；

（四）无过错输血感染造成不良后果的；

（五）因患方原因延误诊疗导致不良后果的；

（六）因不可抗力造成不良后果的。

第三十四条　医疗事故技术鉴定，可以收取鉴定费用。经鉴定，属于医疗事故的，鉴定费用由医疗机构支付；不属于医疗事故的，鉴定费用由提出医疗事故处理申请的一方支付。鉴定费用标准由省、自治区、直辖市人民政府价格主管部门会同同级财政部门、卫生行政部门规定。

第四章　医疗事故的行政处理与监督

第三十五条　卫生行政部门应当依照本条例和有关法律、行政法规、部门规章的规定，对发生医疗事故的医疗机构和医务人员做出行政处理。

第三十六条　卫生行政部门接到医疗机构关于重大医疗过失行为的报告后，除责令医疗机构及时采取必要的医疗救治措施，防止损害后果扩大外，应当组织调查，判定是否属于医疗事故；对不能判定是否属于医疗事故的，应当依照本条例的有关规定交由负责医疗事故技术鉴定工作的医学会组织鉴定。

第三十七条　发生医疗事故争议，当事人申请卫生行政部门处理的，应当提出书面申请。申请书应当载明申请人的基本情况、有关事实、具体请求及理由等。

当事人自知道或者应当知道其身体健康受到损害之日起1年内，可以向卫生行政部门提出医疗事故争议处理申请。

第三十八条　发生医疗事故争议，当事人申请卫生行政部门处理的，由医疗机构所在地的县级人民政府卫生行政部门受理。医疗机构所在地是直辖市的，由医疗机构所在地的区、县人民政府卫生行政部门受理。

有下列情形之一的，县级人民政府卫生行政部门应当自接到医疗机构的报告或者当事人提出医疗事故争议处理申请之日起7日内移送上一级人民政府卫生行政部门处理：

（一）患者死亡；

（二）可能为二级以上的医疗事故；

（三）国务院卫生行政部门和省、自治区、直辖市人民政府卫生行政部门规定的其他情形。

第三十九条　卫生行政部门应当自收到医疗事故争议处理申请之日起10日内进行审查,做出是否受理的决定。对符合本条例规定,予以受理,需要进行医疗事故技术鉴定的,应当自做出受理决定之日起5日内将有关材料交由负责医疗事故技术鉴定工作的医学会组织鉴定并书面通知申请人;对不符合本条例规定,不予受理的,应当书面通知申请人并说明理由。

当事人对首次医疗事故技术鉴定结论有异议,申请再次鉴定的,卫生行政部门应当自收到申请之日起7日内交由省、自治区、直辖市地方医学会组织再次鉴定。

第四十条　当事人既向卫生行政部门提出医疗事故争议处理申请,又向人民法院提起诉讼的,卫生行政部门不予受理;卫生行政部门已经受理的,应当终止处理。

第四十一条　卫生行政部门收到负责组织医疗事故技术鉴定工作的医学会出具的医疗事故技术鉴定书后,应当对参加鉴定的人员资格和专业类别、鉴定程序进行审核;必要时,可以组织调查,听取医疗事故争议双方当事人的意见。

第四十二条　卫生行政部门经审核,对符合本条例规定做出的医疗事故技术鉴定结论,应当作为对发生医疗事故的医疗机构和医务人员做出行政处理以及进行医疗事故赔偿调解的依据;经审核,发现医疗事故技术鉴定不符合本条例规定的,应当要求重新鉴定。

第四十三条　医疗事故争议由双方当事人自行协商解决的,医疗机构应当自协商解决之日起7日内向所在地卫生行政部门做出书面报告,并附具协议书。

第四十四条　医疗事故争议经人民法院调解或者判决解决的,医疗机构应当自收到生效的人民法院的调解书或者判决书之日起7日内向所在地卫生行政部门做出书面报告,并附具调解书或者判决书。

第四十五条　县级以上地方人民政府卫生行政部门应当按照规定逐级将当地发生的医疗事故以及依法对发生医疗事故的医疗机构和医务人员做出行政处理的情况,上报国务院卫生行政部门。

第五章　医疗事故的赔偿

第四十六条　发生医疗事故的赔偿等民事责任争议，医患双方可以协商解决；不愿意协商或者协商不成的，当事人可以向卫生行政部门提出调解申请，也可以直接向人民法院提起民事诉讼。

第四十七条　双方当事人协商解决医疗事故的赔偿等民事责任争议的，应当制作协议书。协议书应当载明双方当事人的基本情况和医疗事故的原因、双方当事人共同认定的医疗事故等级以及协商确定的赔偿数额等，并由双方当事人在协议书上签名。

第四十八条　已确定为医疗事故的，卫生行政部门应医疗事故争议双方当事人请求，可以进行医疗事故赔偿调解。调解时，应当遵循当事人双方自愿原则，并应当依据本条例的规定计算赔偿数额。

经调解，双方当事人就赔偿数额达成协议的，制作调解书，双方当事人应当履行；调解不成或者经调解达成协议后一方反悔的，卫生行政部门不再调解。

第四十九条　医疗事故赔偿，应当考虑下列因素，确定具体赔偿数额：

（一）医疗事故等级；

（二）医疗过失行为在医疗事故损害后果中的责任程度；

（三）医疗事故损害后果与患者原有疾病状况之间的关系。

不属于医疗事故的，医疗机构不承担赔偿责任。

第五十条　医疗事故赔偿，按照下列项目和标准计算：

（一）医疗费：按照医疗事故对患者造成的人身损害进行治疗所发生的医疗费用计算，凭据支付，但不包括原发病医疗费用。结案后确实需要继续治疗的，按照基本医疗费用支付。

（二）误工费：患者有固定收入的，按照本人因误工减少的固定收入计算，对收入高于医疗事故发生地上一年度职工年平均工资3倍以上的，按照3倍计算；无固定收入的，按照医疗事故发生地上一年度职工年平均工资计算。

（三）住院伙食补助费：按照医疗事故发生地国家机关一般工作人员的出差伙食补助标准计算。

（四）陪护费：患者住院期间需要专人陪护的，按照医疗事故发生地上一年度职工年平均工资计算。

（五）残疾生活补助费：根据伤残等级，按照医疗事故发生地居民年平均生活费计算，自定残之月起最长赔偿30年；但是，60周岁以上的，不超过15年；70周岁以上的，不超过5年。

（六）残疾用具费：因残疾需要配置补偿功能器具的，凭医疗机构证明，按照普及型器具的费用计算。

（七）丧葬费：按照医疗事故发生地规定的丧葬费补助标准计算。

（八）被扶养人生活费：以死者生前或者残疾者丧失劳动能力前实际扶养且没有劳动能力的人为限，按照其户籍所在地或者居所地居民最低生活保障标准计算。对不满16周岁的，扶养到16周岁。对年满16周岁但无劳动能力的，扶养20年；但是，60周岁以上的，不超过15年；70周岁以上的，不超过5年。

（九）交通费：按照患者实际必需的交通费用计算，凭据支付。

（十）住宿费：按照医疗事故发生地国家机关一般工作人员的出差住宿补助标准计算，凭据支付。

（十一）精神损害抚慰金：按照医疗事故发生地居民年平均生活费计算。造成患者死亡的，赔偿年限最长不超过6年；造成患者残疾的，赔偿年限最长不超过3年。

第五十一条　参加医疗事故处理的患者近亲属所需交通费、误工费、住宿费，参照本条例第五十条的有关规定计算，计算费用的人数不超过2人。

医疗事故造成患者死亡的，参加丧葬活动的患者的配偶和直系亲属所需交通费、误工费、住宿费，参照本条例第五十条的有关规定计算，计算费用的人数不超过2人。

第五十二条　医疗事故赔偿费用，实行一次性结算，由承担医疗事故责任的医疗机构支付。

第六章　罚　则

第五十三条　卫生行政部门的工作人员在处理医疗事故过程中违反本条例的规定,利用职务上的便利收受他人财物或者其他利益,滥用职权,玩忽职守,或者发现违法行为不予查处,造成严重后果的,依照刑法关于受贿罪、滥用职权罪、玩忽职守罪或者其他有关罪的规定,依法追究刑事责任;尚不够刑事处罚的,依法给予降级或者撤职的行政处分。

第五十四条　卫生行政部门违反本条例的规定,有下列情形之一的,由上级卫生行政部门给予警告并责令限期改正;情节严重的,对负有责任的主管人员和其他直接责任人员依法给予行政处分:

(一)接到医疗机构关于重大医疗过失行为的报告后,未及时组织调查的;

(二)接到医疗事故争议处理申请后,未在规定时间内审查或者移送上一级人民政府卫生行政部门处理的;

(三)未将应当进行医疗事故技术鉴定的重大医疗过失行为或者医疗事故争议移交医学会组织鉴定的;

(四)未按照规定逐级将当地发生的医疗事故以及依法对发生医疗事故的医疗机构和医务人员的行政处理情况上报的;

(五)未依照本条例规定审核医疗事故技术鉴定书的。

第五十五条　医疗机构发生医疗事故的,由卫生行政部门根据医疗事故等级和情节,给予警告;情节严重的,责令限期停业整顿直至由原发证部门吊销执业许可证,对负有责任的医务人员依照刑法关于医疗事故罪的规定,依法追究刑事责任;尚不够刑事处罚的,依法给予行政处分或者纪律处分。

对发生医疗事故的有关医务人员,除依照前款处罚外,卫生行政部门并可以责令暂停6个月以上1年以下执业活动;情节严重的,吊销其执业证书。

第五十六条　医疗机构违反本条例的规定,有下列情形之一的,由卫生行政部门责令改正;情节严重的,对负有责任的主管人员和其他直接责任人员依法给予行政处分或者纪律处分：

（一）未如实告知患者病情、医疗措施和医疗风险的；

（二）没有正当理由，拒绝为患者提供复印或者复制病历资料服务的；

（三）未按照国务院卫生行政部门规定的要求书写和妥善保管病历资料的；

（四）未在规定时间内补记抢救工作病历内容的；

（五）未按照本条例的规定封存、保管和启封病历资料和实物的；

（六）未设置医疗服务质量监控部门或者配备专（兼）职人员的；

（七）未制定有关医疗事故防范和处理预案的；

（八）未在规定时间内向卫生行政部门报告重大医疗过失行为的；

（九）未按照本条例的规定向卫生行政部门报告医疗事故的；

（十）未按照规定进行尸检和保存、处理尸体的。

第五十七条　参加医疗事故技术鉴定工作的人员违反本条例的规定，接受申请鉴定双方或者一方当事人的财物或者其他利益，出具虚假医疗事故技术鉴定书，造成严重后果的，依照刑法关于受贿罪的规定，依法追究刑事责任；尚不够刑事处罚的，由原发证部门吊销其执业证书或者资格证书。

第五十八条　医疗机构或者其他有关机构违反本条例的规定，有下列情形之一的，由卫生行政部门责令改正，给予警告；对负有责任的主管人员和其他直接责任人员依法给予行政处分或者纪律处分；情节严重的，由原发证部门吊销其执业证书或者资格证书：

（一）承担尸检任务的机构没有正当理由，拒绝进行尸检的；

（二）涂改、伪造、隐匿、销毁病历资料的。

第五十九条　以医疗事故为由，寻衅滋事、抢夺病历资料，扰乱医疗机构正常医疗秩序和医疗事故技术鉴定工作，依照刑法关于扰乱社会秩序罪的规定，依法追究刑事责任；尚不够刑事处罚的，依法给予治安管理处罚。

第七章　附　则

第六十条　本条例所称医疗机构，是指依照《医疗机构管理条例》的规定取得《医疗机构执业许可证》的机构。

县级以上城市从事计划生育技术服务的机构依照《计划生育技术服务管理条例》的规定开展与计划生育有关的临床医疗服务，发生的计划生育技术服务事故，依照本条例的有关规定处理；但是，其中不属于医疗机构的县级以上城市从事计划生育技术服务的机构发生的计划生育技术服务事故，由计划生育行政部门行使依照本条例有关规定由卫生行政部门承担的受理、交由负责医疗事故技术鉴定工作的医学会组织鉴定和赔偿调解的职能；对发生计划生育技术服务事故的该机构及其有关责任人员，依法进行处理。

第六十一条　非法行医，造成患者人身损害，不属于医疗事故，触犯刑律的，依法追究刑事责任；有关赔偿，由受害人直接向人民法院提起诉讼。

第六十二条　军队医疗机构的医疗事故处理办法，由中国人民解放军卫生主管部门会同国务院卫生行政部门依据本条例制定。

第六十三条　本条例自2002年9月1日起施行。1987年6月29日国务院发布的《医疗事故处理办法》同时废止。本条例施行前已经处理结案的医疗事故争议，不再重新处理。

医疗事故技术鉴定暂行办法

第一章　总　则

第一条　为规范医疗事故技术鉴定工作，确保医疗事故技术鉴定工作有序进行，依据《医疗事故处理条例》的有关规定制定本办法。

第二条　医疗事故技术鉴定工作应当按照程序进行，坚持实事求是的科学态度，做到事实清楚、定性准确、责任明确。

第三条　医疗事故技术鉴定分为首次鉴定和再次鉴定。

设区的市级和省、自治区、直辖市直接管辖的县（市）级地方医学会负责组织专家鉴定组进行首次医疗事故技术鉴定工作。省、自治区、直辖市地方医学会负责组织医疗事故争议的再次鉴定工作。负责组织医疗事故技术鉴定工作的医学会（以下简称医学会）可以设立医疗事故技术鉴定工作办公室，具体负责有关医疗事故技术鉴定的组织和日常工作。

第四条　医学会组织专家鉴定组，依照医疗卫生管理法律、行政法规、部门规章和诊疗护理技术操作规范、常规，运用医学科学原理和专业知识，独立进行医疗事故技术鉴定。

第二章　专家库的建立

第五条　医学会应当建立专家库。专家库应当依据学科专业组名录设置学科专业组。医学会可以根据本地区医疗工作和医疗事故技术鉴定实际，对本专家库学科专业组设立予以适当增减和调整。

第六条　具备下列条件的医疗卫生专业技术人员可以成为专家库候选人：

（一）有良好的业务素质和执业品德；

（二）受聘于医疗卫生机构或者医学教学、科研机构并担任相应专业高级技术职务3年以上；

（三）健康状况能够胜任医疗事故技术鉴定工作。

符合前款（一）、（三）项规定条件并具备高级技术职务任职资格的法医可以受聘进入专家库。

负责首次医疗事故技术鉴定工作的医学会原则上聘请本行政区域内的专家建立专家库；当本行政区域内的专家不能满足建立专家库需要时，可以聘请本省、自治区、直辖市范围内的专家进入本专家库。

负责再次医疗事故技术鉴定工作的医学会原则上聘请本省、自治区、直辖市范围内的专家建立专家库；当本省、自治区、直辖市范围内的专家不能满足建立专家库需要时，可以聘请其他省、自治区、直辖市的专家进入本专家库。

第七条　医疗卫生机构或医学教学、科研机构、同级的医药卫生专业学会应当按照医学会要求，推荐专家库成员候选人；符合条件的个人经所在单位同意后也可以直接向组建专家库的医学会申请。

医学会对专家库成员候选人进行审核。审核合格的，予以聘任，并发给中华医学会统一格式的聘书。

符合条件的医疗卫生专业技术人员和法医，有义务受聘进入专家库。

第八条　专家库成员聘用期为4年。在聘用期间出现下列情形之一的，应当由专家库成员所在单位及时报告医学会，医学会应根据实际情况及时进行调

整:

(一)因健康原因不能胜任医疗事故技术鉴定的;

(二)变更受聘单位或被解聘的;

(三)不具备完全民事行为能力的;

(四)受刑事处罚的;

(五)省级以上卫生行政部门规定的其他情形。

聘用期满需继续聘用的,由医学会重新审核、聘用。

第三章　鉴定的提起

第九条　双方当事人协商解决医疗事故争议,需进行医疗事故技术鉴定的,应共同书面委托医疗机构所在地负责首次医疗事故技术鉴定工作的医学会进行医疗事故技术鉴定。

第十条　县级以上地方人民政府卫生行政部门接到医疗机构关于重大医疗过失行为的报告或者医疗事故争议当事人要求处理医疗事故争议的申请后,对需要进行医疗事故技术鉴定的,应当书面移交负责首次医疗事故技术鉴定工作的医学会组织鉴定。

第十一条　协商解决医疗事故争议涉及多个医疗机构的,应当由涉及的所有医疗机构与患者共同委托其中任何一所医疗机构所在地负责组织首次医疗事故技术鉴定工作的医学会进行医疗事故技术鉴定。

医疗事故争议涉及多个医疗机构,当事人申请卫生行政部门处理的,只可以向其中一所医疗机构所在地卫生行政部门提出处理申请。

第四章　鉴定的受理

第十二条　医学会应当自受理医疗事故技术鉴定之日起5日内,通知医疗事故争议双方当事人按照《医疗事故处理条例》第二十八条规定提交医疗事故技术鉴定所需的材料。

当事人应当自收到医学会的通知之日起10日内提交有关医疗事故技术鉴定的材料、书面陈述及答辩。

对不符合受理条件的,医学会不予受理。不予受理的,医学会应说明理由。

第十三条　有下列情形之一的,医学会不予受理医疗事故技术鉴定:

(一)当事人一方直接向医学会提出鉴定申请的;

(二)医疗事故争议涉及多个医疗机构,其中一所医疗机构所在地的医学会已经受理的;

(三)医疗事故争议已经人民法院调解达成协议或判决的;

(四)当事人已向人民法院提起民事诉讼的(司法机关委托的除外);

(五)非法行医造成患者身体健康损害的;

(六)卫生部规定的其他情形。

第十四条　委托医学会进行医疗事故技术鉴定,应当按规定缴纳鉴定费。

第十五条　双方当事人共同委托医疗事故技术鉴定的,由双方当事人协商预先缴纳鉴定费。

卫生行政部门移交进行医疗事故技术鉴定的,由提出医疗事故争议处理的当事人预先缴纳鉴定费。经鉴定属于医疗事故的,鉴定费由医疗机构支付;经鉴定不属于医疗事故的,鉴定费由提出医疗事故争议处理申请的当事人支付。

县级以上地方人民政府卫生行政部门接到医疗机构关于重大医疗过失行为的报告后,对需要移交医学会进行医疗事故技术鉴定的,鉴定费由医疗机构支付。

第十六条　有下列情形之一的,医学会中止组织医疗事故技术鉴定:

(一)当事人未按规定提交有关医疗事故技术鉴定材料的;

(二)提供的材料不真实的;

(三)拒绝缴纳鉴定费的;

(四)卫生部规定的其他情形。

第五章　专家鉴定组的组成

第十七条　医学会应当根据医疗事故争议所涉及的学科专业,确定专家鉴定组的构成和人数。

专家鉴定组组成人数应为3人以上单数。

医疗事故争议涉及多学科专业的,其中主要学科专业的专家不得少于专家鉴定组成员的二分之一。

第十八条　医学会应当提前通知双方当事人,在指定时间、指定地点,从专家库相关学科专业组中随机抽取专家鉴定组成员。

第十九条　医学会主持双方当事人抽取专家鉴定组成员前,应当将专家库相关学科专业组中专家姓名、专业、技术职务、工作单位告知双方当事人。

第二十条　当事人要求专家库成员回避的,应当说明理由。符合下列情形之一的,医学会应当将回避的专家名单撤出,并经当事人签字确认后记录在案:

(一)医疗事故争议当事人或者当事人的近亲属的;

(二)与医疗事故争议有利害关系的;

(三)与医疗事故争议当事人有其他关系,可能影响公正鉴定的。

第二十一条　医学会对当事人准备抽取的专家进行随机编号,并主持双方当事人随机抽取相同数量的专家编号,最后一个专家由医学会随机抽取。

双方当事人还应当按照上款规定的方法各自随机抽取一个专家作为候补。

涉及死因、伤残等级鉴定的,应当按照前款规定由双方当事人各自随机抽取一名法医参加鉴定组。

第二十二条　随机抽取结束后,医学会当场向双方当事人公布所抽取的专家鉴定组成员和候补成员的编号并记录在案。

第二十三条　现有专家库成员不能满足鉴定工作需要时,医学会应当向双方当事人说明,并经双方当事人同意,可以从本省、自治区、直辖市其他医学会专家库中抽取相关学科专业组的专家参加专家鉴定组;本省、自治区、直辖市医学会专家库成员不满足鉴定工作需要时，可以从其他省、自治区、直辖市医学会专家库中抽取相关学科专业组的专家参加专家鉴定组。

第二十四条　从其他医学会建立的专家库中抽取的专家无法到场参加医疗事故技术鉴定，可以以函件的方式提出鉴定意见。

第二十五条　专家鉴定组成员确定后，在双方当事人共同在场的情况下，由医学会对封存的病历资料启封。

第二十六条　专家鉴定组应当认真审查双方当事人提交的材料，妥善保管鉴定材料，保护患者的隐私，保守有关秘密。

第六章　医疗事故技术鉴定

第二十七条　医学会应当自接到双方当事人提交的有关医疗事故技术鉴定的材料、书面陈述及答辩之日起45日内组织鉴定并出具医疗事故技术鉴定书。

第二十八条　医学会可以向双方当事人和其他相关组织、个人进行调查取证，进行调查取证时不得少于2人。调查取证结束后，调查人员和调查对象应当在有关文书上签字。如调查对象拒绝签字的，应当记录在案。

第二十九条　医学会应当在医疗事故技术鉴定7日前，将鉴定的时间、地点、要求等书面通知双方当事人。双方当事人应当按照通知的时间、地点、要求参加鉴定。

参加医疗事故技术鉴定的双方当事人每一方人数不超过3人。

任何一方当事人无故缺席、自行退席或拒绝参加鉴定的，不影响鉴定的进行。

第三十条　医学会应当在医疗事故技术鉴定7日前书面通知专家鉴定组成员。专家鉴定组成员接到医学会通知后认为自己应当回避的，应当于接到通知时及时提出书面回避申请，并说明理由；因其他原因无法参加医疗事故技术鉴定的，应当于接到通知时及时书面告知医学会。

第三十一条　专家鉴定组成员因回避或因其他原因无法参加医疗事故技术鉴定时，医学会应当通知相关学科专业组候补成员参加医疗事故技术鉴定。

专家鉴定组成员因不可抗力因素未能及时告知医学会不能参加鉴定或虽告知但医学会无法按规定组成专家鉴定组的,医疗事故技术鉴定可以延期进行。

第三十二条　专家鉴定组组长由专家鉴定组成员推选产生,也可以由医疗事故争议所涉及的主要学科专家中具有最高专业技术职务任职资格的专家担任。

第三十三条　鉴定由专家鉴定组组长主持,并按照以下程序进行:

(一)双方当事人在规定的时间内分别陈述意见和理由。陈述顺序先患方,后医疗机构。

(二)专家鉴定组成员根据需要可以提问,当事人应当如实回答。必要时,可以对患者进行现场医学检查。

(三)双方当事人退场。

(四)专家鉴定组对双方当事人提供的书面材料、陈述及答辩等进行讨论。

(五)经合议,根据半数以上专家鉴定组成员的一致意见形成鉴定结论。专家鉴定组成员在鉴定结论上签名。

专家鉴定组成员对鉴定结论的不同意见,应当予以注明。

第三十四条　医疗事故技术鉴定书应当根据鉴定结论做出,其文稿由专家鉴定组组长签发。

医疗事故技术鉴定书盖医学会医疗事故技术鉴定专用印章。

医学会应当及时将医疗事故技术鉴定书送达移交鉴定的卫生行政部门,经卫生行政部门审核,对符合规定做出的医疗事故技术鉴定结论,应当及时送达双方当事人;由双方当事人共同委托的,直接送达双方当事人。

第三十五条　医疗事故技术鉴定书应当包括下列主要内容:

(一)双方当事人的基本情况及要求;

(二)当事人提交的材料和医学会的调查材料;

(三)对鉴定过程的说明;

(四)医疗行为是否违反医疗卫生管理法律、行政法规、部门规章和诊疗护理规范、常规;

(五)医疗过失行为与人身损害后果之间是否存在因果关系;

(六)医疗过失行为在医疗事故损害后果中的责任程度;

（七）医疗事故等级；

（八）对医疗事故患者的医疗护理医学建议。

经鉴定为医疗事故的，鉴定结论应当包括上款（四）至（八）项内容；经鉴定不属于医疗事故的，应当在鉴定结论中说明理由。

医疗事故技术鉴定书格式由中华医学会统一制定。

第三十六条　专家鉴定组应当综合分析医疗过失行为在导致医疗事故损害后果中的作用、患者原有疾病状况等因素，判定医疗过失行为的责任程度。医疗事故中医疗过失行为责任程度分为：

（一）完全责任，指医疗事故损害后果完全由医疗过失行为造成。

（二）主要责任，指医疗事故损害后果主要由医疗过失行为造成，其他因素起次要作用。

（三）次要责任，指医疗事故损害后果主要由其他因素造成，医疗过失行为起次要作用。

（四）轻微责任，指医疗事故损害后果绝大部分由其他因素造成，医疗过失行为起轻微作用。

第三十七条　医学会参加医疗事故技术鉴定会的工作人员，应如实记录鉴定会过程和专家的意见。

第三十八条　因当事人拒绝配合，无法进行医疗事故技术鉴定的，应当终止本次鉴定，由医学会告知移交鉴定的卫生行政部门或共同委托鉴定的双方当事人，说明不能鉴定的原因。

第三十九条　医学会对经卫生行政部门审核认为参加鉴定的人员资格和专业类别或者鉴定程序不符合规定，需要重新鉴定的，应当重新组织鉴定。重新鉴定时不得收取鉴定费。

如参加鉴定的人员资格和专业类别不符合规定的，应当重新抽取专家，组成专家鉴定组进行重新鉴定。

如鉴定的程序不符合规定而参加鉴定的人员资格和专业类别符合规定的，可以由原专家鉴定组进行重新鉴定。

第四十条　任何一方当事人对首次医疗事故技术鉴定结论不服的，可以自收到首次医疗事故技术鉴定书之日起15日内,向原受理医疗事故争议处理申请的卫生行政部门提出再次鉴定的申请,或由双方当事人共同委托省、自治区、直辖市医学会组织再次鉴定。

第四十一条　县级以上地方人民政府卫生行政部门对发生医疗事故的医疗机构和医务人员进行行政处理时,应当以最后的医疗事故技术鉴定结论作为处理依据。

第四十二条　当事人对鉴定结论无异议,负责组织医疗事故技术鉴定的医学会应当及时将收到的鉴定材料中的病历资料原件等退还当事人,并保留有关复印件。

当事人提出再次鉴定申请的,负责组织首次医疗事故技术鉴定的医学会应当及时将收到的鉴定材料移送负责组织再次医疗事故技术鉴定的医学会。

第四十三条　医学会应当将专家鉴定组成员签名的鉴定结论、由专家鉴定组组长签发的医疗事故技术鉴定书文稿和复印或者复制的有关病历资料等存档,保存期限不得少于20年。

第四十四条　在受理医患双方共同委托医疗事故技术鉴定后至专家鉴定组做出鉴定结论前,双方当事人或者一方当事人提出停止鉴定的,医疗事故技术鉴定终止。

第四十五条　医学会应当于每年3月31日前将上一年度医疗事故技术鉴定情况报同级卫生行政部门。

第七章　附　则

第四十六条　必要时,对疑难、复杂并在全国有重大影响的医疗事故争议,省级卫生行政部门可以商请中华医学会组织医疗事故技术鉴定。

第四十七条　本办法由卫生部负责解释。

第四十八条　本办法自2002年9月1日起施行。

医疗事故分级标准

为了科学划分医疗事故等级，正确处理医疗事故争议，保护患者和医疗机构及其医务人员的合法权益，根据《医疗事故处理条例》，制定本标准。

专家鉴定组在进行医疗事故技术鉴定、卫生行政部门在判定重大医疗过失行为是否为医疗事故或医疗事故争议双方当事人在协商解决医疗事故争议时，应当按照本标准确定的基本原则和实际情况具体判定医疗事故的等级。

本标准列举的情形是医疗事故中常见的造成患者人身损害的后果。

本标准中医疗事故一级乙等至三级戊等对应伤残等级一至十级。

一、一级医疗事故

系指造成患者死亡、重度残疾。

（一）一级甲等医疗事故：死亡。

（二）一级乙等医疗事故：重要器官缺失或功能完全丧失，其他器官不能代偿，存在特殊医疗依赖，生活完全不能自理。例如造成患者下列情形之一的：

1.植物人状态；

2.极重度智能障碍；

3.临床判定不能恢复的昏迷；

4.临床判定自主呼吸功能完全丧失，不能恢复，靠呼吸机维持；

5.四肢瘫，肌力0级，临床判定不能恢复。

二、二级医疗事故

系指造成患者中度残疾、器官组织损伤导致严重功能障碍。

(一)二级甲等医疗事故:器官缺失或功能完全丧失,其他器官不能代偿,可能存在特殊医疗依赖,或生活大部分不能自理。例如造成患者下列情形之一的:

1.双眼球摘除或双眼经客观检查证实无光感;

2.小肠缺失90%以上,功能完全丧失;

3.双侧有功能肾脏缺失或孤立有功能肾缺失,用透析替代治疗;

4.四肢肌力Ⅱ级(二级)以下(含Ⅱ级),临床判定不能恢复;

5.上肢一侧腕上缺失或一侧手功能完全丧失,不能装配假肢,伴下肢双膝以上缺失。

(二)二级乙等医疗事故:存在器官缺失、严重缺损、严重畸形情形之一,有严重功能障碍,可能存在特殊医疗依赖,或生活大部分不能自理。例如造成患者下列情形之一的:

1.重度智能障碍;

2.单眼球摘除或经客观检查证实无光感,另眼球结构损伤,闪光视觉诱发电位(VEP)P100波潜时延长>160 ms(毫秒),矫正视力<0.02,视野半径<5°;

3.双侧上颌骨或双侧下颌骨完全缺失;

4.一侧上颌骨及对侧下颌骨完全缺失,并伴有颜面软组织缺损大于30 cm^2;

5.一侧全肺缺失并需胸改术;

6.肺功能持续重度损害;

7.持续性心功能不全,心功能四级;

8.持续性心功能不全,心功能三级伴有不能控制的严重心律失常;

9.食管闭锁,摄食依赖造瘘;

10.肝缺损3/4,并有肝功能重度损害;

11.胆道损伤致肝功能重度损害;

12.全胰缺失;

13.小肠缺损大于3/4,普通膳食不能维持营养;

14.肾功能部分损害不全失代偿;

15.两侧睾丸、副睾丸缺损;

16.阴茎缺损或性功能严重障碍；

17.双侧卵巢缺失；

18.未育妇女子宫全部缺失或大部分缺损；

19.四肢瘫，肌力Ⅲ级（三级）或截瘫、偏瘫，肌力Ⅲ级以下，临床判定不能恢复；

20.双上肢腕关节以上缺失、双侧前臂缺失或双手功能完全丧失，不能装配假肢；

21.肩、肘、髋、膝关节中有四个以上（含四个）关节功能完全丧失；

22.重型再生障碍性贫血（I型）。

（三）二级丙等医疗事故：存在器官缺失、严重缺损、明显畸形情形之一，有严重功能障碍，可能存在特殊医疗依赖，或生活部分不能自理。例如造成患者下列情形之一的：

1.面部重度毁容；

2.单眼球摘除或客观检查无光感，另眼球结构损伤，闪光视觉诱发电位（VEP）>155 ms（毫秒），矫正视力<0.05，视野半径<10°；

3.一侧上颌骨或下颌骨完全缺失，伴颜面部软组织缺损大于30 cm^2；

4.同侧上下颌骨完全性缺失；

5.双侧甲状腺或孤立甲状腺全缺失；

6.双侧甲状旁腺全缺失；

7.持续性心功能不全，心功能三级；

8.持续性心功能不全，心功能二级伴有不能控制的严重心律失常；

9.全胃缺失；

10.肝缺损2/3，并肝功能重度损害；

11.一侧有功能肾缺失或肾功能完全丧失，对侧肾功能不全代偿；

12.永久性输尿管腹壁造瘘；

13.膀胱全缺失；

14.两侧输精管缺损不能修复；

15.双上肢肌力Ⅳ级（四级），双下肢肌力0级，临床判定不能恢复；

16.单肢两个大关节（肩、肘、腕、髋、膝、踝）功能完全丧失，不能行关节置换；

17.一侧上肢肘上缺失或肘、腕、手功能完全丧失，不能手术重建功能或装配假肢；

18.一手缺失或功能完全丧失，另一手功能丧失50%以上，不能手术重建功能或装配假肢；

19.一手腕上缺失，另一手拇指缺失，不能手术重建功能或装配假肢；

20.双手拇、食指均缺失或功能完全丧失无法矫正；

21.双侧膝关节或者髋关节功能完全丧失，不能行关节置换；

22.一下肢膝上缺失，无法装配假肢；

23.重型再生障碍性贫血（Ⅱ型）。

（四）二级丁等医疗事故：存在器官缺失、大部分缺损、畸形情形之一，有严重功能障碍，可能存在一般医疗依赖，生活能自理。例如造成患者下列情形之一的：

1.中度智能障碍；

2.难治性癫痫；

3.完全性失语，伴有神经系统客观检查阳性所见；

4.双侧重度周围性面瘫；

5.面部中度毁容或全身瘢痕面积大于70%；

6.双眼球结构损伤，较好眼闪光视觉诱发电位（VEP）>155 ms（毫秒），矫正视力<0.05，视野半径<10°；

7.双耳经客观检查证实听力在原有基础上损失大于91 dbHL（分贝）；

8.舌缺损大于全舌2/3；

9.一侧上颌骨缺损1/2，颜面部软组织缺损大于20 cm^2；

10.下颌骨缺损长6 cm以上的区段，口腔、颜面软组织缺损大于20 cm^2；

11.甲状旁腺功能重度损害；

12.食管狭窄只能进流食；

13.吞咽功能严重损伤，依赖鼻饲管进食；

14.肝缺损2/3,功能中度损害;

15.肝缺损1/2伴有胆道损伤致严重肝功能损害;

16.胰缺损,胰岛素依赖;

17.小肠缺损2/3,包括回盲部缺损;

18.全结肠、直肠、肛门缺失,回肠造瘘;

19.肾上腺功能明显减退;

20.大、小便失禁,临床判定不能恢复;

21.女性双侧乳腺缺失;

22.单肢肌力Ⅱ级(二级),临床判定不能恢复;

23.双前臂缺失;

24.双下肢瘫;

25.一手缺失或功能完全丧失,另一手功能正常,不能手术重建功能或装配假肢;

26.双拇指完全缺失或无功能;

27.双膝以下缺失或无功能,不能手术重建功能或装配假肢;

28.一侧下肢膝上缺失,不能手术重建功能或装配假肢;

29.一侧膝以下缺失,另一侧前足缺失,不能手术重建功能或装配假肢;

30.双足全肌瘫,肌力Ⅱ级(二级),临床判定不能恢复。

三、三级医疗事故

系指造成患者轻度残疾、器官组织损伤导致一般功能障碍。

(一)三级甲等医疗事故:存在器官缺失、大部分缺损、畸形情形之一,有较重功能障碍,可能存在一般医疗依赖,生活能自理。例如造成患者下列情形之一的:

1.不完全失语并伴有失用、失写、失读、失认之一者,同时有神经系统客观检查阳性所见;

2.不能修补的脑脊液瘘;

3.尿崩,有严重离子紊乱,需要长期依赖药物治疗;

4.面部轻度毁容;

5.面颊部洞穿性缺损大于20 cm^2;

6.单侧眼球摘除或客观检查无光感,另眼球结构损伤,闪光视觉诱发电位(VEP)>150 ms(毫秒),矫正视力0.05~0.1,视野半径<15°;

7.双耳经客观检查证实听力在原有基础上损失大于81 dbHL(分贝);

8.鼻缺损1/3以上;

9.上唇或下唇缺损大于1/2;

10.一侧上颌骨缺损1/4或下颌骨缺损长4 cm以上区段,伴口腔、颜面软组织缺损大于10 cm^2;

11.肺功能中度持续损伤;

12.胃缺损3/4;

13.肝缺损1/2伴较重功能障碍;

14.慢性中毒性肝病伴较重功能障碍;

15.脾缺失;

16.胰缺损2/3造成内、外分泌腺功能障碍;

17.小肠缺损2/3,保留回盲部;

18.尿道狭窄,需定期行尿道扩张术;

19.直肠、肛门、结肠部分缺损,结肠造瘘;

20.肛门损伤致排便障碍;

21.一侧肾缺失或输尿管狭窄,肾功能不全代偿;

22.不能修复的尿道瘘;

23.膀胱大部分缺损;

24.双侧输卵管缺失;

25.阴道闭锁丧失性功能;

26.不能修复的Ⅲ度(三度)会阴裂伤;

27.四肢瘫,肌力Ⅳ级(四级),临床判定不能恢复;

28.单肢瘫,肌力Ⅲ级(三级),临床判定不能恢复;

29.肩、肘、腕关节之一功能完全丧失;

30.利手全肌瘫，肌力Ⅲ级（三级），临床判定不能恢复；

31.一手拇指缺失，另一手拇指功能丧失50%以上；

32.一手拇指缺失或无功能，另一手除拇指外三指缺失或无功能，不能手术重建功能；

33.双下肢肌力Ⅲ级（三级）以下，临床判定不能恢复，大、小便失禁；

34.下肢双膝以上缺失伴一侧腕上缺失或手功能部分丧失，能装配假肢；

35.一髋或一膝关节功能完全丧失，不能手术重建功能；

36.双足全肌瘫，肌力Ⅲ级（三级），临床判定不能恢复；

37.双前足缺失；

38.慢性再生障碍性贫血。

（二）三级乙等医疗事故：器官大部分缺损或畸形，有中度功能障碍，可能存在一般医疗依赖，生活能自理。例如造成患者下列情形之一的：

1.轻度智能减退；

2.癫痫中度；

3.不完全性失语，伴有神经系统客观检查阳性所见；

4.头皮、眉毛完全缺损；

5.一侧完全性面瘫，对侧不完全性面瘫；

6.面部重度异常色素沉着或全身瘢痕面积达60%~69%；

7.面部软组织缺损大于20 cm^2；

8.双眼球结构损伤，较好眼闪光视觉诱发电位（VEP）>150 ms（毫秒），矫正视力0.05~0.1，视野半径<15°；

9.双耳经客观检查证实听力损失大于71 dbHL（分贝）；

10.双侧前庭功能丧失，睁眼行走困难，不能并足站立；

11.甲状腺功能严重损害，依赖药物治疗；

12.不能控制的严重器质性心律失常；

13.胃缺损2/3伴轻度功能障碍；

14.肝缺损1/3伴轻度功能障碍；

15.胆道损伤伴轻度肝功能障碍；

16.胰缺损1/2；

17.小肠缺损1/2(包括回盲部)；

18.腹壁缺损大于腹壁1/4；

19.肾上腺皮质功能轻度减退；

20.双侧睾丸萎缩,血清睾酮水平低于正常范围；

21.非利手全肌瘫,肌力Ⅳ级(四级),临床判定不能恢复,不能手术重建功能；

22.一拇指完全缺失；

23.双下肢肌力Ⅳ级(四级),临床判定不能恢复,大、小便失禁；

24.一髋或一膝关节功能不全；

25.一侧踝以下缺失或一侧踝关节畸形,功能完全丧失,不能手术重建功能；

26.双足部分肌瘫,肌力Ⅳ级(四级),临床判定不能恢复,不能手术重建功能；

27.单足全肌瘫,肌力Ⅳ级(四级),临床判定不能恢复,不能手术重建功能。

(三)三级丙等医疗事故:器官大部分缺损或畸形,有轻度功能障碍,可能存在一般医疗依赖,生活能自理。例如造成患者下列情形之一的:

1.不完全性失用、失写、失读、失认之一者,伴有神经系统客观检查阳性所见；

2.全身瘢痕面积50%~59%；

3.双侧中度周围性面瘫,临床判定不能恢复；

4.双眼球结构损伤,较好眼闪光视觉诱发电位(VEP)>140 ms(毫秒),矫正视力0.1~0.3,视野半径<20°；

5.双耳经客观检查证实听力损失大于56 dbHL(分贝)；

6.喉保护功能丧失,饮食时呛咳并易发生误吸,临床判定不能恢复；

7.颈颏粘连,影响部分活动；

8.肺叶缺失伴轻度功能障碍；

9.持续性心功能不全,心功能二级；

10.胃缺损1/2伴轻度功能障碍；

11.肝缺损1/4伴轻度功能障碍；

12.慢性轻度中毒性肝病伴轻度功能障碍；

13.胆道损伤，需行胆肠吻合术；

14.胰缺损1/3伴轻度功能障碍；

15.小肠缺损1/2伴轻度功能障碍；

16.结肠大部分缺损；

17.永久性膀胱造瘘；

18.未育妇女单侧乳腺缺失；

19.未育妇女单侧卵巢缺失；

20.育龄已育妇女双侧输卵管缺失；

21.育龄已育妇女子宫缺失或部分缺损；

22.阴道狭窄不能通过二横指；

23.颈部或腰部活动度丧失50%以上；

24.腕、肘、肩、踝、膝、髋关节之一丧失功能50%以上；

25.截瘫或偏瘫，肌力Ⅳ级（四级），临床判定不能恢复；

26.单肢两个大关节（肩、肘、腕、髋、膝、踝）功能部分丧失，能关节置换；

27.一侧肘上缺失或肘、腕、手功能部分丧失，可以手术重建功能或装配假肢；

28.一手缺失或功能部分丧失，另一手功能丧失50%以上，可以手术重建功能或装配假肢；

29.一手腕上缺失，另一手拇指缺失，可以手术重建功能或装配假肢；

30.利手全肌瘫，肌力Ⅳ级（四级），临床判定不能恢复；

31.单手部分肌瘫，肌力Ⅲ级（三级），临床判定不能恢复；

32.除拇指外3指缺失或功能完全丧失；

33.双下肢长度相差4 cm以上；

34.双侧膝关节或者髋关节功能部分丧失，可以行关节置换；

35.单侧下肢膝上缺失，可以装配假肢；

36.双足部分肌瘫，肌力Ⅲ级（三级），临床判定不能恢复；

37.单足全肌瘫，肌力Ⅲ级（三级），临床判定不能恢复。

（四）三级丁等医疗事故：器官部分缺损或畸形，有轻度功能障碍，无医疗依

赖,生活能自理。例如造成患者下列情形之一的:

1.边缘智能;

2.发声及言语困难;

3.双眼结构损伤,较好眼闪光视觉诱发电位(VEP)>130 ms(毫秒),矫正视力0.3~0.5,视野半径<30°;

4.双耳经客观检查证实听力损失大于41 dbHL(分贝)或单耳大于91 dbHL(分贝);

5.耳郭缺损2/3以上;

6.器械或异物误入呼吸道需行肺段切除术;

7.甲状旁腺功能轻度损害;

8.肺段缺损,轻度持续肺功能障碍;

9.腹壁缺损小于1/4;

10.一侧肾上腺缺失伴轻度功能障碍;

11.一侧睾丸、附睾缺失伴轻度功能障碍;

12.一侧输精管缺损,不能修复;

13.一侧卵巢缺失,一侧输卵管缺失;

14.一手缺失或功能完全丧失,另一手功能正常,可以手术重建功能及装配假肢;

15.双大腿肌力近Ⅴ级(五级),双小腿肌力Ⅲ级(三级)以下,临床判定不能恢复,大、小便轻度失禁;

16.双膝以下缺失或无功能,可以手术重建功能或装配假肢;

17.单侧下肢膝上缺失,可以手术重建功能或装配假肢;

18.一侧膝以下缺失,另一侧前足缺失,可以手术重建功能或装配假肢。

(五)三级戊等医疗事故:器官部分缺损或畸形,有轻微功能障碍,无医疗依赖,生活能自理。例如造成患者下列情形之一的:

1.脑叶缺失后轻度智力障碍;

2.发声或言语不畅;

3.双眼结构损伤,较好眼闪光视觉诱发电位(VEP)>120 ms(毫秒),矫正视力<0.6，视野半径<50°；

4.泪器损伤，手术无法改进溢泪；

5.双耳经客观检查证实听力在原有基础上损失大于31 dbHL(分贝)或一耳听力在原有基础上损失大于71 dbHL(分贝)；

6.耳郭缺损大于1/3而小于2/3；

7.甲状腺功能低下；

8.支气管损伤需行手术治疗；

9.器械或异物误入消化道，需开腹取出；

10.一拇指指关节功能不全；

11.双小腿肌力Ⅳ级(四级)，临床判定不能恢复，大、小便轻度失禁；

12.手术后当时引起脊柱侧弯30°以上；

13.手术后当时引起脊柱后凸成角(胸段大于60°，胸腰段大于30°，腰段大于20°)；

14.原有脊柱、躯干或肢体畸形又严重加重；

15.损伤重要脏器，修补后功能有轻微障碍。

四、四级医疗事故

系指造成患者明显人身损害的其他后果的医疗事故。例如造成患者下列情形之一的：

1.双侧轻度不完全性面瘫，无功能障碍；

2.面部轻度色素沉着或脱失；

3.一侧眼睑有明显缺损或外翻；

4.拔除健康恒牙；

5.器械或异物误入呼吸道或消化道，需全麻后内窥镜下取出；

6.口周及颜面软组织轻度损伤；

7.非解剖变异等因素，拔除上颌后牙时牙根或异物进入上颌窦需手术取出；

8.组织、器官轻度损伤，行修补术后无功能障碍；

9.一拇指末节1/2缺损；

10.一手除拇指、食指外，有两指近侧指间关节无功能；

11.一足拇趾末节缺失；

12.软组织内异物滞留；

13.体腔遗留异物已包裹，无需手术取出，无功能障碍；

14.局部注射造成组织坏死，成人大于体表面积2%，儿童大于体表面积5%；

15.剖宫产术引起胎儿损伤；

16.产后胎盘残留引起大出血，无其他并发症。

侵权责任法

……

第七章　医疗损害责任

第五十四条　患者在诊疗活动中受到损害，医疗机构及其医务人员有过错的，由医疗机构承担赔偿责任。

第五十五条　医务人员在诊疗活动中应当向患者说明病情和医疗措施。需要实施手术、特殊检查、特殊治疗的，医务人员应当及时向患者说明医疗风险、替代医疗方案等情况，并取得其书面同意；不宜向患者说明的，应当向患者的近亲属说明，并取得其书面同意。

医务人员未尽到前款义务，造成患者损害的，医疗机构应当承担赔偿责任。

第五十六条　因抢救生命垂危的患者等紧急情况，不能取得患者或者其近亲属意见的，经医疗机构负责人或者授权的负责人批准，可以立即实施相应的医疗措施。

第五十七条　医务人员在诊疗活动中未尽到与当时的医疗水平相应的诊疗义务，造成患者损害的，医疗机构应当承担赔偿责任。

第五十八条　患者有损害，因下列情形之一的，推定医疗机构有过错：

（一）违反法律、行政法规、规章以及其他有关诊疗规范的规定；

（二）隐匿或者拒绝提供与纠纷有关的病历资料；

（三）伪造、篡改或者销毁病历资料。

第五十九条　因药品、消毒药剂、医疗器械的缺陷，或者输入不合格的血液造成患者损害的，患者可以向生产者或者血液提供机构请求赔偿，也可以向医疗机构请求赔偿。患者向医疗机构请求赔偿的，医疗机构赔偿后，有权向负有责任的生产者或者血液提供机构追偿。

第六十条　患者有损害，因下列情形之一的，医疗机构不承担赔偿责任：

(一)患者或者其近亲属不配合医疗机构进行符合诊疗规范的诊疗；

(二)医务人员在抢救生命垂危的患者等紧急情况下已经尽到合理诊疗义务；

(三)限于当时的医疗水平难以诊疗。

前款第一项情形中，医疗机构及其医务人员也有过错的，应当承担相应的赔偿责任。

第六十一条　医疗机构及其医务人员应当按照规定填写并妥善保管住院志、医嘱单、检验报告、手术及麻醉记录、病理资料、护理记录、医疗费用等病历资料。

患者要求查阅、复制前款规定的病历资料的，医疗机构应当提供。

第六十二条　医疗机构及其医务人员应当对患者的隐私保密。泄露患者隐私或者未经患者同意公开其病历资料，造成患者损害的，应当承担侵权责任。

第六十三条　医疗机构及其医务人员不得违反诊疗规范实施不必要的检查。

第六十四条　医疗机构及其医务人员的合法权益受法律保护。干扰医疗秩序，妨害医务人员工作、生活的，应当依法承担法律责任。

……